2024

河北统计年鉴

HEBEI STATISTICAL YEARBOOK

河　北　省　统　计　局
国家统计局河北调查总队
编

（总第5卷）

中国统计出版社
China Statistics Press

图书在版编目（CIP）数据

河北统计年鉴. 2024 = Hebei Statistical Yearbook 2024 : 汉英对照 / 河北省统计局，国家统计局河北调查总队编. -- 北京 : 中国统计出版社，2024. 12. -- ISBN 978-7-5230-0633-7

Ⅰ. C832.22-54

中国国家版本馆 CIP 数据核字第 2024NW5215 号

河北统计年鉴 2024

作　　者 / 河北省统计局　国家统计局河北调查总队
责任编辑 / 张　洁
封面设计 / 郝　巍
出版发行 / 中国统计出版社有限公司
通信地址 / 北京市丰台区西三环南路甲 6 号　邮政编码 /100073
电　　话 / 邮购（010）63376909　书店（010）68783171
网　　址 / http://www.zgtjcbs.com/
印　　刷 / 河北鑫兆源印刷有限公司
经　　销 / 新华书店
开　　本 / 890mm×1240mm　1/16
字　　数 / 1030 千字
印　　张 / 41.25　1 彩页
版　　别 / 2024 年 12 月第 1 版
版　　次 / 2024 年 12 月第 1 次印刷
定　　价 / 380.00 元

本书附同版本 CD-ROM 一张，光盘内容以书面文字为准。
如有印装差错，由本社发行部调换。

《河北统计年鉴 2024》

编委会和编辑出版人员

Hebei Statistical Yearbook 2024

EDITORIAL BOARD AND EDITORIAL STAFF

Editorial Board

Editorial Staff

经济总量
Economic Aggregate

地区生产总值（亿元）
Gross Domestic Product (100 million yuan)

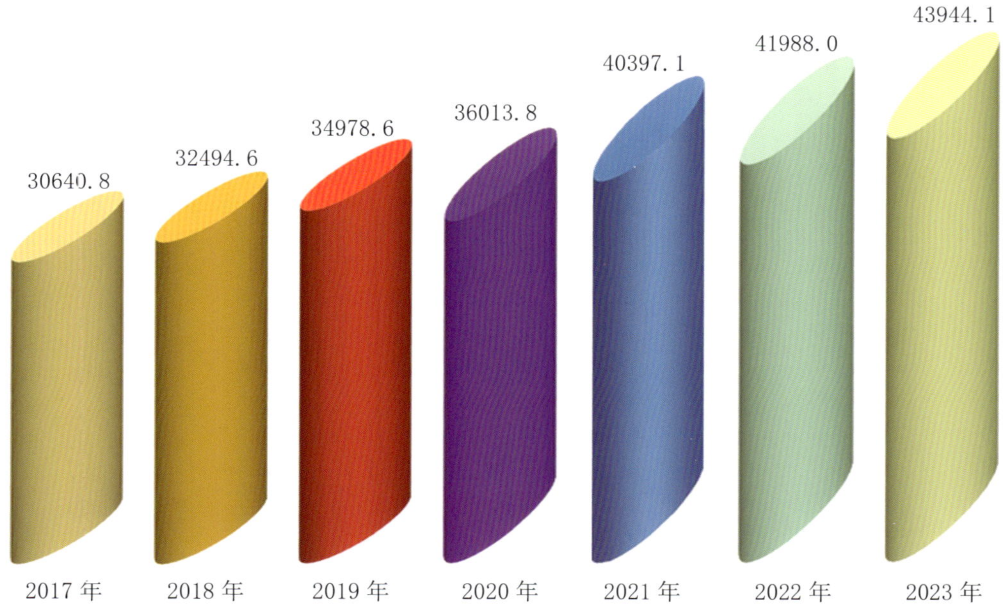

地区生产总值构成（%）
Composition of Gross Domestic Product (%)

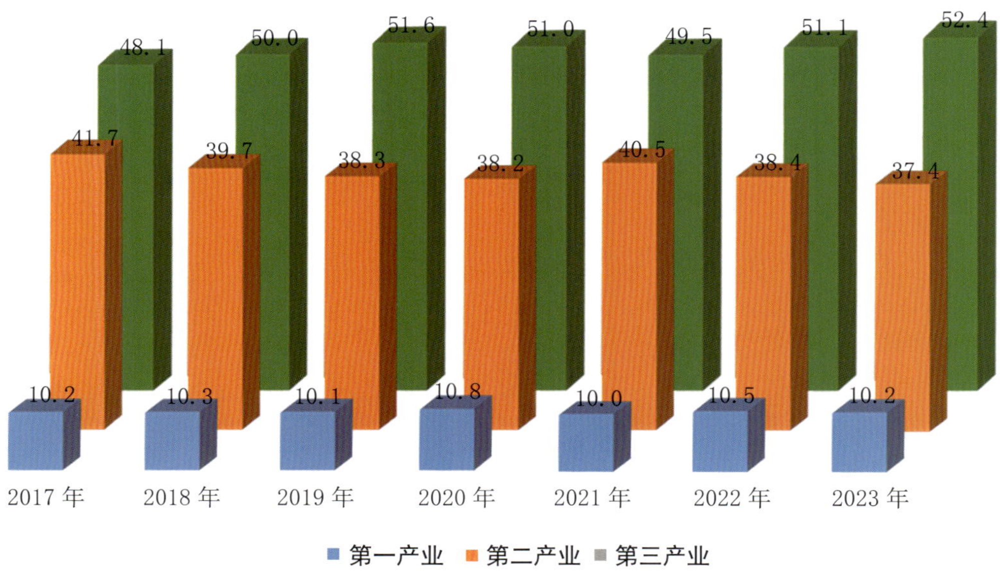

财政 · 金融
Finance

一般公共预算收支总额（亿元）
General Public Budget Revenue and Expenditure (100 million yuan)

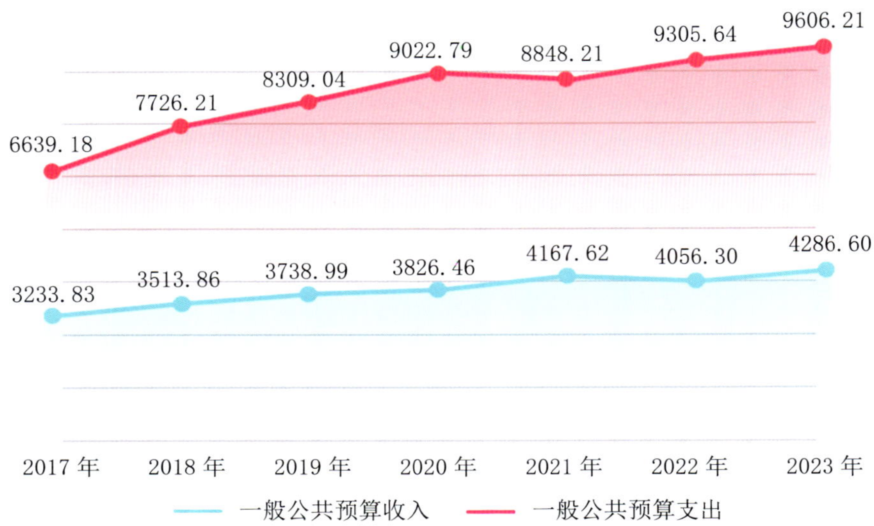

金融机构年末存贷款余额（亿元）
Deposits and Loans Balances of Financial Institutions at Year-end (100 million yuan)

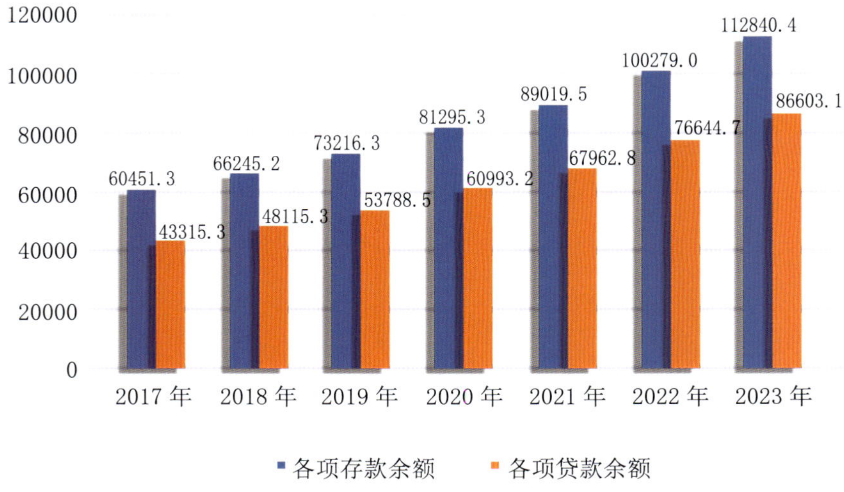

人民生活

People's Livelihood

城镇居民人均收支情况（元）

Per Capita Income and Consumption Expenditure of Urban Households (yuan)

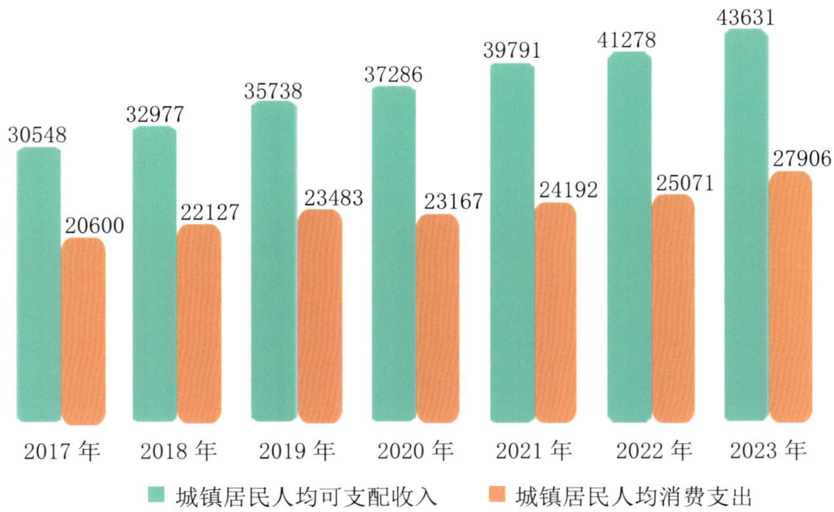

农村居民人均收支情况（元）

Per Capita Income and Consumption Expenditure of Rural Households (yuan)

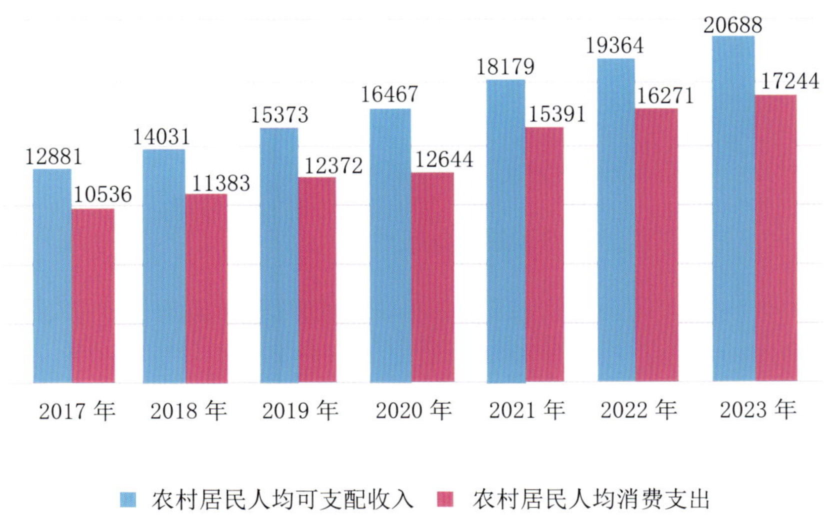

城镇化 · 旅游
Urbanization Proportion • Tourism

城镇化率（%）
Urbanization Proportion (%)

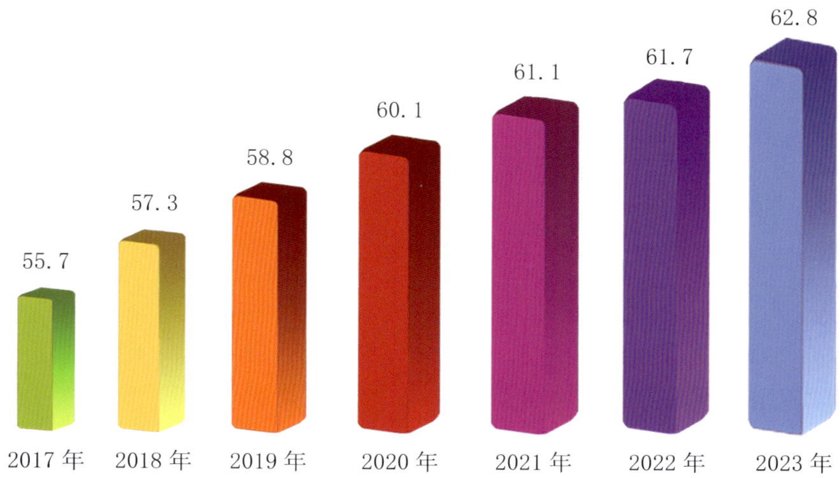

游客总人数（万人次）
Total Number of Tourists (10000 person-times)

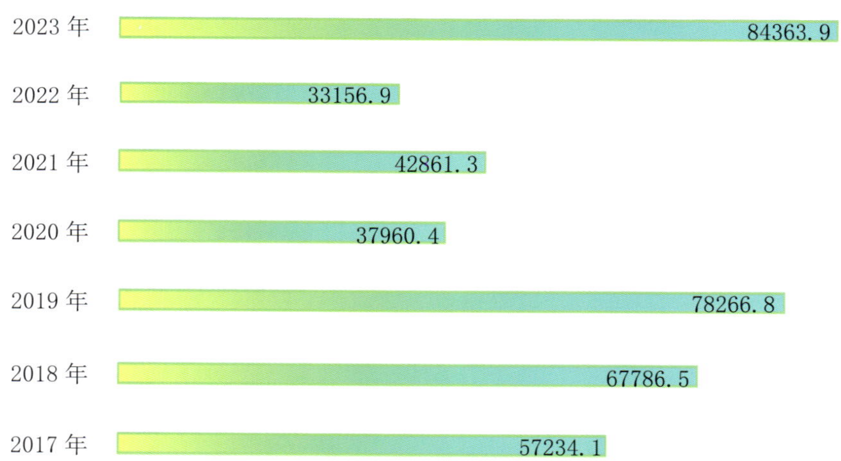

房地产 · 交通

Real Estate • Transportation

新建商品房销售情况

Conditions of Newly-built Commercialized Buildings Sold

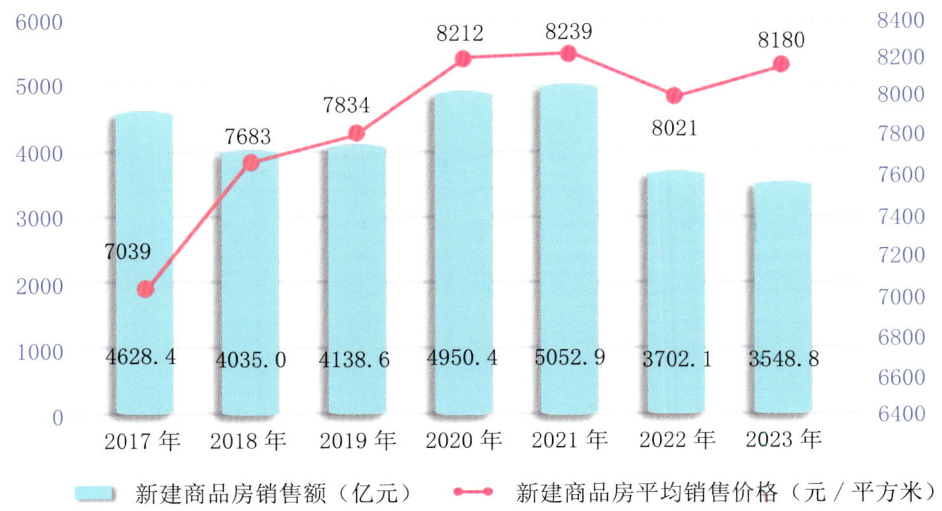

高速公路通车里程（公里）

Length of Expressway (km)

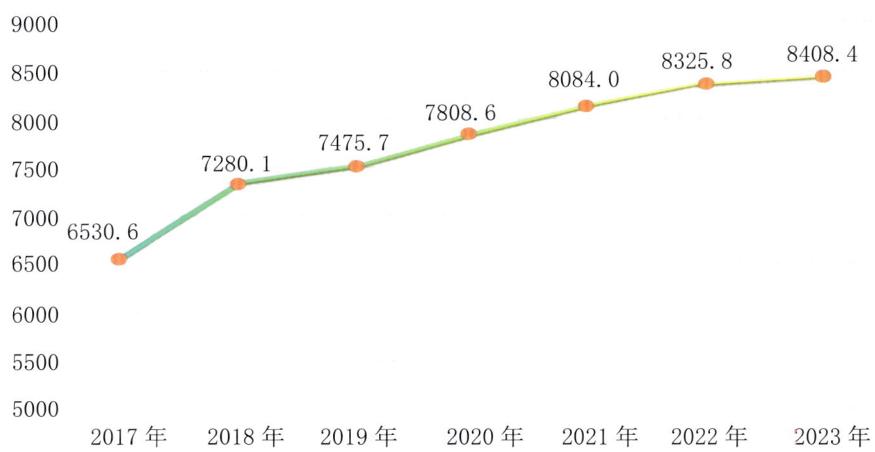

贸　易

Trade

社会消费品零售总额（亿元）
Total Retail Sales of Consumer Goods (100 million yuan)

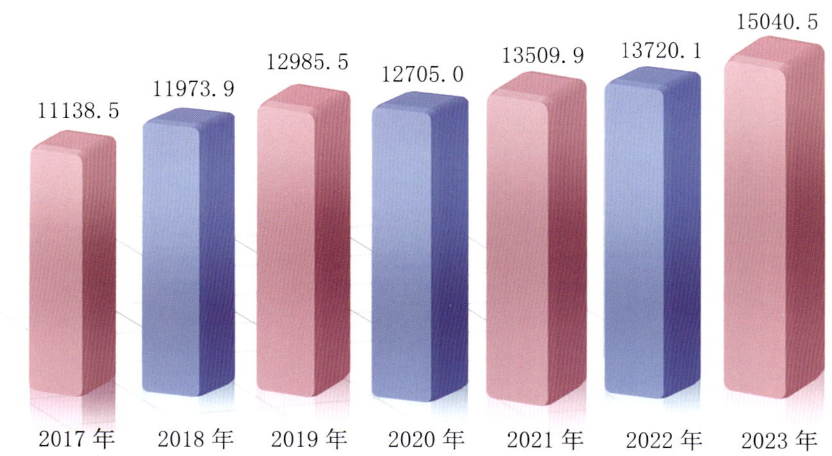

进出口贸易总额（亿元）
Total Volume of Imports and Exports (100 million yuan)

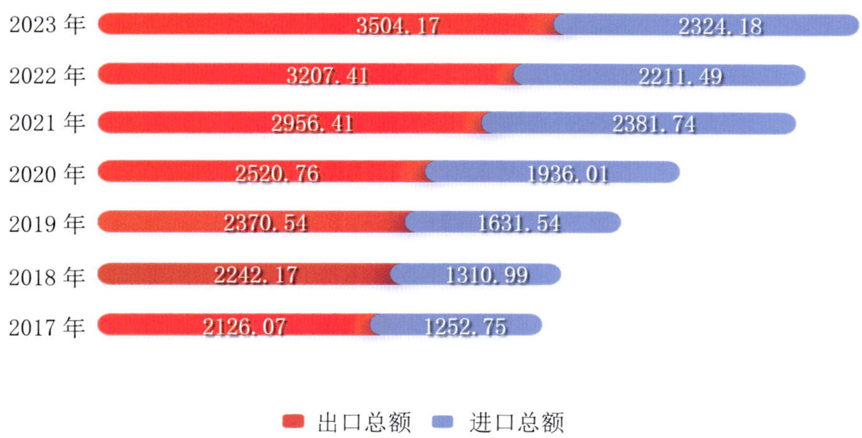

人 口

Population

2023 年人口变动情况抽样调查样本年龄构成（%）

The Age Composition of 2023 Population Sample Survey on Population Changes (%)

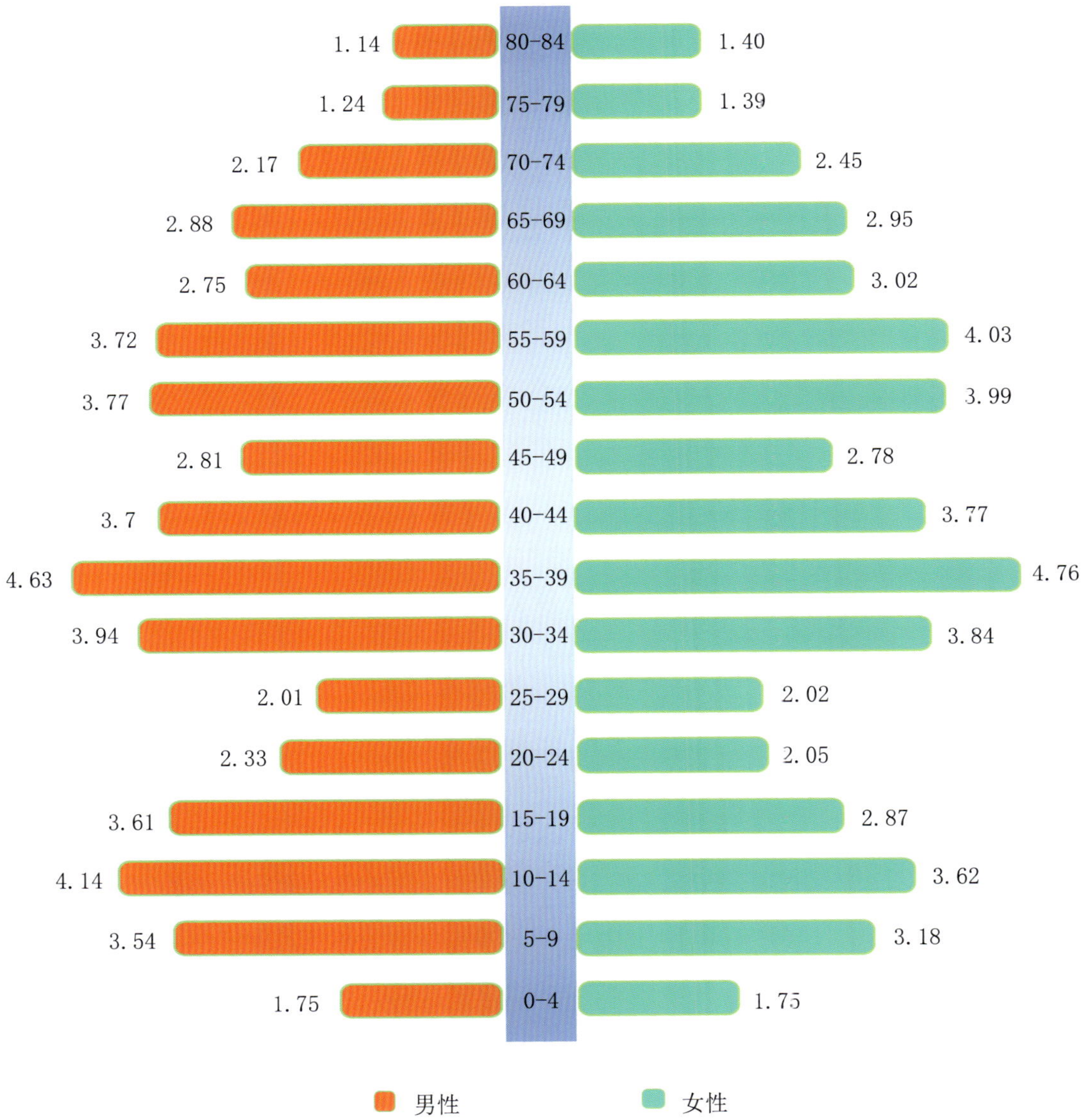

教　育
Education

2023年各级各类学校在校学生情况（万人）
2023 Number of Enrolments of Formal Education by Type and Level (10000 persons)

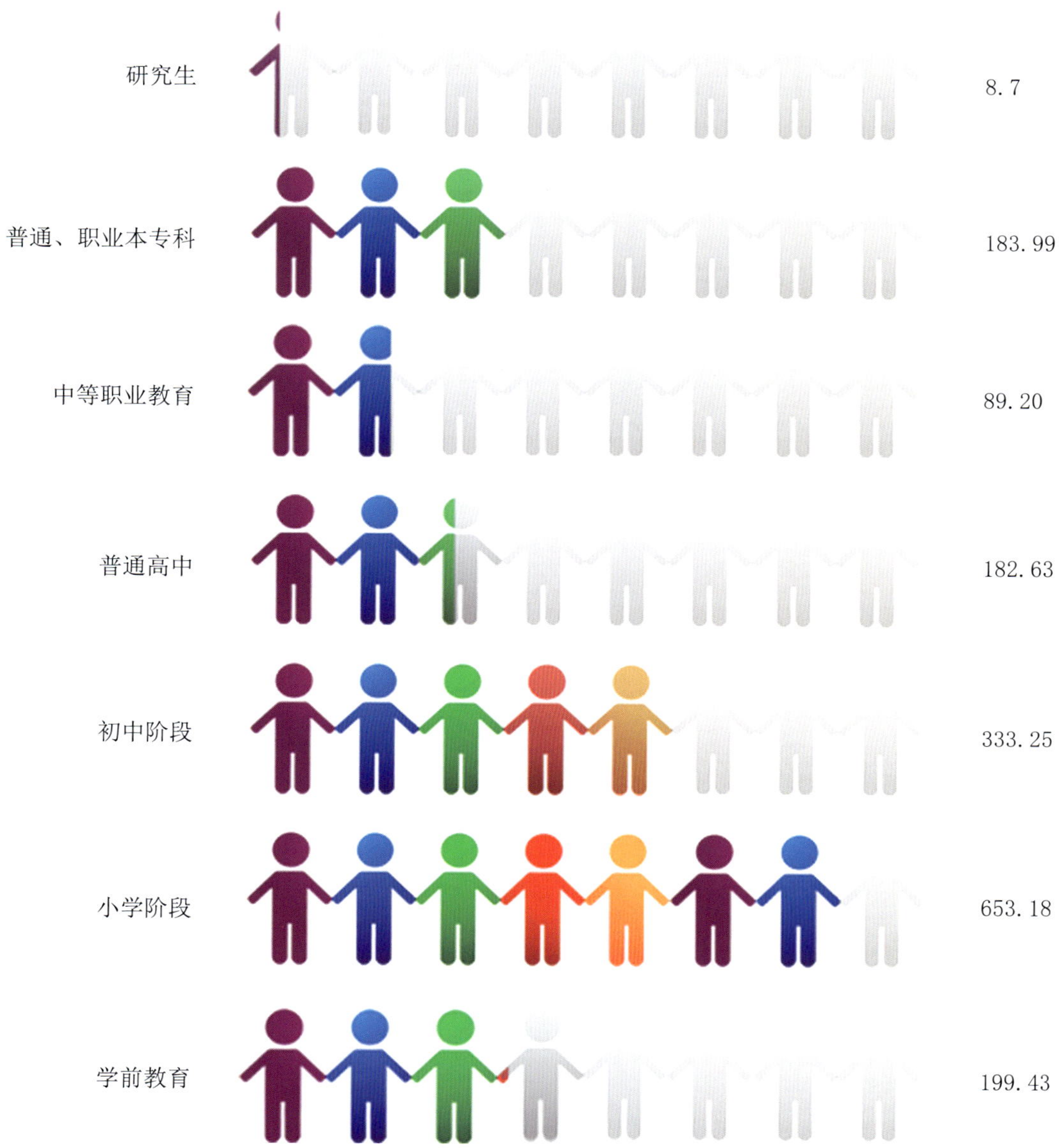

医疗卫生

Public Health

卫生机构数（个）

Number of Health Institutions (unit)

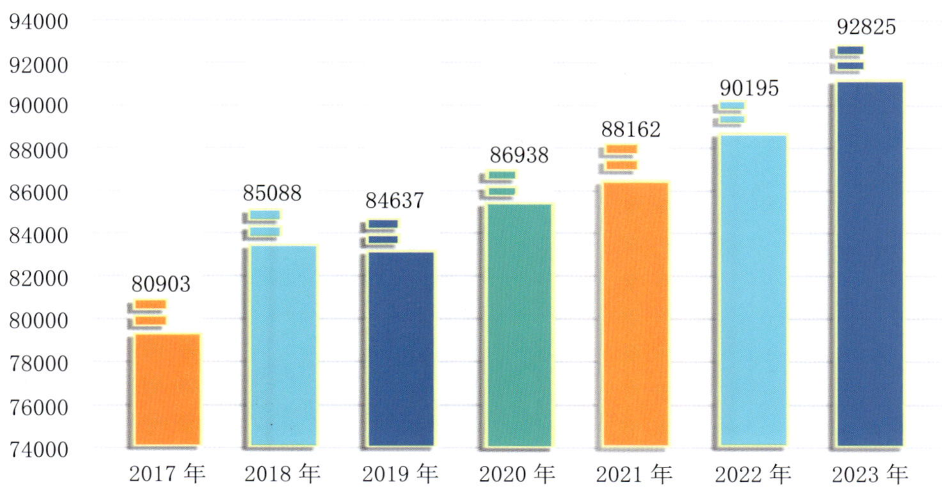

卫生机构床位和卫生技术人员数（万张、万人）

Number of Beds and Medical Technical Personnel in Health Institutions (10000 beds,10000 persons)

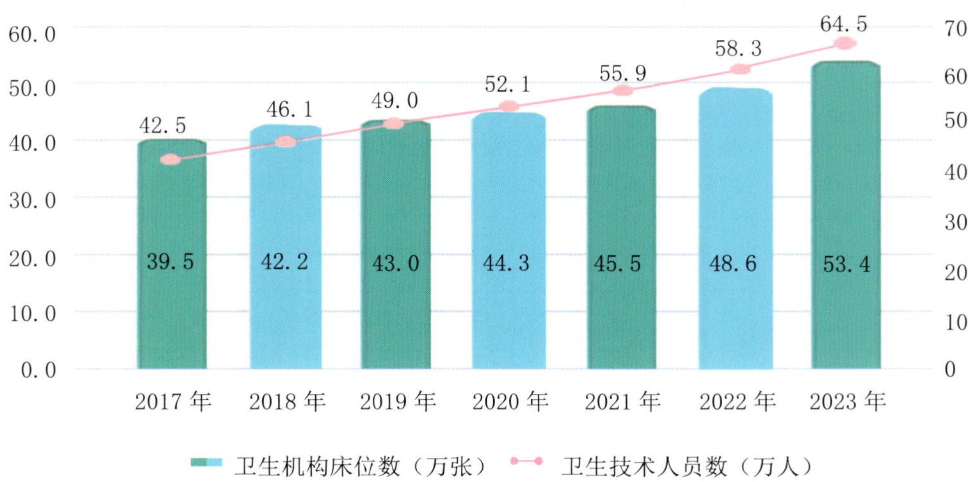

京津冀财政收支
General Public Budget Revenue and Expenditure of Jing-Jin-Ji Region

一般公共预算收入（亿元）
General Public Budget Revenue (100 million yuan)

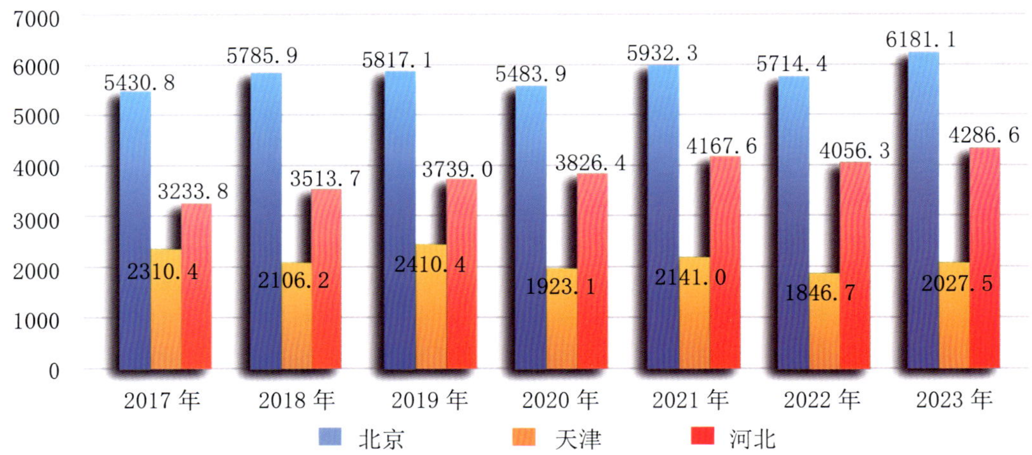

一般公共预算支出（亿元）
General Public Budget Expenditure (100 million yuan)

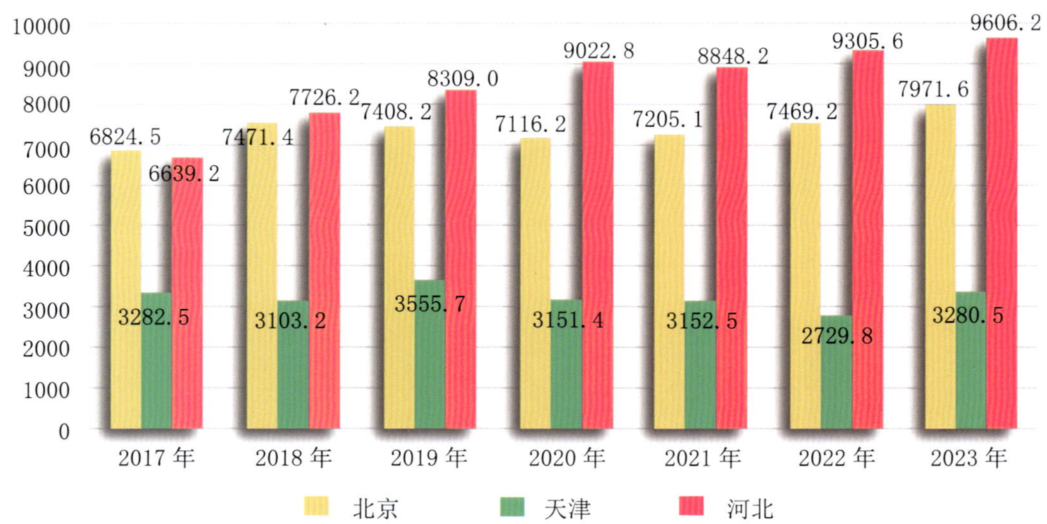

京津冀居民收入

Disposable Income of Households in Jing-Jin-Ji Region

城镇居民人均可支配收入（元）

Per Capita Disposable Income of Urban Households (yuan)

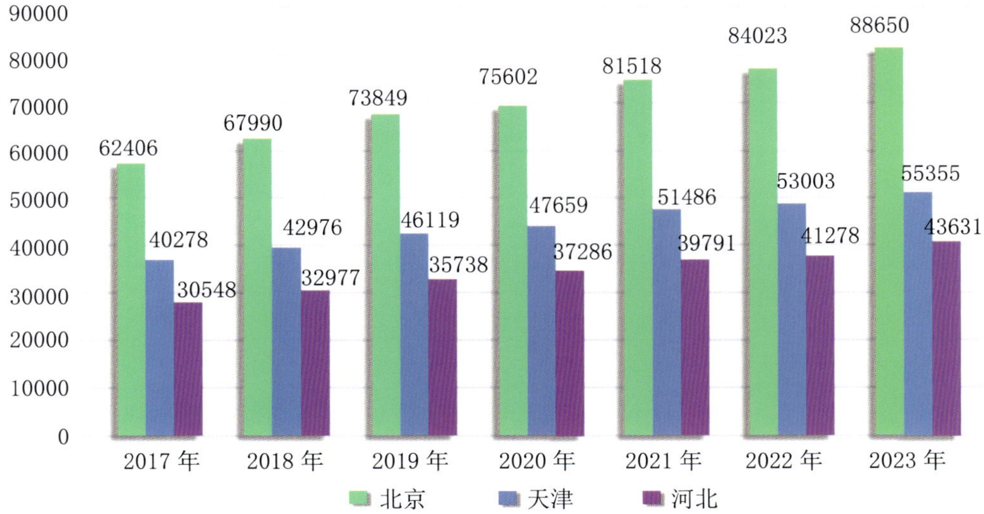

农村居民人均可支配收入（元）

Per Capita Disposable Income of Rural Households (yuan)

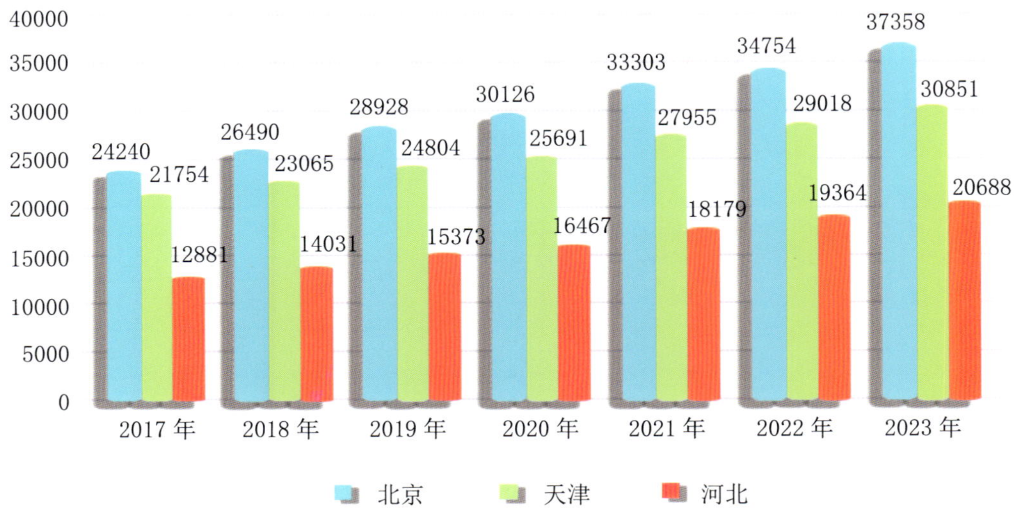

京津冀居民支出

Consumption Expenditure of Households in Jing-Jin-Ji Region

城镇居民人均消费支出（元）

Per Capita Consumption Expenditure of Urban Households (yuan)

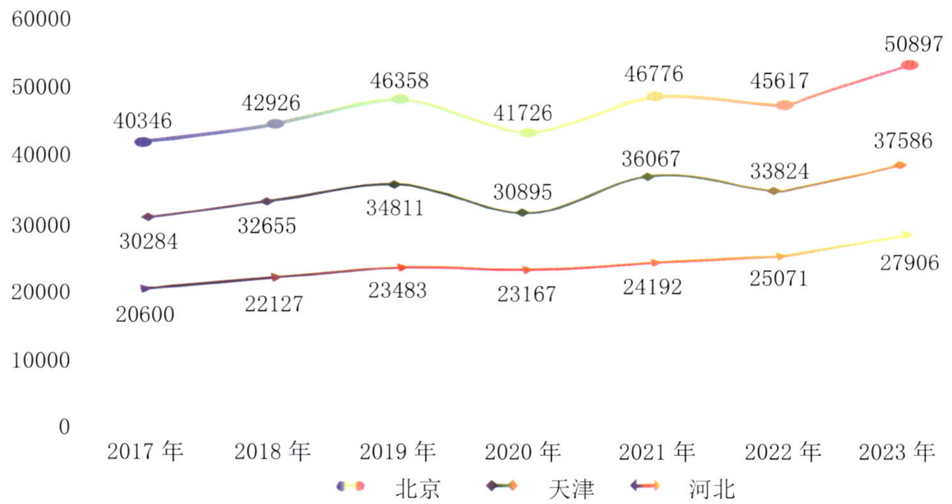

农村居民人均消费支出（元）

Per Capita Consumption Expenditure of Rural Households (yuan)

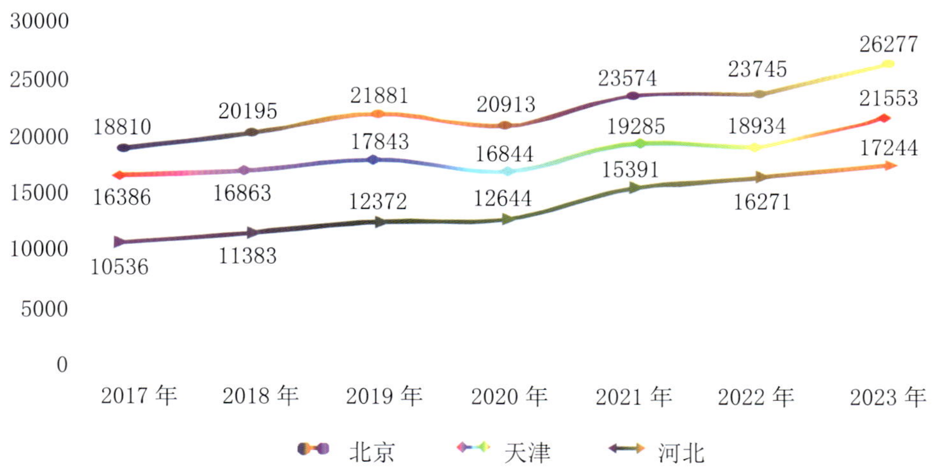

编 者 说 明

一、《河北统计年鉴 2024》系统收录了全省及各市、县（市、区）2023 年经济、社会各方面的统计数据，以及 1978 年以来各个主要时期全省主要统计数据，是一部全面反映河北国民经济和社会发展情况的资料性年刊。

二、本年鉴包括特载、统计数据、附录三大部分。

特载包括河北省 2023 年国民经济和社会发展统计公报，公报中部分数据为快报数。

统计数据内容共 24 个篇章，即：1.综合；2.人口；3.国民经济核算；4.就业和工资；5.价格；6.人民生活；7.财政、金融、保险；8.能源和环境；9.固定资产投资；10.对外经济贸易；11.农业；12.工业；13.建筑业；14.批发和零售业；15.运输和邮电；16.住宿、餐饮业和旅游；17.房地产；18.科学技术；19.教育；20.卫生和社会服务；21.文化和体育；22.公共管理和社会保障；23.城市概况；24.县（市、区）主要指标。

为方便读者使用，各篇章前设有《简要说明》，对本篇章的主要内容、资料来源、统计范围、统计方法以及历史变动情况予以简要概述。篇末附有《主要统计指标解释》。

附录包括京津冀主要指标、各省（区、市）主要指标。

三、本年鉴涉及的各项指标，大部分资料主要来源于政府各级统计局、国家统计局调查总队的各种统计报表和抽样调查资料；部分资料来自省直有关部门。附录的全国各省（区、市）主要指标中，表 2-1 至表 2-20 来源于《中国统计年鉴 2024》，表 2-21 至表 2-26 来源于《2020 年第七次全国人口普查主要数据》。

四、本年鉴所涉及的全国性统计数据均未包括中国香港、中国澳门特别行政区和台湾省数据。

五、本年鉴分市指标中的石家庄市含辛集市，石家庄市①数据不含辛集市；保定市含定州市和雄安新区，保定市①不含定州市和雄安新区。

六、本年鉴中所使用的度量衡单位均采用国际统一标准计量单位。

七、为满足统计调查划分经济类型需要，国家统计局会同市场监管总局对《关于划分企业登记注册类型的规定》（国统字〔2011〕86 号）（以下简称“原标准”）进行修订，联合印发《关于市场主体统计分类的划分规定》（国统字〔2023〕14 号）（以下简称“新标准”），本年鉴对相关分组按“新标准”作出相应调整。

八、本年鉴总量指标计算所采用的价格均为现行价格。

九、本年鉴部分数据合计数或相对数由于单位取舍不同产生的计算误差未作机械调整。

十、本年鉴统计数据表中“...”表示数据不足本表最小单位数；“空格”表示该项统计指标数据不详或无该项数据；“#”表示其中的主要项；“①”表示本表下有注解。

十一、本年鉴中涉及的历史数据，均以最新出版的本年鉴数据为准。

《河北统计年鉴 2024》在编辑过程中，得到省直相关部门和单位的大力支持，在此表示感谢！

Editor’s Notes

I. *Hebei Statistical Yearbook 2024* is a systematic collection of economic and social statistical data of the province and cities, counties (cities and districts) in 2023, as well as the main statistical data of the province in each major period since 1978. It is an informative annual publication comprehensively reflecting the national economic and social development of Hebei.

II. The Yearbook includes feature articles, statistical data and appendix.

Feature articles include Statistical Communique of National Economic and Social Development of Hebei Province in 2023, some of the data in the bulletin are dispatches.

The content of statistical data consists of 24 articles, namely: 1. General Survey; 2. Population; 3. National Accounts; 4. Employment and Wages; 5. Prices; 6. People's Livelihoods; 7. Government Finance, Banking and Insurance; 8. Energy and Environment; 9. Investment in Fixed Assets; 10. International Trade and Economic Cooperation; 11. Agriculture; 12. Industry; 13. Construction; 14. Wholesale and Retail Trades; 15. Transport, Post and Telecommunication Services; 16. Hotels, Catering Services and Tourism; 17. Real Estate; 18. Science and Technology; 19. Education; 20. Health and Social Services; 21. Culture and Sports; 22. Public Management and Social Security; 23. Statistics on Cities; 24. Main Indicators of Counties (Cities and Districts at County Level) .

For the convenience of readers, a brief description is provided before each chapter, which gives an overview of the main contents, data sources, statistical scope, statistical methods and historical changes of this chapter. At the end of the article, there is an explanation of the main statistical indicators.

The appendix includes the main indicators of Jing-Jin-Ji region and the main indicators of all provinces (autonomous regions cities).

III. The indicators involved in the Yearbook mainly come from various statistical statements and sample survey data of the government statistics bureau at all levels and the survey office of the National Statistics Bureau. Part of the information comes from the relevant departments of the province. Main economic indicators of all provinces (autonomous regions, cities) in the appendix, 2-1 to 2-20 are from *China Statistical Yearbook 2024*, and 2-21 to 2-26 are from *Major Figures on 2020 Population Census of China.*

IV. The national data in this book do not include those of the Hong Kong Special Administrative Region, the Macao Special Administrative Region and Taiwan Province.

V. In the Yearbook, Shijiazhuang includes Xinji, Shijiazhuang① excludes Xinji, and Baoding includes Dingzhou and Xiong'an New Area, Baoding① excludes Dingzhou and Xiong' an New Area.

VI. The units of weights and measures used in the Yearbook adopt international uniform standard units of measurement.

VII.In order to meet the needs of economic classification in statistical surveys, the National Bureau of Statistics together with the State Administration for Market Regulation revised the Regulations on the Classification of Enterprises by Registration Status (Guotongzi [2011] No. 86) (hereinafter referred to as the original standard) and then jointly issued the Regulations on the Classification of Market Entity Statistics (Guotongzi [2023] No. 14) (hereinafter referred to as the new standard). The yearbook has made corresponding adjustments to the relevant groups according to the "new standard".

VIII. The prices used in the total index calculation of the Yearbook are the current year prices.

IX. There is no mechanical adjustment for the calculation error caused by different units in the total count or relative number of some data in the Yearbook.

X. "..." in the statistical data table of the Yearbook means that the data of this statistical indicator is less than the minimum number of units in the table;"Blank space" means unknown or not available;"#" represents the main item; "①" indicates notes under this table.

XI. For updated historical data, please refer to the newly published version of the Yearbook.

In the process of editing, *Hebei Statistical Yearbook 2024* has received great support from relevant departments and units of Hebei Province. We hereby express our thanks!

目 录

CONTENTS

特载
Feature Articles

第一篇 综合
General Survey

第二篇　人口
Population

第三篇　国民经济核算
National Accounts

第四篇 就业和工资

Employment and Wages

第五篇 价格
Prices

第六篇 人民生活
People's Livelihoods

第九篇 固定资产投资

Investment in Fixed Assets

第十篇 对外经济贸易
International Trade and Economic Cooperation

第十一篇 农业
Agriculture

第十二篇 工业
Industry

第十三篇 建筑业

Construction

第十四篇 批发和零售业
Wholesale and Retail Trades

第十五篇 运输和邮电
Transport, Post and Telecommunication Services

第十六篇 住宿、餐饮业和旅游
Hotels, Catering Services and Tourism

第十七篇 房地产

Real Estate

第十八篇　科学技术

Science and Technology

第十九篇 教育
Education

第二十篇 卫生和社会服务
Health and Social Services

第二十一篇 文化和体育
Culture and Sports

第二十二篇 公共管理和社会保障

Public Management and Social Security

第二十三篇 城市概况

Statistics on Cities

第二十四篇　县（市、区）主要指标

Main Indicators of Counties (Cities and Districts at County Level)

附录一　京津冀主要指标

Main Indicators of Jing-Jin-Ji Region

附录二　各省（区、市）主要指标
Main Indicators of all Provinces (Autonomous Regions, Cities)

特 载
Feature Articles

河北省2023年国民经济和社会发展统计公报

（2024年3月1日）

河 北 省 统 计 局

国家统计局河北调查总队

2023年，全省各地各部门在省委、省政府领导下，坚持以习近平新时代中国特色社会主义思想为指导，深入学习贯彻习近平总书记视察河北重要讲话精神，认真落实党中央、国务院部署，完整、准确、全面贯彻新发展理念，牢牢把握高质量发展首要任务和构建新发展格局战略任务，统筹灾后恢复重建和经济社会发展，全省经济平稳运行、回升向好，民生保障持续增强，各项社会事业加快发展。

一、综 合

初步核算，全省生产总值实现43944.1亿元，比上年增长5.5%。其中，第一产业增加值4466.2亿元，增长2.6%；第二产业增加值16435.3亿元，增长6.2%；第三产业增加值23042.6亿元，增长5.5%。三次产业比例为10.2∶37.4∶52.4。全省人均生产总值为59332元，比上年增长5.8%。

图1 2019—2023年全省生产总值及增长速度

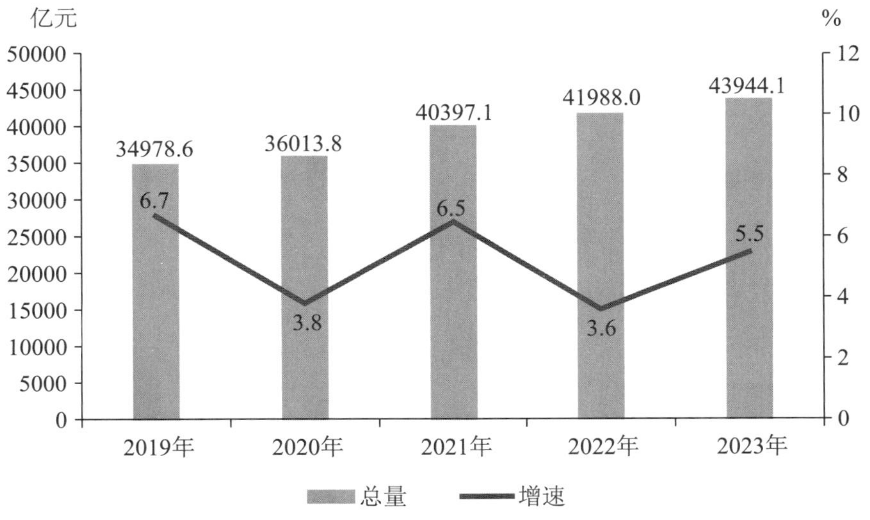

图 2　2019—2023 年三次产业增加值占全省生产总值比重

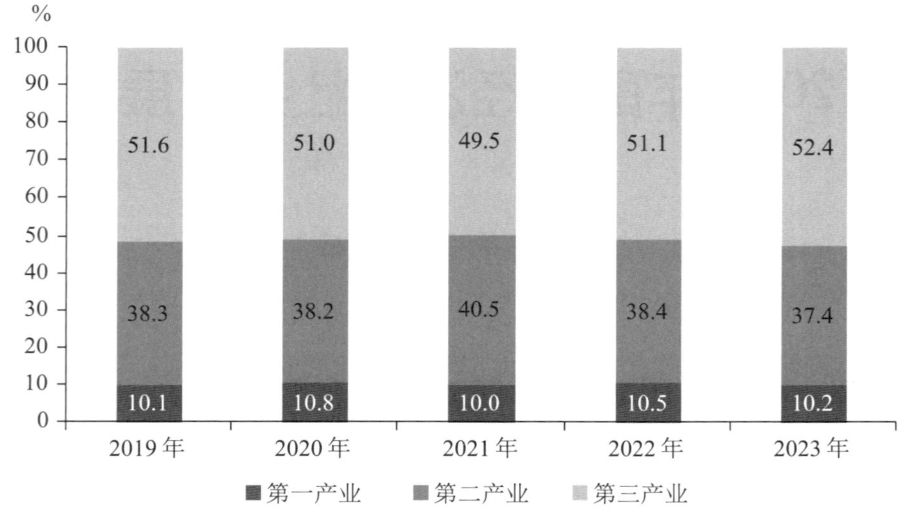

表 1　2023 年全省生产总值

指　　标	绝对数（亿元）	比上年增长（%）	比重（%）
地区生产总值	43944.1	5.5	100.0
按产业分			
第一产业	4466.2	2.6	10.2
第二产业	16435.3	6.2	37.4
第三产业	23042.6	5.5	52.4
按行业分			
农、林、牧、渔业	4783.7	3.0	10.9
工业	13968.7	5.5	31.8
建筑业	2507.1	9.8	5.7
批发和零售业	3742.3	6.3	8.5
交通运输、仓储和邮政业	3420.9	6.5	7.8
住宿和餐饮业	415.1	14.1	0.9
信息传输、软件和信息技术服务业	988.4	7.3	2.2
金融业	3015.8	7.7	6.9
房地产业	2343.0	-0.9	5.3
租赁和商务服务业	1154.2	8.8	2.6
科学研究和技术服务业	699.8	2.0	1.6
水利、环境和公共设施管理业	222.4	-6.2	0.5
居民服务、修理和其他服务业	593.7	9.3	1.4
教育	1964.5	4.3	4.5
卫生和社会工作	1230.2	6.4	2.8
文化、体育和娱乐业	181.0	1.7	0.4
公共管理、社会保障和社会组织	2713.3	5.6	6.2

年末全省常住总人口 7393 万人，比上年末减少 27 万人。常住人口城镇化率为 62.77%，比上年末提高 1.12 个百分点，出生人口 41.0 万人；死亡人口 61.7 万人。人口自然增长率为-2.8‰，比上年回落 1.1 个千分点。

图 3　2019—2023 年年末全省常住总人口

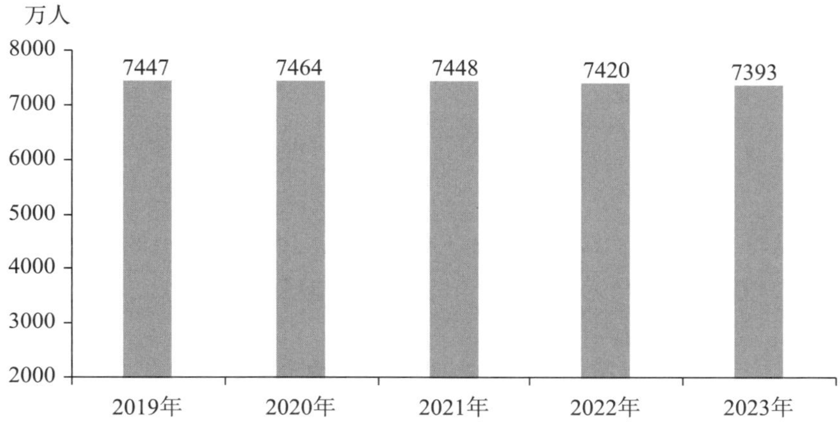

表 2　2023 年年末全省人口数及构成

指　　标	年末人数（万人）	比重（%）
全省常住人口	7393	
其中：城镇	4641	62.77
乡村	2752	37.23
其中：男性	3672	49.67
女性	3721	50.33
其中：0—15 岁（含不满 16 周岁）	1418	19.18
16—59 岁（含不满 60 周岁）	4331	58.58
60 周岁及以上	1644	22.24
其中：65 周岁及以上	1200	16.23

全年全省城镇新增就业 89.90 万人，比上年增加 0.21 万人。城镇失业人员再就业 32.13 万人，比上年增加 2.11 万人。就业困难对象实现再就业 10.90 万人，比上年增加 0.61 万人。

全年居民消费价格比上年上涨 0.6%。其中，城市上涨 0.7%，农村上涨 0.4%。分类别看，食品烟酒价格上涨 0.5%，衣着上涨 2.3%，居住上涨 0.3%，生活用品及服务上涨 0.6%，交通和通信下降 2.4%，教育文化和娱乐上涨 1.5%，医疗保健上涨 3.2%，其他用品和服务上涨 3.2%。在食品烟酒价格中，粮食价格上涨 1.4%，蛋类价格上涨 0.6%，猪肉价格下降 14.8%，鲜菜价格下降 3.6%。全年工业生产者出厂价格同比下降 5.3%，工业生产者购进价格同比下降 6.2%。农产品生产者价格指数下降 4.5%。

新产业新业态新模式加速成长。全年规模以上工业战略性新兴产业增加值增长 4.4%；高新技术产业增加值增长 7.5%，占规模以上工业增加值的比重为 21.4%；规模以上工业九大主导产业中，高端装备产业增加值增长 8.5%，先进钢铁产业增长 7.7%，绿色化工产业增长 7.5%，生物医药产业增长 6.4%。全年规模以上服务业中，高技术服务业营业收入增长 2.7%。全年网上零售额实现 4654.6 亿元，比上年增长 10.6%。全年新登记经营主体 144.96 万户，截至 2023 年底，经营主体总数为 853.37 万户。

民营经济增加值 27626.6 亿元，比上年增长 5.5%；占全省生产总值的比重为 62.9%，比上年提高 0.2 个百分点。

区域发展协调推进。2023 年，全省承接京津转入基本单位 1738 个。转入法人单位 1092 个，其中，北京 742 个，天津 350 个；转入产业活动单位 646 个，其中，北京 520 个，天津 126 个。

沿海地区实现生产总值15574.3亿元，比上年增长5.8%，占全省地区生产总值的35.4%，其中，第一产业增加值1287.5亿元，增长3.2%；第二产业增加值6987.2亿元，增长6.1%；第三产业增加值7299.5亿元，增长6.0%。

二、农　业

全年粮食播种面积645.5万公顷，较上年增加1.1万公顷，同比增长0.18%。粮食总产量3809.9万吨，比上年下降1.4%。其中，夏粮产量1498.6万吨，增长0.8%；秋粮产量2311.3万吨，下降2.8%。

图4　2019—2023年全省粮食总产量

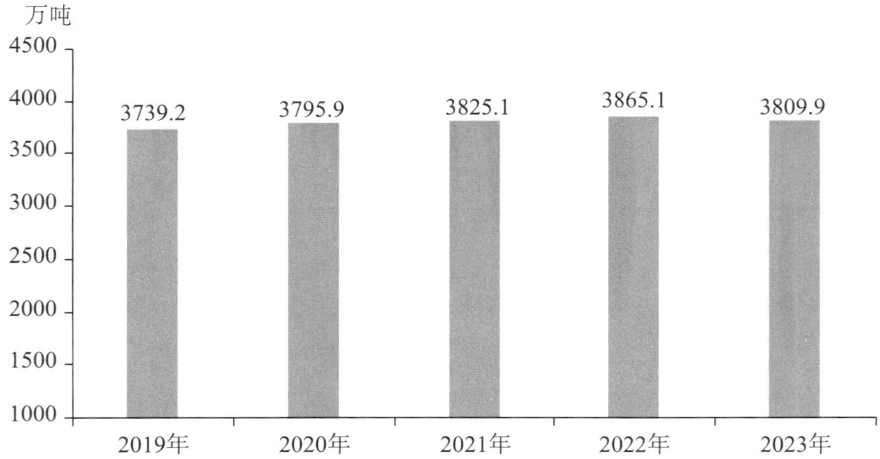

棉花播种面积86.0千公顷，比上年下降25.9%，总产量10.4万吨，下降25.3%。

油料播种面积343.4千公顷，比上年增长2.6%，总产量118.3万吨，增长2.4%。

中草药播种面积139.0千公顷，比上年下降0.5%，总产量98.5万吨，增长3.6%。

蔬菜播种面积843.8千公顷，比上年增长0.6%，总产量5498.5万吨，增长1.7%。其中，食用菌（干鲜混合）产量213.6万吨，增长8.6%。

园林水果产量1166.6万吨，比上年增长2.4%。食用坚果产量74.8万吨，增长3.1%。

猪牛羊禽肉产量491.1万吨，增长3.3%。其中，猪肉产量283.3万吨，增长3.6%；牛肉产量59.4万吨，增长2.2%；羊肉产量37.5万吨，增长1.6%；禽肉产量110.9万吨，增长3.7%。禽蛋产量404.6万吨，增长1.6%；牛奶产量571.9万吨，增长4.6%。

农业机械总动力8403.77万千瓦（不包括农业运输车），比上年增长1.88%。

三、工业和建筑业

全部工业增加值13968.7亿元，比上年增长5.5%，其中，规模以上工业增加值增长6.9%。在规模以上工业中，分经济类型看，国有控股企业增加值增长7.8%，集体企业下降46.1%，股份制企业增长7.4%，外商及港澳台企业增长4.7%，私营企业增长5.9%。分门类看，采矿业增加值增长13.0%，制造业增长6.4%，电力、热力、燃气及水生产和供应业增长5.8%。分企业规模看，大型企业增加值增长8.0%，中型企业增长10.7%，小型企业增长2.5%。

规模以上工业中，农副食品加工业增加值增长0.7%，食品制造业增长0.5%，石油、煤炭及其他燃料加工业增长17.3%，非金属矿物制品业下降4.3%，黑色金属冶炼和压延加工业增长7.7%，医药制造业增长6.7%，专用设备制造业下降1.6%，汽车制造业增长11.6%，计算机、通信和其他电子设备制造业下降3.7%。

规模以上工业企业实现利润总额1166.0亿元，比上年增长2.9%。分经济类型看，国有控股企业实现利润总额330.1亿元，增长30.5%；股份制企业实现利润总额896.7亿元，增长7.0%；外商及港澳台商投资企业实现利润总额255.2亿元，下降2.5%。分门类看，采矿业实现利润总额166.9亿元，增长35.5%；制造业实现利润总额797.0亿元，下降3.9%；电力、热力、燃气及水生产和供应业实现利润总额202.1亿元，增长11.9%。

表3 2023年全省主要工业产品产量及增长速度

产品名称	单位	产 量	比上年增长（%）
纱	万吨	52.1	3.0
布	亿米	8.1	-2.2
化学纤维	万吨	114.5	22.3
精制食用植物油	万吨	253.1	-1.1
乳制品	万吨	377.2	2.3
饮料	万吨	556.0	2.8
饮料酒	万升	194953.0	-2.0
卷烟	亿支	791.6	-0.1
水泥	万吨	9982.0	6.9
平板玻璃	万重量箱	13314.4	-3.1
生铁	万吨	19530.7	-1.6
粗钢	万吨	21050.6	-0.7
钢材	万吨	29792.6	7.0
原煤	万吨	4611.1	-2.0
原油	万吨	471.0	-2.3
烧碱（折100%）	万吨	150.9	5.5
农用氮、磷、钾化学肥料（折纯）	万吨	232.6	25.3
单晶硅	万千克	448.1	26.2
化学药品原药	万吨	91.3	29.9
中成药	吨	42215.4	11.8
变压器	万千伏安	11169.5	22.6
金属切削机床	台	2048.0	8.4
工业机器人	套	3396.0	-6.3
汽车	万辆	84.1	-3.6
其中：运动型多用途乘用车（SUV）	万辆	47.6	-11.5
其中：新能源汽车	万辆	12.6	96.6
动车组	辆	208.0	160.0
电力电缆	千米	3098038.8	0.4
锂离子电池	万只	2286.6	-20.0
太阳能电池	万千瓦	1950.9	32.8
房间空气调节器	万台	1076.9	19.0
程控交换机	万线	0.6	-60.1
集成电路	万块	3711.2	-5.7

全社会建筑业增加值2507.1亿元，比上年增长9.8%。资质等级以上建筑业企业房屋施工面积33436.5万平方米，下降6.9%；房屋竣工面积7800.0万平方米，增长9.9%。具有资质等级的总承包和专业承包建筑业企业利润112.1亿元，比上年增长27.1%，其中国有控股企业49.8亿元，增长4.7%。

四、服务业

全年批发和零售业增加值 3742.3 亿元，比上年增长 6.3%；交通运输、仓储和邮政业增加值 3420.9 亿元，增长 6.5%；住宿和餐饮业增加值 415.1 亿元，增长 14.1%；金融业增加值 3015.8 亿元，增长 7.7%；房地产业增加值 2343.0 亿元，下降 0.9%；信息传输、软件和信息技术服务业增加值 988.4 亿元，增长 7.3%。全年物流业增加值 3051.7 亿元，增长 6.2%。全年规模以上服务业企业营业收入比上年增长 3.0%，营业利润增长 101.8%。

全年货物运输总量 26.2 亿吨，比上年增长 8.9%；货物周转量 15601.9 亿吨公里，增长 3.9%。旅客运输总量 2.1 亿人，增长 140.3%；旅客运输周转量 1080.4 亿人公里，增长 182.7%。机场旅客吞吐量 1217.6 万人，增长 77.5%。沿海港口货物吞吐量 13.6 亿吨，增长 6.7%。

表 4　2023 年全省货物和旅客运输量及增长速度

指　　标	单位	绝对值	比上年增长（%）
货物运输总量	亿吨	26.2	8.9
其中：铁路	亿吨	3.0	-0.3
公路	亿吨	21.7	10.6
货物运输周转量	亿吨公里	15601.9	3.9
其中：铁路	亿吨公里	5436.7	-1.3
公路	亿吨公里	8472.2	7.4
旅客运输总量	亿人	2.1	140.3
其中：铁路	亿人	1.2	201.1
公路	亿人	0.8	86.9
旅客运输周转量	亿人公里	1080.4	182.7
其中：铁路	亿人公里	1003.9	190.7
公路	亿人公里	76.5	107.6
机场旅客吞吐量	万人	1217.6	77.5
沿海港口货物吞吐量	亿吨	13.6	6.7

全年邮政行业业务总量 645.9 亿元，比上年增长 20.5%。邮政函件业务 1312.6 万件，增长 8.3%；包裹业务 142.3 万件，增长 9.9%。快递业务量 66.0 亿件，增长 25.3%；快递业务收入 464.1 亿元，增长 22.0%。全年完成电信业务总量 783.1 亿元，增长 18.5%。年末电话用户总数达到 9366.3 万户，其中移动电话用户达到 8779.5 万户。移动电话普及率上升至 118.3 部/百人。固定电话用户 586.8 万户。固定互联网宽带接入用户 3179.7 万户，比上年末净增 187.1 万户，其中固定互联网光纤宽带接入用户 2983.9 万户，比上年末净增 1134.6 万户。移动互联网用户数 7849.2 万户，比上年末净增 270.4 万户。移动互联网接入流量累计达到 119.8 亿 G，比上年增长 11.7%。

五、国内贸易

社会消费品零售总额实现 15040.5 亿元，比上年增长 9.6%。按经营单位所在地统计，城镇消费品零售额完成 12757.8 亿元，增长 9.6%；乡村消费品零售额完成 2282.7 亿元，增长 10.0%。按消费类型统计，商品零售额 13736.0 亿元，增长 9.8%；餐饮收入额 1304.5 亿元，增长 8.1%。

图 5　2019—2023 年全省社会消费品零售总额

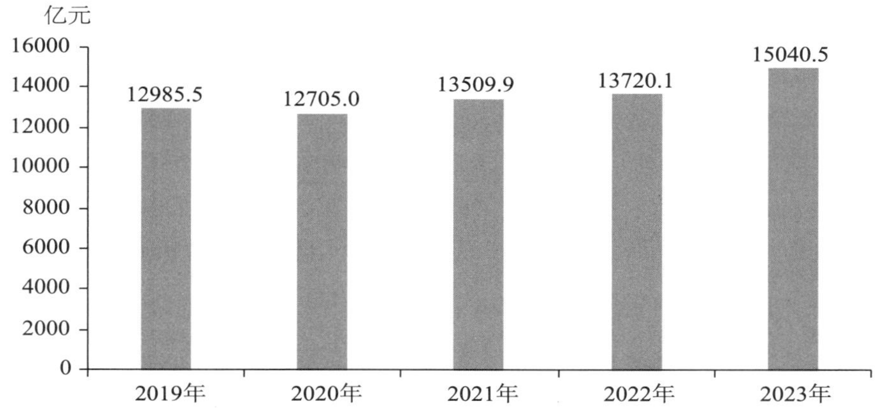

在限额以上单位商品零售额中，粮油食品类增长 2.9%，饮料类增长 12.1%，烟酒类增长 8.7%，服装鞋帽针纺织品类增长 19.6%，化妆品类增长 12.6%，金银珠宝类增长 24.3%，日用品类下降 4.8%，五金电料类增长 13.8%，体育娱乐用品类增长 41.2%，书报杂志类增长 6.8%，家用电器和音像器材类增长 30.5%，中西药品类增长 4.9%，文化办公用品类下降 37.0%，家具类增长 41.2%，通讯器材类下降 5.5%，石油及制品类增长 26.7%，汽车类增长 13.2%。

实物商品网上零售额 4214.6 亿元，增长 8.1%，占社会消费品零售总额的比重为 28.0%。

六、固定资产投资

全社会固定资产投资比上年增长 6.1%。其中，固定资产投资（不含农户）增长 6.3%。

表 5　2023 年全省分行业固定资产投资增长速度

行　　业	比上年增长（%）
总　　计	6.3
农、林、牧、渔业	-17.9
采矿业	-16.9
制造业	12.6
电力、热力、燃气及水的生产和供应业	-2.4
建筑业	-85.2
批发和零售业	76.7
交通运输、仓储和邮政业	30.7
住宿和餐饮业	-0.6
信息传输、软件和信息技术服务业	25.0
金融业	-19.8
房地产业	-0.5
租赁和商务服务业	-23.0
科学研究和技术服务业	7.4
水利、环境和公共设施管理业	17.5
居民服务、修理和其他服务业	103.5
教育	5.5
卫生和社会工作	12.7
文化、体育和娱乐业	4.4
公共管理、社会保障和社会组织	43.3

在固定资产投资（不含农户）中，第一产业投资比上年下降 20.6%；第二产业投资增长 6.9%；第三产业投资增长 6.9%。工业技改投资增长 9.8%，占工业投资的比重为 55.9%。基础设施投资增长 17.7%，占固定资产投资（不含农户）的比重为 28.7%，比上年提高 6.9 个百分点。生态保护和环境治理业投资下降 32.6%，水利管理业投资增长 26.4%，市政设施管理业投资下降 0.5%，教育，卫生和社会工作，文化、体育和娱乐业等社会领域投资合计增长 8.0%。民间固定资产投资增长 1.4%，占固定资产投资（不含农户）的比重为 50.2%。

房地产开发投资比上年下降 12.7%。其中，住宅投资下降 10.0%，办公楼投资下降 30.7%，商业营业用房投资下降 28.0%。

七、对外经济

进出口总值完成 5818.4 亿元，比上年增长 7.4%。其中，出口总值 3505.5 亿元，增长 9.3%；进口总值 2312.9 亿元，增长 4.6%。在出口中，纺织纱线、织物及制品出口 185.4 亿元，增长 4.3%；服装及衣着附件出口 159.2 亿元，下降 10.6%；钢材出口 274.4 亿元，下降 28.5%；农产品出口 158.6 亿元，增长 11.8%；机电产品出口 1627.3 亿元，增长 33.1%；高新技术产品出口 248.8 亿元，下降 1.6%。对共建“一带一路”国家进出口总额 2127.2 亿元，比上年增长 13.3%。其中，出口 1462.9 亿元，增长 16.5%；进口 664.3 亿元，增长 6.9%。

图 6　2019—2023 年全省进出口总值

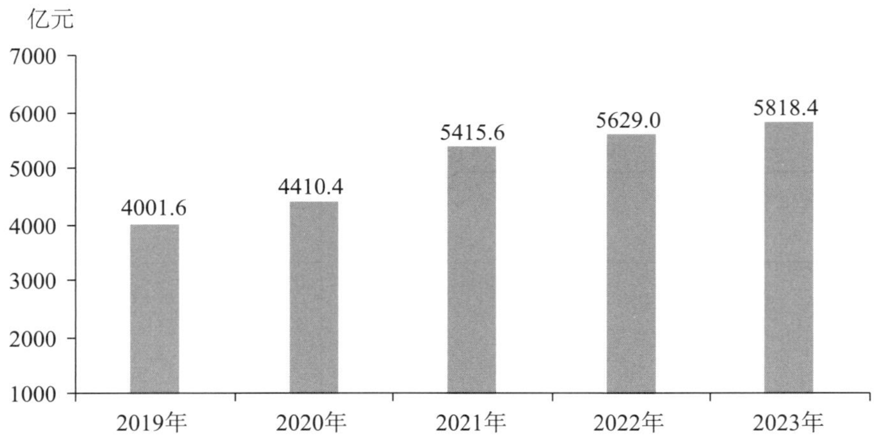

表 6　2023 年主要商品出口数量、金额及其增长速度

商品名称	单位	数量	金额（亿元）	比上年增长（%）
机电产品	—	6817533840	1627.3	33.1
高新技术产品	—	1686362261	248.8	-1.6
农产品	—	1562799176	158.6	11.8
煤及褐煤	千克	244864000	3.7	1.7
医药材及药品	千克	185698263	94.5	-15.1
纺织纱线、织物及制品	—	1780015350	185.4	4.3
陶瓷产品	千克	494445089	61.7	0.6
钢材	千克	4785883486	274.4	-28.5
汽车零配件	—	591697669	203.5	15.1
家具及其零件	—	94776654	105.2	31.2
服装及衣着附件	—	559966600	159.2	-10.6

表 7　2023 年主要商品进口数量、金额及其增长速度

商品名称	单位	数量	金额（亿元）	比上年增长（%）
机电产品	—	1042607519	141.4	-4.8
高新技术产品	—	449697139	57.9	0.5
农产品	—	7997437075	429.2	-4.5
#大豆	千克	6284301220	268.1	-13.9
纸浆	千克	567765244	30.8	20.7
铁矿砂及其精矿	千克	110727983309	899.5	7.8
煤及褐煤	千克	8202741645	102.1	25.4
初级形状的塑料	千克	350940586	29.4	-10.1
钢材	千克	70299751	5.0	-36.7
金属加工机床	台	159	4.0	-17.5
汽车零配件	—	45767195	14.3	2.5

表 8　2023 年全省进出口总值及增长速度

指　　标	金额（亿元）	比上年增长（%）
进出口总值	5818.4	7.4
其中：进口总值	2312.9	4.6
出口总值	3505.5	9.3
其中：一般贸易	3125.1	10.3
加工贸易	139.2	-16.4
其中：国有企业	291.5	0.8
外商投资企业	738.4	36.0
民营企业	2475.3	4.2
集体企业	25.5	27.4
私营企业	2444.1	4.1
其他企业	0.3	-34.3
其中：亚洲	1426.2	1.2
中国香港	27.8	-25.1
日本	115.3	2.0
韩国	186.8	1.6
非洲	254.3	4.5
拉丁美洲	326.9	12.1
欧洲	872.3	26.2
欧盟	471.1	-1.0
北美洲	463.5	-0.7
美国	417.0	-0.2
大洋洲	162.2	55.3

2023 年，全省实际使用外资 17.5 亿美元，比上年增长 5.5%。全省新设企业家数 521 家，增长 17.9%；合同外资金额 66.9 亿美元，下降 28.7%。

备案（核准）对外投资企业 73 家，比上年增长 21.7%；协议对外投资总额 14.2 亿美元，下降 85.2%；中方协议对外投资额 12.6 亿美元，下降 52.2%。

对外承包工程完成营业额 34.3 亿美元，比上年增长 13%；对外劳务合作派出各类劳务人员 1100 人，下降 38.9%。

八、财政金融

全省一般公共预算收入4286.1亿元，比上年增长5.7%。其中，税收收入2577.7亿元，增长14.9%。一般公共预算支出9605.7亿元，比上年增长3.2%。

年末全部金融机构人民币各项存款余额112396.1亿元，比年初增加12571.0亿元，其中住户存款余额78985.0亿元，比年初增加9694.6亿元。全部金融机构人民币各项贷款余额86389.3亿元，比年初增加10007.6亿元。人民币普惠金融贷款余额9577.9亿元，比年初增加2383.7亿元。

全年全省新上市公司5家，退市1家，净增4家，净增数比上年减少1家。全年发行公司信用类债券818.5亿元，比上年增加351.5亿元。

保险业原保险保费收入2136.3亿元，比上年增长4.6%。其中，财产险业务保费收入626.1亿元，增长6.0%；人身险业务保费收入1510.1亿元，增长4.0%。保险业赔付支出843.4亿元，增长28.1%。其中，财产险业务赔付支出470.8亿元，增长37.3%；人身险业务赔付支出372.6亿元，增长18.1%。

九、居民收入消费和社会保障

全年全省居民人均可支配收入32903元，同比增长6.6%。按常住地分，城镇居民人均可支配收入43631元，同比增长5.7%；农村居民人均可支配收入20688元，同比增长6.8%。城乡居民人均可支配收入比值为2.11，比上年缩小0.02。全省居民人均消费支出22920元，同比增长9.7%。按常住地分，城镇居民人均消费支出27906元，增长11.3%；农村居民人均消费支出17244元，增长6.0%。全省居民恩格尔系数为29.4%，比上年下降0.4个百分点。其中，城镇为27.8%，农村为32.4%。

图7　2019—2023年全省居民人均可支配收入

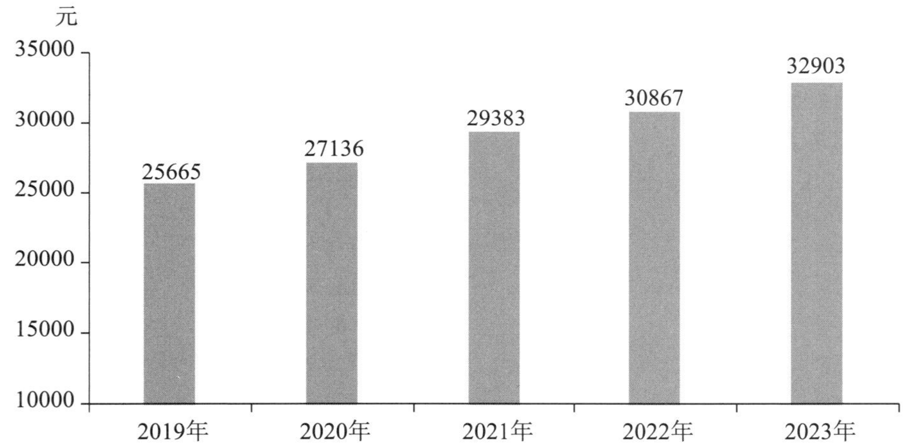

表9　2023年全省居民人均消费支出及其构成表

指　　标	绝对值（元）	比重（%）
全体居民人均消费性支出	22920	100
食品烟酒类	6739	29.4
衣着类	1534	6.7
居住类	4964	21.6
生活用品及服务类	1459	6.4
交通通讯类	3129	13.6
教育文化娱乐类	2309	10.1
医疗保健类	2174	9.5
其他用品及服务类	613	2.7

年末全省参加城镇职工基本养老保险1949.83万人，比年初增加82.13万人。其中，企业职工基本养老保险1613.39万人（含离退休），比年初增加78.11万人。期末全省参加失业保险815.19万人，比年初增加19.75万人。期末全省参加工伤保险1153.53万人，比年初增加47.61万人，其中参加工伤保险农民工475.46万人。

十、科学技术和教育

全省省级及以上企业技术中心887家、技术创新中心（工程技术研究中心）1113家、重点实验室367家。组织实施的国家和省高新技术产业化项目574项，其中在建国家重大专项和示范工程项目16项，新增国家高技术产业化示范项目2项。全年共签订技术合同22613项，技术合同成交金额1789.9亿元，比上年增长22.1%。2023年，全省新增专利授权91976件，比上年减少20.24%。截至2023年底，全省有效发明专利64618件，比上年增长24.39%。

年末全省共有检验检测机构2637个，国家级质检中心23个，省级质检中心65个。产品、体系和服务认证机构23个，全省共有2978家企业获得强制性产品认证。法定计量技术机构151个，全年强制检定计量器具56.45万台（件）。制修订省地方标准254项。全省有地震遥测台网4个，有人值守地震台站19个，海洋观测站6个，省级地质环境监测站1个，天气雷达观测站点18个，卫星云图接收站点2个。

全年研究生教育招生3.0万人，比上年增长4.4%；在学研究生8.7万人，增长6.3%；毕业生2.4万人，增长24.5%。全省共有普通高等学校128所，普通、职业本专科招生58.3万人，增长4.5%；在校生184.0万人，增长3.7%；毕业生50.9万人，增长4.2%。中等职业学校在校生89.2万人，普通高中在校生182.6万人，小学在校生653.2万人，学前教育在园幼儿199.4万人。

十一、文化旅游、卫生健康和体育

年末全省有博物馆231个，公共图书馆181个；文化馆182个，综合档案馆179个。有线电视用户681万户，有线数字电视用户643万户。年末广播节目综合人口覆盖率99.83%，电视节目综合人口覆盖率99.88%。全年生产故事影片12部。出版各类报纸9.12亿份，图书36077万册（张）。

全年接待国内游客8.44亿人次，同比增长154.4%，创收（旅游总收入）10116.2亿元，同比增长236.2%。

年末全省共有医疗卫生机构92843个，其中，医院2487个，乡镇卫生院1965个，社区卫生服务中心（站）1631个，妇幼保健院（所、站）184个，疾病预防控制中心187个。卫生技术人员64.69万人，其中，执业医师及执业助理医师29.07万人，注册护士27.08万人。医疗卫生机构床位53.45万张，其中，医院41.51万张，乡镇卫生院9.0万张。

年末全省各类提供住宿的社会服务机构2011个，床位24.77万张。特困人员供养机构310个。社区综合服务机构和设施52549个。

全年我省运动员在国际比赛（单项世锦赛）中获金牌5枚，银牌5枚，铜牌8枚。

十二、资源、环境和应急管理

全年全省国有建设用地供应总量3.76万公顷，比上年增长10.0%。其中，工矿仓储用地1.02万公顷，增长20.8%；房地产用地0.52万公顷，下降9.6%；其他用地2.22万公顷，增长11.1%。

全年总用水量186.52亿立方米，比上年增长2.2%。其中，生活用水27.99亿立方米，比上年增长0.6%。万元国内生产总值用水量45.3立方米（2015年价），比上年下降2.8%。

全年完成营造林41.8万公顷。截至年底，自然保护区41个，其中，国家级自然保护区13个，省级自然保护区26个。

全省规模以上工业非化石能源发电量961.7亿千瓦时，比上年增长12.0%。其中，风力发电量605.4亿千瓦时，增长8.0%；太阳能发电量232.1亿千瓦时，增长15.9%；垃圾焚烧发电量54.0亿千瓦时，增长1.5%；水力发电量48.2亿千瓦时，增长94.6%。

全省$PM_{2.5}$平均浓度38.6微克/立方米，比上年上升2.1%。全年全省地表水国考断面优良比例保持在80%以上。

全年各类生产安全事故死亡579人。

注释：

1.本公报2023年部分数据为快报数。

2.部分数据合计数或相对数由于单位取舍不同而产生的计算误差，均未作机械调整。

3.全省生产总值、各产业增加值绝对值按现行价格计算，增长速度按不变价格计算。

4.按照我国地区生产总值统一核算和数据发布制度规定，地区生产总值核算包括初步核算和最终核实两个步骤。最终核实数据确定后，初步核算数据不再使用。经最终核实，2022年，全省生产总值现价总量为41988.0亿元，按不变价格计算，比上年增长3.6%。

5.民营经济统计口径为除国有控股、港澳台商控股和外商控股以外的多种所有制经济。

6.农产品生产价格是指农产品生产者直接出售其产品时的价格。

7.基础设施投资是指建造或购置为社会生产和生活提供基础性、大众性服务的工程和设施的支出。基础设施投资包括电力、热力、燃气及水生产和供应业，交通运输、仓储和邮政业，电信、广播电视和卫星传输服务，互联网和相关服务，水利、环境和公共设施管理业，教育，卫生和社会工作等投资。

8.民间固定资产投资是指具有集体、私营、个人性质的内资企事业单位以及由其控股（包括绝对控股和相对控股）的企业单位建造或购置固定资产的投资。

9.房地产业投资除房地产开发投资外，还包括建设单位自建房屋以及物业管理、中介服务和其他房地产投资。

10.国有建设用地供应总量中的其他用地包括公共管理与公共服务用地、交通运输用地、水域及水利设施用地、特殊用地等。

11.固定互联网宽带接入用户是指报告期末在电信企业登记注册，通过xDSL、FTTx+LAN、FTTH/*以及其他宽带接入方式和普通专线接入公众互联网的用户。

12.中等职业教育包括普通中专、成人中专、职业高中，不包含技工学校。

13.普通高等学校的招生数、在校生、毕业生均不包含研究生数量。

14.公报中部分数据来源于相关部门。

综合
General Survey

简 要 说 明

一、本篇资料反映河北省行政区划、国民经济和社会发展综合情况，并收录了基本单位统计资料。

二、综合统计资料是根据河北省统计局相关专业处、国家统计局河北调查总队统计年报资料以及国家统计局、河北省有关部门提供的统计资料加工整理而成。

三、基本单位资料中的产业活动单位按“在地”原则，国民经济行业分类标准（GB/T 4754—2017）汇总。

四、本篇资料分别由河北省统计局、国家统计局河北调查总队及河北省相关业务厅局整理提供。

Brief Introduction

Ⅰ.The summary data in this chapter reflect the divisions of administrative areas, summary data on the national economy and social development, and related indications on.

Ⅱ.The summary data are processed and prepared on the basis of the annual reports by the relevant professional departments of Hebei Provincial Bureau of Statistics and Hebei Survey Office of the National Bureau of Statistics, the statistics provided by the National Bureau of Statistics and some related departments of Hebei Province.

Ⅲ. The data on “Units of Industrial Establishments” of the basic industrial units are prepared on the principle of location and the standard of Industrial Classification of the National Economy (GB/T 4754-2017).

Ⅳ. This data is collected and provided by Hebei Provincial Bureau of Statistics, Hebei Survey Office of the National Bureau of Statistics, and relevant departments and bureaus of Hebei Province.

1-1 行政区划(2023年底)
Divisions of Administrative Areas (End of 2023)

单位：个 (unit)

市	City	地级区划数 Number of Regions at Prefecture Level	县级区划数 Number of Regions at County Level	#市辖区 Districts under the Jurisdiction of Cities	#县级市 Cities at County Level	#县 Counties	#自治县 Autonomous Counties
全省	**Total**	**11**	**167**	**49**	**21**	**91**	**6**
石家庄市	Shijiazhuang	1	22	8	3	11	
唐山市	Tangshan	1	14	7	3	4	
秦皇岛市	Qinhuangdao	1	7	4		2	1
邯郸市	Handan	1	18	6	1	11	
邢台市	Xingtai	1	18	4	2	12	
保定市	Baoding	1	24	5	4	15	
张家口市	Zhangjiakou	1	16	6		10	
承德市	Chengde	1	11	3	1	4	3
沧州市	Cangzhou	1	16	2	4	9	1
廊坊市	Langfang	1	10	2	2	5	1
衡水市	Hengshui	1	11	2	1	8	

1-1 续表 continued

单位：个 (unit)

市	City	乡镇级区划数 Number of Regions at Townships Level	#镇 Towns	#乡级 Townships	#民族乡 Ethnic Towns	#街道 Subdistricts	居民委员会 Community Neighborhood Committee	村民委员会 Villagers' Committee
全省	**Total**	**2254**	**1332**	**573**	**38**	**310**	**5237**	**49130**
石家庄市	Shijiazhuang	276	140	73	3	60	1038	4161
唐山市	Tangshan	231	158	16	3	54	754	5382
秦皇岛市	Qinhuangdao	97	54	20		23	186	2265
邯郸市	Handan	242	143	67	2	30	761	5089
邢台市	Xingtai	198	117	54		27	514	4868
保定市	Baoding	340	210	97	2	31	587	6167
张家口市	Zhangjiakou	233	103	104	2	23	346	4173
承德市	Chengde	217	121	64	18	14	183	2459
沧州市	Cangzhou	194	119	43	6	26	321	6372
廊坊市	Langfang	108	79	9	2	18	412	3200
衡水市	Hengshui	118	88	26		4	135	4994

注：乡镇级区划总数包含一个区公所。

a) Number of regions at townships level include one district office.

1-2 国民经济和社会发展总量与速度指标

指标	Item	总量指标	
		1978	2000
人口(万人)	**Population (10000 persons)**		
总人口(年末)	Total Population (year-end)	5057	6674.3
城镇人口	Urban Population		1741
乡村人口	Rural Population		4933
就业(万人)	**Employment (10000 persons)**		
就业人员数	Number of Employed Persons	2109	3386
第一产业	Primary Industry	1622	1678
第二产业	Secondary Industry	293	887
第三产业	Tertiary Industry	195	821
国民经济核算	**National Accounts**		
地区生产总值(亿元)	Gross Domestic Product (100 million yuan)	183.1	4628.2
第一产业	Primary Industry	52.2	824.7
第二产业	Secondary Industry	92.4	2146.7
第三产业	Tertiary Industry	38.5	1656.8
人均地区生产总值(元)	Per Capita GDP (yuan)	364	6966
人民生活	**People's Living Conditions**		
全省居民人均可支配收入(元)	Per Capita Disposable Income of Households (yuan)		3315
城镇居民人均可支配收入(元)	Per Capita Disposable Income of Urban Households (yuan)	276	5642
农村居民人均可支配收入(元)	Per Capita Disposable Income of Rural Households (yuan)	114	2484
财政(亿元)	**Government Finance (100 million yuan)**		
一般公共预算收入	General Public Budget Revenue		248.8
一般公共预算支出	General Public Budget Expenditure	32.4	415.5
能源(万吨标准煤)	**Energy (10000 tce)**		
能源生产总量	Total Energy Production		5639.3
能源消费总量	Total Energy Consumption		11195.7
对外经济贸易	**Foreign Trade**		
货物进出口总额(亿美元)	Total Value of Imports and Exports (USD 100 million)	3.0	52.4
出口额	Exports	2.8	37.1
进口额	Imports	0.2	15.3
农业	**Agriculture**		
主要农产品产量(万吨)	Output of Major Farm Products (10000 tons)		
粮　食	Grain	1687.9	2551.1
棉　花	Cotton	11.7	30.0
油　料	Oil-bearing Crops	24.5	147.0
蔬　菜(含食用菌)	Vegetables (Including Edible Fungus)	550.7	4454.0
肉　类	Meat		342.4
水产品	Aquatic Products	13.9	81.0

注：本表速度指标中，地区生产总值及三次产业增加值、农林牧渔业总产值均按可比价格计算。

Aggregate Indicators on National Economic and Social Development and Growth Rates

Aggregate Data			指数 Index (2023为以下各年) (2023 as Percentage of the Following Years)				平均增长速度(%) Average Annual Growth Rate (%)	
2020	2022	2023	1978	2000	2020	2022	1979–2023	2001–2023
7463.8	7420	7393	146.2	110.8	99.1	99.6	0.8	0.4
4483.4	4575	4641		266.6	103.5	101.4		4.4
2980.4	2845	2752		55.8	92.3	96.7		-2.5
3671	3580	3623	171.8	107.0	98.7	101.2	1.2	0.3
815	820	789	48.7	47.0	96.8	96.2	-1.6	-3.2
1170	1121	1147	391.7	129.3	98.0	102.3	3.1	1.1
1686	1639	1687	865.4	205.6	100.1	102.9	4.9	3.2
36013.8	41988.0	43944.1	4925.9	556.0	116.4	105.5	9.0	7.7
3880.4	4408.6	4466.2	799.4	260.6	113.1	102.6	4.7	4.3
13765.1	16129.6	16435.3	5460.1	500.5	114.7	106.2	9.3	7.3
18368.4	21449.8	23042.6	11444.4	769.7	118.4	105.5	11.1	9.3
48302	56481	59332	3337.6	498.7	117.1	105.8	8.1	7.2
27136	30867	32903		992.4	121.3	106.6		10.5
37286	41278	43631	15794.4	773.4	117.0	105.7	11.9	9.3
16467	19364	20688	18138.2	832.9	125.6	106.8	12.3	9.7
3826.5	4056.3	4286.6		1723.2	112.0	105.7		13.2
9022.8	9305.6	9606.2	29612.2	2311.7	106.5	103.2	13.5	14.6
6763.8	7739.5	8188.9		145.2	121.1	105.8		1.6
33027.3	32763.5	33615.3		300.3	101.8	102.6		4.9
644.7	843.2	826.6	27689.9	1579.0	128.2	98.0	13.3	12.7
364.5	510.5	498.1	18023.6	1343.7	136.7	97.6	12.2	12.0
280.2	332.6	328.5	148244.6	2149.9	117.2	98.8	17.6	14.3
3795.9	3865.1	3809.9	225.7	149.3	100.4	98.6	1.8	1.8
20.9	13.9	10.4	88.7	34.6	49.7	74.7	-0.3	-4.5
119.5	115.4	118.3	482.7	80.5	99.0	102.5	3.6	-0.9
5198.2	5406.8	5498.5	998.4	123.5	105.8	101.7	5.2	0.9
419.2	478.8	495.0		144.6	118.1	103.4		1.6
100.3	112.4	114.7	825.5	141.7	114.4	102.1	4.8	1.5

a) The speed indicators in this table, including Gross Regional Product and the value-added of primary, secondary, and tertiary industries, as well as the total output value of agriculture, forestry, animal husbandry and fishery, are all calculated at constant prices.

1-2 续表 1

指 标	Item	总量指标 1978	2000
工业	**Industry**		
主要工业产量	Output of Major Industrial Products		
纱(万吨)	Yarn (10000 tons)	19.1	43.7
布(亿米)	Cloth(100 million m)	8.2	15.6
化学纤维(万吨)	Chemical Fiber (10000 tons)	1.1	10.2
机制纸及纸板(万吨)	Machine-made Paper and Paperboard (10000 tons)	23.1	216.3
原 煤(万吨)	Coal (10000 tons)	5742.0	5781.0
原 油(万吨)	Crude Oil (10000 tons)	1723.0	518.3
粗 钢(万吨)	Crude Steel (10000 tons)	145.5	1230.1
钢 材(万吨)	Rolled Steel (10000 tons)	94.2	1306.5
生 铁(万吨)	Pig Iron (10000 tons)	222.5	1709.2
水 泥(万吨)	Cement (10000 tons)	463.5	4694.6
平板玻璃(万重量箱)	Plate Glass (10000 weight cases)	331.0	2083
农用化肥(折纯量)(万吨)	Chemical Fertilizer (10000 tons)	80.1	195
规模以上工业企业主要指标(亿元)	Principal Indicators of Industrial Enterprises above Designated Size (100 million yuan)		
资产总计	Total Assets		5199.7
营业收入	Business Revenue		3425.1
利润总额	Total Profits		184.9
建筑业	**Construction**		
建筑业总产值(亿元)	Gross Output Value of Construction (100 million yuan)		852.1
房地产业	**Real Estate**		
房地产企业房屋施工面积(万平方米)	Floor Space of Buildings under Construction (10000 sq.m)		1670.0
房地产企业房屋竣工面积(万平方米)	Floor Space of Buildings Completed (10000 sq.m)		771.3
房地产企业商品房销售面积(万平方米)	Floor Space of Commercialized Buildings Sold (10000 sq.m)		489.4
#住宅	Residential Buildings		443.5
房地产企业商品房销售额(亿元)	Total Sale of Commercialized Buildings (100 million yuan)		70.9
#住宅	Residential Buildings		59.9
批发、零售和旅游业	**Wholesale, Retail Sales and Tourism**		
社会消费品零售总额(亿元)	Total Retail Sales of Consumer Goods (100 million yuan)	60.3	1440.1
游客总人数(百万人次)	Total Number of Tourists (million person-times)		48.6
旅游总收入(亿元)	Total Tourism Earnings(100 million yuan)		201.6
交通运输业	**Transport**		
客运量(万人)	Passenger Traffic (10000 persons)	9563	65255
铁 路	Railways	3842	4902
公 路	Highways	5713	60341
民 航	Civil Aviation		12.0

continued

Aggregate Data			指数 Index (2023为以下各年) (2023 as Percentage of the Following Years)				平均增长速度(%) Average Annual Growth Rate (%)	
2020	2022	2023	1978	2000	2020	2022	1979–2023	2001–2023
60.7	49.3	57.6	301.2	131.9	94.9	116.9	2.5	1.2
9.8	7.9	8.7	106.1	55.8	89.1	109.6	0.1	-2.5
96.5	94.0	115.3	10478.8	1125.7	119.4	122.6	10.9	11.1
340.2	377.9	436.2	1888.2	201.6	128.2	115.4	6.7	3.1
4974.7	4705.6	4611.1	80.3	79.8	92.7	98.0	-0.5	-1.0
543.5	547.1	471.0	27.3	90.9	86.7	86.1	-2.8	-0.4
24977.0	21194.5	21050.6	14468.8	1711.3	84.3	99.3	11.7	13.1
31320.1	32169.2	29891.0	31734.8	2287.8	95.4	92.9	13.7	14.6
22903.8	19840.2	19549.4	8785.5	1143.8	85.4	98.5	10.5	11.2
11717.5	9905.7	10130.6	2185.7	215.8	86.5	102.3	7.1	3.4
13728.4	14200.5	13401.6	4049.3	643.3	97.6	94.4	8.6	8.4
212.5	193.4	219.7	274.2	112.5	103.4	113.6	2.3	0.5
51303.1	61482.5	65216.6		1254.2	127.1	106.1		11.6
43213.2	50877.4	52787.2		1541.2	122.2	103.8		12.6
2177.8	1210.4	1280.3		692.3	58.8	105.8		8.8
5948.1	6951.3	7259		851.9	122.0	104.4		12.4
31408.4	33651.8	31697.2		1898.0	100.9	94.2		13.7
2367.2	2522.6	3447.2		446.9	145.6	136.7		6.7
6028.4	4615.7	4338.5		886.4	72.0	94.0		10.0
5572.2	4317.5	4085.5		921.1	73.3	94.6		10.1
4950.4	3702.1	3548.8		5006.7	71.7	95.9		18.5
4597.9	3488.8	3383.4		5651.3	73.6	97.0		19.2
12705.0	13720.1	15040.5	24942.8	1044.4	118.4	109.6	13.0	10.7
379.5	331.6	843.6		1736.3	222.3	254.4		13.2
3674.7	3008.9	10116.2		5017.2	275.3	336.2		18.6
18238	8774	21083	220.5	32.3	115.6	240.3	1.8	-4.8
7102	4114	12388	322.4	252.7	174.4	301.1	2.6	4.1
10575	4296	8030	140.6	13.3	75.9	186.9	0.8	-8.4
561.2	363.6	664.9		5540.9	118.5	182.9		19.1

1-2 续表 2

指　　标	Item	总量指标	
		1978	2000
货运量(万吨)	Freight Traffic (10000 tons)	26961	74214
铁　路	Railways	11829	12106
公　路	Highways	14832	59860
水　运	Waterways	300	404
民　航	Civil Aviation		…
管　道	Pipelines		1844
沿海规模以上港口货物吞吐量(万吨)	Volume of Freight Handled at Coastal Ports above Designated Size (10000 tons)	2219	10771
民用汽车拥有量(万辆)	Possession of Civil Motor Vehicles (10000 sets)	6.9	104.1
#私人汽车	Private Vehicles		51.7
邮政、电信和信息软件业	**Postal, Telecommunication & Information Services**		
移动电话年末用户(万户)	Number of Mobile Telephone Subscribers at Year-end (10000 accounts)		279.4
固定电话年末用户(万户)	Number of Fixed Telephone Subscribers at Year-end (10000 accounts)	8.0	667.3
互联网宽带接入用户(万户)	Broadband Subscribers of Internet (10000 accounts)		
金融业	**Financial Intermediation**		
金融机构人民币各项存款余额(亿元)	Deposits of National Banking System (100 million yuan)	77.23	3780.74
金融机构人民币各项贷款余额(亿元)	Loans of National Banking System (100 million yuan)	91.51	2933.19
科学技术	**Expenditure for Science and Technology**		
研究与试验发展经费支出(亿元)	Expenditure on R&D (100 million yuan)		26.3
发明专利申请授权数(件)	Number of Patent Applications Granted (piece)		
教育	**Education**		
专任教师数(万人)	Full-time Teachers (10000 persons)		
#普通高等学校	Regular Institutions of Higher Education	0.78	1.94
普通高中	Regular Senior Secondary Schools	5.73	4.37
初　中	Junior Secondary Schools	14.31	21.00
普通小学	Regular Primary Schools	24.96	32.95
在校学生数(万人)	Total Enrollment (10000 persons)		
#普通本专科	Regular Undergraduates and College Students	2.96	25.26
普通高中	Regular Senior Secondary Schools	121.31	70.04
初　中	Regular Junior Secondary Schools	263.64	411.71
普通小学	Regular Primary Schools	746.32	813.73
卫生	**Public Health**		
医院(个)	Hospitals (unit)	4336	779
执业(助理)医师(万人)	Licensed (Assistant) Doctors (10000 persons)	5.46	9.17
医院床位数(万张)	Number of Beds of Hospitals (10000 units)	8.16	10.78
文化体育	**Culture**		
图书出版总印数(万册、万张)	Number of Books Published (10000 copies)		31021.9
社会保险	**Welfare and Social Insurance**		
参加基本养老保险人数(万人)	Contributors in Basic Pension Insurance (10000 persons)		
参加失业保险人数(万人)	Number of Employees Joining Unemployment Insurance (10000 persons)		
参加基本医疗保险人数(万人)	Contributors in Basic Medical Care Insurance (10000 persons)		

continued

Aggregate Data			指数 Index (2023为以下各年) (2023 as Percentage of the Following Years)				平均增长速度(%) Average Annual Growth Rate (%)	
2020	2022	2023	1978	2000	2020	2022	1979–2023	2001–2023
247800	240636	262095	972.1	353.2	105.8	108.9	5.2	5.6
30806	30212	30124	254.7	248.8	97.8	99.7	2.1	4.0
211942	196727	217492	1466.4	363.3	102.6	110.6	6.1	5.8
4575	5197	5475	1824.9	1355.1	119.7	105.3	6.7	12.0
5.60	1.91	3.31			59.1	173.3		
472	8497	9001		488.1	1907.8	105.9		7.1
120446	127667	136265	6140.8	1265.1	113.1	106.7	9.6	11.7
1763.1	1982.9	2297.1	33291.0	2206.0	130.3	115.8	13.8	14.4
1621.3	1768.6	1953.3		3775.2	120.5	110.4		17.1
8336.0	8733.3	8851.6		3168.1	106.2	101.4		16.2
652.1	651.4	586.8	7298.2	87.9	90.0	90.1	10.0	-0.6
2534.4	2992.6	3179.7			125.5	106.3		
81295.3	100279.0	112840.4	146109.6	2984.6	138.8	112.5	17.6	15.9
60993.2	76644.7	86603.1	94637.8	2952.5	142.0	113.0	16.4	15.9
634.4	848.9	912.1		3471.5	143.8	107.4		16.7
6365	12022	14211			223.3	118.2		
8.54	9.50	9.89	1267.8	509.7	115.8	104.1	5.8	7.3
5.03	5.65	5.84	101.9	133.6	116.1	103.4	0.0	1.3
21.98	23.60	24.47	171.0	116.5	111.3	103.7	1.2	0.7
40.77	40.82	40.57	162.5	123.1	99.5	99.4	1.1	0.9
166.89	177.37	183.99	6215.9	728.4	110.2	103.7	9.6	9.0
151.75	175.25	182.63	150.5	260.8	120.3	104.2	0.9	4.3
301.55	320.14	333.25	126.4	80.9	110.5	104.1	0.5	-0.9
695.92	663.60	653.18	87.5	80.3	93.9	98.4	-0.3	-1.0
2244	2423	2487	57.4	319.3	110.8	102.6	-1.2	5.2
24.01	26.23	28.98	530.8	316.0	120.7	110.5	3.8	5.1
34.86	38.26	41.49	508.5	384.9	119.0	108.4	3.7	6.0
34137	34997	37446.9		120.7	109.7	107.0		0.8
5284.0	5436.2	5477.1			103.7	100.8		
691.52	795.43	815.19			117.9	102.5		
6938.8	1105.9	1153.5			16.6	104.3		

1-3 国民经济和社会发展结构指标
Composition Indicators on National Economic and Social Development

单位：% (%)

指　　标	Item	1978	1990	2000	2020	2022	2023
人口	**Population**						
性别	Sexual Composition						
男	Male	51.3	51.1	50.9	50.5	49.7	49.7
女	Female	48.7	48.9	49.1	49.5	50.3	50.3
年龄	Age						
0-14岁	Aged 0-14		29.0	22.8	20.2	18.6	17.9
15-64岁	Aged 15-64		65.2	70.3	65.9	65.8	66.0
65岁及以上	Aged 65 and Over		5.8	6.9	13.9	15.6	16.2
城乡	Urban and Rural Composition						
城镇	Urban Areas		19.2	26.3	60.1	61.7	62.8
乡村	Rural Area		80.8	73.7	39.9	38.4	37.2
国民经济核算	**National Accounts**						
地区生产总值(生产法)	Gross Domestic Product						
第一产业	Primary Industry	28.5	25.4	17.8	10.8	10.4	10.2
第二产业	Secondary Industry	50.5	43.2	46.4	38.2	40.2	37.4
第三产业	Tertiary Industry	21.0	31.4	35.8	51.0	49.4	52.4
地区生产总值(支出法)	Gross Domestic Product						
最终消费支出	Final Consumption Expenditures	51.0	57.9	44.4	46.8	50.4	
资本形成总额	Gross Capital Formation	35.1	37.3	44.5	55.5	51.82	
货物和服务净出口	Net Exports of Goods and Services	13.9	4.8	11.0	-2.3	-2.21	
就业	**Employment**						
第一产业	Primary Industry	76.9	61.6	49.6	22.2	22.9	21.8
第二产业	Secondary Industry	13.9	23.0	26.2	31.9	31.3	31.7
第三产业	Tertiary Industry	9.2	15.4	24.2	45.9	45.8	46.6
人民生活	**People's Living Conditions**						
城镇居民人均消费支出	Per Capita Consumption Expenditure of Urban Households						
食品烟酒	Food, Tobacco and Liquor			34.4	26.9	28.3	27.8
衣　着	Clothing			12.1	7.2	6.5	6.9
居　住	Residence			10.7	25.9	25.4	23.7
生活用品及服务	Household Facilities, Articles and Services			10.2	6.6	6.5	6.6
交通通信	Transport and Communications			7.6	12.1	12.5	13.2
教育文化娱乐	Education, Cultural and Recreation			12.1	10.4	8.8	9.7
医疗保健	Health Care and Medical Services			8.7	8.6	9.3	9.1
其他用品及服务	Miscellaneous Goods and Services			4.2	2.3	2.5	3.0
农村居民人均消费支出	Per Capita Consumption Expenditure of Rural Households						
食品烟酒	Food, Tobacco and Liquor			39.1	29.2	32.3	32.4
衣　着	Clothing			7.6	6.4	6.3	6.3
居　住	Residence			23.9	21.4	18.9	17.9
生活用品及服务	Household Facilities, Articles and Services			4.8	6.2	6.0	5.9
交通通信	Transport and Communications			6.2	15.0	15.2	14.4
教育文化娱乐	Education, Cultural and Recreation			9.9	9.1	9.1	10.8
医疗保健	Health Care and Medical Services			5.7	10.9	10.2	10.2
其他用品及服务	Miscellaneous Goods and Services			2.9	1.8	1.9	2.1
财政	**Government Finance**						
税收收入占一般公共预算收入比重	Tax Revenue Percentage to General Public				66.1	55.3	60.1
一般公共预算支出结构	Composition of General Public Budget Revenue						
#教　育	Education			17.7	17.7	19.0	18.8
能源	**Energy**						
能源生产	Total Energy Production						

1-3 续表 continued

单位：% (%)

指 标	Item	1978	1990	2000	2020	2022	2023
原 煤	Coal		83.4	85.5	53.6	46.0	42.9
原 油	Crude Oil		15.3	13.1	11.5	10.1	8.2
天然气	Natural Gas		0.7	1.1	1.1	1.0	1.0
一次电力及其他能源	Primary Electricity and Other Energy		0.5	0.3	33.9	42.9	47.9
能源消费	Total Energy Consumption						
煤 炭	Coal		90.3	90.9	79.9	72.9	70.2
石 油	Petroleum		7.9	8.2	6.4	7.3	7.7
天然气	Natural Gas		1.3	0.8	7.0	8.2	7.8
一次电力及其他能源	Primary Electricity and Other Energy		0.4	0.1	6.8	11.6	14.2
农业	**Agriculture**						
农林牧渔业总产值	Composition of Gross Output Value of Agriculture Forestry, Animal Husbandry and Fishery						
#农 业	Farming	84.4	71.2	54.8	50.6	52.6	52.5
林 业	Forestry	3.2	2.7	1.6	3.8	3.5	3.3
牧 业	Animal Husbandry	11.7	23.3	39.7	34.3	31.2	30.8
渔 业	Fishery	0.7	2.8	3.8	3.6	4.5	4.5
工业(规模以上)	**Industry (above designated size)**						
工业企业资产	Composition of Assets of Industrial Enterprises						
采矿业	Mining				7.5	8.0	7.4
制造业	Manufacturing				77.3	76.2	76.8
电力、热力、燃气及水生产和供应业	Production and Supply of Electricity, Heat Gas and Water				15.2	15.8	15.8
工业企业资产	Composition of Assets of Industrial Enterprises						
大型企业	Large Enterprises				47.4	46.0	46.8
中型企业	Medium-sized Enterprises				19.1	18.7	18.5
小型企业	Small Enterprises				33.5	35.4	34.7
交通运输业	**Transport**						
货运量	Freight Traffic						
铁 路	Railways	43.9	19.8	16.3	12.4	12.6	11.5
公 路	Highways	55.0	76.0	80.7	85.5	81.8	83.0
水 运	Waterways	1.1	0.6	0.5	1.8	2.2	2.1
民 航	Civil Aviation						
管 道	Pipelines		3.6	2.5	0.2	3.5	3.4
科技	**Science and Technology**						
研究与试验发展经费支出	Expenditure on R&D						
#基础研究	Basic Research			5.8	2.5	3.2	2.8
应用研究	Applied Research			26.6	8.9	9.0	9.4
试验发展	Experimental Development			67.7	88.7	87.8	87.8
#政府资金	Government Funds			28.2	11.3	10.9	10.3
企业资金	Enterprises Funds			57.4	87.2	85.4	86.5
教育	**Education**						
教育经费	Composition of Education Funds						
国家财政性教育经费	Government Appropriation for Education			68.3	83.6	80.5	80.1
#公共财政教育经费	Public Expenditure on Education			55.4	74.3	71.9	76.8
卫生	**Public Health**						
卫生技术人员	Medical Technical Personnel						
#执业(助理)医师	Licensed (Assistant) Doctors				46.1	45.0	44.9
注册护士	Registered Nurses				38.7	40.8	41.8
药师(士)	Pharmacist				3.8	3.7	3.7

1-4 国民经济和社会发展比例和效益指标
Indicators on National Economic and Social Development

指　标	Item	1978	2000	2020	2022	2023
人口与就业	**Population and Employment**					
出生率(‰)	Birth Rate (‰)	20.88	11.30	8.16	6.09	5.54
死亡率(‰)	Death Rate (‰)	6.49	6.21	7.22	7.80	8.33
自然增长率(‰)	Natural Growth Rate (‰)	14.39	5.09	0.94	-1.71	-2.79
总抚养比(%)	Gross Dependency Ratio (%)		42.5	51.8	51.99	51.62
少儿抚养比(%)	Children Dependency Ratio (%)		32.5	30.7	28.23	27.01
老年抚养比(%)	Old Dependency Ratio (%)		10.0	21.1	23.76	24.61
国民经济核算	**National Accounts**					
人均地区生产总值(元)	Per Capita GDP (yuan)	364	6966	48302	56481	59332
人民生活	**People's Living Conditions**					
城乡收入比(农村居民收入为1)	Urban and Rural Income Ratio (Rural Income as 1)	2.42	2.27	2.26	2.13	2.11
财政	**Government Finance**					
一般公共预算收入与地区生产总值之比(%)	Proportion of Government Revenue to GDP (%)		5.37	10.63	9.57	9.75
一般公共预算支出与地区生产总值之比(%)	Proportion of Government Expenditure to GDP (%)	17.7	8.98	25.05	21.96	21.86
能源	**Energy**					
能源生产弹性系数	Elasticity Ratio of Energy Production			1.74	2.99	1.02
能源消费弹性系数	Elasticity Ratio of Energy Consumption		2.04	0.18		0.44
电力消费弹性系数	Elasticity Ratio of Electricity Consumption			0.52	0.32	1.67
能源加工转换总效率(%)	Total Efficiency of Energy Conversion (%)			73.75	75.34	74.85
农业	**Agriculture**					
每公顷播种面积农产品产量(公斤)	Output of Farm Crops per Hectare of Sown Area (kg)					
小麦	Wheat	2212	4509	6492	6562	6609
玉米	Corn	2310	4012	6005	6061	5852
棉花	Cotton	203	976	1102	1197	1208
工业	**Industry**					
资产负债率(%)	Assets-Liability Ratio (%)			60.82	63.17	63.45
流动资产周转次数(次/年)	Turnover of Working Capital (time/year)			1.80	1.67	1.64
成本费用利润率(%)	Ratio of Profits to Industrial Cost (%)			5.38	2.50	2.59
邮电通信业	**Postal and Telecommunication Services**					
电话普及率(含移动电话)(部/百人)	Popularization Rate of Telephone (Include Mobile Telephone) (set/100 persons)	0.2	14.2	120.4	126.0	127.7
移动电话普及率(部/百人)	Popularization Rate of Mobile Telephone (set/100 persons)		4.2	111.7	117.7	119.7
金融业	**Financial Intermediation**					
金融机构存款与地区生产总值之比(%)	Proportion of Deposits of Financial Institutions to GDP (%)	42.18	81.69	225.73	236.67	256.78
金融机构贷款与地区生产总值之比(%)	Proportion of Loans of Financial Institutions to GDP (%)	49.98	63.38	169.36	180.89	197.08
科技	**Science and Technology**					
研究与试验发展经费内部支出与地区生产总值之比(%)	Proportion of R&D Expenditure to GDP (%)		0.57	1.75	2.02	2.08
教育	**Education**					
小学学龄儿童毛入学率(%)	Net Enrollment Ratio of School-age Children in Primary Schools (%)			99.9	99.7	99.96
小学升学率(%)	Promotion Rate from Primary Schools to Junior Secondary Schools (%)			99.1	98.1	97.95
初中升学率(%)	Promotion Rate from Junior Secondary Schools to Senior Secondary Schools (%)			95.6	98.8	96.14
卫生	**Public Health**					
每万人口执业(助理)医师数(人)	Number of Licensed (Assistant) Doctors per 10000 Population (person)	10.8	13.7	32.2	35.35	39.20
每万人口医疗卫生机构床位数(张)	Number of Beds of Hospitals and Health Centers per 10000 Population (bed)	17.6	25.4	59.4	65.45	72.24
医院病床使用率(%)	Beds Utilization Rate of Hospital (%)			70.7	64.31	71.55

1−5 河北国民经济和社会发展主要指标占全国的比重(2023年)

Percentage of Hebei's National Economy and Social Development in the Country (2023)

指　　标	Indicator	全　国 Country	河　北 Hebei	河北占全国的比重(%) Percentage to the Country of Hebei (%)
年末总人口(万人)	Year-end Total Population (10000 persons)	140967	7393	5.24
地区生产总值(亿元)	Gross Domestic Product (100 million yuan)	1260582.1	43944.1	3.49
第一产业	Primary Industry	89755.2	4466.2	4.98
第二产业	Secondary Industry	482588.5	16435.3	3.41
第三产业	Tertiary Industry	688238.4	23042.6	3.35
一般公共预算收入(亿元)	General Public Budget Revenue (100 million yuan)	216795.4	4286.6	1.98
金融机构年末存款余额(亿元)	Year-end Deposit Balance of Financial Institutions (100 million yuan)	2842623.3	112840.4	3.97
金融机构年末贷款余额(亿元)	Year-end Loan Balance of Financial Institutions (100 million yuan)	2375905.4	86603.1	3.65
能源消费总量(万吨标准煤)	Total Energy Consumption (10000 tce)	572000.0	33615.3	5.88
社会消费品零售总额(亿元)	Total Retail Sales of Consumer Goods (100 million yuan)	471495.2	15040.5	3.19
进出口总额(亿元)	Total Imports and Exports (100 million yuan)	417568.3	5818.4	1.39
出口总额	Gross Export Value	237725.9	3505.5	1.47
进口总额	Gross Import Value	179842.4	2312.9	1.29
普通高等学校本专科在校生(万人)	Students Enrollment in Institutions of Higher Education (10000 persons)	3775.0	184.0	4.87
R&D经费支出(亿元)	Expenditure on R&D (100 million yuan)	33357.1	912.1	2.73
卫生机构床位数(万张)	Number of Beds of Health Care Institutions (10000 units)	1017.4	53.4	5.25
卫生技术人员(万人)	Medical Technical Personnel (10000 persons)	1248.8	64.5	5.16
#执业(助理)医师	Practitioner (Assistant) Doctors	478.2	29.0	6.06
工农业主要产品产量(万吨)	Output of Major Industrial and Agricultural Products (10000 tons)			
粮食	Grain	69541.0	3309.9	5.5
棉花	Cotton	561.8	10.4	1.9
油料	Oil-bearing Crops	3863.7	118.3	3.1
粗钢	Rough Steel	102886.0	21050.6	20.5
钢材	Rolled Steel	138378.7	29891.0	21.6
水泥	Cement	201940.2	10130.6	5.0
平板玻璃(万重量箱)	Plain Glass (10000 weight cases)	98752.8	13401.6	13.6
农用氮、磷、钾化肥(万吨)	Chemical Nitrogen, Phosphate and Potash Fertilizers for Agricultural Use (10000 tons)	5683.8	219.7	3.9
化学药品原药	Chemical Medicines	372.3	10.3	2.8
化学纤维	Chemical Fibers	7566.5	115.3	1.5
布(亿米)	Cloth (100 million m)	318.9	8.7	2.7
汽车(万辆)	Moter Vehicles (10000 units)	3009.9	86.2	2.9

1-6 按主要行业分法人单位数
Number of Corporate Units by Sector

单位：个 (unit)

年份 市	Year City	合计 Total	农、林、牧、渔业 Agriculture, Forestry, Animal Husbandry and Fishery	采矿业 Mining	制造业 Manufacturing	电力、热力、燃气及水生产和供应业 Production and Supply of Electricity, Heat, Gas and Water	建筑业 Construction	批发和零售业 Wholesale and Retail Trades
	2005	227105	1766	7061	64459	691	3863	29354
	2006	244450	2276	7705	71343	794	4566	34883
	2007	255875	2759	8102	74277	868	4968	38820
	2008	285586	7017	7794	78240	977	5163	46879
	2009	323869	9116	8415	86824	1205	6690	63166
	2010	345822	11797	8616	89208	1343	7954	72731
	2011	361028	13822	8318	89874	1463	9380	81073
	2012	387093	17972	8200	94883	1591	10562	91157
	2013	463436	36934	6588	93579	1839	14024	111227
	2014	530949	44777	7081	110020	2140	17487	131451
	2015	630396	58872	6529	126673	2739	23224	165655
	2016	785258	73766	6332	151620	3601	37800	219537
	2017	1147414	105376	6864	211185	5496	68466	337783
	2018	1257161	116092	4842	218111	5484	89523	358174
	2019	1318302	114610	4944	226925	5699	98620	374537
	2020	1456963	117949	5280	250038	6019	120242	411323
	2021	1569310	105389	5202	270241	6460	142819	441430
	2022	1842777	127500	5449	310890	7355	171511	517696
石家庄市	Shijiazhuang	354644	13444	317	33906	987	33749	110455
石家庄市①	Shijiazhuang①	343458	12165	308	31270	921	32803	107386
唐山市	Tangshan	154041	12247	1265	18534	586	8896	49527
秦皇岛市	Qinhuangdao	84091	6357	389	6068	217	7835	23032
邯郸市	Handan	206886	15805	630	25342	773	20731	66633
邢台市	Xingtai	172602	11833	298	44709	853	15814	50725
保定市	Baoding	262145	19124	493	45677	771	24848	73223
保定市①	Baoding①	215533	16583	487	38019	684	21038	60147
张家口市	Zhangjiakou	85518	11252	592	5759	1304	10179	19576
承德市	Chengde	71215	12019	1354	4296	543	8945	16239
沧州市	Cangzhou	171276	9807	84	56418	573	11936	41740
廊坊市	Langfang	168501	7643	18	35095	337	18737	39379
衡水市	Hengshui	111858	7969	9	35086	411	9841	27167
定州市	Dingzhou	17797	1541		3174	47	2805	3671
辛集市	Xinji	11186	1279	9	2636	66	946	3069

注：本表数据中石家庄市含辛集市，石家庄市①不含辛集市；保定市含定州市和雄安新区，保定市①不含定州市和雄安新区。以下相关表同。

a) Data in this table, Shijiazhuang includes Xinji, Shijiazhuang① excludes Xinji; Baoding includes Dingzhou and Xiongan, Baoding① excludes Dingzhou and Xiongan. The same applies to the table following.

1−6 续表 1 continued

单位：个 (unit)

年 份 Year / 市 City		交通运输、仓储和邮政业 Transport, Storage and Post	住宿和餐饮业 Hotels and Catering Services	信息传输、软件和信息技术服务业 Information Transmission, Software and Information Technology	金融业 Financial Intermediation	房地产业 Real Estate	租赁和商务服务业 Leasing and Business Services	科学研究和技术服务业 Scientific Research and Technical Services
	2005	2799	3047	1660	1344	3207	4753	2860
	2006	3237	3315	2064	1402	3997	5659	3165
	2007	3658	3507	2397	1367	4677	6203	3359
	2008	4967	3947	3993	880	5523	7816	4140
	2009	5950	4216	4692	1425	7073	9756	4971
	2010	6529	4184	4876	1671	9084	11440	5434
	2011	7234	4069	4699	2230	10546	13359	5877
	2012	7754	4233	5106	2597	11472	15638	6478
	2013	9592	4458	4211	1238	13782	24379	13650
	2014	11511	5101	5233	4580	15593	29344	15365
	2015	14274	6003	8143	4691	18420	40024	19371
	2016	18660	8228	13945	4847	25580	56215	26096
	2017	27649	12922	30164	5793	40640	94383	44418
	2018	31074	15538	39141	3680	45063	99299	51677
	2019	32940	15906	42291	4098	46772	109461	59330
	2020	37493	17537	49355	4365	51248	124294	72445
	2021	41531	19513	56434	4281	54653	136708	86195
	2022	48293	23298	67851	4378	60279	158878	110551
石家庄市	Shijiazhuang	8948	3683	22081	1303	13908	42225	33047
石家庄市①	Shijiazhuang①	8681	3626	21910	1286	13614	41793	32370
唐 山 市	Tangshan	6245	1396	7036	435	5042	12778	8914
秦皇岛市	Qinhuangdao	2360	1487	4506	228	3387	10181	4843
邯 郸 市	Handan	7986	2747	6632	375	5453	16368	11307
邢 台 市	Xingtai	3539	1512	3460	241	4148	8494	6697
保 定 市	Baoding	5527	4798	8576	514	7741	21550	15024
保 定 市①	Baoding①	4811	3292	7100	441	6878	16699	11277
张家口市	Zhangjiakou	2109	1408	2492	292	3461	8109	4393
承 德 市	Chengde	1802	1121	1793	223	2461	6152	3200
沧 州 市	Cangzhou	4765	1173	3223	295	4238	11098	6885
廊 坊 市	Langfang	2979	3042	5540	304	7976	15914	12070
衡 水 市	Hengshui	2033	931	2512	168	2464	6009	4171
定 州 市	Dingzhou	217	128	400	20	355	1424	1428
辛 集 市	Xinji	267	57	171	17	294	432	677

1-6 续表 2 continued

单位：个 (unit)

年 份 Year 市 City		水利、环境和公共设施管理业 Management of Water Conservancy, Environment and Public Facilities	居民服务、修理和其他服务业 Service to Households, Repair and Other Services	教育 Education	卫生和社会工作 Health and Social Service	文化、体育和娱乐业 Culture, Sports and Entertainment	公共管理、社会保障和社会组织 Public Management, Social Security and Social Organization
	2005	1058	1606	17620	6770	1670	71517
	2006	1129	1935	17487	6748	1763	70982
	2007	1203	2205	17463	6611	1838	71593
	2008	1514	2814	18885	7105	1982	75950
	2009	1758	3766	19029	7226	2184	76407
	2010	1877	4335	19005	7170	2272	76296
	2011	2018	4732	18168	6654	2322	75190
	2012	2315	5088	17885	6554	2675	74933
	2013	3243	6292	19794	9432	7388	81786
	2014	3707	7695	20277	9762	7901	81924
	2015	4271	10432	20760	9913	8599	81803
	2016	5537	14020	21537	7049	10845	80043
	2017	9604	19771	22583	7912	16824	79581
	2018	7420	22280	28623	10764	23852	86524
	2019	9419	22727	28723	10868	24152	86280
	2020	11232	24550	29666	11712	27091	85124
	2021	12608	26378	32161	12586	29901	84820
	2022	14947	31313	39753	15703	36796	90336
石家庄市	Shijiazhuang	2141	5446	6479	2697	8299	11529
石家庄市①	Shijiazhuang①	2093	5309	6221	2615	8137	10950
唐 山 市	Tangshan	1451	2460	3962	1591	2427	9249
秦皇岛市	Qinhuangdao	828	1853	2226	1315	2804	4175
邯 郸 市	Handan	1526	4196	4801	1558	3422	10601
邢 台 市	Xingtai	1149	2088	3930	1346	2437	9329
保 定 市	Baoding	2409	5636	6703	2532	5437	11562
保 定 市①	Baoding①	2004	4269	5351	2263	4559	9631
张家口市	Zhangjiakou	1231	1545	1676	960	1827	7353
承 德 市	Chengde	988	1272	1491	853	1637	4826
沧 州 市	Cangzhou	1042	2009	3425	1054	2361	9150
廊 坊 市	Langfang	1506	3492	3075	1027	4938	5429
衡 水 市	Hengshui	676	1316	1985	770	1207	7133
定 州 市	Dingzhou	65	524	611	108	464	815
辛 集 市	Xinji	48	137	258	82	162	579

1-7 分市按三次产业和机构类型分法人单位数(2022年)

Number of Corporate Units by Three Strata of Industry and Type of Institutions and City (2022)

单位：个 (unit)

市	City	法人单位数 Number of Corporate Units	按三次产业分 Grouped by Three Strata of Industry			按机构类型分 By Type of Institutions				
			第一产业 Primary Industry	第二产业 Secondary Industry	第三产业 Tertiary Industry	企业法人 Business Entity	事业法人 Institution Entity	机关法人 Government Entity	社会团体 Social Organization	其他 Others
全　省	**Total**	**1842777**	**115698**	**492596**	**1234483**	**1629798**	**32338**	**11186**	**14234**	**155221**
石家庄市	Shijiazhuang	354644	11852	68593	274199	326968	5652	1558	2824	17642
石家庄市①	Shijiazhuang①	343458	10896	64945	267617	317719	5345	1489	2758	16147
唐 山 市	Tangshan	154041	10971	28670	114400	130796	3144	1018	1317	17766
秦皇岛市	Qinhuangdao	84091	6094	14202	63795	72190	1589	538	796	8978
邯 郸 市	Handan	206886	14042	47241	145603	187724	3306	1144	1366	13346
邢 台 市	Xingtai	172602	10786	61561	100255	152686	2902	1146	1433	14435
保 定 市	Baoding	262145	17912	71527	172706	232933	4785	1506	2182	20739
保 定 市①	Baoding①	215533	15568	59977	139988	191846	3797	1268	1866	16756
张家口市	Zhangjiakou	85518	10638	17684	57196	68194	2514	1140	952	12718
承 德 市	Chengde	71215	11208	15047	44960	55528	2083	793	810	12001
沧 州 市	Cangzhou	171276	8676	68768	93832	151656	2978	1038	1012	14592
廊 坊 市	Langfang	168501	6892	54036	107573	155170	1674	618	775	10264
衡 水 市	Hengshui	111858	6627	45267	59964	95953	1711	687	767	12740
定 州 市	Dingzhou	17797	1422	6022	10353	15123	360	72	122	2120
辛 集 市	Xinji	11186	956	3648	6582	9249	307	69	66	1495

1-8 分市按控股情况分企业法人单位数(2022年)

Numbers of Corporate Enterprises by Status of Holdings and City (2022)

单位：个 (unit)

市	City	企业单位数 Number of Enterprises	国有控股 State-holding	集体控股 Collective-holding	私人控股 Private-holding	港、澳、台商控股 Holding by Investors from Hong Kong, Macao and Taiwan	外商控股 Holding by Foreign Investors	其他 Others
全　省	**Total**	**1629798**	**17716**	**8171**	**1579247**	**1007**	**1459**	**22198**
石家庄市	Shijiazhuang	326968	2524	1230	318583	180	266	4185
石家庄市①	Shijiazhuang①	317719	2455	1189	309864	180	256	3775
唐 山 市	Tangshan	130796	2186	1023	126297	134	217	939
秦皇岛市	Qinhuangdao	72190	1065	345	69859	59	117	745
邯 郸 市	Handan	187724	1301	1195	182717	79	56	2376
邢 台 市	Xingtai	152686	1135	564	147349	62	59	3517
保 定 市	Baoding	232933	2076	1517	226788	85	128	2339
保 定 市①	Baoding①	191846	1786	1401	186812	70	109	1668
张家口市	Zhangjiakou	68194	1577	721	64344	76	103	1373
承 德 市	Chengde	55528	922	344	53313	32	18	899
沧 州 市	Cangzhou	151656	1608	508	147134	87	167	2152
廊 坊 市	Langfang	155170	2548	371	150722	182	277	1070
衡 水 市	Hengshui	95953	774	353	92141	31	51	2603
定 州 市	Dingzhou	15123	68	29	14613	5	7	401
辛 集 市	Xinji	9249	69	41	8719		10	410

主要统计指标解释

行政区划 指国家对行政区域的划分。根据有关法规规定，我国的行政区域划分如下：(1)全国分为省、自治区、直辖市；(2)省、自治区分为自治州、县、自治县、市；(3)自治州分为县、自治县、市；(4)县、自治县分为乡、民族乡、镇；(5)直辖市和较大的市分为区、县；(6)国家在必要时设立的特别行政区。

平均增长速度 平均增长速度表明社会经济现象在一个较长的时期内逐期平均增长变化的程度，它不能根据各个环比增长速度直接求得，但与平均发展速度之间存在着一定的数量关系：平均增长速度＝平均发展速度－1。

平均发展速度是一种根据环比发展速度计算的序时平均数，由于各时期对比的基础不同，所以计算平均发展速度不能采用一般的序时平均数的计算方法，计算方法分为水平法和累计法。水平法，又称几何平均法，即将环比发展速度按连乘法用几何平均数公式计算。累计法，也称方程法，根据一段时期内各年发展水平总和与基期水平的关系，列出方程式计算平均发展速度。水平法着重考虑最后一年所达到的发展水平；累计法着重考虑整个时期累计发展水平的总量。

本《年鉴》内所列的平均增长速度，除固定资产投资用“累计法”计算外，其余均用“水平法”计算。从某年到某年平均增长速度的年份，均不包括基期年在内。如建国四十三年以来的平均增长速度是以 1949 年为基期计算的，则写为 1950—1992 年平均增长速度，其余类推。

国民经济行业分类 自 2017 年年报和 2018 年定期报表开始使用新的《国民经济行业分类》(GB/T4754-2017）。该分类是由国家统计局组织修订，原国家质量监督检验检疫总局和中国国家标准化管理委员会于 2017 年 6 月 30 日发布。这次修订是在 2011 年分类标准的基础上，结合我国经济活动特点，参照联合国《全部经济活动的国际标准产业分类》(ISIC/Rev.4）进行的。修订后的《国民经济行业分类》（GB/T4754-2017）共有门类 20 个，大类 97 个，中类 473 个，小类 1382 个。

Explanatory Notes on Main Statistical Indicators

Divisions of Administrative Areas refer to the divisions of administrative areas by the state. Relevant laws of the People's Republic of China stipulate the following principles for the divisions of administrative areas: 1) The whole country is divided into provinces, autonomous regions and municipalities directly under the central government; 2) Provinces and autonomous regions are divided into autonomous prefectures, counties, autonomous counties and cities; 3) Autonomous prefectures are divided into counties, autonomous counties and cities; 4) Counties and autonomous counties are divided into townships, ethnic townships and towns; 5) Municipalities under the central government and large cities are divided into districts and counties; 6) The state will, when necessary, establish special administrative regions.

Average Annual Growth Rate shows the average growth rate of social and economic development during a longer period. It can not be directly calculated by chain based growth rate. The relation is:

Average growth rate = average speed of development － 1

Average speed of development is the time series average of speed which is obtained through chain-based calculation. Because the reference bases during the different periods are different, average speed of development can not be calculated by the general method. Level approach and accumulative approach for calculating average speed of development rate are applied. The "level approach", or geometric average approach, is derived by the formula of geometric average of the chain-based speeds of development by continuous multiplication. The other is called the "accumulative approach" or the "equation" method, which is derived by the summation of the actual figure of each year in the interval divided by the figure in the base year. The level approach focuses on the level of the last year, while the accumulative approach emphasizes the aggregate development for the entire duration.

The average annual growth rates listed in the Yearbook are calculated by the level approach except for the growth rate of investment in fixed assets. The base year is not listed in the duration for which average annual growth rates are computed. For instance, the average annual growth rate of the 43 years since 1949 is shown as the average annual growth rate of 1950-1992 without showing the base year 1949.

Industrial Classification of the National Economy The new Industrial Classification of the National Economy (GB/T 4754-2017) is introduced starting from the compilation of 2017 annual statistics and 2018 monthly or quarterly statistics. The revision, based on the 2011 classification, was organized by the National Bureau of Statistics taking into consideration of the characteristics of economic activities in China and the International Standards of the Industrial Classification of All Economic Activities (ISIC/Rev.4) of the United Nations. The new Classification was promulgated by the former National Administration of Quality Supervision, Inspection and Quarantine and the Standardization Administration of the People's Republic of China on June 30, 2017. The revised version of the Industrial Classification of the National Economy (GB/T 4754-2017) is composed of 20 sections, 97 divisions, 473 groups and 1382 classes.

人口
Population

简 要 说 明

一、本篇资料反映河北人口发展变化基本情况。

二、年末常住人口、性别比例、年龄比例、城镇人口比例以及人口出生率、人口死亡率和人口自然增长率数据来源于人口普查、1%人口抽样调查或年度人口变动情况抽样调查结果。

三、本资料由河北省统计局人口和就业统计处整理提供。

四、资料整理：康辉 苑若华

Brief Introduction

Ⅰ.The data in this chapter reflects the basic situation of population development and change in Hebei.

Ⅱ.The data of the permanent resident population, sex ratio, age ratio, urban population, birth rate, death rate, natural growth rate are derived from population census, 1% population sample survey or annual population change sample survey.

Ⅲ. This information is compiled and provided by the Population and Employment Statistics Division of Hebei Province Statistics Bureau.

Ⅳ.The data in this chapter are prepared:Kang Hui,Yuan Ruohua.

2-1 历次人口普查河北人口基本情况
Basic Statistics on Population Census

指　　标	Item	1953	1964	1982	1990	2000	2010	2020
总人口(万人)	**Total Population (10000 persons)**	**3563.46**	**4568.77**	**5300.55**	**6108.28**	**6668.44**	**7185.42**	**7461.02**
男	Male	1794.83	2338.17	2712.56	3121.01	3393.63	3643.03	3767.90
女	Female	1768.63	2230.60	2587.99	2987.27	3274.81	3542.39	3693.12
性别比(女性=100)	Sex Ratio (female=100)	101.48	104.82	104.81	104.48	103.63	102.84	102.02
家庭户规模(人/户)	**Average Family Household Size (person/household)**	**4.39**	**4.49**	**4.14**	**3.89**	**3.59**	**3.36**	**2.75**
各年龄组人口比重(%)	**Percentage of Population by Age Group (%)**							
0−14岁	Aged 0-14			30.80	29.03	22.78	16.83	20.22
15−64岁	Aged 15-64			63.54	65.15	70.17	74.93	65.85
65岁及以上	Aged 65 and Over			5.66	5.82	7.05	8.24	13.92
民族人口	**Population by Ethnicity**							
汉族(万人)	Han (10000 persons)	3527.83	4494.98	5215.14	5867.37	6378.16	6886.13	7138.91
占总人口比重(%)	Percentage to Total Population (%)	99.00	98.39	98.39	96.06	95.65	95.83	95.68
少数民族(万人)	Ethnic Minorities (10000 persons)	35.63	73.75	85.34	240.91	290.28	299.29	322.08
占总人口比重(%)	Percentage to Total Population (%)	1.00	1.61	1.61	3.94	4.35	4.17	4.32
每十万人拥有的各种受教育程度人口(人)	**Population with Various Education Attainments per 100000 Persons (person)**							
大专及以上	Junior College and Above		507	513	1099	2916	7862	12418
高中和中专	Senior Secondary School and Technical Secondary School		1596	8752	8593	11728	13694	13861
初　中	Junior Secondary Schools		6592	22327	28477	42728	47842	39950
小　学	Primary Schools		39303	42256	42433	36238	26572	24664
文盲人口及文盲率	**Illiterate Population and Illiterate Rate**							
文盲人口(万人)	Illiterate Population (10000 persons)			1193.54	1023.52	513.81	187.74	112.84
文盲率(%)	Illiterate Rate (%)			22.52	16.76	7.71	2.61	1.51
城乡人口	**Population by Residence**							
城镇化率(%)	Urbanization Rate (%)	11.77	14.11	13.69	19.21	26.33	43.94	60.07
城镇人口(万人)	Urban Population (10000 persons)	419.53	644.79	725.89	1173.39	1756.01	3157.53	4481.65
乡村人口(万人)	Rural Population (10000 persons)	3143.93	3923.98	4574.66	4934.89	4912.43	4027.89	2979.37

注：1.1953、1964、1982、1990年全国人口普查标准时点是7月1日零时，2000、2010和2020年全国人口普查标准时点为11月1日零时。
2.1964年文盲人口为13岁及以上不识字人口，1982、1990、2000、2010和2020年文盲人口为15岁及以上不识字或识字很少的人口。

a) Standard reference time of national population census in 1953,1964,1982 and 1990 was zero hour of July 1st, and in 2000, 2010 and 2020 was zero hour of November 1st.

b) Illiterate population of 1964 National Population Census referred to the population aged 13 and over who are unable to read. Illiterate population of 1982, 1990, 2000, 2010 and 2020 National Population Censuses referred to the population aged 15 and over who are unable or have difficulty to read.

2-2 人口主要指标
Main Population Indicators

单位：万人 (10000 persons)

年 份 Year	总人口(年末) Total Population (Year-end)	按性别分 By Sex 男 Male	 女 Female	性别比(女=100) Sex Ratio (Female=100)	按城乡分 By Residence Female 城 镇 Urban	 乡 村 Rural	城镇化率(%) Urbanization Proportion (%)	人口密度(人/平方公里) Population Density (person/sq.km)
1978	5057	2595	2462					270
1979	5105	2620	2485					272
1980	5168	2651	2517	105.31				275
1981	5256	2692	2564	104.81				280
1982	5356	2742	2614	104.90				286
1983	5420	2777	2643	105.07				289
1984	5487	2815	2672	104.41				292
1985	5548	2852	2696	105.75				296
1986	5627	2893	2734	105.82				300
1987	5710	2936	2774	105.84				304
1988	5795	2978	2817	105.72				309
1989	5881	3021	2860	104.45				313
1990	6159	3147	3012	104.48	1183	4976		328
1991	6220	3167	3053	104.64				332
1992	6275	3212	3063	101.46				335
1993	6334	3227	3107	104.45				338
1994	6388	3264	3124	104.95				341
1995	6437	3266	3171	103.00				343
1996	6484	3309	3175	101.00				346
1997	6525	3327	3198	102.59				348
1998	6569	3343	3226	102.53				350
1999	6614	3357	3257	103.04				353
2000	6674	3397	3277	103.63	1757	4917		356
2001	6699	3384	3315	102.08				357
2002	6735	3420	3315	103.16				359
2003	6769	3454	3315	104.19	2268	4501	33.51	361
2004	6809	3480	3329	104.53	2440	4369	35.83	363
2005	6851	3441	3410	100.90	2582	4269	37.69	365
2006	6898	3486	3412	102.16	2674	4224	38.77	368
2007	6943	3529	3414	103.36	2795	4148	40.25	370
2008	6989	3562	3427	103.93	2928	4061	41.90	373
2009	7034	3582	3452	103.76	3077	3957	43.74	375
2010	7193.60	3647.18	3546.42	102.84	3201.15	3292.45	44.50	384
2011	7231.86	3738.67	3494.19	107.00	3296.92	3934.94	45.59	383
2012	7262.00	3680.82	3581.18	102.78	3384.09	3877.91	46.60	384
2013	7287.59	3701.15	3587.44	103.17	3499.38	3788.21	48.02	386
2014	7322.90	3720.24	3603.66	103.24	3614.47	3708.43	49.36	388
2015	7345.20	3716.89	3628.31	102.44	3795.26	3549.94	51.67	389
2016	7374.99	3747.38	3628.61	103.27	3972.81	3402.18	53.87	390
2017	7409.14	3761.62	3647.52	103.13	4129.85	3279.29	55.74	392
2018	7426.37	3761.46	3664.91	102.63	4257.54	3168.83	57.33	393
2019	7446.56	3765.49	3682.07	102.27	4376.23	3070.33	58.77	394
2020	7463.84	3769.83	3695.01	102.02	4483.42	2980.42	60.07	395
2021	7448	3705	3743	98.98	4554	2894	61.14	394
2022	7420	3687	3733	98.77	4575	2845	61.65	393
2023	7393	3672	3721	98.66	4641	2752	62.77	391

2–3 人口自然变动情况
Nature Changes of Population

单位：万人 (10000 persons)

年 份 Year	年平均人口数 Annual Average Population	出 生 人口数 Number of Birth	出生率 (‰) Birth Rate (‰)	死 亡 人口数 Number of Death	死亡率 (‰) Death Rate (‰)	自然增加 人 口 数 Number of Natural Growth	自然增长率 (‰) Natural Growth Rate (‰)
1978	5028	105	20.90	33	6.50	72	14.40
1979	5081	101	19.86	32	6.36	69	13.50
1980	5137	105	20.50	33	6.50	72	14.00
1981	5212	125	24.00	32	6.10	93	17.90
1982	5306	103	19.40	31	5.90	72	13.40
1983	5388	96	17.90	36	6.60	61	11.30
1984	5454	91	16.70	29	5.40	62	11.30
1985	5518	94	17.10	29	5.30	65	11.80
1986	5588	114	20.40	34	6.10	80	14.30
1987	5669	128	22.50	34	6.00	94	16.50
1988	5753	117	20.40	32	5.50	86	14.90
1989	5838	118	20.20	32	5.40	86	14.80
1990	6020	123	20.50	41	6.80	82	13.60
1991	6190	103	16.60	42	6.80	61	9.90
1992	6248	96	15.30	40	6.40	56	8.90
1993	6305	97	15.40	38	6.10	59	9.30
1994	6361	95	14.90	40	6.35	54	8.40
1995	6413	89	13.90	40	6.30	49	7.60
1996	6461	90	13.90	43	6.60	47	7.30
1997	6505	85	13.10	44	6.80	41	6.30
1998	6547	85	13.00	41	6.20	45	6.80
1999	6592	86	13.00	42	6.30	44	6.70
2000	6644	75	11.30	41	6.20	34	5.10
2001	6687	75	11.16	41	6.18	33	4.98
2002	6717	77	11.53	42	6.25	35	5.28
2003	6752	77	11.43	42	6.27	35	5.16
2004	6789	81	11.98	42	6.19	39	5.79
2005	6830	88	12.84	46	6.75	42	6.09
2006	6875	88	12.82	45	6.59	43	6.23
2007	6921	92	13.33	47	6.78	45	6.55
2008	6966	91	13.04	45	6.49	46	6.55
2009	7012	91	12.93	45	6.43	46	6.50
2010	7113.80	94.04	13.22	45.60	6.41	48.44	6.81
2011	7212.73	93.92	13.02	47.03	6.52	46.89	6.50
2012	7246.93	93.35	12.88	46.46	6.41	46.89	6.47
2013	7274.80	94.87	13.04	49.98	6.87	44.89	6.17
2014	7305.25	96.30	13.18	45.52	6.23	50.78	6.95
2015	7334.05	83.25	11.35	42.47	5.79	40.78	5.56
2016	7360.10	91.42	12.42	46.81	6.36	44.61	6.06
2017	7392.07	97.58	13.20	48.79	6.60	48.79	6.60
2018	7417.76	83.52	11.26	47.33	6.38	36.20	4.88
2019	7436.47	80.54	10.83	45.51	6.12	35.03	4.71
2020	7455.20	60.84	8.16	53.83	7.22	7.01	0.94
2021	7456	53.31	7.15	56.52	7.58	-3.21	-0.43
2022	7434	45.3	6.09	58.00	7.80	-12.70	-1.71
2023	7407	41.0	5.54	61.70	8.33	-20.70	-2.79

2-4 分市人口城乡构成(2023年)
Total Population by Urban and Rural Residence by City (2023)

市	City	总人口(年末)(万人) Total Population (year-end) (10000 persons)	城镇人口 Urban Population		乡村人口 Rural Population	
			人口数 Population	比重(%) Proportion	人口数 Population	比重(%) Proportion
全　省	**Total**	**7393**	**4641**	**62.77**	**2752**	**37.23**
石家庄市	Shijiazhuang	1123.35	811.92	72.28	311.43	27.72
石家庄市①	Shijiazhuang①	1065.00	774.53	72.73	290.47	27.27
唐 山 市	Tangshan	771.95	514.93	66.71	257.02	33.29
秦皇岛市	Qinhuangdao	310.74	206.41	66.43	104.33	33.57
邯 郸 市	Handan	917.31	563.55	61.44	353.76	38.56
邢 台 市	Xingtai	695.55	391.70	56.32	303.85	43.68
保 定 市	Baoding	1148.82	682.94	59.45	465.88	40.55
保 定 市①	Baoding①	909.89	549.01	60.34	360.88	39.66
张家口市	Zhangjiakou	405.01	276.81	68.35	128.20	31.65
承 德 市	Chengde	330.22	195.22	59.12	135.00	40.88
沧 州 市	Cangzhou	726.46	393.27	54.14	333.19	45.86
廊 坊 市	Langfang	547.83	365.98	66.81	181.85	33.19
衡 水 市	Hengshui	415.76	238.71	57.42	177.05	42.58
定 州 市	Dingzhou	107.65	59.73	55.49	47.92	44.51
辛 集 市	Xinji	58.35	37.39	64.08	20.96	35.92

注：1.本表数据根据2023年人口变动情况抽样调查数据推算。2.本表数据中石家庄市含辛集市，石家庄市①不含辛集市；保定市含定州市和雄安新区，保定市①不含定州市和雄安新区。以下相关表同。

a) Data in the table are estimates from the 2023 Sample Survey on Population Changes.

b) Data in this table, Shijiazhuang includes Xinji, Shijiazhuang① excludes Xinji; Baoding includes Dingzhou and Xiongan, Baoding① excludes Dingzhou and Xiongan. The same applies to the table following.

2-5 分市人口性别比和出生率、死亡率、自然增长率(2023年)
Total Population by Sex Ratio and Birth Rate, Death Rate, Natural Growth Rate by City (2023)

市	City	人口数(万人) Population (10000 persons)	男 Male	女 Female	性别比(女=100) Sex Ratio (Female=100)	出生率(‰) Birth Rate (‰)	死亡率(‰) Death Rate (‰)	自然增长率(‰) Natural Growth Rate (‰)
全　省	**Total**	**7393**	**3672**	**3721**	**98.66**	**5.54**	**8.33**	**-2.79**
石家庄市	Shijiazhuang	1123.35	554.46	568.89	97.46	5.81	8.23	-2.42
石家庄市①	Shijiazhuang①	1065.00	525.68	539.32	97.47	5.89	8.19	-2.30
唐 山 市	Tangshan	771.95	385.79	386.16	99.90	4.94	8.96	-4.02
秦皇岛市	Qinhuangdao	310.74	154.14	156.60	98.43	4.80	8.99	-4.19
邯 郸 市	Handan	917.31	450.21	467.10	96.38	6.23	8.01	-1.78
邢 台 市	Xingtai	695.55	345.11	350.44	98.48	6.02	8.30	-2.28
保 定 市	Baoding	1148.82	569.59	579.23	98.34	5.35	8.43	-3.08
保 定 市①	Baoding①	909.89	449.96	459.93	97.83	5.42	8.54	-3.12
张家口市	Zhangjiakou	405.01	200.43	204.58	97.97	4.58	9.16	-4.58
承 德 市	Chengde	330.22	164.39	165.83	99.13	5.04	9.09	-4.05
沧 州 市	Cangzhou	726.46	365.32	361.14	101.16	6.08	7.65	-1.57
廊 坊 市	Langfang	547.83	275.55	272.28	101.20	5.41	7.55	-2.14
衡 水 市	Hengshui	415.76	206.52	209.24	98.70	5.14	8.24	-3.10
定 州 市	Dingzhou	107.65	52.40	55.25	94.86	5.20	8.45	-3.25
辛 集 市	Xinji	58.35	28.78	29.57	97.35	4.26	8.86	-4.60

2-6 分市人口年龄构成和抚养比(2023年)
Age Composition and Dependency Ratio of Population by City (2023)

市	City	人口数(万人) Population (10000 persons)	0-14岁 Aged 0-14	15-64岁 Aged 15-64	65岁及以上 Aged 65 and Over	总抚养比(%) Gross Dependency Ratio (%)	少年儿童抚养比 Children Dependency Ratio	老年人口抚养比 Elderly Dependency Ratio
全　省	**Total**	**7393**	**1317**	**4876**	**1200**	**51.62**	**27.01**	**24.61**
石家庄市	Shijiazhuang	1123.35	200.25	759.65	163.45	47.88	26.36	21.52
石家庄市①	Shijiazhuang①	1065.00	191.76	722.89	150.35	47.33	26.53	20.80
唐 山 市	Tangshan	771.95	116.45	514.27	141.23	50.11	22.64	27.46
秦皇岛市	Qinhuangdao	310.74	42.53	209.83	58.38	48.09	20.27	27.82
邯 郸 市	Handan	917.31	197.53	589.04	130.74	55.73	33.53	22.20
邢 台 市	Xingtai	695.55	148.14	437.57	109.84	58.96	33.86	25.10
保 定 市	Baoding	1148.82	198.96	765.80	184.06	50.02	25.98	24.03
保 定 市①	Baoding①	909.89	156.11	606.41	147.37	50.05	25.74	24.30
张家口市	Zhangjiakou	405.01	51.31	268.06	85.64	51.09	19.14	31.95
承 德 市	Chengde	330.22	50.78	223.43	56.01	47.80	22.73	25.07
沧 州 市	Cangzhou	726.46	143.68	461.70	121.08	57.34	31.12	26.22
廊 坊 市	Langfang	547.83	97.94	375.19	74.70	46.01	26.10	19.91
衡 水 市	Hengshui	415.76	69.58	270.97	75.21	53.43	25.68	27.76
定 州 市	Dingzhou	107.65	17.82	72.23	17.60	49.04	24.67	24.37
辛 集 市	Xinji	58.35	8.49	36.76	13.10	58.73	23.10	35.64

2-7 按年龄和性别分人口数(2023年)
Population by Age and Sex (2023)

年龄 Age	人口数(人) Population (person)	男 Male	女 Female	占总人口比重(%) Percentage to Total Population (%)	男 Male	女 Female	性别比(女=100) Sex Ratio (Female=100)
总计 Total	**64707**	**32433**	**32274**	**100**	**50.12**	**49.88**	**100.49**
0-4	2262	1133	1130	3.50	1.75	1.75	100.27
5-9	4350	2291	2058	6.72	3.54	3.18	111.32
10-14	5018	2676	2342	7.75	4.14	3.62	114.26
15-19	4195	2337	1858	6.48	3.61	2.87	125.78
20-24	2836	1507	1329	4.38	2.33	2.05	113.39
25-29	2605	1300	1306	4.03	2.01	2.02	99.54
30-34	5034	2549	2486	7.78	3.94	3.84	102.53
35-39	6078	2996	3082	9.39	4.63	4.76	97.21
40-44	4836	2396	2441	7.47	3.70	3.77	98.16
45-49	3618	1818	1800	5.59	2.81	2.78	101.00
50-54	5016	2437	2580	7.75	3.77	3.99	94.46
55-59	5019	2409	2609	7.76	3.72	4.03	92.33
60-64	3737	1782	1955	5.78	2.75	3.02	91.15
65-69	3772	1863	1908	5.83	2.88	2.95	97.64
70-74	2990	1402	1588	4.62	2.17	2.45	88.29
75-79	1700	802	897	2.63	1.24	1.39	89.41
80+	1640	736	904	2.53	1.14	1.40	81.42

注：本表数据为2023年人口变动情况抽样调查样本数据，抽样比为0.10%。
a) Data in this table are obtained from the 2023 Provincial Sample Survey on Population Changes. The sampling fraction is 0.10%.

2-8 分市户数、人口数、性别比和户规模(2023年)
Household, Population, Sex Ratio and Household Size by City (2023)

市	City	户数(户) Number of Households (household)	家庭户 Family Household	集体户 Collective Household	人口数(人) Population (person)	男 Male	女 Female	性别比(女=100) Sex Ratio (Female=100)
全　省	**Total**	**137264**	**134657**	**2607**	**388006**	**192691**	**195315**	**98.66**
石家庄市	Shijiazhuang	17090	16468	622	49364	24609	24754	99.41
石家庄市①	Shijiazhuang①	15205	14699	505	44182	22040	22142	99.54
唐 山 市	Tangshan	12443	12134	310	33447	16616	16831	98.72
秦皇岛市	Qinhuangdao	8191	8043	148	20477	10044	10433	96.27
邯 郸 市	Handan	14394	14279	116	46197	22833	23364	97.73
邢 台 市	Xingtai	12363	12210	152	35815	17918	17898	100.11
保 定 市	Baoding	21357	21038	318	63104	31308	31797	98.46
保 定 市①	Baoding①	13278	13129	146	38900	19189	19713	97.34
张家口市	Zhangjiakou	9123	9034	90	20867	10174	10693	95.14
承 德 市	Chengde	8476	8305	171	23113	11367	11747	96.76
沧 州 市	Cangzhou	12495	12343	153	36188	18283	17905	102.11
廊 坊 市	Langfang	11213	10987	226	31930	15850	16080	98.57
衡 水 市	Hengshui	10119	9817	302	27503	13689	13814	99.10
定 州 市	Dingzhou	2605	2562	44	7793	3909	3884	100.64
辛 集 市	Xinji	1885	1769	117	5182	2569	2612	98.35

2-8 续表 continued

市	City	家庭户人口数(人) Family Household Population (person)	男 Male	女 Female	集体户人口数(人) Collective Household Population (person)	男 Male	女 Female	平均家庭户规模(人/户) Average Family Size (person/household)
全　省	**Total**	**375233**	**186357**	**188876**	**12772**	**6334**	**6439**	**2.79**
石家庄市	Shijiazhuang	46444	23016	23428	2920	1593	1326	2.82
石家庄市①	Shijiazhuang①	41956	20772	21184	2226	1268	957	2.85
唐 山 市	Tangshan	32205	16137	16069	1241	479	762	2.65
秦皇岛市	Qinhuangdao	19763	9706	10058	714	339	375	2.46
邯 郸 市	Handan	45584	22512	23072	613	321	291	3.19
邢 台 市	Xingtai	35138	17592	17546	678	325	352	2.88
保 定 市	Baoding	61279	30408	30871	1825	899	926	2.91
保 定 市①	Baoding①	38012	18730	19283	887	457	430	2.90
张家口市	Zhangjiakou	20374	9918	10456	493	256	237	2.26
承 德 市	Chengde	22384	10995	11389	729	371	358	2.70
沧 州 市	Cangzhou	35408	17956	17452	781	328	453	2.87
廊 坊 市	Langfang	30956	15346	15610	974	504	469	2.82
衡 水 市	Hengshui	25697	12772	12926	1806	917	888	2.62
定 州 市	Dingzhou	7577	3797	3779	217	112	105	2.96
辛 集 市	Xinji	4488	2244	2244	694	325	369	2.54

注：本表数据为2023年人口变动情况抽样调查样本数据，抽样比为0.52%。以下相关表同。

a) Data in this table are obtained from the 2023 Provincial Sample Survey on Population Changes. The sampling fraction is 0.52%. The same applies to the table following.

2-9 分市分性别、户口登记状况的人口(2023年)
Population by Sex, Household Registration Status and City (2023)

单位：人 (person)

市	City	人口数 Population 合计 Total	男 Male	女 Female	住本乡、镇、街道，户口在本乡、镇、街道 Residing in the Townships, Towns and Street Communities with Permanent Household Registration There 小计 Sub-total	男 Male	女 Female
全　　省	**Total**	**388006**	**192691**	**195315**	**307186**	**154265**	**152921**
石家庄市	Shijiazhuang	49364	24609	24754	35499	17807	17692
石家庄市①	Shijiazhuang①	44182	22040	22142	31555	15835	15719
唐 山 市	Tangshan	33447	16616	16831	25289	12809	12480
秦皇岛市	Qinhuangdao	20477	10044	10433	15251	7660	7591
邯 郸 市	Handan	46197	22833	23364	39978	19931	20047
邢 台 市	Xingtai	35815	17918	17898	30633	15467	15166
保 定 市	Baoding	63104	31308	31797	53119	26704	26415
保 定 市①	Baoding①	38900	19189	19713	32841	16383	16456
张家口市	Zhangjiakou	20867	10174	10693	14581	7255	7327
承 德 市	Chengde	23113	11367	11747	17174	8572	8602
沧 州 市	Cangzhou	36188	18283	17905	30706	15647	15059
廊 坊 市	Langfang	31930	15850	16080	23699	11852	11847
衡 水 市	Hengshui	27503	13689	13814	21257	10563	10694
定 州 市	Dingzhou	7793	3909	3884	6425	3240	3186
辛 集 市	Xinji	5182	2569	2612	3944	1972	1973

2-9 续表 continued

单位：人 (person)

市	City	住本乡、镇、街道，户口在外乡、镇、街道，离开户口登记地半年以上 Residing in Townships, Towns and Street Communities, with Permanent Household Registration Elsewhere Having Been Away from That Places for More than 6 Months. 小计 Sub-total	男 Male	女 Female	住本乡、镇、街道，户口待定 Residing in Townships, Towns and Street Communities, with Place of Permanent Household Registration Unsettled 小计 Sub-total	男 Male	女 Female	居住在港澳台或国外，户口在本乡、镇、街道 Residing in Hong Kong, Macao and Taiwan Provinces or abroad, with Permanent Household Registration in Townships, Towns and Street Communities 小计 Sub-total	男 Male	女 Female
全　　省	**Total**	**80079**	**37962**	**42116**	**402**	**203**	**199**	**339**	**260**	**79**
石家庄市	Shijiazhuang	13777	6745	7032	43	28	15	45	30	15
石家庄市①	Shijiazhuang①	12544	6152	6393	40	25	15	43	29	14
唐 山 市	Tangshan	8101	3767	4334	21	13	9	35	27	8
秦皇岛市	Qinhuangdao	5178	2351	2827	16	10	6	33	24	9
邯 郸 市	Handan	6128	2845	3283	58	29	29	33	29	4
邢 台 市	Xingtai	5093	2394	2699	65	36	29	25	20	5
保 定 市	Baoding	9864	4515	5349	44	21	23	77	68	9
保 定 市①	Baoding①	6012	2776	3235	27	13	15	21	15	6
张家口市	Zhangjiakou	6261	2911	3350	22	6	16	3	2	1
承 德 市	Chengde	5891	2777	3114	32	11	20	17	6	10
沧 州 市	Cangzhou	5424	2601	2822	35	16	19	23	19	4
廊 坊 市	Langfang	8173	3959	4213	44	28	16	14	11	3
衡 水 市	Hengshui	6189	3096	3093	23	6	17	34	24	10
定 州 市	Dingzhou	1321	624	698				47	46	1
辛 集 市	Xinji	1233	593	639	3	3		2	1	1

2-10 分市按家庭户规模分的户数(2023年)
Family Households by Size and City (2023)

单位：户 (household)

市	City	家庭户户数 Number of Family Households	一人户 One Person	二人户 Two Persons	三人户 Three Persons	四人户 Four Persons	五人户 Five Persons
全　省	**Total**	**134657**	**20425**	**35607**	**27338**	**28152**	**11504**
石家庄市	Shijiazhuang	16468	2788	3861	3215	3325	1486
石家庄市①	Shijiazhuang①	14699	2560	3345	2824	2976	1344
唐 山 市	Tangshan	12134	1780	3046	2810	2517	992
秦皇岛市	Qinhuangdao	8043	1412	2515	2093	1303	413
邯 郸 市	Handan	14279	1449	3144	2239	3312	1804
邢 台 市	Xingtai	12210	1827	3218	2034	2893	1146
保 定 市	Baoding	21038	2736	5283	4239	4795	2000
保 定 市①	Baoding①	13129	-664	1977	3078	4755	2000
张家口市	Zhangjiakou	9034	2001	3082	2143	1408	257
承 德 市	Chengde	8305	1141	2103	1948	1744	725
沧 州 市	Cangzhou	12343	1575	3601	2317	2742	1096
廊 坊 市	Langfang	10987	2147	2786	2221	2018	912
衡 水 市	Hengshui	9817	1569	2966	2078	2096	673
定 州 市	Dingzhou	2562	1046	981	512	23	
辛 集 市	Xinji	1769	228	516	391	349	142

2-10 续表 continued

单位：户 (household)

市	City	六人户 Six Persons	七人户 Seven Persons	八人户 Eight Persons	九人户 Nine Persons	十人及以上户 Ten Persons and Over
全　省	**Total**	**7494**	**2720**	**827**	**350**	**239**
石家庄市	Shijiazhuang	1122	425	152	66	27
石家庄市①	Shijiazhuang①	1033	386	141	64	27
唐 山 市	Tangshan	664	221	44	28	31
秦皇岛市	Qinhuangdao	218	61	21	3	4
邯 郸 市	Handan	1325	640	215	82	67
邢 台 市	Xingtai	698	279	59	31	25
保 定 市	Baoding	1366	405	131	46	37
保 定 市①	Baoding①	1366	405	131	46	37
张家口市	Zhangjiakou	100	28	7	5	2
承 德 市	Chengde	452	138	31	17	6
沧 州 市	Cangzhou	666	223	71	33	18
廊 坊 市	Langfang	571	218	70	32	13
衡 水 市	Hengshui	311	82	26	7	9
定 州 市	Dingzhou					
辛 集 市	Xinji	89	39	11	2	

2-11 分市按性别和婚姻状况分的人口(2023年)
Population by Sex, Marital Status and City (2023)

单位：人 (person)

市	City	15岁及以上人口 Population Aged 15 and Over	男 Male	女 Female	未 婚 Never Married	男 Male	女 Female	有配偶 Married	男 Male	女 Female
全 省	**Total**	**318897**	**156381**	**162517**	**55567**	**31265**	**24302**	**237164**	**115781**	**121383**
石家庄市	Shijiazhuang	40709	20036	20672	8103	4596	3508	29553	14447	15105
石家庄市①	Shijiazhuang①	36125	17776	18348	7022	4018	3004	26413	12898	13514
唐 山 市	Tangshan	28100	13770	14331	4728	2492	2236	21057	10377	10680
秦皇岛市	Qinhuangdao	17651	8587	9064	2921	1613	1308	13063	6365	6698
邯 郸 市	Handan	36363	17675	18688	6649	3804	2845	26791	12859	13932
邢 台 市	Xingtai	28583	14137	14446	4732	2760	1972	21513	10517	10996
保 定 市	Baoding	51799	25395	26404	8750	4932	3819	38623	18848	19775
保 定 市①	Baoding①	32141	15737	16405	5463	3086	2377	23805	11627	12179
张家口市	Zhangjiakou	18123	8800	9323	2915	1673	1242	13552	6600	6952
承 德 市	Chengde	19240	9324	9916	3234	1843	1390	14246	6877	7369
沧 州 市	Cangzhou	29173	14449	14725	4719	2728	1991	22057	10837	11221
廊 坊 市	Langfang	26336	12989	13346	4710	2670	2040	19672	9606	10065
衡 水 市	Hengshui	22821	11219	11602	4106	2155	1951	17038	8448	8589
定 州 市	Dingzhou	6408	3164	3244	1072	618	454	4763	2318	2444
辛 集 市	Xinji	4584	2260	2324	1081	578	504	3140	1549	1591

2-11 续表 continued

单位：人 (person)

市	City	离 婚 Divorced	男 Male	女 Female	丧 偶 Widowed	男 Male	女 Female
全 省	**Total**	**6400**	**3684**	**2716**	**19766**	**5650**	**14116**
石家庄市	Shijiazhuang	705	364	341	2348	629	1719
石家庄市①	Shijiazhuang①	642	328	314	2049	532	1517
唐 山 市	Tangshan	639	368	271	1676	533	1143
秦皇岛市	Qinhuangdao	537	279	258	1130	330	800
邯 郸 市	Handan	607	366	240	2316	645	1671
邢 台 市	Xingtai	498	328	170	1840	532	1308
保 定 市	Baoding	954	605	349	3471	1010	2462
保 定 市①	Baoding①	657	393	263	2216	631	1586
张家口市	Zhangjiakou	452	228	224	1205	300	904
承 德 市	Chengde	490	261	228	1271	343	928
沧 州 市	Cangzhou	625	356	269	1771	528	1243
廊 坊 市	Langfang	561	302	260	1393	411	981
衡 水 市	Hengshui	331	227	104	1345	388	957
定 州 市	Dingzhou	104	81	23	470	147	323
辛 集 市	Xinji	63	36	27	299	97	202

2-12 分市按性别、受教育程度分的3岁及以上人口(2023年)
Population Aged 3 and Over by Sex, Educational Attainment and City (2023)

单位：人 (person)

市	City	3岁及以上人口 Population Aged 3 and Over			未上过学 No Schooling			学前教育 Pre-school Education		
		合计 Total	男 Male	女 Female	小计 Subtotal	男 Male	女 Female	小计 Subtotal	男 Male	女 Female
全　省	**Total**	**381661**	**189353**	**192308**	**9003**	**2580**	**6423**	**12509**	**6361**	**6148**
石家庄市	Shijiazhuang	48501	24148	24353	926	249	677	1703	906	796
石家庄市①	Shijiazhuang①	43356	21598	21758	868	228	640	1585	845	739
唐 山 市	Tangshan	32911	16322	16589	626	182	444	994	501	493
秦皇岛市	Qinhuangdao	20205	9889	10316	358	113	245	500	238	262
邯 郸 市	Handan	45458	22473	22985	838	227	611	1660	829	831
邢 台 市	Xingtai	35220	17609	17611	1041	298	743	1293	636	657
保 定 市	Baoding	61958	30712	31246	1684	514	1170	2089	1081	1007
保 定 市①	Baoding①	38209	18832	19377	844	251	593	1261	636	623
张家口市	Zhangjiakou	20632	10047	10586	723	235	488	554	274	281
承 德 市	Chengde	22687	11147	11541	774	194	579	697	346	351
沧 州 市	Cangzhou	35625	17966	17659	817	209	607	1094	565	529
廊 坊 市	Langfang	31439	15592	15847	713	205	508	1043	528	516
衡 水 市	Hengshui	27026	13449	13577	504	154	350	882	458	424
定 州 市	Dingzhou	7670	3837	3833	194	72	122	254	138	116
辛 集 市	Xinji	5145	2550	2595	58	21	37	118	61	57

2-12 续表 1 continued

单位：人 (person)

市	City	小　学 Primarey Schools			初　中 Junior Secondary Schools			高　中 Regular Senior Secondary Schools		
		小计 Subtotal	男 Male	女 Female	小计 Subtotal	男 Male	女 Female	小计 Subtotal	男 Male	女 Female
全　省	**Total**	**87906**	**40537**	**47369**	**151231**	**79195**	**72036**	**58770**	**31207**	**27562**
石家庄市	Shijiazhuang	9324	4326	4998	16615	8601	8015	8933	4775	4158
石家庄市①	Shijiazhuang①	8376	3905	4471	14561	7546	7016	7598	4105	3493
唐 山 市	Tangshan	7239	3416	3822	12338	6458	5879	5100	2716	2384
秦皇岛市	Qinhuangdao	4209	1905	2304	7629	3948	3681	2974	1589	1384
邯 郸 市	Handan	10131	4466	5665	18513	9470	9043	8621	4688	3933
邢 台 市	Xingtai	8710	4060	4650	14861	7793	7068	4626	2510	2116
保 定 市	Baoding	15610	7229	8381	25444	13307	12137	8680	4612	4068
保 定 市①	Baoding①	9049	4144	4906	15482	8057	7425	5524	2900	2623
张家口市	Zhangjiakou	5042	2316	2726	7447	3812	3635	3264	1714	1550
承 德 市	Chengde	5714	2595	3119	8398	4446	3952	3278	1713	1565
沧 州 市	Cangzhou	9043	4229	4813	16166	8697	7469	4216	2265	1951
廊 坊 市	Langfang	7178	3331	3847	11962	6330	5632	4786	2446	2339
衡 水 市	Hengshui	5707	2663	3044	11857	6333	5524	4293	2180	2113
定 州 市	Dingzhou	1935	899	1036	3307	1710	1597	1015	579	436
辛 集 市	Xinji	948	421	527	2054	1055	999	1335	670	665

2-12 续表 2 continued

单位：人 (person)

市	City	大学专科 College Students 小计 Subtotal	男 Male	女 Female	大学本科 Undergraduates 小计 Subtotal	男 Male	女 Female	研究生 Postgraduates 小计 Subtotal	男 Male	女 Female
全　省	**Total**	**34691**	**16958**	**17734**	**25761**	**11693**	**14068**	**1791**	**823**	**967**
石家庄市	Shijiazhuang	5729	2802	2927	4725	2235	2490	545	254	291
石家庄市①	Shijiazhuang①	5328	2595	2733	4502	2122	2379	536	252	284
唐 山 市	Tangshan	3832	1847	1985	2644	1138	1506	139	64	75
秦皇岛市	Qinhuangdao	2489	1148	1341	1881	866	1015	165	82	84
邯 郸 市	Handan	3229	1648	1581	2330	1084	1245	137	62	75
邢 台 市	Xingtai	2622	1317	1305	1931	931	1000	137	65	73
保 定 市	Baoding	4916	2395	2521	3319	1489	1831	215	84	130
保 定 市①	Baoding①	3546	1748	1798	2371	1042	1331	133	54	78
张家口市	Zhangjiakou	2266	1086	1180	1268	579	689	68	31	36
承 德 市	Chengde	2185	1093	1092	1571	732	839	71	28	43
沧 州 市	Cangzhou	2327	1185	1142	1863	774	1089	98	41	59
廊 坊 市	Langfang	3097	1510	1588	2519	1161	1358	139	81	58
衡 水 市	Hengshui	1999	926	1073	1710	704	1006	74	32	43
定 州 市	Dingzhou	633	282	351	308	148	159	24	9	15
辛 集 市	Xinji	401	207	194	223	113	111	9	2	7

2-13 分市按性别分的15岁及以上文盲人口(2023年)
Illiterate Population Aged 15 and Over by Sex and City (2023)

市	City	15岁及以上人口(人) Population Aged 15 and Over (person)	男 Male	女 Female	文盲人口(人) Illiterate Population (person)	男 Male	女 Female	文盲人口占15岁及以上人口的比重(%) Percentage of Illiterate Population to Total Aged 15 and Over(%)	男 Male	女 Female
全　省	**Total**	**318897**	**156381**	**162517**	**6700**	**1570**	**5130**	**2.10**	**1.00**	**3.16**
石家庄市	Shijiazhuang	40709	20036	20672	688	145	542	1.69	0.73	2.62
石家庄市①	Shijiazhuang①	36125	17776	18348	646	134	510	1.79	0.75	2.78
唐 山 市	Tangshan	28100	13770	14331	432	91	341	1.54	0.66	2.38
秦皇岛市	Qinhuangdao	17651	8587	9064	255	67	188	1.44	0.78	2.07
邯 郸 市	Handan	36363	17675	18688	531	99	432	1.46	0.56	2.31
邢 台 市	Xingtai	28583	14137	14446	827	198	629	2.89	1.40	4.35
保 定 市	Baoding	51799	25395	26404	1324	340	983	2.56	1.34	3.72
保 定 市①	Baoding①	32141	15737	16405	668	176	492	2.08	1.12	3.00
张家口市	Zhangjiakou	18123	8800	9323	594	182	412	3.28	2.07	4.42
承 德 市	Chengde	19240	9324	9916	582	114	468	3.02	1.22	4.72
沧 州 市	Cangzhou	29173	14449	14725	598	114	484	2.05	0.79	3.29
廊 坊 市	Langfang	26336	12989	13346	478	123	354	1.81	0.95	2.65
衡 水 市	Hengshui	22821	11219	11602	393	96	297	1.72	0.86	2.56
定 州 市	Dingzhou	6408	3164	3244	136	45	90	2.12	1.44	2.78
辛 集 市	Xinji	4584	2260	2324	42	11	32	0.92	0.47	1.36

注：本表“文盲人口”指15岁及15岁以上不识字及识字很少人口。

a) Illiterate population in this table refers to the population aged 15 and over who are unable or have difficulty in reading.

主要统计指标解释

人口数　指一定时点、一定地区范围内有生命的个人总和。

年度统计的年末人口数指每年 12 月 31 日 24 时的人口数。年度统计的全国人口总数内未包括香港、澳门特别行政区和台湾省以及海外华侨人数。

城镇人口和乡村人口　城镇人口是指居住在城镇范围内的全部常住人口；乡村人口是除上述人口以外的全部人口。

出生率（又称粗出生率）　指在一定时期内(通常为一年)一定地区的出生人数与同期内平均人数(或期中人数)之比，用千分率表示。本资料中的出生率指年出生率，其计算公式为：

$$出生率=\frac{年出生人数}{年平均人数}\times 1000‰$$

式中：出生人数指活产婴儿，即胎儿脱离母体时(不管怀孕月数)，有过呼吸或其他生命现象。年平均人数指年初、年底人口数的平均数，也可用年中人口数代替。

死亡率（又称粗死亡率）　指在一定时期内(通常为一年)一定地区的死亡人数与同期内平均人数(或期中人数)之比，用千分率表示。本资料中的死亡率指年死亡率，其计算公式为：

$$死亡率=\frac{年死亡人数}{年平均人数}\times 1000‰$$

人口自然增长率　指在一定时期内(通常为一年)人口自然增加数(出生人数减死亡人数)与该时期内平均人数(或期中人数)之比，用千分率表示。计算公式为：

$$人口自然增长率=\frac{本年出生人数-本年死亡人数}{年平均人数}\times 1000‰ = 人口出生率 - 人口死亡率$$

总抚养比　也称总负担系数。指人口总体中非劳动年龄人口数与劳动年龄人口数之比。通常用百分比表示。说明每 100 名劳动年龄人口大致要负担多少名非劳动年龄人口。计算公式为：

$$GDR=\frac{P_{0-14}+P_{65+}}{P_{15-64}}\times 100\%$$

其中：GDR 为总抚养比；

P_{0-14} 为 0～14 岁少年儿童人口数；

P_{65+} 为 65 岁及 65 岁以上的老年人口数；

P_{15-64} 为 15～64 岁劳动年龄人口数。

老年人口抚养比　也称老年人口抚养系数。指某一人口中老年人口数与劳动年龄人口数之比。通常用百分比表示。用以表明每 100 名劳动年龄人口要负担多少名老年人。计算公式为：

$$ODR=\frac{P_{65+}}{P_{15-64}}\times 100\%$$

其中：EDR 为老年人口抚养比；

P_{65+} 为 65 岁及 65 岁以上的老年人口数；

P_{15-64} 为 15～64 岁的劳动年龄人口数。

少年儿童抚养比　也称少年儿童抚养系数。指某一人口中少年儿童人口数与劳动年龄人口数之比。通常用百分比表示。以反映每 100 名劳动年龄人口要负担多少名少年儿童。计算公式为：

$$CDR=\frac{P_{0-14}}{P_{15-64}}\times 100\%$$

其中：CDR 为少年儿童抚养比；

P_{0-14} 为 0～14 岁少年儿童人口数；

P_{15-64} 为 15～64 岁劳动年龄人口数。

人户分离人口　是指居住地与户口登记地所在的乡镇街道不一致且离开户口登记地半年以上的人口。

流动人口　是指人户分离人口中扣除市辖区内人户分离的人口。市辖区内人户分离的人口是指一个直辖市或地级市所辖区内和区与区之间，居住地和户口登记地不在同一乡镇街道的人口。

Explanatory Notes on Main Statistical Indicators

Total Population refers to the total number of people alive at a certain point of time within a given area.

The annual statistics on total population is taken at midnight, the 31st of December, not including residents in Taiwan Province, Hong Kong SAR and Macao SAR and Chinese national residing abroad.

Urban Population and Rural Population Urban population refers to all people residing in cities and towns, while rural population refers to population other than urban population.

Birth Rate (or Crude Birth Rate) refers to the ratio of the number of births to the average population (or mid-period population) during a certain period of time (usually a year), expressed in ‰. Birth rate in the chapter refers to annual birth rate. The following formula is used:

$$\text{Birth Rate} = \frac{\text{Number of Births}}{\text{Annual Average Population}} \times 1000 ‰$$

Number of births in the formula refers to live births, i.e. when a baby has breathed or showed any vital phenomena regardless of the length of pregnancy.

Annual average population is the average of the number of population at the beginning of the year and that at the end of the year. Sometimes it is substituted by the mid-year population.

Death Rate (or Crude Death Rate) refers to the ratio of the number of deaths to the average population (or mid-period population) during a certain period of time (usually a year), expressed in ‰. Death rate in the chapter refers to annual death rate. The following formula is used:

$$\text{Death Rate} = \frac{\text{Number of Deaths}}{\text{Annual Average Population}} \times 1000‰$$

Natural Growth Rate of Population refers to the ratio of natural increase in population (number of births minus number of deaths) in a certain period of time (usually a year) to the average population (or mid-period population) of the same period, expressed in ‰. The following formula is applied:

$$\text{Natural Growth Rate of Population} = \frac{\text{Number of Births - Number of Deaths}}{\text{Annual Average Population}} \times 1000‰$$

Natural Growth Rate of Population = Birth Rate-Death Rate

Gross Dependency Ratio also called gross dependency coefficient, refers to the ratio of non-working-age population to the working-age population, express in %. Describing in general the number of non-working-age population that every 100 people at working ages will take care of. The gross dependency ratio is calculated with the following formula:

$$GDR = \frac{P_{0-14} + P_{65+}}{P_{15-64}} \times 100\%$$

Where: GDR is the gross dependency ratio,

P_{0-14} is the population of children aged 0-14,

P_{65+} is the elderly population aged 65 and over, and

P_{15-64} is the working-age population aged 15-64.

Elderly Dependency Ratio also called old dependency coefficient, refers to the ratio of the elderly population to the working-age population, express in %. It describes the number of the elderly population that every 100 people at working ages will take care of. The old dependency ratio is calculated with the following formula:

$$ODR = \frac{P_{65+}}{P_{15-64}} \times 100\%$$

Where: EDR is the old dependency ratio,

P_{65+} is the elderly population aged 65 and over, and

P_{15-64} is the working-age population aged 15-64.

Children Dependency Ratio also called children dependency coefficient, refers to the ratio of the children population to the working-age population, express in %. It describes the number of children population that every 100 people at working ages will take care of. The children dependency ratio is calculated with the following formula:

$$CDR = \frac{P_{0-14}}{P_{15-64}} \times 100\%$$

Where: CDR is the children dependency ratio,

P_{0-14} is the children population aged 0-14, and

P_{15-64} is the working-age population aged 15-64.

Population of Residence-registration Inconsistency refer to those who have been residing in places other than the registered streets or towns and been away from their registration areas for over half a year.

Migrant Population refer to the population of residence-registration inconsistency excluding those intra-city ones. Population of intra-city residence-registration inconsistency refer to those whose residing streets or towns and registered ones are inconsistent but still in the same municipality or prefecture city either the two are in the same district or different ones.

国民经济核算
National Accounts

简 要 说 明

一、本篇资料反映河北国民经济核算情况。

二、省级地区生产总值数据是由国家统计局国民经济核算司根据不同产业部门、不同支出构成的特点和资料来源情况而采用不同方法统一核算的。市级地区生产总值由省统计局核算处统一核算。

三、本年鉴公布的地区生产总值以及与之有关的指标数据，最后一年数据不是最终数，还会在获得更多的财务和行政记录等资料后发生变动。根据地区生产总值核算制度和第四次经济普查结果，国家统计局审定河北1952—2018年地区生产总值历史数据，民营增加值等指标也进行了调整。本年鉴中的数据是修订后的数据。

地区生产总值是一个价值量指标，其价值的变化受价格变化和物量变化两大因素影响。不变价地区生产总值是把按当期价格计算的地区生产总值换算成按某个固定期（基期）价格计算的价值，从而使两个不同时期的价值进行比较时，能够剔除价格变化的影响，以反映物量变化，反映生产活动成果的实际变动。地区生产总值指数就是根据两个时期不变价地区生产总值计算得到的。随着经济的不断发展，行业的价格结构也会不断发生变化，为了更好地反映这种变化对于经济的影响，计算不变价地区生产总值需要每隔若干年调整一次基期。我国自开始核算地区生产总值以来，共有1952年、1957年、1970年、1980年、1990年、2000年、2005年、2010年、2015年、2020年10个不变价基期，目前的基期是2020年。也就是说，2023年的不变价地区生产总值是按照2020年价格计算的。

四、本篇资料由河北省统计局国民经济核算处整理提供。

五、资料整理：杨飞　张楠

Brief Introduction

Ⅰ.The data in this chapter reflects Hebei national economic accounting situation.

Ⅱ.The GDP data of provincial regions are uniformly calculated by the National Economic Accounting Department of the National Bureau of Statistics using different methods according to the characteristics of different industrial sectors, different expenditures and the information sources. The gross domestic product of the municipal district shall be uniformly calculated by Division of National Accounts of Hebei Province Statistics Bureau.

Ⅲ.The gross regional product (GDP) and related indicator data published in this Yearbook are not final and may change as more information, such as financial and administrative records, becomes available. According to the GDP accounting system and the results of the fourth economic census, the National Bureau of Statistics examined and approved the historical data of Hebei's GDP from 1952 to 2018, and adjusted indicators such as the added value of private enterprises. The data in this yearbook are revised.

Gross domestic product (GDP) is a value index, and its value change is affected by price change and quantity change. Gross domestic product (GDP) at constant price is to convert the GDP calculated at current price into the value calculated at a certain fixed period (base period), so that the impact of price changes can be eliminated when comparing the values of two different periods, so as to reflect the change in material quantity and the actual change in the results of production activities. The Gross domestic product index is calculated based on the gross domestic product of two periods at constant prices. With the continuous development of the economy, the price structure of the industry will change constantly. In order to better reflect the impact of such changes on the economy, the calculation of GDP at constant prices needs to adjust the base period every few years. Since China began to calculate the gross domestic product of the region, there have been a total of 10 fixed price base periods in 1952, 1957, 1970, 1980, 1990, 2000, 2005, 2010, 2015 and 2020, and the current base period is 2020. In other words, the 2023 constant price GDP is calculated based on 2020 prices.

Ⅳ.This paper is compiled and provided by the National Economic Accounting Office of Hebei Province Statistics Bureau.

Ⅴ.Data collection:Yang Fei, Zhang Nan.

3-1 地区生产总值
Gross Domestic Product

单位：亿元 (100 million yuan)

年份 Year	地区生产总值 Gross Domestic Product	第一产业 Primary Industry	第二产业 Secondary Industry	第三产业 Tertiary Industry	农林牧渔业 Agriculture, Forestry, Animal Husbandry and Fishery Industries	工业 Industry
1978	183.1	52.2	92.4	38.5	52.2	83.2
1979	203.2	61.1	101.8	40.4	61.1	89.7
1980	219.2	68.1	105.9	45.3	68.1	94.1
1981	222.5	71.0	103.2	48.4	71.0	92.3
1982	251.5	85.6	107.8	58.0	85.6	95.3
1983	283.2	102.1	114.9	66.2	102.1	102.0
1984	332.2	111.5	145.8	74.9	111.5	129.8
1985	396.8	120.3	184.3	92.2	120.3	164.3
1986	436.7	123.5	207.3	105.9	123.5	185.5
1987	521.9	137.7	256.0	128.3	137.7	231.4
1988	701.3	162.3	323.4	215.6	162.3	289.2
1989	822.8	196.4	374.9	251.6	196.4	338.8
1990	896.3	227.9	387.5	280.9	227.9	354.3
1991	1072.1	236.9	459.9	375.3	236.9	417.2
1992	1278.5	257.1	573.2	448.3	257.1	517.8
1993	1620.8	301.7	777.9	541.2	301.7	688.1
1994	2114.5	451.9	983.1	679.5	451.9	856.4
1995	2701.2	631.4	1198.1	871.7	631.4	1043.2
1996	3198.0	701.0	1439.5	1057.4	701.0	1258.8
1997	3652.1	761.9	1667.2	1223.0	761.9	1458.7
1998	3924.5	790.7	1791.0	1342.8	790.7	1556.8
1999	4158.9	806.1	1875.1	1477.8	806.1	1613.8
2000	4628.2	824.7	2146.7	1656.8	824.7	1868.4
2001	5062.9	913.9	2293.5	1855.4	913.9	2011.2
2002	5518.9	957.0	2467.7	2094.2	957.0	2175.3
2003	6333.6	1064.2	2922.7	2346.8	1064.2	2563.2
2004	7588.6	1333.6	3467.9	2787.1	1370.6	3047.8
2005	8773.4	1345.2	4123.9	3304.2	1400.2	3638.5
2006	10043.0	1401.8	4771.9	3869.3	1462.0	4239.5
2007	12152.9	1737.1	5849.5	4566.4	1805.0	5267.4
2008	14200.1	1956.8	6981.5	5261.8	2034.9	6296.9
2009	15306.9	2121.8	7164.4	6020.7	2207.7	6337.5
2010	18003.6	2473.1	8470.5	7060.0	2563.2	7495.1
2011	21384.7	2702.8	10275.5	8406.4	2802.9	9132.8
2012	23077.5	2914.0	10919.7	9243.8	3021.8	9665.1
2013	24259.6	3141.9	11178.4	9939.3	3260.8	9847.5
2014	25208.9	3164.7	11476.9	10567.3	3294.3	10056.3
2015	26398.4	3100.5	11519.5	11778.4	3240.3	10026.4
2016	28474.1	3082.5	12332.3	13059.3	3235.1	10755.9
2017	30640.8	3130.0	12778.0	14732.8	3298.3	11015.7
2018	32494.6	3338.6	12904.1	16252.0	3522.3	10930.3
2019	34978.6	3518.4	13393.7	18066.5	3727.5	11310.4
2020	36013.8	3880.4	13765.1	18368.4	4113.2	11664.1
2021	40397.1	4030.4	16355.8	20010.9	4286.2	14132.3
2022	41988.0	4408.6	16129.6	21449.8	4700.7	13864.3
2023	43944.1	4466.2	16435.3	23042.6	4783.7	13968.7

注：1.本表按当年价格计算。2.2023年为初步核算数据。
a) Data in this table are calculated at current prices. b) 2023 in this table are preliminary estimation.

3-1 续表 continued

单位：亿元 (100 million yuan)

年 份 Year	建筑业 Construction	批发和零售业 Wholesale and Retail Trades	交通运输、仓储和邮政业 Transport, Storage and Post	住宿和餐饮业 Hotels and Catering Services	金融业 Financial Intermediation	房地产业 Real Estate	其 他 Others	人均地区生产总值(元) Per Capita GDP (yuan)
1978	9.2	7.7	10.0	1.5	7.1	2.0	10.3	364
1979	12.1	7.0	10.9	1.4	7.7	2.1	11.3	400
1980	11.8	8.2	10.7	1.6	8.8	2.5	13.4	427
1981	10.8	9.1	10.9	1.8	11.5	3.0	12.1	427
1982	12.5	10.1	12.5	2.0	12.3	3.4	17.8	474
1983	12.9	12.7	13.7	2.5	13.7	3.8	19.9	526
1984	16.0	15.0	15.0	3.0	17.4	4.3	20.4	609
1985	20.0	18.6	16.9	3.7	26.6	5.4	21.0	719
1986	21.8	21.5	19.3	4.2	31.3	6.2	23.4	782
1987	24.5	24.3	24.0	4.8	38.6	7.6	29.0	921
1988	34.2	45.4	34.1	8.9	54.6	12.9	59.7	1219
1989	36.1	47.4	41.5	9.3	66.2	15.6	71.6	1409
1990	33.3	47.6	46.4	9.4	71.1	18.0	88.5	1465
1991	42.7	91.2	79.4	17.9	76.5	20.9	89.4	1727
1992	55.4	108.9	93.9	21.4	82.1	22.7	119.2	2046
1993	89.8	135.3	115.3	26.6	96.8	26.8	140.5	2571
1994	126.8	171.9	126.9	30.8	128.2	35.5	186.1	3324
1995	155.0	204.1	181.5	34.0	165.8	51.9	234.3	4212
1996	180.7	239.3	228.3	38.5	197.1	62.0	292.2	4950
1997	208.5	276.7	280.0	44.4	202.1	77.4	342.6	5615
1998	234.2	300.4	317.3	48.0	203.3	87.6	386.3	5994
1999	261.3	319.0	364.4	50.7	198.5	97.6	447.6	6310
2000	278.3	355.2	421.2	56.2	182.9	113.7	527.7	6966
2001	282.3	377.5	504.6	59.4	166.5	135.3	612.1	7572
2002	292.4	402.5	560.7	63.1	178.7	161.8	727.5	8216
2003	359.5	429.2	582.5	67.0	198.8	213.2	856.0	9380
2004	430.9	496.1	593.6	77.1	208.0	266.8	1097.7	11178
2005	498.3	640.9	801.5	93.8	212.3	383.1	1104.7	12845
2006	547.3	698.4	952.2	103.9	282.5	461.1	1296.1	14609
2007	600.3	766.4	1172.8	113.4	345.7	544.8	1537.0	17561
2008	706.4	904.2	1357.8	123.0	423.3	619.9	1733.7	20385
2009	849.3	1056.9	1514.9	134.1	522.6	716.9	1966.9	21831
2010	1001.9	1393.8	1773.3	145.6	611.8	819.2	2199.8	25308
2011	1174.8	1620.3	2078.9	185.9	741.5	1080.7	2566.9	29647
2012	1288.8	1839.1	2207.8	219.0	908.1	1159.3	2768.6	31844
2013	1361.6	1938.8	2291.5	228.6	1124.6	1251.7	2954.5	33346
2014	1452.1	2025.1	2333.5	251.1	1327.9	1318.0	3150.6	34507
2015	1524.4	2153.0	2399.3	274.7	1471.4	1563.6	3745.3	35994
2016	1610.1	2290.0	2410.3	297.2	1720.0	1776.6	4379.0	38688
2017	1796.8	2553.3	2541.9	330.5	2039.9	2023.1	5041.4	41451
2018	2007.9	2722.3	2606.5	354.8	2220.9	2103.4	6026.4	43808
2019	2118.9	2922.5	2886.0	389.0	2411.1	2356.2	6856.8	47036
2020	2135.8	2927.3	2780.1	327.2	2528.9	2365.0	7172.2	48302
2021	2263.6	3218.3	3105.0	377.5	2723.3	2463.2	7827.7	54181
2022	2304.2	3480.6	3091.2	355.7	2773.8	2324.5	9092.9	56481
2023	2507.1	3742.3	3420.9	415.1	3015.8	2343.0	9747.5	59332

3-2 地区生产总值构成
Composition of Gross Domestic Product

单位：%　　　　(%)

年 份 Year	地区生产总值 Gross Domestic Product	第一产业 Primary Industry	第二产业 Secondary Industry	第三产业 Tertiary Industry	农林牧渔业 Agriculture, Forestry, Animal Husbandry and Fishery Industries	工 业 Industry
1978	100.0	28.5	50.5	21.0	28.5	45.4
1979	100.0	30.1	50.0	19.9	30.1	44.1
1980	100.0	31.1	48.3	20.6	31.1	42.9
1981	100.0	31.9	46.4	21.7	31.9	41.5
1982	100.0	34.0	42.9	23.1	34.0	37.9
1983	100.0	36.1	40.5	23.4	36.1	36.0
1984	100.0	33.6	43.8	22.6	33.6	39.1
1985	100.0	30.3	46.4	23.3	30.3	41.4
1986	100.0	28.3	47.4	24.3	28.3	42.5
1987	100.0	26.4	49.0	24.6	26.4	44.3
1988	100.0	23.1	46.1	30.8	23.1	41.2
1989	100.0	23.9	45.5	30.6	23.9	41.2
1990	100.0	25.4	43.2	31.4	25.4	39.5
1991	100.0	22.1	42.9	35.0	22.1	38.9
1992	100.0	20.1	44.8	35.1	20.1	40.5
1993	100.0	18.6	48.0	33.4	18.6	42.5
1994	100.0	21.4	46.5	32.1	21.4	40.5
1995	100.0	23.4	44.3	32.3	23.4	38.6
1996	100.0	21.9	45.0	33.1	21.9	39.4
1997	100.0	20.9	45.6	33.5	20.9	39.9
1998	100.0	20.1	45.6	34.3	20.1	39.7
1999	100.0	19.4	45.1	35.5	19.4	38.8
2000	100.0	17.8	46.4	35.8	17.8	40.4
2001	100.0	18.1	45.3	36.6	18.1	39.7
2002	100.0	17.3	44.7	38.0	17.3	39.4
2003	100.0	16.8	46.1	37.1	16.8	40.5
2004	100.0	17.6	45.7	36.7	18.1	40.2
2005	100.0	15.3	47.0	37.7	16.0	41.5
2006	100.0	14.0	47.5	38.5	14.6	42.2
2007	100.0	14.3	48.1	37.6	14.9	43.3
2008	100.0	13.8	49.2	37.1	14.3	44.3
2009	100.0	13.9	46.8	39.3	14.4	41.4
2010	100.0	13.7	47.0	39.2	14.2	41.6
2011	100.0	12.6	48.1	39.3	13.1	42.7
2012	100.0	12.6	47.3	40.1	13.1	41.9
2013	100.0	13.0	46.0	41.0	13.4	40.6
2014	100.0	12.6	45.5	41.9	13.1	39.9
2015	100.0	11.7	43.7	44.6	12.3	38.0
2016	100.0	10.8	43.3	45.9	11.4	37.8
2017	100.0	10.2	41.7	48.1	10.8	36.0
2018	100.0	10.3	39.7	50.0	10.8	33.6
2019	100.0	10.1	38.3	51.6	10.7	32.3
2020	100.0	10.8	38.2	51.0	11.4	32.4
2021	100.0	10.0	40.5	49.5	10.6	35.0
2022	100.0	10.5	38.4	51.1	11.2	33.0
2023	100.0	10.2	37.4	52.4	10.9	31.8

注：本表按当年价格计算。
a) Data in this table are calculated at current prices.

3-2 续表 continued

单位：% (%)

年 份 Year	建筑业 Construction	批发和零售业 Wholesale and Retail Trades	交通运输、仓储和邮政业 Transport, Storage and Post	住宿和餐饮业 Hotels and Catering Services	金融业 Financial Intermediation	房地产业 Real Estate	其 他 Others
1978	5.0	4.2	5.5	0.8	3.9	1.1	5.6
1979	5.9	3.4	5.3	0.7	3.8	1.1	5.5
1980	5.4	3.8	4.9	0.7	4.0	1.1	6.1
1981	4.9	4.1	4.9	0.8	5.2	1.3	5.4
1982	5.0	4.0	5.0	0.8	4.9	1.4	7.1
1983	4.6	4.5	4.8	0.9	4.8	1.3	7.0
1984	4.8	4.5	4.5	0.9	5.2	1.3	6.1
1985	5.0	4.7	4.3	0.9	6.7	1.4	5.3
1986	5.0	4.9	4.4	1.0	7.2	1.4	5.4
1987	4.7	4.7	4.6	0.9	7.4	1.5	5.6
1988	4.9	6.5	4.9	1.3	7.8	1.8	8.5
1989	4.4	5.8	5.0	1.1	8.0	1.9	8.7
1990	3.7	5.3	5.2	1.0	7.9	2.0	9.9
1991	4.0	8.5	7.4	1.7	7.1	2.0	8.3
1992	4.3	8.5	7.3	1.7	6.4	1.8	9.3
1993	5.5	8.3	7.1	1.6	6.0	1.7	8.7
1994	6.0	8.1	6.0	1.5	6.1	1.7	8.8
1995	5.7	7.6	6.7	1.3	6.1	1.9	8.7
1996	5.7	7.5	7.1	1.2	6.2	1.9	9.1
1997	5.7	7.6	7.7	1.2	5.5	2.1	9.4
1998	6.0	7.7	8.1	1.2	5.2	2.2	9.8
1999	6.3	7.7	8.8	1.2	4.8	2.3	10.8
2000	6.0	7.7	9.1	1.2	4.0	2.5	11.4
2001	5.6	7.5	10.0	1.2	3.3	2.7	12.1
2002	5.3	7.3	10.2	1.1	3.2	2.9	13.2
2003	5.7	6.8	9.2	1.1	3.1	3.4	13.5
2004	5.7	6.5	7.8	1.0	2.7	3.5	14.5
2005	5.7	7.3	9.1	1.1	2.4	4.4	12.6
2006	5.4	7.0	9.5	1.0	2.8	4.6	12.9
2007	4.9	6.3	9.7	0.9	2.8	4.5	12.6
2008	5.0	6.4	9.6	0.9	3.0	4.4	12.2
2009	5.5	6.9	9.9	0.9	3.4	4.7	12.8
2010	5.6	7.7	9.8	0.8	3.4	4.6	12.2
2011	5.5	7.6	9.7	0.9	3.5	5.1	12.0
2012	5.6	8.0	9.6	0.9	3.9	5.0	12.0
2013	5.6	8.0	9.4	0.9	4.6	5.2	12.2
2014	5.8	8.0	9.3	1.0	5.3	5.2	12.5
2015	5.8	8.2	9.1	1.0	5.6	5.9	14.2
2016	5.7	8.0	8.5	1.0	6.0	6.2	15.4
2017	5.9	8.3	8.3	1.1	6.7	6.6	16.5
2018	6.2	8.4	8.0	1.1	6.8	6.5	18.5
2019	6.1	8.4	8.3	1.1	6.9	6.7	19.6
2020	5.9	8.1	7.7	0.9	7.0	6.6	19.9
2021	5.6	8.0	7.7	0.9	6.7	6.1	19.4
2022	5.5	8.3	7.4	0.8	6.6	5.5	21.7
2023	5.7	8.5	7.8	0.9	6.9	5.3	22.2

3-3 地区生产总值指数(上年=100)

Indices of Gross Domestic Product (preceding year=100)

年份 Year	地区生产总值 Gross Domestic Product	第一产业 Primary Industry	第二产业 Secondary Industry	第三产业 Tertiary Industry	农林牧渔业 Agriculture, Forestry, Animal Husbandry and Fishery Industries	工业 Industry
1978	114.5	110.4	118.0	112.0	110.4	118.9
1979	106.2	104.2	107.8	104.9	104.2	105.2
1980	103.2	97.4	102.4	112.5	97.4	103.0
1981	101.0	105.3	96.5	105.0	105.3	98.1
1982	111.8	119.5	103.2	118.7	119.5	102.8
1983	111.5	118.7	105.3	112.2	118.7	105.7
1984	114.4	108.0	122.8	110.0	108.0	123.2
1985	112.5	102.2	118.2	117.5	102.2	118.0
1986	105.1	97.4	108.0	109.8	97.4	108.7
1987	111.6	101.6	114.9	117.3	101.6	116.4
1988	113.5	101.1	116.9	120.1	101.1	116.7
1989	106.1	103.7	105.4	109.7	103.7	106.8
1990	105.8	105.7	104.0	109.0	105.7	104.6
1991	111.0	102.5	110.0	120.8	102.5	109.3
1992	115.6	99.4	120.7	121.4	99.4	122.1
1993	117.7	104.4	124.6	116.6	104.4	124.3
1994	114.9	111.8	116.9	113.7	111.8	116.2
1995	113.9	108.6	115.4	114.6	108.6	115.0
1996	113.5	105.5	116.6	113.0	105.5	116.9
1997	112.5	105.4	114.9	112.5	105.4	115.1
1998	110.7	106.2	112.2	110.6	106.2	112.1
1999	109.1	104.3	110.6	109.0	104.3	110.5
2000	109.5	105.1	110.1	110.4	105.1	110.8
2001	108.7	105.3	108.3	111.0	105.3	108.9
2002	109.5	105.4	110.5	110.2	105.4	111.0
2003	108.4	106.1	108.6	109.2	106.1	107.6
2004	110.0	109.7	110.0	110.1	109.7	109.7
2005	110.3	106.2	110.5	111.7	106.2	110.2
2006	110.3	104.8	110.6	112.1	105.0	110.9
2007	109.6	103.7	109.3	112.2	104.0	110.0
2008	108.0	104.8	108.4	108.7	104.9	109.1
2009	108.1	103.2	108.5	109.3	103.3	107.4
2010	109.2	103.4	109.5	110.7	103.5	109.6
2011	110.3	104.1	111.9	110.4	104.2	112.4
2012	108.7	104.0	110.0	108.5	104.0	110.2
2013	108.2	103.3	109.1	108.7	103.5	109.5
2014	106.5	103.7	105.0	109.2	103.8	105.0
2015	106.8	102.6	104.8	110.4	102.7	104.4
2016	106.7	103.5	104.4	109.8	103.7	104.3
2017	106.6	103.9	102.8	110.8	104.0	102.2
2018	106.5	103.0	103.3	110.0	103.2	102.8
2019	106.7	101.6	103.9	110.0	102.1	104.1
2020	103.8	103.2	104.2	103.5	103.5	103.9
2021	106.5	106.4	104.9	107.8	106.4	104.9
2022	103.6	103.6	103.0	104.1	104.6	102.6
2023	105.5	102.6	106.2	105.5	103.0	105.5

注：本表按不变价格计算。

a) Data in this table are calculated at constant prices.

3-3 续表 continued

年 份 Year	建筑业 Construction	批发和零售业 Wholesale and Retail Trades	交通运输、仓储和邮政业 Transport, Storage and Post	住宿和餐饮业 Hotels and Catering Services	金融业 Financial Intermediation	房地产业 Real Estate	其 他 Others	人均地区生产总值 Per Capita GDP
1978	111.2	119.5	102.4	112.2	113.4	113.4	113.4	112.9
1979	131.3	90.7	108.7	90.1	110.9	111.0	110.9	105.1
1980	97.7	118.7	98.7	112.9	107.3	115.3	122.0	102.1
1981	84.1	107.6	100.7	110.4	126.6	119.3	88.6	99.5
1982	106.7	110.1	114.1	104.7	89.5	82.9	169.6	109.7
1983	101.0	125.5	105.0	119.1	187.0	127.2	68.5	109.7
1984	119.3	115.6	103.9	117.3	117.7	109.9	98.5	113.0
1985	120.3	120.4	111.7	122.3	117.4	101.8	123.7	111.3
1986	101.9	106.0	112.8	102.7	117.5	130.4	95.8	103.8
1987	100.2	104.2	121.9	104.7	118.0	113.4	129.4	110.0
1988	119.4	125.2	113.1	131.3	110.6	112.4	139.8	111.9
1989	88.2	100.3	114.6	97.7	125.9	117.4	90.5	104.5
1990	95.7	115.0	91.8	113.5	100.1	104.2	139.5	100.9
1991	117.0	149.5	119.4	156.0	127.1	111.8	115.7	109.4
1992	106.9	121.9	119.9	119.9	86.5	101.1	166.7	115.1
1993	128.4	126.1	114.2	119.2	126.4	125.6	103.2	116.7
1994	124.3	109.6	105.8	105.6	119.5	124.8	119.7	113.9
1995	119.5	111.8	118.4	109.2	115.6	110.7	115.4	113.0
1996	113.4	110.2	115.1	109.0	112.0	112.2	115.4	112.6
1997	112.2	113.9	118.3	111.3	100.0	119.0	114.1	111.8
1998	113.3	111.1	112.3	112.9	102.9	112.2	112.7	110.0
1999	111.7	108.8	111.1	108.3	98.3	110.2	113.0	108.4
2000	103.3	111.9	111.3	110.3	100.2	112.1	112.9	108.6
2001	104.0	109.1	116.8	111.9	102.4	103.5	112.1	108.0
2002	107.1	110.1	108.8	108.2	108.2	105.5	113.2	109.0
2003	115.6	108.2	107.5	110.7	108.4	116.3	110.0	107.8
2004	112.2	104.5	100.5	104.9	106.5	104.1	124.0	109.4
2005	112.8	109.8	115.6	105.0	102.1	105.2	114.7	109.6
2006	108.4	106.6	112.9	103.9	124.7	115.3	112.2	109.6
2007	104.3	109.0	111.2	104.5	115.3	109.1	115.7	108.9
2008	102.7	112.1	106.3	105.6	109.6	104.1	110.2	107.3
2009	118.0	108.4	104.9	105.6	122.9	108.0	110.6	107.4
2010	109.1	116.5	118.8	101.6	107.5	104.3	106.1	107.6
2011	108.0	110.2	114.2	108.2	110.0	109.1	108.6	108.8
2012	108.8	111.2	107.5	109.1	118.7	105.5	106.0	108.1
2013	105.2	109.6	102.0	102.5	137.1	104.3	107.1	107.8
2014	105.3	108.2	102.4	112.3	119.1	104.8	113.1	106.1
2015	108.2	105.5	104.7	112.8	110.3	110.5	117.9	106.4
2016	105.5	106.4	100.4	108.1	115.4	109.6	115.9	106.3
2017	106.8	109.8	105.7	110.9	113.6	105.2	115.4	106.1
2018	106.5	105.5	102.2	106.1	110.8	106.4	117.7	106.1
2019	102.9	108.1	111.8	107.2	107.5	106.9	112.1	106.4
2020	106.1	101.0	98.8	85.0	105.6	105.7	106.2	103.5
2021	105.6	108.8	112.1	114.6	104.8	104.7	107.3	106.5
2022	105.0	106.5	95.8	93.5	104.9	97.7	108.1	103.9
2023	109.8	106.3	106.5	114.1	107.7	99.1	105.6	105.8

3-4 地区生产总值指数(1978年=100)
Indices of Gross Domestic Product (year of 1978=100)

年份 Year	地区生产总值 Gross Domestic Product	第一产业 Primary Industry	第二产业 Secondary Industry	第三产业 Tertiary Industry	农林牧渔业 Agriculture, Forestry, Animal Husbandry and Fishery Industries	工业 Industry
1978	100.0	100.0	100.0	100.0	100.0	100.0
1979	106.2	104.2	107.8	104.9	104.2	105.2
1980	109.6	101.5	110.4	118.0	101.5	108.4
1981	110.7	106.9	106.5	123.9	106.9	106.3
1982	123.8	127.7	109.9	147.1	127.7	109.3
1983	138.0	151.6	115.7	165.0	151.6	115.5
1984	157.9	163.7	142.1	181.5	163.7	142.3
1985	177.6	167.3	168.0	213.3	167.3	167.9
1986	186.7	163.0	181.4	234.2	163.0	182.5
1987	208.4	165.6	208.4	274.7	165.6	212.4
1988	236.5	167.4	243.6	329.9	167.4	247.9
1989	250.9	173.6	256.8	361.9	173.6	264.8
1990	265.5	183.5	267.1	394.5	183.5	277.0
1991	294.7	188.1	293.8	476.6	188.1	302.8
1992	340.7	187.0	354.6	578.6	187.0	369.7
1993	401.0	195.2	441.8	674.6	195.2	459.5
1994	460.7	218.2	516.5	767.0	218.2	533.9
1995	524.7	237.0	596.0	879.0	237.0	614.0
1996	595.5	250.0	694.9	993.3	250.0	717.8
1997	669.9	263.5	798.4	1117.5	263.5	826.2
1998	741.6	279.8	895.8	1236.0	279.8	926.2
1999	809.1	291.8	990.8	1347.2	291.8	1023.5
2000	886.0	306.7	1090.9	1487.3	306.7	1134.0
2001	963.1	323.0	1181.4	1650.9	323.0	1234.9
2002	1054.6	340.4	1305.4	1819.3	340.4	1370.7
2003	1143.2	361.2	1417.7	1986.7	361.2	1474.9
2004	1257.5	396.2	1559.5	2187.4	396.2	1618.0
2005	1387.0	420.8	1723.2	2443.3	420.8	1783.0
2006	1529.9	441.0	1905.9	2738.9	441.8	1977.3
2007	1676.8	457.3	2083.1	3073.0	459.5	2175.0
2008	1810.9	479.3	2258.1	3340.4	482.0	2372.9
2009	1957.6	494.6	2450.0	3651.1	497.9	2548.5
2010	2137.7	511.4	2682.8	4041.8	515.3	2793.2
2011	2357.9	532.4	3002.1	4462.1	536.9	3139.6
2012	2563.0	553.7	3302.3	4841.4	558.4	3459.8
2013	2773.2	572.0	3602.8	5262.6	577.9	3788.5
2014	2953.5	593.2	3782.9	5746.8	599.9	3977.9
2015	3154.3	608.6	3964.5	6344.5	616.1	4152.9
2016	3365.6	629.9	4138.9	6966.3	638.9	4331.5
2017	3587.7	654.5	4254.8	7718.7	664.5	4426.8
2018	3820.9	674.1	4395.2	8490.6	685.8	4550.8
2019	4076.9	684.9	4566.6	9339.7	700.2	4737.4
2020	4231.8	706.8	4758.4	9666.6	724.7	4922.2
2021	4506.9	752.0	4991.6	10420.6	771.1	5163.4
2022	4669.1	779.1	5141.3	10847.8	806.6	5297.6
2023	4925.9	799.4	5460.1	11444.4	830.8	5589.0

注：本表按不变价格计算。

a) Data in this table are calculated at constant prices.

3-4 续表 continued

年份 Year	建筑业 Construction	批发和零售业 Wholesale and Retail Trades	交通运输、仓储和邮政业 Transport, Storage and Post	住宿和餐饮业 Hotels and Catering Services	金融业 Financial Intermediation	房地产业 Real Estate	其他 Others	人均地区生产总值 Per Capita GDP
1978	100.0	100.0	100.0	100.0	100.0	100.0	100.0	100.0
1979	131.3	90.7	108.7	90.1	110.9	111.0	110.9	105.1
1980	128.3	107.7	107.3	101.7	119.0	128.0	135.3	107.3
1981	107.9	115.8	108.0	112.3	150.6	152.7	119.9	106.8
1982	115.1	127.5	123.3	117.6	134.8	126.6	203.3	117.1
1983	116.3	160.1	129.4	140.0	252.1	161.0	139.3	128.5
1984	138.7	185.0	134.5	164.3	296.8	176.9	137.2	145.2
1985	166.9	222.8	150.2	200.9	348.4	180.1	169.7	161.6
1986	170.0	236.2	169.4	206.3	409.4	234.9	162.6	167.7
1987	170.4	246.1	206.6	216.0	483.1	266.4	210.4	184.5
1988	203.4	308.1	233.6	283.6	534.3	299.4	294.1	206.5
1989	179.4	309.0	267.7	277.1	672.6	351.5	266.1	215.8
1990	171.7	355.4	245.8	314.5	673.3	366.2	371.3	217.7
1991	200.9	531.3	293.4	490.6	855.8	409.5	429.5	238.2
1992	214.8	647.6	351.8	588.3	740.2	414.0	716.1	274.1
1993	275.7	816.6	401.8	701.2	935.7	519.9	739.0	319.9
1994	342.7	895.0	425.1	740.5	1118.1	648.9	884.5	364.4
1995	409.6	1000.6	503.3	808.6	1292.5	718.3	1020.8	411.7
1996	464.5	1102.7	579.3	881.4	1447.6	806.0	1178.0	463.6
1997	521.1	1256.0	685.3	981.0	1447.6	959.1	1344.1	518.3
1998	590.4	1395.4	769.6	1107.6	1489.6	1076.1	1514.8	570.2
1999	659.5	1518.2	855.1	1199.5	1464.3	1185.9	1711.7	618.1
2000	681.3	1698.8	951.7	1323.0	1467.2	1329.3	1932.5	671.2
2001	708.5	1853.4	1111.6	1480.5	1502.4	1375.9	2166.3	724.9
2002	758.8	2040.6	1209.4	1601.9	1625.6	1451.5	2452.3	790.2
2003	877.2	2208.0	1300.1	1773.3	1762.2	1688.1	2697.5	851.8
2004	984.2	2307.3	1306.6	1860.2	1876.7	1757.4	3344.9	931.9
2005	1110.2	2533.4	1510.4	1953.2	1916.2	1848.7	3836.6	1021.3
2006	1203.5	2700.6	1705.3	2029.3	2389.4	2131.6	4304.6	1119.4
2007	1255.2	2943.7	1896.3	2120.7	2755.0	2325.6	4980.5	1219.0
2008	1289.1	3299.9	2015.7	2239.4	3019.5	2420.9	5488.5	1308.0
2009	1521.2	3577.1	2114.5	2364.8	3711.0	2614.6	6070.2	1404.8
2010	1659.6	4167.3	2512.0	2402.7	3989.3	2727.0	6440.5	1511.5
2011	1792.4	4592.4	2868.7	2599.7	4388.2	2975.2	6994.4	1644.5
2012	1950.1	5106.7	3083.9	2836.2	5208.8	3138.8	7414.1	1777.7
2013	2051.5	5597.0	3145.6	2907.2	7141.3	3273.8	7940.5	1916.4
2014	2160.2	6055.9	3221.1	3264.7	8505.3	3430.9	8980.7	2033.3
2015	2337.4	6389.0	3372.5	3682.6	9381.3	3791.2	10588.2	2163.4
2016	2465.9	6797.9	3386.0	3980.9	10826.1	4155.1	12271.8	2299.7
2017	2633.6	7464.1	3579.0	4414.8	12298.4	4371.2	14161.6	2440.0
2018	2804.8	7874.6	3657.7	4684.1	13626.6	4651.0	16668.2	2588.8
2019	2886.1	8512.4	4089.3	5021.4	14648.6	4971.9	18685.1	2754.5
2020	3062.2	8597.5	4040.2	4268.2	15468.9	5255.3	19843.6	2850.9
2021	3233.7	9354.1	4529.1	4891.4	16211.4	5502.3	21292.2	3036.2
2022	3395.4	9962.1	4338.9	4573.5	17005.8	5375.7	23016.9	3154.6
2023	3728.1	10589.7	4620.9	5218.4	18315.2	5327.3	24305.8	3337.6

3-5 分行业增加值
Value-added by Sector

单位：亿元 (100 million yuan)

行　　业	Sector	2015	2020	2021	2022	2023
地区生产总值	**Gross Domestic Product**	**26398.4**	**36013.8**	**40397.1**	**41988.0**	**43944.1**
农林牧渔业	Agriculture, Forestry, Animal Husbandry and Fishery	3240.3	4113.2	4286.2	4700.7	4783.7
采矿业	Mining	601.7	730.5	1032.2	1174.6	1274.7
制造业	Manufacturing	8537.0	9856.2	11957.3	11472.3	11376.6
电力、热力、燃气及水生产和供应业	Production and Supply of Electricity, Heat, Gas and Water	887.7	1077.5	1142.8	1217.3	1317.5
建筑业	Construction	1524.4	2135.8	2263.6	2304.2	2507.1
批发和零售业	Wholesale and Retail Trades	2153.0	2927.3	3218.3	3480.6	3742.3
交通运输、仓储和邮政业	Transport, Storage and Post	2399.3	2780.1	3105.0	3091.2	3420.9
住宿和餐饮业	Hotels and Catering Services	274.7	327.2	377.5	355.7	415.1
信息传输、软件和信息技术服务业	Information Transmission, Software and Information Technology Services	206.1	741.8	855.6	953.4	988.4
金融业	Financial Intermediation	1471.4	2528.9	2723.3	2773.8	3015.8
房地产业	Real Estate	1563.6	2365.0	2463.2	2324.5	2343.0
租赁和商务服务业	Leasing and Business Services	233.3	725.0	777.1	1037.4	1154.2
科学研究和技术服务业	Scientific Research and Technical Services	362.8	613.6	675.2	675.0	699.8
水利、环境和公共设施管理业	Management of Water Conservancy, Environment and Public Facilities	61.7	174.7	188.6	233.3	222.4
居民服务、修理和其他服务业	Service to Households, Repair and Other Services	234.7	479.7	521.3	532.2	593.7
教　育	Education	768.6	1392.2	1488.0	1846.4	1964.5
卫生和社会工作	Health and Social Service	471.5	866.1	920.9	1133.8	1230.2
文化、体育和娱乐业	Culture, Sports and Entertainment	98.3	149.2	166.3	171.8	181.0
公共管理、社会保障和社会组织	Public Management, Social Security and Social Organization	1308.3	2029.9	2234.7	2509.9	2713.3

注：本表按当年价格计算。
a) Data in this table are calculated at current prices.

3-6 三次产业和主要行业贡献率

Share of the Contributions of the Three Strata of Industry and Main Sectors to the Increase of the GDP

单位：% (%)

年份 Year	地区生产总值 Gross Domestic Product	第一产业 Primary Industry	第二产业 Secondary Industry	第三产业 Tertiary Industry	#工业 Industry	#批发和零售业 Wholesale and Retail Trades	#金融业 Financial Intermediation
1978	100.0	20.8	60.5	18.7	56.4	6.4	3.9
1979	100.0	19.1	63.3	17.6	37.8	-7.5	7.3
1980	100.0	-22.5	37.6	84.9	42.1	25.0	10.0
1981	100.0	164.9	-168.3	103.4	-82.6	28.7	109.9
1982	100.0	53.5	12.5	34.0	10.0	3.4	-4.6
1983	100.0	56.4	19.5	24.1	19.1	8.7	31.4
1984	100.0	20.4	63.7	15.9	58.5	4.8	8.5
1985	100.0	6.1	63.0	30.9	56.4	7.3	10.0
1986	100.0	-15.9	71.5	44.4	69.9	5.7	25.6
1987	100.0	4.1	60.1	35.8	60.0	1.8	13.0
1988	100.0	2.1	60.2	37.7	54.8	8.4	6.9
1989	100.0	14.2	43.4	42.4	51.1	0.3	36.5
1990	100.0	22.9	34.1	43.0	36.5	12.2	0.2
1991	100.0	6.2	40.8	53.0	34.7	23.9	15.1
1992	100.0	-1.0	59.1	41.9	57.2	10.0	-6.1
1993	100.0	5.3	64.6	30.1	58.6	11.1	7.8
1994	100.0	15.1	55.8	29.1	49.0	5.2	7.4
1995	100.0	11.5	55.5	33.0	49.2	6.5	6.6
1996	100.0	7.2	62.3	30.5	57.6	5.7	5.3
1997	100.0	7.1	61.6	31.3	57.1	8.1	
1998	100.0	8.9	60.2	30.9	54.4	7.6	1.4
1999	100.0	7.0	62.3	30.7	56.2	7.2	-0.9
2000	100.0	7.5	58.2	34.3	56.5	9.3	0.1
2001	100.0	10.8	44.0	45.2	41.3	8.0	1.1
2002	100.0	9.8	51.1	39.1	46.8	8.1	3.2
2003	100.0	12.1	47.6	40.3	37.2	7.6	3.7
2004	100.0	15.5	46.5	38.0	39.3	3.5	2.4
2005	100.0	9.5	47.5	43.0	40.1	7.0	0.7
2006	100.0	7.2	48.5	44.3	43.9	4.7	5.8
2007	100.0	5.6	45.9	48.5	43.5	6.6	4.4
2008	100.0	8.2	49.2	42.6	47.6	10.6	3.4
2009	100.0	5.3	49.6	45.1	38.5	7.6	8.3
2010	100.0	4.7	48.9	46.3	43.6	13.1	2.7
2011	100.0	5.5	54.7	39.8	50.4	7.7	3.3
2012	100.0	5.9	55.4	38.6	50.0	10.0	7.3
2013	100.0	5.1	53.4	41.5	49.9	9.3	16.8
2014	100.0	6.7	37.6	55.7	33.3	10.1	13.8
2015	100.0	4.3	34.0	61.7	27.8	6.5	8.0
2016	100.0	6.1	28.7	65.2	24.1	7.7	12.8
2017	100.0	6.7	18.3	75.0	12.5	12.1	12.4
2018	100.0	5.1	21.1	73.8	15.4	7.1	10.7
2019	100.0	2.6	23.6	73.8	21.1	10.1	7.5
2020	100.0	8.8	43.5	47.7	34.6	2.1	10.1
2021	100.0	10.5	28.9	60.6	24.5	10.9	5.2
2022	100.0	10.6	31.2	58.2	23.0	15.0	9.5
2023	100.0	5.2	42.3	52.5	31.7	9.8	9.9

注：1.本表按不变价格计算。2.贡献率指三次产业或主要行业增加值增量与GDP增量之比。

a) Data in this table are calculated at constant prices. b) Share of the contributions of the three strata of industry or main sectors to the increase of the GDP refers to the proportion of the increment of the value-added of each industry to the increment of GDP.

3-7 三次产业和主要行业对地区生产总值增长的拉动
Contribution of the Three Strata of Industry and Main Sectors to GDP Growth

单位：百分点 (percentage points)

年 份 Year	地区生产总值 Gross Domestic Product	第一产业 Primary Industry	第二产业 Secondary Industry	第三产业 Tertiary Industry	#工 业 Industry	#批发和零售业 Wholesale and Retail Trades	#金融业 Financial Intermediation
1978	14.5	3.0	8.8	2.7	8.2	0.9	0.6
1979	6.2	1.2	3.9	1.1	2.3	-0.5	0.5
1980	3.2	-0.7	1.2	2.7	1.3	0.8	0.3
1981	1.0	1.7	-1.7	1.0	-0.8	0.3	1.1
1982	11.8	6.3	1.5	4.0	1.2	0.4	-0.5
1983	11.5	6.5	2.2	2.8	2.2	1.0	3.6
1984	14.4	2.9	9.2	2.3	8.4	0.7	1.2
1985	12.5	0.8	7.9	3.8	7.0	0.9	1.2
1986	5.1	-0.8	3.6	2.3	3.6	0.3	1.3
1987	11.6	0.5	7.0	4.1	7.0	0.2	1.5
1988	13.5	0.3	8.1	5.1	7.4	1.1	0.9
1989	6.1	0.9	2.6	2.6	3.1		2.2
1990	5.8	1.3	2.0	2.5	2.1	0.7	
1991	11.0	0.7	4.5	5.8	3.8	2.6	1.7
1992	15.6	-0.1	9.2	6.5	8.9	1.6	-0.9
1993	17.7	0.9	11.5	5.3	10.4	2.0	1.4
1994	14.9	2.3	8.3	4.3	7.3	0.8	1.1
1995	13.9	1.6	7.7	4.6	6.8	0.9	0.9
1996	13.5	1.0	8.4	4.1	7.8	0.8	0.7
1997	12.5	0.9	7.7	3.9	7.2	1.0	
1998	10.7	1.0	6.4	3.3	5.8	0.8	0.1
1999	9.1	0.6	5.7	2.8	5.1	0.7	-0.1
2000	9.5	0.7	5.5	3.3	5.3	0.9	
2001	8.7	1.0	3.8	3.9	3.6	0.7	0.1
2002	9.5	0.9	4.9	3.7	4.4	0.8	0.3
2003	8.4	1.0	4.0	3.4	3.1	0.6	0.3
2004	10.0	1.5	4.6	3.8	3.9	0.3	0.2
2005	10.3	1.0	4.9	4.4	4.1	0.7	0.1
2006	10.3	0.7	5.0	4.6	4.5	0.5	0.6
2007	9.6	0.5	4.4	4.7	4.2	0.6	0.4
2008	8.0	0.7	3.9	3.4	3.8	0.8	0.3
2009	8.1	0.4	4.0	3.7	3.1	0.6	0.7
2010	9.2	0.4	4.5	4.3	4.0	1.2	0.2
2011	10.3	0.6	5.6	4.1	5.2	0.8	0.3
2012	8.7	0.5	4.8	3.3	4.3	0.9	0.6
2013	8.2	0.4	4.4	3.4	4.1	0.8	1.4
2014	6.5	0.4	2.4	3.6	2.2	0.7	0.9
2015	6.8	0.3	2.3	4.2	1.9	0.4	0.5
2016	6.7	0.4	1.9	4.4	1.6	0.5	0.9
2017	6.6	0.5	1.2	4.9	0.8	0.8	0.8
2018	6.5	0.3	1.4	4.8	1.0	0.5	0.7
2019	6.7	0.2	1.6	4.9	1.4	0.7	0.5
2020	3.8	0.3	1.6	1.8	1.3	0.1	0.4
2021	6.5	0.7	1.9	4.0	1.6	0.7	0.3
2022	3.6	0.4	1.1	2.1	0.8	0.5	0.3
2023	5.5	0.3	2.3	2.9	1.7	0.5	0.5

注：1.本表按不变价格计算。2.拉动指GDP增长速度与三次产业或主要行业贡献率之乘积。

a) Data in this table are calculated at constant prices. b) Contribution of the three strata of industry or main sectors to GDP growth refers to the growth rate of GDP multiplied by the contribution share of every industry.

3-8 分市地区生产总值(2023年)
Gross Domestic Product (2023)

单位：亿元 (100 million yuan)

市	City	地区生产总值 Gross Domestic Product	三次产业增加值 Value-Added by Three Strata of Industry			人均地区生产总值(元) Per Capita Gross Domestic Product (yuan)
			第一产业 Primary Industry	第二产业 Secondary Industry	第三产业 Tertiary Industry	
全　省	**Total**	**43944.1**	**4466.2**	**16435.3**	**23042.6**	**59332**
石家庄市	Shijiazhuang	7534.2	576.9	2309.2	4648.1	67099
石家庄市①	Shijiazhuang①	7112.2	520.2	2078.3	4513.7	66835
唐 山 市	Tangshan	9133.3	655.2	4660.0	3818.0	118418
秦皇岛市	Qinhuangdao	2001.0	259.9	640.4	1100.6	64491
邯 郸 市	Handan	4382.2	449.5	1807.2	2125.4	47493
邢 台 市	Xingtai	2586.1	349.6	934.9	1301.6	36994
保 定 市	Baoding	4825.0	572.8	1661.7	2590.5	41990
保 定 市①	Baoding①	4012.2	466.9	1351.8	2193.5	43986
张家口市	Zhangjiakou	1842.7	321.8	464.1	1056.8	45360
承 德 市	Chengde	1851.7	430.2	586.8	834.6	55915
沧 州 市	Cangzhou	4440.1	372.4	1686.9	2380.8	60909
廊 坊 市	Langfang	3608.3	217.9	1153.8	2236.5	65763
衡 水 市	Hengshui	1888.1	259.8	609.8	1018.5	45364
定 州 市	Dingzhou	400.1	93.7	133.9	172.5	37174
辛 集 市	Xinji	422.0	56.8	230.8	134.4	71879

3-8 续表 continued

市	City	构成(地区生产总值=100) Composition (GDP=100)			指数(上年=100) Indices (preceding year=100)				
		第一产业 Primary Industry	第二产业 Secondary Industry	第三产业 Tertiary Industry	地区生产总值 Gross Domestic Product	第一产业 Primary Industry	第二产业 Secondary Industry	第三产业 Tertiary Industry	人均地区生产总值 Per Capita Gross Domestic Product
全　省	**Total**	**10.2**	**37.4**	**52.4**	**105.5**	**102.6**	**106.2**	**105.5**	**105.8**
石家庄市	Shijiazhuang	7.7	30.6	61.7	106.1	104.1	107.2	105.9	106.0
石家庄市①	Shijiazhuang①	7.3	29.2	63.5	106.3	104.3	107.8	105.8	106.0
唐 山 市	Tangshan	7.2	51.0	41.8	105.9	104.1	106.3	105.7	105.7
秦皇岛市	Qinhuangdao	13.0	32.0	55.0	105.6	103.1	105.1	106.5	106.0
邯 郸 市	Handan	10.3	41.2	48.5	105.7	102.7	105.9	106.0	106.8
邢 台 市	Xingtai	13.5	36.2	50.3	104.1	101.1	102.9	105.8	105.0
保 定 市	Baoding	11.9	34.4	53.7	106.2	102.3	106.1	107.1	106.3
保 定 市①	Baoding①	11.6	33.7	54.7	105.0	102.4	103.8	106.3	105.5
张家口市	Zhangjiakou	17.5	25.2	57.4	105.1	104.2	104.7	105.5	105.7
承 德 市	Chengde	23.2	31.7	45.1	105.6	104.5	106.1	105.7	106.1
沧 州 市	Cangzhou	8.4	38.0	53.6	105.8	101.7	106.0	106.2	106.0
廊 坊 市	Langfang	6.0	32.0	62.0	103.8	97.1	107.2	102.7	104.3
衡 水 市	Hengshui	13.8	32.3	53.9	105.6	100.5	106.5	106.4	105.9
定 州 市	Dingzhou	23.4	33.5	43.1	105.6	102.5	104.6	108.2	106.1
辛 集 市	Xinji	13.5	54.7	31.9	104.2	102.3	102.7	108.2	105.2

注：1.本表绝对数按当年价格计算，指数按不变价格计算。2.本表数据中石家庄市含辛集市，石家庄市①不含辛集市；保定市含定州市和雄安新区，保定市①不含定州市和雄安新区。以下相关表同。

a) Level data in this table are calculated at current prices while indices at constant prices. b) Data in this table, Shijiazhuang includes Xinji, Shijiazhuang① excludes Xinji; Baoding includes Dingzhou and Xiongan, Baoding① excludes Dingzhou and Xiongan. The same applies to the table following.

3-9 支出法地区生产总值
Gross Domestic Product by Expenditure Approach

年份 Year	支出法地区生产总值(亿元) Gross Domestic Product by Expenditure Approach (100 million yuan)	最终消费支出 Final Consumption Expenditures	资本形成总额 Gross Capital Formation	货物和服务净出口 Net Exports of Goods and Services	最终消费率(消费率)(%) Final Consumption Rate (%)	资本形成率(投资率)(%) Capital Formation Rate (%)
1978	183.1	93.3	64.3	25.5	51.0	35.1
1979	203.2	104.4	69.0	29.8	51.4	33.9
1980	219.2	114.7	63.8	40.7	52.3	29.1
1981	222.5	129.1	50.7	42.8	58.0	22.8
1982	251.5	140.2	74.0	37.3	55.8	29.4
1983	283.2	156.3	90.1	36.8	55.2	31.8
1984	332.2	186.6	114.7	31.0	56.2	34.5
1985	396.8	229.7	156.9	10.1	57.9	39.5
1986	436.7	262.3	162.8	11.5	60.1	37.3
1987	521.9	318.3	176.6	27.1	61.0	33.8
1988	701.3	434.3	242.4	24.7	61.9	34.6
1989	822.8	481.0	295.3	46.6	58.5	35.9
1990	896.3	518.9	334.7	42.8	57.9	37.3
1991	1072.1	634.7	384.8	52.5	59.2	35.9
1992	1278.5	712.2	475.2	91.1	55.7	37.2
1993	1620.8	834.4	651.0	135.4	51.5	40.2
1994	2114.5	1023.9	854.9	235.6	48.4	40.4
1995	2701.2	1278.5	1162.2	260.4	47.3	43.0
1996	3198.0	1439.0	1433.5	325.4	45.0	44.8
1997	3652.1	1607.4	1698.2	346.4	44.0	46.5
1998	3924.5	1704.2	1872.0	348.2	43.4	47.7
1999	4158.9	1822.6	1982.7	353.7	43.8	47.7
2000	4628.2	2056.0	2061.5	510.7	44.4	44.5
2001	5062.9	2285.5	2134.3	643.1	45.1	42.2
2002	5518.9	2602.9	2228.3	687.7	47.2	40.4
2003	6333.6	2772.0	2617.8	943.7	43.8	41.3
2004	7588.6	3281.1	3289.7	1017.8	43.2	43.4
2005	8773.4	3731.4	4159.3	882.7	42.5	47.4
2006	10043.0	4331.4	4823.6	888.0	43.1	48.0
2007	12152.9	5221.6	6019.3	912.1	43.0	49.5
2008	14200.1	5910.6	7371.7	917.7	41.6	51.9
2009	15306.9	6379.1	8265.0	662.7	41.7	54.0
2010	18003.6	7311.6	9786.5	905.6	40.6	54.4
2011	21384.7	8355.4	12169.0	860.3	39.1	56.9
2012	23077.5	9559.8	13302.5	215.2	41.4	57.6
2013	24259.6	10116.3	14119.0	24.3	41.7	58.2
2014	25208.9	10665.5	14952.0	-408.6	42.3	59.3
2015	26398.4	11513.9	15380.0	-495.5	43.6	58.3
2016	28474.1	12735.2	16375.8	-636.9	44.7	57.5
2017	30640.8	14033.5	17373.1	-765.8	45.8	56.7
2018	32494.6	15305.0	18164.5	-974.8	47.1	55.9
2019	34978.6	16684.8	19360.6	-1066.9	47.7	55.4
2020	36013.8	16868.2	19977.4	-831.8	46.8	55.5
2021	40397.1	20212.4	21070.0	-885.3	50.0	52.2
2022	41988.0	21160.3	21757.3	-929.6	50.4	51.8

注：1.本表按当年价格计算。2.最终消费率指最终消费支出占支出法国内生产总值的比重，资本形成率指资本形成总额占支出法国内生产总值的比重。

a) Data in value terms in this table are calculated at current prices. b) Final consumption rate refers to final consumption expenditures as percentage of gross domestic product by expenditure approach, capital formation rate refers to gross capital formation as percentage of gross domestic product by expenditure approach.

3-10 支出法地区生产总值构成
Components of Gross Domestic Product by Expenditure Approach

单位：亿元 (100 million yuan)

年 份 Year	最终消费支出 Final Consumption Expenditures				资本形成总额 Gross Capital Formation		货物和服务净出口 Net Exports of Goods and Services	
	居民消费支出 Household Consumption Expenditures	城镇居民 Urban Household	农村居民 Rural Household	政府消费支出 Government Consumption Expenditures	固定资本形成总额 Gross Fixed Capital Formation	存货变动 Change in Inventories	出口 Exports	进口 Imports
1978	83.0	21.7	61.4	10.3	51.4	12.9		
1979	92.9	24.2	68.8	11.5	58.4	10.6		
1980	102.1	27.7	74.4	12.6	51.9	12.0		
1981	116.1	30.1	86.0	13.0	45.4	5.3		
1982	125.0	33.1	91.9	15.2	65.1	8.8		
1983	139.1	34.9	104.2	17.2	71.4	18.8		
1984	164.2	40.4	123.8	22.4	82.1	32.5		
1985	202.2	49.9	152.2	27.6	116.4	40.5		
1986	230.9	59.6	171.3	31.5	127.6	35.2		
1987	280.1	74.5	205.6	38.2	137.6	39.0		
1988	382.1	107.4	274.8	52.1	195.2	47.2		
1989	421.8	130.5	291.3	59.2	180.9	114.4		
1990	456.8	138.0	318.8	62.0	204.0	130.6		
1991	525.7	168.3	357.4	109.0	254.3	130.6		
1992	595.4	208.0	387.5	116.8	390.0	85.2		
1993	658.1	233.5	424.6	176.3	508.4	142.6		
1994	811.9	294.4	517.6	212.0	681.3	173.6		
1995	1024.8	375.5	649.3	253.7	905.5	256.8		
1996	1151.5	399.5	751.9	287.6	1149.0	284.5		
1997	1292.3	484.5	807.8	315.1	1372.7	325.6		
1998	1332.2	524.2	808.1	372.0	1508.7	363.4		
1999	1412.9	578.6	834.3	409.6	1649.5	333.2		
2000	1544.0	705.8	838.3	511.9	1694.1	367.4		
2001	1686.9	832.5	854.4	598.5	1787.4	346.9		
2002	1897.9	1027.5	870.4	705.0	1887.3	341.0		
2003	2021.2	1145.4	875.8	750.9	2299.1	318.7		
2004	2276.9	1387.8	889.1	1004.2	2950.5	339.2		
2005	2546.3	1591.2	955.1	1185.1	3812.0	347.3		
2006	2952.7	1900.4	1052.3	1378.7	4466.2	357.4		
2007	3488.4	2305.4	1183.0	1733.2	5534.3	485.0		
2008	3997.6	2716.7	1280.9	1913.1	7386.8	-15.1		
2009	4457.3	3155.7	1301.6	1921.8	8375.9	-110.8	7317.3	6654.6
2010	5034.9	3656.6	1378.3	2276.6	9570.5	215.9	9797.9	8892.3
2011	5980.3	4283.7	1696.6	2375.0	11994.1	174.9	12413.9	11553.6
2012	6740.4	4795.0	1945.4	2819.4	13167.3	135.3	12860.8	12645.6
2013	7192.2	5080.0	2112.2	2924.2	13932.2	186.8	13452.4	13428.2
2014	7621.1	5366.4	2254.7	3044.4	14698.6	253.3	14004.0	14412.6
2015	8351.7	5872.9	2478.8	3162.2	15326.7	53.2	13033.3	13528.8
2016	9417.2	6629.5	2787.7	3318.0	16335.5	40.3	12824.5	13461.4
2017	10411.1	7364.0	3047.1	3622.4	17325.4	47.7	13202.9	13968.7
2018	11446.8	8116.4	3330.4	3858.2	17878.4	286.1	13809.0	14783.9
2019	12587.4	8944.0	3643.4	4097.4	18792.2	568.4	14574.5	15641.3
2020	12615.6	8993.1	3622.5	4252.6	19351.3	626.1	14971.4	15803.2
2021	15150.6	10831.2	4319.4	5061.9	19780.4	1289.6	15800.7	16686.1
2022	15869.5	11401.1	4468.5	5290.8	20400.4	1356.9	15726.8	16656.4

注：本表按当年价格计算。
a) Data in value terms in this table are calculated at current prices.

3-10 续表 continued

年 份 Year	最终消费支出=100 Final Consumption Expenditures=100		居民消费支出=100 Household Consumption Expenditures=100		资本形成总额=100 Gross Capital Formation=100	
	居民消费支出 Household Consumption Expenditures	政府消费支出 Government Consumption Expenditures	城镇居民 Urban Household	农村居民 Rural Household	固定资本形成总额 Gross Fixed Capital Formation	存货变动 Change in Inventories
1978	89.0	11.0	26.1	73.9	80.0	20.0
1979	89.0	11.0	26.0	74.0	84.7	15.3
1980	89.0	11.0	27.1	72.9	81.2	18.8
1981	89.9	10.1	25.9	74.1	89.6	10.4
1982	89.2	10.8	26.5	73.5	88.0	12.0
1983	89.0	11.0	25.1	74.9	79.2	20.8
1984	88.0	12.0	24.6	75.4	71.6	28.4
1985	88.0	12.0	24.7	75.3	74.2	25.8
1986	88.0	12.0	25.8	74.2	78.4	21.6
1987	88.0	12.0	26.6	73.4	77.9	22.1
1988	88.0	12.0	28.1	71.9	80.5	19.5
1989	87.7	12.3	30.9	69.1	61.3	38.7
1990	88.0	12.0	30.2	69.8	61.0	39.0
1991	82.8	17.2	32.0	68.0	66.1	33.9
1992	83.6	16.4	34.9	65.1	82.1	17.9
1993	78.9	21.1	35.5	64.5	78.1	21.9
1994	79.3	20.7	36.3	63.7	79.7	20.3
1995	80.2	19.8	36.6	63.4	77.9	22.1
1996	80.0	20.0	34.7	65.3	80.2	19.8
1997	80.4	19.6	37.5	62.5	80.8	19.2
1998	78.2	21.8	39.3	60.7	80.6	19.4
1999	77.5	22.5	41.0	59.0	83.2	16.8
2000	75.1	24.9	45.7	54.3	82.2	17.8
2001	73.8	26.2	49.4	50.6	83.7	16.3
2002	72.9	27.1	54.1	45.9	84.7	15.3
2003	72.9	27.1	56.7	43.3	87.8	12.2
2004	69.4	30.6	61.0	39.0	89.7	10.3
2005	68.2	31.8	62.5	37.5	91.7	8.3
2006	68.2	31.8	64.4	35.6	92.6	7.4
2007	66.8	33.2	66.1	33.9	91.9	8.1
2008	67.6	32.4	68.0	32.0	100.2	-0.2
2009	69.9	30.1	70.8	29.2	101.3	-1.3
2010	68.9	31.1	72.6	27.4	97.8	2.2
2011	71.6	28.4	71.6	28.4	98.6	1.4
2012	70.5	29.5	71.1	28.9	99.0	1.0
2013	71.1	28.9	70.6	29.4	98.7	1.3
2014	71.5	28.5	70.4	29.6	98.3	1.7
2015	72.5	27.5	70.3	29.7	99.7	0.3
2016	73.9	26.1	70.4	29.6	99.8	0.2
2017	74.2	25.8	70.7	29.3	99.7	0.3
2018	74.8	25.2	70.9	29.1	98.4	1.6
2019	75.4	24.6	71.1	28.9	97.1	2.9
2020	74.8	25.2	71.3	28.7	96.9	3.1
2021	75.0	25.0	71.5	28.5	93.9	6.1
2022	75.0	25.0	71.8	28.2	93.8	6.2

3-11 居民消费水平
Household Consumption Expenditure

年 份 Year	绝对数(元) Level (yuan)			城乡消费水平对比(农村居民=1) Urban/Rural Consumption Ratio (Rural Household=1)	指数(上年=100) Index (Preceding Year=100)			指数(1978=100) Index (Year of 1978=100)		
	全体居民 All Households	城镇居民 Urban Household	农村居民 Rural Household		全体居民 All Households	城镇居民 Urban Household	农村居民 Rural Household	全体居民 All Households	城镇居民 Urban Household	农村居民 Rural Household
1978	165	402	137	2.9	103.7	90.9	104.9	100.0	100.0	100.0
1980	199	460	164	2.8	119.9	119.5	120.6	119.2	111.6	128.2
1985	366	672	319	2.1	117.1	112.8	118.1	209.7	151.5	240.0
1990	783	1592	605	2.6	103.9	107.0	102.6	256.8	207.3	279.3
1995	1598	3220	1238	2.6	110.2	97.2	112.8	404.7	310.3	420.1
2000	2324	4150	1696	2.4	106.6	100.8	109.0	577.3	380.9	580.3
2001	2523	4581	1755	2.6	107.4	108.3	103.2	619.8	412.5	598.6
2002	2826	5296	1822	2.9	107.8	109.3	102.2	668.1	450.8	611.6
2003	2993	5548	1868	3.0	104.7	101.3	104.4	699.6	456.4	638.7
2004	3354	5896	2005	2.9	109.0	101.7	108.0	762.6	464.0	689.9
2005	3728	6337	2212	2.9	107.5	103.2	108.4	820.0	479.0	748.0
2006	4295	7231	2478	2.9	110.2	108.1	109.1	903.9	517.8	816.4
2007	5041	8431	2826	3.0	108.6	107.8	105.7	981.5	558.4	863.1
2008	5739	9493	3121	3.0	109.2	107.0	108.3	1072.1	597.4	934.6
2009	6357	10510	3247	3.2	109.2	106.7	108.5	1171.2	637.4	1014.2
2010	7077	11649	3467	3.4	107.2	105.3	107.0	1255.5	670.9	1084.9
2011	8291	13184	4280	3.1	112.5	109.1	117.4	1412.0	731.8	1273.2
2012	9300	14353	4980	2.9	107.4	104.7	110.3	1516.8	766.0	1404.3
2013	9886	14759	5510	2.7	111.1	107.3	115.9	1684.4	822.2	1627.9
2014	10431	15085	6015	2.5	109.6	106.1	113.7	1846.8	872.4	1850.9
2015	11387	15851	6830	2.3	109.9	105.7	114.7	2030.0	921.8	2123.4
2016	12794	17067	8019	2.1	109.4	105.1	113.8	2221.3	968.7	2415.9
2017	14083	18175	9120	2.0	109.1	105.4	112.9	2422.5	1021.3	2726.7
2018	15432	19354	10330	1.9	109.3	106.2	112.8	2647.1	1085.1	3075.5
2019	16927	20719	11679	1.8	109.5	107.0	112.7	2898.6	1161.0	3466.1
2020	16922	20301	11974	1.7	99.6	97.4	102.8	2887.0	1130.8	3563.2
2021	20320	23970	14706	1.6	108.9	107.2	111.1	3156.5	1244.6	3850.8
2022	21347	24978	15571	1.6	104.0	102.8	105.8	3282.8	1279.5	4074.2

注：本表绝对数按当年价格计算，指数按不变价格计算。

a) Level in this table are calculated at current prices, while indices are calculated at constant prices.

3-12 三大需求对国内生产总值增长的贡献率和拉动
Contribution Share and Contribution of the Three Components of GDP to the Growth of GDP

年 份 Year	最终消费支出 Final Consumption Expenditure		资本形成总额 Gross Capital Formation		货物和服务净出口 Net Exports of Goods and Services	
	贡献率 (%) Contribution Share (%)	拉 动 (百分点) Contribution (percentage point)	贡献率 (%) Contribution Share (%)	拉 动 (百分点) Contribution (percentage point)	贡献率 (%) Contribution Share (%)	拉 动 (百分点) Contribution (percentage point)
1978	89.7	13.0	26.6	3.9	-16.3	-2.4
1980	69.0	2.2	-79.4	-2.5	110.4	3.5
1985	83.4	10.4	67.4	8.4	-50.8	-6.4
1990	81.3	4.7	32.6	1.9	-13.9	-0.8
1995	38.5	5.3	57.7	8.0	3.9	0.5
2000	43.8	4.1	28.5	2.7	27.7	2.6
2001	51.9	4.5	17.1	1.5	31.0	2.7
2002	51.0	4.9	19.9	1.9	29.1	2.8
2003	32.9	2.8	40.6	3.4	26.5	2.2
2004	42.8	4.3	45.3	4.5	11.8	1.2
2005	41.2	4.2	58.5	6.0	0.2	0.0
2006	46.5	4.8	53.1	5.5	0.4	0.0
2007	47.1	4.5	52.7	5.1	0.2	0.0
2008	49.8	4.0	49.7	4.0	0.4	0.0
2009	47.1	3.8	54.9	4.5	-2.0	-0.2
2010	41.5	3.8	60.4	5.6	-1.9	-0.2
2011	42.5	4.4	60.3	6.2	-2.8	-0.3
2012	45.6	3.9	60.4	5.2	-6.0	-0.5
2013	45.9	3.8	59.8	4.9	-5.6	-0.5
2014	48.3	3.1	57.1	3.7	-5.4	-0.4
2015	48.8	3.3	55.0	3.7	-3.9	-0.3
2016	53.5	3.6	50.9	3.4	-4.4	-0.3
2017	57.7	3.8	48.3	3.2	-6.0	-0.4
2018	61.1	4.0	47.6	3.1	-8.7	-0.6
2019	61.2	4.1	47.8	3.2	-9.0	-0.6
2020	14.6	0.6	87.9	3.3	-2.5	-0.1
2021	58.8	3.8	38.9	2.5	2.3	0.2
2022	48.1	1.7	54.3	2.0	-2.4	-0.1

注：1.本表按不变价格计算。
2.三大需求指支出法国内生产总值的三大构成项目，即最终消费支出、资本形成总额、货物和服务净出口。
3.贡献率指三大需求增量与支出法国内生产总值增量之比。
4.拉动指国内生产总值增长速度与三大需求贡献率的乘积。

a) Data in this table are calculated at constant prices.
b) Three components of GDP by expenditure approach are final consumption expenditure, gross capital formation and net exports of goods and services.
c) Contribution share of the three components to the increase of the GDP refers to the proportion of the increment of the each component of GDP by expenditure approach to the increment of GDP.
d) Contribution of the three components to GDP growth refers to the growth rate of GDP multiplied by the contribution share of the three components.

主要统计指标解释

国内生产总值(GDP) 指一个国家所有常住单位在一定时期内生产活动的最终成果。国内生产总值有三种表现形态，即价值形态、收入形态和产品形态。从价值形态看，它是所有常住单位在一定时期内生产的全部货物和服务价值与同期投入的全部非固定资产货物和服务价值的差额，即所有常住单位的增加值之和；从收入形态看，它是所有常住单位在一定时期内创造的各项收入之和，包括劳动者报酬、生产税净额、固定资产折旧和营业盈余；从产品形态看，它是所有常住单位在一定时期内最终使用的货物和服务价值与货物和服务净出口价值之和。在实际核算中，国内生产总值有三种计算方法，即生产法、收入法和支出法。三种方法分别从不同的方面反映国内生产总值及其构成。

对于一个地区来说，称为地区生产总值或地区 GDP。

三次产业 三次产业的划分是世界上较为常用的产业结构分类，但各国的划分不尽一致。根据《国民经济行业分类》（GB/T 4754—2017）和《三次产业划分规定》，我国的三次产业划分是：

第一产业是指农、林、牧、渔业（不含农、林、牧、渔专业及辅助性活动）。

第二产业是指采矿业（不含开采及辅助性活动），制造业（不含金属制品、机械和设备修理业），电力、热力、燃气及水生产和供应业，建筑业。

第三产业即服务业，是指除第一产业、第二产业以外的其他行业。

劳动者报酬 指劳动者从事生产活动应获得的全部报酬，既包括货币形式的报酬，也包括实物形式的报酬。主要包括工资、奖金、津贴和补贴，单位为其员工交纳的社会保险费、补充社会保险费和住房公积金、行政事业单位职工的离退休金、单位为其员工提供的其他各种形式的福利和报酬等。

生产税净额 指生产税减生产补贴后的差额。其中，生产税指政府对生产单位从事生产、销售和经营活动，以及因从事生产活动使用某些生产要素（如固定资产和土地等）所征收的各种税收、附加费和其他规费。生产税分为产品税和其他生产税，产品税主要有：增值税、消费税、进口关税、出口税等；其他生产税主要有：房产税、车船使用税、城镇土地使用税等。生产补贴则相反，它是政府为影响生产单位的生产、销售及定价等生产活动而对其提供的无偿支付，包括农业生产补贴、政策亏损补贴、进口补贴等。生产补贴作为负生产税处理。

固定资产折旧 指由于自然退化、正常淘汰或损耗而导致的固定资产价值下降，用以代表固定资产通过生产过程被转移到其产出中的价值。原则上，固定资产折旧应按照固定资产的重置价值计算。

营业盈余 指常住单位创造的增加值扣除劳动者报酬、生产税净额和固定资产折旧后的余额。

支出法国内生产总值 是从最终使用的角度反映一个国家（或地区）一定时期内生产活动最终成果的一种方法，包括最终消费支出、资本形成总额及货物和服务净出口三部分。计算公式为：

支出法国内生产总值=最终消费支出+资本形成总额+货物和服务净出口

最终消费支出 指常住单位为满足物质、文化和精神生活的需要，从本国经济领土和国外购买的货物和服务的支出。它不包括非常住单位在本国经济领土内的消费支出。最终消费支出分为居民消费支出和政府消费支出。

居民消费支出 指常住住户在一定时期内对于货物和服务的全部最终消费支出。居民消费支出除了直接以货币形式购买的货物和服务的消费支出外，还包括以其他方式获得的货物和服务的消费支出，例如，单位以实物报酬形式提供给劳动者的货物和服务；住户生产用于自身消费的货物（如自产自用的农产品），以及纳入生产核算范围并用于自身消费的服务（如住户的自有住房服务）；银行和保险机构提供的间接计算的金融服务。

政府消费支出 指广义政府部门为全社会提供的公共服务的消费支出和免费或以较低的价格向居民住户提供的货物和服务的净支出，前者等于政府服务的产出价值减去政府单位所获得的经营收入的价值，后者等于广义政府部门免费或以较低价格向居民住户提供的货物和服务的市场价值减去向住户收取的价值。

资本形成总额 指常住单位在一定时期内获得减去处置的固定资产和存货的净额，包括固定资本形成总额和存货变动两部分。

固定资本形成总额 指常住单位在一定时期内获得的固定资产减处置的固定资产的价值总额。固定资产是通过生产活动生产出来的，且其使用年限在一年以上、单位价值在规定标准以上的资产，不包括自然资产、耐用消费品、小型工器具。固定资本形成总额包括住宅、其他建筑和构筑物、机器和设备、培育性生物资源、知识产权产品的价值获得减处置。

存货变动 指常住单位在一定时期内存货实物量变动的市场价值，即期末价值减期初价值的差额，再扣除当期由于价格变动而产生的持有收益。存货变动可以是正值，也可以是负值，正值表示存货上升，负值表示存货下降。存货包括生产单位购进的原材料、燃料和储备物资等存货，以及生产单位生产的产成品、在制品和半成品等存货。

货物和服务净出口　指货物和服务出口减货物和服务进口的差额。出口包括常住单位向非常住单位出售或无偿转让的各种货物和服务的价值；进口包括常住单位从非常住单位购买或无偿得到的各种货物和服务的价值。货物的出口和进口都按离岸价格计算。

Explanatory Notes on Main Statistical Indicators

Gross Domestic Product (GDP) refers to the final products produced by all resident units in a country during a certain period of time. Gross domestic product is expressed in three different perspectives, namely value, income, and products respectively. GDP in its value perspective refers to the balance of total value of all goods and services produced by all resident units during a certain period of time, minus the total value of input of goods and services of the nature of non-fixed assets; in other words, it is the sum of the value-added of all resident units. GDP from the perspective of income refers to the sum of all kinds of revenue, including Compensation of Employees, Net Taxes on Production, Depreciation of Fixed Assets, and Operating Surplus. GDP from the perspective of products refers to the value of all goods and services for final demand by all resident units plus the net exports of goods and services during a given period of time. In the practice of national accounting, gross domestic product is calculated from three approaches, namely production approach, income approach and expenditure approach, which reflect gross domestic product and its composition from different angles.

For a region, it is called as Gross Regional Product (GRP) or regional GDP.

Three Strata of Industry Classification of economic activities into three strata of industry is a common practice in the world, although the grouping varies to some extent from country to country. In China, according to *Industrial classification for National Economic Activities* (GB/T 4754—2017) and *Dividing Basis of Three Industries*, economic activities are categorized into the following three strata of industry:

Primary industry refers to agriculture, forestry, animal husbandry and fishery industries (not including services in support of agriculture, forestry, animal husbandry and fishery industries).

Secondary industry refers to mining and quarrying (not including support activities for mining), manufacturing (not including repair service of metal products, machinery and equipment), production and supply of electricity, heat, gas and water, and construction.

Tertiary industry refers to all other economic activities not included in the primary or secondary industries.

Compensation of Employees refers to the total payment of various forms to employees for the productive activities they are engaged in. It includes the employees earn in cash or in kind. It mainly include: wages, bonuses and allowances, subsidies, social insurance paid by company or unit for its staff, supplementary social insurance, housing fund, the pension for the employees of the administrative institution, other forms of welfare and remuneration provide by the units for its employees.

Net Taxes on Production refers to taxes on production less subsidies on production. The taxes on production refers to the various taxes, extra charges and fees levied on the production units on their production, sale and business activities as well as on the use of some factors of production, such as fixed assets, land etc. in the production activities they are engaged in. Taxes on production are divided into product tax and other kinds of taxes on production, product tax mainly includes: value-added tax, consumption tax, import duty, export duty; other taxes on production mainly include: House Property Tax, Tax on Vehicles and Boat Operation, Urban Land Use Tax, etc. In contrast to taxes on production, subsidies on production refer to the payment by the government for free to the production units to influence production activities of production units such as production, sales and pricing, which include agricultural production subsidies, subsidies for policy losses, import subsidies, etc. Subsidies on production are therefore regarded as negative taxes on production.

Depreciation of Fixed Assets refers to the decline of the value of fixed assets due to natural deterioration, normal elimination or loss, it reflects the value of transfer of the fixed assets in the production of the current period. In principle, the depreciation of fixed assets should be calculated on the basis of the re-purchased value of the fixed assets.

Operating Surplus refers to the balance of the value added created by the resident units after deducting the labourers remuneration, net taxes on production and the depreciation of fixed assets.

GDP by Expenditure Approach refers to the method of measuring the final results of production activities of a country (region) during a given period from the perspective of final uses. It includes final consumption expenditure, gross capital formation and net export of goods and services. The formula for computation is.:

GDP by expenditure approach = final consumption expenditure + gross capital formation + net export of goods and services

Final Consumption Expenditure refers to the total expenditure of resident units for purchases of goods and services from both the domestic economic territory and abroad to meet the needs of material, cultural and spiritual life. It does not include the expenditure of non-resident units on consumption in the economic territory of the country. The final consumption expenditure is broken down into household consumption expenditure and government consumption expenditure.

Household Consumption Expenditure refers to the total expenditure of resident households on the final consumption of goods and services. In addition to the consumption of goods and services bought by the households directly with money, the household consumption expenditure also includes expenditure on goods and services obtained by the households in other ways. For example, (a) the goods and services provided to households by employers in the form of payment in kind; (b) goods and services produced and consumed by the households themselves (such as self-producing-and-self-consuming agricultural products) and services included in the scope of production accounting and used for personal consumption (such as self -owned housing services for households); (c) financial intermediate services provided by banking and insurance institutions.

Government Consumption Expenditure refers to the consumption expenditure spent for the provision of public services provided by the government to the whole country and the net expenditure on the goods and services provided by the government to households free of charge or at low prices. The former equals to the output value of the government services minus the value of operating income obtained by the government departments. The latter equals to the market value of the goods and services provided by the government free of charge or at low prices to the households minus the value received by the government from the households.

Gross Capital Formation refers to the fixed assets acquired less disposals and the net value of inventory, thus including gross fixed capital formation and changes in inventories.

Gross Fixed Capital Formation refers to the value of acquisitions less disposals of fixed assets during a given period. Fixed assets are the assets produced through production activities with unit value above a specified amount and which could be used for over one year. Natural assets, consumer durables, small instruments are not included. Gross fixed capital formation includes the value of housing, other buildings and structure, equipment and machinery, breeding biological resources, intellectual property right product minus the disposal of them.

Changes in Inventories refers to the market value of the change in the physical volume of inventory of resident units during a given period, i.e. the difference between the values at the beginning and at the end of the period minus the gains due to the change in prices. The changes in inventories can have a positive or a negative value. A positive value indicates an increase in inventory while a negative value indicates a decrease in inventory. The inventory includes raw materials, fuels and reserve materials purchased by the production units as well as the inventory of finished products, semi-finished products and work-in-progress.

Net Export of Goods and Services refers to the exports of goods and services subtracting the imports of goods and services. Exports include the value of various goods and services sold or gratuitously transferred by resident units to non-resident units. Imports include the value of various goods and services purchased or gratuitously acquired resident units from non-resident units. Because the provision of services and the use of them happen simultaneously, the acquisition of services by resident units from abroad is usually treated as import while the acquisition of services by non-resident units in this country is usually treated as export. The exports and imports of goods are calculated at FOB.

就业和工资
Employment and Wages

简 要 说 明

一、本篇资料反映河北省劳动经济方面的基本情况，包括就业人员数，城镇登记失业人数，就业人员工资总额，平均工资及指数变化情况等。

二、本篇资料来源

就业基本情况及分组资料、工资总额等资料，由河北省统计局人口和就业统计处根据国家统计局相关统计报表制度搜集资料，加工整理。

三、资料整理：张连松　董昱含

Brief Introduction

Ⅰ.The data in this chapter reflects the basic situation of the labor economy in Hebei Province, including the number of employed people, the number of registered unemployed in cities and towns, the total wages of employed people, average wages and index changes.

Ⅱ.Sources of this paper

Basic information of employment, grouping data, total wages and other data are collected, processed and sorted out by the Population and Employment Statistics Division of Hebei Province Statistics Bureau according to the relevant statistical statement system of the National Bureau of Statistics.

Ⅲ. Data collection: Zhang Liansong, Dong Yuhan.

4-1 就业基本情况
Employment

项　　目	Item	2015	2020	2021	2022	2023
就业人员(万人)	**Total Number of Employed Persons (10000 persons)**	**3927**	**3671**	**3643**	**3580**	**3623**
第一产业	Primary Industry	1292	815	777	820	789
第二产业	Secondary Industry	1330	1170	1169	1121	1147
第三产业	Tertiary Industry	1305	1686	1697	1639	1687
按城乡分就业人员(万人)	**Number of Employed Persons by Urban and Rural Areas (10000 persons)**					
城镇就业人员	Urban Employed Persons	1547	2099	2133	2103	2151
乡村就业人员	Rural Employed Persons	2380	1572	1510	1477	1472
城镇非私营单位就业人员(万人)	**Number of Employed Person in Urban Non-private Units (10000 persons)**	**643.65**	**561.24**	**565.95**	**561.15**	**554.69**
内资	Domestic Funded			530.58	525.47	525.66
#国有单位	State-owned Units	288.22	256.02	255.72	257.66	279.95
其他内资	Others			1.51	2.24	245.7
港澳台商投资单位	Units with Funds from Hong Kong, Macao & Taiwan	18.49	12.94	12.21	15.16	14.74
外商投资单位	Foreign Funded Units	24.21	19.77	23.16	20.52	14.30

4-2 按三次产业分就业人员数(年底数)
Number of Employed Persons at Year-end by Three Strata of Industry

年 份 Year	就业人员(万人) Total Employed Persons (10000 persons)	第一产业 Primary Industry	第二产业 Secondary Industry	第三产业 Tertiary Industry	构成(就业人员=100) Composition in Percentage 第一产业 Primary Industry	第二产业 Secondary Industry	第三产业 Tertiary Industry
1978	2109.39	1621.61	292.83	194.95	76.88	13.88	9.24
1979	2141.50	1614.32	315.89	211.29	75.38	14.75	9.87
1980	2182.80	1637.42	321.01	224.37	75.01	14.71	10.28
1981	2264.23	1699.67	325.26	239.3	75.07	14.36	10.57
1982	2346.57	1741.5	345.68	259.39	74.22	14.73	11.05
1983	2489.26	1835.05	351.74	302.47	73.72	14.13	12.15
1984	2533.57	1762.57	425.77	345.23	69.6	16.8	13.63
1985	2555.43	1603.36	557.49	394.58	62.74	21.82	15.44
1986	2626.41	1602.21	607.42	416.78	61.00	23.13	15.87
1987	2725.75	1615.62	653.23	456.90	59.27	23.97	16.76
1988	2808.33	1659.62	690.33	458.38	59.10	24.58	16.32
1989	2857.92	1739.11	674.31	444.50	60.85	23.60	15.55
1990	2955.47	1820.51	680.14	454.82	61.60	23.01	15.39
1991	3040.30	1905.27	690.04	444.99	62.67	22.70	14.63
1992	3106.28	1874.64	722.61	509.03	60.35	23.26	16.39
1993	3171.37	1857.14	778.68	535.55	58.56	24.55	16.89
1994	3210.37	1780.48	832.60	597.29	55.46	25.93	18.61
1995	3252.01	1729.29	879.08	643.64	53.18	27.03	19.79
1996	3300.16	1635.17	942.08	722.91	49.55	28.55	21.90
1997	3324.23	1634.03	940.24	749.96	49.16	28.28	22.56
1998	3367.18	1650.22	932.60	784.36	49.01	27.70	23.29
1999	3322.30	1653.25	879.69	789.36	49.76	26.48	23.76
2000	3385.71	1678.12	886.99	820.60	49.56	26.20	24.24
2001	3409.16	1676.34	899.68	833.14	49.17	26.39	24.44
2002	3435.00	1662.59	929.12	843.29	48.40	27.05	24.55
2003	3470.23	1672.26	942.84	855.13	48.19	27.17	24.64
2004	3516.71	1612.85	992.74	911.12	45.86	28.23	25.91
2005	3568.97	1564.72	1043.56	960.69	43.84	29.24	26.92
2006	3609.99	1524.89	1082.66	1002.44	42.24	29.99	27.77
2007	3664.97	1481.52	1134.51	1048.94	40.42	30.96	28.62
2008	3725.66	1481.37	1170.06	1074.23	39.76	31.41	28.83
2009	3792.49	1479.22	1203.36	1109.91	39.00	31.73	29.27
2010	4135	1566	1338	1231	37.87	32.36	29.77
2011	4087	1485	1361	1241	36.33	33.30	30.36
2012	4063	1418	1393	1252	34.90	34.29	30.81
2013	4032	1375	1386	1271	34.10	34.38	31.52
2014	3978	1338	1361	1279	33.63	34.21	32.15
2015	3927	1292	1330	1305	32.90	33.87	33.23
2016	3871	1186	1237	1448	30.64	31.96	37.41
2017	3795	1086	1113	1596	28.62	29.33	42.06
2018	3739	982	1010	1747	26.26	27.01	46.72
2019	3702	938	973	1791	25.34	26.28	48.38
2020	3671	815	1170	1686	22.20	31.87	45.93
2021	3643	777	1169	1697	21.33	32.09	46.58
2022	3580	820	1121	1639	22.91	31.31	45.78
2023	3623	789	1147	1687	21.78	31.66	46.56

注：1999年起资料不包括离开本单位仍保留劳动关系职工人数。

a) Since 1999, the data exclude those staff and workers who still keep their relation with their units, but have left their working post at there.

4-3 按登记注册统计类别分城镇非私营单位就业人员和工资总额(年底数)
Number of Employed Person and Total Wage Bill in Urban Non-Private Units at Year-end by Registered Statistical Categories

指　标	Item	2020	2021	2022	2023
就业人员数(万人)	**Number of Employed Persons (10000 persons)**	**561.24**	**565.95**	**561.15**	**554.69**
内资企业	Domestically Funded Enterprise	528.54	530.58	525.47	525.66
国有单位	State-owned Units	256.02	255.72	257.66	279.95
港澳台投资单位	Units with Funds from Hong Kong, Macao and Taiwan	12.94	12.21	15.16	14.74
外商投资单位	Foreign Funded Units	19.77	23.16	20.52	14.30
工资总额(万元)	**Total Wage Bill (10000 yuan)**	**43454620**	**46830401**	**51219669**	**53087348**
内资企业	Domestically Funded Enterprise	40957632	43866483	47812214	50058994
国有单位	State-owned Units	20111367	20635844	24477941	26642745
港澳台投资单位	Units with Funds from Hong Kong, Macao and Taiwan	983310	1117029	1559682	1625286
外商投资单位	Foreign Funded Units	1513679	1846888	1847773	1403069

4-4 按登记注册统计类别和行业分城镇非私营单位就业人员数(2023年底数)
Number of Employed Persons in Urban Non-Private Units by Registered Statistical Categories and Sector in Detail (End of 2023)

单位：万人 (10000 persons)

项目	Item	就业人员 Employed Persons	国有单位 State-owned Units
总　计	**Total**	**554.69**	**279.95**
农、林、牧、渔业	Agriculture, Forestry, Animal Husbandry and Fishery	1.48	0.54
采矿业	Mining	16.02	4.93
制造业	Manufacturing	92.99	1.89
电力、热力、燃气及水生产和供应业	Production and Supply of Electricity, Heat, Gas and Water	18.32	3.48
建筑业	Construction	29.88	2.86
批发和零售业	Wholesale and Retail Trades	21.79	1.57
交通运输、仓储和邮政业	Transport, Storage and Post	27.58	8.27
住宿和餐饮业	Hotels and Catering Services	4.58	0.90
信息传输、软件和信息技术服务业	Information Transmission, Software and Information Technology Services	13.10	0.53
金融业	Financial Intermediation	29.70	0.75
房地产业	Real Estate	10.83	0.61
租赁和商务服务业	Leasing and Business Services	16.27	4.06
科学研究和技术服务业	Scientific Research and Technical Services	14.65	7.43
水利、环境和公共设施管理业	Management of Water Conservancy, Environment and Public Facilities	10.63	5.54
居民服务、修理和其他服务业	Services to Households, Repair and Other Services	2.75	1.09
教　育	Education	84.41	80.91
卫生和社会工作	Health and Social Service	48.76	45.37
文化、体育和娱乐业	Culture, Sports and Entertainment	5.21	3.64
公共管理、社会保障和社会组织	Public Management, Social Security and Social Organization	105.73	105.59

4-5 按行业分城镇非私营单位就业人员数(年底数)
Number of Employed Persons in Urban Non-Private Units by Sector (End of Year)

单位：人 (person)

年份 市	Year City	就业人员 Employed Persons	农、林、牧、渔业 Agriculture, Forestry, Animal Husbandry and Fishery	采矿业 Mining	制造业 Manufacturing	电力、热力、燃气及水生产和供应业 Production and Supply of Electricity, Heat, Gas and Water	建筑业 Construction	批发和零售业 Wholesale and Retail Trades
	2005	4955531	85056	275921	1203315	174403	339374	270288
	2006	5012171	82405	276510	1213562	181156	358075	252680
	2007	4984975	78925	266949	1222293	184323	338382	236891
	2008	5010177	74899	280926	1163827	195040	345598	231690
	2009	5030626	70711	270216	1169822	198460	339425	221463
	2010	5195833	66360	277623	1196714	199376	365283	225492
	2011	5554236	57072	284170	1305766	202074	506197	234736
	2012	6199464	55239	287978	1453747	212466	814008	263272
	2013	6533580	52407	282686	1503358	196189	906173	288563
	2014	6561790	45579	272604	1477010	192078	890488	282444
	2015	6436468	41712	246381	1408507	187123	843639	271404
	2016	6396210	38868	227719	1363240	187943	818486	268764
	2017	5353159	34586	198094	1025542	178587	382765	177737
	2018	5503377	25427	180508	983734	178383	481235	189728
	2019	5760277	26534	164847	950671	187187	432055	205701
	2020	5612439	25415	159771	985339	187059	411949	204320
	2021	5659533	18241	153417	1010708	185648	387423	207224
	2022	5611456	18631	148639	969547	185478	363058	200786
	2023	5546944	14826	160216	929947	183151	298755	217935
石家庄市	Shijiazhuang	1080290	1255	78	161543	24106	66395	74884
石家庄市①	Shijiazhuang①	1048283	1030	78	154268	23503	66184	71838
唐山市	Tangshan	751215	536	77532	197222	25008	28038	28320
秦皇岛市	Qinhuangdao	248716	621	112	56152	9982	6155	6714
邯郸市	Handan	548531	615	40280	97029	24383	35509	16609
邢台市	Xingtai	412506	1408	16893	66385	12160	14851	9318
保定市	Baoding	775156	1255	352	138043	22418	42963	22655
保定市①	Baoding①	717386	1012	352	131881	19829	41023	21646
张家口市	Zhangjiakou	327335	4755	4853	28129	13994	8371	6906
承德市	Chengde	257478	1780	5009	30184	7852	11753	11038
沧州市	Cangzhou	432301	896	15066	56397	14755	23376	19208
廊坊市	Langfang	396608	323	42	66965	15895	54458	9424
衡水市	Hengshui	247162	1383		31897	12597	6885	12857
定州市	Dingzhou	23281	131		4706	896	1136	307
辛集市	Xinji	32007	225		7275	603	211	3046

注：本表数据中石家庄市含辛集市，石家庄市①不含辛集市;保定市含定州市和雄安新区，保定市①不含定州市和雄安新区。以下相关表同。

a) Data in this table, Shijiazhuang includes Xinji, Shijiazhuang① excludes Xinji; Baoding includes Dingzhou and Xiongan, Baoding① excludes Dingzhou and Xiongan. The same applies to the table following.

4-5 续表 1 continued

单位：人 (person)

年 份 市	Year City	交通运输、仓储和邮政业 Transport, Storage and Post	住宿和餐饮业 Hotels and Catering Services	信息传输、软件和信息技术服务业 Information Transmission, Software and Information Technology Services	金融业 Financial Intermediation	房地产业 Real Estate	租赁和商务服务业 Leasing and Business Services
	2005	255651	50559	46612	181202	29160	47333
	2006	257107	50138	52728	190608	28707	54441
	2007	250928	48853	55957	196160	29264	50068
	2008	256907	47748	55823	221543	32133	47630
	2009	254790	45261	60454	234191	32804	51344
	2010	251018	45294	62510	242448	41637	49195
	2011	243789	52683	58589	238344	48988	51101
	2012	243019	67824	65019	246544	68395	51580
	2013	275895	69333	86275	256396	91472	114896
	2014	289603	62678	85587	276627	105257	137689
	2015	291791	58072	88465	299102	109780	134382
	2016	286719	54220	84213	321685	121285	126147
	2017	242689	33612	75299	346430	63482	97656
	2018	245802	41049	83758	361434	83213	107371
	2019	274703	44919	101197	370462	104200	161055
	2020	272669	42959	104090	363915	118157	150277
	2021	289701	43322	122108	367284	120289	142493
	2022	287428	41351	119885	321891	105340	194772
	2023	275833	45803	131028	297004	108318	162687
石家庄市	Shijiazhuang	77037	15009	66968	67257	31936	39847
石家庄市①	Shijiazhuang①	76820	14968	66868	67257	31473	39651
唐山市	Tangshan	34016	5389	7148	29285	8257	15035
秦皇岛市	Qinhuangdao	11958	1721	4785	16109	3656	1902
邯郸市	Handan	14580	3672	5614	20456	5531	9002
邢台市	Xingtai	6671	1543	3385	25982	5613	9734
保定市	Baoding	17550	6855	14164	56447	13531	54142
保定市①	Baoding①	16153	6489	10458	56447	11081	50974
张家口市	Zhangjiakou	10527	3548	4998	12599	8693	6271
承德市	Chengde	5737	2481	5792	12692	2601	4243
沧州市	Cangzhou	10320	2021	4799	20451	7189	11503
廊坊市	Langfang	13557	2079	10846	19204	17050	8553
衡水市	Hengshui	4234	1483	2531	16522	4261	2455
定州市	Dingzhou	218	41	458		994	333
辛集市	Xinji	217	42	100		463	196

4-5 续表 2 continued

单位：人 (person)

年份 市	Year City	科学研究和技术服务业 Scientific Research and Technical Services	水利、环境和公共设施管理业 Management of Water Conservancy, Environment and Public Facilities	居民服务、修理和其他服务业 Services to Households, Repair and Other Services	教育 Education	卫生和社会工作 Health and Social Work	文化、体育和娱乐业 Culture, Sports and Entertainment	公共管理、社会保障和社会组织 Public Management, Social Security and Social Organization
	2005	75571	85813	20935	839606	228385	48679	697668
	2006	74749	88870	20723	839490	233178	47400	709644
	2007	74111	91068	21386	828680	237553	46873	726311
	2008	81732	88532	21773	826673	245897	46746	745060
	2009	84096	92543	19455	824768	257818	47165	755840
	2010	88780	101110	20344	863053	278163	49843	771590
	2011	99997	101307	20561	887923	300116	50859	809964
	2012	125263	112545	21569	898513	322273	52299	837911
	2013	139734	114872	14368	897280	336961	52785	853937
	2014	144762	114396	15216	899082	354472	52686	863532
	2015	148112	117606	17013	890717	364528	54861	863273
	2016	163514	118743	25277	881037	377419	55019	875912
	2017	141062	122466	22496	881687	392093	49960	886916
	2018	159294	122128	19646	879400	396097	51349	913821
	2019	163756	90527	25084	959900	453302	51821	992356
	2020	156531	97042	23018	829890	452852	52424	974761
	2021	155812	99968	26225	835109	467975	53059	973530
	2022	143244	107173	25339	840232	487648	51778	999237
	2023	146546	106253	27502	844084	487638	52112	1057307
石家庄市	Shijiazhuang	40999	22223	9250	138471	83872	16956	142204
石家庄市①	Shijiazhuang①	40999	19821	9250	129057	76526	16697	141994
唐山市	Tangshan	7200	12434	1926	90555	60753	4889	117673
秦皇岛市	Qinhuangdao	5227	6144	199	43933	19756	2947	50646
邯郸市	Handan	6504	6360	669	91194	58808	3620	108095
邢台市	Xingtai	2591	14124	559	76461	45725	1804	97300
保定市	Baoding	49093	10136	8306	126176	65114	3928	122027
保定市①	Baoding①	46829	8705	7527	107603	57845	3622	117911
张家口市	Zhangjiakou	6107	11545	3347	46148	33663	7217	105665
承德市	Chengde	4578	7852	219	47436	25525	3043	67661
沧州市	Cangzhou	12528	5496	1451	81271	36000	3935	105640
廊坊市	Langfang	8446	3602	602	61260	31636	2084	70584
衡水市	Hengshui	3274	6338	975	41179	26786	1689	69814
定州市	Dingzhou	1045	909	722	7864	3300	165	56
辛集市	Xinji		2402		9414	7346	258	209

4-6 按行业分城镇非私营单位就业人员工资总额
Total Wage Bill of Employed Persons in Urban Non-Private Units by Sector

单位：万元 (10000 yuan)

年份 市	Year City	工资总额 Total Wage Bill	农、林、牧、渔业 Agriculture, Forestry, Animal Husbandry and Fishery	采矿业 Mining	制造业 Manufacturing	电力、热力、燃气及水生产和供应业 Production and Supply of Electricity, Heat, Gas and Water	建筑业 Construction	批发和零售业 Wholesale and Retail Trades
	2005	7292085	50917	604470	1580418	385999	437460	237622
	2006	8255426	55108	709357	1811382	472500	501175	244876
	2007	9912150	61263	819186	2107260	592344	564297	257708
	2008	12248069	72763	1049182	2489610	707464	665853	315917
	2009	13981981	80688	1148084	2794237	784688	716383	372886
	2010	16295601	82931	1343037	3304287	904256	895861	449422
	2011	19752516	74169	1629769	4280573	1039036	1552627	573830
	2012	23983034	75867	1798220	5351519	1234991	2627997	734004
	2013	27241454	72787	1755475	6080746	1252861	3276361	910805
	2014	29654617	76194	1655151	6489585	1341106	3417198	991020
	2015	32894839	82522	1395844	6826416	1425521	3335285	1035426
	2016	35187502	85387	1293743	6974713	1370650	3504546	1067724
	2017	33562526	81058	1233938	5978908	1510132	2000643	828401
	2018	37723030	59678	1390696	6464185	1633800	2676495	969908
	2019	41875408	72627	1419727	6572951	1881312	2671657	1158721
	2020	43454620	85970	1402494	7182153	2045111	2537069	1214709
	2021	46830401	112847	1474142	8121160	2137105	2671252	1317919
	2022	51219669	118901	1566199	8146186	2279555	2691991	1356966
	2023	53087348	102960	1754055	8296244	2582192	2624760	1621845
石家庄市	Shijiazhuang	11037483	7670	752	1512581	330901	634504	561829
石家庄市①	Shijiazhuang①	10767320	6208	752	1444134	326542	633262	547215
唐山市	Tangshan	7198085	2493	879954	1797654	399142	303265	200853
秦皇岛市	Qinhuangdao	2517626	3331	1482	500591	160460	46275	66199
邯郸市	Handan	4926086	4353	379344	760850	303225	263352	115915
邢台市	Xingtai	3259448	8709	173586	453654	161921	86244	73854
保定市	Baoding	7161389	6058	1601	1447915	302222	283832	158955
保定市①	Baoding①	6586610	5175	1601	1412317	266126	268081	147359
张家口市	Zhangjiakou	2785233	39572	38594	255822	194278	58224	48371
承德市	Chengde	2366708	11611	33943	207989	114900	102752	82208
沧州市	Cangzhou	4142275	5277	243725	484819	208878	149585	134018
廊坊市	Langfang	4597172	2067	242	654681	252137	657035	88918
衡水市	Hengshui	2040699	11820		212701	154128	39693	90723
定州市	Dingzhou	180846	548		25606	5915	5330	1470
辛集市	Xinji	270162	1462		68447	4359	1241	14614

4-6 续表 1 continued

单位：万元 (10000 yuan)

年份 市	Year City	交通运输、仓储和邮政业 Transport, Storage and Post	住宿和餐饮业 Hotels and Catering Services	信息传输、软件和信息技术服务业 Information Transmission, Software and Information Technology Services	金融业 Financial Intermediation	房地产业 Real Estate	租赁和商务服务业 Leasing and Business Services
	2005	413311	47513	116694	359253	41830	55430
	2006	447825	52557	138153	429972	44478	66908
	2007	547668	56831	156948	528091	53326	71081
	2008	665467	65969	179337	709865	69708	80802
	2009	752167	70706	220856	856203	80551	95797
	2010	831459	79964	241485	1071814	113237	102438
	2011	932657	115575	273158	1250601	145845	120741
	2012	1106651	174222	328542	1468556	239178	139207
	2013	1287248	194912	604410	1672076	346224	432206
	2014	1522889	184241	710961	1966568	413561	521710
	2015	1703797	194353	837687	2161394	466879	532669
	2016	1704190	188556	929105	2321434	562600	485016
	2017	1639337	129684	634157	2575833	365411	447216
	2018	1851538	182961	728419	2682171	498129	567627
	2019	2387914	212648	928317	3063961	648746	837622
	2020	2434299	178765	1057280	3355841	780220	810246
	2021	2828167	195420	1614697	3769129	882830	848116
	2022	1870880	198358	1581090	3555647	765007	1416777
	2023	3006147	240602	1795240	3823003	802342	1269993
石家庄市	Shijiazhuang	334825	19118	74505	261945	70140	82926
石家庄市①	Shijiazhuang①	333580	18906	74015	261945	66469	81600
唐山市	Tangshan	333580	18906	74015	261945	66469	81600
秦皇岛市	Qinhuangdao	138307	11220	57566	185170	23674	10980
邯郸市	Handan	94011	15159	68918	420529	53150	40085
邢台市	Xingtai	40296	7381	45426	298250	42985	43562
保定市	Baoding	113413	34989	191902	609367	101541	583033
保定市①	Baoding①	101165	32474	93052	609367	79334	557921
张家口市	Zhangjiakou	70478	17191	72719	140930	57796	33716
承德市	Chengde	40288	11410	72359	151136	21283	27485
沧州市	Cangzhou	116912	9843	64873	259289	43408	97257
廊坊市	Langfang	193967	14443	438783	243890	130920	56928
衡水市	Hengshui	24834	6357	36181	155074	25457	14804
定州市	Dingzhou	1581	172	5877		4769	3234
辛集市	Xinji	1245	212	490		3671	1326

4-6 续表 2 continued

单位：万元 (10000 yuan)

年 份 市	Year City	科学研究和技术服务业 Scientific Research and Technical Services	水利、环境和公共设施管理业 Management of Water Conservancy, Environment and Public Facilities	居民服务、修理和其他服务业 Services to Households, Repair and Other Services	教 育 Education	卫生和社会工作 Health and Social Work	文化、体育和娱乐业 Culture, Sports and Entertainment	公共管理、社会保障和社会组织 Public Management, Social Security and Social Organization
	2005	169272	103487	38634	1209363	347078	71292	1022043
	2006	191857	113875	46463	1345071	391935	72659	1119275
	2007	217560	133154	50730	1678771	471937	83737	1460259
	2008	295294	160527	64881	2117718	581603	100984	1855128
	2009	357795	187093	65713	2440257	706498	117603	2133778
	2010	431315	220109	69060	2885111	844231	132282	2293306
	2011	589353	241257	80587	3194162	987293	154636	2516646
	2012	697123	294998	89881	3460095	1193356	175464	2793163
	2013	839668	320135	40055	3664906	1312093	192286	2986200
	2014	913827	354581	47321	3991241	1540781	209002	3307680
	2015	1005375	425473	57603	5085252	1871490	252093	4199761
	2016	1191386	472730	89638	5605804	2179847	282580	4877852
	2017	1123448	514707	82571	6186385	2496896	293978	5439824
	2018	1414453	531223	77250	6802486	2815790	341738	6034483
	2019	1452149	408022	102821	7555587	3346543	372898	6781185
	2020	1536127	474086	104445	7089631	3534267	402633	7229276
	2021	1545973	451294	116275	7162915	4011054	414598	7155510
	2022	1636184	526498	131883	8497902	4723875	451920	8678538
	2023	1746929	521178	170324	8389905	5000781	437929	8900918
石家庄市	Shijiazhuang	487622	138737	64967	1581218	1042531	192349	1437956
石家庄市①	Shijiazhuang①	487622	132014	64967	1490223	971157	190659	1435643
唐 山 市	Tangshan	72060	65269	9502	917490	605852	36437	993351
秦皇岛市	Qinhuangdao	56962	34572	2143	485172	236673	22071	429165
邯 郸 市	Handan	49774	25805	2558	878791	539757	28333	882176
邢 台 市	Xingtai	21289	35316	2486	632010	427519	11721	693239
保 定 市	Baoding	680815	58556	54253	1091155	575258	27146	839378
保 定 市①	Baoding①	651764	50594	50330	908037	524625	24874	802414
张家口市	Zhangjiakou	54567	55561	20382	443872	303942	40412	838806
承 德 市	Chengde	42405	41964	1889	490334	267722	22551	622480
沧 州 市	Cangzhou	139328	25898	5407	802135	374871	28543	948210
廊 坊 市	Langfang	116907	22928	3749	686006	361847	16098	655625
衡 水 市	Hengshui	25200	16571	2990	386557	264809	12268	560531
定 州 市	Dingzhou	8109	3458	3559	92933	16479	1298	509
辛 集 市	Xinji		6722		90994	71374	1690	2313

4-7 按登记注册统计类别分城镇非私营单位就业人员平均工资和指数
Average Wage of Employed Persons and Indices in Urban Non-Private Units by Registered Statistical Categories

年 份 Year	平均工资(元) Average Wage (yuan)	国有单位 State-owned Units	港、澳、台投资单位 Units with Funds from Hong Kong, Macao & Taiwan	外商投资单位 Foreign Funded Units
1995	4839	5208	4787	4969
2000	7738	8093	9041	8894
2005	14583	15196	15582	15234
2010	31451	31977	30252	31098
2011	35309	35872	35196	36465
2012	38658	39177	39093	40319
2013	41501	39648	45721	43662
2014	45114	43351	49765	47650
2015	50921	52686	52939	52066
2016	55334	58761	56178	55514
2017	63036	64522	65120	60210
2018	68717	71164	61212	65478
2019	72956	74806	72077	70364
2020	77323	79037	75448	75852
2021	82526	81255	90750	79329
2022	90745	95119	102619	86829
2023	94818	95287	109566	95124

注：2012年起在岗职工平均工资包含劳务派遣人员。
a) Since 2012, average wage of staff and workers on-post include the labor dispatch personnel.

4-7 续表 continued

年 份 Year	平均名义工资指数(上年=100) Indices of Average Nominal Wage (preceding year=100)				平均实际工资指数(上年=100) Indices of Average Real Wage (preceding year=100)			
	合 计 Total	国有单位 State-owned Units	港澳台投资单位 Units with Funds from Hong Kong, Macao and Taiwan	外商投资单位 Foreign Funded Units	合 计 Total	国有单位 State-owned Units	港澳台投资单位 Units with Funds from Hong Kong, Macao and Taiwan	外商投资单位 Foreign Funded Units
1995	115.7	114.9			98.4	99.0		
2000	111.3	110.0			110.8	109.5		
2005	114.0	112.6			112.4	110.4		
2010	113.2	108.5			110.1	105.5		
2011	112.3	112.2	116.3	117.3	106.6	106.5	110.0	111.0
2012	109.5	109.2	111.1	110.6	106.6	106.3	108.3	107.8
2013	107.4	101.2	117.0	108.3	104.5	98.5	113.6	105.2
2014	108.7	109.3	108.8	109.1	106.9	107.5	107.0	107.3
2015	112.9	121.5	106.4	109.3	111.6	120.2	105.5	108.3
2016	108.7	111.5	106.1	106.6	107.1	109.9	104.5	105.0
2017	113.9	109.8	115.9	108.5	111.8	107.8	114.0	106.7
2018	109.0	110.3	94.0	108.7	106.4	107.6	91.8	106.2
2019	106.2	105.1	117.7	107.5	103.3	102.3	114.3	104.4
2020	106.0	105.7	104.7	107.8	103.9	103.6	102.5	105.6
2021	106.7	102.8	120.3	104.6	105.7	101.8	119.1	103.6
2022	110.0	117.1	113.1	109.5	108.0	115.0	111.1	107.6
2023	104.5	100.2	106.8	109.6	103.2	99.6	106.2	108.9

4-8 分市城镇非私营单位就业人员平均工资和指数(2023年)
Average Wage of Employed Persons in Urban Non-Private Units and Indices by City (2023)

市	City	平均工资(元) Average Wage (yuan) 合计 Total	#在岗职工 Staff and Workers	平均名义工资指数(上年=100) Indices of Average Nominal Wage (preceding year=100) 合计 Total	#在岗职工 Staff and Workers	平均实际工资指数(上年=100) Indices of Average Real Wage (preceding year=100) 合计 Total	#在岗职工 Staff and Workers
石家庄市	Shijiazhuang	102017	104049	103.4	103.1	102.7	102.3
石家庄市①	Shijiazhuang①	102680	104782	103.7	103.4	103.0	102.7
唐山市	Tangshan	95447	97417	103.1	102.2	102.5	101.5
秦皇岛市	Qinhuangdao	100679	101778	105.2	102.8	104.1	101.8
邯郸市	Handan	89861	91126	106.7	105.9	106.1	105.2
邢台市	Xingtai	78742	80823	105.4	103.6	105.4	103.6
保定市	Baoding	89124	91249	104.9	105.1	103.7	103.9
保定市①	Baoding①	88123	90043	104.5	104.5	104.0	104.0
张家口市	Zhangjiakou	84808	87614	103.5	102.7	103.0	102.2
承德市	Chengde	89978	93653	103.0	103.2	102.2	102.4
沧州市	Cangzhou	94809	96667	104.2	103.8	103.8	103.5
廊坊市	Langfang	114886	116855	106.0	105.1	104.2	103.4
衡水市	Hengshui	82317	84525	107.1	106.5	106.9	106.3
定州市	Dingzhou	80313	80456	101.7	100.7		
辛集市	Xinji	81119	81668	100.2	99.3		

4-9 按登记注册统计类别和行业分城镇非私营单位就业人员平均工资(2023年) Average Wage of Employed Persons in Urban Non-Private Units by Registered Statistical Categories and Sector (2023)

单位：元 (yuan)

项　目	Item	平均工资 Average Wage	国有单位 State-owned Units	港澳台投资单位 Units with Funds from Hong Kong, Macao and Taiwan	外商投资单位 Foreign Funded Units
总　计	**Total**	**94818**	**95287**	**109566**	**95124**
农、林、牧、渔业	Agriculture, Forestry, Animal Husbandry and Fishery	69655	63863	96138	72717
采矿业	Mining	106884	111147		49032
制造业	Manufacturing	88100	119078	106321	93441
电力、热力、燃气及水生产和供应业	Production and Supply of Electricity, Heat, Gas and Water	140598	138671	142465	149869
建筑业	Construction	86269	87969	53847	88832
批发和零售业	Wholesale and Retail Trades	74339	155613	103974	82590
交通运输、仓储和邮政业	Transport, Storage and Post	108463	87951	113352	118789
住宿和餐饮业	Hotels and Catering Services	52765	47509	59015	34042
信息传输、软件和信息技术服务业	Information Transmission, Software and Information Technology Services	137412	111892	125381	100813
金融业	Financial Intermediation	125780	148903	256866	81118
房地产业	Real Estate	72311	88066	119498	182613
租赁和商务服务业	Leasing and Business Services	68219	62183	104162	118796
科学研究和技术服务业	Scientific Research and Technical Services	121616	140560	185802	114860
水利、环境和公共设施管理业	Management of Water Conservancy, Environment and Public Facilities	46857	62491	52099	66250
居民服务、修理和其他服务业	Services to Households, Repair and Other Services	59602	67596	77550	36000
教　育	Education	99772	101439	47647	75385
卫生和社会工作	Health and Social Service	103504	105724	36000	
文化、体育和娱乐业	Culture, Sports and Entertainment	85770	88731	59362	60803
公共管理、社会保障和社会组织	Public Management, Social Security and Social Organization	84034	84047		

4-10 按行业分城镇非私营单位就业人员平均工资
Average Wage of Employed Persons in Urban Non-Private Units by Sector

单位：元 (yuan)

年份 市	Year City	平均工资 Average Wage	农、林、牧、渔业 Agriculture, Forestry, Animal Husbandry and Fishery	采矿业 Mining	制造业 Manufacturing	电力、热力、燃气及水生产和供应业 Production and Supply of Electricity, Heat, Gas and Water	建筑业 Construction	批发和零售业 Wholesale and Retail Trades
	2005	14583	5988	21880	13099	22364	11619	8514
	2006	16456	6622	25719	14985	26282	13249	9539
	2007	19742	7677	30703	17195	32358	15112	10724
	2008	24276	9618	37249	21037	36434	18210	13465
	2009	27774	11330	42784	23870	39846	20066	16738
	2010	31451	12423	49514	27894	45478	23159	19780
	2011	35309	12878	57900	32695	51664	27425	24449
	2012	38658	13669	62061	36613	58708	31241	28151
	2013	41501	13859	61544	40169	63938	34670	32091
	2014	45114	15559	59363	43950	69985	37027	35398
	2015	50921	19685	54725	47678	75489	39182	37909
	2016	55334	21876	55184	50970	77162	42662	40256
	2017	63036	23327	60268	58479	84590	51771	46280
	2018	68717	23402	75134	65363	91575	55152	50568
	2019	72956	27537	82243	68754	100405	60547	56341
	2020	77323	33731	87131	72268	109908	62532	59563
	2021	82526	60706	95838	80289	115727	69392	63068
	2022	90745	63528	104497	83288	123033	73940	66586
	2023	94818	73365	108140	89200	147192	90312	75193
石家庄市	Shijiazhuang	102017	61519	89176	92815	138483	93844	76133
石家庄市①	Shijiazhuang①	102680	60780	89176	93611	140294	93958	77407
唐山市	Tangshan	95447	48679	112764	89691	159136	105714	69865
秦皇岛市	Qinhuangdao	100679	67993	78937	91338	159758	71189	93744
邯郸市	Handan	89861	69513	88549	77822	122654	75758	69197
邢台市	Xingtai	78742	58545	101736	68440	131113	58037	78526
保定市	Baoding	89124	47384	44695	102768	133799	64656	68326
保定市①	Baoding①	88123	49918	44695	104858	132986	63552	66153
张家口市	Zhangjiakou	84808	80488	88022	88652	139586	65552	73361
承德市	Chengde	89978	68935	68804	68671	147908	63294	74884
沧州市	Cangzhou	94809	59589	150671	83687	141045	63996	69999
廊坊市	Langfang	114886	63163	51299	94074	160394	124752	93784
衡水市	Hengshui	82317	89080		66734	120765	58583	70098
定州市	Dingzhou	80313	43910		54205	66105	55104	45113
辛集市	Xinji	81119	64864		78694	70404	58010	47104

4-10 续表 1 continued

单位：元 (yuan)

年份 市	Year City	交通运输、仓储和邮政业 Transport, Storage and Post	住宿和餐饮业 Hotels and Catering Services	信息传输、软件和信息技术服务业 Information Transmission, Software and Information Technology Services	金融业 Financial Intermediation	房地产业 Real Estate	租赁和商务服务业 Leasing and Business Services
	2005	16034	9334	25436	19748	14072	11948
	2006	17510	10398	26628	22699	15593	12474
	2007	21953	11433	28605	27390	18304	14131
	2008	25666	13780	32113	32649	21868	17300
	2009	29787	15441	36830	36989	24945	18750
	2010	33141	17314	38840	45176	27894	21159
	2011	38548	21791	46842	53190	30640	23881
	2012	45696	25645	50628	60304	35670	26686
	2013	46599	27464	69718	65547	38716	37884
	2014	52425	28971	83469	73130	39631	38724
	2015	57090	32836	93983	74795	42697	40070
	2016	59527	34357	109196	75708	46867	39232
	2017	67700	38465	84317	77845	57196	45988
	2018	75091	42478	86861	77491	59580	51738
	2019	87130	46577	94052	86168	62631	52085
	2020	89331	43895	100220	87980	66510	54376
	2021	97698	45346	132218	95401	71833	59874
	2022	100135	47337	133183	107410	71014	69975
	2023	112259	53121	147350	155015	73296	63246
石家庄市	Shijiazhuang	101285	58140	101578	147517	68683	67015
石家庄市①	Shijiazhuang①	101411	58168	101659	147517	68527	67029
唐山市	Tangshan	106027	48258	109716	99665	87005	60540
秦皇岛市	Qinhuangdao	112453	61893	119293	141501	70017	52999
邯郸市	Handan	64243	41922	126440	206019	95105	44881
邢台市	Xingtai	59762	48076	133037	113829	74625	46233
保定市	Baoding	62819	52607	136651	104235	74757	75577
保定市①	Baoding①	60894	51655	89901	104235	70687	75091
张家口市	Zhangjiakou	65433	46688	133329	110136	66581	54231
承德市	Chengde	68925	47843	123043	115536	76668	65267
沧州市	Cangzhou	108613	49606	133411	125332	59366	83947
廊坊市	Langfang	138350	67405	388952	118620	73432	67150
衡水市	Hengshui	58724	41068	142322	91035	60271	56910
定州市	Dingzhou	72485	44316	128215		47651	94603
辛集市	Xinji	57654	48553	48908		79888	64189

4-10 续表 2 continued

单位：元 (yuan)

年 份 / 市	Year / City	科学研究和技术服务业 Scientific Research and Technical Services	水利、环境和公共设施管理业 Management of Water Conservancy, Environment and Public Facilities	居民服务、修理和其他服务业 Services to Households, Repair and Other Services	教 育 Education	卫生和社会工作 Health and Social Work	文化、体育和娱乐业 Culture, Sports and Entertainment	公共管理、社会保障和社会组织 Public Management, Social Security and Social Organization
	2005	22310	11914	18600	14442	15210	14603	14732
	2006	25895	12929	22506	16060	16829	15290	15908
	2007	29277	14698	23838	20214	19920	17689	20147
	2008	36825	18069	29992	25592	23770	21340	25035
	2009	42809	20093	34617	29605	27678	24762	28395
	2010	49179	21663	34932	33588	30645	26208	29923
	2011	59318	23982	40374	36128	33150	30311	31284
	2012	58892	27314	41946	38701	37427	33453	33498
	2013	61114	27926	28024	41021	39382	36423	35150
	2014	63937	30674	31614	44646	43843	39789	38656
	2015	69744	36264	33368	57273	51967	45994	48923
	2016	74020	40292	35634	63967	58566	51507	56101
	2017	81947	42366	36813	70456	64190	58934	61994
	2018	93052	43298	39223	77715	71854	66123	66433
	2019	90917	44546	41923	79379	74784	71743	68850
	2020	99962	43496	43837	86360	78829	77217	74568
	2021	93508	45032	44796	86608	86762	78373	74221
	2022	112680	48027	50491	101496	97740	86806	86798
	2023	124347	52411	60701	102985	109233	90791	94207
石家庄市	Shijiazhuang	119415	64756	67702	116013	125367	112946	99281
石家庄市①	Shijiazhuang①	119415	68744	67702	117469	128028	113630	99265
唐 山 市	Tangshan	100794	50658	49481	101336	101612	74072	84831
秦皇岛市	Qinhuangdao	108378	54549	67464	109862	118384	69226	84632
邯 郸 市	Handan	77349	41671	36931	97053	92655	77575	82979
邢 台 市	Xingtai	83320	22014	44001	83603	94130	64863	71152
保 定 市	Baoding	146746	49041	63402	86813	89049	68156	68718
保 定 市①	Baoding①	147603	48130	64732	84226	91686	67642	67718
张家口市	Zhangjiakou	86898	46719	59898	95241	90708	68096	79402
承 德 市	Chengde	89443	52003	65422	103046	105508	74739	91688
沧 州 市	Cangzhou	109391	46623	31967	98441	106093	71744	88942
廊 坊 市	Langfang	140905	63094	65383	111967	115752	86999	92182
衡 水 市	Hengshui	84985	22841	30755	93977	99460	72248	80768
定 州 市	Dingzhou	77591	37944	49126	129918	48901	79284	91580
辛 集 市	Xinji		30271		96445	97729	67259	110526

4-11 按行业分城镇私营单位就业人员平均工资

单位：元

行　业	Sector	2009	2010	2011
全省总计	**Total**	**15111**	**17914**	**21729**
农、林、牧、渔业	Agriculture, Forestry, Animal Husbandry and Fishery	13259	14324	20351
采矿业	Mining	17408	18554	23898
制造业	Manufacturing	14913	17782	22159
电力、热力、燃气及水生产和供应业	Production and Supply of Electricity, Heat, Gas and Water	13661	18972	22424
建筑业	Construction	16456	19591	22670
批发和零售业	Wholesale and Retail Trades	13173	16415	19731
交通运输、仓储和邮政业	Transport, Storage and Post	18218	23119	26010
住宿和餐饮业	Hotels and Catering Services	13089	15708	18856
信息传输、软件和信息技术服务业	Information Transmission, Software and Information Technology Services	15696	17894	18638
金融业	Financial Intermediation	17960	19627	21833
房地产业	Real Estate	16839	18990	21833
租赁和商务服务业	Leasing and Business Services	17949	18664	20673
科学研究和技术服务业	Scientific Research and Technical Services	19553	20230	22348
水利、环境和公共设施管理业	Management of Water Conservancy, Environment and Public Facilities	13746	17054	18668
居民服务、修理和其他服务业	Services to Households, Repair and Other Services	15827	18446	20621
教　育	Education	15906	17561	20867
卫生和社会工作	Health and Social Work	14983	17047	20810
文化、体育和娱乐业	Culture, Sports and Entertainment	12351	15855	18438
公共管理、社会保障和社会组织	Public Management, Social Security and Social Organization			

Average Wage of Employed Persons in Urban Private Units by Sector

(yuan)

2012	2013	2014	2015	2016	2017	2018	2019	2020	2021	2022	2023
25158	**28135**	**31459**	**34084**	**36507**	**38136**	**39512**	**42919**	**44942**	**48185**	**48494**	**51281**
22213	24198	27473	29148	31330	34654	33259	33246	36410	37664	38758	38690
25338	27096	31140	34986	35316	36664	37159	43948	43362	50648	50118	56709
25677	28983	32692	35035	37333	39040	40363	45474	47933	52014	53220	56629
24391	27760	30409	33009	35800	42490	47883	44582	48349	52635	54209	58621
26586	28852	31565	33813	36976	38191	41751	42582	43910	47840	46134	48970
23034	25345	28033	31529	33440	34412	37121	38172	40442	43554	44007	45947
28904	30108	34049	36950	39190	42479	43724	48391	52014	52308	54885	55131
23100	24783	27518	29791	33168	33224	34196	37630	35066	38887	38127	42263
25719	27827	32033	34832	37335	42182	44156	50955	49106	49539	54793	55648
25611	29054	32544	34564	37756	41474	45684	45750	75578	71055	79586	85957
25891	29993	33914	36766	40386	41264	40842	42319	42646	44432	43360	47716
23894	27953	31491	32821	34692	37370	37395	41078	41670	45740	43964	49618
28733	31978	34841	37431	42141	42280	42860	45951	51484	53489	54072	52692
21438	23851	27122	32871	36001	36961	37634	35802	29513	29541	29711	27422
21601	24149	27185	30928	33889	36534	35881	36345	34765	37946	35485	37868
22185	25815	29306	32964	35583	37817	42262	40860	42417	45487	46019	49086
25230	29717	30915	35435	40226	42559	41185	46078	47563	52384	52974	55045
21939	23901	26507	30657	33065	34564	36965	41382	43875	43539	42794	44277

主要统计指标解释

就业人员 指年满 16 周岁，为取得报酬或经营利润，在调查参考周内从事了 1 小时（含 1 小时）以上劳动的人员；或由于在职学习、休假、临时停工等原因在调查参考周内暂时未工作的人员。

单位就业人员 指报告期末最后一日在本单位工作，并取得工资或其他形式劳动报酬的人员数。该指标为时点指标，不包括最后一日当天及以前已经与单位解除劳动合同关系的人员，是在岗职工、劳务派遣人员及其他就业人员之和。就业人员不包括：

(1)离开本单位仍保留劳动关系，并定期领取生活费的人员；

(2)在本单位实习的各类在校学生。

在岗职工 指在本单位工作且与本单位签订劳动合同，并由单位支付各项工资和社会保险、住房公积金的人员，以及上述人员中由于学习、病伤、产假等原因暂未工作仍由单位支付工资的人员。在岗职工还包括：

(1)应订立劳动合同而未订立劳动合同人员；

(2)处于试用期人员；

(3)编制外招用的人员，如临时人员；

(4)派往外单位工作，但工资仍由本单位发放的人员(如挂职锻炼、外派工作等情况)。

工资总额 指根据《关于工资总额组成的规定》(1990 年 1 月 1 日国家统计局发布的一号令)进行修订，本单位在报告期内(季度或年度)直接支付给本单位全部就业人员的劳动报酬总额。包括计时工资、计件工资、奖金、津贴和补贴、加班加点工资、特殊情况下支付的工资，是在岗职工工资总额、劳务派遣人员工资总额和其他就业人员工资总额之和。

工资总额是税前工资，包括单位从个人工资中直接为其代扣或代缴的房费、水费、电费、住房公积金和社会保险基金个人缴纳部分等。

工资总额不论是计入成本的还是不计入成本的，不论是以货币形式支付的还是以实物形式支付的，均应列入工资总额的计算范围。

平均工资 指单位就业人员在一定时期内平均每人所得的工资额。它表明一定时期工资收入的高低程度，是反映就业人员工资水平的主要指标。计算公式为：

$$平均工资=\frac{报告期就业人员工资总额}{报告期就业人员平均人数}$$

平均名义工资指数 指报告期就业人员平均工资与基期就业人员平均工资的比率，是反映不同时期就业人员名义工资水平变动情况的相对数。计算公式为：

$$平均货币工资指数=\frac{报告期就业人员平均工资}{基期就业人员平均工资}\times 100\%$$

平均实际工资指数 就业人员平均实际工资指扣除物价变动因素后的就业人员平均工资。就业人员平均实际工资指数是反映实际工资变动情况的相对数，表明就业人员实际工资水平提高或降低的程度。计算公式为:

$$平均实际工资指数=\frac{报告期就业人员平均工资指数}{报告期城镇居民消费价格指数}\times 100\%$$

Explanatory Notes on Main Statistical Indicators

Employed Persons refers to the population aged 16 and over who are capable of working, are participating in or willing to participate in economic activities, including employed persons and unemployed persons.

Persons Employed in Various Units refer to the total number of employees who work at his unit on the last day and obtain wages or other forms of payment at the end of the reporting period. This indicator is a kind of time point index and it equals to the sum of the number of employed staff and workers, labor dispatch personnel and other employed persons, excluding those who have terminated labor contracts with working unit on or before the last day of the reporting period. Employed persons do not include:

1)persons who have left their working units while keeping their labour contract (employment relation) unchanged and receiving regular alimony;

2)all kinds of enrolled students who do internship in various units.

Employed Staff and Workers refer to persons who signed labor contracts with working units and working units would pay wages, social insurance and housing funds for them. Persons who have their work posts but are temporarily absent from work for reasons of study or on sick, injury or maternal leave and still receive wages from their working units are also included. Employed staff and workers also include:

1)Persons who should have signed the labor contracts but not;

2)Employees on probation;

3)Employees beyond the staffing quota, for example, temporary employees;

4)Employees who are sent to other working units but still obtain wages from their original units (situations like on-the-job placement, expatriated assignment, etc.)

Total Wage Bill It is revised according to the "Provision of Composition of Total Wages" (Order No.1 by National Bureau of Statistics on January, 1st,1990), total wage bill refers to the total remuneration payment to all employed persons in various units during the reporting period (by quarter or by year), including hourly-paid wages, piece-rate wages, bonuses, allowance and subsidies, overtime wages and wages paid under special circumstances. It equals to the sum of total wages of employed staff and workers, dispatch labors and other employed persons.

Total wage bill is pre-tax wages, including the room charges, utility bills, housing funds and social insurance paid or withheld by employee's units.

Total wage bill, whether or not included in cost, whether or not paid in money or in kind, shall be included in the calculation of total wage.

Average Wage refers to the average per capita wage during a certain period of time for employed persons. It shows the general level of wage income during a certain period of time, one major indicator to reflect the wage level. It is calculated as follows:

$$\text{Average Wage} = \frac{\text{Total Wage Bill of Employed Persons at Reference Time}}{\text{Average Number of Persons Employed at Reference Time}}$$

Average Nominal Wage Indices refers to the ratio of average wage of employed persons the reporting period to that at the base period, which reflects the change of money wage of employed persons at the different period. It is calculated as follows:

$$\text{Average Money Wage Indices} = \frac{\text{Average Wage of Employed Persons at Reference Time}}{\text{Average Wage of Persons Employed at Base Period}} \times 100\%$$

Average Real Wage Indices average real wage of employed persons refers to the average wage of employed persons after removing the effects of the price changes and average real wage indices of employed persons refers to the change of real wage, which reflects the relative increasing or decreasing level of real wage of employed persons ,which is calculated as follows:

$$\text{Average Real Wage Indices} = \frac{\text{Average Wage Indices of Employed Persons at the Reference Time}}{\text{Average Wage of Persons Employed at Base Period}} \times 100\%$$

价格
Prices

简 要 说 明

一、本篇资料反映生产、流通、消费与投资等环节的价格变动情况。主要包括居民消费价格指数、商品零售价格指数、工业生产者出厂价格指数、工业生产者购进价格指数、农产品生产者价格指数。

二、居民消费价格指数、商品零售价格指数采用抽样调查和重点调查相结合的方法进行统计。

三、工业生产者出厂价格指数和工业生产者购进价格指数均采用重点调查与典型调查相结合的方法统计。

四、农产品生产者价格指数采用抽样调查和重点调查相结合的调查方法进行统计。

五、本篇资料由国家统计局河北调查总队消费价格调查处、生产价格调查处和农业调查处整理提供。

六、资料整理：刘璐　刘华元　张妍

Brief Introduction

Ⅰ.The data in this chapter reflects the price changes of production, circulation, consumption and investment. They include the consumer price index, the retail price index, the price index for the means of agricultural production, the producer price index, the purchasing price index for industrial producers, the producer price index for agricultural products.

Ⅱ. Consumer price Index (CPI) and retail price Index (RPI) shall be collected by means of sampling survey and key survey.

Ⅲ. The producer Price Index (PPI) and the purchasing price index (PPI) of industrial producers are calculated by combining key surveys with typical surveys.

Ⅳ. Producer price index of agricultural products shall be calculated by means of sampling survey and key survey.

Ⅴ.This information is provided by the Consumer Price Survey Office, the Production Price Survey Office and Agriculture Survey Office of Hebei Survey Office of the National Bureau of Statistics.

Ⅵ.Data collection:Liu Lu, Liu Huayuan, Zhang Yan.

5-1 各种价格指数
Price Indices

(上年=100) (preceding year=100)

年 份 Year	居民消费价格指数 Consumer Price Index	城市居民消费价格指数 Urban Household	农村居民消费价格指数 Rural Household	工业生产者出厂价格指数 Producer Price Index for Industrial Products	工业生产者购进价格指数 Purchasing Price Index for Industrial Producers
1978		100.2			
1980		107.2			
1985	106.8	108.9	105.7		
1990	100.6	101.2	99.9		
1995	115.2	116.1	114.8	111.4	110.9
1996	107.1	107.6	106.8	102.9	106.3
1997	103.5	103.7	103.4	98.8	102.1
1998	98.4	98.7	98.1	94.4	96.2
1999	98.1	98.7	97.6	95.9	95.4
2000	99.7	100.5	99.1	105.3	103.3
2001	100.5	100.4	100.6	99.8	101.0
2002	99.0	98.6	99.5	99.4	97.2
2003	102.2	102.3	102.0	107.1	109.4
2004	104.3	103.7	104.8	111.6	118.4
2005	101.8	101.4	102.2	104.4	107.0
2006	101.7	101.7	101.7	100.8	105.0
2007	104.7	104.3	105.1	106.9	107.8
2008	106.2	105.2	108.1	116.7	115.9
2009	99.3	98.8	100.3	89.1	93.5
2010	103.1	102.8	103.6	109.0	110.9
2011	105.7	105.3	106.5	107.7	110.9
2012	102.6	102.7	102.5	94.7	96.2
2013	103.0	102.7	103.5	96.6	97.6
2014	101.7	101.7	101.8	95.2	95.6
2015	100.9	101.1	100.5	89.1	90.3
2016	101.5	101.5	101.5	99.9	98.3
2017	101.7	101.9	101.4	115.0	114.5
2018	102.4	102.5	102.4	106.2	104.0
2019	103.0	102.8	103.2	100.2	102.1
2020	102.1	102.0	102.2	98.5	98.4
2021	101.0	100.9	101.2	116.4	119.8
2022	101.8	101.7	102.0	100.5	104.7
2023	100.6	100.7	100.4	94.7	93.8

注：从2011年起工业品出厂价格指数改为工业生产者出厂价格指数，原材料、燃料、动力购进价格指数改为工业生产者购进价格指数（以下相关表同）。

a) Since 2011, the producer price index for manufactured goods and the purchasing price index for raw materials, fuel and power changed to the producer price index for industrial products and the purchasing price index for industrial producers. The same applies to the tables following.

5-2 各种价格定基指数
Fixed-base Price Indices

年 份 Year	居民消费价格指数 Consumer Price Index (year of 1983=100)	城市居民消费价格指数 Urban Household (year of 1978=100)	农村居民消费价格指数 Rural Household (year of 1983=100)	工业生产者出厂价格指数 Producer Price Index for Industrial Products (year of 1991=100)	工业生产者购进价格指数 Purchasing Price Index for Industrial Producers (year of 1991=100)
1980		109.0			
1985	109.5	130.0	107.9		
1990	175.6	206.9	175.5		
1995	309.8	400.9	285.7	186.2	200.0
1996	331.8	431.4	305.1	191.6	212.6
1997	343.4	447.4	315.5	189.3	217.1
1998	337.9	441.6	309.5	178.8	208.8
1999	331.5	435.9	302.1	171.5	199.1
2000	330.5	438.1	299.4	180.5	205.6
2001	332.2	439.9	301.2	180.3	207.7
2002	328.9	433.7	299.7	179.2	202.0
2003	336.1	443.7	305.7	192.0	221.0
2004	350.6	460.1	320.4	214.1	261.6
2005	356.9	466.5	327.4	223.5	280.0
2006	363.0	474.4	333.0	225.3	293.9
2007	380.0	495.0	349.9	240.9	316.7
2008	403.5	520.7	378.4	281.0	367.1
2009	400.8	514.6	379.7	250.3	343.2
2010	413.1	529.1	393.4	272.8	380.6
2011	436.7	557.2	418.9	293.8	422.1
2012	448.1	572.2	429.4	278.2	406.1
2013	461.4	587.7	444.3	268.8	396.3
2014	469.3	597.8	452.1	255.9	378.9
2015	473.6	604.3	454.3	228.0	342.1
2016	480.8	613.4	461.1	227.8	336.3
2017	489.1	625.0	467.8	261.9	385.1
2018	501.1	640.3	479.2	278.3	400.4
2019	515.8	658.5	494.3	278.9	409.0
2020	526.7	671.9	505.4	274.7	402.4
2021	532.0	678.0	511.4	319.8	482.1
2022	541.5	689.5	521.7	321.4	504.7
2023	544.8	694.3	523.8	304.2	473.7

5-3 居民消费价格分类指数(2023年)
Consumer Price Indices by Category (2023)

(上年=100) (preceding year=100)

项目名称	Item	全 省 Province	城 市 Urban	农 村 Rural
居民消费价格总指数	**Consumer Price Index**	**100.6**	**100.7**	**100.4**
食品烟酒	Food, Tobacco and Liquor	100.5	100.6	100.2
衣 着	Clothing	102.3	102.3	102.5
居 住	Residence	100.3	100.3	100.3
生活用品及服务	Articles for Daily Use and Services	100.6	100.7	100.2
交通和通信	Transport and Communications	97.6	97.6	97.6
教育文化和娱乐	Education, Culture and Recreation	101.5	101.8	100.6
医疗保健	Health Care	103.2	103.4	102.9
其他用品和服务	Other Articles and Services	103.2	103.1	103.3

5-4 分市居民消费价格分类指数(2023年)
Consumer Price Indices by Category and City (2023)

(上年=100) (preceding year=100)

市	City	居民消费价格总指数 Consumer Price Index	食品烟酒 Food, Tobacco and Liquor	衣着 Clothing	居住 Residence	生活用品及服务 Articles for Daily Use and Services
石家庄市	Shijiazhuang	100.7	100.5	103.0	100.9	100.8
唐山市	Tangshan	100.6	101.6	103.3	98.7	101.2
秦皇岛市	Qinhuangdao	101.0	100.6	101.2	100.8	100.6
邯郸市	Handan	100.6	100.3	101.6	100.4	99.7
邢台市	Xingtai	100.0	99.6	101.8	100.2	99.3
保定市	Baoding	101.1	100.9	102.7	100.7	101.3
张家口市	Zhangjiakou	100.5	100.3	98.3	98.9	100.5
承德市	Chengde	100.8	100.4	102.9	100.1	100.5
沧州市	Cangzhou	100.3	100.0	102.0	100.5	100.4
廊坊市	Langfang	101.7	100.1	102.5	101.4	101.7
衡水市	Hengshui	100.2	100.2	102.6	102.4	100.6

5-4 续表 continued

(上年=100) (preceding year=100)

市	City	交通和通信 Transport and Communications	教育文化和娱乐 Education Culture and Recreation	医疗保健 Health Care	其他用品和服务 Other Articles and Services
石家庄市	Shijiazhuang	97.8	101.4	101.1	103.7
唐山市	Tangshan	96.1	102.1	104.6	103.1
秦皇岛市	Qinhuangdao	98.4	101.1	105.3	104.2
邯郸市	Handan	97.3	101.5	105.6	102.8
邢台市	Xingtai	96.9	100.7	102.0	103.9
保定市	Baoding	98.6	101.5	104.3	102.7
张家口市	Zhangjiakou	98.4	106.1	102.2	102.2
承德市	Chengde	96.7	102.0	105.4	103.5
沧州市	Cangzhou	97.2	100.2	102.9	103.1
廊坊市	Langfang	99.0	104.9	105.5	104.9
衡水市	Hengshui	97.7	95.4	100.7	102.6

5-5 农产品生产者价格指数
Producer Price Indices for Farm Products

(上年=100) (preceding year=100)

指 标	Item	2015	2019	2020	2021	2022	2023
农产品生产者价格指数	**Producer Price Indices for Farm Products**	**97.5**	**107.1**	**111.5**	**108.1**	**103.5**	**95.5**
种植业产品	**Planting Products**	**97.3**	**101.0**	**112.5**	**111.0**	**106.0**	**96.6**
谷物	Cereal	97.3	99.1	106.0	119.9	105.0	99.0
#小麦	Wheat	100.0	97.0	103.1	105.2	112.9	94.9
玉米	Corn	95.2	100.6	108.2	130.5	99.3	101.9
大豆	Beans	98.6	105.3	113.7	122.6	107.6	92.6
油料	Oil-bearing Crops	109.8	106.8	133.3	102.7	99.4	117.1
棉花	Cotton	90.1	99.1	101.4	130.1	106.0	92.5
蔬菜	Vegetable	107.5	102.8	126.0	103.1	102.4	90.3
水果	Fruit	85.9	102.5	113.2	87.7	114.5	99.2
林业产品	**Forestry Products**	**94.5**	**90.6**	**94.9**	**108.6**	**102.9**	**99.6**
畜牧业产品	**Animal Husbandry Products**	**97.3**	**118.8**	**110.9**	**101.0**	**100.7**	**92.6**
生猪	Live Pig	111.7	148.9	154.4	63.5	94.2	84.4
活牛	Live Cattle and Buffaloes	93.0	110.1	107.8	103.3	102.7	95.4
活羊	Live Sheep and Goats	79.1	115.7	108.5	101.0	96.2	91.7
活家禽	Live Poultry	94.2	114.7	81.1	108.0	102.7	100.8
禽蛋	Eggs	90.2	95.0	74.5	137.3	108.4	98.1
生奶	Raw Milk	94.8	103.6	102.6	109.1	101.3	96.4
渔业产品	**Fishery Products**	**105.7**	**100.7**	**106.1**	**132.1**	**84.9**	**106.6**
淡水养殖产品	Freshwater Artificially Cultured Products	105.7	100.7	106.1	132.1	84.9	106.6

5-6 按工业行业分工业生产者出厂价格指数
Producer Price Indices for Industrial Products by Sector

(上年=100) (preceding year=100)

行业	Sector	2015	2019	2020	2021	2022	2023
总指数	**Producer Price Indices for Industrial Products**	**89.1**	**100.2**	**98.5**	**116.4**	**100.5**	**94.7**
煤炭开采和洗选业	Mining and Washing of Coal	89.3	97.1	90.9	119.7	109.1	89.2
石油和天然气开采业	Extraction of Petroleum and Natural Gas	54.7	94.7	68.1	146.8	144.7	87.7
黑色金属矿采选业	Mining and Processing of Ferrous Metal Ores	71.9	117.7	109.0	140.3	81.4	96.3
有色金属矿采选业	Mining and Processing of Non-Ferrous Metal Ores	87.1	98.5	96.1	111.5	101.2	91.5
非金属矿采选业	Mining and Processing of Non-metal Ores	89.9	108.0	98.6	106.5	115.5	93.5
开采辅助活动	Support Activities for Mining						
其他采矿业	Mining of Other Ores						
农副食品加工业	Processing of Food from Agricultural Products	97.8	103.1	104.3	106.9	106.2	99.5
食品制造业	Manufacture of Foods	97.9	100.1	100.3	101.4	103.7	100.5
酒、饮料和精制茶制造业	Manufacture of Liquor, Beverages and Refined Tea	100.6	104.9	101.3	100.5	101.8	101.4
烟草制品业	Manufacture of Tobacco	100.3	101.4	100.1	102.8	102.9	100.3
纺织业	Manufacture of Textile	97.5	101.4	95.3	105.9	102.9	97.1
纺织服装、服饰业	Manufacture of Textile, Wearing Apparel and Accessories	101.1	100.4	99.9	102.2	102.4	102.4
皮革、毛皮、羽毛及其制品和制鞋业	Manufacture of Leather, Fur, Feather and Related Products and Footware	97.2	99.5	99.4	99.1	100.2	100.8
木材加工和木、竹、藤、棕、草制品业	Processing of Timber, Manufacture of Wood, Bamboo, Rattan, Palm and Straw Products	99.7	101.8	100.4	102.6	110.1	97.7
家具制造业	Manufacture of Furniture	103.8	102.3	100.6	99.3	103.3	100.8
造纸和纸制品业	Manufacture of Paper and Paper Products	98.3	97.4	97.1	107.4	102.1	93.9
印刷和记录媒介复制业	Printing and Reproduction of Recording Media	99.9	100.7	99.7	100.8	101.3	94.3
文教、工美、体育和娱乐用品制造业	Manufacture of Articles for Culture, Education, Arts and Crafts, Sport and Entertainment Activities	99.9	101.3	99.5	99.4	99.8	99.2
石油加工、炼焦和核燃料加工业	Processing of Petroleum, Coking and Processing of Nuclear Fuel	81.7	98.7	90.2	134.2	113.5	88.4
化学原料和化学制品制造业	Manufacture of Raw Chemical Materials and Chemical Products	94.0	94.9	91.3	122.1	110.3	90.9
医药制造业	Manufacture of Medicines	101.5	102.5	99.7	104.0	102.9	100.5
化学纤维制造业	Manufacture of Chemical Fibres	95.6	96.4	90.9	128.8	102.2	94.0
橡胶和塑料制品业	Manufacture of Rubber and Plastics Products		99.4	104.7	106.0	97.3	96.0
非金属矿物制品业	Manufacture of Non-metallic Mineral Products	96.4	102.6	98.8	104.7	105.4	92.0
黑色金属冶炼和压延加工业	Smelting and Pressing of Ferrous Metals	78.1	98.8	98.4	133.1	91.9	90.4
有色金属冶炼和压延加工业	Smelting and Pressing of Non-ferrous Metals	91.7	100.1	100.2	111.5	104.5	93.4
金属制品业	Manufacture of Metal Products	95.9	101.7	99.8	106.8	102.1	95.9
通用设备制造业	Manufacture of General Purpose Machinery	97.4	100.2	99.3	103.0	100.4	97.7
专用设备制造业	Manufacture of Special Purpose Machinery	98.7	100.9	99.2	99.8	100.0	99.6
汽车制造业	Manufacture of Automobiles		99.6	99.7	100.9	98.5	97.7
铁路、船舶、航空航天和其他运输设备制造业	Manufacture of Railway, Ship, Aerospace and Other Transport Equipments	99.4	99.5	99.4	101.6	107.3	100.2
电气机械和器材制造业	Manufacture of Electrical Machinery and Apparatus	98.2	98.3	100.4	110.3	105.2	96.1
计算机、通信和其他电子设备制造业	Manufacture of Computers, Communication and Other Electronic Equipment	95.2	99.5	98.2	98.9	102.3	98.2
仪器仪表制造业	Manufacture of Measuring Instruments and Machinery	100.4	101.7	99.8	99.0	107.0	101.7
其他制造业	Other Manufacture	100.3	100.0	102.6	99.6	102.4	102.9
废弃资源综合利用业	Utilization of Waste Resources	99.6	102.3	94.2	107.9	100.1	78.4
金属制品、机械和设备修理业	Repair Service of Metal Products, Machinery and Equipment		103.5	106.6	108.5	99.9	100.0
电力、热力生产和供应业	Production and Supply of Electric Power and Heat Power	96.7	98.8	99.3	100.7	108.2	99.8
燃气生产和供应业	Production and Supply of Gas	102.6	106.6	97.1	102.2	114.2	101.8
水的生产和供应业	Production and Supply of Water	100.5	109.2	101.6	103.4	100.5	100.8

5-7 工业生产者出厂价格分类指数
Producer Price Indices for Industrial Products by Category

(上年=100) (preceding year=100)

年 份 Year	总指数 General Index	生产资料 Means of Production	采掘工业 Mining & Quarrying Industry	原材料工业 Raw Materials Industry	加工工业 Processing Industry
2011	107.7	108.1	116.0	108.8	106.7
2012	94.7	93.8	90.3	96.0	92.8
2013	96.6	95.7	95.8	95.8	95.6
2014	95.2	94.3	88.7	95.1	94.5
2015	89.1	87.4	71.2	87.8	88.9
2016	99.9	100.2	93.0	97.3	102.3
2017	115.0	117.8	118.9	119.7	116.9
2018	106.2	107.1	106.6	106.6	107.3
2019	100.2	100.0	112.0	98.3	99.6
2020	98.5	97.9	102.2	95.5	98.7
2021	116.4	119.0	131.5	122.1	116.5
2022	100.5	99.9	100.0	106.4	96.4
2023	94.7	93.7	92.7	93.4	93.9

5-7 续表 continued

(上年=100) (preceding year=100)

年 份 Year	生活资料 Consumer Goods	食品类 Food	衣着类 Clothing	一般日用品 Articles for Daily Use	耐用消费品 Durable Consumer Goods
2011	105.2	108.3	103.8	101.2	102.1
2012	100.6	101.3	103.0	97.6	100.8
2013	101.5	102.6	100.7	100.4	100.3
2014	100.4	101.1	98.6	100.0	100.2
2015	99.2	98.8	97.7	99.8	101.3
2016	98.8	99.0	98.8	97.5	99.7
2017	100.9	100.5	100.7	101.6	101.0
2018	101.3	100.5	102.3	101.4	102.4
2019	101.6	103.0	100.5	100.2	101.1
2020	101.5	102.7	99.2	101.7	100.3
2021	102.7	103.6	98.7	103.5	102.3
2022	103.5	104.7	101.8	102.9	102.4
2023	99.5	100.6	101.7	97.2	97.9

5-8 工业生产者购进价格指数
Purchasing Price Indices for Industrial Producers

(上年=100) (preceding year=100)

年 份 Year	总指数 General Index	燃料、动力类 Fuel and Power	黑色金属材料类 Ferrous Metals	有色金属材料及电线类 Nonferrous Metals	化 工 原料类 Raw Chemical Materials	木材及纸浆类 Timber and Paper Pulp	建筑材料及非金属类 Building Materials	农 副 产品类 Agricultural Products	纺 织 原料类 Textile Materials
1992	111.4	111.0	117.2	106.7	97.2	113.4	112.9	111.3	94.8
1993	134.9	127.8	175.1	117.4	109.3	151.5	118.2	119.2	98.6
1994	119.9	120.3	98.6	109.9	109.9	116.0	105.0	147.4	148.5
1995	110.9	105.7	93.4	134.5	122.7	116.8	110.8	132.7	123.6
1996	106.3	111.9	99.5	92.5	103.8	96.5	100.6	124.0	91.0
1997	102.1	109.9	99.4	92.3	95.2	103.5	101.0	95.3	89.4
1998	96.2	97.0	98.3	86.9	90.9	102.9	97.5	97.0	86.4
1999	95.4	99.1	94.3	98.0	97.2	101.7	96.7	85.9	89.1
2000	103.3	107.5	100.1	115.6	104.6	102.6	111.2	94.8	110.0
2001	101.0	103.0	105.1	94.2	98.7	97.5	99.3	102.9	93.8
2002	97.2	105.7	98.6	93.5	98.1	93.4	89.2	94.2	89.4
2003	109.4	110.4	123.0	111.8	107.0	100.5	98.7	114.0	112.2
2004	118.4	116.7	134.0	122.9	111.5	102.3	111.2	121.5	107.3
2005	107.0	115.7	107.3	111.3	106.8	103.4	104.0	98.9	97.2
2006	105.0	111.0	95.2	122.9	101.8	100.3	99.8	103.9	103.9
2007	107.8	105.3	109.5	110.0	109.0	102.9	105.1	114.3	101.5
2008	115.9	129.5	128.6	99.3	112.9	103.8	116.4	112.4	102.0
2009	93.5	97.2	82.5	86.5	91.7	97.0	101.8	94.9	96.8
2010	110.9	113.5	111.1	120.2	113.2	105.6	100.3	111.9	110.0
2011	110.9	113.0	110.2	110.1	110.3	104.4	105.3	119.5	111.8
2012	96.2	98.4	91.2	91.9	97.6	97.0	98.8	98.7	94.6
2013	97.6	94.8	97.0	95.2	97.6	100.3	97.2	103.3	99.8
2014	95.6	94.2	91.9	95.8	98.0	100.0	97.2	97.3	98.9
2015	90.3	87.3	83.5	94.6	91.7	99.0	91.8	97.8	96.5
2016	98.3	99.5	94.4	96.6	98.6	101.2	101.5	104.5	101.1
2017	114.5	123.0	117.5	116.7	107.4	103.9	119.3	101.0	99.5
2018	104.0	108.2	102.4	100.9	101.9	105.8	108.8	97.9	99.9
2019	102.1	98.4	108.5	97.3	94.8	99.0	106.5	105.2	101.1
2020	98.4	88.4	104.0	100.4	97.3	99.1	99.4	108.7	94.8
2021	119.8	127.9	123.4	127.5	121.4	106.7	108.7	105.0	113.5
2022	104.7	119.0	91.9	103.7	103.7	106.7	108.5	105.8	108.1
2023	93.8	92.4	94.2	98.7	87.4	97.0	91.1	95.6	91.8

主要统计指标解释

居民消费价格指数 是反映一定时期内城乡居民所购买的生活消费品和服务项目价格变动趋势和程度的相对数。

农产品生产者价格指数 是反映一定时期内，农产品生产者出售农产品价格水平变动趋势及幅度的相对数。该指数可以客观反映全国农产品生产价格水平和结构变动情况，满足农业与国民经济核算需要。其中某代表品生产价格指数是通过对全部有出售该产品行为的调查单位的个体指数进行几何平均求得的，类价格指数是通过对其所属的类（或代表品）的价格指数进行加权平均求得的。季度累计价格指数的计算方法与分季指数的计算方法相同。

工业生产者出厂价格指数 是反映一定时期内全部工业产品第一次出售时的出厂价格总水平的变动趋势和变动幅度的相对数。

工业生产者购进价格指数 是反映作为中间投入的原材料、燃料、动力购进价格总水平的变动趋势和变动幅度的相对数。

Explanatory Notes on Main Statistical Indicators

Consumer Price Indices are relative figures reflecting the trend and degree of changes in prices of consumer goods and services purchased by urban and rural households during a given period.

Producer Prices Indices for Farm Products reflect the trend and degree of changes in producers' prices received by farmers when they sell farm products during a given period. These indices depict the change in the level and structure of producer prices for farm products of the country and meet the needs of agricultural statistics and national accounts statistics. The producer price index for a given product is calculated as the geometrical mean of individual indices for all surveyed units which sell such product, and the indices for a product category is obtained as the weighted mean of price indices for all products in the category. Method for calculating accumulative quarterly indices is the same as for calculating the individual quarterly indices.

Producer Price Indices for Industrial Products are relative figures reflecting the trend and degree of changes in the purchasing prices of intermediate inputs such as raw materials, fuels and power.

Purchasing Price Indices for Industrial Producers reflect changes in the level and degree of purchasing prices such as intermediate input such as raw materials, fuels and power.

人民生活
People's Livelihoods

简要说明

一、本篇资料反映河北居民生活状况，主要内容包括河北全体居民及分城乡居民家庭人口、收入与消费支出结构和主要耐用消费品拥有量等。

二、居民调查资料采用二相抽样和多阶段抽样相结合的调查方法统计。

三、2013年国家统计局实行城乡住户一体化调查改革，将过去城镇与农村分别开展的调查体系，按照统一指标、统一方法、统一标准、统一调查、统一程序的原则，整合为城乡一体化住户调查新体系。由于新旧调查体系在调查范围和对象、城乡划分标准、样本抽选方法、计算和汇总方式、指标名称和口径等都发生了变化，新旧口径指标数据衔接困难。

四、旧调查体系的农村居民纯收入指标在新的调查体系中统一为城乡可比的可支配收入，旧调查体系中的城乡经营性收入、财产性收入与转移性收入在新的调查体系中统一为经营净收入、财产净收入与转移净收入。

五、2013年起为新口径数据，2013年以前的为旧调查体系的数据。

六、本篇资料由国家统计局河北调查总队居民收支调查处整理提供。

七、资料整理：范旻

Brief Introduction

Ⅰ.The data in this paper reflect the living conditions of Hebei residents, including the total population of Hebei residents and the household population of urban and rural residents, the structure of income and consumption expenditure, and the ownership of major consumer durables.

Ⅱ.The survey data of residents shall be counted by the method of two-phase sampling and multi-phase sampling.

Ⅲ. In 2013, the National Bureau of Statistics implemented the reform of integrated urban and rural household survey, integrating the previously separate urban and rural household survey systems into a new system of integrated urban and rural household survey in accordance with the principles of unified indicators, unified methods, unified standards, unified survey and unified procedures. Due to the changes of the old and new survey systems in the survey scope and objects, urban and rural division standard, sample selection method, calculation and summary method, index name and caliber, it is difficult to connect the old and new survey data.

Ⅳ.The net income index of rural residents in the old survey system is unified as comparable urban and rural disposable income in the new survey system, while the urban and rural operating income, property income and transfer income in the old survey system are unified as net operating income, net property income and transfer income in the new survey system.

Ⅴ.The data starting from 2013 are of the new caliber, and the data before 2013 are of the old survey system.

Ⅵ.This information is provided by the Resident Income and Expenditure Survey Office, Hebei Survey Office of the National Bureau of Statistics.

Ⅶ.Data collection: Fan Min.

6−1 全省居民人均收支情况
Per Capita Income and Consumption Expenditure Provincewide

单位：元 (yuan)

指 标	Item	2015	2019	2020	2021	2022	2023
全省居民人均可支配收入	**Per Capita Disposable Income of Households**	**18118**	**25665**	**27136**	**29383**	**30867**	**32903**
工资性收入	Income of Wages and Salaries	10910	15535	16287	17296	18130	19723
经营净收入	Net Business Income	2817	3912	4151	4780	5028	5300
财产净收入	Net Income from Property	1210	1790	1932	2273	2392	2457
转移净收入	Net Income from Transfer	3181	4428	4766	5034	5317	5423
全省居民人均支出	**Per Capita Consumption Expenditure of Households**	**13031**	**17987**	**18037**	**19954**	**20890**	**22920**
食品烟酒	Food, Tobacco and Liquor	3516	4676	4992	5646	6228	6739
衣 着	Clothing	1055	1305	1250	1372	1351	1534
居 住	Residence	2996	4302	4394	4521	4811	4964
生活用品及服务	Household Facilities, Articles & Services	832	1170	1171	1217	1314	1459
交通通信	Transport and Communications	1808	2416	2357	2755	2821	3129
教育文化娱乐	Education, Cultural and Recreation	1339	1984	1799	2007	1864	2309
医疗保健	Health Care and Medical Services	1192	1699	1692	1984	2017	2174
其他用品及服务	Miscellaneous Goods and Services	294	436	381	452	484	613
消费支出构成(%)	**Composition of Consumption Expenditure (%)**	**100.0**	**100.0**	**100.0**	**100.0**	**100.0**	**100.0**
食品烟酒	Food, Tobacco and Liquor	27.0	26.0	27.7	28.3	29.8	29.4
衣 着	Clothing	8.1	7.3	6.9	6.9	6.5	6.7
居 住	Residence	23.0	23.9	24.4	22.7	23.0	21.7
生活用品及服务	Household Facilities, Articles & Services	6.4	6.5	6.5	6.1	6.3	6.4
交通通信	Transport and Communications	13.9	13.4	13.1	13.8	13.5	13.7
教育文化娱乐	Education, Cultural and Recreation	10.3	11.0	10.0	10.1	8.9	10.1
医疗保健	Health Care and Medical Services	9.1	9.5	9.5	9.9	9.7	9.5
其他用品及服务	Miscellaneous Goods and Services	2.2	2.4	2.0	2.2	2.3	2.7

6-2 全省居民人均主要食品消费量
Per Capita Consumption of Major Foods Provincewide

单位：千克 (kg)

指　标	Item	2015	2019	2020	2021	2022	2023
粮食	Grain	131.5	143.9	161.8	173.8	181.4	171.4
谷物	Cereal	122.6	130.5	146.0	156.8	162.2	152.4
薯类	Tuber	2.3	4.0	4.4	4.3	4.6	4.1
豆类	Beans and the Products	6.6	9.4	11.4	12.7	14.6	14.8
油脂类	Edible Oil	10.9	7.6	8.8	9.7	8.8	9.1
#植物油	Edible Vegetable Oil	10.8	7.4	8.5	9.4	8.7	8.9
蔬菜及菜制品	Vegetables and Vegetable Products	88.2	97.7	108.3	123.7	137.8	139.7
#鲜菜	Fresh Vegetables	85.5	93.9	104.1	118.6	132.8	134.1
肉类	Products of Meat	19.0	20.7	20.6	28.8	30.7	36.1
#猪肉	Pork	12.4	13.7	12.9	20.0	21.6	24.5
牛肉	Beef	1.2	1.5	1.7	1.5	1.5	2.0
羊肉	Mutton	1.3	1.3	1.6	1.6	1.6	2.3
禽类	Poultry	4.0	5.4	7.2	8.1	8.1	9.1
水产品	Aquatic Products	5.3	7.4	7.6	8.4	8.8	10.2
蛋类及蛋制品	Eggs and Processed Products	12.5	15.7	18.7	20.2	22.1	23.4
奶及奶制品	Milk and Dairy Products	13.9	14.5	16.5	17.6	15.8	17.8
干鲜瓜果类	Dried and Fresh Melons and Fruits	53.8	76.2	79.1	86.5		
#鲜瓜果	Fresh Melons and Fruits	48.6	68.9	71.7	77.3	77.3	81.0
坚果类	Nuts and Processed Products	4.3	5.4	5.5	6.6		
食糖	Sugar	1.1	1.2	1.3	1.5	1.6	1.5

6-3 全省居民平均每百户年末主要耐用消费品拥有量
Main Durable Goods Owned per 100 Households Provincewide

指　标	Item	2015	2019	2020	2021	2022	2023
家用汽车(辆)	Automobile (unit)	30.4	45.9	47.9	50.9	52.1	63.5
摩托车(辆)	Motorcycle (unit)	40.0	24.6	25.5	21.4	20.8	14.0
电动助力车(辆)	Electric Bicycle (unit)	82.2	100.6	104.5	113.4	114.1	119.3
洗衣机(台)	Washing Machine (set)	97.6	101.2	103.7	102.3	102.1	102.6
电冰箱(柜)(台)	Refrigerator (set)	93.9	99.5	103.3	102.6	102.5	103.3
微波炉(台)	Microwave Oven (set)	37.5	35.7	38.3	36.8	37.3	43.8
彩色电视机(台)	Color TV Set (set)	115.9	111.5	112.4	110.8	110.5	105.7
空调(台)	Air Conditioner (set)	87.1	108.9	114.1	123.5	124.0	142.9
热水器(台)	Water Heater (set)	72.7	81.3	85.5	77.4	78.7	81.5
排油烟机(台)	Exhaust Fan (set)	48.2	57.9	61.2	62.1	63.3	76.6
移动电话(部)	Mobile Phone (set)	223.3	240.5	244.6	246.8	246.1	259.5
计算机(台)	Computer (set)	57.5	52.5	50.7	44.1	44.8	39.2
照相机(台)	Camera (set)	19.9	9.6	9.9	6.0	6.5	5.5

6-4 城镇居民人均收支情况
Per Capita Income and Consumption Expenditure of Urban Households

单位：元 (yuan)

指 标	Item	2015	2019	2020	2021	2022	2023
城镇居民人均可支配收入	**Per Capita Disposable Income of Urban Households**	**26152**	**35738**	**37286**	**39791**	**41278**	**43631**
工资性收入	Income of Wages and Salaries	16705	22793	23602	24540	25390	27371
经营净收入	Net Business Income	1831	2750	2851	3632	3784	4028
财产净收入	Net Income from Property	2320	3225	3435	4022	4180	4224
转移净收入	Net Income from Transfer	5296	6970	7397	7597	7923	8008
城镇居民人均支出	**Per Capita Consumption Expenditure of Urban Households**	**17587**	**23483**	**23167**	**24192**	**25071**	**27906**
食品烟酒	Food, Tobacco and Liquor	4581	6024	6235	6522	7104	7755
衣 着	Clothing	1544	1806	1667	1695	1641	1923
居 住	Residence	4112	5880	5996	6108	6374	6617
生活用品及服务	Household Facilities, Articles & Services	1179	1537	1541	1483	1625	1846
交通通信	Transport and Communications	2386	2992	2798	3144	3139	3691
教育文化娱乐	Education, Cultural and Recreation	1871	2588	2412	2441	2212	2704
医疗保健	Health Care and Medical Services	1501	2056	1989	2205	2339	2538
其他用品及服务	Miscellaneous Goods and Services	413	599	530	594	637	831
消费支出构成(%)	**Composition of Consumption Expenditure (%)**	**100.0**	**100.0**	**100.0**	**100.0**	**100.0**	**100.0**
食品烟酒	Food, Tobacco and Liquor	26.0	25.7	26.9	27.0	28.3	27.8
衣 着	Clothing	8.8	7.7	7.2	7.0	6.5	6.9
居 住	Residence	23.4	25.0	25.9	25.2	25.4	23.7
生活用品及服务	Household Facilities, Articles & Services	6.7	6.5	6.7	6.1	6.5	6.6
交通通信	Transport and Communications	13.6	12.7	12.1	13.0	12.5	13.2
教育文化娱乐	Education, Cultural and Recreation	10.6	11.0	10.4	10.1	8.8	9.7
医疗保健	Health Care and Medical Services	8.5	8.8	8.6	9.1	9.3	9.1
其他用品及服务	Miscellaneous Goods and Services	2.4	2.6	2.3	2.5	2.5	3.0

6-5 城镇居民人均主要食品消费量
Per Capita Consumption of Major Foods of Urban Households

单位：千克 (kg)

指　标	Item	2015	2019	2020	2021	2022	2023
粮食	Grain	115.8	130.5	157.7	159.4	165.8	163.5
谷物	Cereal	105.7	116.9	140.9	143.1	147.0	144.2
薯类	Tuber	2.4	3.6	4.2	3.9	4.4	4.0
豆类	Beans and the Products	7.7	10.0	12.5	12.4	14.5	15.3
油脂类	Edible Oil	9.8	7.9	9.4	9.3	8.6	8.9
#植物油	Edible Vegetable Oil	9.7	7.6	9.2	9.2	8.5	8.8
蔬菜及菜制品	Vegetables and Vegetable Products	94.7	111.8	124.1	131.1	144.2	145.8
#鲜菜	Fresh Vegetables	91.1	107.0	118.9	125.3	138.5	139.5
肉类	Products of Meat	22.8	24.5	25.2	31.6	33.0	37.9
#猪肉	Pork	13.6	15.2	15.0	21.0	22.1	24.3
牛肉	Beef	2.1	2.4	2.6	2.3	2.3	2.8
羊肉	Mutton	1.9	1.9	2.3	2.2	2.2	2.8
禽类	Poultry	5.2	6.5	8.4	8.7	8.9	10.1
水产品	Aquatic Products	7.5	10.0	9.9	10.0	10.3	12.5
蛋类及蛋制品	Eggs and Processed Products	13.7	17.1	21.2	21.1	23.0	24.2
奶及奶制品	Milk and Dairy Products	21.2	20.5	23.7	22.6	19.7	22.1
干鲜瓜果类	Dried and Fresh Melons and Fruits	63.4	88.6	91.5	92.2		
#鲜瓜果	Fresh Melons and Fruits	56.8	80.1	83.0	82.6	83.3	87.7
坚果类	Nuts and Processed Products	5.4	6.1	6.1	6.8		
食糖	Sugar	1.0	1.0	1.2	1.3	1.3	1.3

6–6 城镇居民平均每百户年末主要耐用消费品拥有量
Main Durable Goods Owned per 100 Urban Households

指　标	Item	2015	2019	2020	2021	2022	2023
家用汽车(辆)	Automobile (unit)	36.9	52.5	53.7	57.4	58.4	67.6
摩托车(辆)	Motorcycle (unit)	14.4	11.0	11.2	11.2	11.4	7.4
电动助力车(辆)	Electric Bicycle (unit)	73.5	90.1	92.8	109.4	110.1	108.0
洗衣机(台)	Washing Machine (set)	98.4	101.9	101.9	103.8	103.3	101.8
电冰箱(柜)(台)	Refrigerator (set)	97.5	101.6	103.0	103.7	103.4	103.1
微波炉(台)	Microwave Oven (set)	58.4	52.3	55.2	51.3	51.6	58.2
彩色电视机(台)	Color TV Set (set)	111.1	111.1	112.0	110.8	110.3	105.6
空调(台)	Air Conditioner (set)	117.9	131.8	134.7	147.2	146.0	160.4
热水器(台)	Water Heater (set)	88.5	93.5	97.2	89.0	89.8	91.5
排油烟机(台)	Exhaust Fan (set)	78.2	81.0	83.3	79.6	80.5	89.5
移动电话(部)	Mobile Phone (set)	220.5	235.4	239.4	247.4	246.2	246.9
计算机(台)	Computer (set)	76.6	64.3	62.5	53.1	53.7	49.2
照相机(台)	Camera (set)	34.7	16.3	15.8	9.7	10.3	8.4

6-7　农村居民人均收支情况
Per Capita Income and Consumption Expenditure of Rural Households

单位：元　　(yuan)

指　标	Item	2015	2019	2020	2021	2022	2023
农村居民人均可支配收入	**Per Capita Disposable Income of Rural Households**	**11051**	**15373**	**16467**	**18179**	**19364**	**20688**
工资性收入	Income of Wages and Salaries	5812	8120	8598	9497	10108	11015
经营净收入	Net Business Income	3685	5099	5517	6017	6403	6749
财产净收入	Net Income from Property	234	323	352	390	417	446
转移净收入	Net Income from Transfer	1320	1831	2000	2275	2437	2479
农村居民人均支出	**Per Capita Consumption Expenditure of Rural Households**	**9023**	**12372**	**12644**	**15391**	**16271**	**17244**
食品烟酒	Food, Tobacco and Liquor	2578	3298	3687	4703	5259	5582
衣　着	Clothing	625	793	811	1024	1030	1091
居　住	Residence	2014	2689	2711	2812	3083	3081
生活用品及服务	Household Facilities, Articles & Services	527	796	783	930	971	1018
交通通信	Transport and Communications	1298	1827	1893	2336	2469	2489
教育文化娱乐	Education, Cultural and Recreation	870	1367	1155	1541	1480	1858
医疗保健	Health Care and Medical Services	921	1334	1380	1746	1662	1760
其他用品及服务	Miscellaneous Goods and Services	188	269	225	299	316	364
消费支出构成(%)	**Composition of Consumption Expenditure (%)**	**100.0**	**100.0**	**100.0**	**100.0**	**100.0**	**100.0**
食品烟酒	Food, Tobacco and Liquor	28.6	26.7	29.2	30.6	32.3	32.4
衣　着	Clothing	6.9	6.4	6.4	6.7	6.3	6.3
居　住	Residence	22.3	21.7	21.4	18.3	18.9	17.9
生活用品及服务	Household Facilities, Articles & Services	5.8	6.4	6.2	6.0	6.0	5.9
交通通信	Transport and Communications	14.5	14.8	15.0	15.2	15.2	14.4
教育文化娱乐	Education, Cultural and Recreation	9.6	11.0	9.1	10.0	9.1	10.8
医疗保健	Health Care and Medical Services	10.2	10.8	10.9	11.3	10.2	10.2
其他用品及服务	Miscellaneous Goods and Services	2.1	2.2	1.8	1.9	1.9	2.1

6-8 农村居民人均主要食品消费量
Per Capita Consumption of Major Foods of Rural Households

单位：千克 (kg)

指 标	Item	2015	2019	2020	2021	2022	2023
粮食	Grain	145.4	157.6	166.1	189.3	198.6	180.3
谷物	Cereal	137.6	144.4	151.3	171.5	179.1	161.8
薯类	Tuber	2.2	4.4	4.5	4.7	4.7	4.2
豆类	Beans and the Products	5.7	8.8	10.3	13.0	14.8	14.4
油脂类	Edible Oil	11.9	7.4	8.1	10.0	9.1	9.2
#植物油	Edible Vegetable Oil	11.7	7.1	7.9	9.7	8.9	9.0
蔬菜及菜制品	Vegetables and Vegetable Products	82.4	83.3	91.8	115.7	130.9	132.7
#鲜菜	Fresh Vegetables	80.6	80.5	88.6	111.4	126.4	127.9
肉类	Products of Meat	15.7	16.8	15.8	25.7	28.3	34.1
#猪肉	Pork	11.3	12.2	10.8	18.9	21.1	24.7
牛肉	Beef	0.4	0.5	0.7	0.7	0.7	1.1
羊肉	Mutton	0.8	0.8	0.8	1.1	1.1	1.8
禽类	Poultry	2.9	4.3	5.9	7.4	7.1	7.9
水产品	Aquatic Products	3.4	4.8	5.2	6.7	7.2	7.7
蛋类及蛋制品	Eggs and Processed Products	11.5	14.3	16.1	19.3	21.0	22.6
奶及奶制品	Milk and Dairy Products	7.5	8.4	8.9	12.3	11.6	13.0
干鲜瓜果类	Dried and Fresh Melons and Fruits	45.3	63.6	66.1	80.3		
#鲜瓜果	Fresh Melons and Fruits	41.5	57.4	59.9	71.7	70.7	73.3
坚果类	Nuts and Processed Products	3.2	4.6	4.8	6.5		
食糖	Sugar	1.1	1.3	1.4	1.7	1.8	1.7

6-9 农村居民平均每百户年末主要耐用消费品拥有量
Main Durable Goods Owned per 100 Rural Households

指　标	Item	2015	2019	2020	2021	2022	2023
家用汽车(辆)	Automobile (unit)	23.6	38.5	40.8	43.8	45.1	58.1
摩托车(辆)	Motorcycle (unit)	66.4	39.9	43.0	32.5	31.3	22.5
电动助力车(辆)	Electric Bicycle (unit)	91.1	112.3	118.9	117.8	118.5	133.9
洗衣机(台)	Washing Machine (set)	96.7	100.3	105.9	100.7	100.7	103.6
电冰箱(柜)(台)	Refrigerator (set)	90.1	97.2	103.7	101.3	101.6	103.6
微波炉(台)	Microwave Oven (set)	15.8	16.8	17.5	21.1	21.3	25.0
彩色电视机(台)	Color TV Set (set)	120.8	112.1	112.8	110.8	110.7	105.7
空调(台)	Air Conditioner (set)	55.3	83.0	88.7	97.7	99.5	120.2
热水器(台)	Water Heater (set)	56.4	67.6	71.0	64.8	66.3	68.4
排油烟机(台)	Exhaust Fan (set)	17.2	31.7	34.1	42.9	44.0	60.0
移动电话(部)	Mobile Phone (set)	226.2	246.4	250.9	246.1	246.0	275.9
计算机(台)	Computer (set)	37.8	39.1	36.1	34.3	34.8	26.1
照相机(台)	Camera (set)	4.5	2.0	2.5	2.0	2.2	1.9

6−10 居民人均可支配收入和指数
Per Capita Disposable Income of Households and Index

年 份 Year	全省居民人均可支配收入 Per Capita Disposable Income of Households		城镇居民人均可支配收入 Per Capita Disposable Income of Urban Households		农村居民人均可支配收入 Per Capita Disposable Income of Rural Households	
	绝对数(元) Value (yuan)	指数(1978年=100) Index (year of 1978=100)	绝对数(元) Value (yuan)	指数(1978年=100) Index (year of 1978=100)	绝对数(元) Value (yuan)	指数(1978年=100) Index (year of 1978=100)
1978			276	100.0	114	100.0
1980			401	145.0	176	154.1
1985			631	228.3	385	337.7
1990	771		1397	505.8	622	545.0
1995			3674	1330.1	1669	1463.0
2000	3315		5642	2042.3	2484	2177.8
2001			5957	2156.5	2611	2289.0
2002			6641	2403.9	2695	2362.4
2003			7188	2602.1	2865	2512.1
2004			7886	2854.6	3187	2793.9
2005	5581		9020	3265.4	3501	3069.7
2006	6295		10194	3690.2	3826	3354.5
2007	7233		11550	4181.2	4324	3791.2
2008	8365		13263	4801.2	4833	4237.6
2009	9267		14505	5251.0	5194	4553.9
2010	10428		16009	5795.2	6014	5272.8
2011	12059		18006	6518.2	7187	6300.9
2012	13647		20222	7320.4	8158	7152.0
2013	15190		22227	8046.2	9188	8055.2
2014	16647		24141	8739.3	10186	8930.5
2015	18118		26152	9467.2	11051	9688.3
2016	19725		28249	10226.4	11919	10450.1
2017	21484		30548	11058.4	12881	11293.1
2018	23446		32977	11937.9	14031	12301.3
2019	25665		35738	12937.2	15373	13478.1
2020	27136		37286	13497.6	16467	14437.2
2021	29383		39791	14404.5	18179	15938.0
2022	30867		41278	14942.7	19364	16977.2
2023	32903		43631	15794.4	20688	18138.2

6-11 分市居民人均可支配收入
Per Capita Disposable Income of Households by City

单位：元 (yuan)

市	City	2015	2019	2020	2021	2022	2023
全　省	**Total**	**18118**	**25665**	**27136**	**29383**	**30867**	**32903**
石家庄市	Shijiazhuang	20762	29335	30955	33555	35266	37735
唐 山 市	Tangshan	23465	33080	34871	37661	39581	42471
秦皇岛市	Qinhuangdao	18966	26916	28417	30748	32285	34416
邯 郸 市	Handan	17822	25371	26919	29287	30766	32951
邢 台 市	Xingtai	14785	22338	23772	25626	26907	28522
保 定 市	Baoding	16182	23769	25204	28252	30032	31864
张家口市	Zhangjiakou	15781	24159	25674	27983	29452	31484
承 德 市	Chengde	14617	21828	23223	25661	27200	29159
沧 州 市	Cangzhou	17764	25421	26888	29146	30574	32562
廊 坊 市	Langfang	22955	32603	34358	37347	39140	41762
衡 水 市	Hengshui	14585	22067	23527	25880	27355	29215
定 州 市	Dingzhou	16882	26846	28461	30937	32608	34793
辛 集 市	Xinji	19339	28184	29887	32428	33952	36159

注：自2021年后，表6-11至表6-16保定市数据不含雄安新区。
a) Since 2021, data in table 6-11 to 6-16, Baoding excludes Xiongan New Area.

6-12 分市居民人均消费支出
Per Capita Consumption Expenditure of Households by City

单位：元 (yuan)

市	City	2015	2019	2020	2021	2022	2023
全　省	**Total**	**13031**	**17987**	**18037**	**19954**	**20890**	**22920**
石家庄市	Shijiazhuang	13432	17892	19411	21879	22951	25706
唐 山 市	Tangshan	17164	21490	21396	24187	25374	27571
秦皇岛市	Qinhuangdao	13486	19380	19590	21277	22269	24258
邯 郸 市	Handan	10991	17123	17243	20445	21469	23531
邢 台 市	Xingtai	9237	14114	15063	16701	17479	18997
保 定 市	Baoding	9713	16243	17120	19939	21030	22790
张家口市	Zhangjiakou	10339	17377	18036	19852	20916	22929
承 德 市	Chengde	10607	15938	16635	18581	19594	21340
沧 州 市	Cangzhou	11828	17876	18217	20178	21091	23171
廊 坊 市	Langfang	16656	22029	21722	24138	25222	28002
衡 水 市	Hengshui	9789	16089	15960	17264	18114	19542
定 州 市	Dingzhou	11049	17843	20109	20757	21930	24363
辛 集 市	Xinji	10904	14600	18189	19719	20507	22260

6-13 分市城镇居民人均可支配收入
Per Capita Disposable Income of Urban Households by City

单位：元 (yuan)

市	City	2015	2019	2020	2021	2022	2023
全　省	**Total**	**26152**	**35738**	**37286**	**39791**	**41278**	**43631**
石家庄市	Shijiazhuang	28168	38550	40247	43024	44745	47564
唐 山 市	Tangshan	31272	42632	44337	47264	49154	52497
秦皇岛市	Qinhuangdao	28158	38359	39931	42567	44142	46525
邯 郸 市	Handan	24630	33904	35498	38124	39687	42267
邢 台 市	Xingtai	21895	31533	33109	35228	36532	38395
保 定 市	Baoding	23663	32705	34112	37314	39179	41334
张家口市	Zhangjiakou	23841	34062	35595	38122	39533	41588
承 德 市	Chengde	22885	32365	33918	36767	38495	41036
沧 州 市	Cangzhou	26350	36244	37838	40411	41826	44294
廊 坊 市	Langfang	31925	43912	45712	48912	50624	53459
衡 水 市	Hengshui	21615	31581	33223	35748	37214	39372
定 州 市	Dingzhou	23189	36345	37980	40715	42425	44886
辛 集 市	Xinji	26906	37493	39142	41882	43432	45864

6-14 分市城镇居民人均消费支出
Per Capita Consumption Expenditure of Urban Households by City

单位：元 (yuan)

市	City	2015	2019	2020	2021	2022	2023
全　省	**Total**	**17587**	**23483**	**23167**	**24192**	**25071**	**27906**
石家庄市	Shijiazhuang	18165	23349	24867	26906	27956	31541
唐 山 市	Tangshan	21973	26569	26038	28784	29906	32736
秦皇岛市	Qinhuangdao	18959	26161	25955	27413	28400	31003
邯 郸 市	Handan	14387	21529	21459	25128	26209	28934
邢 台 市	Xingtai	12984	19187	20225	21009	21765	23978
保 定 市	Baoding	13759	21578	22360	25560	26685	29195
张家口市	Zhangjiakou	14594	23244	23918	25823	26908	29494
承 德 市	Chengde	15636	23098	23529	25198	26256	28601
沧 州 市	Cangzhou	16615	25290	24961	27076	27969	30901
廊 坊 市	Langfang	22152	27937	27347	29726	30737	34283
衡 水 市	Hengshui	13346	21387	20916	21606	22405	24493
定 州 市	Dingzhou	12825	21745	22823	25650	26805	30022
辛 集 市	Xinji	14637	17390	23373	25644	26413	28744

6-15 分市农村居民人均可支配收入
Per Capita Disposable Income of Rural Households by City

单位：元 (yuan)

市	City	2015	2019	2020	2021	2022	2023
全　省	**Total**	**11051**	**15373**	**16467**	**18179**	**19364**	**20688**
石家庄市	Shijiazhuang	11442	15853	16947	18676	19834	21242
唐山市	Tangshan	13935	19316	20687	22839	24255	26050
秦皇岛市	Qinhuangdao	10782	15035	16088	17793	18879	20163
邯郸市	Handan	11247	15695	16888	18796	20056	21561
邢台市	Xingtai	9152	13798	14943	16438	17457	18609
保定市	Baoding	10558	15618	16883	18957	20341	21663
张家口市	Zhangjiakou	8341	12973	14166	15979	17210	18552
承德市	Chengde	7923	12101	13190	14852	15966	17116
沧州市	Cangzhou	10389	14854	15909	17547	18617	19865
廊坊市	Langfang	13159	18467	19723	21735	23039	24606
衡水市	Hengshui	9030	13917	15100	16912	18147	19417
定州市	Dingzhou	11959	17828	19112	21138	22575	24133
辛集市	Xinji	13364	19019	20407	22571	23925	25552

6-16 分市农村居民人均消费支出
Per Capita Consumption Expenditure of Rural Households by City

单位：元 (yuan)

市	City	2015	2019	2020	2021	2022	2023
全　省	**Total**	**9023**	**12372**	**12644**	**15391**	**16271**	**17244**
石家庄市	Shijiazhuang	7476	9908	11186	13978	14803	15913
唐山市	Tangshan	11522	14171	14440	17092	18118	19112
秦皇岛市	Qinhuangdao	8614	12339	12774	14551	15337	16318
邯郸市	Handan	7711	12446	12832	14885	15778	16925
邢台市	Xingtai	6427	10075	10698	12578	13270	13996
保定市	Baoding	6671	11377	12225	14173	15038	15890
张家口市	Zhangjiakou	6411	10751	11213	12783	13640	14527
承德市	Chengde	6536	9329	10169	12142	12968	13977
沧州市	Cangzhou	7716	10637	11456	13075	13781	14805
廊坊市	Langfang	10654	14293	14472	16594	17490	18788
衡水市	Hengshui	7059	10731	10785	13319	14105	14765
定州市	Dingzhou	9662	14138	15498	15853	16947	18385
辛集市	Xinji	7957	11854	12880	13542	14260	15173

6-17 全省、城镇、农村居民人均可支配收入及消费支出
Per Capita Disposable Income and Consumption Expenditure of Households

年 份 Year	人 均 可支配收入 (元) Per Capita Disposable Income (yuan)	指 数 (上年=100) Index (preceding year=100)	人 均 消费支出 (元) Per Capita Consumption Expenditure (yuan)	指 数 (上年=100) Index (preceding year=100)	恩格尔 系 数 (%) Engel's Coefficient (%)
全省居民					
Provincial Household					
2015	18118	108.8	13031	109.2	27.0
2016	19725	108.9	14247	109.3	26.8
2017	21484	108.9	15437	108.3	25.3
2018	23446	109.1	16722	108.3	25.5
2019	25665	109.5	17987	107.6	26.0
2020	27136	105.7	18037	100.3	27.7
2021	29383	108.3	19954	110.6	28.3
2022	30867	105.1	20890	115.8	29.8
2023	32903	106.6	22920	109.7	29.4
城镇居民					
Urban Household					
2015	26152	108.3	17587	108.5	26.0
2016	28249	108.0	19106	108.6	26.1
2017	30548	108.1	20600	107.8	24.6
2018	32977	108.0	22127	107.4	25.1
2019	35738	108.4	23483	106.1	25.7
2020	37286	104.3	23167	98.7	26.9
2021	39791	106.7	24192	104.4	27.0
2022	41278	103.7	25071	108.2	28.3
2023	43631	105.7	27906	111.3	27.8
农村居民					
Rural Household					
2015	11051	108.5	9023	109.4	28.6
2016	11919	107.9	9798	108.6	28.0
2017	12881	108.1	10536	107.5	26.7
2018	14031	108.9	11383	108.0	26.4
2019	15373	109.6	12372	108.7	26.7
2020	16467	107.1	12644	102.2	29.2
2021	18179	110.4	15391	121.7	30.6
2022	19364	106.5	16271	128.7	32.3
2023	20688	106.8	17244	106.0	32.4

主要统计指标解释

从 2012 年四季度起，国家统计局对分别进行的城乡住户调查实施了一体化改革，规范了城乡划分范围，统一了城乡居民收入指标名称、分类和统计标准，建立了城乡统一的一体化住户调查，并据此采集全国居民有关数据。1978-2012 年的数据，根据国家统计局城镇住户调查和农村住户调查的历史数据，按照住户收支与生活状况调查可比口径推算得到。

一、居民可支配收入

居民可支配收入指居民可用于最终消费支出和储蓄的总和，即居民可用于自由支配的收入。既包括现金收入，也包括实物收入。按照收入的来源，可支配收入包含四项，分别为：工资性收入、经营净收入、财产净收入和转移净收入。

工资性收入　指就业人员通过各种途径得到的全部劳动报酬和各种福利，包括受雇于单位或个人、从事各种自由职业、兼职和零星劳动得到的全部劳动报酬和福利。

经营净收入　指住户或住户成员从事生产经营活动所获得的净收入，是全部经营收入中扣除经营费用、生产性固定资产折旧和生产税之后得到的净收入。计算公式为：

经营净收入=经营收入-经营费用-生产性固定资产折旧-生产税

财产净收入　指住户或住户成员将其所拥有的金融资产、住房等非金融资产和自然资源交由其他机构单位、住户或个人支配而获得的回报并扣除相关的费用之后得到的净收入。财产净收入包括利息净收入、红利收入、储蓄性保险净收益、转让承包土地经营权租金净收入、出租房屋净收入、出租其他资产净收入和自有住房折算净租金等。财产净收入不包括转让资产所有权的溢价所得。

转移净收入　计算公式为：转移净收入=转移性收入-转移性支出

转移性收入　指国家、单位、社会团体对住户的各种经常性转移支付和住户之间的经常性收入转移。包括养老金或退休金、社会救济和补助、政策性生产补贴、政策性生活补贴、经常性捐赠和赔偿、报销医疗费、住户之间的赡养收入，本住户非常住成员寄回带回的收入等。转移性收入不包括住户之间的实物馈赠。

转移性支出　指调查户对国家、单位、住户或个人的经常性或义务性转移支付。包括缴纳的税款、各项社会保障支出、赡养支出、经常性捐赠和赔偿支出以及其他经常转移支出等。

根据住户收支与生活状况调查，分城镇和农村的居民人均可支配收入等数据的覆盖人群主要变化：一是计算城镇居民人均可支配收入时分母包括了在城镇地区常住的农民工，计算农村居民人均可支配收入时分母不包括在城镇地区常住的农民工；二是由本户供养的在外大学生视为常住人口。

二、居民消费支出

居民消费支出是指居民用于满足家庭日常生活消费需要的全部支出，既包括现金消费支出，也包括实物消费支出。消费支出可划分为食品烟酒、衣着、居住、生活用品及服务、交通通信、教育文化娱乐、医疗保健以及其他用品及服务八大类。

食品烟酒　指用于各种食品和烟草、酒类的支出。

衣着　指与居民穿着有关的支出，包括服装、服装材料、鞋类、其他衣类及配件、衣着相关加工服务的支出。

居住　指与居住有关的支出，包括房租、水、电、燃料、物业管理等方面的支出，也包括自有住房折算租金。

生活用品及服务　指家庭及个人的各类生活品及家庭服务。包括家具及室内装饰品、家用器具、家用纺织品、家庭日用杂品、个人用品和家庭服务。

交通通信　指用于交通和通信工具及相关的各种服务费、维修费和车辆保险等支出。

教育文化娱乐　指用于教育、文化和娱乐方面的支出。

医疗保健　指用于医疗和保健的药品、用品和服务的总费用。包括医疗器具及药品，以及医疗服务。

其他用品及服务　指无法直接归入上述各类支出的其他用品与服务支出。

Explanatory Notes on Main Statistical Indicators

In the fourth quarter of 2012, the NBS launched its reform on the household survey programme, to develop an integrated survey, instead of two separate urban and rural household surveys. The reform aims at regulating the division of urban and rural areas, integrating the concepts, classifications and standards, implementing the integrated household survey, and collecting household data in the whole country thereafter. Data from 1978 to 2012 are estimated based on the historical data of Urban Household Survey and Rural Household Survey according to the comparable definition and coverage of main income and consumption indicators of Household Survey on Income and Expenditure and Living Conditions.

I. Disposable Income of Residents

Disposable Income of Households refers to the income of households for purpose of final expenditure and savings. It includes income both in cash and in kind. By sources of income, disposable income includes four categories: income from wages and salaries, net business income, net income from properties and net income from transfer.

Income from Wages and Salaries refers to remuneration of labour and salaries from all kinds of sources, including those employed by other units or individuals, freelance work, part-time jobs, and sporadic labour.

Net Business Income refers to net income earned by households and their members engaged in production and business activities. It refers to the net income of operating revenue minus operating costs, depreciation of productive fixed assets, and production tax. The formula is:

Net Business Income=Operating Revenue-Operating Costs-Depreciation of Productive Fixed Assets-Production Tax

Net Income from Properties refers to the net income received as returns by households or members of financial assets, non-financial assets such as housing, to other institutions, households or individuals, and minus relevant costs. Net income from properties includes net income of interest, bonus income, net income of saving insurance, net income of rents of transferring management right of contract land, income of renting housing, income of renting other assets, net converted rents of self-owned housing. Net income from properties do not include premium of transferring ownership of assets.

Net Income from Transfer The formula is: Net Income from Transfer=Income from Transfers-Expenditure from Transfer

Income from Transfer refers to the regular transfer received from governments, institutions, social organizations to households and between households. It includes old-age and retirement pension, regular donation and compensation, reimbursement of medical fees, supporting income between households, income from non-resident members of households, etc. Income from transfer do not include gifts in kinds between households. rom transfer do not include presents in kinds between households.

Expenditure from Transfer refers to regular or deontic transfer from households to country, institutions, households or individuals. It includes taxes paid, expenditure of all kinds of social security, supporting expenditure, regular donation and compensation and other regular transfer expenditure, etc.

According to the household survey, main changes of population covered by data of per capita disposable income of urban and rural households: migrant workers resided in urban areas are included in the denominator when calculating per capita disposable income of urban household, migrant workers are not included in denominator when calculating per capita disposable income of rural households; college students of their households are regarded as permanent residents.

II. Consumption Expenditure of Residents

Consumption Expenditure of Households refers to all expenditure of households for living expenditure to satisfy family daily living. It includes expenditure in cash and in kind. It includes eight categories: food, tobacco and liquor; clothing; residence; household facilities, articles and services; transport and communications; education, cultural and recreational activities; health care and medical services, and miscellaneous goods and services.

Food, Tobacco and Liquor refers to expenditure for food, tobacco and liquor of all kinds.

Clothing refers to expenditure related to clothing, including clothes, clothing materials, footwear, other clothing and accessories, processing services related to clothing.

Residence refers to expenditure related to residence, including housing rents, water, electricity, fuel, property management, and including converted self-owned housing rents.

Household Facilities, Articles and Services refers to expenditure for family and individual articles for living purpose and family services. It includes furniture and interior decoration, home appliances, home textiles, household miscellaneous daily articles, personal articles, and family services.

Transport and Communications refers to expenditure for transport and communication and related services, maintenance and repairs, and vehicle insurance.

Education, Cultural and Recreational Activities refers to expenditure on education, cultural and recreational activities.

Health Care and Medical Services refers to expenditure on drugs, supplies and services of medical and health care. It includes medical appliances and drugs, and medical services.

Miscellaneous Goods and Services refers to expenditure of all kinds of expenditure of other articles and services that can not divided into the category above.

财政、金融、保险

Government Finance, Banking and Insurance

简 要 说 明

一、本篇反映河北省地方公共财政预算收支、银行、保险等方面的基本情况。

二、财政资料根据河北省财政厅提供的有关资料加工整理。银行资料由中国人民银行河北分行提供。保险业务资料由中国银行保险监督管理委员会河北监管局提供。

三、本篇资料由河北省财政厅、中国人民银行河北分行、中国银行保险监督管理委员会河北监管局负责整理提供。

四、资料整理：冯新文　沈群　吴彤

Brief Introduction

Ⅰ.The data in this chapter reflects the basic situation of Hebei Province's local public finance budget revenue and expenditure, bank, insurance, etc.

Ⅱ.The financial data shall be processed and sorted out according to the relevant data provided by the Finance Department of Hebei Province. Bank information provided by the Hebei Branch of the People's Bank of China. The insurance business data shall be provided by the Hebei Regulatory Bureau of the China Banking and Insurance Regulatory Commission.

Ⅲ. This information is collated and provided by the Hebei Provincial Finance Department and the Hebei Branch of the People's Bank of China and the Hebei Regulatory Bureau of the China Banking and Insurance Regulatory Commission.

Ⅳ.Data collection: Feng Xinwen, Shen Qun, Wu Tong.

7-1 一般公共预算收支和增长速度
General Public Budget Revenue and Expenditure and Growth Rates

单位：亿元 (100 million yuan)

年 份 Year	一般公共预算收入 General Public Budget Revenue	一般公共预算支出 General Public Budget Expenditure	比上年增长(%) Growth Rate over Preceding Year (%) 一般公共预算收入 General Public Budget Revenue	一般公共预算支出 General Public Budget Expenditure
1978		32.44		2.9
1979		34.22		5.5
1980		28.36		-17.1
1981		23.29		-17.9
1982		25.94		11.4
1983		28.27		9.0
1984		35.86		26.9
1985		41.66		16.2
1986		53.82		29.2
1987		53.33		-0.9
1988		67.52		26.6
1989		77.30		14.5
1990		87.28		12.9
1991		91.14		4.4
1992		101.19		11.0
1993		142.26		40.6
1994	95.22	160.84		13.1
1995	119.95	191.18	26.0	18.9
1996	151.78	231.90	26.5	21.3
1997	176.07	270.46	16.0	16.6
1998	206.76	301.55	17.4	11.5
1999	223.28	350.80	8.0	16.3
2000	248.76	415.54	11.4	18.5
2001	283.50	514.18	14.0	23.7
2002	302.31	576.59	6.6	12.1
2003	335.83	646.74	11.1	12.2
2004	407.83	785.56	21.4	21.5
2005	515.70	979.16	26.5	24.6
2006	620.53	1180.36	20.3	20.5
2007	789.12	1506.65	27.2	27.6
2008	947.59	1881.67	20.1	24.9
2009	1067.12	2347.59	12.6	24.8
2010	1331.85	2820.24	24.8	20.1
2011	1737.77	3537.39	30.5	25.4
2012	2084.28	4079.44	19.9	15.3
2013	2295.62	4409.58	10.14	8.1
2014	2446.62	4677.30	6.6	6.1
2015	2649.18	5632.19	8.3	20.4
2016	2849.87	6049.53	7.6	7.4
2017	3233.83	6639.18	13.5	9.7
2018	3513.70	7726.21	8.7	16.4
2019	3738.99	8309.04	6.4	7.5
2020	3826.46	9022.79	2.3	8.6
2021	4167.62	8848.21	8.9	-1.9
2022	4056.30	9305.64	-2.7	5.2
2023	4286.60	9606.21	5.7	3.2

7-2 分项目一般公共预算收支
General Public Budget Revenue and Expenditure by Item

单位：亿元 (100 million yuan)

项目	Item	2015		2020		2023	
		金额 Amount	比重(%) Percentage (%)	金额 Amount	比重(%) Percentage (%)	金额 Amount	比重(%) Percentage (%)
一般公共预算收入	**General Public Budget Revenue**	**2649.18**	**100.00**	**3826.46**	**100.00**	**4286.60**	**100.00**
税收收入	Tax Revenue	1934.29	73.01	2527.28	66.05	2578.11	60.14
增值税	Value-added Tax	315.35	11.90	916.30	23.95	1056.24	24.64
企业所得税	Corporate Income Tax	266.94	10.08	355.51	9.29	311.35	7.26
个人所得税	Individual Income Tax	62.86	2.37	67.69	1.77	82.90	1.93
资源税	Resource Tax	28.36	1.07	53.06	1.39	70.47	1.64
城市维护建设税	City Maintenance and Construction Tax	111.89	4.22	132.55	3.46	145.55	3.40
房产税	House Property Tax	51.34	1.94	79.28	2.07	107.30	2.50
城镇土地使用税	Urban Land Use Tax	106.84	4.03	145.90	3.81	155.04	3.62
耕地占用税	Farm Land Occupation Tax	49.37	1.86	119.79	3.13	76.96	1.80
契　税	Deed Tax	109.20	4.12	255.79	6.68	241.17	5.63
其他税收收入	Other Tax Revenue	180.60	6.83	0.81	0.02	0.23	0.01
非税收入	Non-tax Revenue	714.89	26.99	1299.18	33.95	1708.50	39.86
行政事业性收费收入	Charges of Administrative and Institutional Units	185.80	7.01	143.02	3.74	114.41	2.67
一般公共预算支出	**General Public Budget Expenditure**	**5632.19**	**100.00**	**9022.79**	**100.00**	**9606.21**	**100.00**
一般公共服务	General Public Services	503.32	8.94	784.82	8.70	871.59	9.07
国　防	National Defense	10.31	0.18	14.25	0.16	9.10	0.09
公共安全	Public Security	287.08	5.10	428.51	4.75	455.70	4.74
教　育	Education	1041.16	18.49	1596.26	17.69	1807.51	18.82
科学技术	Science and Technology	45.50	0.81	101.76	1.13	131.04	1.36
文化旅游体育与传媒	Culture, Tourism, Sport and Media	88.34	1.57	163.73	1.81	130.39	1.36
社会保障和就业	Social Security and Employment	763.68	13.56	1412.67	15.66	1691.14	17.60
卫生健康	Health Care	535.09	9.50	817.27	9.06	929.84	9.68
节能环保	Energy Conservation and Environment Protection	282.72	5.02	509.27	5.64	320.60	3.34
城乡社区事务	Urban and Rural Community Affairs	476.59	8.46	857.35	9.50	969.64	10.09
农林水事务	Affairs of Agriculture, Forestry and Water Conservancy	712.49	12.65	988.74	10.96	928.51	9.67
交通运输	Transportation	323.82	5.75	510.03	5.65	355.43	3.70
其他支出	Other Expenditure	562.09	9.97	838.14	9.29	38.73	0.40

7-3 各级一般公共预算收入(2023年)
General Public Budget Revenue by Level (2023)

单位：万元 (10000 yuan)

指 标	Item	全 省 Provincial Total	省 级 Provincial Level	市 级 City Level	县(市、区)级 County (City or District) Level
一般公共预算收入	**General Public Budget Revenue**	**42866045**	**7052717**	**4640229**	**31173099**
税收收入	**Tax Revenue**	**25781091**	**5709708**	**1159227**	**18912156**
增值税	Value-added Tax	10562385	3431292	259953	6871140
企业所得税	Corporate Income Tax	3113513	1665992	92305	1355216
个人所得税(款)	Individual Income Tax	828988	207634	36274	585080
资源税	Resource Tax	704732	370328	21646	312758
城市维护建设税	City Maintenance and Construction Tax	1455543	4432	145544	1305567
房产税	House Property Tax	1073040	6982	18506	1047552
印花税	Stamp Tax	784175	212	15318	768645
城镇土地使用税	Urban Land Use Tax	1550392	509	1402	1548481
土地增值税	Land Appreciation Tax	1732236		9019	1723217
车船税(款)	Tax on Vehicles and Boat Operation	647638		7	647631
耕地占用税(款)	Farm Land Occupation Tax	769627		14165	755462
契税(款)	Deed Tax	2411669		538687	1872982
烟叶税(款)	Tobacco Leaf Tax	1861			1861
环境保护税(款)	Environmental Protection Tax	143008	21641	6394	114973
其他税收收入	Other Tax Revenue	2284	686	7	1591
非税收入	**Non-Tax Revenue**	**17084954**	**1343009**	**3481002**	**12260943**
专项收入	Special Program Receipts	3667231	572984	840584	2253663
行政事业性收费收入	Charge of Administrative and Institutional Units	1144060	300157	331223	512680
罚没收入	Penalty Receipts	1373670	42608	519500	811562
国有资本经营收入	Operating Income from Government Capital	522887	5422	39791	477674
国有资源(资产)有偿使用收入	Income from Use of State-owned Resources (Assets)	9168210	401157	1168624	7598429
捐赠收入	Donation Income	78192		2228	75964
政府住房基金收入	Government Housing Fund Income	923517	4783	555284	363450
其他收入(款)	Other Revenue	207187	15898	23768	167521

7-4 分市一般公共预算收入(2023年)

单位：万元

指　　标	Item	石家庄市 Shijiazhuang	#辛集市 Xinji	唐山市 Tangshan
一般公共预算收入	**General Public Budget Revenue**	**7378942**	**301989**	**5814346**
税收收入	**Tax Revenue**	**4327272**	**166995**	**3036431**
增值税	Value-added Tax	1453502	55145	1017834
企业所得税	Corporate Income Tax	332527	9179	220542
个人所得税(款)	Individual Income Tax	168692	2457	76852
资源税	Resource Tax	23522	1747	110044
城市维护建设税	City Maintenance and Construction Tax	345299	7418	178794
房产税	House Property Tax	232403	4533	204815
印花税	Stamp Tax	188520	4468	182532
城镇土地使用税	Urban Land Use Tax	240045	15498	434346
土地增值税	Land Appreciation Tax	387612	11533	109628
车船税(款)	Tax on Vehicles and Boat Operation	119269	5022	82140
耕地占用税(款)	Farm Land Occupation Tax	278799	34963	39981
契税(款)	Deed Tax	549662	14028	339736
烟叶税(款)	Tobacco Leaf Tax	548		
环境保护税(款)	Environmental Protection Tax	7756	1003	37061
其他税收收入	Other Tax Revenue	-884	1	2126
非税收入	**Non-Tax Revenue**	**3051670**	**134994**	**2777915**
专项收入	Special Program Receipts	761353	11180	377469
行政事业性收费收入	Charge of Administrative and Institutional Units	288818	3641	95272
罚没收入	Penalty Receipts	229999	5230	112178
国有资本经营收入	Operating Income from Government Capital	92110	160	113363
国有资源(资产)有偿使用收入	Income from Use of State-owned Resources (Assets)	1203450	112736	1977607
捐赠收入	Donation Income	14894		2026
政府住房基金收入	Government Housing Fund Income	409063	2039	96684
其他收入(款)	Other Revenue	51983	8	3316

注：本表保定市数据不含雄安新区。

General Public Budget Revenue by City (2023)

(10000 yuan)

秦皇岛市 Qinhuangdao	邯郸市 Handan	邢台市 Xingtai	保定市 Baoding	#定州市 Dingzhou	张家口市 Zhangjiakou	承德市 Chengde	沧州市 Cangzhou	廊坊市 Langfang	衡水市 Hengshui
1725315	**3760253**	**2144209**	**3427807**	**335850**	**1803721**	**1339625**	**3427282**	**3202152**	**1517716**
895223	**2261272**	**1199286**	**1813255**	**156886**	**835622**	**766038**	**1923165**	**1986321**	**810804**
315355	810658	490034	641698	54028	273488	285599	842999	608309	323681
84717	108568	76123	130725	10120	76943	77292	128111	131666	57333
33729	52824	25434	66681	2597	26106	27907	44103	68467	22319
7831	39817	19223	10644	506	13093	48945	39422	10372	5100
61339	120776	80555	157569	9973	96531	50480	187828	106617	51963
56501	103627	46423	86505	3383	43130	40077	78430	125887	38272
35170	74044	45704	62120	4614	25028	22282	64370	49298	23496
53228	292663	96808	78243	12523	53626	40735	104457	98546	52126
86954	232886	95866	179895	22416	54584	34399	102388	359554	75097
29296	68062	47511	85628	6942	33838	23861	66542	51554	30990
16283	123948	28284	41773	8225	33617	36721	62841	68784	20905
108377	205495	142967	264566	20788	100116	73233	187910	303904	105502
			174		1139				
6315	27925	4325	6758	771	4321	4373	13734	3681	3984
128	-21	29	276		62	134	30	-318	36
830092	**1498981**	**944923**	**1614552**	**178964**	**968099**	**573587**	**1504117**	**1215831**	**706912**
141859	240547	221953	339855	40527	122953	60940	384962	328539	97951
28692	62957	60992	67536	5509	43446	36002	46060	58504	48001
46036	229222	114215	142214	7758	54718	84312	103181	85708	117844
29703	120561	5591	16426		1208	458	44030	43417	50598
554554	707517	440435	976559	118540	708418	351090	846835	615999	366842
50	589	2307	20105		7217	5958	5270	13865	5891
25797	83255	80192	46091	3473	29855	28856	63760	35333	18699
3401	54333	19238	5766	3157	284	5971	10019	34466	1086

a) The data for Baoding city in this table exclude Xiongan New Area.

7-5 分市一般公共预算支出(2023年)

单位：万元

指　　标	Item	石家庄市 Shijiazhuang	#辛集市 Xinji	唐山市 Tangshan
一般公共预算支出	**General Public Budget Expenditure**	**12748334**	**748471**	**10015337**
一般公共服务支出	Expenditure for General Public Services	1253242	71676	1049770
国防支出	Expenditure for National Defense	12499	42	5349
公共安全支出	Expenditure for Public Security	579763	21988	463246
教育支出	Expenditure for Education	2551176	152581	1830022
科学技术支出	Expenditure for Science and Technology	255005	6484	121353
文化旅游体育与传媒支出	Expenditure for Culture, Tourism, Sport and Media	142404	5327	137807
社会保障和就业支出	Expenditure for Social Security and Employment	1699644	84772	1487926
卫生健康支出	Expenditure for Health Care	1229162	80356	1175995
节能环保支出	Expenditure for Energy Conservation and Environment Protection	442365	32303	209932
城乡社区支出	Expenditure for Urban and Rural Community Affairs	1700262	43667	1434566
农林水支出	Expenditure for Agriculture, Forestry and Water Conservancy	929726	78150	637691
交通运输支出	Expenditure for Transportation	342134	74848	328898
资源勘探信息等支出	Expenditure for Resource Exploration and Information	368228	52468	121125
商业服务业等支出	Expenditure for Commerce and Services	66694	1870	68914
金融支出	Expenditure for Financial Affairs	15409		2499
援助其他地区支出	Expenditure for Assistance to Other Regions			4819
自然资源海洋气象等支出	Expenditure for Natural Resources, Ocean and Weather	250977	18638	173678
住房保障支出	Expenditure for Housing Security	413906	12875	330690
粮油物资储备支出	Expenditure for Reserve of Grain, Oil and Other Materials	8795	58	15605
灾害防治及应急管理支出	Expenditure for Prevention of Disasters and Emergency Management	104814	3746	63107
其他支出(类)	Other Expenditure	120991		9822
债务付息支出	Expenditure for Interest Payments on Debts	259821	6605	340553
债务发行费用支出	Expenditure for Issuing Debts	1317	17	1970

注：本表保定市数据不含雄安新区。

General Public Budget Expenditure by City (2023)

(10000 yuan)

秦皇岛市 Qinhuangdao	邯郸市 Handan	邢台市 Xingtai	保定市 Baoding	#定州市 Dingzhou	张家口市 Zhangjiakou	承德市 Chengde	沧州市 Cangzhou	廊坊市 Langfang	衡水市 Hengshui
3780760	**8716485**	**6417403**	**9669842**	**904872**	**6940043**	**4696114**	**7309162**	**5954637**	**4403376**
368669	950013	647153	790731	58584	715922	472117	779971	593293	419797
4031	9406	3854	5167	624	6052	4071	14551	7800	5077
182545	425351	305314	440013	26187	322538	206262	381243	332392	178911
639980	1833098	1303880	1879276	180180	944813	864835	1670410	1312948	768701
20940	116781	72242	159809	18974	39819	30526	64472	59822	63873
64819	107110	79302	124449	7633	125525	76273	88780	68726	53589
558196	1259985	867620	1567807	156825	1113986	713060	1050674	784306	716004
360007	921924	720024	1209876	113978	676355	480607	811078	583300	488789
97053	273674	268505	559918	66992	271460	145918	243657	188812	153513
559792	700666	398301	685530	110236	519726	180821	628110	650268	329098
299437	858596	1031437	1160874	71566	1162831	646631	797168	554345	696433
142275	282718	219053	208213	33592	306390	411751	271933	253058	152612
30009	230351	96095	26656	1266	182321	49077	61435	98754	60791
14537	26449	22574	32165	2932	23200	15430	19183	15497	29452
10430	17004	4590	81071		649	918	7013	8304	3415
	250	27	130		100	300		1500	
69183	121743	62615	155590	7469	102307	32291	85797	71835	64807
132626	294427	129476	257366	32053	183041	142285	156188	134884	113921
2556	11264	8552	9711	1900	5304	4862	6938	1632	6287
29988	65286	65861	197452	3243	71092	42024	59944	96662	27903
69605	36799	6502	3692	1490	14713	31034	3729	65122	2775
123291	172684	103965	113915	9128	150783	144444	106464	70652	67354
791	906	461	431	20	1116	577	424	225	274

a) The data for Baoding city in this table exclude Xiongan New Area.

7-6 各级一般公共预算支出(2023年)
General Public Budget Expenditure by Level (2023)

单位：万元 (10000 yuan)

指 标	Item	全 省 Provincial Total	省 级 Provincial Level	市 级 City Level	县(市、区)级 County (City or District) Level
一般公共预算支出	**General Public Budget Expenditure**	**96062132**	**10874305**	**20135032**	**65052795**
一般公共服务支出	Expenditure for General Public Services	8715871	448556	1265183	7002132
国防支出	Expenditure for National Defense	90954	11535	48542	30877
公共安全支出	Expenditure for Public Security	4556981	657608	1935979	1963394
教育支出	Expenditure for Education	18075079	2176779	1928857	13969443
科学技术支出	Expenditure for Science and Technology	1310376	257316	186999	866061
文化旅游体育与传媒支出	Expenditure for Culture, Tourism, Sport and Media	1303915	222255	419984	661676
社会保障和就业支出	Expenditure for Social Security and Employment	16911360	4910062	2076835	9924463
卫生健康支出	Expenditure for Health Care	9298432	442593	3634187	5221652
节能环保支出	Expenditure for Energy Conservation and Environment Protection	3206016	80548	762989	2362479
城乡社区支出	Expenditure for Urban and Rural Community Affairs	9696400	13554	3306702	6376144
农林水支出	Expenditure for Agriculture, Forestry and Water Conservancy	9285068	335769	559667	8389632
交通运输支出	Expenditure for Transportation	3554328	231594	1715759	1606975
资源勘探信息等支出	Expenditure for Resource Exploration and Information	1682012	40463	545138	1096411
商业服务业等支出	Expenditure for Commerce and Services	356690	17285	65159	274246
金融支出	Expenditure for Financial Affairs	190395	38211	84184	68000
援助其他地区支出	Expenditure for Assistance to Other Regions	90567	83441	646	6480
自然资源海洋气象等支出	Expenditure for Natural Resources, Ocean and Weather	1491116	278038	159380	1053698
住房保障支出	Expenditure for Housing Security	2495638	84782	502779	1908077
粮油物资储备支出	Expenditure for Reserve of Grain, Oil and Other Materials	195189	113101	12151	69937
灾害防治及应急管理支出	Expenditure for Prevention of Disasters and Emergency Management	886728	48250	119757	718721
其他支出(类)	Other Expenditure	387341	21363	13513	352465
债务付息支出	Expenditure for Interest Payments on Debts	2269959	359761	785834	1124364
债务发行费用支出	Expenditure for Issuing Debts	11717	1441	4808	5468

注：自2022年，表中市级数据包含设区市本级未经民政部批复的开发区、新区的数据。

a) Since 2022, the city level data in the table include data on development zones and new areas at the district level without approval from the Ministry of Civil Affairs.

7-7 金融机构年末存贷款余额

Deposits and Loans Balances of Financial Institutions at Year-end

单位：亿元 (100 million yuan)

年 份 Year	各项存款 Deposits Balances	#单位存款 Deposits of Organizations	#住户存款 Deposits of Households	#活期存款 Demand Deposits	#定期及其他存款 Time and Other Deposits	各项贷款 Loans Balances	#中长期贷款 Medium-and-Long-term Loans	存贷比(%) Loan-to-deposit Ratio (%)
1978	77.23	16.35				91.51		118.5
1980	100.91	23.65	21.06	6.09	14.97	114.13		113.1
1985	195.64	69.99	102.86	26.52	76.33	219.36	22.26	136.1
1990	554.15	135.20	504.59	71.60	432.99	631.31	76.59	113.9
1995	1694.65	465.34	1811.23	274.16	1537.06	1578.21	262.85	93.1
1996	2159.37	612.33	2288.77	345.70	1943.06	1894.66	295.75	87.7
1997	2591.11	780.30	2712.98	428.43	2284.55	2372.15	337.00	91.5
1998	3030.11	822.06	3207.62	514.62	2693.00	2795.20	444.56	92.2
1999	3306.12	818.40	3681.89	659.84	3022.04	3038.32	539.79	91.9
2000	3780.74	1020.15	3957.07	804.71	3152.36	2933.19	784.92	77.6
2001	4053.75	983.52	4364.18	944.70	3419.48	3098.89	1019.51	76.4
2002	4543.39	993.92	4811.30	1131.13	3680.17	3488.18	1207.92	76.8
2003	5273.35	1138.11	5457.00	1392.91	4064.09	3854.72	1442.65	73.1
2004	9249.94	2083.56	6207.48	1690.23	4517.25	6152.24	1949.57	66.5
2005	10764.93	2360.31	7084.03	1987.28	5096.75	6415.23	2474.74	59.6
2006	12551.62	2825.42	8014.16	2407.44	5606.72	7411.88	3033.10	59.1
2007	14355.59	3532.72	8922.41	2827.69	6094.72	8397.82	3883.28	58.5
2008	17709.02	4049.73	11435.60	3461.42	7974.18	9453.30	4684.42	53.4
2009	22361.37	6003.08	13551.06	4412.11	9138.95	13123.80	7143.58	58.7
2010	26099.00	6508.21	15678.43	5550.99	10127.45	15755.74	9073.08	60.4
2011	29563.77	10841.38	17824.33	6114.03	11710.30	18143.99	10505.32	61.4
2012	34257.16	12359.28	20872.37	6728.70	14143.67	21317.96	11453.51	62.2
2013	39444.45	14381.26	23790.19	7794.40	15995.79	24423.22	12846.73	62.2
2014	43764.02	16009.72	25760.08	7874.67	17885.41	28052.29	15117.85	64.1
2015	48927.59	18607.23	29220.28	8724.57	20495.91	32608.47	17903.52	66.6
2016	55928.87	21853.93	32870.97	10148.93	22722.04	37745.85	22218.55	67.5
2017	60451.27	23104.68	35719.15	10806.81	24912.34	43315.28	26492.75	71.7
2018	66245.21	24070.49	40497.87	11708.14	28789.73	48115.34	30281.52	72.6
2019	73216.32	24816.29	46693.14	12830.77	33862.36	53788.52	34311.43	73.4
2020	81295.32	26061.63	53353.33	14089.28	39264.04	60993.22	39743.03	75.0
2021	89019.49	27223.38	60229.74	14731.34	45498.41	67962.76	20329.58	76.3
2022	100278.96	29333.35	69431.97	16064.85	53367.12	76644.67	21072.17	76.4
2023	112840.42	31270.34	79111.84	16803.44	62308.40	86603.09	22311.18	76.9

注：1．2003年及以前年份为银行存贷款，2004年及以后年份为全部金融机构数据。2．中长期贷款1993年及以前年份为固定资产贷款。3．单位存款2010年及以前年份为企业存款。4.住户存款2010年及以前年份为储蓄存款，2011年以后为个人储蓄存款。5.各项存贷款余额2011年及以前年份为人民币口径，2012年及以后年份为本外币口径。

a) Data are deposits and loans of banks prior to 2003, since 2004, they are all financial institutions data. b) Prior to 1993, Medium-and-Long-term loans equal fixed asset loans. c) Prior to 2010, deposits of organizations refer to deposit from enterprises. d) Deposits of households are savings deposits prior to 2010, and personal deposits after 2011. e) Deposits and loans balances is the caliber of RMB prior to 2011, it is the caliber of RMB and foreign currency since 2012.

7-8 金融机构年末存贷款余额(2023年)

Deposits and Loans Balances of Financial Institutions at Year-end (2023)

单位：亿元 (100 million yuan)

指　　标	Item	年末余额 Year End Balance	比年初增减额 Increase and Decrease Over the Beginning of the Year
各项存款	**Total Deposits**	**112840.42**	**12554.65**
境内存款	Domestic Deposits	112759.28	12551.34
住户存款	Deposits of Households	79111.84	9680.39
活期存款	Demand Deposits	16803.44	738.59
定期及其他存款	Time & Other Deposits	62308.40	8941.80
非金融企业存款	Deposits of Non-financial Enterprises	19707.89	1103.49
活期存款	Demand Deposits	7112.19	-367.24
定期及其他存款	Time & Other Deposits	12595.70	1470.73
政府存款	Deposits of Government		
财政性存款	Fiscal Deposits	2112.89	942.60
机关团体存款	Deposits of Government Departments & Organizations	10316.35	226.28
非银行业金融机构存款	Deposits of Non-banking Financial Institutions	1510.31	598.58
境外存款	Overseas Deposits	81.13	3.31
各项贷款	**Total Loans**	**86603.09**	**9868.32**
境内贷款	Domestic Loans	86534.25	9847.28
住户贷款	Loans to Households	28496.80	2392.89
#短期贷款	Short-term Loans	6185.60	1184.09
消费贷款	Consumer Loans	1849.56	311.82
经营贷款	Business Loans	4336.05	872.27
中长期贷款	Mid & Long-term Loans	22311.19	1208.80
消费贷款	Consumer Loans	19579.41	896.48
经营贷款	Business Loans	2731.79	312.31
非金融企业及机关团体贷款	Loans to Non-financial Enterprises and Government Departments & Organizations	57979.50	7427.38
#短期贷款	Short-term Loans	18245.62	1817.49
中长期贷款	Mid & Long-term Loans	34225.20	5192.55
非银行业金融机构贷款	Loans to Non-banking Financial Institutions	57.95	27.01
境外贷款	Overseas Loans	68.84	21.04

7-9 金融机构人民币存贷款余额(2023年)
Balance of RMB Deposits and Loans of Financial Institutions (2023)

单位：亿元 (100 million yuan)

指　标	Item	年末余额 Year End Balance	比年初增减额 Increase and Decrease Over the Beginning of the Year
各项存款	**Total Deposits**	**112396.12**	**12570.98**
境内存款	Domestic Deposits	112368.24	12567.34
住户存款	Deposits of Households	78985.01	9694.55
活期存款	Demand Deposits	16728.46	752.12
定期及其他存款	Time & Other Deposits	62256.56	8942.43
非金融企业存款	Deposits of Non-financial Enterprises	19446.72	1105.07
活期存款	Demand Deposits	6908.35	-354.64
定期及其他存款	Time & Other Deposits	12538.37	1459.71
政府存款	Deposits of Government	12426.47	1169.08
财政性存款	Fiscal Deposits	2112.89	942.60
机关团体存款	Deposits of Government Departments & Organizations	10313.58	226.48
非银行业金融机构存款	Deposits of Non-banking Financial Institutions	1510.04	598.64
境外存款	Overseas Deposits	27.88	3.64
各项贷款	**Total Loans**	**86389.34**	**10007.58**
境内贷款	Domestic Loans	86356.10	9986.56
住户贷款	Loans to Households	28495.73	2392.67
#短期贷款	Short-term Loans	6184.55	1183.86
消费贷款	Consumer Loans	1848.50	311.59
经营贷款	Business Loans	4336.05	872.27
中长期贷款	Mid & Long-term Loans	22311.18	1208.81
消费贷款	Consumer Loans	19579.40	896.49
经营贷款	Business Loans	2731.79	312.31
非金融企业及机关团体贷款	Loans to Non-financial Enterprises and Government Departments & Organizations		
#短期贷款	Short-term Loans	18196.31	1895.61
中长期贷款	Mid & Long-term Loans	34097.44	5252.54
非银行业金融机构贷款	Loans to Non-banking Financial Institutions	57.95	28.40
境外贷款	Overseas Loans	33.24	21.02

7-10 保险业务经济技术指标
Economic and Technical Indicators of Insurance Business

年 份	Year	保险业务收入 (万元) Premium (10000 yuan)	保险金额 (亿元) Amount Insured (100 million yuan)	赔付支出 (万元) Claim and Payment (10000 yuan)
市	City			
	1995	187354	2678	104327
	2000	565800	6625	165700
	2001	764100	7376	268500
	2002	1126300	12094	267900
	2003	1671000	10804	283300
	2004	2054031	19251	367911
	2005	1091984	23336	404183
	2006	2533740	26404	523107
	2007	3322513	31036	1024014
	2008	4806090	64501	1476827
	2009	6010864	57302	1429757
	2010	6908349	63381	1453778
	2011	7328887	69999	1834739
	2012	7661583	104297	2238920
	2013	8375850	137115	3156612
	2014	9319384	227963	3950280
	2015	11631031	574970	4619248
	2016	14952670	645634	5482129
	2017	17144480	562721	5475169
	2018	17906306	798472	5411828
	2019	19891578	932103	5498402
	2020	20886427	1460506	6017110
	2021	19944969	2067414	6369492
	2022	20425416	2331556	6584372
	2023	21362839	2441135	8434178
石家庄市	Shijiazhuang	6413372	894387	2081910
唐 山 市	Tangshan	2579823	246143	1001397
秦皇岛市	Qinhuangdao	857138	79533	329402
邯 郸 市	Handan	1588901	170654	707290
邢 台 市	Xingtai	1216927	163991	604049
保 定 市	Baoding	2597736	310147	1245750
张家口市	Zhangjiakou	876824	87072	426184
承 德 市	Chengde	747599	77642	341802
沧 州 市	Cangzhou	2126171	177064	769429
廊 坊 市	Langfang	1447413	144390	562651
衡 水 市	Hengshui	910933	90112	364314

主要统计指标解释

一般公共预算收入 指国家财政参与社会产品分配所取得的收入，是实现国家职能的财力保证。主要包括：(1)各项税收：包括国内增值税、国内消费税、进口货物增值税、进口消费品消费税、出口货物退增值税、出口消费品退消费税、企业所得税、个人所得税、资源税、城市维护建设税、房产税、印花税、城镇土地使用税、土地增值税、车船税、船舶吨税、车辆购置税、关税、耕地占用税、契税、烟叶税、环境保护税等。(2)非税收入：包括专项收入、行政事业性收费收入、罚没收入、国有资本经营收入、国有资源（资产）有偿使用收入和其他收入。财政收入按现行分税制财政体制划分为中央本级收入和地方本级收入。

一般公共预算支出 指国家财政将筹集起来的资金进行分配使用，以满足经济建设和各项事业的需要。主要包括：一般公共服务、外交、国防、公共安全、教育、科学技术、文化旅游体育与传媒、社会保障和就业、卫生健康、节能环保、城乡社区、农林水、交通运输、资源勘探工业信息等、商业服务业等、金融、援助其他地区、自然资源海洋气象等、住房保障、粮油物资储备、灾害防治及应急管理、债务付息、债务发行费用等方面的支出。财政支出根据政府在经济和社会活动中的不同职权，划分为中央财政支出和地方财政支出。

中央一般公共预算收入和地方一般公共预算收入 属于中央一般公共预算的收入包括关税，进口货物增值税和消费税，出口货物退增值税和消费税，国内消费税，铁道部门、各银行总行、各保险公司总公司等集中缴纳的城市维护建设税，增值税50%部分，纳入共享范围的企业所得税60%部分，未纳入共享范围的中央企业所得税、中央企业上交的利润，个人所得税60%部分，车辆购置税，船舶吨税，证券交易印花税，海洋石油资源税，中央非税收入等。属于地方一般公共预算的收入包括城市维护建设税（不含铁道部门、各银行总行、各保险公司总公司集中缴纳的部分），房产税，城镇土地使用税，土地增值税，车船税，耕地占用税，契税，烟叶税，印花税（不含证券交易印花税），增值税50%部分，纳入共享范围的企业所得税40%部分，个人所得税40%部分，海洋石油资源税以外的其他资源税，地方非税收入等。

中央一般公共预算支出和地方一般公共预算支出 指根据政府在经济和社会活动中的不同职责，划分中央和地方政府的责权，按照政府的责权划分确定的支出。中央一般公共预算支出包括一般公共服务，外交支出，国防支出，公共安全支出，以及中央政府调整国民经济结构、协调地区发展、实施宏观调控的支出等。地方一般公共预算支出包括一般公共服务，公共安全支出，地方统筹的各项社会事业支出等。

Explanatory Notes on Main Statistical Indicators

General Public Budget Revenue refers to income for the government finance through participating in the distribution of social products. It is the financial guarantee to ensure government functioning. The government revenue includes the following main items: (1) Various tax revenues including domestic value added tax (VAT), domestic consumption tax, VAT from imports, consumption tax from imports, VAT rebate for exports, consumption tax rebate for exports, corporate income tax, individual income tax, resource tax, city maintenance and construction tax, house property tax, stamp tax, urban land use tax, land appreciation tax, tax on vehicles and boat operation, ship tonnage tax, vehicle purchase tax, tariffs, farm land occupation tax, deed tax, and tobacco tax, environment protection tax, etc. (2) Non-tax revenue, including special program receipts, charge income of administrative and institutional units, penalty receipts, operating income from government capital, income from use of state-owned resources (assets) and others non-tax receipts.

General Public Budget Expenditure refers to the distribution and use of the funds which the government finance has raised, so as to meet the needs of economic construction and various undertakings. It includes the following main items: expenditure for general public services, expenditure for foreign affairs, expenditure for national defence expenditure for public security, expenditure for education, expenditure for science and technology, expenditure for culture, tourism, sport and media, expenditure for social safety net and employment effort, expenditure for health care, expenditure for energy conservation and environment protection, expenditure for urban and rural community affairs, expenditure for agriculture, forestry and water conservancy, expenditure for transportation, expenditure for resource exploration and industrial information, expenditure for affairs of commerce and services, expenditure for finance, aid to other regions, expenditure for nature resources, ocean and weather, expenditure for housing security, expenditure for grain & oil reserves, expenditure for prevention of disasters and emergency management, interest payment for public debts, expenditure for issuing debts. General public budget expenditure is divided into general public budget expenditure of central government and general public budget expenditure of local government according to the different functions of the governments played in economic and social activities.

General Public Budget Revenue of the Central Government and the Local Governments The general public budget revenue of the Central Government includes tariff, VAT and consumption tax from imports, VAT and consumption tax rebate for exports, domestic consumption tax, city maintenance and construct tax from the Ministry of Railways, head offices of banks, head offices of insurance company, which are handed over to the government in a centralized way, 50% of the value added tax, 60% the share part of the corporate income tax, unshared part of corporate income tax of the central enterprises, profit handed in by the central enterprises, 60% of individual income tax, vehicle purchase tax, ship tonnage tax, stamp tax on securities transactions, resource tax on the offshore petroleum resources. The general public budget revenue of the local governments includes city maintenance and construct tax (excluding the part of the Ministry of Railways, head offices of banks, head offices of insurance company, which are handed over to the government in a centralized way), house property tax, urban land use tax, land appreciation tax, tax on vehicles and boat operation, farm land occupation tax, deed tax, and tobacco leaf tax, stamp tax (not including stamp tax on security exchange), 50% of the value added tax, 40% the share part of the corporate income tax, 40% of individual income tax, resource tax other than the tax on offshore petroleum resources, local non-tax revenue, etc.

General Public Budget Expenditure of the Central Government and Local Governments according to the different functions of the Central Government and local governments in economic and social activities, the rights of administration are demarcated between those of the Central Government and those of local governments; and the classification of the expenditure between the Central Government and local governments are made on the basis of the classification of the rights administration between them. The general public budget expenditure of the Central Government includes the expenditure for general public services, expenditure for foreign affairs, expenditure for public security, and the general public budget expenditure of the Central Government for adjusting the national economic structure; coordinating the development among different regions; and exercising macroeconomic regulation. The general public budget expenditure of the local governments includes mainly the expenditure for general public services, expenditure for public security, and expenditures for social development which are planed by local governments, etc.

能源和环境

Energy and Environment

简 要 说 明

一、本篇资料反映河北省自然资源状况、能源生产、能源消费、能耗水平和生态环境事业等情况。

二、能源资料取自全省《地区能源平衡表》《工业企业能源购进、消费及库存表》等。地区能源平衡表编制范围为辖区内生产和消费能源的单位；规模以上工业企业的能源消费根据国家统计局制定的报表制度由统计系统搜集资料逐级汇总上报；加工转换消费来源于《工业企业能源购进、消费及库存附表》；其他数据来源于有关厅（局）、公司或企业。气象资料由省气象局提供；环保事业情况由省生态环境厅提供。

三、本篇资料由河北省统计局能源统计处、河北省电力公司、河北省气象局、河北省生态环境厅根据有关资料和调查结果整理提供。

四、资料整理：司业　张昭旭　邵丽芳　仲晓倩

Brief Introduction

Ⅰ.The data of this paper reflect the status of natural resources, energy production, energy consumption, energy consumption level and ecological and environmental undertakings of Hebei Province.

Ⅱ.The energy information is taken from the provincial *Balance Sheet of Regional Energy* and the *Sheet of Energy Purchase, Consumption and Inventory of Industrial Enterprises*. The compilation scope of the regional energy balance sheet shall be the units producing and consuming energy within the jurisdiction; the energy consumption of industrial enterprises above designated size shall be collected and reported by the statistical system step by step according to the statement system formulated by the National Bureau of Statistics. Processing conversion consumption is derived from the *Schedule of Energy Purchase, Consumption and Inventory of Industrial Enterprises*; other data are derived from the relevant office (bureau), company or enterprise. Meteorological data provided by the provincial meteorological bureau; Environmental protection is provided by the provincial Department of Ecology and Environment.

Ⅲ. This data is collated and provided by the Energy Statistics Division of Hebei Statistics Bureau, Hebei Electric Power Company, Hebei Meteorological Bureau and Hebei Ecological Environment Department according to the relevant data and investigation results.

Ⅳ.Data collection: Si Ye, Zhang Zhaoxu, Shao Lifang, Zhong Xiaoqian.

8-1 一次能源生产总量和构成
Primary Energy Production and Composition

年份 Year	能源生产总量 (万吨标准煤) Total Energy Production (10000 tons of SCE)	占能源生产总量的比重(%) As Percentage of Primary Energy Production (%)			
		原煤 Coal	原油 Petroleum	天然气 Natural Gas	一次电力及其他能源 Primary Electricity and Other Energy
1981	5502.86	67.90	32.00		0.10
1982	5463.31	69.94	29.57	0.36	0.13
1983	5506.73	72.93	26.48	0.31	0.28
1984	5510.29	72.94	26.47	0.39	0.20
1985	5292.72	71.51	27.85	0.51	
1986	5889.07	74.79	24.28	0.61	0.32
1987	5716.06	79.30	19.88	0.55	0.27
1988	5501.38	82.70	16.37	0.54	0.39
1989	5354.45	83.56	15.42	0.56	0.46
1990	5313.08	83.43	15.34	0.74	0.49
1991	5199.85	84.03	14.77	0.74	0.46
1992	5257.18	84.68	14.11	0.82	0.39
1993	5348.20	85.16	13.43	0.72	0.69
1994	5699.77	86.25	12.78	0.71	0.26
1995	6619.56	87.41	11.16	0.64	0.79
1996	6690.35	87.21	11.19	0.66	0.94
1997	6470.60	86.97	11.68	0.70	0.65
1998	5868.17	85.65	13.07	0.77	0.51
1999	5763.48	85.42	13.17	0.88	0.53
2000	5639.26	85.46	13.13	1.11	0.30
2001	5656.12	85.70	12.96	1.12	0.22
2002	5854.03	86.27	12.28	1.23	0.22
2003	5998.00	86.38	12.15	1.28	0.19
2004	7413.94	87.80	10.79	1.19	0.22
2005	7089.90	87.05	11.33	1.29	0.33
2006	6956.72	85.90	12.54	1.25	0.31
2007	7246.47	85.39	13.01	1.31	0.29
2008	6755.66	84.40	13.60	1.72	0.28
2009	6879.85	85.19	12.44	2.11	0.26
2010	8109.66	84.04	10.55	2.08	3.32
2011	8601.60	84.69	9.73	1.89	3.69
2012	9560.46	84.57	8.73	1.82	4.89
2013	6956.42	76.95	12.14	2.98	7.93
2014	6801.01	75.42	12.44	3.42	8.72
2015	7096.14	77.39	11.68	1.95	8.97
2016	6744.22	72.81	11.56	1.53	14.10
2017	6776.50	67.33	11.37	2.98	18.32
2018	6487.25	64.91	11.83	1.26	22.00
2019	6334.39	57.28	12.40	1.23	29.09
2020	6763.84	53.56	11.48	1.10	33.86
2021	6949.53	51.00	11.19	1.01	36.80
2022	7739.50	46.00	10.1	0.97	42.93
2023	8188.93	42.89	8.22	0.95	47.94

注：1.2010年以前的一次电力及其他能源指标仅包括一次电力(以下相关表同)。
2.2019年及以后数据根据第五次全国经济普查结果进行了调整(以下相关表同)。

a) Primary electricity and other energy prior to 2010 include primary electricity only. The same applies to the tables following.

b) Since 2019, the data were revised according to the results of the Fifth National Economic Census. The same applies to the tables following.

8-2 能源消费总量及构成
Primary Energy Consumption and Its Composition

年 份 Year	能源消费总量 (万吨标准煤) Total Energy Consumption (10000 tons of SCE)	占能源消费总量的比重(%) As Percentage of Primary Energy Consumption (%)			
		煤 炭 Coal	石 油 Petroleum	天然气 Natural Gas	一次电力及其他能源 Primary Electricity and Other Energy
1980	3120.50	85.00	12.90	1.90	0.20
1981	3627.80	90.10	8.20	1.60	0.10
1982	3929.05	87.79	10.24	1.78	0.19
1983	4185.78	89.25	9.19	1.19	0.37
1984	4475.00	86.98	11.51	1.27	0.24
1985	4548.85	89.91	8.36	1.58	0.15
1986	5079.52	89.58	8.46	1.59	0.37
1987	5516.81	90.26	8.12	1.34	0.28
1988	5962.40	90.55	7.90	1.19	0.36
1989	6169.26	90.77	7.74	1.09	0.40
1990	6124.22	90.34	7.91	1.32	0.43
1991	6471.93	90.63	7.67	1.33	0.37
1992	6866.29	90.59	7.77	1.34	0.30
1993	7861.92	90.12	8.44	0.96	0.48
1994	8168.62	90.43	8.31	1.08	0.18
1995	8892.41	90.33	8.54	0.94	0.19
1996	8938.47	90.55	8.25	0.99	0.21
1997	9033.01	90.33	8.66	0.87	0.14
1998	9151.12	89.68	9.33	0.88	0.11
1999	9379.27	90.01	9.00	0.88	0.11
2000	11195.71	90.94	8.17	0.84	0.05
2001	12114.29	91.84	7.42	0.70	0.04
2002	13404.53	91.12	8.15	0.70	0.03
2003	15297.89	92.78	6.49	0.66	0.07
2004	17347.79	91.14	8.01	0.75	0.10
2005	19835.99	91.82	7.45	0.61	0.12
2006	21794.09	91.59	7.64	0.67	0.10
2007	23585.13	92.36	6.87	0.68	0.09
2008	24321.87	92.31	6.67	0.94	0.08
2009	25418.79	92.51	6.21	1.21	0.07
2010	26201.41	89.71	7.75	1.51	1.03
2011	28075.03	89.09	8.12	1.66	1.13
2012	28762.47	88.86	7.48	2.04	1.62
2013	29664.38	88.69	7.22	2.23	1.86
2014	29320.21	88.46	6.98	2.54	2.02
2015	31036.73	88.83	5.99	3.13	2.05
2016	31458.05	87.33	6.23	3.42	3.02
2017	32082.56	86.05	6.14	3.94	3.87
2018	32185.24	83.61	6.47	5.49	4.43
2019	32788.19	81.35	6.55	6.56	5.54
2020	33027.29	79.91	6.37	6.95	6.77
2021	32829.13	76.02	7.31	7.53	9.14
2022	32763.47	72.93	7.25	8.19	11.63
2023	33615.32	70.22	7.73	7.84	14.21

注：1.2019年及以后数据根据第五次全国经济普查结果进行了调整，能源消费总量为不包括回收能的商品能源(以下相关表同)。
2.一次电力未包含省际间调入调出数据。

a) Data from 2019 and onwards have been adjusted based on the results of the Fifth National Economic Census. The total energy consumption refers to the consumption of non-recoverable commercial energy (the same applies to the following related tables).

b) The primary electricity does not include inter provincial transfer in and transfer out data.

8-3 综合能源平衡表
Overall Energy Balance Sheet

单位：万吨标准煤 (10000 tons of SCE)

项 目	Item	2005	2010	2015	2020	2021	2022	2023
可供消费的能源总量	**Total Energy Available for Consumption**	**19836**	**26201**	**31037**	**33027**	**32829**	**32763**	**33615**
一次能源生产量	Primary Energy Output	7090	8110	7096	6764	6950	7739	8189
进口量	Imports	459	966	2899	1439	1750	1706	2072
出口量(-)	Exports (-)	57	62	339	37	30	4	47
年初年末库存差额	Stock Changes in the Year	-81	-129	-30	-55	264	41	-57
能源消费总量	**Total Energy Consumption**	**19836**	**26201**	**31037**	**33027**	**32829**	**32763**	**33615**
在总量中	**Consumption by Usage**							
农、林、牧、渔业	Farming, Forestry, Animal Husbandry, Fishery	532	713	497	539	528	533	579
工 业	Industry	15852	20563	24324	23976	23152	22661	23017
建筑业	Construction	203	319	276	197	259	254	295
交通运输、仓储和邮政业	Transport, Storage and Post	710	971	1049	1257	1359	1342	1406
批发和零售业	Wholesale and Retail Trade	205	304	704	804	969	988	1041
住宿和餐饮业	Hotel and Restaurants							
其 他	Others	465	716	998	1251	1421	1547	1771
生活消费	Residential Consumption	1870	2615	3188	5005	5142	5439	5507
在总量中	**Consumption by Usage**							
终端消费	Final Consumption	18536	26032	32348	36756	35953	35002	36780
#工 业	Industry	14554	20395	25655	27705	26276	25899	26181
加工转换损失量	Losses in Processing and Conversion	896	-428	-1933	-4382	-3775	-3793	-3732
#炼 焦	Coking	283	259	135	618	388	384	264
炼油及煤制油	Petroleum Refining and Coal-to-liquids	30	91	44	113	80	59	177
损失量	Other Losses	403	597	622	654	652	554	567
平衡差额	**Balance**							

8-4 能源加工转换效率
Efficiency of Energy Transformation

单位：% (%)

年 份 Year	总效率 Total Efficiency	火力发电 Thermal Power	供 热 Heating Supply	煤炭洗选 Coal Washing	炼 焦 Coking	炼油及煤制油 Petroleum Refineries and Coal-to-liquids	制 气 Gas Works
2005	66.31	32.36	65.94	81.87	90.98	97.82	54.16
2006	67.01	33.21	66.40	80.86	89.03	95.36	73.37
2007	69.73	33.89	64.85	83.21	93.16	99.78	60.51
2008	71.91	34.95	60.48	85.93	94.44	96.84	65.77
2009	73.01	35.76	57.05	87.07	92.94	96.90	50.98
2010	75.58	37.06	61.66	92.24	95.68	95.50	41.18
2011	76.09	37.17	61.36	90.61	96.63	97.44	51.84
2012	77.26	37.85	67.27	92.23	95.97	96.70	51.57
2013	77.51	38.59	68.75	92.20	96.49	97.22	53.76
2014	77.40	38.60	72.44	92.36	97.41	97.54	63.51
2015	77.48	39.69	73.87	87.58	97.96	98.26	
2016	76.39	39.85	73.82	86.28	97.29	98.07	
2017	74.45	39.98	75.83	90.20	90.61	93.67	
2018	74.90	40.17	77.46	93.06	95.01	92.71	
2019	72.99	39.74	79.91	88.16	91.12	98.48	93.97
2020	73.75	40.13	80.41	88.57	91.43	97.04	78.90
2021	75.17	41.13	79.73	89.97	93.34	97.95	76.91
2022	75.34	41.16	80.12	88.89	93.48	98.52	81.75
2023	74.85	40.90	80.32	85.90	95.45	98.06	86.18

8-5 规模以上工业企业分行业能源消耗情况
Consumption of Main Energy Sources in above Designated Size Industrial Enterprises by Industrial Sector

单位：万吨标准煤 (10000 tons of SCE)

行业	Item	2015	2020	2023
规模以上工业综合能源消费量	**Consumption of Energy Sources in above Designated Size Industrial Enterprises**	**20269.64**	**23394.21**	**22726.79**
六大高耗能行业能耗	**Energy Consumption of the top-6 Energy-consuming Industries**			
煤炭开采和洗选业	Mining and Washing of Coal	929.53	527.80	468.52
石油、煤炭及其他燃料加工业	Processing of Petroleum, Coal and Other Fuels	762.78	897.31	1014.76
化学原料及化学制品制造业	Manufacture of Raw Chemical Material and Chemical Products	1288.43	1234.40	1594.50
非金属矿物制品业	Manufacture of Non-metallic Mineral Products	1011.22	1421.38	1449.50
黑色金属冶炼及压延加工业	Smelting and Pressing of Ferrous Metals	10686.81	13232.74	11632.38
电力、热力生产和供应业	Production and Distribution of Electric Power and Heat Power	3871.98	4357.32	4558.12
其他行业能耗	**Energy Sources Consumption of Other Industrial Sectors**			
石油和天然气开采业	Extraction of Petroleum and Natural Gas	53.51	57.07	40.48
黑色金属矿采选业	Mining of Ferrous Metal Ores	211.17	150.08	179.72
有色金属矿采选业	Mining of Non-ferrous Metal Ores	4.05	4.71	6.85
非金属矿采选业	Mining and Processing of Nonmetal Ores	21.92	12.97	12.98
农副食品加工业	Processing of Food from Agricultural Products	180.11	156.65	180.85
食品制造业	Manufacture of Foods	74.69	61.56	69.47
酒、饮料和精制茶制造业	Manufacture of Wine, Soft Drinks and Refined Tea	41.37	27.00	24.10
烟草制品业	Manufacture of Tobacco	2.66	2.11	2.44
纺织业	Manufacture of Textile	113.63	55.42	66.33
纺织服装、服饰业	Manufacture of Textile, Apparel	16.70	5.46	5.34
皮革、毛皮、羽毛及其制品和制鞋业	Manufacture of Leather, Fur, Feather and Its Products and Footware	31.17	9.32	8.08
木材加工和木、竹、藤、棕、草制品业	Processing of Timbers, Manufacture of Wood, Bamboo, Rattan, Palm, and Straw Products	40.55	28.93	29.68
家具制造业	Manufacture of Furniture	14.06	4.24	6.01
造纸和纸制品业	Manufacture of Paper and Paper Products	107.00	121.93	160.95
印刷和记录媒介复制业	Printing, Reproduction of Recording Media	12.84	9.12	8.99
文教、工美、体育和娱乐用品制造业	Manufacture of Articles for Culture, Arts and Crafts, Education, Sport Activities and Entertainment Goods	10.26	7.40	6.41
医药制造业	Manufacture of Medicines	92.44	95.72	122.54
化学纤维制造业	Manufacture of Chemical Fiber	19.67	83.52	79.88
橡胶和塑料制品业	Manufacture of Rubber and Plastic	91.33	80.02	93.24
有色金属冶炼和压延加工业	Manufacture & Processing of Non-ferrous Metals	36.61	72.54	79.14
金属制品业	Manufacture of Metal Products	182.59	353.10	368.05
通用设备制造业	Manufacture of General Purpose Machinery	65.47	40.72	36.81
专用设备制造业	Manufacture of Special Purpose Machinery	69.06	41.82	47.40
汽车制造业	Manufacture of Automotive	72.20	77.92	74.46
铁路、船舶、航空航天和其他运输设备制造业	Manufacture of Railroad, Marine, Aerospace and Other Transportation Equipment	26.86	13.20	12.33
电气机械和器材制造业	Manufacture of Electrical Machinery and Equipment	65.72	42.91	59.93
计算机、通信和其他电子设备制造	Manufacture of Computer, Communications and Other Electronic Equipment	17.30	32.18	46.66
仪器仪表制造业	Manufacture of Measuring Instrument	1.79	1.48	1.99
其他制造业	Manufacture of Others	3.10	2.98	0.49
废弃资源综合利用业	Recycling and Disposal of Waste	10.66	45.55	125.66
金属制品、机械和设备修理业	Metal Products, Machinery and Equipment Repair	1.69	0.62	0.30
燃气生产和供应业	Production and Distribution of Gas	20.14	15.18	33.13
水的生产和供应业	Production and Distribution of Water	6.57	9.87	18.31

8-6 主要耗能工业企业单位产品能源消耗情况
Energy Consumption per Unit of Product in Main Enterprises that Consume Energy

指　　标　　Item	2010	2015	2020	2023
吨原煤综合能耗(千克标准煤/吨) Overall Energy Consumption per ton of Machining Coal (kg SCE/ton)	7.83	6.92	5.7	6.3
吨原煤生产耗电(千瓦时/吨) Electric Power Consumption per ton of Machining Coal (kW·h/ton)	27.32	31.34	39.0	43.2
洗煤电力单耗(千瓦时/吨) Electric Power Consumption per ton of Milling Run Coal (kW·h/ton)	7.28	5.89	6.9	6.3
单位油气产量综合能耗(千克标准煤/吨) Overall Energy Consumption per unit of Oil and Gas Output (kg SCE/ton)	85.77	74.35	87.0	70.4
单位油气产量耗电(千瓦时/吨) Electric Power Consumption per unit of Oil and Gas Output (kW·h/ton)	150.24	148.35	181.7	210.2
铁矿采矿工序单位能耗(千克标准煤/吨) Energy Consumption per Unit of Mining of Iron Ore (kg SCE/ton)	3.42	2.63	2.2	0.2
铁矿选矿工序单位能耗(千克标准煤/吨) Energy Consumption per Unit of Milling run Iron Ore (kg SCE/ton)	3.84	2.94	3.6	3.3
每吨粘胶纤维综合能耗(短纤)(千克标准煤/吨) Overall Energy Consumption per ton of Pectic-fibre (short fibre)(kg SCE/ton)	1061.76	899.06	722.5	689.8
每吨粘胶纤维用电量(短纤)(千瓦时/吨) Electric Power Consumption per ton of Pectic-fibre (short fibre)(kW·h/ton)	1074.97	898.20	836.6	851.3
每吨纱(线)混合数综合能耗(千克标准煤/吨) Overall Energy Consumption per ton of Mixed Yarn (Cotton)(kg SCE/ton)	349.69	427.34	754.4	443.8
每吨纱(线)混合数生产用电量(千瓦时/吨) Electric Power Consumption per ton of Gauze and Line (kW·h/ton)	3103.19	2691.70	4209.0	3216.7
万米布混合数综合能耗(千克标准煤/万米) Overall Energy Consumption per 10km of Mixed Cloth (kg SCE/10km)	1519.90	1072.25	1385.7	2952.0
万米印染布综合能耗(千克标准煤/万米) Overall Energy Consumption per 10km of Printing and Dyeing (kg SCE/10km)	5518.89	3876.78	2144.2	3482.6
机制纸及纸板综合能耗(千克标准煤/吨) Overall Energy Consumption of Machine Made Paper and Paperboard (kg SCE/ton)	295.70	242.73	248.4	215.2
机制纸及纸板耗电(千瓦时/吨) Electric Power Consumption per ton of Machine Made Paper and Paperboard (kW·h/ton)	589.52	557.08	573.2	530.9
炼焦工序单位能耗(千克标准煤/吨) Energy Consumption per Unit of Coking Plant (kg SCE/ton)	138.42	117.38	121.7	118.9
原油(原料油)加工单位综合能耗(千克标准油/吨) Overall Energy Consumption of Machining Base Oil (kg toe/ton)	64.38	66.15	79.6	60.3
原油(原料油)加工单位耗电(千瓦时/吨) Electric Power Consumption per ton of Machining Base Oil (kW·h/ton)	56.74	70.15	66.6	77.2
单位烧碱生产综合能耗(离子膜法30%)(千克标准煤/吨) Overall Energy Consumption per Unit of Manufacturing Caustic Soda (Ion Film 30%) (kg SCE/ton)	325.04	306.32	297.2	289.6
单位烧碱生产耗交流电(离子膜法30%)(千瓦时/吨) Electric Power Consumption per ton of Manufacturing Caustic Soda (Ion Film 30%)(kW·h/ton)	2360.67	2227.47	2230.8	2170.3
氨碱法单位纯碱生产综合能耗(千克标准煤/吨) Overall Energy Consumption per Unit of Sodium Carbonate in Ammonia Soda Process (kg SCE/ton)	387.63	371.76	358.6	314.2
氨碱法单位纯碱生产耗电(千瓦时/吨) Electric Power Consumption per Unit of Sodium Carbonate in Ammonia Soda Process (kW·h/ton)	57.73	70.74	66.2	71.6
单位合成氨生产综合能耗(千克标准煤/吨) Overall Energy Consumption per Unit of Manufacturing Compound Ammonia (kg SCE/ton)	1316.94	1242.87	1328.0	1274.7

注：本表统计范围为年综合能源消费量1万吨标准煤及以上的工业企业。

a) The statistical objects of the sheet are the industrial enterprises each with an annual overall energy consumption of no less than 10000 tons SCE.

8-6 续表 continued

指　　标 Item	2010	2015	2020	2023
每吨合成氨耗电(千瓦时/吨) Electric Power Consumption per ton of Manufacturing Compound Ammonia (kW·h/ton)	1366.38	1256.23	1203.4	1201.4
每吨合成氨耗原料煤(7000千卡发热)(千克/吨) Raw Coal Consumption per ton of Manufacturing Compound Ammonia (kg/ton)	1046.40	1031.93	1047.2	1057.7
每吨合成氨耗标准燃料煤(7000千卡发热)(千克/吨) Standard Fuel Coal Consumption per ton of Manufacturing Compound Ammonia (kg/ton)	121.12	78.42	114.0	164.2
每吨水泥熟料综合能耗(千克标准煤/吨) Energy Consumption per ton of Cement Ripe-material (kg SCE/ton)	112.14	104.50	103.2	99.1
每吨水泥熟料综合电耗(千瓦时/吨) Overall Electric Power Consumption per ton of Cement Ripe-material (kW·h/ton)	78.86	61.57	57.1	53.7
每吨水泥熟料烧成标准煤耗(千克标准煤/吨) SCE Consumption per ton of Cement Ripe-material (kg SCE/ton)	109.83	101.11	100.9	94.1
每吨水泥综合能耗(千克标准煤/吨) Fully Energy Consumption for Cement (kg SCE/ton)	70.40	93.05	73.7	66.2
每吨水泥综合电耗(千瓦时/吨) Overall Electric Power Consumption per ton of Cement (kW·h/ton)	78.86	90.49	72.5	63.8
吨水泥标准煤耗(千克/吨) SCE Consumption per ton of Cement (kg/ton)	79.53	78.06	73.7	59.8
每重量箱平板玻璃综合能耗(千克标准煤/重量箱) Energy Consumption per weight case of Plate Glass (kg SCE/weight case)	14.79	13.43	12.8	12.8
每重量箱平板玻璃耗电(千瓦时/重量箱) Electric Power Consumption per ton of Plate Glass (kW·h/weight case)	6.79	5.32	7.4	7.2
每重量箱平板玻璃耗燃油(千克/重量箱) Fuel Oil Consumption per ton of Plate Glass (kg/weight case)	6.93	9.30	9.8	9.2
吨钢综合能耗(千克标准煤/吨) Energy Consumption per ton of Steel (kg SCE/ton)	562.49	544.41	550.8	537.9
吨钢耗电(千瓦时/吨) Electric Power Consumption per ton of Steel (kW·h/ton)	405.07	404.40	435.1	493.0
炼铁工序单位能耗(千克标准煤/吨) Energy Consumption per Unit of Ferrosilicon Processes (kg SCE/ton)	403.48	391.97	397.2	400.4
铁矿烧结工序单位能耗(千克标准煤/吨) Energy Consumption per Unit of Iron Ore Sintering Processes (kg SCE/ton)	48.89	45.75	47.0	46.0
转炉炼钢工序单位能耗(千克标准煤/吨) Energy Consumption per Unit of Converter Steelmaking Processes (kg SCE/ton)	2.36	-10.04	-17.3	-21.1
轧钢工序单位能耗(千克标准煤/吨) Energy Consumption per Unit of Steel Rolling Processes (kg SCE/ton)	52.31	50.86	46.4	45.6
轧钢工序电力消耗(千瓦时/吨) Electric Power Consumption per ton of Steel Rolling (kW·h/ton)	78.87	83.30	82.8	95.4
吨钢耗新水(吨/吨) Fresh Water Consumption per ton of Steel (ton/ton)	3.04	2.70	2.0	2.1
吨铝加工材消耗能源量(千克标准煤/吨) Energy Consumption per ton of Machining Aluminum (kg SCE/ton)	433.04	256.95	262.4	183.7
吨铝加工材消耗电量(千瓦时/吨) Electric Power Consumption per ton of Machining Aluminum (kW·h/ton)	1534.36	967.82	970.2	567.3
火力发电标准煤耗(克标准煤/千瓦时) SEC Consumption of Firepower Generate Electricity (g SCE/kW·h)	314.48	300.45	286.7	284.8
火力发电供电标准煤耗(克标准煤/千瓦时) Power-supply SEC Consumption of Firepower Generate Electricity (g SCE/kW·h)	337.40	320.39	305.2	301.0
发电厂用电率(%) Electro-rate of Power Plant (%)	6.79	6.22	6.0	5.8

8-7 全社会用电情况
Basic Situation of Total Electricity Consumption

单位：万千瓦时 (10000 kW·h)

指　标	Indicator	2022	2023
全社会用电总计	**Total**	**43437542**	**47572124**
三次产业用电	**Electricity Consumption of Three Strata Industry**	**36613156**	**40273670**
第一产业	Primary Industry	678057	750865
第二产业	Secondary Industry	27785110	29952383
第三产业	Tertiary Industry	8149989	9570422
城乡居民生活用电	**Household Electricity Consumption**	**6824386**	**7298454**
城镇居民	Urban Households	2676071	2766913
乡村居民	Rural Households	4148315	4531541
按行业分类	**By Sector**	**36613156**	**40273670**
农、林、牧、渔业	**Agriculture, Forestry, Animal Husbandry and Fishery**	**1242284**	**1426965**
农业	Agriculture	285514	311048
林业	Forestry	7895	7710
畜牧业	Animal Husbandry	318678	356645
渔业	Fishery	65969	75463
农、林、牧、渔专业及辅助性活动	Professional and Support Activities for Agriculture, Forestry, Animal Husbandry and Fishery	564227	676099
#排灌	Irrigation	534485	641995
工业	**Industry**	**27342023**	**29506377**
采矿业	Mining	2020895	2050384
煤炭开采和洗选业	Mining and Washing of Coal	202062	194269
石油和天然气开采业	Extraction of Petroleum and Natural Gas	341951	355582
黑色金属矿采选业	Mining and Processing of Ferrous Metal Ores	1176355	1200009
有色金属矿采选业	Mining and Processing of Non-Ferrous Metal Ores	79553	82464
非金属矿采选业	Mining and Processing of Non-metal Ores	65679	62718
其他采矿活动	Mining of Other Ores	155294	155342
制造业	Manufacturing	20210865	22129266
农副食品加工业	Processing of Food from Agricultural Products	461923	516004
食品制造业	Manufacture of Foods	242296	258960
酒、饮料及精制茶制造业	Manufacture of Alcohol, Beverages and Refined Tea	68624	70787
烟草制品业	Manufacture of Tobacco	9608	9729
纺织业	Manufacture of Textile	635878	741791
纺织服装、服饰业	Manufacture of Textile, Wearing Apparel and Accessories	76696	86684
皮革、毛皮、羽毛及其制品和制鞋业	Manufacture of Leather, Fur, Feather and Related Products and Footware	123683	144069
木材加工和木、竹、藤、棕、草制品业	Processing of Timber, Manufacture of Wood, Bamboo, Rattan, Palm and Straw Products	266679	291868
家具制造业	Manufacture of Furniture	112393	126944
造纸和纸制品业	Manufacture of Paper and Paper Products	446223	527607
印刷和记录媒介复制业	Printing and Reproduction of Recording Media	72061	78884
文教、工美、体育和娱乐用品制造业	Manufacture of Articles for Culture, Education, Arts and Crafts, Sport and Entertainment Activities	45587	53997
#体育用品制造	Manufacture of Sporting Goods	16751	20977
石油、煤炭及其他燃料加工业	Processing of Petroleum, Coal and Other Fuels	428659	509099
#煤化工	Coal Chemical Industry	163177	217826
化学原料和化学制品制造业	Manufacture of Chemical Raw Materials and Chemical Products	1761340	1957212
#氯碱	Chlor-alkali	416876	462222
电石	Calcium Carbide	15	14
黄磷	Yellow Phosphorus	40	23
#肥料制造	Manufacture of Fertilizer	265745	304352

8—7 续表 1 continued

单位：万千瓦时 (10000 kW·h)

指 标	Indicator	2022	2023
医药制造业	Manufacture of Medicines	324060	360978
#中成药生产	Chinese Patent Medicine Production	33770	41047
生物药品制品制造	Manufacture of Biological Pharmaceutical Products	22127	25011
化学纤维制造业	Manufacture of Chemical Fibres	87758	104366
橡胶和塑料制品业	Manufacture of Rubber and Plastics Products	1022613	1168658
#橡胶制品业	Manufacture of Rubber Products	312958	355392
塑料制品业	Manufacture of Plastics Products	709654	813266
非金属矿物制品业	Manufacture of Non-metallic Mineral Products	1949257	2009726
#水泥制造	Manufacture of Cement	612917	641000
玻璃制造	Manufacture of Glass	139559	147315
陶瓷制品制造	Manufacture of Ceramics	111519	114632
#碳化硅	Carborundum	6458	10469
黑色金属冶炼和压延加工业	Smelting and Pressing of Ferrous Metals	7704769	8267231
#钢铁	Steel	7547924	8111082
铁合金冶炼	Ferroalloy Smelting	156844	156149
有色金属冶炼和压延加工业	Smelting and Pressing of Non-ferrous Metals	177429	204778
#铝冶炼	Aluminum Smelting	2635	634
铅锌冶炼	Lead and Zinc Smelting	152	263
稀有稀土金属冶炼	Rare Earth Metal Smelting	27	13
金属制品业	Manufacture of Metal Products	2113281	2326942
#结构性金属制品制造	Manufacture of Structural Metal Products	771629	850552
通用设备制造业	Manufacture of General Purpose Machinery	473981	525855
#风能原动设备制造	Manufacture of Wind Power Prime Equipment	1288	1549
专用设备制造业	Manufacture of Special Purpose Machinery	272447	291196
#医疗仪器设备及器械制造	Manufacture of Medical Instruments and Equipment	4875	6727
汽车制造业	Manufacture of Automobiles	274215	311586
#新能源车整车制造	Manufacture of New Energy Vehicle	676	928
铁路、船舶、航空航天和其他运输设备制造业	Manufacture of Railway, Ship, Aerospace and Other Transport Equipments	122544	133642
#铁路运输设备制造	Manufacture of Railway Transport Equipment	31555	34382
城市轨道交通设备制造	Manufacture of Urban Rail Transit Equipment	314	540
航空、航天器及设备制造	Manufacture of Aviation, Spacecraft and Equipment	5604	5796
电气机械和器材制造业	Manufacture of Electrical Machinery and Apparatus	347367	432335
#光伏设备及元器件制造	Manufacture of PV Equipment and Components	84451	124518
计算机、通信和其他电子设备制造业	Manufacture of Computers, Communication and Other Electronic Equipment	235947	221690
#计算机制造	Manufacture of Computer	199	216
通信设备制造	Manufacture of Communications Equipment	24497	19859
仪器仪表制造业	Manufacture of Measuring Instruments and Machinery	8250	8786
其他制造业	Other Manufacturing	178439	196867
废弃资源综合利用业	Utilization of Waste Resources	134399	159835
金属制品、机械和设备修理业	Repair Service of Metal Products, Machinery and Equipment	32460	31157
电力、热力、燃气及水生产和供应业	Production and Supply of Electricity, Heat, Gas and Water	5110264	5326727
电力、热力生产和供应业	Production and Supply of Electric Power and Heat Power	4712117	4900203
#电厂生产全部耗用电量	Total Electricity Consumption for Electricity Production	2228273	2314881
线路损失电量	Power Loss	1856107	1887801
抽水蓄能抽水耗用电量	Pumped Storage Water Consumption	89754	233344

8-7 续表 2 continued

单位：万千瓦时 (10000 kW·h)

指 标	Indicator	2022	2023
燃气生产和供应业	Production and Supply of Gas	87024	81348
水的生产和供应业	Production and Supply of Water	311123	345175
建筑业	**Construction**	**475548**	**477163**
房屋建筑业	Construction of Buildings	243278	239458
土木工程建筑业	Civil Engineering	100772	91918
建筑安装业	Building Installation	38915	40814
建筑装饰、装修和其他建筑业	Building Decoration and Other Constructions	92583	104974
交通运输、仓储和邮政业	**Transport, Storage and Post**	**1306136**	**1536202**
铁路运输业	Railway Transport	755002	912352
#电气化铁路	Electrified Railway	632107	782764
道路运输业	Road Transport	149981	153385
#城市公共交通运输	Urban Public Transport	50946	46280
水上运输业	Water Transport	161558	168924
#港口岸电	Port Shore Electricity	29602	9854
航空运输业	Air Transport	6449	7084
管道运输业	Transport Via Pipelines	24382	46662
多式联运和运输代理业	Intermodality and Forwarding Agency	9707	12875
装卸搬运和仓储业	Loading, Unloading and Storage	183339	218241
邮政业	Post	15718	16679
信息传输、软件和信息技术服务业	**Information Transmission, Software and Information Technology Services**	**1157803**	**1421038**
电信、广播电视和卫星传输服务	Telecommunication, Radio and Television and Satellite Transmission Service	240526	255913
互联网和相关服务	Internet and Related Service	782745	1029304
#互联网数据服务	Internet Data Services	607074	835005
软件和信息技术服务业	Software and Information Technology	134532	135821
批发和零售业	**Wholesale and Retail Trades**	**1747650**	**2121354**
#充换电服务业	Charging and Switching Services	68743	246087
住宿和餐饮业	**Hotels and Catering Services**	**414888**	**512823**
金融业	**Financial Intermediation**	**82775**	**85402**
房地产业	**Real Estate**	**485970**	**556600**
租赁和商务服务业	**Leasing and Business Services**	**177743**	**209704**
#租赁业	Leasing Industry	9417	10285
公共服务及管理组织	**Public Service and Management Organization**	**2180335**	**2420041**
科学研究和技术服务业	**Scientific Research and Technical Services**	**80827**	**84643**
#地质勘查	Geological Exploration	1364	2663
科技推广和应用服务业	Technology Extension and Application Services	15215	12859
水利、环境和公共设施管理业	**Management of Water Conservancy, Environment and Public Facilities**	**388956**	**397927**
#水利管理业	Water Management	88951	90215
公共照明	Public Lighting	172998	173623
居民服务、修理和其他服务业	**Service to Households, Repair and Other Services**	**340115**	**360729**
教育、文化、体育和娱乐业	**Education, Culture, Sports and Entertainment**	**588623**	**764192**
#教育	Education	504822	674529
卫生和社会工作	**Health and Social Service**	**351509**	**370992**
公共管理和社会组织、国际组织	**Public Management, Social and International Organization**	**430305**	**441558**

8-8 分市全社会用电量
Electricity Consumption by City

单位：亿千瓦时 (100 million kW·h)

市	City	2015	2020	2021	2022	2023
全　省	**Total**	**3175.66**	**3933.92**	**4294.35**	**4343.75**	**4757.21**
石家庄市	Shijiazhuang	443.12	511.22	539.65	571.01	641.94
石家庄市①	Shijiazhuang①	416.02	476.63	503.44	533.97	595.26
唐 山 市	Tangshan	768.70	868.68	912.13	912.21	962.44
秦皇岛市	Qinhuangdao	134.97	150.26	181.73	190.33	199.39
邯 郸 市	Handan	377.62	446.65	479.60	467.25	496.83
邢 台 市	Xingtai	214.04	289.03	328.40	337.14	378.64
保 定 市	Baoding	300.43	404.70	447.51	463.10	515.17
保 定 市①	Baoding①	278.63	330.74	366.09	378.24	398.49
张家口市	Zhangjiakou	127.09	189.16	210.00	212.85	242.74
承 德 市	Chengde	148.20	200.87	227.01	217.15	246.71
沧 州 市	Cangzhou	249.58	380.95	424.01	436.42	485.64
廊 坊 市	Langfang	245.73	292.62	331.95	332.12	370.39
衡 水 市	Hengshui	129.71	163.35	173.90	172.54	188.25
定 州 市	Dingzhou	21.80	33.50	33.72	34.07	57.41
辛 集 市	Xinji	27.10	34.59	36.21	37.05	46.68

注：本表数据中石家庄市含辛集市，石家庄市①不含辛集市；保定市含定州市和雄安新区，保定市①不含定州市和雄安新区。以下相关表同。

a) Data in this table, Shijiazhuang includes Xinji, Shijiazhuang① excludes Xinji; Baoding includes Dingzhou and Xiongan, Baoding① excludes Dingzhou and Xiongan. The same applies to the table following.

8-9 分市工业用电量
Electricity Consumption of Industrial by City

单位：亿千瓦时 (100 million kW·h)

市	City	2015	2020	2021	2022	2023
全　省	**Total**	**2300.17**	**2608.05**	**2824.78**	**2734.20**	**2950.64**
石家庄市	Shijiazhuang	290.93	291.17	301.44	314.82	353.57
石家庄市①	Shijiazhuang①	271.75	267.80	277.05	290.33	321.41
唐 山 市	Tangshan	662.51	720.33	747.38	727.04	757.73
秦皇岛市	Qinhuangdao	88.85	92.90	118.68	124.10	127.55
邯 郸 市	Handan	289.66	316.04	341.90	315.08	326.57
邢 台 市	Xingtai	139.42	179.01	208.37	205.14	231.30
保 定 市	Baoding	171.30	198.98	196.50	211.77	232.22
保 定 市①	Baoding①	160.12	162.82	179.85	177.55	175.40
张家口市	Zhangjiakou	80.52	99.16	102.54	90.49	102.60
承 德 市	Chengde	117.79	152.40	170.72	151.81	177.58
沧 州 市	Cangzhou	170.40	261.93	293.93	298.22	327.20
廊 坊 市	Langfang	173.70	164.81	182.93	165.41	180.89
衡 水 市	Hengshui	78.64	94.87	101.78	98.69	104.35
定 州 市	Dingzhou	11.18	17.82	16.64	15.26	34.07
辛 集 市	Xinji	19.18	23.38	24.39	24.50	32.16

8-10 分市按行业分全社会用电量(2023年)

单位：万千瓦时

指　　标	Indicator	石家庄市 Shijiazhuang	#辛集市 Xinji	唐山市 Tangshan
全社会用电总计	**Total**	**6419351**	**466784**	**9624371**
三次产业用电	**Electricity Consumption of Three Strata Industry**	**5318061**	**404795**	**8899831**
第一产业	Primary Industry	58473	4521	189047
第二产业	Secondary Industry	3600037	323520	7633832
第三产业	Tertiary Industry	1659551	76754	1076952
城乡居民生活用电	**Household Electricity Consumption**	**1101291**	**61989**	**724540**
城镇居民	Urban Household	435807	8728	319260
乡村居民	Rural Household	665484	53262	405279
按行业分类	**By Sector**	**5318061**	**404795**	**8899831**
农、林、牧、渔业	**Agriculture, Forestry, Animal Husbandry and Fishery**	**157412**	**21331**	**210981**
农业	Agriculture	12915	675	97930
林业	Forestry	757	34	1045
畜牧业	Animal Husbandry	44207	3794	41887
渔业	Fishery	594	18	48186
农、林、牧、渔专业及辅助性活动	Professional and Support Activities for Agriculture, Forestry, Animal Husbandry and Fishery	98939	16810	21934
#排灌	Irrigation	95273	16533	18024
工业	**Industry**	**3535705**	**321611**	**7577318**
采矿业	Mining	17508	4747	612872
煤炭开采和洗选业	Mining and Washing of Coal	5316	3	128114
石油和天然气开采业	Extraction of Petroleum and Natural Gas	6204	4734	132090
黑色金属矿采选业	Mining and Processing of Ferrous Metal Ores	1112		312556
有色金属矿采选业	Mining and Processing of Non-ferrous Metal Ores	2348		13306
非金属矿采选业	Mining and Processing of Non-metal Ores	730	…	23192
其他采矿活动	Mining of Other Ores	1798	10	3613
制造业	Manufacturing	2820886	291606	6126697
农副食品加工业	Processing of Food from Agricultural Products	71839	13513	54996
食品制造业	Manufacture of Foods	35983	827	26788
酒、饮料及精制茶制造业	Manufacture of Alcohol, Beverages and Refined Tea	10033	466	6704
烟草制品业	Manufacture of Tobacco	3773		12
纺织业	Manufacture of Textile	255042	13775	24937
纺织服装、服饰业	Manufacture of Textile, Wearing Apparel and Accessories	23742	4603	3856
皮革、毛皮、羽毛及其制品和制鞋业	Manufacture of Leather, Fur, Feather and Related Products and Footware	39598	12732	451
木材加工和木、竹、藤、棕、草制品业	Processing of Timber, Manufacture of Wood, Bamboo, Rattan, Palm and Straw Products	40393	547	23317
家具制造业	Manufacture of Furniture	17357	161	7722
造纸和纸制品业	Manufacture of Paper and Paper Products	58472	8304	104077
印刷和记录媒介复制业	Printing and Reproduction of Recording Media	9909	251	4914
文教、工美、体育和娱乐用品制造业	Manufacture of Articles for Culture, Education, Arts and Crafts, Sport and Entertainment Activities	2931	24	966
#体育用品制造	Manufacture of Sporting Goods	485		42
石油、煤炭及其他燃料加工业	Processing of Petroleum, Coal and Other Fuels	70762	2900	55878
#煤化工	Coal Chemical Industry	1034	1	27363
化学原料和化学制品制造业	Manufacture of Chemical Raw Material and Chemical Products	406801	28963	459762
#氯碱	Chlor-alkali	79297		218605
电石	Calcium Carbide			

注：本表保定市数据不含雄安新区。

Electricity Consumption by City and Sector (2023)

(10000 kW·h)

秦皇岛市 Qinhuangdao	邯郸市 Handan	邢台市 Xingtai	保定市 Baoding	#定州市 Dingzhou	张家口市 Zhangjiakou	承德市 Chengde	沧州市 Cangzhou	廊坊市 Langfang	衡水市 Hengshui
1993908	**4968253**	**3786408**	**4559070**	**574138**	**2427435**	**2467105**	**4856412**	**3703888**	**1882513**
1723863	**4131319**	**3057432**	**3414254**	**454680**	**2113601**	**2197333**	**4155730**	**3008146**	**1524193**
44361	40741	75527	68042	2385	62160	52135	58096	57595	41709
1293815	3304477	2341141	2145892	344029	1051773	1801234	3308183	1864322	1054860
385687	786100	640764	1200321	108266	999667	343964	789451	1086230	427625
270044	**836934**	**728976**	**1144816**	**119458**	**313834**	**269772**	**700681**	**695742**	**358320**
130525	281795	210569	319776	29466	183800	98373	215236	373761	161762
139519	555139	518408	825040	89992	130034	171399	485445	321980	196558
1723863	**4131319**	**3057432**	**3414254**	**454680**	**2113601**	**2197333**	**4155730**	**3008146**	**1524193**
51985	**124947**	**160647**	**172104**	**18990**	**134843**	**61150**	**131212**	**79655**	**131231**
20022	11148	34643	23866	219	15078	33134	9400	40646	10560
348	401	638	1066	19	833	714	424	1349	85
10558	27481	40064	41387	2138	45986	18126	39639	15236	30961
13433	1711	183	1723	9	263	160	8633	365	102
7623	84205	85120	104062	16605	72683	9015	73116	22060	89522
6874	82016	79948	98277	16574	72093	7546	65024	20516	88785
1275477	**3265674**	**2313018**	**2094643**	**340671**	**1025991**	**1775762**	**3272012**	**1808905**	**1043540**
56226	135310	98872	30952	18	86233	771785	199402	28934	7096
570	18061	27504	201	…	12110	2151	44	187	4
22	…	267	2577			36	194027	8704	6512
52295	33228	32665	20299		40061	707780	…	13	…
1298	40	1540	1390		22388	40134	…	…	…
1574	748	1982	3312	18	10932	16366	3666	215	…
467	83232	34916	3173	1	742	5318	1665	19814	580
1005793	2671813	1897743	1537181	209512	321376	554389	2676202	1472770	863803
56898	44172	104042	38558	5451	15783	14470	46829	39602	24926
26493	15930	45027	29320	6428	17396	9784	12986	29508	8576
2620	3560	16187	7313	38	2146	3418	4819	9396	4534
	19	20	2003	…	3831	14	9	13	6
2734	76083	83601	216727	504	327	52	35150	7730	22041
1051	6422	13963	8595	926	1163	724	8401	9296	5821
110	2486	17476	33491	1031	402	53	4225	1548	6684
1577	9744	11180	24972	680	817	5224	5225	158836	10206
800	2991	4702	4167	375	349	716	4999	72833	9556
30291	5545	52419	219675	401	741	1293	22488	21958	6077
1141	956	3270	15828	417	522	1363	11401	23898	5104
679	4490	3849	16521	12056	285	1191	12227	6293	2112
110	48	9	11958	11726	80		6206	1570	278
1017	90318	34922	60575	59291	399	268	177800	2129	14978
	88502	32926	59294	59238	2	4	8617	62	21
13380	42451	127677	83267	14382	6838	13546	617208	36227	149676
							93433		70887
		13					1		…

a) The data for Baoding City in this table excludes Xiongan New Area.

8-10 续表 1

单位：万千瓦时

指　　标	Indicator	石家庄市 Shijiazhuang	#辛集市 Xinji	唐山市 Tangshan
黄磷	Yellow Phosphorus	…		
#肥料制造	Manufacture of Fertilizer	70159	363	14810
医药制造业	Manufacture of Medicines	215588	5831	14389
#中成药生产	Chinese Patent Medicine Production	26650	7	3779
生物药品制品制造	Manufacture of Biological Pharmaceutical Products	10393	30	971
化学纤维制造业	Manufacture of Chemical Fibres	27116	447	7086
橡胶和塑料制品业	Manufacture of Rubber and Plastics Products	108861	12751	83521
#橡胶制品业	Manufacture of Rubber Products	20249	5416	18928
塑料制品业	Manufacture of Plastics Products	88612	7335	64593
非金属矿物制品业	Manufacture of Non-metallic Mineral Products	379897	5877	409928
#水泥制造	Manufacture of Cement	130568	354	155527
玻璃制造	Manufacture of Glass	11765	1	19221
陶瓷制品制造	Manufacture of Ceramics	56167	…	33403
#碳化硅	Carborundum			8
黑色金属冶炼和压延加工业	Smelting and Pressing of Ferrous Metals	655914	156093	4296551
#钢铁	Steel	655697	156081	4166031
铁合金冶炼	Ferroalloy Smelting	217	12	130520
有色金属冶炼和压延加工业	Smelting and Pressing of Non-ferrous Metals	6349	656	14048
#铝冶炼	Aluminum Smelting	297	…	57
铅锌冶炼	Lead and Zinc Smelting	76		
稀有稀土金属冶炼	Rare Earth Metal Smelting	1		9
金属制品业	Manufacture of Metal Products	155897	12094	283055
#结构性金属制品制造	Manufacture of Structural Metal Products	40309	2889	126940
通用设备制造业	Manufacture of General Purpose Machinery	53318	4008	49355
#风能原动设备制造	Manufacture of Wind Power Prime Equipment			
专用设备制造业	Manufacture of Special Purpose Machinery	23926	595	57391
#医疗仪器设备及器械制造	Manufacture of Medical Instruments and Equipment	440	10	112
汽车制造业	Manufacture of Automobiles	7005	148	10327
#新能源车整车制造	Manufacture of New Energy Vehicle	131		95
铁路、船舶、航空航天和其他运输设备制造业	Manufacture of Railway, Ship, Aerospace and Other Transport Equipment	12035	205	15105
#铁路运输设备制造	Manufacture of Railway Transport Equipment	5353	25	11723
城市轨道交通设备制造	Manufacture of Urban Rail Transit Equipment	…		142
航空、航天器及设备制造	Manufacture of Aviation, Spacecraft and Equipment	3098		31
电气机械和器材制造业	Manufacture of Electrical Machinery and Apparatus	45066	653	15593
#光伏设备及元器件制造	Manufacture of PV Equipment and Components	10940		266
计算机、通信和其他电子设备制造业	Manufacture of Computers, Communication and Other Electronic Equipment	36834	627	13943
#计算机制造	Manufacture of Computer	3	1	1
通信设备制造	Manufacture of Communications Equipment	607	1	300
仪器仪表制造业	Manufacture of Measuring Instruments and Machinery	1626	1299	1236
其他制造业	Other Manufacturing	28047	2885	20293
废弃资源综合利用业	Utilization of Waste Resources	14919	243	58226
金属制品、机械和设备修理业	Repair Service of Metal Products, Machinery and Equipment	1852	132	2268
电力、热力、燃气及水生产和供应业	Production and Supply of Electricity, Heat, Gas and Water	697311	25257	837750
电力、热力生产和供应业	Production and Supply of Electric Power and Heat Power	639722	18420	768221
#电厂生产全部耗用电量	Total Electricity Consumption for Electricity Production	335630	4179	415585
线路损失电量	Power Loss	164344	10225	279431
抽水蓄能抽水耗用电量	Pumped Storage Water Consumption	67767		29854

continued

(10000 kW·h)

秦皇岛市	邯郸市	邢台市	保定市		张家口市	承德市	沧州市	廊坊市	衡水市
				#定州市					
Qinhuangdao	Handan	Xingtai	Baoding	Dingzhou	Zhangjiakou	Chengde	Cangzhou	Langfang	Hengshui
	23								
311	1363	4895	54632	127	216	2084	150764	29	5090
7834	14116	27918	17558	739	1035	1687	30831	9609	20348
176	1383	787	2620	102	36	142	293	404	4773
5825	582	1656	2021	177	178	13	1904	197	1271
1118	1279	9213	15168	406	439	6	15472	13312	12270
9612	25521	224932	115628	34700	4374	1172	226034	181130	111624
1192	6297	137279	31306	2714	1075	170	31267	14575	85083
8420	19224	87653	84322	31986	3298	1002	194767	166554	26541
111150	217465	206191	183940	6583	61682	101328	134413	150062	41018
29646	100702	57852	69983	19	16233	56419	9957	8845	5240
17730	1659	45186	3331	116	2958	782	12904	30359	1419
2111	10797	4023	3202	182	526	632	1068	1137	1564
	43	31	10343				45		
500576	1592899	191848	2023	1	122914	338998	350531	184153	30824
500288	1579185	190586	590	1	121687	338998	343209	184150	30659
288	13713	1262	1433		1227		7322	3	165
10477	24223	37513	44922	15	186	23072	9370	30280	3646
	60	52	104				27		37
		44	142						
		3							
30153	291550	243098	132887	40165	21865	12367	611617	246101	289812
18334	149689	34809	38639	11031	6459	10250	284319	92106	46141
34324	64137	109589	51628	11460	14969	6894	72018	39036	29027
37	24	10	33		1338	24	3	…	79
5886	9972	14761	13358	665	21137	1027	87790	50222	5232
1113	102	1015	602	3	119	3	833	1301	1082
75507	5412	23366	101843	7115	8650	790	38256	19026	21361
	16	140				232	182		132
21818	4414	32213	8058	3104	323	463	22735	12937	3530
357	231	593	1521		19	122	13547	322	594
33	176	88	1	1			20	18	61
		20	2118		15	72	33	383	27
2766	28867	207941	46003	516	5135	700	43972	25803	9090
187	356	111968	605	36	13		128	49	
49806	30857	25440	6524	66	1287	1105	17151	36788	1922
	5	2	67				7	131	
2348	237	119	164	…	214	385	6499	8053	931
152	83	326	1555	3	462	167	1462	1263	452
1741	18845	9167	15136	832	3542	1634	41311	48895	5494
3543	35978	5356	12622	728	2066	10458	7133	3710	4577
540	1026	10536	7315	437	311	404	2341	1176	3278
213458	458551	316403	526510	131141	618383	449588	396408	307202	172641
197724	426496	292477	471293	118852	585774	429175	352744	256812	154341
92159	243539	145169	264581	105533	315937	160272	183905	82127	72719
74787	130055	128424	184277	12290	137188	119444	140566	159146	68016
	141	36	107			108508	705		100

8-10 续表 2

单位：万千瓦时

指　　标	Indicators	石家庄市 Shijiazhuang	#辛集市 Xinji	唐山市 Tangshan
燃气生产和供应业	Production and Supply of Gas	4397	516	17162
水的生产和供应业	Production and Supply of Water	53192	6321	52366
建筑业	**Construction**	**66184**	**2042**	**58782**
房屋建筑业	Construction of Buildings	30960	764	42537
土木工程建筑业	Civil Engineering	4090	12	8842
建筑安装业	Building Installation	6766	345	1819
建筑装饰、装修和其他建筑业	Building Decoration and Other Constructions	24368	921	5584
交通运输、仓储和邮政业	**Transport, Storage and Post**	**236212**	**10380**	**345243**
铁路运输业	Railway Transport	131075	8122	150561
#电气化铁路	Electrified Railway	93643	7732	138193
道路运输业	Road Transport	35976	562	29806
#城市公共交通运输	Urban Public Transport	25098	404	2643
水上运输业	Water Transport	4		97341
#港口岸电	Port Shore Electricity			50
航空运输业	Air Transport	4920	16	273
管道运输业	Transport Via Pipelines	18543	9	18983
多式联运和运输代理业	Intermodality and Forwarding Agency	1953	234	610
装卸搬运和仓储业	Loading, Unloading and Storage	40052	1407	46680
邮政业	Post	3689	29	989
信息传输、软件和信息技术服务业	**Information Transmission, Software and Information Technology Services**	**85983**	**2329**	**39462**
电信、广播电视和卫星传输服务	Telecommunication, Radio and Television and Satellite Transmission Service	66958	1650	27986
互联网和相关服务	Internet and Related Service	11723	592	9640
#互联网数据服务	Internet Data Services	330	25	212
软件和信息技术服务业	Software and Information Technology	7302	87	1837
批发和零售业	**Wholesale and Retail Trades**	**379487**	**22512**	**289861**
#充换电服务业	Charging and Switching Services	57152	586	96933
住宿和餐饮业	**Hotels and Catering Services**	**74640**	**2213**	**50379**
金融业	**Financial Intermediation**	**15972**	**458**	**8879**
房地产业	**Real Estate**	**217331**	**5832**	**43620**
租赁和商务服务业	**Leasing and Business Services**	**69467**	**618**	**21992**
#租赁业	Leasing Industry	1383	17	4050
公共服务及管理组织	**Public Service and Management Organization**	**479667**	**15468**	**253314**
科学研究和技术服务业	**Scientific Research and Technical Services**	**18672**	**776**	**6073**
#地质勘查	Geological Exploration	177	…	216
科技推广和应用服务业	Technology Extension and Application Services	2062	11	628
水利、环境和公共设施管理业	**Management of Water Conservancy, Environment and Public Facilities**	**72153**	**2179**	**45852**
#水利管理业	Water Management	17758	767	7228
公共照明	Public Lighting	20393	828	25248
居民服务、修理和其他服务业	**Service to Households, Repair and Other Services**	**75865**	**3867**	**39356**
教育、文化、体育和娱乐业	**Education, Culture, Sports and Entertainment**	**166233**	**4379**	**68252**
#教育	Education	143095	4025	60691
卫生和社会工作	**Health and Social Service**	**67868**	**2198**	**42840**
公共管理和社会组织、国际组织	**Public Management, Social and International Organization**	**78877**	**2070**	**50941**

continued

(10000 kW·h)

秦皇岛市 Qinhuangdao	邯郸市 Handan	邢台市 Xingtai	保定市 Baoding	#定州市 Dingzhou	张家口市 Zhangjiakou	承德市 Chengde	沧州市 Cangzhou	廊坊市 Langfang	衡水市 Hengshui
839	5189	2295	11374	8353	8329	1190	13835	14682	1755
14896	26866	21631	43843	3936	24280	19223	29829	35707	16545
18878	**39829**	**38659**	**58564**	**3795**	**26093**	**25876**	**38512**	**56593**	**14597**
12748	15505	24928	30913	2839	16047	9905	14020	36240	5053
4962	3037	3033	7973	188	7830	9484	5771	9727	3804
444	9154	1786	4266	483	962	329	11042	2906	1089
724	12132	8913	15413	285	1255	6159	7679	7720	4652
101681	**91058**	**58068**	**150459**	**33512**	**141644**	**77548**	**209218**	**64065**	**46608**
53981	65813	36428	108416	28877	106871	64928	127891	26321	33607
49561	51678	29642	103952	28199	98873	60690	99730	23868	30616
7094	10052	6822	14757	872	13784	7053	11772	8538	4696
1669	2365	2141	2901		2107	1451	2240	1471	1316
29568	…	25	35				41807	44	
9804									
341	529	196	53		345	177	52	183	14
278	99	358	200	2	1271	9	2411	3501	963
356	698	4052	1744	106	135	203	1195	1338	222
9451	12006	9253	22576	3491	18540	4454	23144	21485	6415
612	1862	933	2677	165	698	725	945	2654	692
18358	**34661**	**31201**	**101563**	**3756**	**488537**	**21986**	**36656**	**530306**	**21947**
13301	20505	9836	26072	1017	19751	12500	22014	15949	14607
4279	13477	20300	51505	2491	468172	9148	12761	418516	6894
182	97	372	267	14	464908	205	64	366824	536
778	679	1065	23987	248	614	338	1881	95842	446
67245	**223050**	**187283**	**322347**	**20539**	**74696**	**60923**	**187685**	**183849**	**95156**
3357	24134	10831	18785	1581	3370	5039	9675	6177	6549
39059	**44138**	**38465**	**78168**	**5943**	**31431**	**33775**	**40552**	**41715**	**20914**
4237	**9140**	**6673**	**9281**	**563**	**7026**	**5260**	**7235**	**5452**	**4814**
30894	**37630**	**27537**	**66182**	**802**	**13567**	**15778**	**40281**	**28846**	**22092**
10353	**15591**	**7893**	**19753**	**1620**	**6489**	**9867**	**14474**	**22458**	**3973**
396	289	196	856	46	75	130	1047	1438	255
105698	**245601**	**187988**	**341190**	**24489**	**163283**	**109407**	**177895**	**186301**	**119320**
2723	**8853**	**2449**	**21761**	**211**	**3177**	**1506**	**2603**	**13712**	**2240**
65	216	141	465		147	232	95	874	30
292	5851	435	806	41	502	45	156	1625	374
17371	**30994**	**28770**	**46414**	**6725**	**28804**	**19186**	**33939**	**44529**	**16352**
3905	11891	8080	10963	364	1984	3189	7915	9120	4883
6494	12557	13591	19338	1398	8545	10224	19598	25907	7795
9455	**39168**	**23881**	**62384**	**1057**	**21824**	**12914**	**22531**	**17626**	**22678**
30917	**86539**	**63865**	**106709**	**8392**	**46382**	**34227**	**53009**	**56394**	**40575**
23699	78727	60025	99091	7824	37318	29140	47043	49299	36775
16295	**38415**	**32359**	**51751**	**5470**	**22454**	**17425**	**34029**	**23433**	**19662**
28937	**41632**	**36664**	**52172**	**2633**	**40641**	**24149**	**31783**	**30606**	**17812**

8-11 主要城市日照时数(2023年)
Monthly Sunshine Hours of Major Cities (2023)

单位：小时 (hour)

城 市	City	1月 Jan.	2月 Feb.	3月 Mar.	4月 Apr.	5月 May	6月 June
石家庄市	Shijiazhuang	200.3	149.2	244.7	177.6	190.9	311.2
唐 山 市	Tangshan	216.4	175.0	230.6	191.2	223.1	315.0
秦皇岛市	Qinhuangdao	189.7	171.2	226.0	195.0	226.1	284.0
邯 郸 市	Handan	161.5	129.1	241.0	185.4	184.8	275.1
邢 台 市	Xingtai	187.6	145.9	254.1	183.8	185.5	302.3
保 定 市	Baoding	204.0	160.1	240.8	163.6	201.0	321.4
张家口市	Zhangjiakou	237.3	191.1	274.8	229.7	257.2	313.7
承 德 市	Chengde	235.1	197.3	273.7	208.8	241.0	282.1
沧 州 市	Cangzhou	193.5	162.5	234.3	151.8	189.6	313.1
廊 坊 市	Langfang	207.0	164.9	226.4	152.9	200.8	272.1
衡 水 市	Hengshui	173.2	153.2	245.9	173.4	197.8	302.7
定 州 市	Dingzhou	199.9	149.5	236.8	165.0	195.9	325.5
辛 集 市	Xinji	179.1	143.0	242.9	166.2	180.4	304.7

8-11 续表 continued

单位：小时 (hour)

城 市	City	7月 July	8月 Aug.	9月 Sept.	10月 Oct.	11月 Nov.	12月 Dec.	全年累计 Yearly Total
石家庄市	Shijiazhuang	241.4	230.4	183.0	233.8	216.1	187.0	2565.6
唐 山 市	Tangshan	222.0	184.3	185.0	225.6	194.2	192.6	2555.0
秦皇岛市	Qinhuangdao	222.7	205.0	184.8	181.4	172.5	176.6	2435.0
邯 郸 市	Handan	223.8	215.5	170.8	198.3	157.8	138.8	2281.9
邢 台 市	Xingtai	243.7	234.4	181.5	224.9	203.6	177.4	2524.7
保 定 市	Baoding	243.4	207.5	180.2	229.3	199.0	183.1	2533.4
张家口市	Zhangjiakou	226.0	282.4	261.8	255.9	202.4	187.3	2919.6
承 德 市	Chengde	196.9	205.7	213.4	250.2	201.3	188.0	2693.5
沧 州 市	Cangzhou	238.0	207.8	183.0	220.2	202.3	176.8	2472.9
廊 坊 市	Langfang	219.0	178.1	173.5	215.1	181.4	168.9	2360.1
衡 水 市	Hengshui	241.7	234.1	183.6	215.7	166.4	133.6	2421.3
定 州 市	Dingzhou	242.0	207.5	184.4	226.2	203.8	182.1	2518.6
辛 集 市	Xinji	230.3	199.1	168.7	210.3	184.2	166.3	2375.2

8-12 主要城市平均相对湿度(2023年)
Average Relative Humidity of Major Cities (2023)

单位：% (%)

城 市	City	1月 Jan.	2月 Feb.	3月 Mar.	4月 Apr.	5月 May	6月 June
石家庄市	Shijiazhuang	39.5	56.1	39.1	55.4	60.4	41.0
唐 山 市	Tangshan	43.6	53.0	44.4	45.2	53.9	53.8
秦皇岛市	Qinhuangdao	56.5	61.0	65.4	55.7	67.2	75.0
邯 郸 市	Handan	45.6	56.5	41.9	59.2	63.5	50.0
邢 台 市	Xingtai	42.4	57.6	39.6	58.5	63.4	48.4
保 定 市	Baoding	44.8	59.4	47.1	59.3	65.0	50.1
张家口市	Zhangjiakou	41.8	49.8	24.4	38.5	38.2	35.9
承 德 市	Chengde	47.6	51.6	30.1	35.7	44.7	41.3
沧 州 市	Cangzhou	49.9	53.1	37.8	53.9	55.8	44.8
廊 坊 市	Langfang	38.9	48.1	38.5	45.1	51.3	43.7
衡 水 市	Hengshui	43.1	55.0	41.1	59.3	62.8	45.8
定 州 市	Dingzhou	42.7	59.0	43.0	55.6	59.2	42.9
辛 集 市	Xinji	40.8	51.7	40.6	55.3	58.3	42.7

8-12 续表 continued

单位：% (%)

城 市	City	7月 July	8月 Aug.	9月 Sept.	10月 Oct.	11月 Nov.	12月 Dec.	全年平均 Annual Average
石家庄市	Shijiazhuang	56.2	75.6	72.3	58.3	52.7	59.8	55.5
唐 山 市	Tangshan	73.1	83.3	79.3	66.4	53.9	58.1	59.0
秦皇岛市	Qinhuangdao	82.7	82.0	79.7	69.7	57.4	53.7	67.2
邯 郸 市	Handan	62.9	75.5	74.8	63.3	60.3	64.6	59.8
邢 台 市	Xingtai	62.4	80.6	75.8	53.2	51.8	58.8	57.7
保 定 市	Baoding	68.6	81.9	79.1	73.4	62.5	70.4	63.5
张家口市	Zhangjiakou	56.6	62.4	58.6	44.9	43.7	52.9	45.6
承 德 市	Chengde	66.0	70.8	70.7	56.1	49.1	53.0	51.4
沧 州 市	Cangzhou	64.9	75.8	70.9	60.5	59.3	65.6	57.7
廊 坊 市	Langfang	62.3	73.2	70.0	61.8	48.3	55.8	53.1
衡 水 市	Hengshui	66.8	81.3	69.5	57.3	54.8	62.4	58.3
定 州 市	Dingzhou	62.0	77.7	74.9	63.3	56.0	62.6	58.2
辛 集 市	Xinji	60.2	74.2	68.9	58.4	54.9	61.2	55.6

8-13 主要城市月降水量(2023年)
Monthly Precipitation of Major Cities (2023)

单位：毫米 (mm)

城 市	City	1月 Jan.	2月 Feb.	3月 Mar.	4月 Apr.	5月 May	6月 June
石家庄市	Shijiazhuang	5.8	21.8	1.1	76.0	51.6	34.9
唐 山 市	Tangshan	1.4	6.0	1.8	41.7	23.9	35.4
秦皇岛市	Qinhuangdao	5.4	3.2	0.2	12.9	52.4	26.4
邯 郸 市	Handan	4.1	11.5	1.9	104.7	93.7	38.0
邢 台 市	Xingtai	6.2	16.5		94.8	88.2	47.5
保 定 市	Baoding	1.8	8.7	3.7	46.6	33.4	30.5
张家口市	Zhangjiakou	1.1	10.4	1.9	35.3	29.4	41.6
承 德 市	Chengde	6.2	8.4		20.3	7.0	10.8
沧 州 市	Cangzhou	2.4	4.4	0.5	62.7	13.6	15.0
廊 坊 市	Langfang	2.2	6.1	0.8	36.3	4.6	34.2
衡 水 市	Hengshui	1.8	5.9		57.3	55.2	32.6
定 州 市	Dingzhou	5.4	11.8	0.7	55.0	8.8	25.4
辛 集 市	Xinji	1.5	10.0		70.7	105.9	28.1

8-13 续表 continued

单位：毫米 (mm)

城 市	City	7月 July	8月 Aug.	9月 Sept.	10月 Oct.	11月 Nov.	12月 Dec.	全年累计 Yearly Total
石家庄市	Shijiazhuang	331.9	194.0	18.9	4.8	9.0	20.6	770.4
唐 山 市	Tangshan	223.8	119.8	39.4	6.5	12.8	13.0	525.5
秦皇岛市	Qinhuangdao	272.4	168.4	25.5	10.4	24.1	5.8	607.1
邯 郸 市	Handan	317.3	152.8	52.0	0.4	30.3	23.3	830.0
邢 台 市	Xingtai	320.7	191.2	61.7	0.2	27.2	23.8	878.0
保 定 市	Baoding	522.6	226.0	32.8	2.2	8.9	19.6	936.8
张家口市	Zhangjiakou	103.5	62.4	55.1	14.1	3.8	8.6	367.2
承 德 市	Chengde	152.4	53.4	31.8	15.0	10.0	8.0	323.3
沧 州 市	Cangzhou	211.6	197.5	2.5	1.3	24.7	18.5	554.7
廊 坊 市	Langfang	315.6	97.9	42.5	6.1	10.4	15.4	572.1
衡 水 市	Hengshui	183.8	215.6	2.4	0.4	24.9	19.4	599.3
定 州 市	Dingzhou	460.4	206.6	40.7	2.0	5.7	23.4	845.9
辛 集 市	Xinji	287.1	233.1	6.5	1.4	14.4	22.0	780.7

8-14 主要城市月平均气温(2023年)
Monthly Average Temperature of Major Cities (2023)

单位：摄氏度 (℃)

城市	City	1月 Jan.	2月 Feb.	3月 Mar.	4月 Apr.	5月 May.	6月 June
石家庄市	Shijiazhuang	0.4	3.7	13.1	15.6	21.4	29.1
唐山市	Tangshan	-3.7	0.4	8.9	14.2	20.5	26.1
秦皇岛市	Qinhuangdao	-4.7	-1.0	5.2	11.9	17.6	22.5
邯郸市	Handan	0.8	4.4	13.4	15.9	21.3	27.9
邢台市	Xingtai	0.5	3.9	13.0	15.3	21.0	27.4
保定市	Baoding	-2.9	1.4	10.4	14.3	20.6	27.5
张家口市	Zhangjiakou	-8.0	-3.7	5.6	10.3	18.5	24.1
承德市	Chengde	-8.3	-3.1	6.5	12.4	19.5	25.6
沧州市	Cangzhou	-2.6	2.2	11.7	14.8	21.5	28.7
廊坊市	Langfang	-2.3	2.1	10.8	15.3	22.2	28.4
衡水市	Hengshui	-0.2	3.7	12.3	15.4	21.8	28.8
定州市	Dingzhou	-1.9	1.8	11.4	14.8	21.4	28.5
辛集市	Xinji	-0.4	4.0	12.5	15.6	21.8	29.0

8-14 续表 continued

单位：摄氏度 (℃)

城市	City	7月 July	8月 Aug.	9月 Sept.	10月 Oct.	11月 Nov.	12月 Dec.	全年平均 Annual Average
石家庄市	Shijiazhuang	30.2	27.3	23.3	17.3	6.5	-1.3	15.6
唐山市	Tangshan	27.4	26.1	21.6	15.2	3.8	-5.0	13.0
秦皇岛市	Qinhuangdao	25.9	25.3	21.2	14.7	3.6	-4.6	11.5
邯郸市	Handan	29.9	27.4	23.5	17.4	6.8	-0.7	15.7
邢台市	Xingtai	29.4	26.5	22.5	17.4	6.8	-0.9	15.2
保定市	Baoding	28.2	26.7	22.0	14.5	4.0	-5.5	13.4
张家口市	Zhangjiakou	24.9	23.3	19.1	11.3	-1.3	-8.4	9.6
承德市	Chengde	26.1	24.3	19.6	12.1	0.0	-8.5	10.5
沧州市	Cangzhou	29.3	27.0	23.3	16.6	4.9	-3.7	14.5
廊坊市	Langfang	28.9	27.2	22.8	15.8	4.6	-3.8	14.3
衡水市	Hengshui	29.8	27.5	23.9	17.6	6.6	-1.8	15.5
定州市	Dingzhou	28.9	26.9	22.5	15.9	4.9	-3.6	14.3
辛集市	Xinji	30.0	27.5	23.9	17.2	6.2	-2.0	15.4

8-15 气候异常事件(2023年)
Climate Anomalies (2023)

名 称 Name	事件描述 The Description of the Event
2022/2023年入冬大部分地区初雪偏晚	受强冷空气影响，1月12～14日，河北省出现首场大范围雨雪天气过程，平均降水量2.7毫米，较常年同期（1月中旬）偏多2.8倍，临城（8.4毫米）、栾城（7.0毫米）和元氏（6.7毫米）日最大降水量突破历史同期（1月中旬）最大值。全省119个县（市、区）监测到降雪，其中104个县（市、区）为2022/2023年入冬来初雪，初雪日普遍比常年偏晚30天以上，丰宁偏晚70天，为全省偏晚天数最多的站，保定和阳原初雪日突破历史最晚纪录。
春季沙尘日数为近20多年来最多	春季平均沙尘日数为7天，较常年（2.5天）偏多4.5天，为2001年以来最多。季内受上游沙尘传输和大风天气影响，河北省出现7次影响较大的沙尘天气过程，包括2次扬沙、3次浮尘和2次沙尘暴，全省累计16个气象站监测到沙尘暴。其中3月22～23日、4月10～15日沙尘天气过程，影响范围大、强度强、峰值污染重。3月22～23日，有137个气象站监测到沙尘天气，10个气象站出现沙尘暴，其中康保、沽源、丰宁、围场、张家口、滦平为强沙尘暴。4月10～15日，全省142个气象站均监测到沙尘天气，9个气象站出现沙尘暴，怀来、张家口为强沙尘暴。
5月中旬风雹灾害多发	5月中旬，河北省多地出现风雹天气，呈现点多、面广、影响大的特点。期间84个县(市、区)出现大风天气，15个县(市、区)极大风速超过10级，其中高邑日最大风速（17日，34.7m/s）达12级，高邑、任泽（29.0m/s）、鸡泽（31.7m/s）、巨鹿（28.4m/s）和无极（26.2m/s）5个县（市、区）极大风速突破本站有观测记录以来历史极大值。15个县（市、区）出现冰雹，其中怀来气象观测站监测到最大冰雹直径为1.4cm。
张承地区出现阶段性旱情	6～10月，受降水偏少、气温偏高影响，张家口和承德地区出现了持续性气象干旱。张家口地区平均干旱日数89天，较常年偏多59%，为近十年第二多；承德地区平均干旱日数129天，较常年偏多1.4倍，为历史同期最多。期间，承德大部、张家口北部干旱日数超过100天，其中承德市、隆化、平泉和滦平突破本站历史同期最长连续干旱纪录，丰宁连续49天出现重旱及以上等级的气象干旱，为历史同期最二多。
台风“杜苏芮”引发罕见特大暴雨	受台风“杜苏芮”减弱低压及外围环流影响，7月29日～8月2日，河北省出现特大暴雨天气过程。此次降雨过程来势猛，持续时间长、累计雨量大、覆盖范围广、降水强度强。过程平均累计降水量176.3毫米，最大降水量1003.4毫米，出现在邢台临城县赵庄乡梁家庄村，最大小时雨强115.0毫米，出现在邯郸磁县西王女水库站，142个国家气象站中有103个国家气象站日最大降水量达到暴雨及以上（占比72.5%）。此次特大暴雨过程的平均累计雨量、单站极值雨量为近60年来最强。
夏季（6～8月）高温日数创历史最多纪录	夏季河北省出现6次全省性高温过程，平均气温、平均最高气温、高温日数、40℃以上高温站次均创历史同期纪录。夏季全省平均气温和平均最高气温分别为26.8℃和32.7℃，为历史同期最高，69个县（市、区）平均最高气温突破本地夏季历史极值；全省平均高温(≥35℃)日数26.5天，较常年偏多15.5天，为历史同期最多，日最高气温≥40℃累计发生371站次，较常年（42.5站次）偏多7.7倍，创历史最多纪录，9个县（市、区）日最高气温突破本站有观测记录以来历史极值。7月5～11日高温过程最强，全省135个县（市、区）出现高温，73个县（市、区）最高气温达到或超过40℃，过程中出现了2023年最高气温43.7℃（平山，7月6日）。
10月28日～11月3日出现持续性大雾	受静稳天气过程影响，10月28日～11月3日出现2023年最强大雾天气，影响全省118个县（市、区），中南部平原43个县（市、区）大雾日数达到5天及以上，宁晋、新河、容城连续7天出现大雾天气。10月30日大雾影响范围最广，96个县（市、区）出现大雾，单日影响范围为近5年10月下旬最广。大雾期间，91个县（市、区）最小能见度不足100米，36个县（市、区）最小能见度不足50米。
12月经历“冷暖急转”事件	12月全省经历前期持续偏暖、后期急剧降温的“过山车”式气温起伏。12月上旬全省平均最高气温10.2℃，较常年同期（4.8℃）偏高5.4℃，为历史同期（12月上旬）第二暖。其中12月7～8日升温明显，期间有63个县(市、区)日最高气温突破本地历史12月极值。之后受3次冷空气过程叠加影响，全省出现冷暖逆转，12月16～25日全省平均最低气温持续低于-10℃，平均气温（-11.2℃）较常年同期偏低8.1℃，平均低温日数和平均气温均创近60年以来同期最低纪录。期间，全省有22个县（市、区）日最低气温跌破历史12月极值，其中容城、保定、清河等地日最低气温创本站有气象观测记录以来历史最低，过程中出现了2023年最低气温-32.6℃（蔚县，12月20日）。
12月中旬出现暴雪天气	受西南暖湿气流和冷空气共同影响，12月13～15日，河北省自南向北出现大范围雨雪天气，全省平均降水量12.6毫米，较12月常年值（3.0毫米）偏多3.2倍，其中67个县（市、区）出现暴雪，6个县（市、区）达大暴雪级别，魏县降雪量全省最大，为25.8毫米。期间，51个县（市、区）日最大积雪深度达到或突破本站历史12月极值，故城和临西日最大积雪深度18厘米，为全省最大。
2023年河北省年平均气温创历史新高	2023年，河北省年平均气温13.2℃，较常年偏高1.0℃，为有气象观测记录以来最高，81个县（市、区）年平均气温为本地历史最高。年内，1～3月、6～10月各月平均气温均较常年同期偏高，其中3月（偏高3.3℃）和6月（偏高2.0℃）为有气象记录以来同期最高。

8-16 环境保护基本情况
Basic Information of Environmental Protection

项　目	Item	2020	2021	2022	2023
水环境质量	**Water Environmental Quality**				
国考断面达到或优于Ⅲ类断面比例(%)	Proportion of Water Body Sections in National Assessment is up to or Better than Class III (%)	66.2	74.6	84.4	84.4
国考断面劣Ⅴ类水体(%)	National Assessment of Water Section Inferior to Class V (%)				
空气质量	**Air Quality**				
$PM_{2.5}$平均浓度(微克/立方米)	Annual Average Concentration of $PM_{2.5}$($\mu g/m^3$)	44.8	38.8	36.8	38.6
优良天数比率(%)	Good Days Ratio (%)	69.9	73.8	74.0	68.5
重污染天数(天)	Heavy Contamination Days (day)	11.0	9.0	4.0	11.0
主要污染物排放总量	**Total Emissions of Major Pollutants**				
化学需氧量(吨)	Chemical Oxygen Demand (ton)	1274153.2	1535327.3	1527760.9	1593109.1
氨氮(吨)	Ammonia Nitrogen (ton)	32243.1	37074.2	33102.0	48710.6
二氧化硫(吨)	SO_2 (ton)	161749.2	170653.6	146246.4	142467.5
氮氧化物(吨)	Nitrogen Oxide (ton)	769716.0	822429.2	754485.0	954922.8
二氧化碳减排(五年规划期累计)	**Carbon Dioxide Emission Reduction (cumulative over five-year planning period)**				
单位GDP二氧化碳排放减少(%)	Reduction in Carbon Dioxide Emissions per Unit of GDP (%)	25.4			

8-17 分市环境保护基本情况(2023年)
Basic Information of Environmental Protection by City (2023)

市	City	水环境质量(%) Water Environmental Quality (%)		空气质量 Air Quality			主要污染物排放总量 Total Emissions of Major Pollutants			
		国考断面达到或优于Ⅲ类断面比例 Proportion of Water Body Sections in National Assessment is up to or Better than Class Ⅲ	国考断面劣Ⅴ类水体 National Assessment of Water Section Inferior to Class Ⅴ	$PM_{2.5}$平均浓度(微克/立方米) Annual Average Concentration of $PM_{2.5}$ (μg/m³)	优良天数比率(%) Good Days Ratio (%)	重污染天数(天) Heavy Contamination Days (day)	化学需氧量(吨) Chemical Oxygen Demand (ton)	氨氮(吨) Ammonia Nitrogen (ton)	二氧化硫(吨) SO_2 (ton)	氮氧化物(吨) Nitrogen Oxide (ton)
石家庄市	Shijiazhuang	75.0		44	61.6	12	53666.3	4060.3	8997.9	90212.7
唐山市	Tangshan	83.3		40	68.2	13	49846.2	4178.9	54353.9	174157.6
秦皇岛市	Qinhuangdao	88.9		31	80.8	6	19322.2	1621.1	6932.8	24322.0
邯郸市	Handan	100.0		47	59.7	15	49059.1	3948.9	30652.6	89785.3
邢台市	Xingtai	80.0		45	57.8	17	34835.1	2552.7	4105.3	49904.7
保定市	Baoding	100.0		44	63.0	17	49605.4	3735.3	4123.4	60629.0
张家口市	Zhangjiakou	100.0		18	86.6	7	22629.0	1863.8	5110.4	33692.5
承德市	Chengde	95.2		25	83.8	6	17662.5	1430.5	15133.6	33092.1
沧州市	Cangzhou	57.1		44	62.2	14	54101.3	4557.6	6343.8	84406.0
廊坊市	Langfang	55.6		40	65.5	14	35040.2	2828.7	2715.0	19301.0
衡水市	Hengshui	100.0		44	60.0	15	22016.9	1568.2	1279.0	24868.1
定州市	Dingzhou	100.0		44	65.2	17	5455.6	388.9	868.3	1827.9
辛集市	Xinji	100.0		44	62.5	15	3262.5	236.7	1851.6	4307.6

8-18 主要污染物排放及处理利用情况
Main Pollutant Emission and Disposal and Utilization

指　　标	Item	2021	2022	2023
废水中主要污染物排放情况	**Main Pollutant Emission in Waste Water**			
废水排放总量(万吨)	Total Waste Water Discharged (10000 tons)	166796.53	146540.58	201473.03
化学需氧量(吨)	COD (ton)	1535327.29	1527760.85	1593109.1
氨氮(吨)	Ammonia Nitrogen (ton)	37074.25	33102.04	48710.58
总氮(吨)	Total Nitrogen (ton)	133342.21	126794.49	138689.02
总磷(吨)	Total Phosphorus (ton)	14573.05	14690.81	16677.68
石油类(吨)	Petroleum (ton)	160.67	109.98	110.88
挥发酚(千克)	Volatile Phenol (kg)	5032.90	5174.56	5748.39
废水中主要污染物排放情况(千克)	**Main Pollutant Emission in Waste Water (kg)**			
铅	Plumbum	181.95	40.21	42.91
汞	Mercury	6.78	5.87	8.01
镉	Cadmium	13.93	1.15	1.46
六价铬	Hexavalent Chromium	114.35	122.82	152.44
总铬	Total Chromium	570.39	580.70	651.27
砷	Arsenic	98.37	43.97	25.38
主要城市废水中主要污染物排放情况	**Main Pollutant Emission in Waste Water in Main Cities**			
工业废水排放量(万吨)	Industrial Waste Water Discharged (10000 tons)	30666.02	29132.64	30136.87
工业化学需氧量排放量(吨)	Industrial COD Emission (ton)	13990.10	10377.22	8782.07
工业氨氮排放量(吨)	Industrial Ammonia Nitrogen (ton)	684.28	418.45	373.15
城镇生活污水排放量(万吨)	Urban Living Waste Water Discharged (10000 tons)	135965.84	117132.93	171099.1
生活化学需氧量排放量(吨)	Living COD Emission (ton)	374171.00	310520.72	407646.8
生活氨氮排放量(吨)	Living Ammonia Nitrogen (ton)	22071.48	17609.76	32593.48
废气中主要污染物排放情况(吨)	**Main Pollutant Emission in Waste Gas (ton)**			
二氧化硫	Sulphur Dioxide	170653.65	146246.40	142467.55
氮氧化物	Nitrogen Oxides	822429.16	754434.97	954922.81
烟(粉)尘	Smoke and Dust	349818.98	236523.65	247973.09
主要城市废气中主要污染物排放情况(吨)	**Main Pollutant Emission in Waste Gas in Main Cities (ton)**			
工业二氧化硫排放量	Volume of Industrial Sulphur Dioxide Emission	127399.42	124401.89	123624.83
工业氮氧化物排放量	Volume of Industrial Nitrogen Oxides Emission	257298.96	242541.11	240089.65
工业烟(粉)尘排放量	Volume of Industrial Smoke and Dust Emission	128098.37	123246.24	136909.18
生活二氧化硫排放量	Volume of Sulphur Dioxide Emission by Consumption	43067.14	21712.69	18793.47
生活氮氧化物排放量	Volume of Nitrogen Oxides Emission by Consumption	38065.42	25192.79	24424.04
生活烟尘排放量	Volume of Consumption Soot Emission	216621.65	109748.66	95227.29
危险废物处理利用情况(吨)	**Disposal and Utilization of Hazardous Wastes (ton)**			
危险废物产生量	Hazardous Wastes Produced	4809004.93	5986366.90	6651170.3
危险废物自行利用处置量	Self-use Disposal of Hazardous Wastes	3276919.94	3017371.31	3247933.6
危险废物委外利用处置量	Disposal of Hazardous Wastes Outside of Commission	1942121.75	2999238.24	3411021.8
危险废物贮存量	Stock of Hazardous Wastes	156578.77	134440.22	95041.25

8-19 分市危险废物处理利用情况(2023年)
Disposal and Utilization of Hazardous Wastes by City (2023)

单位：吨 (ton)

市	City	危险废物产生量 Hazardous Wastes Produced	危险废物自行利用处置量 Hazardous Wastes (self-use)	危险废物委外利用处置量 Hazardous Wastes (outsourced)	危险废物贮存量 Stock of Hazardous Wastes
全　省	**Total**	**6651170.33**	**3247933.61**	**3411021.82**	**95041.25**
石家庄市	Shijiazhuang	256421.29	4990.06	250442.34	4047.83
唐 山 市	Tangshan	2683711.12	1540043.1	1122172.01	40230.44
秦皇岛市	Qinhuangdao	314303.64	141784.38	177314.62	5248.09
邯 郸 市	Handan	921488.12	399023.16	532397.56	13468.41
邢 台 市	Xingtai	150800.02	31495.36	122559.38	3846.02
保 定 市	Baoding	151999.17	2464.97	149802.34	4240.72
张家口市	Zhangjiakou	128799.09	4934.4	123610.95	838.29
承 德 市	Chengde	83807.92	21390.55	62784.27	181.69
沧 州 市	Cangzhou	458380.08	67740.44	392847.87	6668.53
廊 坊 市	Langfang	960610.75	786177.07	183195.77	11207.31
衡 水 市	Hengshui	160490.62	78610.57	81914.09	2958.13
定 州 市	Dingzhou	252232.29	61785.29	190970.14	924.12
辛 集 市	Xinji	128126.21	107494.26	21010.48	1181.66

8-20 城市空气质量情况(2023年)
Ambient Air Quality in Cites of Environmental Protection (2023)

市	City	二氧化硫年平均浓度 (μg/m³) Annual Average Concentration of SO_2 (μg/m³)	二氧化氮年平均浓度 (μg/m³) Annual Average Concentration of NO_2 (μg/m³)	可吸入颗粒物(PM_{10})年平均浓度 (μg/m³) Annual Average Concentration of PM_{10} (μg/m³)	一氧化碳日均值第95百分位浓度 (mg/m³) 95th Percentile Daily Average Concentration of CO (mg/m³)	臭氧(O_3)日最大8小时第90百分位浓度 (μg/m³) 90th Percentile Daily Maximum 8 Hours Average Concentration of O_3 (μg/m³)	细颗粒物($PM_{2.5}$)年平均浓度 (μg/m³) Annual Average Concentration of $PM_{2.5}$ (μg/m³)	空气质量达到及好于二级的天数(天) Days of Air Quality Equal to or Above Grade Ⅱ (day)
石家庄市	Shijiazhuang	7	32	78	1.4	184	44	225
唐 山 市	Tangshan	7	33	74	1.5	181	40	249
秦皇岛市	Qinhuangdao	8	33	60	1.2	159	31	295
邯 郸 市	Handan	9	27	76	1.4	176	47	218
邢 台 市	Xingtai	8	28	77	1.4	186	45	211
保 定 市	Baoding	8	33	78	1.2	179	44	230
张家口市	Zhangjiakou	4	14	39	0.8	149	18	316
承 德 市	Chengde	9	27	52	1.2	153	25	306
沧 州 市	Cangzhou	9	34	75	1.2	179	44	227
廊 坊 市	Langfang	6	35	75	1.3	181	40	239
衡 水 市	Hengshui	8	27	76	1.2	179	44	219
定 州 市	Dingzhou	10	34	83	1.3	174	44	238
辛 集 市	Xinji	12	29	80	1.5	176	44	228

8-21 城市道路交通噪声监测情况
Monitoring of Urban Road Traffic Noise

市	City	等效声级dB(A) Average Noise Level dB(A)								
		2015	2016	2017	2018	2019	2020	2021	2022	2023
全　省	**Total**	**66.6**	**66.9**	**66.4**	**67.1**	**66.2**	**66.2**	**65.5**	**64.5**	**65.4**
石家庄市	Shijiazhuang	66.8	66.8	67.3	67.2	66.9	67.3	68.0	66.5	65.3
唐 山 市	Tangshan	65.2	65.2	65.3	69.2	69.3	68.7	67.7	65.3	65.4
秦皇岛市	Qinhuangdao	65.6	66.7	67.1	64.1	64.3	64.9	64.0	63.6	64.2
邯 郸 市	Handan	68.3	68.6	68.2	67.1	66.8	66.3	62.9	63.5	64.9
邢 台 市	Xingtai	65.2	65.6	66.2	66.7	65.5	66.3	63.9	63.5	63.1
保 定 市	Baoding	70.3	72.3	69.0	69.1	69.3	68.2	65.9	65.9	65.7
张家口市	Zhangjiakou	66.0	65.8	65.8	66.1	64.3	65.1	68.8	67.2	64.8
承 德 市	Chengde	66.2	67.2	67.3	69.8	66.4	66.2	67.0	55.2	70.9
沧 州 市	Cangzhou	67.3	68.0	65.3	65.3	63.1	64.0	62.5	62.9	65.0
廊 坊 市	Langfang	68.7	69.1	68.7	67.4	66.9	65.2	63.6	61.7	65.0
衡 水 市	Hengshui	62.7	60.1	60.5	66.1	65.7	65.8	66.3	64.5	65.5

8-22 城市区域环境噪声监测情况
Monitoring of Urban Environment Noise

市	City	等效声级dB(A) Average Noise Level dB(A)								
		2015	2016	2017	2018	2019	2020	2021	2022	2023
全　省	**Total**	**54.0**	**54.4**	**54.8**	**55.0**	**54.6**	**54.2**	**54.3**	**53.2**	**54.2**
石家庄市	Shijiazhuang	50.8	54.4	54.4	56.0	54.9	53.7	52.2	52.6	54.8
唐 山 市	Tangshan	52.2	52.1	51.9	51.7	54.0	54.2	57.7	55.1	54.2
秦皇岛市	Qinhuangdao	55.5	55.5	53.8	51.5	53.7	51.5	53.5	52.7	54.7
邯 郸 市	Handan	53.6	53.3	53.1	54.3	54.9	52.7	56.6	51.7	54.0
邢 台 市	Xingtai	53.3	53.7	53.8	54.3	54.3	54.6	53.6	54.9	53.7
保 定 市	Baoding	56.9	58.3	61.9	60.4	59.9	58.1	57.2	54.7	55.0
张家口市	Zhangjiakou	51.5	51.8	52.0	52.4	52.9	53.8	56.1	54.4	53.4
承 德 市	Chengde	62.7	60.0	62.3	65.5	55.6	57.5	51.3	51.3	54.6
沧 州 市	Cangzhou	48.9	49.9	50.0	49.7	51.9	51.7	52.8	53.4	52.8
廊 坊 市	Langfang	54.1	54.2	54.4	54.5	54.1	53.7	52.0	51.1	53.7
衡 水 市	Hengshui	54.8	54.8	54.7	54.4	54.9	54.9	54.2	53.4	54.8

主要统计指标解释

一次能源生产总量 指一定时期内，全国一次能源生产量的总和。该指标是观察全国能源生产水平、规模、构成和发展速度的总量指标。包括：原煤、原油、天然气、水电、核能及其他动力能（如风能、地热能等）发电量等，不包括低热值燃料生产量和由一次能源加工转换而成的二次能源产量。

能源消费总量 指一定地域内，国民经济各行业和居民家庭在一定时期内消费的各种能源的总和。包括：原煤、原油、天然气、水能、核能、风能、太阳能、地热能、生物质能等一次能源；一次能源通过加工转换产生的洗煤、焦炭、煤气、电力、热力、成品油等二次能源和同时产生的其他产品；其他化石能源、可再生能源和新能源。其中水能、风能、太阳能、地热能、生物质能等可再生能源，是指人们通过一定技术手段获得的，并作为商品能源使用的部分。在核算过程中，一次能源、二次能源消费不能重复计算。能源消费总量分为终端能源消费量、能源加工转换损失量和能源损失量三部分。

(1)终端能源消费量：指一定时期内，用于消费（而非用于加工转换产出其他能源）的各种能源之和。

(2)能源加工转换损失量：指一定时期内，全国投入加工转换的各种能源数量之和与产出各种能源产品之和的差额。该指标是观察能源在加工转换过程中损失量变化的指标。

(3)能源损失量：指一定时期内，能源在输送、分配、储存过程中发生的损失和由客观原因造成的各种损失量，不包括各种气体能源放空、放散量。

能源生产弹性系数 是研究能源生产增长速度与国民经济增长速度之间关系的指标。计算公式：

$$\text{能源生产弹性系数}=\frac{\text{能源生产量平均增长速度}}{\text{国民经济年平均增长速度}}$$

国民经济年平均增长速度，可根据不同的目的或需要，用国民生产总值、国内生产总值等指标来计算，本年鉴是采用国内生产总值指标计算的。

电力生产弹性系数 是研究电力生产增长速度与国民经济增长速度之间关系的指标。计算公式为：

$$\text{电力生产弹性系数}=\frac{\text{电力生产量年平均增长速度}}{\text{国民经济年平均增长速度}}$$

能源消费弹性系数 反映能源消费增长速度与国民经济增长速度之间比例关系的指标。计算公式为：

$$\text{能源消费弹性系数}=\frac{\text{能源消费量年平均增长速度}}{\text{国民经济年平均增长速度}}$$

电力消费弹性系数 反映电力消费增长速度与国民经济增长速度之间比例关系的指标。计算公式为：

$$\text{电力消费弹性系数}=\frac{\text{电力消费量年平均增长速度}}{\text{国民经济年平均增长速度}}$$

能源加工转换效率 指一定时期内，能源经过加工、转换后，产出的各种能源产品的数量与同期内投入加工转换的各种能源数量的比率。该指标是观察能源加工转换装置和生产工艺先进与落后、管理水平高低等的重要指标。计算公式为：

$$\text{能源加工转换效率}=\frac{\text{能源加工转换产出量}}{\text{能源加工转换投入量}}\times 100\%$$

平均气温 气温指空气的温度，我国一般以摄氏度为单位表示。气象观测的温度表是放在离地面约 1.5 米处通风良好的百叶箱里测量的，因此，通常说的气温指的是离地面 1.5 米处百叶箱中的温度。计算方法：月平均气温是将全月各日的平均气温相加，除以该月的天数而得。年平均气温是将 12 个月的月平均气温累加后除以 12 而得。

降水量 指从天空降落到地面的液态或固态(经融化后)水，未经蒸发、渗透、流失而在地面上积聚的深度。通常以毫米为单位计量。计算方法：月降水量是将全月各日的降水量累加而得。年降水量是将 12 个月的月降水量累加而得。

一般工业固体废物产生量 指当年全年调查对象实际产生的一般工业固体废物的量。一般工业固体废物指企业在工业生产过程中产生且不属于危险废物的工业固体废物。

一般工业固体废物综合利用量 指调查年度企业通过回收、加工、循环、交换等方式，从固体废物中提取或者使其转化为可以利用的资源、能源和其他原材料的固体废物量（包括当年利用的往年工业固体废物累计贮存量）。如用作农业肥料、生产建筑材料、筑路、用作充填回填材料等。综合利用量由原产生固体废物的单位统计。

一般工业固体废物处置量 指调查年度企业将工业固体废物焚烧和用其他改变工业固体废物的物理、化学、生物特性的方法，达到减少或者消除其危险成分的活动，或者将工业固体废物最终置于符合环境保护规定要求的填埋场的活动中，所消纳固体废物的量（包括当年处置的往年工业固体废物贮存量）。

一般工业固体废物贮存量 指调查年度企业以综合利用或处置为目的，将固体废物暂时贮存或堆存在专设的贮存设施或专设的集中堆存场所内的量。专设的固体废物贮存场所或贮存设施必须有防扩散、防流失、防渗漏、防止污染大气、水体的措施。

一般工业固体废物倾倒丢弃量 指调查年度企业将所产生的固体废物倾倒或者丢弃到固体废物污染防治设施、场所以外的量。

危险废物产生量 指调查年度调查对象实际产生的危险废物的量，包括利用处置危险废物过程中二次产生的危险废物的量。危险废物指列入国家危险废物名录或者根据国家规定的危险废物鉴别标准和鉴别方法认定的具有危险特性的废物。按《国家危险废物名录》（2016）填报。

危险废物利用处置量 指调查年度调查对象从危险废物中提取物质作为原材料或者燃料的活动中消纳危险废物的量，以及将危险废物焚烧和用其他改变危险废物物理、化学、生物特性的方法，达到减少或者消除其危险成分的活动，或者将危险废物最终置于符合环境保护规定要求的填埋场的活动中，所消纳危险废物的量。包括本单位自行处置利用的本单位产生和接收外单位危险废物量。

危险废物本年末贮存量 指截至调查年度年末，调查对象将危险废物以一定包装方式暂时存放在专设的贮存设施内的量。专设的贮存设施应符合《危险废物贮存污染控制标准》（GB18597-2001）等相关环保法律法规要求，具有防扩散、防流失、防渗漏、防止污染大气和水体措施的设施。包括本单位自行贮存的本单位产生的和接收外单位的危险废物量。

Explanatory Notes on Main Statistical Indicators

Total Primary Energy Production refers to the total production of primary energy in a given period of time. It is a comprehensive indicator to show the level, scale, composition and growth of energy production of the country. It includes that of coal, crude oil, natural gas, hydropower and electricity generated by nuclear energy and other means such as wind power and geothermal power, etc. However, it does not include the production of fuels of low calorific value and secondary energy converted from primary energy.

Total Energy Consumption refers to the total consumption of energy of various kinds by the production sectors of the economy and the households in a given period of time. It includes primary energy such as coal, crude oil, natural gas, hydropower, nuclear power, wind power, solar power, geothermal power and bio-energy; the secondary energy and their products which are transformed from the primary energy such as washed coal, coke, coal gas, electricity, heating, and petroleum products; and other kinds of fossil energy, renewable energy and new energy. The renewable energy refers to the part of renewable energy that is attained with some given technical means and used for commercial purposes, including hydropower, wind power, solar power, geothermal power and bio-energy. In the process of accounting, there should be no double or multiple counting between and primary and the secondary accounting. Total energy consumption can be divided into three parts: final energy consumption; loss during the process of energy transformation; and other losses.

(1) Final Energy Consumption: It refers to the consumption of various kinds of energy in a given period of time, not involving the energy consumed for transformation.

(2) Losses During the Process of Energy Transformation: It refers to the total input of various kinds of energy for transformation, minus the total output of various kinds of energy products in a given period of time. It is an indicator to show the losses that occurs during the process of energy transformation.

(3) Other Losses: It refers to the total of the losses of energy during the course of energy transport, distribution and storage and the losses caused by any objective reason in a given period of time. The losses of various kinds of gas due to gas discharges and stocktaking is not included.

Elasticity Ratio of Energy Production is an indicator to show the relationship between the growth rate of energy production and the growth rate of the national economy. The formula is:

$$\begin{array}{c}\text{Elasticity Ratio of}\\ \text{Energy Production}\end{array} = \frac{\begin{array}{c}\text{Average Annual Growth}\\ \text{Rate of Energy Production}\end{array}}{\begin{array}{c}\text{Average Annual Growth}\\ \text{Rate of National Economy}\end{array}}$$

The average annual growth rate of the national economy can be measured by indicators such as the Gross National Product and the Gross Domestic Product, depending on the purposes or needs. The Gross Domestic Product has been used in the calculation of the ratio in this Yearbook.

Elasticity Ratio of Electricity Production is an indicator to show the relationship between the growth rate of electricity production and the growth rate of the national economy. The formula is:

$$\begin{array}{c}\text{Elasticity Ratio of}\\ \text{Electricity Production}\end{array} = \frac{\begin{array}{c}\text{Average Annual Growth}\\ \text{Rate of Electricity Production}\end{array}}{\begin{array}{c}\text{Average Annual Growth}\\ \text{Rate of National Economy}\end{array}}$$

Elasticity Ratio of Energy Consumption is an indicator to show the relationship between the growth rate of energy consumption and the growth rate of the national economy. The formula is:

$$\begin{array}{c}\text{Elasticity Ratio of}\\ \text{Energy Consumption}\end{array} = \frac{\begin{array}{c}\text{Average Annual Growth}\\ \text{Rate of Energy Consumption}\end{array}}{\begin{array}{c}\text{Average Annual Growth}\\ \text{Rate of National Economy}\end{array}}$$

Elasticity Ratio of Electricity Consumption is an indicator to show the relationship between the growth rate of electricity consumption and the growth rate of the national economy. The formula is:

$$\begin{array}{c}\text{Elasticity Ratio of}\\ \text{Electricity Consumption}\end{array} = \frac{\begin{array}{c}\text{Average Annual Growth}\\ \text{Rate of Electricity Consumption}\end{array}}{\begin{array}{c}\text{Average Annual Growth}\\ \text{Rate of National Economy}\end{array}}$$

Efficiency of Energy Processing and Conversion refers to the ratio of the total output of energy products of various kinds after processing and conversion to the total input of energy of various kinds for processing and conversion in the same reference period. It is an important indicator to show the current conditions of energy processing and conversion equipment, production technique and management. The formula is:

$$\begin{array}{c}\text{Efficiency of Energy}\\ \text{Processing \& Conversion}\end{array} = \frac{\begin{array}{c}\text{Output of Energy after}\\ \text{Processing \& Conversion}\end{array}}{\begin{array}{c}\text{Input of Energy for}\\ \text{Processing \& Conversion}\end{array}} \times 100\%$$

Average Temperature refers to the average air temperature on a regular basis, generally expressed in centigrade in China. Thermometers used for meteorological observation are placed in well-ventilated shelters about 1.5 meters above the ground. Therefore, the commonly used temperature refers to the temperature in the shelter 1.5 meters above the ground. The calculation method is as follows: The summation of daily average temperature of one month divided by the actual days of that month represents the monthly average temperature. The summation of monthly average temperature of a year divided by 12 represents the annual average temperature.

Precipitation refers to the depth of water in liquid state or solid state (thawed), falling from atmosphere onto the ground without being evaporated, percolating or running off. It is usually expressed in millimeters. The calculation method is as follows:

The monthly precipitation is obtained by the sum of daily precipitation of the month, and the annual precipitation is the sum of monthly precipitation of the 12 months of the year.

Common Industrial Solid Wastes Produced refers to the amount of common industrial solid wastes the surveyed units actual generated over the year. The common industrial solid wastes refers to the industrial solid wastes that are generated during the industrial process and are not hazardous wastes.

Common Industrial Solid Wastes Integrated Use refers to amount of solid wastes from which useable materials can be extracted or converted into usable resources, energy or other materials through reclamation, processing, recycling and exchange (including utilizing in the year the stocks of industrial solid wastes of the previous year) generated by surveyed units over the year of the survey, e.g. being used as agricultural fertilizers, building materials, material for paving road or as backfill material. The information should be measured as the unit of generating wastes.

Common Industrial Solid Wastes Disposed refers to the amount of industrial solid wastes disposed, which covers the amount of previous years, through incineration or other methods to change its physical, chemical and biological properties to reduce or eliminate the hazards or land filled in the sites following the requirements for environmental protection by surveyed units over the year of the survey.

Stock of Common Industrial Solid Wastes refers to the amount of solid wastes placed in special facilities or special sites by enterprises for the purposes of integrated use or disposal over the year of the survey. The sites or facilities should take measures against dispersion, loss, seepage, and air and water contamination.

Common Industrial Solid Wastes Discharged refers to the amount of industrial solid wastes dumped or discharged by producing enterprises to disposal facilities or to other sites over the year of the survey.

Hazardous Wastes Generated refers to the amount of actual hazardous wastes generated by surveyed units over the year of the survey, which is covered secondary generation during the process of disposal and reuse of hazardous wastes. Hazardous waste refers to those listed in the National Hazardous Wastes catalogue or identified as any one of the hazardous properties in light of the national hazardous wastes identification standards and methods. It should be reported following the National Catalogue of Hazardous Wastes (2016 Version).

Hazardous Wastes Reused and Disposed refers to the amount of hazardous wastes that are used to extract materials for raw materials or fuel over the year of the survey, and the amount of hazardous wastes which are incineration or specially disposed using other methods to change its physical, chemical and biological properties and thus to reduce or eliminate the hazards, or placed ultimately in the sites following the requirements for environmental protection over the year of the survey. It includes the hazardous wastes generated by the enterprise itself and received from other enterprises.

Year-end Stock of Hazardous Wastes refers to the amount of hazardous wastes specially packaged and placed in special facilities or special sites by enterprises by the end of the year, which covered stock of surveyed units generated and received from other units. The special stock facilities should meet the requirements set in relevant environment protection laws and regulations such as “Pollution Control Standards for Hazardous Waste Stock” (GB18597-2001) and take measures against dispersion, loss, seepage, and air and water contamination.

固定资产投资
Investment in Fixed Assets

简 要 说 明

一、本篇资料反映河北省固定资产投资基本情况，通过速度变化反映固定资产投资形势及政策效应。

二、2011年起，固定资产投资项目统计起点由50万元提高到500万元，且不包含农户投资；2010年以前为全社会固定资产投资。

三、本篇资料由河北省统计局投资与建筑业统计处整理提供。

四、资料整理：李然

Brief Introduction

I.The data in this chapter reflects the basic situation of fixed asset investment in Hebei Province, and reflects the situation and policy effect of fixed asset investment through the change of speed.

II. Since 2011, the statistical starting point of fixed asset investment projects has been raised from 500,000 yuan to 5 million yuan, excluding the investment of farmers; we will invest in fixed assets for the whole society before 2010.

III.This data is collated and provided by Investment and Construction Statistics Division of Hebei Province Statistics Bureau.

IV.Data collection: Li Ran.

9-1 分市按领域分固定资产投资(不含农户)比上年增长情况(2023年)

Growth Rate of Total Investment in Fixed Assets (Excluding Rural Households) over Preceding Year by City and Field (2023)

单位：% (%)

市	City	全部投资 Total Investment in Fixed Assets	#基础设施 Infrastructure	#制造业 Manufacturing	#房地产开发 Real Estate Development
全　省	**Provincial Average**	**6.3**	**17.7**	**12.6**	**-12.7**
石家庄市	Shijiazhuang	7.6	17.1	49.7	-22.9
石家庄市①	Shijiazhuang①	7.6	18.5	45.8	-23.5
唐 山 市	Tangshan	4.0	34.0	-1.5	-6.9
秦皇岛市	Qinhuangdao	4.0	1.3	13.7	-0.8
邯 郸 市	Handan	6.6	-17.0	2.8	9.9
邢 台 市	Xingtai	3.0	17.0	14.7	-13.9
保 定 市	Baoding	11.0	46.0	13.9	-16.1
保 定 市①	Baoding①	6.9	-1.5	11.7	-19.0
张家口市	Zhangjiakou	4.0	-8.3	44.2	-1.8
承 德 市	Chengde	6.4	36.8	-7.3	-19.7
沧 州 市	Cangzhou	6.7	31.8	6.7	-20.8
廊 坊 市	Langfang	6.5	-16.5	35.4	-10.9
衡 水 市	Hengshui	6.4	15.9	39.3	-12.6
定 州 市	Dingzhou	6.5	-2.4	45.4	19.0
辛 集 市	Xinji	6.5	-23.9	180.7	-11.2

注：本表数据中石家庄市含辛集市，石家庄市①不含辛集市；保定市含定州市和雄安新区，保定市①不含定州市和雄安新区。以下相关表同。

a) Data in this table, Shijiazhuang includes Xinji, Shijiazhuang① excludes Xinji; Baoding includes Dingzhou and Xiongan, Baoding① excludes Dingzhou and Xiongan. The same applies to the table following.

9-2 分市按构成分固定资产投资(不含农户)比上年增长情况(2023年)

Growth Rate of Total Investment in Fixed Assets (Excluding Rural Households) over Preceding Year by City and Composition of Investment (2023)

单位：% (%)

市	City	全部投资 Total Investment in Fixed Assets	建筑安装工程 Construction and Installation	设备工器具购置 Purchase of Equipment and Instruments	其他费用 Other Expenses
全　省	**Provincial Average**	**6.3**	**8.6**	**11.8**	**-1.9**
石家庄市	Shijiazhuang	7.6	24.9	12.0	-23.6
石家庄市①	Shijiazhuang①	7.6	27.1	9.8	-25.7
唐 山 市	Tangshan	4.0	0.8	16.5	14.3
秦皇岛市	Qinhuangdao	4.0	0.9	27.5	-0.5
邯 郸 市	Handan	6.6	1.3	29.7	11.2
邢 台 市	Xingtai	3.0	10.5	21.7	-22.6
保 定 市	Baoding	11.0	-1.0	56.6	39.3
保 定 市①	Baoding①	6.9	0.7	70.1	18.0
张家口市	Zhangjiakou	4.0	8.3	-10.0	4.6
承 德 市	Chengde	6.4	5.7	13.8	3.6
沧 州 市	Cangzhou	6.7	9.5	-37.7	14.2
廊 坊 市	Langfang	6.5	40.6	-28.3	-38.0
衡 水 市	Hengshui	6.4	8.8	24.3	-12.3
定 州 市	Dingzhou	6.5	6.9	-9.2	11.4
辛 集 市	Xinji	6.5	-23.9	52.8	178.9

9-3 分市按建设性质分固定资产投资(不含农户)比上年增长情况(2023年)
Growth Rate of Total Investment in Fixed Assets (Excluding Rural Households) over Preceding Year by City and Type of Construction (2023)

单位：% (%)

市	City	全部投资 Total Investment in Fixed Assets	#新建 New Construction	#扩建 Expansion	#改建和技术改造 Reconstruction and Technical Transformation
全　省	**Provincial Average**	**6.3**	**15.9**	**22.6**	**11.0**
石家庄市	Shijiazhuang	7.6	28.5	55.3	38.4
石家庄市①	Shijiazhuang①	7.6	29.4	56.1	34.0
唐 山 市	Tangshan	4.0	17.3	9.8	7.2
秦皇岛市	Qinhuangdao	4.0	4.9	28.7	-9.7
邯 郸 市	Handan	6.6	7.6	28.2	4.5
邢 台 市	Xingtai	3.0	18.4	23.1	10.4
保 定 市	Baoding	11.0	16.2	28.3	-5.8
保 定 市①	Baoding①	6.9	16.9	25.3	8.2
张家口市	Zhangjiakou	4.0	-1.5	13.6	51.6
承 德 市	Chengde	6.4	22.6	4.0	1.6
沧 州 市	Cangzhou	6.7	29.7	19.1	-0.9
廊 坊 市	Langfang	6.5	14.8	-12.9	22.9
衡 水 市	Hengshui	6.4	18.5	7.0	40.8
定 州 市	Dingzhou	6.5	-5.7	111.9	-10.6
辛 集 市	Xinji	6.5	-10.8	20.8	177.0

9-4 分市按隶属关系分固定资产投资(不含农户)比上年增长情况(2023年)
Growth Rate of Total Investment in Fixed Assets (Excluding Rural Households) over Preceding Year by Jurisdiction of Management and City (2023)

单位：% (%)

市	City	全部投资 Total Investment in Fixed Assets	中央项目 Central Government Projects	地方项目 Local Projects
全　省	**Provincial Average**	**6.3**	**-16.1**	**23.1**
石家庄市	Shijiazhuang	7.6	-57.3	35.7
石家庄市①	Shijiazhuang①	7.6	-57.3	37.1
唐 山 市	Tangshan	4.0	59.0	21.2
秦皇岛市	Qinhuangdao	4.0	48.2	-0.6
邯 郸 市	Handan	6.6	9.3	-12.6
邢 台 市	Xingtai	3.0	161.0	22.2
保 定 市	Baoding	11.0	-24.1	24.1
保 定 市①	Baoding①	6.9	-30.4	30.4
张家口市	Zhangjiakou	4.0	33.0	14.2
承 德 市	Chengde	6.4	-11.3	5.0
沧 州 市	Cangzhou	6.7	-38.5	21.5
廊 坊 市	Langfang	6.5	0.3	76.4
衡 水 市	Hengshui	6.4	120.2	9.2
定 州 市	Dingzhou	6.5	135.5	5.3
辛 集 市	Xinji	6.5		-16.6

9-5 分市按登记注册统计类别分固定资产投资(不含农户)比上年增长情况(2023年)

Growth Rate of Total Investment in Fixed Assets (Excluding Rural Households) over Preceding Year by City and Registered Statistical Categories (2023)

单位：% (%)

市	City	全部投资 Total Investment in Fixed Assets	#内资 Domestic Invested	#港澳台商投资 Investment from Hong Kong, Macao and Taiwan	#外商投资 Foreign Invested
全省	**Provincial Average**	**6.3**	**7.2**	**35.6**	**31.2**
石家庄市	Shijiazhuang	7.6	8.2	-36.6	0.4
石家庄市①	Shijiazhuang①	7.6	8.3	-36.5	0.4
唐山市	Tangshan	3.9	4.6	155.0	-53.6
秦皇岛市	Qinhuangdao	3.7	4.4	-17.2	-29.3
邯郸市	Handan	8.2	8.0	107.3	4.2
邢台市	Xingtai	3.0	-1.1	67.5	165.9
保定市	Baoding	0.9	15.8	-12.8	5.6
保定市①	Baoding①	10.8	17.4	-5.4	141.3
张家口市	Zhangjiakou	21.1	20.3	18.4	130.9
承德市	Chengde	13.2	14.5	-4.9	-57.4
沧州市	Cangzhou	-4.1	-3.7	-93.8	-66.1
廊坊市	Langfang	5.0	5.6	115.1	-84.7
衡水市	Hengshui	1.3	-4.7	723.4	-14.5
定州市	Dingzhou	6.5	8.5	-87.6	
辛集市	Xinji	6.5	6.5	-100.0	

9-6 分市按控股情况类型分固定资产投资(不含农户)比上年增长情况(2023年)

Growth Rate of Total Investment in Fixed Assets (Excluding Rural Households) over Preceding Year by City and Holding Type (2023)

单位：% (%)

市	City	全部投资 Total Investment in Fixed Assets	#国有控股 State-holding	#集体控股 Collective-holding	#私人控股 Private-holding
全省	**Provincial Average**	**6.3**	**11.7**	**-14.6**	**1.7**
石家庄市	Shijiazhuang	7.6	28.2	-27.4	-8.2
石家庄市①	Shijiazhuang①	7.6	47.0	47.1	137.0
唐山市	Tangshan	4.0	22.4	-74.9	-5.4
秦皇岛市	Qinhuangdao	4.0	-1.8	-61.2	9.8
邯郸市	Handan	6.6	-9.3	62.6	18.3
邢台市	Xingtai	3.0	28.7	-23.9	-6.8
保定市	Baoding	11.0	10.8	14.5	8.2
保定市①	Baoding①	6.9	2.4	262.3	8.4
张家口市	Zhangjiakou	4.0	16.0	127.7	-4.7
承德市	Chengde	6.4	2.3	2961.3	1.7
沧州市	Cangzhou	6.7	22.0	-37.5	1.2
廊坊市	Langfang	6.5	-0.3	10.4	15.6
衡水市	Hengshui	6.4	13.3	23.2	2.1
定州市	Dingzhou	6.5	5.7	-90.7	4.1
辛集市	Xinji	6.5	-18.1		18.3

9-7 分市按行业分固定资产投资(不含农户)比上年增长情况(2023年)
Growth Rate of Total Investment in Fixed Assets (Excluding Rural Households) over Preceding Year by City and Sector (2023)

单位：% (%)

市	City	合 计 Total	农、林、牧、渔业 Agriculture, Forestry, Animal Husbandry and Fishery	采矿业 Mining	制造业 Manufacturing	电力、热力、燃气及水生产和供应业 Production and Supply of Electricity, Heat, Gas and Water	建筑业 Construction	批发和零售业 Wholesale and Retail Trades
全　省	**Provincial Average**	**6.3**	**-17.9**	**-16.9**	**12.6**	**-2.4**	**-85.2**	**76.7**
石家庄市	Shijiazhuang	7.6	-58.6	-17.7	49.7	-18.4	-92.4	219.4
石家庄市①	Shijiazhuang①	7.6	-62.4	-17.7	45.8	-19.2	-92.4	219.4
唐山市	Tangshan	4.0	-23.2	-25.7	-1.5	50.7		-23.7
秦皇岛市	Qinhuangdao	4.0	-26.4	-56.1	13.7	125.1		75.7
邯郸市	Handan	6.6	-27.1	-20.3	2.8	18.1		193.5
邢台市	Xingtai	3.0	-17.5	45.9	14.7	20.9		5.2
保定市	Baoding	11.0	9.0		13.9	-37.1		107.1
保定市①	Baoding①	6.9	16.8		11.7	-40.6		110.6
张家口市	Zhangjiakou	4.0	7.0	122.1	44.2	-7.5		325.2
承德市	Chengde	6.4	-21.9	9.6	-7.3	62.4		-16.0
沧州市	Cangzhou	6.7	37.7	-70.0	6.7	-0.9	-76.4	-27.2
廊坊市	Langfang	6.5	34.5		35.4	39.7	-99.5	26.6
衡水市	Hengshui	6.4	12.1		39.3	93.5	-50.6	156.2
定州市	Dingzhou	6.5	-55.0		45.4	-16.8		71.3
辛集市	Xinji	6.5	40.4		180.7	820.4		

9-7 续表 1 continued

单位：% (%)

市	City	交通运输、仓储和邮政业 Transport, Storage and Post	住宿和餐饮业 Hotels and Catering Services	信息传输、软件和信息技术服务业 Information Transmission, Software and Information Technology	金融业 Financial Intermediation	房地产业 Real Estate	租赁和商务服务业 Leasing and Business Services	科学研究和技术服务业 Scientific Research and Technical Services
全　省	**Provincial Average**	**30.7**	**-0.6**	**25.0**	**-19.8**	**-0.5**	**-23.0**	**7.4**
石家庄市	Shijiazhuang	132.2	-25.3	-33.7	-76.0	-13.1	83.8	30.7
石家庄市①	Shijiazhuang①	140.6	-24.3	-34.6	-76.0	-13.2	85.4	30.7
唐山市	Tangshan	-13.2	-15.6	167.0		6.3	130.1	32.3
秦皇岛市	Qinhuangdao	-50.4	-34.4	-7.0	-99.0	2.4	149.4	14.4
邯郸市	Handan	-8.9	439.0	14.8	-51.0	22.0	78.8	7.9
邢台市	Xingtai	53.4	5.7	1353.7	4.4	-8.6	-19.6	-60.4
保定市	Baoding	98.3	2.4	48.7	-68.1	7.7	-71.7	10.2
保定市①	Baoding①	44.7	54.0	43.7	-20.0	6.5	-38.6	14.0
张家口市	Zhangjiakou	7.2	-14.3	39.9	18.7	-0.3	77.5	-28.4
承德市	Chengde	15.9	-27.4	-53.9		-19.2	96.7	8.7
沧州市	Cangzhou	132.1	87.9	-73.7	-68.5	-10.3	-25.7	37.6
廊坊市	Langfang	-20.1	247.0	3.8	-38.7	4.3	95.2	2.8
衡水市	Hengshui	69.4	-27.4	-36.4		-13.9	89.8	-70.0
定州市	Dingzhou	-44.6	-90.5			30.6		-20.6
辛集市	Xinji	-63.7		26.3		-11.2	-52.8	

9-7 续表 2 continued

单位：% (%)

市	City	水利、环境和公共设施管理业 Management of Water Conservancy, Environment and Public Facilities	居民服务、修理和其他服务业 Service to Households, Repair and Other Services	教育 Education	卫生和社会工作 Health and Social Service	文化、体育和娱乐业 Culture, Sports and Entertainment	公共管理、社会保障和社会组织 Public Management, Social Security and Social Organization	国际组织 International Organizations
全　省	**Provincial Average**	**17.5**	**103.5**	**5.5**	**12.7**	**4.4**	**43.3**	
石家庄市	Shijiazhuang	-20.1	167.2	-20.4	-1.0	-17.3	-0.7	
石家庄市①	Shijiazhuang①	-20.2	167.2	-19.9	-0.3	-18.0	-0.7	
唐 山 市	Tangshan	38.4	296.2	5.0	54.3	-13.6	561.8	
秦皇岛市	Qinhuangdao	34.2	50.8	3.0	14.5	-36.8	27.4	
邯 郸 市	Handan	-31.1	734.0	10.6	-46.4	-0.3	-26.4	
邢 台 市	Xingtai	7.5	4.6	84.2	-9.4	152.3	56.7	
保 定 市	Baoding	70.0	91.0	-3.7	24.9	-0.4	13.7	
保 定 市①	Baoding①	50.4	100.0	10.4	58.5	42.1	11.0	
张家口市	Zhangjiakou	-30.7	-77.4	-22.1	50.7	79.1	118.3	
承 德 市	Chengde	22.3	-49.3	1.7	-14.9	193.4	46.9	
沧 州 市	Cangzhou	-25.7	47.4	9.5	87.6	-36.7	73.5	
廊 坊 市	Langfang	-28.9	-4.8	123.1	27.1	199.6	-12.3	
衡 水 市	Hengshui	-34.6	54.4	-28.3	-36.5	5.3	12.0	
定 州 市	Dingzhou	15.8		-46.2	-64.9	-80.1	27.2	
辛 集 市	Xinji	-17.3		-54.8	-9.8	47.0		

9-8 分市农村农户固定资产投资比上年增长情况
Growth Rate of Investment in Fixed Assets of Rural Households over Preceding Year by City

单位：% (%)

市	City	2015	2017	2018	2019	2020	2021	2022	2023
全　省	**Provincial Average**	**3.4**	**-3.8**	**-8.2**	**-3.8**	**-15.7**	**3.8**	**-16.7**	**-4.8**
石家庄市	Shijiazhuang	13.8	3.5	-22.8	3.7	-34.2	1.8	-15.4	
石家庄市①	Shijiazhuang①					-35.0	1.6	-15.4	-4.8
唐 山 市	Tangshan	13.1	-2.1	-3.4	-2.1	-15.5	6.7	-18.2	-2.8
秦皇岛市	Qinhuangdao	6.4	-4.1	-19.5	-4.1	-16.8	5.0	-16.5	-3.2
邯 郸 市	Handan	…	-3.8	-7.6	-3.8	-15.2	3.9	-16.3	-5.3
邢 台 市	Xingtai	-1.4	-11.6	-6.2	-11.6	-15.1	1.3	-16.9	-7.0
保 定 市	Baoding	-6.4	-12.3	-1.6	-40.0	-15.1	5.4	-24.3	-4.5
保 定 市①	Baoding①					15.9	6.6	-22.7	-2.7
张家口市	Zhangjiakou	-3.0	3.0	2.8	3.0	-15.8	8.0	-21.1	-4.2
承 德 市	Chengde	-5.2	7.3	-26.3	7.3	-15.5	5.0	-16.5	-3.7
沧 州 市	Cangzhou	11.6	-1.7	-15.5	-1.7	-15.8	6.9	-16.4	-6.5
廊 坊 市	Langfang	9.8	-0.7	1.7	-0.7	-30.7	6.0	-1.2	-6.8
衡 水 市	Hengshui	4.1	-7.9	5.4	-7.9	-15.4	6.6	-17.0	-4.4
定 州 市	Dingzhou	-9.4	1.1	-4.6	-20.8	-15.8	5.2	-16.4	-4.8
辛 集 市	Xinji	-1.2	-6.3	-14.3	-6.3	-15.4	5.5	-14.8	-5.1

9-9 各行业按构成分固定资产投资(不含农户)比上年增长情况(2023年)
Growth Rate of Total Investment in Fixed Assets (Excluding Rural Households) over Preceding Year by Sector and Composition of Investment (2023)

单位：% (%)

指　标	Item	全部投资 Total Investment in Fixed Assets	建筑安装工程投资 Construction and Installation	设备工器具购置 Purchase of Equipment and Instruments	其他费用 Other Expenses
全　省	**Provincial Average**	**6.3**	**8.6**	**11.8**	**-1.9**
农、林、牧、渔业	**Agriculture, Forestry, Animal Husbandry and Fishery**	**-17.9**	**-16.8**	**-20.5**	**-29.4**
农业	Farming	-14.1	-10.9	-53.3	4.1
林业	Forestry	-42.8	-15.4	804.6	-83.1
畜牧业	Animal Husbandry	-28.2	-34.0	-0.5	2.3
渔业	Fishery	-20.9	-22.9	59.7	-70.5
农、林、牧、渔专业及辅助性活动	Professional and Support Activities for Agriculture, Forestry, Animal Husbandry and Fishery	23.8	16.6	103.5	51.1
采矿业	**Mining**	**-16.9**	**-24.5**	**11.7**	**-1.5**
煤炭开采和洗选业	Mining and Washing of Coal	43.0	44.1	31.3	125.4
石油和天然气开采业	Extraction of Petroleum and Natural Gas	-67.2	-57.7	-100.0	-91.5
黑色金属矿采选业	Mining and Processing of Ferrous Metal Ores	-10.3	-22.5	47.3	11.8
有色金属矿采选业	Mining and Processing of Non-Ferrous Metal Ores	-13.8	-31.2	1393.7	77.9
非金属矿采选业	Mining and Processing of Non-metal Ores	-45.6	-39.4	-45.5	-77.4
开采专业及辅助活动	Professional and Support Activities for Mining	-91.6	-92.7	-91.2	
其他采矿业	Mining of Other Ores	-100.0	-100.0		
制造业	**Manufacturing**	**12.6**	**11.6**	**16.4**	**10.5**
农副食品加工业	Processing of Food from Agricultural Products	4.4	1.8	4.0	32.7
食品制造业	Manufacture of Food	7.9	24.7	-33.0	26.2
酒、饮料和精制茶制造业	Manufacture of Liquor, Beverages and Refined Tea	80.3	78.5	21.8	248.7
烟草制品业	Manufacture of Tobacco	35.5	94.9	30.2	315.5
纺织业	Manufacture of Textile	-17.0	-15.3	-6.9	-48.5
纺织服装、服饰业	Manufacture of Textile, Wearing Apparel and Accessories	10.6	25.5	24.2	-75.8
皮革、毛皮、羽毛及其制品和制鞋业	Manufacture of Leather, Fur, Feather and Related Products and Footware	64.5	162.1	-78.2	-24.2
木材加工和木、竹、藤、棕、草制品业	Processing of Timber, Manufacture of Wood, Bamboo, Rattan, Palm and Straw Products	63.3	59.9	64.8	103.2
家具制造业	Manufacture of Furniture	-9.5	-3.3	-49.3	-18.2
造纸及纸制品业	Manufacture of Paper and Paper Products	5.3	8.8	-7.7	12.8
印刷和记录媒介复制业	Printing and Reproduction of Recording Media	38.4	58.3	25.7	-31.9
文教、工美、体育和娱乐用品制造业	Manufacture of Articles for Culture, Education, Arts and Crafts, Sport and Entertainment Activities	26.8	25.5	22.4	43.8
石油、煤炭及其他燃料加工业	Processing of Petroleum, Coal and Other Fuels	-29.2	-25.2	-35.2	-40.6
化学原料及化学制品制造业	Manufacture of Raw Chemical Materials and Chemical Products	7.9	15.1	-24.4	-2.6
医药制造业	Manufacture of Medicines	48.0	80.3	-8.8	35.8
化学纤维制造业	Manufacture of Chemical Fibres	-30.8	-29.2	48.9	-100.0
橡胶和塑料制品业	Manufacture of Rubber and Plastics Products	9.7	13.8	0.4	0.8
非金属矿物制品业	Manufacture of Non-metallic Mineral Products	-22.5	-29.0	1.7	-32.9
黑色金属冶炼和压延加工业	Smelting and Pressing of Ferrous Metals	8.3	-5.9	44.5	-4.9
有色金属冶炼和压延加工业	Smelting and Pressing of Non-ferrous Metals	-4.8	-19.4	4.0	74.3
金属制品业	Manufacture of Metal Products	6.1	3.6	2.1	36.6
通用设备制造业	Manufacture of General Purpose Machinery	1.6	6.9	-24.7	1.3
专用设备制造业	Manufacture of Special Purpose Machinery	12.4	18.4	-33.2	40.5

9-9 续表 1 continued

单位：% (%)

指　　标	Item	全部投资 Total Investment in Fixed Assets	建筑安装工程投资 Construction and Installation	设备工器具购置 Purchase of Equipment and Instruments	其他费用 Other Expenses
汽车制造业	Manufacture of Automobiles	44.2	45.8	31.2	83.9
铁路、船舶、航空航天和其他运输设备制造业	Manufacture of Railway, Ship, Aerospace and Other Transport Equipments	13.2	27.2	-38.3	8.8
电气机械和器材制造业	Manufacture of Electrical Machinery and Apparatus	113.1	87.6	211.8	55.2
计算机、通信和其他电子设备制造业	Manufacture of Computers, Communication and Other Electronic Equipment	23.0	68.9	-39.4	-7.5
仪器仪表制造业	Manufacture of Measuring Instruments and Machinery	78.3	88.9	103.5	-10.5
其他制造业	Other Manufacture	-11.3	18.7	7.4	-91.9
废弃资源综合利用业	Utilization of Waste Resources	40.6	3.2	136.2	67.8
金属制品、机械和设备修理业	Repair Service of Metal Products, Machinery and Equipment	80.2	245.1	-42.9	-100.0
电力、热力、燃气及水生产和供应业	**Production and Supply of Electricity, Heat, Gas and Water**	**-2.4**	**-2.9**	**18.5**	**-25.3**
电力、热力生产和供应业	Production and Supply of Electric Power and Heat Power	10.8	22.3	21.7	-24.5
燃气生产和供应业	Production and Supply of Gas	25.1	33.1	-14.0	10.3
水的生产和供应业	Production and Supply of Water	-37.7	-37.5	-29.7	-43.1
建筑业	**Construction**	**-85.2**	**-87.3**	**-56.5**	**-91.8**
房屋建筑业	Construction of Buildings	-68.3	-68.3		
土木工程建筑业	Civil Engineering	-94.0	-96.6	-69.2	-94.3
建筑安装业	Building Installation				
建筑装饰、装修和其他建筑业	Building Decoration and Other Constructions	65.7		33.3	
批发和零售业	**Wholesale and Retail Trades**	**76.7**	**71.6**	**-15.3**	**130.7**
批发业	Wholesale Trade	66.8	67.3	-13.9	123.0
零售业	Retail Trade	90.2	78.8	-18.6	134.3
交通运输、仓储和邮政业	**Transport, Storage and Post**	**30.7**	**27.8**	**-26.6**	**60.1**
铁路运输业	Railway Transport	99.9	83.4	-6.6	159.4
道路运输业	Road Transport	32.0	31.1	-17.2	47.0
水上运输业	Water Transport	233.0	347.1	-30.1	140.3
航空运输业	Air Transport	129.1	123.6	9.1	232.6
管道运输业	Transport Via Pipelines	161.0	159.1	466.9	-19.1
多式联运和运输代理业	Intermodality and Forwarding Agency	-100.0	-100.0		
装卸搬运和仓储业	Loading, Unloading and Storage	-15.0	-14.9	-46.3	-0.3
邮政业	Post	-51.5	-32.8	-57.5	-81.2
住宿和餐饮业	**Hotels and Catering Services**	**-0.6**	**3.1**	**22.5**	**-17.0**
住宿业	Hotels	7.5	13.3	45.8	-15.4
餐饮业	Catering Services	-67.2	-67.8	-20.7	-78.1
信息传输、软件和信息技术服务业	**Information Transmission, Software and Information Technology**	**25.0**	**28.7**	**6.3**	**36.2**
电信、广播电视和卫星传输服务	Telecommunication, Radio and Television and Satellite Transmission Service	32.8	9.5	196.5	32.8
互联网和相关服务	Internet and Related Service	31.3	50.5	-16.7	45.1
软件和信息技术服务业	Software and Information Technology	10.8	-2.9	73.5	24.8
金融业	**Financial Intermediation**	**-19.8**	**-12.6**	**-71.4**	**-51.4**
货币金融服务	Monetary and Financial Service	-10.3	-3.3	-71.4	1.2
资本市场服务	Capital Market Service	-51.0	-51.0		
保险业	Insurance	-100.0	-100.0		-100.0
其他金融业	Other Financial Activities				

9-9 续表 2 continued

单位：% (%)

指标	Item	全部投资 Total Investment in Fixed Assets	建筑安装工程投资 Construction and Installation	设备工器具购置 Purchase of Equipment and Instruments	其他费用 Other Expenses
房地产业	**Real Estate**	**-0.5**	**10.5**	**-12.1**	**-17.5**
租赁和商务服务业	**Leasing and Business Services**	**-23.0**	**-14.9**	**19.5**	**-41.2**
租赁业	Leasing	11.5	72.2	-13.9	-85.5
商务服务业	Business Services	-23.2	-15.2	41.2	-41.2
科学研究和技术服务业	**Scientific Research and Technical Services**	**7.4**	**10.4**	**-2.5**	**-6.2**
研究和试验发展	Research and Experimental Development	41.9	86.0	-24.3	-33.0
专业技术服务业	Professional Technical Services	-62.7	-58.7	-65.2	-80.7
科技推广和应用服务业	Science & Technology Popularization & Application Services	20.5	15.9	105.4	36.7
水利、环境和公共设施管理业	**Management of Water Conservancy, Environment and Public Facilities**	**17.5**	**1.6**	**-42.6**	**79.9**
水利管理业	Management of Water Conservancy	26.4	-11.7	-66.4	229.2
生态保护和环境治理业	Ecological Protection and Environmental Treatment	-32.6	-26.4	-64.2	-56.2
公共设施管理业	Management of Public Facilities	19.2	5.7	-30.9	66.6
土地管理业	Management of Land	142.2	67.3	-88.9	1662.6
居民服务、修理和其他服务业	**Service to Households, Repair and Other Services**	**103.5**	**90.2**	**21.6**	**216.8**
居民服务业	Services to Households	137.2	129.5	17.4	222.0
机动车、电子产品和日用产品修理业	Repair of Motor Vehicle, Electronics and Household Products	-79.1	-82.8	18.3	-100.0
其他服务业	Other Services	252.4	291.1	54.9	-96.4
教育	**Education**	**5.5**	**7.9**	**57.2**	**-14.8**
卫生和社会工作	**Health and Social Service**	**12.7**	**15.6**	**34.6**	**-35.3**
卫生	Health	15.4	15.5	35.4	-19.4
社会工作	Social Service	-11.8	16.6	-6.9	-89.6
文化、体育和娱乐业	**Culture, Sports and Entertainment**	**4.4**	**1.9**	**-44.3**	**31.6**
新闻和出版业	Journalism and Publishing Activities				
广播、电视、电影和影视录音制作业	Radio, Television, Motion Picture and Videotape Programme Production Services	-18.8	14.2	-86.5	-94.5
文化艺术业	Cultural and Art Activities	46.1	38.9	51.2	167.1
体育	Sports Activities	-5.6	-11.6	-62.2	19.1
娱乐业	Entertainment	-40.7	-42.0	-47.5	-27.8
公共管理、社会保障和社会组织	**Public Management, Social Security and Social Organization**	**43.3**	**50.2**	**36.5**	**-14.9**
中国共产党机关	Organs of Communist Party of China	-29.1	-96.0		
国家机构	Government Agencies	43.9	48.7	38.7	-2.8
人民政协、民主党派	People's Political Consultative Conference and Democratic Parties				
社会保障	Social Security	-80.4	179.4	-100.0	-94.6
群众团体、社会团体和其他成员组织	Mass Organizations, Social Organizations and Other Membership Organizations				
基层群众自治组织	Grass Roots Self-Governing Organizations	485.6	485.6		
国际组织	**International Organizations**				

9-10 各行业按建设性质分建设项目投资比上年增长情况(2023年)

Growth Rate of Construction Project Investment over Preceding Year by Sector and Type of Construction (2023)

单位：% (%)

指标	Item	全部投资 Total Investment in Fixed Assets	#新建 New Construction	#扩建 Expansion	#改建和技术改造 Reconstruction and Technical Transformation
全省	**Provincial Average**	**6.3**	**15.9**	**22.6**	**11.0**
农、林、牧、渔业	**Agriculture, Forestry, Animal Husbandry and Fishery**	**-17.9**	**-15.5**	**-45.2**	**-20.2**
农业	Farming	-14.1	-9.0	-77.2	-20.7
林业	Forestry	-42.8	-65.4	420.4	-14.2
畜牧业	Animal Husbandry	-28.2	-25.4	-53.2	-6.5
渔业	Fishery	-20.9	-26.2		264.5
农、林、牧、渔专业及辅助性活动	Professional and Support Activities for Agriculture, Forestry, Animal Husbandry and Fishery	23.8	29.2	198.4	-34.6
采矿业	**Mining**	**-16.9**	**-7.8**	**56.7**	**-34.1**
煤炭开采和洗选业	Mining and Washing of Coal	43.0	267.7	24.8	25.1
石油和天然气开采业	Extraction of Petroleum and Natural Gas	-67.2	-66.4		-100.0
黑色金属矿采选业	Mining and Processing of Ferrous Metal Ores	-10.3	39.9	53.7	-48.5
有色金属矿采选业	Mining and Processing of Non-Ferrous Metal Ores	-13.8	-100.0	1049.9	-25.1
非金属矿采选业	Mining and Processing of Non-metal Ores	-45.6	-81.8	-53.2	14.0
开采专业及辅助性活动	Professional and Support Activities for Mining	-91.6			-76.2
其他采矿业	Mining of Other Ores	-100.0	-100.0		
制造业	**Manufacturing**	**12.6**	**24.8**	**23.7**	**12.1**
农副食品加工业	Processing of Food from Agricultural Products	4.4	30.4	-13.3	-23.5
食品制造业	Manufacture of Food	7.9	61.8	-28.7	-16.7
酒、饮料和精制茶制造业	Manufacture of Liquor, Beverages and Refined Tea	80.3	83.5	388.1	-69.1
烟草制品业	Manufacture of Tobacco	35.5			194.3
纺织业	Manufacture of Textile	-17.0	-18.5	43.3	-23.6
纺织服装、服饰业	Manufacture of Textile, Wearing Apparel and Accessories	10.6	20.2	154.2	-30.6
皮革、毛皮、羽毛及其制品和制鞋业	Manufacture of Leather, Fur, Feather and Related Products and Footware	64.5	0.6	604.4	-7.6
木材加工和木、竹、藤、棕、草制品业	Processing of Timber, Manufacture of Wood, Bamboo, Rattan, Palm and Straw Products	63.3	73.3	21.7	84.1
家具制造业	Manufacture of Furniture	-9.5	10.2	-19.2	7.2
造纸及纸制品业	Manufacture of Paper and Paper Products	5.3	-37.0	73.6	45.8
印刷和记录媒介复制业	Printing and Reproduction of Recording Media	38.4	112.0	-59.2	17.4
文教、工美、体育和娱乐用品制造业	Manufacture of Articles for Culture, Education, Arts and Crafts, Sport and Entertainment Activities	26.8	35.3	19.5	23.1
石油、煤炭及其他燃料加工业	Processing of Petroleum, Coal and Other Fuels	-29.2	-23.9	268.1	-40.8
化学原料及化学制品制造业	Manufacture of Raw Chemical Materials and Chemical Products	7.9	25.9	20.5	-1.2
医药制造业	Manufacture of Medicines	48.0	235.4	32.8	11.5
化学纤维制造业	Manufacture of Chemical Fibres	-30.8	-68.0	-57.1	81.8
橡胶和塑料制品业	Manufacture of Rubber and Plastics Products	9.7	-1.0	27.5	-1.6
非金属矿物制品业	Manufacture of Non-metallic Mineral Products	-22.5	-24.4	-46.8	-26.6
黑色金属冶炼和压延加工业	Smelting and Pressing of Ferrous Metals	8.3	-29.1	57.2	24.1
有色金属冶炼和压延加工业	Smelting and Pressing of Non-ferrous Metals	-4.8	-46.9	-19.7	14.6
金属制品业	Manufacture of Metal Products	6.1	35.8	-5.1	-6.3
通用设备制造业	Manufacture of General Purpose Machinery	1.6	-3.7	16.6	1.5
专用设备制造业	Manufacture of Special Purpose Machinery	12.4	23.9	-30.4	10.8

9-10 续表 1 continued

单位：% (%)

指 标	Item	全部投资 Total Investment in Fixed Assets	#新建 New Cons-truction	#扩建 Expansion	#改建和技术改造 Reconstruction and Technical Transformation
汽车制造业	Manufacture of Automobiles	44.2	7.7	98.9	90.0
铁路、船舶、航空航天和其他运输设备制造业	Manufacture of Railway, Ship, Aerospace and Other Transport Equipments	13.2	36.5	-18.4	17.4
电气机械和器材制造业	Manufacture of Electrical Machinery and Apparatus	113.1	202.1	47.5	101.9
计算机、通信和其他电子设备制造业	Manufacture of Computers, Communication and Other Electronic Equipment	23.0	99.6	-2.8	-29.2
仪器仪表制造业	Manufacture of Measuring Instruments and Machinery	78.3	-2.0	509.6	78.0
其他制造业	Other Manufacture	-11.3	97.7	103.4	-61.6
废弃资源综合利用业	Utilization of Waste Resources	40.6	-39.9	-32.2	140.7
金属制品、机械和设备修理业	Repair Service of Metal Products, Machinery and Equipment	80.2	111.0	-25.8	255.0
电力、热力、燃气及水生产和供应业	**Production and Supply of Electricity, Heat, Gas and Water**	**-2.4**	**-12.0**	**101.4**	**30.2**
电力、热力生产和供应业	Production and Supply of Electric Power and Heat Power	10.8	-0.3	162.0	47.4
燃气生产和供应业	Production and Supply of Gas	25.1	30.6	-8.8	29.4
水的生产和供应业	Production and Supply of Water	-37.7	-48.1	30.8	-2.0
建筑业	**Construction**	**-85.2**	**-86.2**		**-100.0**
房屋建筑业	Construction of Buildings	-68.3	-68.3		
土木工程建筑业	Civil Engineering	-94.0	-94.3		-100.0
建筑安装业	Building Installation				
建筑装饰、装修和其他建筑业	Building Decoration and Other Constructions	65.7			
批发和零售业	**Wholesale and Retail Trades**	**76.7**	**107.8**	**-42.2**	**-77.8**
批发业	Wholesale Trade	66.8	93.1	-57.8	-48.8
零售业	Retail Trade	90.2	128.4	55.4	-81.9
交通运输、仓储和邮政业	**Transport, Storage and Post**	**30.7**	**33.4**	**23.1**	**36.3**
铁路运输业	Railway Transport	99.9	103.4	-93.9	361.3
道路运输业	Road Transport	32.0	26.1	62.7	65.3
水上运输业	Water Transport	233.0	352.0	-86.1	4.8
航空运输业	Air Transport	129.1	114.9	2061.5	-100.0
管道运输业	Transport Via Pipelines	161.0	163.1	-88.4	237.2
多式联运和运输代理业	Intermodality and Forwarding Agency	-100.0	-100.0		-100.0
装卸搬运和仓储业	Loading, Unloading and Storage	-15.0	-7.3	-56.4	-76.3
邮政业	Post	-51.5	-52.0	-100.0	
住宿和餐饮业	**Hotels and Catering Services**	**-0.6**	**1.0**	**-87.1**	**-19.5**
住宿业	Hotels	7.5	8.1	-81.6	-5.3
餐饮业	Catering Services	-67.2	-71.0	-100.0	-41.5
信息传输、软件和信息技术服务业	**Information Transmission, Software and Information Technology**	**25.0**	**26.7**	**17.7**	**25.1**
电信、广播电视和卫星传输服务	Telecommunication, Radio and Television and Satellite Transmission Service	32.8	33.8	300.7	
互联网和相关服务	Internet and Related Service	31.3	30.9	40.9	59.6
软件和信息技术服务业	Software and Information Technology	10.8	16.2	-26.5	-34.4
金融业	**Financial Intermediation**	**-19.8**	**0.6**	**132.3**	**-81.9**
货币金融服务	Monetary and Financial Service	-10.3	19.8	132.3	-81.9
资本市场服务	Capital Market Service	-51.0	-51.0		
保险业	Insurance	-100.0	-100.0		
其他金融业	Other Financial Activities				

9-10 续表 2 continued

单位：% (%)

指　　标	Item	全部投资 Total Investment in Fixed Assets	#新建 New Construction	#扩建 Expansion	#改建和技术改造 Reconstruction and Technical Transformation
房地产业	**Real Estate**	**47.2**	**39.5**	**52.2**	**48.7**
租赁和商务服务业	**Leasing and Business Services**	**-23.0**	**-23.6**	**420.2**	**-1.4**
租赁业	Leasing	11.5	107.8	-100.0	191.0
商务服务业	Business Services	-23.2	-23.7	516.1	-23.2
科学研究和技术服务业	**Scientific Research and Technical Services**	**7.4**	**7.5**	**-83.1**	**349.4**
研究和试验发展	Research and Experimental Development	41.9	17.6	-50.1	3514.3
专业技术服务业	Professional Technical Services	-62.7	-59.4	-92.3	442.0
科技推广和应用服务业	Science and Technology Popularization and Application Services	20.5	20.2	-4.0	58.3
水利、环境和公共设施管理业	**Management of Water Conservancy, Environment and Public Facilities**	**17.5**	**22.8**	**-21.2**	**-18.0**
水利管理业	Management of Water Conservancy	26.4	22.6	179.5	-17.6
生态保护和环境治理业	Ecological Protection and Environmental Treatment	-32.6	-19.7	-66.6	-79.8
公共设施管理业	Management of Public Facilities	19.2	24.7	-41.9	-11.1
土地管理业	Management of Land	142.2	202.7	-100.0	220.4
居民服务、修理和其他服务业	**Service to Households, Repair and Other Services**	**103.5**	**110.1**	**180.8**	**-0.1**
居民服务业	Services to Households	137.2	152.0	178.3	2.9
机动车、电子产品和日用产品修理业	Repair of Motor Vehicle, Electronics and Household Products	-79.1	-82.3	269.2	
其他服务业	Other Services	252.4	298.7		-8.2
教育	**Education**	**5.5**	**3.6**	**44.4**	**40.6**
卫生和社会工作	**Health and Social Service**	**12.7**	**15.3**	**4.5**	**7.5**
卫生	Health	15.4	19.8	-0.5	4.5
社会工作	Social Service	-11.8	-16.2	427.8	55.4
文化、体育和娱乐业	**Culture, Sports and Entertainment**	**4.4**	**6.7**	**-38.1**	**-16.4**
新闻和出版业	Journalism and Publishing Activities				
广播、电视、电影和影视录音制作业	Radio, Television, Motion Picture and Videotape Programme Production Services	-18.8	-51.2	13577.0	-100.0
文化艺术业	Cultural and Art Activities	46.1	47.3	-84.9	37.8
体育	Sports Activities	-5.6	0.2	-100	-42.5
娱乐业	Entertainment	-40.7	-40.8	177.8	-85.9
公共管理、社会保障和社会组织	**Public Management, Social Security and Social Organization**	**43.3**	**47.5**	**-61.4**	**31.0**
中国共产党机关	Organs of Communist Party of China	-29.1	-68.1		
国家机构	Government Agencies	43.9	48.0	-61.4	34.1
人民政协、民主党派	People's Political Consultative Conference and Democratic Parties				
社会保障	Social Security	-80.4	-75.2		-100.0
群众团体、社会团体和其他成员组织	Mass Organizations, Social Organizations and Other Membership Organizations				
基层群众自治组织	Grass Roots Self-Governing Organizations	485.6	485.6		
国际组织	**International Organizations**				

9-11 各行业按隶属关系分固定资产投资(不含农户)比上年增长情况(2023年)

Growth Rate of Total Investment in Fixed Assets (Excluding Rural Households) over Preceding Year by Sector and Jurisdiction of Management (2023)

单位：% (%)

指标	Item	全部投资 Total Investment in Fixed Assets	中央 Central Government	地方 Local Governments
全省	**Provincial Average**	**6.3**	**-16.1**	**23.1**
农、林、牧、渔业	**Agriculture, Forestry, Animal Husbandry and Fishery**	**-17.9**	**-34.1**	**2.5**
农业	Farming	-14.1	-37.2	4.4
林业	Forestry	-42.8	-100.0	-42.9
畜牧业	Animal Husbandry	-28.2	94.4	3.1
渔业	Fishery	-20.9		143.4
农、林、牧、渔专业及辅助性活动	Professional and Support Activities for Agriculture, Forestry, Animal Husbandry and Fishery	23.8	-0.1	29.9
采矿业	**Mining**	**-16.9**	**-66.7**	**82.1**
煤炭开采和洗选业	Mining and Washing of Coal	43.0		25.9
石油和天然气开采业	Extraction of Petroleum and Natural Gas	-67.2	-67.2	
黑色金属矿采选业	Mining and Processing of Ferrous Metal Ores	-10.3		131.8
有色金属矿采选业	Mining and Processing of Non-ferrous Metal Ores	-13.8	-16.3	-100.0
非金属矿采选业	Mining and Processing of Non-metal Ores	-45.6		-94.6
开采专业及辅助性活动	Professional and Support Activities for Mining	-91.6	-100.0	-76.2
其他采矿业	Mining of Other Ores	-100.0		
制造业	**Manufacturing**	**12.6**	**-8.0**	**16.7**
农副食品加工业	Processing of Food from Agricultural Products	4.4	13.1	23.2
食品制造业	Manufacture of Foods	7.9	-44.5	59.2
酒、饮料和精制茶制造业	Manufacture of Alcohol, Beverages and Refined Tea	80.3		203.6
烟草制品业	Manufacture of Tobacco	35.5	35.5	
纺织业	Manufacture of Textile	-17.0		25.9
纺织服装、服饰业	Manufacture of Textile, Wearing Apparel and Accessories	10.6	126.9	139.4
皮革、毛皮、羽毛及其制品和制鞋业	Manufacture of Leather, Fur, Feather and Related Products and Footware	64.5		7992.8
木材加工和木、竹、藤、棕、草制品业	Processing of Timber, Manufacture of Wood, Bamboo, Rattan, Palm and Straw Products	63.3		-78.4
家具制造业	Manufacture of Furniture	-9.5		8.2
造纸及纸制品业	Manufacture of Paper and Paper Products	5.3		40.9
印刷和记录媒介复制业	Printing and Reproduction of Recording Media	38.4	311.1	88.4
文教、工美、体育和娱乐用品制造业	Manufacture of Articles for Culture, Education, Arts and Crafts, Sport and Entertainment Activities	26.8	3.5	605.4
石油、煤炭及其他燃料加工业	Processing of Petroleum, Coal and Other Fuels	-29.2	180.3	-49.5
化学原料及化学制品制造业	Manufacture of Raw Chemical Materials and Chemical Products	7.9	-88.6	78.0
医药制造业	Manufacture of Medicines	48.0	-26.4	518.7
化学纤维制造业	Manufacture of Chemical Fibres	-30.8		-88.4
橡胶和塑料制品业	Manufacture of Rubber and Plastics Products	9.7	235.4	966.1
非金属矿物制品业	Manufacture of Non-metallic Mineral Products	-22.5	6.2	-14.2
黑色金属冶炼和压延加工业	Smelting and Pressing of Ferrous Metals	8.3	-44.8	-11.1
有色金属冶炼和压延加工业	Smelting and Pressing of Non-ferrous Metals	-4.8	-100.0	-6.9
金属制品业	Manufacture of Metal Products	6.1	85.5	-88.7
通用设备制造业	Manufacture of General Purpose Machinery	1.6	46.9	14.7

9-11 续表 1 continued

单位：% (%)

指 标	Item	全部投资 Total Investment in Fixed Assets	中央 Central Government	地方 Local Governments
专用设备制造业	Manufacture of Special Purpose Machinery	12.4	-42.5	58.7
汽车制造业	Manufacture of Automobiles	44.2	-14.3	478.3
铁路、船舶、航空航天和其他运输设备制造业	Manufacture of Railway, Ship, Aerospace and Other Transport Equipments	13.2	-6.1	18.8
电气机械和器材制造业	Manufacture of Electrical Machinery and Apparatus	113.1	390.8	246.4
计算机、通信和其他电子设备制造业	Manufacture of Computers, Communication and Other Electronic Equipment	23.0	-39.1	84.6
仪器仪表制造业	Manufacture of Measuring Instruments and Machinery	78.3	1043.3	-10.0
其他制造业	Other Manufacture	-11.3		-67.7
废弃资源综合利用业	Utilization of Waste Resources	40.6	-100.0	24.2
金属制品、机械和设备修理业	Repair Service of Metal Products, Machinery and Equipment	80.2	-100.0	1466.3
电力、热力、燃气及水生产和供应业	**Production and Supply of Electricity, Heat, Gas and Water**	**-2.4**	**8.3**	**-18.8**
电力、热力生产和供应业	Production and Supply of Electric Power and Heat Power	10.8	-1.5	35.2
燃气生产和供应业	Production and Supply of Gas	25.1	388.5	-34.8
水的生产和供应业	Production and Supply of Water	-37.7	96.1	-42.6
建筑业	**Construction**	**-85.2**	**-97.4**	**-94.7**
房屋建筑业	Construction of Buildings	-68.3		-100.0
土木工程建筑业	Civil Engineering	-94.0	-97.4	-97.3
建筑安装业	Building Installation			
建筑装饰、装修和其他建筑业	Building Decoration and Other Constructions	65.7		-100.0
批发和零售业	**Wholesale and Retail Trades**	**76.7**	**71.2**	**434.0**
批发业	Wholesale Trade	66.8	97.6	278.3
零售业	Retail Trade	90.2	22.5	643.4
交通运输、仓储和邮政业	**Transport, Storage and Post**	**30.7**	**-32.7**	**49.9**
铁路运输业	Railway Transport	99.9	-31.8	601.7
道路运输业	Road Transport	32.0	-84.7	33.2
水上运输业	Water Transport	233.0	-87.4	301.4
航空运输业	Air Transport	129.1	33.1	1524.0
管道运输业	Transport Via Pipelines	161.0	-99.5	275.0
多式联运和运输代理业	Intermodality and Forwarding Agency	-100.0		-100.0
装卸搬运和仓储业	Loading, Unloading and Storage	-15.0	-42.4	-26.6
邮政业	Post	-51.5		-45.8
住宿和餐饮业	**Hotels and Catering Services**	**-0.6**	**-100**	**-15.6**
住宿业	Hotels	7.5	-100	-8.5
餐饮业	Catering Services	-67.2		-80.0
信息传输、软件和信息技术服务业	**Information Transmission, Software and Information Technology**	**25.0**	**70.0**	**60.2**
电信、广播电视和卫星传输服务	Telecommunication, Radio and Television and Satellite Transmission Service	32.8	37.8	4.4
互联网和相关服务	Internet and Related Service	31.3	116.7	148.9
软件和信息技术服务业	Software and Information Technology	10.8	-2.2	14.8

9-11 续表 2 continued

单位：% (%)

指标	Item	全部投资 Total Investment in Fixed Assets	中央 Central Government	地方 Local Governments
金融业	**Financial Intermediation**	**-19.8**	**-61.9**	**0.6**
货币金融服务	Monetary and Financial Service	-10.3	-61.9	2.0
资本市场服务	Capital Market Service	-51.0		-51.0
保险业	Insurance	-100.0		
其他金融业	Other Financial Activities			
房地产业	**Real Estate**	**-0.5**	**-27.5**	**49.4**
租赁和商务服务业	**Leasing and Business Services**	**-23.0**	**-67.9**	**-28.8**
租赁业	Leasing	11.5		174.5
商务服务业	Business Services	-23.2	-67.9	-29.6
科学研究和技术服务业	**Scientific Research and Technical Services**	**7.4**	**-21.4**	**47.5**
研究和试验发展	Research and Experimental Development	41.9	40.8	31.3
专业技术服务业	Professional Technical Services	-62.7	-61.9	-55.9
科技推广和应用服务业	Science and Technology Popularization and Application Services	20.5	-21.2	88.4
水利、环境和公共设施管理业	**Management of Water Conservancy, Environment and Public Facilities**	**17.5**	**131.9**	**21.3**
水利管理业	Management of Water Conservancy	26.4	139.5	24.8
生态保护和环境治理业	Ecological Protection and Environmental Treatment	-32.6	-29.8	-16.8
公共设施管理业	Management of Public Facilities	19.2	156.4	21.9
土地管理业	Management of Land	142.2	-96.4	210.7
居民服务、修理和其他服务业	**Service to Households, Repair and Other Services**	**103.5**	**-3.8**	**239.2**
居民服务业	Services to Households	137.2	-3.8	217.0
机动车、电子产品和日用产品修理业	Repair of Motor Vehicle, Electronics and Household Products	-79.1		
其他服务业	Other Services	252.4		522.3
教育	**Education**	**5.5**	**222.6**	**-2.9**
卫生和社会工作	**Health and Social Service**	**12.7**	**-7.9**	**26.1**
卫生	Health	15.4	-83.5	24.1
社会工作	Social Service	-11.8		89.9
文化、体育和娱乐业	**Culture, Sports and Entertainment**	**4.4**	**-100.0**	**13.7**
新闻和出版业	Journalism and Publishing Activities			
广播、电视、电影和影视录音制作业	Radio, Television, Motion Picture and Videotape Programme Production Services	-18.8	-100.0	-63.8
文化艺术业	Cultural and Art Activities	46.1		42.2
体育	Sports Activities	-5.6		6.1
娱乐业	Entertainment	-40.7	-100.0	-55.4
公共管理、社会保障和社会组织	**Public Management, Social Security and Social Organization**	**43.3**	**334.2**	**41.8**
中国共产党机关	Organs of Communist Party of China	-29.1		-68.1
国家机构	Government Agencies	43.9	306.1	42.2
社会保障	Social Security	-80.4		-76.9
群众团体、社会团体和其他成员组织	Mass Organizations, Social Organizations and Other Membership Organizations			
基层群众自治组织	Grass Roots Self-Governing Organizations	485.6		1304.3
国际组织	**International Organizations**			

9-12 各行业按登记注册统计类别分固定资产投资(不含农户)比上年增长情况(2023年)

Growth Rate of Total Investment in Fixed Assets (Excluding Rural Households) over Preceding Year by Sector and Registered Statistical Categories (2023)

单位：% (%)

指标	Item	全部投资 Total Investment in Fixed Assets	#内资 Domestic Funds	#港澳台商投资 Funds from Hong Kong, Macao and Taiwan	#外商投资 Foreign Funded
全省	**Provincial Average**	**6.3**	**7.2**	**35.6**	**31.2**
农、林、牧、渔业	**Agriculture, Forestry, Animal Husbandry and Fishery**	**-17.9**	**-15.8**	**-100.0**	
农业	Farming	-14.1	-13.0	-100.0	
林业	Forestry	-42.8	-42.3		
畜牧业	Animal Husbandry	-28.2	-24.1		
渔业	Fishery	-20.9	-20.2		
农、林、牧、渔专业及辅助性活动	Professional and Support Activities for Agriculture, Forestry, Animal Husbandry and Fishery	23.8	23.9		
采矿业	**Mining**	**-16.9**	**-16.7**	**55.0**	
煤炭开采和洗选业	Mining and Washing of Coal	43.0	43.0		
石油和天然气开采业	Extraction of Petroleum and Natural Gas	-67.2	-67.2		
黑色金属矿采选业	Mining and Processing of Ferrous Metal Ores	-10.3	-9.6	673.1	
有色金属矿采选业	Mining and Processing of Non-ferrous Metal Ores	-13.8	-21.3	26.8	
非金属矿采选业	Mining and Processing of Non-metal Ores	-45.6	-45.6		
开采专业及辅助性活动	Professional and Support Activities for Mining	-91.6	-91.6		
其他采矿业	Mining of Other Ores	-100.0	-100.0		
制造业	**Manufacturing**	**12.6**	**8.9**	**96.5**	**40.9**
农副食品加工业	Processing of Food from Agricultural Products	4.4	4.1	22.6	-29.2
食品制造业	Manufacture of Foods	7.9	13.7	27.2	-51.4
酒、饮料和精制茶制造业	Manufacture of Alcohol, Beverages and Refined Tea	80.3	82.1		-100.0
烟草制品业	Manufacture of Tobacco	35.5	35.5		
纺织业	Manufacture of Textile	-17.0	-17.4	928.3	-3.4
纺织服装、服饰业	Manufacture of Textile, Wearing Apparel and Accessories	10.6	10.9	-100.0	
皮革、毛皮、羽毛及其制品和制鞋业	Manufacture of Leather, Fur, Feather and Related Products and Footware	64.5	75.8	-58.5	
木材加工和木、竹、藤、棕、草制品业	Processing of Timber, Manufacture of Wood, Bamboo, Rattan, Palm and Straw Products	63.3	68.0		
家具制造业	Manufacture of Furniture	-9.5	-6.7		-89.6
造纸及纸制品业	Manufacture of Paper and Paper Products	5.3	9.1	-59.3	
印刷和记录媒介复制业	Printing and Reproduction of Recording Media	38.4	42.8	-78.7	
文教、工美、体育和娱乐用品制造业	Manufacture of Articles for Culture, Education, Arts and Crafts, Sport and Entertainment Activities	26.8	27.6	4350.0	-22.1
石油、煤炭及其他燃料加工业	Processing of Petroleum, Coal and Other Fuels	-29.2	-32.1	66.8	63.0
化学原料及化学制品制造业	Manufacture of Raw Chemical Materials and Chemical Products	7.9	7.0	-10.1	99.2
医药制造业	Manufacture of Medicines	48.0	58.4	-15.8	23.9
化学纤维制造业	Manufacture of Chemical Fibres	-30.8	-30.8		
橡胶和塑料制品业	Manufacture of Rubber and Plastics Products	9.7	9.6		-73.9
非金属矿物制品业	Manufacture of Non-metallic Mineral Products	-22.5	-24.8	41.6	396.3
黑色金属冶炼和压延加工业	Smelting and Pressing of Ferrous Metals	8.3	1.1	63.8	88.6
有色金属冶炼和压延加工业	Smelting and Pressing of Non-ferrous Metals	-4.8	-4.4		-2.5
金属制品业	Manufacture of Metal Products	6.1	7.5	-95.0	2.2
通用设备制造业	Manufacture of General Purpose Machinery	1.6	1.5		10.5
专用设备制造业	Manufacture of Special Purpose Machinery	12.4	10.7	198.2	16.9

9-12 续表 1 continued

单位：% (%)

指标	Item	全部投资 Total Investment in Fixed Assets	#内资 Domestic Funds	#港澳台商投资 Funds from Hong Kong, Macao and Taiwan	#外商投资 Foreign Funded
汽车制造业	Manufacture of Automobiles	44.2	33.8	81.7	85.7
铁路、船舶、航空航天和其他运输设备制造业	Manufacture of Railway, Ship, Aerospace and Other Transport Equipments	13.2	8.7		2210.6
电气机械和器材制造业	Manufacture of Electrical Machinery and Apparatus	113.1	117.6	-20.2	377.4
计算机、通信和其他电子设备制造业	Manufacture of Computers, Communication and Other Electronic Equipment	23.0	40.8	178.1	-81.1
仪器仪表制造业	Manufacture of Measuring Instruments and Machinery	78.3	77.6		-100.0
其他制造业	Other Manufacture	-11.3	-11.4		
废弃资源综合利用业	Utilization of Waste Resources	40.6	-40.4	1870.3	527.8
金属制品、机械和设备修理业	Repair Service of Metal Products, Machinery and Equipment	80.2	80.2		
电力、热力、燃气及水生产和供应业	**Production and Supply of Electricity, Heat, Gas and Water**	**-2.4**	**-4.5**	**58.7**	**185.9**
电力、热力生产和供应业	Production and Supply of Electric Power and Heat Power	10.8	8.4	97.6	265.0
燃气生产和供应业	Production and Supply of Gas	25.1	18.0	-20.8	124.8
水的生产和供应业	Production and Supply of Water	-37.7	-37.3	-100.0	
建筑业	**Construction**	**-85.2**	**-85.2**		
房屋建筑业	Construction of Buildings	-68.3	-68.3		
土木工程建筑业	Civil Engineering	-94.0	-94.0		
建筑安装业	Building Installation				
建筑装饰、装修和其他建筑业	Building Decoration and Other Constructions	65.7	65.7		
批发和零售业	**Wholesale and Retail Trades**	**76.7**	**83.8**	**-43.6**	**-100.0**
批发业	Wholesale Trade	66.8	68.8	-15.1	
零售业	Retail Trade	90.2	106.0	-47.4	-100.0
交通运输、仓储和邮政业	**Transport, Storage and Post**	**30.7**	**35.3**	**-53.4**	**-36.4**
铁路运输业	Railway Transport	99.9	99.6		
道路运输业	Road Transport	32	33.2	-78.1	-86.9
水上运输业	Water Transport	233.0	233.0		
航空运输业	Air Transport	129.1	129.1		
管道运输业	Transport Via Pipelines	161.0	158.7		
多式联运和运输代理业	Intermodality and Forwarding Agency	-100.0	-100.0		
装卸搬运和仓储业	Loading, Unloading and Storage	-15.0	-11.5	-39.8	-33.0
邮政业	Post	-51.5	16.8	-100.0	-68.3
住宿和餐饮业	**Hotels and Catering Services**	**-0.6**	**1.0**		**-82.1**
住宿业	Hotels	7.5	9.4		-82.1
餐饮业	Catering Services	-67.2	-67.5		
信息传输、软件和信息技术服务业	**Information Transmission, Software and Information Technology**	**25.0**	**31.1**	**-11.1**	**39.7**
电信、广播电视和卫星传输服务	Telecommunication, Radio and Television and Satellite Transmission Service	32.8	22.6	52.2	61.5
互联网和相关服务	Internet and Related Service	31.3	44.7	-21.9	53.4
软件和信息技术服务业	Software and Information Technology	10.8	10.7	31.7	-41.2
金融业	**Financial Intermediation**	**-19.8**	**-19.8**		
货币金融服务	Monetary and Financial Service	-10.3	-10.3		
资本市场服务	Capital Market Service	-51.0	-51.0		
保险业	Insurance	-100.0	-100.0		
其他金融业	Other Financial Activities				

9-12 续表 2 continued

单位：% (%)

指 标	Item	全部投资 Total Investment in Fixed Assets	#内资 Domestic Funds	#港澳台商投资 Funds from Hong Kong, Macao and Taiwan	#外商投资 Foreign Funded
房地产业	**Real Estate**	**-0.5**	**3.3**	**38.6**	**-56.3**
租赁和商务服务业	**Leasing and Business Services**	**-23.0**	**-26.0**	**156.8**	**578.8**
租赁业	Leasing	11.5	11.5		
商务服务业	Business Services	-23.2	-26.3	156.8	578.8
科学研究和技术服务业	**Scientific Research and Technical Services**	**7.4**	**9.2**	**-62.4**	**-100.0**
研究和试验发展	Research and Experimental Development	41.9	43.6	-100.0	-100.0
专业技术服务业	Professional Technical Services	-62.7	-59.6	-100.0	
科技推广和应用服务业	Science and Technology Popularization and Application Services	20.5	20.5		-100.0
水利、环境和公共设施管理业	**Management of Water Conservancy, Environment and Public Facilities**	**17.5**	**17.6**	**-80.3**	**183.0**
水利管理业	Management of Water Conservancy	26.4	26.4		
生态保护和环境治理业	Ecological Protection and Environmental Treatment	-32.6	-32.1	-79.5	-55.4
公共设施管理业	Management of Public Facilities	19.2	19.1	-81.4	273.2
土地管理业	Management of Land	142.2	142.2		
居民服务、修理和其他服务业	**Service to Households, Repair and Other Services**	**103.5**	**106.4**		
居民服务业	Services to Households	137.2	139.3		
机动车、电子产品和日用产品修理业	Repair of Motor Vehicle, Electronics and Household Products	-79.1	-78.2		
其他服务业	Other Services	252.4	252.4		
教育	**Education**	**5.5**	**5.5**		
卫生和社会工作	**Health and Social Service**	**12.7**	**12.7**		
卫生	Health	15.4	15.4		
社会工作	Social Service	-11.8	-11.8		
文化、体育和娱乐业	**Culture, Sports and Entertainment**	**4.4**	**4.0**	**238.7**	
新闻和出版业	Journalism and Publishing Activities				
广播、电视、电影和影视录音制作业	Radio, Television, Motion Picture and Videotape Programme Production Services	-18.8	-18.8		
文化艺术业	Cultural and Art Activities	46.1	46.1		
体育	Sports Activities	-5.6	-5.6		
娱乐业	Entertainment	-40.7	-42.5	238.7	
公共管理、社会保障和社会组织	**Public Management, Social Security and Social Organization**	**43.3**	**43.3**		
中国共产党机关	Organs of Communist Party of China	-29.1	-29.1		
国家机构	Government Agencies	43.9	43.9		
人民政协、民主党派	People's Political Consultative Conference and Democratic Parties				
社会保障	Social Security	-80.4	-80.4		
群众团体、社会团体和其他成员组织	Mass Organizations, Social Organizations and Other Membership Organizations				
基层群众自治组织	Grass Roots Self-Governing Organizations	485.6	485.6		
国际组织	**International Organizations**				

9-13 各行业按控股情况分固定资产投资(不含农户)比上年增长情况(2023年)
Growth Rate of Total Investment in Fixed Assets (Excluding Rural Households) over Preceding Year by Sector and Holding Type (2023)

单位：% (%)

指 标	Item	全部投资 Total Investment in Fixed Assets	#国有控股 State-holding	#集体控股 Collective-holding	#私人控股 Private-holding
全 省	**Provincial Average**	**6.3**	**15.2**	**-13.5**	**2.5**
农、林、牧、渔业	**Agriculture, Forestry, Animal Husbandry and Fishery**	**-17.9**	**0.2**	**12.8**	**-30.7**
农业	Farming	-14.1	1.7	56.9	-29.0
林业	Forestry	-42.8	-42.6	-100.0	-52.5
畜牧业	Animal Husbandry	-28.2	5.5	104.5	-35.3
渔业	Fishery	-20.9	6.3		-32.5
农、林、牧、渔专业及辅助性活动	Professional and Support Activities for Agriculture, Forestry, Animal Husbandry and Fishery	23.8	26.3	-84.7	26.3
采矿业	**Mining**	**-16.9**	**27.5**	**-100.0**	**-42.7**
煤炭开采和洗选业	Mining and Washing of Coal	43.0	25.9		169.5
石油和天然气开采业	Extraction of Petroleum and Natural Gas	-67.2	-67.2		
黑色金属矿采选业	Mining and Processing of Ferrous Metal Ores	-10.3	144.7	-100.0	-48.2
有色金属矿采选业	Mining and Processing of Non-ferrous Metal Ores	-13.8	-16.3		-22.2
非金属矿采选业	Mining and Processing of Non-metal Ores	-45.6	-94.1		-38.5
开采专业及辅助性活动	Professional and Support Activities for Mining	-91.6	-90.0	-100.0	
其他采矿业	Mining of Other Ores	-100.0			-100.0
制造业	**Manufacturing**	**12.6**	**11.2**	**-72.8**	**13.9**
农副食品加工业	Processing of Food from Agricultural Products	4.4	24.1	32.3	-1.1
食品制造业	Manufacture of Foods	7.9	115.6	26.0	-6.7
酒、饮料和精制茶制造业	Manufacture of Alcohol, Beverages and Refined Tea	80.3	86.2		81.7
烟草制品业	Manufacture of Tobacco	35.5	35.5		
纺织业	Manufacture of Textile	-17.0	56.5	234.4	-20.9
纺织服装、服饰业	Manufacture of Textile, Wearing Apparel and Accessories	10.6	193.8	-100.0	1.2
皮革、毛皮、羽毛及其制品和制鞋业	Manufacture of Leather, Fur, Feather and Related Products and Footware	64.5			33.0
木材加工和木、竹、藤、棕、草制品业	Processing of Timber, Manufacture of Wood, Bamboo, Rattan, Palm and Straw Products	63.3	-100.0	400.0	76.1
家具制造业	Manufacture of Furniture	-9.5			-8.5
造纸及纸制品业	Manufacture of Paper and Paper Products	5.3	111.8	-92.1	0.3
印刷和记录媒介复制业	Printing and Reproduction of Recording Media	38.4	129.4		34.4
文教、工美、体育和娱乐用品制造业	Manufacture of Articles for Culture, Education, Arts and Crafts, Sport and Entertainment Activities	26.8	473.8	-100.0	14.5
石油、煤炭及其他燃料加工业	Processing of Petroleum, Coal and Other Fuels	-29.2	-43.1		-25.0
化学原料及化学制品制造业	Manufacture of Raw Chemical Materials and Chemical Products	7.9	12.9		8.9
医药制造业	Manufacture of Medicines	48.0	407.8	-78.3	30.3
化学纤维制造业	Manufacture of Chemical Fibres	-30.8	-87.3		0.1
橡胶和塑料制品业	Manufacture of Rubber and Plastics Products	9.7	412.7		6.1
非金属矿物制品业	Manufacture of Non-metallic Mineral Products	-22.5	-18.7	-27.6	-24.0
黑色金属冶炼和压延加工业	Smelting and Pressing of Ferrous Metals	8.3	-16.5	-97.6	41.3
有色金属冶炼和压延加工业	Smelting and Pressing of Non-ferrous Metals	-4.8	-12.3		15.7
金属制品业	Manufacture of Metal Products	6.1	-84.1	-45.7	8.1
通用设备制造业	Manufacture of General Purpose Machinery	1.6	19.4	122.5	-0.6
专用设备制造业	Manufacture of Special Purpose Machinery	12.4	52.1	-58.1	9.3
汽车制造业	Manufacture of Automobiles	44.2	593.3	-21.1	20.6

9-13 续表 1 continued

单位：% (%)

指　　标	Item	全部投资 Total Investment in Fixed Assets	#国有控股 State-holding	#集体控股 Collective-holding	#私人控股 Private-holding
铁路、船舶、航空航天和其他运输设备制造业	Manufacture of Railway, Ship, Aerospace and Other Transport Equipments	13.2	-3.4		12.1
电气机械和器材制造业	Manufacture of Electrical Machinery and Apparatus	113.1	311.8	8420.8	69.3
计算机、通信和其他电子设备制造业	Manufacture of Computers, Communication and Other Electronic Equipment	23.0	54.9		30.5
仪器仪表制造业	Manufacture of Measuring Instruments and Machinery	78.3	-0.2		93.0
其他制造业	Other Manufacture	-11.3	-67.7		-2.6
废弃资源综合利用业	Utilization of Waste Resources	40.6	54.9	-92.5	43.9
金属制品、机械和设备修理业	Repair Service of Metal Products, Machinery and Equipment	80.2	94.2		3.7
电力、热力、燃气及水生产和供应业	**Production and Supply of Electricity, Heat, Gas and Water**	**-2.4**	**-9.8**	**1735.3**	**10.0**
电力、热力生产和供应业	Production and Supply of Electric Power and Heat Power	10.8	9.8	3023.0	5.1
燃气生产和供应业	Production and Supply of Gas	25.1	26.6		44.0
水的生产和供应业	Production and Supply of Water	-37.7	-43.2	-100.0	57.9
建筑业	**Construction**	**-85.2**	**-94.7**		**44.7**
房屋建筑业	Construction of Buildings	-68.3	-100.0		
土木工程建筑业	Civil Engineering	-94.0	-97.3		-54.3
建筑安装业	Building Installation				
建筑装饰、装修和其他建筑业	Building Decoration and Other Constructions	65.7	-100.0		
批发和零售业	**Wholesale and Retail Trades**	**76.7**	**423.6**	**275.7**	**30.1**
批发业	Wholesale Trade	66.8	269.8	115.1	38.5
零售业	Retail Trade	90.2	635.6	1562.4	17.1
交通运输、仓储和邮政业	**Transport, Storage and Post**	**30.7**	**34.8**	**-53.8**	**38.1**
铁路运输业	Railway Transport	99.9	104.3		4.1
道路运输业	Road Transport	32.0	30.9	123.6	45.2
水上运输业	Water Transport	233.0	179.4		548.9
航空运输业	Air Transport	129.1	98.9		
管道运输业	Transport Via Pipelines	161.0	270.7		-61.7
多式联运和运输代理业	Intermodality and Forwarding Agency	-100.0			-100.0
装卸搬运和仓储业	Loading, Unloading and Storage	-15.0	-27.9	-82.0	23.7
邮政业	Post	-51.5	-45.8	-100.0	33.2
住宿和餐饮业	**Hotels and Catering Services**	**-0.6**	**-18.8**	**-65.0**	**13.3**
住宿业	Hotels	7.5	-11.3	-73.0	23.4
餐饮业	Catering Services	-67.2	-85.1	-56.8	-58.6
信息传输、软件和信息技术服务业	**Information Transmission, Software and Information Technology**	**25.0**	**66.4**		**2.1**
电信、广播电视和卫星传输服务	Telecommunication, Radio and Television and Satellite Transmission Service	32.8	19.7		-20.9
互联网和相关服务	Internet and Related Service	31.3	136.8		-1.8
软件和信息技术服务业	Software and Information Technology	10.8	8.7		12.7
金融业	**Financial Intermediation**	**-19.8**	**-20.4**	**200.3**	**-100.0**
货币金融服务	Monetary and Financial Service	-10.3	-19.7	200.3	-100.0
资本市场服务	Capital Market Service	-51.0	-51.0		
保险业	Insurance	-100.0			-100.0
其他金融业	Other Financial Activities				

9–13 续表 2 continued

单位：% (%)

指 标	Item	全部投资 Total Investment in Fixed Assets	#国有控股 State-holding	#集体控股 Collective-holding	#私人控股 Private-holding
房地产业	**Real Estate**	**-0.5**	**29.4**	**33.4**	**-3.6**
租赁和商务服务业	**Leasing and Business Services**	**-23.0**	**-38.3**	**99.9**	**20.3**
租赁业	Leasing	11.5	222.1		-70.1
商务服务业	Business Services	-23.2	-39.0	99.9	22.6
科学研究和技术服务业	**Scientific Research and Technical Services**	**7.4**	**30.9**	**2356.8**	**-12.7**
研究和试验发展	Research and Experimental Development	41.9	-7.6		300.0
专业技术服务业	Professional Technical Services	-62.7	-58.8	1056.8	-60.0
科技推广和应用服务业	Science and Technology Popularization and Application Services	20.5	82.1		-22.3
水利、环境和公共设施管理业	**Management of Water Conservancy, Environment and Public Facilities**	**17.5**	**20.4**	**-59.7**	**-20.3**
水利管理业	Management of Water Conservancy	26.4	23.3		195.1
生态保护和环境治理业	Ecological Protection and Environmental Treatment	-32.6	-19.5	-97.5	-71.8
公共设施管理业	Management of Public Facilities	19.2	21.4	-68.4	-2.3
土地管理业	Management of Land	142.2	127.9		220.4
居民服务、修理和其他服务业	**Service to Households, Repair and Other Services**	**103.5**	**257.8**	**-47.4**	**-32.0**
居民服务业	Services to Households	137.2	235.3	-42.8	16.3
机动车、电子产品和日用产品修理业	Repair of Motor Vehicle, Electronics and Household Products	-79.1		-100.0	-78.5
其他服务业	Other Services	252.4	522.3		-89.7
教育	**Education**	**5.5**	**-2.7**	**-20.3**	**39.4**
卫生和社会工作	**Health and Social Service**	**12.7**	**20.8**	**-32.6**	**-33.6**
卫生	Health	15.4	18.3	-38.9	-7.4
社会工作	Social Service	-11.8	102.9		-53.8
文化、体育和娱乐业	**Culture, Sports and Entertainment**	**4.4**	**13.9**	**112.1**	**-21.1**
新闻和出版业	Journalism and Publishing Activities				
广播、电视、电影和影视录音制作业	Radio, Television, Motion Picture and Videotape Programme Production Services	-18.8	-67.0	-100.0	
文化艺术业	Cultural and Art Activities	46.1	40.6	898.0	61.9
体育	Sports Activities	-5.6	5.5		-92.7
娱乐业	Entertainment	-40.7	-49.9	-91.8	-40.8
公共管理、社会保障和社会组织	**Public Management, Social Security and Social Organization**	**43.3**	**45.5**	**885.0**	**-100.0**
中国共产党机关	Organs of Communist Party of China	-29.1	-68.1		
国家机构	Government Agencies	43.9	48.0	-100.0	-100.0
人民政协、民主党派	People's Political Consultative Conference and Democratic Parties				
社会保障	Social Security	-80.4	-71.0		
群众团体、社会团体和其他成员组织	Mass Organizations, Social Organizations and Other Membership Organizations				
基层群众自治组织	Grass Roots Self-Governing Organizations	485.6	-42.2		
国际组织	**International Organizations**				

主要统计指标解释

全社会固定资产投资 是以货币形式表现的在一定时期内全社会建造和购置固定资产的工作量以及与此有关费用的总称。该指标是反映固定资产投资规模、结构和发展速度的综合性指标。全社会固定资产投资按登记注册类型可分为国有、集体、联营、股份制、私营和个体、港澳台商、外商、其他等。

固定资产投资（不含农户） 指城镇和农村各种登记注册统计类别的企业、事业、行政单位及城镇个体户进行的计划总投资 500 万元及以上的建设项目投资和房地产开发投资，包括原口径的城镇固定资产投资加上农村企事业组织项目投资，该口径自 2011 年起开始使用。

民间固定资产投资 指具有集体、私营、个人性质的内资调查单位以及由其控股（包括绝对控股和相对控股）的调查单位在中华人民共和国境内建造或购置固定资产的投资。

基础设施投资 指为社会生产和生活提供基础性、大众性服务的工程和设施，是社会赖以生存和发展的基本条件。包括以下行业投资：铁路运输业、道路运输业、水上运输业、航空运输业、管道运输业、多式联运和运输代理业、装卸搬运业、邮政业、电信广播电视和卫星传输服务业、互联网和相关服务业、水利管理业、生态保护和环境治理业、公共设施管理业。

实际到位资金 指用于固定资产投资的各种货币资金。包括国家预算资金、国内贷款、利用外资、自筹资金和其他资金。

国家预算资金 国家预算包括一般预算、政府性基金预算、国有资本经营预算和社保基金预算。各类预算中用于固定资产投资的资金全部作为国家预算资金填报，其中一般预算中用于固定资产投资的部分包括基建投资、车购税、灾后恢复重建基金和其他财政投资。各级政府债券也应归入国家预算资金。

国内贷款 指报告期固定资产投资项目单位向银行及非银行金融机构借入用于固定资产投资的各种国内借款，包括银行利用自有资金及吸收存款发放的贷款、上级拨入的国内贷款、国家专项贷款（包括煤代油贷款、劳改煤矿专项贷款等），地方财政专项资金安排的贷款、国内储备贷款、周转贷款等。

利用外资 指报告期收到的境外（包括外国及港澳台地区）资金（包括设备、材料、技术在内）。包括对外借款（外国政府贷款、国际金融组织贷款、出口信贷、外国银行商业贷款、对外发行债券和股票）、外商直接投资、外商其他投资（包括补偿贸易、加工装配由外商提供的设备价款、国际租赁、外商投资收益的再投资资金）。不包括我国自有外汇资金（国家外汇、地方外汇、留成外汇、调剂外汇和国内银行自有资金发放的外汇贷款等）。各类外资按报告期的外汇牌价（中间价）折成人民币计算。

自筹资金 指在报告期内筹集的用于项目建设和购置的资金。包括自有资金、股东投入资金和借入资金，但不包括各类财政性资金、从各类金融机构借入资金和国外资金。

其他资金来源 指在报告期收到的除以上各种资金之外的用于固定资产投资的资金。包括社会集资、个人资金、无偿捐赠的资金及其他单位拨入的资金等。

固定资产投资按国民经济行业分 指根据其从事的社会经济活动性质对各类单位进行的分类。应根据建设项目建成投产后的主要产品种类或主要用途及社会经济活动种类来划分，不能根据项目单位本身的行业类别来划分。如果项目投产后有几种产品，应根据主要产品来确定行业类别。一般情况下，一个建设项目只能属于一种国民经济行业。

固定资产投资按隶属关系分 是按建设单位或企业、事业、行政单位的主管上级机关确定的。

（1）中央 是指中共中央、人大常委会和国务院各部、委、局、总公司以及直属机构直接领导的建设项目和企业、事业、行政单位。这些单位的固定资产投资计划由国务院各部门直接编制和下达，统一组织或委托下级实施。包括有中央垂直管理的部门（如国家统计局各级调查队）和中央直属企业、事业单位（如工商银行、中国电信、中国石油）等。

（2）地方 是由省（自治区、直辖市）、地（区、市、州、盟）、县（区、市、旗）三级政府及业务主管部门直接领导和管理的建设项目、企业、事业、行政单位。地方项目还包括不隶属以上各级政府及主管部门的建设项目和企业、事业单位，如外商投资企业和无主管部门的企业等。

固定资产投资按建设性质分 按整个建设项目情况来确定。建设项目的性质一般分为新建、扩建、改建和技术改造、单纯建造生活设施、迁建、恢复、单纯购置。农户投资不划分建设性质。

（1）新建 指从无到有"平地起家"开始建设的项目。现有企业、事业、行政单位投资的项目一般不属于新建。但如有的单位原有基础很小，经过建设后新增的固定资产价值超过该企业、事业、行政单位原有固定资产价值（原值）三倍以上的，也应作为新建。

（2）扩建 指在厂内或其他地点，为扩大原有产品的生产能力（或效益）或增加新的产品生产能力，而增建的生产车间（或主要工程）、分厂、独立的生产线等项目。行政、事业单位在原单位增建业务性用房（如学校增建教学用房、医院增建门诊部、病房等）也作为扩建。

现有企、事业单位为扩大原有主要产品生产能力或增加新的产品生产能力，增建一个或几个主要生产车间（或主要工程）、分厂，同时进行一些更新改造工程的，也应作为扩建。

（3）改建和技术改造 指现有企业、事业单位对原有设施进行技术改造或更新（包括相应配套的辅助性生产、生活福利设施）的建设项目。改建项目包括企业、事业单位为适应市场变化的需要，而改变企业的主要产品种类（如军工企业转民用产品等）的建设项目；原有产品生产作业线由于各工序（车间）之间能力不平衡，为填平补齐充分发挥原有生产能力而增建但不增加主要产品生产能力的建设项目。技术改造是指企业、事业单位在现有基础上用先进的技术代替落后的技术，用先进的工艺和装备代替落后的工艺和装备，以改变企业落后的技术经济面貌，实现以内涵为主的扩大再生产，达到提高产品质量、促进产品更新换代、节约能源、降低消耗、扩大生产规模、全面提高社会经效益的目的。技术改造具体包括以下内容：机器设备和工具的更新改造；生产工艺改革、节约能源和原材料的改造；厂房建筑和公共设施的改造；保护环境进行的“三废”治理改造；劳动条件和生产环境的改造等。

固定资产投资按构成分

（1）建筑工程 指各种房屋、建筑物的建造工程。这部分投资额必须兴工动料，通过施工活动才能实现，是固定资产投资额的重要组成部分。

（2）安装工程 指各种设备、装置的安装工程。

在安装工程中，不包括被安装设备本身价值。

（3）设备工器具购置 指报告期内购置或自制的，达到固定资产标准的设备、工具、器具的价值。新建单位及扩建单位的新建车间，按照设计或计划要求购置或自制的全部设备、工具、器具，不论是否达到固定资产标准均计入“设备工器具购置”中。

（4）其他费用 指在固定资产建造和购置过程中发生的，除建筑安装工程和设备、工器具购置投资完成额以外的应当分摊计入固定资产投资的费用，不指经营中财务上的其他费用。

Explanatory Notes on Main Statistical Indicators

Total Investment in Fixed Assets in the Whole Country refers to the volume of activities in construction and purchases of fixed assets of the whole country and related fees, expressed in monetary terms during the reference period. It is a comprehensive indicator which shows the size, structure and growth of the investment in fixed assets, providing a basis for observing the progress of construction projects and evaluating results of investment. Total investment in fixed assets in the whole country includes, by type of ownership, the investment by State-owned units, collective-owned units, joint ownership units, share-holding units, private units, individuals as well as investments by entrepreneurs from Hong Kong, Macao and Taiwan, foreign investors and others.

Investment in Fixed Assets (Excluding Rural Households) refers to the investment in construction projects with a total planned investment of 5 million yuan and over by enterprises of various ownerships, institutions, administrative units and urban self-employed individuals, and the investment in real estate development in both urban and rural areas. Since 2011, it covers the urban investment in fixed assets under the previous statistical coverage plus project investments by rural enterprises and institutions.

Non-governmental Investment in Fixed Assets refers to the investment in the construction or purchase of fixed assets in the territory of the People's Republic of China by domestic-funded enterprises and institutions with collective, private and personal nature and by enterprises and institutions controlled by them (including absolute and relative holding).

Infrastructure Investment refers to projects and facilities that provide basic and popular services for social production and life. It is the basic condition for the survival and development of society. It includes: railway transport, road transport, water transport, air transport, pipeline transport, multimodal transport and transport agent Intermodality and Forwarding Agency, loading and unloading, posts, telecommunications, radio and television and satellite transmission services, Internet and related services, water management industry, ecological protection and environmental governance, public facilities management.

Actual Funds for Investment refer to all kinds of monetary funds used for fixed assets investment. It includes state budget funds, domestic loans, foreign capital utilization, self-raising funds and other funds.

Fund from the State Budget State budget consists of general budget, government fund budget, operation budget of state-owned assets and social security fund budget. Funds for investment in fixed assets from various budgets are reported as fund from the state budget, of which, the general budget utilized on fixed assets investment includes investment on infrastructure construction, vehicle purchase tax, post-disaster restoration and reconstruction funds and other financial investment. Government bonds at all levels should also be included.

Domestic Loans refer to loans of various forms borrowed by investing units from banks and non-bank financial institutions during the reference period for the purpose of investment in fixed assets, including loans issued by banks from their self-owned funds and deposit, loans appropriated by higher responsible authorities, special loans by government (including loan for substituting petroleum with coal, special loans for reform-through-labour coal mines), loans arranged by local government from special funds, domestic reserve loan, and revolving loan, etc.

Foreign Investment refers to overseas (including foreign countries, Hong Kong, Macao and Taiwan) funds received during the reference period (covering equipment, materials and technology), including foreign borrowings (loans from foreign governments and international financial institutions, export credit, commercial loans from foreign banks, issue of bonds and stocks overseas), foreign direct investment and other foreign investments (including funds from foreign direct investment income that are reinvested in fixed assets domestically). Excluded from this category is capital in foreign exchanges owned by China (foreign exchanges owned by the central and local governments, foreign exchanges retained by enterprises, foreign exchanges by enterprises through the regulating mechanism, loans in foreign exchanges issued by the Bank of China with its own fund, etc.). In calculating the utilization of foreign capital, foreign currencies are converted into Chinese Renminbi applying the exchange rate (central parity rate) at the end of the reference period.

Self-raised Funds refer to funds for investment in fixed assets received during the reference period by investing units, including investment in fixed assets using own funds of various enterprises and institutions or funds raised from other units other than financial funds, funds borrowed from financial institutions and overseas funds.

Other Funds refer to funds for investment in fixed assets received from sources other than those listed above, including funds raised from individuals and through donations, and funds transferred from other units.

Investment in Fixed Assets by Sector refers to the classification of investment by the nature of social economic activities the investing units are engaged in. The classification of construction projects by sector is determined by the major products or the purpose of the projects when they are put into production or use, and by the nature of their social economic activities, instead of being determined by industrial classification of the project enterprises. The project will be classified according to major product if there are several kinds of products yielded. In general, one project can only be classified into one sector.

Investment in Fixed Assets by Jurisdiction of Management refers to the classification of investment by the competent authorities under which investment is made by construction units, enterprises, institutions or administrative units.

(1) Central investment refers to the investment in projects or by enterprises, institutions or administrative units which are under the direct leadership and management of the State Council and of the national commissions, ministries, agencies and State-owned large corporations. Various ministries and departments of the State Council prepare and implement plans through unified organization or lower-level commissions, which include departments direct under central government (i.e. survey offices at all level of the National Bureau of Statistics) and enterprises and institutions directly under central government (like the Industrial and Commercial Bank of China, China Telecom and China National Petroleum Corporation).

(2) Local investment refers to the investment in projects or by enterprises, institutions or administrative units which are under the direct leadership and management of competent departments and governments at the level of province (autonomous regions and municipalities directly under the Central Government), prefecture (prefectures, cities and leagues) and county (districts, cities and banners). Also included are projects by foreign-invested enterprises and enterprises without competent managing authorities.

Investment in Fixed Assets by Type of Construction Construction projects in general can be classified, by the type of construction, into new construction, expansion, reconstruction and technical transformation, purely construction of living facilities, moving, restoration and purely purchasing. However, investment by type of construction is not applied to investment by real-estate development units and investment by rural households.

(1) New construction in general refers to construction projects, which start from scratch. The existing projects invested by enterprises, institutions and administrative agencies cannot be classified as new construction. In case the size of the existing unit is quite small, and the value of newly added fixed assets is more than three times of the original value, the expansion will be considered as new construction.

(2) Expansion refers to projects of construction of new production workshop, branch factory or independent production line within a factory or in other locations, for the purpose of increasing the production capacity (or improving efficiency) or adding new production capacity. Newly constructed accommodation for the operation of institutions and administrative organizations (such as newly constructed buildings for teaching in schools, buildings for clinics or wards in hospitals, etc.) are also classified as expansion.

Also included in expansion are investments by existing enterprises or institutions in building major production line(s) or branch factory(ies) along with some work on innovation, for the purpose of expanding the production capacity of original products or producing new products.

(3) Reconstruction and technical transformation refers to construction projects by existing enterprises or institutions in innovation or technical transformation of the old facilities (including auxiliary production equipment and welfare facilities). Also considered as reconstruction is the construction of new workshops by the existing enterprises or institutions to change the variety of products to meet the market demand (such as the production of civil products by defence industries), or to bring the designed production capacity into full play through a more balanced production process on production lines. Technical transformation refers to replacement of old technology or equipment by new technology or equipment, in order to expand the reproduction through improvement of technology contents in production, to improve product quality, to promote new products, to save energy, to reduce consumption, to expand the production scale and to improve overall social-economic efficiency. Contents of technical transformation include: updating of machinery, equipment and tools; reforming production process by using energy or materials saving technology; construction of factory workshops and transformation of public facilities; treatment transformation of "three wastes" (waste gas, waste water and industrial residue) aiming at environmental protection; improvement of working conditions and environment, etc.

Investment in Fixed Assets by Structure

(1) Construction refers to the construction of houses and buildings, also known as work volume of construction. This part of investment can only be achieved through construction activities, it is the major component of the total investment in fixed assets.

(2) Installation refers to the installation of various kinds of equipment and instruments, also known as work volume of installation.

The value of equipment installed itself is not included in the value of installation projects.

(3) Purchase of equipment and instruments refers to the total value of equipment, tools, and instruments purchased or self-produced which come up to the cut-off point for fixed assets during the reference period. Equipment, tools and instruments purchased or self-produced for new workshops by newly established or expanded units are categorized as "purchase of equipment and instruments" no matter whether they come up to the cut-off point for fixed assets.

(4) Other expenses refer to expenses arising during the construction or purchase of fixed assets other than those expenses on construction, installation and purchase of equipment and instruments. Other financial expenses arising in operation are not included.

对外经济贸易
International Trade and Economic Cooperation

简 要 说 明

本篇资料综合反映河北省的货物贸易、利用外资、对外直接投资、对外经济合作的发展状况。

一、货物贸易统计的资料来源于石家庄海关。

二、利用外资统计的主要内容包括：实际使用外资情况，外商投资企业登记注册情况。资料来源于省商务厅。

三、对外直接投资部分的统计范围主要包括境内投资者通过直接投资方式在境外拥有或控制10%或以上股权、投票权或其他等价利益的各类公司型和非公司型的境外直接投资企业。

资料来源于河北省商务厅，调查方法是全面调查。

四、对外经济合作统计的主要内容包括：对外承包工程的合同数、合同金额、完成营业额以及对外劳务合作派出人数、年末在外人数等。统计范围是发生对外承包工程业务的企业或单位，有对外劳务合作经营资格的企业以及海员外派机构。

资料来源于河北省商务厅，调查方法是全面调查。

五、本篇资料由石家庄海关、河北省商务厅整理提供。

六、资料整理：鲍盛民　彭博　袁笑妍　张美竹

Brief Introduction

The data in this chapter comprehensively reflects the development status of Hebei's trade in goods, foreign capital utilization, foreign direct investment and foreign economic cooperation.

Ⅰ.Sources of data on trade in goods are from the Shijiazhuang Customs.

Ⅱ.The main contents of the statistics on the utilization of foreign capital include: the actual utilization of foreign capital and the registration of foreign-invested enterprises. Data are from the Provincial Department of Commerce.

Ⅲ.The statistical scope of OFDI mainly includes all kinds of foreign direct investment enterprises of corporate type and non-corporate type that domestic investors own or control 10% or more equity, voting rights or other equivalent interests overseas through direct investment.

The data comes from the Department of Commerce of Hebei Province, and the survey method is comprehensive survey.

Ⅳ.The main contents of statistics on foreign economic cooperation include: the number of contracts contracted for foreign projects, the contract amount, the turnover completed, the number of personnel dispatched for foreign labor cooperation, and the number of personnel traveling at the end of the year. The statistical scope includes enterprises or units engaged in foreign contracted projects, enterprises with operation qualifications of foreign labor cooperation and seafarers' dispatched institutions.

The data comes from the Department of Commerce of Hebei Province, and the survey method is comprehensive survey.

Ⅴ. This paper is compiled and provided by Shijiazhuang Customs and the Department of Commerce of Hebei Province.

Ⅵ. Data collection: Bao Shengmin, Peng Bo, Yuan Xiaoyan, Zhang Meizhu.

10-1 对外经济贸易基本情况
International Trade and Economic Cooperation

指　标	Item	2020	2021	2022	2023
货物进出口总额(亿元人民币)	**Import and Export of Goods (RMB 100 million yuan)**	**4456.8**	**5338.2**	**5418.9**	**5828.4**
出口总额	Exports	2520.8	2956.4	3207.4	3504.2
进口总额	Imports	1936.0	2381.7	2211.5	2324.2
进出口差额	Balance	584.8	574.7	995.9	1180.0
货物进出口总额(亿美元)	**Import and Export of Goods (USD 100 million)**	**644.7**	**826.1**	**811.6**	**827.9**
出口总额	Exports	364.5	457.6	480.5	497.9
进口总额	Imports	280.2	368.6	331.1	330.0
进出口差额	Balance	84.3	89.0	149.4	167.9
实际使用外资额(亿美元)	**Total Amount of Foreign Investment Actually Utilized (USD 100 million)**	**13.6**	**15.4**	**16.6**	**17.5**
新设立外商直接投资企业数(个)	**Newly Established Foreign-Invested Enterprises (FIEs) (unit)**	**348**	**389**	**442**	**521**
对外直接投资流量(亿美元)	**Outward Direct Investment (USD 100 million)**	**12.5**	**27.5**	**27.6**	**25.2**
对外经济合作(亿美元)	**Economic Cooperation with Foreign Countries & Regions (USD 100 million)**				
对外承包工程合同金额	Contracted Value of Contracted Projects	30.7	31.7	38.0	30.6
对外承包工程完成营业额	Value of Turnover Fulfilled of Contracted Projects	27.7	27.8	30.3	34.3

10-2 货物进出口总额
International Trade in Goods

年 份	亿元人民币 RMB 100 million				万美元 USD 10000			
	进出口总额 Total	出口总额 Exports	进口总额 Imports	差 额 Balance	进出口总额 Total	出口总额 Exports	进口总额 Imports	差 额 Balance
1989					219587	179905	39682	140223
1990	108.49	90.93	17.56	73.36	226785	190069	36716	153353
1991					240550	202052	38498	163554
1992	221.82	125.08	96.74	28.34	402795	227164	175631	51533
1993	141.56	96.68	44.88	51.80	246152	167916	78236	89680
1994	272.44	198.81	73.63	125.19	315682	230265	85416	144849
1995	330.84	242.14	88.70	153.44	391775	286560	105214	181346
1996	352.77	259.04	93.73	165.31	419269	307839	111430	196409
1997	341.53	269.51	72.02	197.49	410328	323902	86427	237475
1998	350.84	258.76	92.08	166.68	422732	311617	111115	200502
1999	303.94	204.99	98.95	106.04	457995	311914	146081	165833
2000	428.30	304.75	123.55	181.20	517358	368067	149292	218775
2001	474.32	327.30	147.02	180.73	573181	395473	177708	217766
2002	551.39	380.19	171.20	209.00	666525	459411	207114	252297
2003	743.44	490.78	252.66	238.12	897825	592754	305071	287683
2004	1119.15	772.89	346.26	426.63	1352592	933926	418667	515259
2005	1323.09	898.98	424.11	474.88	1607035	1092430	514605	577825
2006	1484.16	1028.25	455.91	572.35	1853088	1283400	569688	713711
2007	1959.91	1306.40	653.51	652.88	2552265	1699938	852327	847611
2008	2701.69	1689.21	1012.47	676.74	3842054	2400413	1441641	958772
2009	2020.09	1070.07	950.02	120.05	2962727	1568892	1393835	175057
2010	2857.38	1533.18	1324.21	208.97	4206037	2255644	1950393	305251
2011	3487.93	1860.34	1627.59	232.75	5360084	2856985	2503099	353886
2012	3192.54	1868.92	1323.62	545.30	5056305	2959820	2096485	863335
2013	3409.23	1922.43	1486.80	435.63	5491157	3096061	2395096	700965
2014	3678.52	2193.91	1484.61	709.30	5987736	3571020	2416716	1154304
2015	3194.45	2041.69	1152.75	888.94	5151375	3293276	1858098	1435178
2016	3078.23	2014.43	1063.81	950.62	4667538	3057554	1609984	1447570
2017	3378.81	2126.07	1252.75	873.32	4985554	3135740	1849814	1285926
2018	3553.16	2242.17	1310.99	931.18	5390087	3397604	1992483	1405121
2019	4002.08	2370.54	1631.54	739.01	5804328	3438094	2366235	1071859
2020	4456.77	2520.76	1936.01	584.75	6447023	3644804	2802219	842585
2021	5338.16	2956.41	2381.74	574.67	8261386	4575865	3685521	890344
2022	5418.91	3207.41	2211.49	995.92	8115591	4805009	3310582	1494427
2023	5828.35	3504.17	2324.18	1179.99	8279446	4978973	3300472	1678501

10-3 按国际贸易标准分类分进出口商品金额(2023年)
International Trade in Goods by SITC (2023)

商品分类	Commodity (by SITC)	出口 Exports		进口 Imports	
		亿 元 人民币 RMB 100 million	亿美元 USD 100 million	亿 元 人民币 RMB 100 million	亿美元 USD 100 million
总 额	**Total**	**3504.17**	**497.90**	**2324.18**	**330.05**
初级产品	**Primary Goods**	**233.12**	**33.18**	**2011.25**	**285.60**
食品及活动物	**Food and Live Animals**	**120.36**	**17.11**	**89.60**	**12.64**
活动物	Live Animals	0.09	0.01	2.99	0.42
肉及肉制品	Meat and Meat Preparations	6.24	0.89	14.54	2.05
乳品及蛋品	Dairy Products and Birds' Eggs	1.00	0.14	4.85	0.69
鱼、甲壳及软体类动物及其制品	Fish, Crustaceans, Molluscs and Aquatic Invertebrates, and Preparations Thereof	16.05	2.28	11.76	1.68
谷物及其制品	Cereals and Cereal Preparations	1.94	0.28	3.72	0.53
蔬菜及水果	Vegetables and Fruit	50.56	7.18	31.62	4.44
糖、糖制品及蜂蜜	Sugars, Sugar Preparations and Honey	19.06	2.71	13.87	1.95
咖啡、茶、可可、调味料及其制品	Coffee, Tea, Cocoa, Spices, and Manufactures Thereof	4.87	0.69	1.75	0.25
饲料(不包括未碾磨谷物)	Feeding Stuff For Animals(Not Including Unmilled Cereals)	8.86	1.26	2.26	0.32
杂项食品	Miscellaneous Edible Products And Preparations	11.68	1.66	2.23	0.32
饮料及烟类	**Beverages and Tobacco**	**0.13**	**0.02**	**1.64**	**0.23**
饮料	Beverages	0.13	0.02	1.62	0.23
烟草及其制品	Tobacco and Tobacco Manufactures			0.01	…
非食用原料(燃料除外)	**Crude Materials, Inedible, Except Fuels**	**61.08**	**8.69**	**1373.01**	**195.16**
生皮及生毛皮	Hides, Skins and Furskins, Raw	0.45	0.06	23.15	3.29
油籽及含油果实	Oil-seeds and Oleaginous Fruits	0.56	0.08	276.77	39.39
生橡胶(包括合成橡胶及再生橡胶)	Crude Rubber (Including Synthetic and Reclaimed)	0.89	0.13	2.36	0.33
软木及木材	Cork and Wood	0.28	0.04	7.19	1.03
纸浆及废纸	Pulp and Waste Paper	0.01	0.00	30.76	4.38
纺织纤维及其废料	Textile Fibres and Their Wastes	36.89	5.25	15.61	2.21
天然肥料及矿物(煤、石油及宝石除外)	Crude Fertilizers, and Crude Minerals (Excluding Coal, Petroleum and Precious Stones)	5.86	0.83	4.94	0.70
金属矿砂及金属废料	Metalliferous Ores and Metal Scrap	0.90	0.13	1009.81	143.49
其他动、植物原料	Crude Animal and Vegetable Materials, n.e.s.	15.23	2.17	2.41	0.34
矿物燃料、润滑油及有关原料	**Mineral Fuels, Lubricants and Related Materials**	**37.18**	**5.32**	**530.30**	**75.17**
煤、焦炭及煤砖	Coal, Coke and Briquettes	8.66	1.24	102.88	14.67
石油、石油产品及有关原料	Petroleum, Petroleum Products and Related Materials	28.32	4.05	130.43	18.36
天然气及人造气	Gas, Natural and Manufactured	0.21	0.03	296.99	42.13
电流	Electric Current				
动、植物油脂及蜡	**Animal and Vegetable Oils, Fats and Wax**	**14.37**	**2.04**	**16.71**	**2.39**
动物油、脂	Animal Oils and Fats	0.21	0.03	0.11	0.02
植物油、脂	Vegetable Oils and Fats	0.27	0.04	13.53	1.93
已加工的动植物油、脂及动植物蜡	Animal or Vegetable Fats and Oils, Processed; Waxes of Animal or Vegetable Origin	13.89	1.97	3.07	0.44

10−3 续表 continued

商品分类	Commodity (by SITC)	出口 Exports 亿元人民币 RMB 100 million	出口 Exports 亿美元 USD 100 million	进口 Imports 亿元人民币 RMB 100 million	进口 Imports 亿美元 USD 100 million
工业制品	**Manufactured Goods**	**3271.05**	**464.72**	**312.93**	**44.45**
化学成品及有关产品	**Chemicals and Related Products**	**461.69**	**65.73**	**79.17**	**11.25**
有机化学品	Organic Chemicals	138.04	19.67	17.83	2.54
无机化学品	Inorganic Chemicals	55.68	7.94	4.18	0.59
染料、鞣料及着色料	Dyeing, Tanning and Colouring Materials	17.83	2.55	4.70	0.67
医药品	Medicinal and Pharmaceutical Products	91.98	13.09	2.63	0.38
精油、香料及盥洗、光洁制品	Essential Oils and Resinoids and Perfume Materials; Toilet, Polishing and Cleansing Preparations	7.80	1.11	1.13	0.16
制成肥料	Fertilizers	25.30	3.58	1.55	0.22
初级形状的塑料	Plastics in Primary Forms	17.42	2.49	29.41	4.18
非初级形状的塑料	Plastics in Non-primary Forms	37.64	5.35	5.99	0.85
其他化学原料及产品	Chemical Materials and Products	70.00	9.96	11.76	1.67
按原料分类的制成品	**Manufactured Goods Classified Chiefly by Material**	**971.50**	**138.26**	**93.22**	**13.24**
皮革、皮革制品及已鞣毛皮	Leather, Leather Manufactures and Dressed Furskins	4.12	0.58	17.84	2.52
橡胶制品	Rubber Manufactures	25.44	3.61	2.60	0.37
软木及木制品(家具除外)	Cork and Wood Manufactures (Excluding Furniture)	6.04	0.86	2.30	0.33
纸及纸板；纸浆、纸及纸板制品	Paper, Paperboard and Articles of Paper Pulp, of Paper or of Paperboard	21.86	3.09	0.72	0.10
纺纱、织物、制成品及有关产品	Textile Yarn, Fabrics, Made-up Articles and Related Products	187.29	26.68	5.05	0.72
非金属矿物制品	Non-metallic Mineral Manufactures	93.12	13.24	4.13	0.59
钢铁	Iron and Steel	298.84	42.55	31.85	4.54
有色金属	Non-ferrous Metals	27.36	3.90	22.34	3.17
金属制品	Manufactures of Metals	307.44	43.74	6.40	0.91
机械及运输设备	**Machinery and Transport Equipment**	**1199.01**	**170.12**	**112.55**	**15.98**
动力机械及设备	Power-generating Machinery and Equipment	27.72	3.95	12.78	1.82
特种工业专用机械	Machinery Specialized for Particular Industries	90.55	12.87	14.29	2.03
金工机械	Metalworking Machinery	39.63	5.63	6.69	0.96
通用工业机械设备及零件	General Industrial Machinery and Equipment, and Machine Parts	168.42	23.93	21.61	3.06
办公用机械及自动数据处理设备	Office Machines and Automatic Data-processing Machines	10.60	1.49	1.28	0.18
电信及声音的录制及重放装置设备	Telecommunications and Sound-recording and Reproducing Apparatus and Equipment	26.86	3.81	2.01	0.29
电力机械、器具及其电气零件	Electrical Machinery, Apparatus and Appliances, and Electrical Parts Thereof	206.69	29.31	38.78	5.51
陆路车辆(包括气垫式)	Road Vehicles (Including Air-cushion Vehicles)	609.08	86.36	13.78	1.95
其他运输设备	Other Transport Equipment	19.46	2.78	1.32	0.19
杂项制品	**Miscellaneous Manufactured Articles**	**637.15**	**90.36**	**27.69**	**3.93**
活动房屋；卫生、水道、供热及照明装置	Prefabricated Buildings; Sanitary, Plumbing, Heating and Lighting Fixtures and Fittings	72.46	10.27	0.32	0.04
家具及其零件；褥垫及类似填充制品	Furniture and Parts Thereof; Bedding, Mattresses, Mattress Supports, Cushions and Similar Stuffed Furnishings	114.50	16.24	1.08	0.15
旅行用品、手提包及类似品	Travel Goods, Handbags and Similar Containers	46.49	6.62	0.03	0.00
服装及衣着附件	Articles of Apparel and Clothing Accessories	172.46	24.46	0.53	0.08
鞋靴	Footwear	20.13	2.87	0.11	0.02
专业、科学及控制用仪器和装置	Professional, Scientific and Controlling Instruments and Apparatus	35.13	4.97	19.10	2.71
摄影器材、光学物品及钟表	Photographic Apparatus, Equipment and Supplies and Optical Goods; Watches and Clocks	11.79	1.67	1.87	0.26
杂项制品	Miscellaneous Manufactured Articles	164.18	23.26	4.66	0.66
未分类的商品	**Commodities and Transactions not Classified Elsewhere in the SITC**	**1.70**	**0.24**	**0.30**	**0.04**

10-4 按商品类章分进出口商品金额(2023年)
International Trade in Goods by HS Section and Division (2023)

商品分类	Commodity (by HS Section and Division)	出口 Exports		进口 Imports	
		亿元人民币 RMB 100 million	亿美元 USD 100 million	亿元人民币 RMB 100 million	亿美元 USD 100 million
总　额	**Total**	**3504.17**	**497.90**	**2324.18**	**330.05**
第一类 活动物；动物产品	**Live Animals; Animal Products**				
01章　活动物	Live Animals	0.09	0.01	2.99	0.42
02章　肉及食用杂碎	Meat and Edible Meat Offal	1.56	0.22	14.55	2.05
03章　鱼、甲壳动物、软体动物及其他水生无脊椎动物	Fish and Crustaceans Molluscs and Other Aquatic Invertebrates	12.51	1.78	11.17	1.60
04章　乳品；蛋品；天然蜂蜜；其他食用动物产品	Dairy Produce; Birds' Eggs; Natural Honey; Edible Products of Animal Origin, not Elsewhere Specified or Included	0.04	0.01	4.86	0.69
05章　其他动物产品	Products of Animal Origin, not Elsewhere Specified or Included	10.32	1.47	0.88	0.13
第二类 植物产品	**Vegetable Products**				
06章　活树及其他活植物；鳞茎、根及类似品；插花及装饰用簇叶	Live Tree and Other Plants; Bulbs, Roots and the Like; Cut Flowers and Ornamental Foliage	0.22	0.03		
07章　食用蔬菜、根及块茎	Edible Vegetables and Certain Roots and Tubers	13.04	1.85	2.33	0.33
08章　食用水果及坚果；甜瓜或柑桔属水果的果皮	Edible Fruit and Nuts; Peel of Citrus Fruit or Melons	18.63	2.65	27.99	3.92
09章　咖啡、茶、马黛茶及调味香料	Coffee, Tea, Mate and Spices	4.86	0.69	1.41	0.20
10章　谷物	Cereals	0.28	0.04	3.56	0.51
11章　制粉工业产品；麦芽；淀粉；菊粉；面筋	Products of the Milling Industry; Malt; Starches; Inulin; Wheat Gluten	1.57	0.22	3.56	0.51
12章　含油子仁及果实；杂项子仁及果实；工业用或药用植物；稻草、秸秆及饲料	Oil Seeds and Oleaginous Fruits; Miscellaneous Grains, Seeds and Fruit; Industrial or Medicinal Plants; Straw and Fodder	3.59	0.51	277.60	39.50
13章　虫胶；树胶、树脂及其他植物液、汁	Lac; Gums, Resins and Other Vegetable Saps and Extracts	1.44	0.20	0.86	0.12
14章　编结用植物材料；其他植物产品	Vegetable Plaiting Materials; Vegetable Products Not Elsewhere Specified or Included	0.78	0.11	0.03	…
第三类 动、植物油、脂及其分解产品；精制的食用油脂；动、植物蜡	**Animal or Vegetable Fats and Oils and Their Cleavage Products; Prepared Edible Fats; Animal or Vegetable Waxes**				
15章　动、植物油、脂及其分解产品；精制的食用油脂；动、植物蜡	Animal or Vegetable Fats and Oils and Their Cleavage Products; Prepared Edible Fats; Animal or Vegetable Waxes	14.37	2.04	17.89	2.56
第四类 食品；饮料、酒及醋；烟草、烟草及烟草代用品的制品	**Prepared Foodstuffs; Beverages, Spirits and Vinegar; Tobacco and Manufactured Tobacco Substitutes**				
16章　肉、鱼、甲壳动物、软体动物及其他水生无脊椎动物的制品	Preparations of Meat, of Fish or of Crustaceans, Molluscs or Other Aquatic Invertebrates	8.22	1.17	0.59	0.08
17章　糖及糖食	Sugars and Sugar Confectionery	17.58	2.50	13.86	1.95
18章　可可及可可制品	Cocoa and Cocoa Preparations	…		0.34	0.05
19章　谷物、粮食粉、淀粉或乳的制品；糕饼点心	Preparations of Cereals, Flour, Starch or Milk; Pastry-Cooks' Products	4.18	0.59	0.24	0.03

10-4 续表 1 continued

商品分类	Commodity (by HS Section and Division)	出口 Exports 亿元人民币 RMB 100 million	出口 Exports 亿美元 USD 100 million	进口 Imports 亿元人民币 RMB 100 million	进口 Imports 亿美元 USD 100 million
20章 蔬菜、水果、坚果或植物其他部分的制品	Preparations of Vegetables, Fruit, Nuts or Other Parts of Plants	19.78	2.81	0.50	0.07
21章 杂项食品	Miscellaneous Edible Preparations	9.21	1.31	1.41	0.20
22章 饮料、酒及醋	Beverages, Spirits and Vinegar	0.53	0.07	1.63	0.23
23章 食品工业的残渣及废料；配制的动物饲料	Residues and Waste from the Food Industries; Prepared Animal Fodder	8.86	1.26	2.10	0.30
24章 烟草、烟草及烟草代用品的制品	Tobacco, Tobacco and Manufactured Tobacco Substitutes	0.02	…	0.01	…
第五类 矿产品	**Mineral Products**				
25章 盐；硫磺；泥土及石料；石膏料、石灰及水泥	Salt; Sulphur; Earths and Stone; Plastering Materials, Lime and Cement	3.71	0.53	4.89	0.70
26章 矿砂、矿渣及矿灰	Ores, Slag and Ash	2.84	0.41	999.23	141.98
27章 矿物燃料、矿物油及其蒸馏产品；沥青物质；矿物蜡	Mineral Fuels, Mineral Oils and Products of Their Distillation; Bituminous Substances; Mineral Waxes	37.18	5.32	530.33	75.17
第六类 化学工业及其相关工业的产品	**Products of the Chemical or Industries Allied**				
28章 无机化学品；贵金属、稀土金属、放射性元素及其同位素的有机及无机化合物	Inorganic Chemicals; Organic or Inorganic Compounds of Precious Metals, of Rare-Earth Metals, of Radioactive Elements or of Isotopes	55.71	7.94	4.20	0.60
29章 有机化学品	Organic Chemicals	197.21	28.09	10.74	1.53
30章 药品	Pharmaceutical Products	31.56	4.49	1.26	0.18
31章 肥料	Fertilizers	25.38	3.59	1.55	0.22
32章 鞣料浸膏及染料浸膏；鞣酸及其衍生物；染料、颜料及其他着色料；油漆及清漆；油灰及其他类似胶粘剂；墨水、油墨	Tanning or Dyeing Extracts; Tannins and Their Derivatives; Dyes, Pigments and Other Colouring Matter; Paints and Varnishes; Putty and Other Mastics; Inks	17.99	2.57	4.69	0.67
33章 精油及香膏；芳香料制品及化妆盥洗品	Essential Oils and Retinoid; Perfumery, Cosmetic or Toilet Preparations	3.73	0.53	0.61	0.09
34章 肥皂、有机表面活性剂、洗涤剂、润滑剂、人造蜡、调制蜡、光洁剂、蜡烛及类似品、塑型用膏、“牙科用蜡”及牙科用熟石膏制剂	Soap,Organic Surface-Active Agents,Washing Preparations, Lubricating Preparations, Artificial Waxes, Prepared Waxes, Polishing or Scouring Preparations, Candles and Similar Articles, Modelling Pastes, "Dental Waxes" and Dental Preparations with a Basis of Plast	11.24	1.60	1.28	0.18
35章 蛋白类物质；改性淀粉；胶；酶	Albuminoidal Substances; Modified Starches; Glues; Enzymes	10.43	1.48	1.77	0.25
36章 炸药；烟火制品；火柴；引火合金；易燃材料制品	Explosives; Pyrotechnic Products; Matches; Pyrophoric Alloys; Certain Combustible Preparations				
37章 照相及电影用品	Photographic or Cinematographic Goods	4.24	0.60	1.08	0.15
38章 杂项化学产品	Miscellaneous Chemical Products	59.78	8.51	14.59	2.07
第七类 塑料及其制品；橡胶及其制品	**Plastics and Articles Thereof Rubber and Articles Thereof**				
39章 塑料及其制品	Plastics and Articles Thereof	134.06	19.03	37.83	5.37
40章 橡胶及其制品	Rubber and Articles Thereof	41.15	5.85	5.06	0.72
第八类 生皮、皮革、毛皮及其制品；鞍具及挽具；旅行用品、手提包及类似品；动物肠线(蚕胶丝除外)制品	**Raw Hides and Skins, Leather, Fur Skins and Articles Thereof; Saddlery and Harness; Travel Goods, Handbags and Similar Containers; Articles of Animal Gut (Other than Silk-Worm Gut)**				
41章 生皮(毛皮除外)及皮革	Raw Hides and Skins (Other than Fur Skins) and Leather	1.11	0.16	23.97	3.41

10−4 续表 2 continued

商品分类		Commodity (by HS Section and Division)	出口 Exports		进口 Imports	
			亿元人民币 RMB 100 million	亿美元 USD 100 million	亿元人民币 RMB 100 million	亿美元 USD 100 million
42章	皮革制品；鞍具及挽具；旅行用品、手提包及类似容器；动物肠线制品	Articles of Leather; Saddlery and Harness; Travel Goods, Handbags and Similar Containers; Articles of Animal Gut	50.56	7.19	0.08	0.01
43章	毛皮、人造毛皮及其制品	Fur Skins and Artificial Fur; Manufactures Thereof	28.84	4.08	17.02	2.40
第九类	**木及木制品；木炭；软木及软木制品；稻草，秸秆、针茅或其他编结材料制品；篮筐及柳条编结品**	**Wood and Articles of Wood; Wood Charcoal; Cork and Articles of Cork; Manufactures of Straw, of Esparto or of Other Plaiting Materials; Basket Ware and Wickerwork**				
44章	木及木制品；木炭	Wood and Articles of Wood; Wood Charcoal	6.32	0.90	9.35	1.33
45章	软木及软木制品	Cork and Articles of Cork	…	…	0.15	0.02
46章	稻草、秸秆、针茅或其他编结材料制品；篮筐及柳条编结品	Manufactures of Straw, of Esparto or of Other Plaiting Materials; Basket Ware and Wickerwork	0.74	0.11	…	…
第十类	**木浆及其他纤维状纤维素浆；回收(废碎)纸或纸板；纸板及其制品**	**Pulp of Wood or of Other Fibrous Cellulosic Material; Recycled Waste and Scrap of Paper or Paperboard; Paperboard and Articles Thereof**				
47章	木浆及其他纤维状纤维素浆；回收(废碎)纸或纸板	Pulp of Wood or of Other Fibrous Cellulosic Material; Waste and Scrap of Paper or Paperboard	0.01	…	30.76	4.38
48章	纸及纸板；纸浆、纸或纸板制品	Paper and Paperboard; Articles of Paper Pulp, of Paper or Paperboard	22.79	3.23	0.73	0.10
49章	书籍、报纸、印刷图画及其他印制品；手稿、打字稿及设计图纸	Printed Books, Newspapers, Pictures and Other Products of the Printing Industry; Manuscripts, Typescripts and Plans	1.83	0.26	0.02	…
第十一类	**纺织原料及纺织制品**	**Textiles and Textile Articles**				
50章	蚕丝	Silk	0.16	0.02	…	…
51章	羊毛、动物细毛或粗毛；马毛纱线及其机织物	Wool, Fine or Coarse Animal Hair; Horsehair Yarn and Woven Fabric	34.11	4.86	13.93	1.97
52章	棉花	Cotton	13.00	1.85	2.55	0.36
53章	其他植物纺织纤维；纸纱线及其机织物	Other Vegetable Textile Fibres; Paper Yarn and Woven Fabrics of Paper Yarn	0.23	0.03	1.12	0.16
54章	化学纤维长丝；化学纤维纺织材料制扁条及类似品	Man-Made Filaments; Man-Made Textile Materials Making Flat Strips and Similar Products	12.08	1.72	0.90	0.13
55章	化学纤维短纤	Man-Made Short Fibres	32.31	4.61	0.47	0.07
56章	絮胎、毡呢及无纺织物；特种纱线；线、绳、索、缆及其制品	Wadding, Felt and Nonwoven; Special Yarns; Twine, Cordage, Ropes and Cables and Articles Thereof	12.04	1.71	0.61	0.09
57章	地毯及纺织材料的其他铺地制品	Carpets and Other Textile Floor Coverings	17.29	2.47	…	…
58章	特种机织物；簇绒织物；花边；装饰毯；装饰带；刺绣品	Special Woven Fabrics; Tufted Textile Fabrics; Lace; Tapestries; Trimmings; Embroidery	3.21	0.46	0.17	0.02
59章	浸渍、涂布、包覆或层压的纺织物；工业用纺织制品	Impregnated, Coated, Covered or Laminated Textile Fabrics; Textile Articles of a Kind Suitable for Industrial Use	15.21	2.16	0.77	0.11
60章	针织物及钩编织物	Knitted or Crocheted Fabrics	5.43	0.77	0.05	0.01
61章	针织或钩编的服装及衣着附件	Articles of Apparel and Clothing Accessories, Knitted or Crocheted	39.05	5.53	0.15	0.02
62章	非针织或非钩编的服装及衣着附件	Articles of Apparel and Clothing Accessories, not Knitted or Crocheted	66.72	9.47	0.20	0.03

10−4 续表 3 continued

商品分类		Commodity (by HS Section and Division)	出口 Exports 亿元人民币 RMB 100 million	出口 Exports 亿美元 USD 100 million	进口 Imports 亿元人民币 RMB 100 million	进口 Imports 亿美元 USD 100 million
63章	其他纺织制成品；成套物品；旧衣着及旧纺织品；碎织物	Other Made-up Textile Articles; Sets; Worn Clothing and Worn Textile Articles; Rags Articles; Rags	76.68	10.91	0.06	0.01
第十二类	**鞋、帽、伞、杖、鞭及其零件；已加工的羽毛及其制品；人造花；人发制品**	**Footwear, Headgear, Umbrellas, Sun Umbrellas, Walking-Sticks, Seat-Sticks, Whips, Riding-Crops and Parts Thereof; Prepared Feathers and Articles Made Therewith; Artificial Flowers; Articles of Human Hair**				
64章	鞋靴、护腿和类似品及其零件	Footwear, Gaiters and the Like; Parts of Such Articles	20.13	2.87	0.11	0.02
65章	帽类及其零件	Headgear and Parts Thereof	9.77	1.39	…	…
66章	雨伞、阳伞、手杖、鞭子、马鞭及其零件	Umbrellas, Sun Umbrellas, Walking-Sticks, Seat-Sticks, Whips, Riding-Crops and Parts Thereof	0.97	0.14	…	…
67章	已加工羽毛、羽绒及其制品；人造花；人发制品	Prepared Feathers and Down and Articles Made of Feathers or of Down; Artificial Flowers; Articles of Human Hair	5.42	0.77	0.07	0.01
第十三类	**石料、石膏、水泥、石棉、云母及类似材料的制品；陶瓷产品；玻璃及其制品**	**Articles of Stone, Plaster, Cement, Asbestos, Mica or Similar Materials; Ceramic Products; Glass and Glassware**				
68章	石料、石膏、水泥、石棉、云母及类似材料的制品	Articles of Stone, Plaster, Cement, Asbestos, Mica or Similar Materials; Ceramic Products; Glass and Glassware	16.64	2.37	1.45	0.21
69章	陶瓷产品	Ceramic Products	61.72	8.75	0.50	0.07
70章	玻璃及其制品	Glass and Glassware	52.54	7.48	1.83	0.26
第十四类	**天然或养殖珍珠、宝石或半宝石、贵金属、包贵金属及其制品；仿首饰；硬币**	**Natural or Cultured Pearls, Precious or Semi-Precious Stones, Precious Metals, Metals Clad with Precious Metal and Stones, Precious Metals, Metals Clad with Precious Metal and Articles Thereof; Imitation Jewellery; Coin**				
71章	天然或养殖珍珠、宝石或半宝石、 贵金属、包贵金属及其制品；仿首饰；硬币	Natural or Cultured Pearls, Precious or Semi-Precious Stones, Precious Metals, Metals Clad with Precious Metal and Articles Thereof; Imitation Jewellery; Coin	6.93	0.98	0.31	0.04
第十五类	**贱金属及其制品**	**Base Metals and Articles of Base Metal**				
72章	钢铁	Iron and Steel	221.33	31.50	31.23	4.45
73章	钢铁制品	Articles of Iron or Steel	310.17	44.16	3.17	0.45
74章	铜及其制品	Copper and Articles Thereof	1.40	0.20	18.14	2.57
75章	镍及其制品	Nickel and Articles Thereof	1.20	0.17	4.72	0.68
76章	铝及其制品	Aluminium and Articles Thereof	39.35	5.61	10.26	1.45
78章	铅及其制品	Lead and Articles Thereof	0.01	…	0.03	…
79章	锌及其制品	Zinc and Articles Thereof	0.09	0.01	0.01	…
80章	锡及其制品	Tin and Articles Thereof	0.02	…	0.03	…
81章	其他贱金属、金属陶瓷及其制品	Other Base Metals; Cermets; Articles Thereof	1.83	0.26	0.30	0.04
82章	贱金属工具、器具、利口器、餐匙、餐叉及其零件	Tools, Implements, Cutlery, Spoons and Forks, of Base Metal; Parts Thereof of Base Metal	39.87	5.66	2.52	0.36
83章	贱金属杂项制品	Miscellaneous Articles of Base Metal	22.90	3.25	0.73	0.10

10−4 续表 4 continued

商品分类		Commodity (by HS Section and Division)	出口 Exports 亿元人民币 RMB 100 million	亿美元 USD 100 million	进口 Imports 亿元人民币 RMB 100 million	亿美元 USD 100 million
第十六类	**机器、机械器具、电气设备及其零件；录音机及放声机、电视图像、声音的录制和重放设备及其零件、附件**	**Machinery and Mechanical Appliances; Electrical Equipment; Parts Thereof; Sound Recorders and Reproducers, Television Image and Sound Recorders and Reproducers; and Parts and Accessories of Recorders and Reproducers; and Parts and Accessories of Such Artic**				
84章	核反应堆、锅炉、机器、 机械器具及其零件	Nuclear Reactors, Boilers, Machinery and Mechanical Appliances; Parts Thereof	316.30	44.94	53.41	7.59
85章	电机、电气设备及其零件；录音机及放声机、电视图像、 声音的录制和重放设备及其零件、附件	Electrical Machinery and Equipment and Parts Thereof; Sound Recorders and Reproducers, Television Image and Sound Recorders and Reproducers, and Parts and Accessories of Such Articles	248.81	35.29	43.39	6.16
第十七类	**车辆、航空器、船舶及有关运输设备**	**Vehicles, Aircraft, Vessels And Associated Transport Equipment**				
86章	铁道及电车道机车、车辆及其零件；铁道及电车轨道固定装置及其零件、附件；各种机械(包括电动机械)交通信号设备	Railway or Tramway Locomotives, Rolling-Stock and Parts Thereof; Railway or Tramway Track Fixtures And Fittings and Parts Thereof; Mechanical(Including Electro-Mechanical) Traffic Signalling Equipment of All Kinds	13.24	1.89	0.71	0.10
87章	车辆及其零件、附件，但铁道及电车道车辆除外	Vehicles Other than Railway or Tramway Rolling-Stock, and Parts and Accessories Thereof	612.67	86.87	13.78	1.95
88章	航空器、航天器及其零件	Aircraft, Spacecraft, and Parts Thereof	8.14	1.16	0.61	0.09
89章	船舶及浮动结构体	Ships, Boats and Floating Structures	0.38	0.05		
第十八类	**光学、照相、电影、计量、检验、医疗或外科用仪器及设备、精密仪器及设备；钟表；乐器；上述物品的零件、附件**	**Optical, Photographic, Cinematographic, Measuring, Checking, Precision, Medical or Surgical Instruments and Apparatus; Clocks And Watches; Musical Instruments; Parts and Accessories Thereof**				
90章	光学、照相、电影、计量、检验、医疗或外科用仪器及设备、精密仪器及设备；上述物品的零件、附件	Optical, Photographic, Cinematographic, Measuring, Checking, Precision Medical or Surgical Instruments and Apparatus; Parts and Accessories Thereof	39.84	5.64	21.90	3.11
91章	钟表及其零件	Clocks and Watches and Parts Thereof	2.84	0.40	0.01	…
92章	乐器及其零件、附件	Musical Instruments; Parts and Accessories of Such Articles	4.35	0.62	0.44	0.06
第十九类	**武器、弹药及其零件、附件**	**Arms and Ammunition; Parts and Accessories Thereof**				
93章	武器、弹药及其零件、附件	Arms and Ammunition; Parts and Accessories Thereof	…	…		
第二十类	**杂项制品**	**Miscellaneous Manufactured Articles**				
94章	家具；寝具、褥垫、弹簧床垫、软坐垫及类似的填充制品；未列名灯具及照明装置；发光标志、发光名牌及类似品；活动房屋	Furniture; Bedding, Mattresses, Mattress Supports, Cushions and Similar Stuffed Furnishings; Lamps and Lighting Fittings, not Elsewhere Specified or Included; Illuminated Signs, Illuminated	154.64	21.94	1.12	0.16
95章	玩具、游戏品、运动用品及其零件、附件	Toys, Games and Sports Requisites; Parts and Accessories Thereof	41.45	5.87	0.35	0.05
96章	杂项制品	Miscellaneous Manufactured Articles	19.86	2.82	0.16	0.02
第二十一类	**艺术品、收藏品及古物**	**Works of Art, Collectors' Pieces and Antiques**				
97章	艺术品、收藏品及古物	Works of Art, Collectors' Pieces and Antiques	…		0.04	0.01
第二十二类	**特殊交易品及未分类商品**	**Commodities and Transactions not Classified According to Kind**				
98章	特殊交易品及未分类商品	Commodities and Transactions not Classified According to Kind	1.52	0.22	0.30	0.04
99章	跨境电商B2B简化申报商品	Simplified Declaration of Cross-border E-commerce B2B Commodities	0.17	0.03		

10－5 按国别(地区)分的进出口商品总额(2023年)
International Trade in Goods by Country (Region) (2023)

国家(地区)	Country (Region)	万元人民币 RMB 10000			万美元 USD 10000		
		进出口总额 Total	出口总额 Exports	进口总额 Imports	进出口总额 Total	出口总额 Exports	进口总额 Imports
总额	**Total**	**58283518**	**8279446**	**35041717**	**4978973**	**23241802**	**3300472**
亚洲	**Asia**	**20231766**	**2874389**	**14252293**	**2025971**	**5979473**	**848418**
阿富汗	Afghanistan	18758	2656	18758	2656		
巴林	Bahrain	110205	15693	110174	15689	31	4
孟加拉国	Bangladesh	287666	40994	281322	40087	6344	907
不丹	Bhutan	712	99	712	99		
文莱	Brunei	71408	10095	8200	1160	63208	8935
缅甸	Myanmar	90376	12983	80366	11526	10010	1457
柬埔寨	Cambodia	201618	28621	107588	15322	94030	13299
塞浦路斯	Cyprus	12568	1796	12545	1793	22	3
朝鲜	Korea DPR	571	81	571	81		
中国香港	Hong Kong, China	278038	39377	275401	39002	2637	375
印度	India	1634365	232652	1174025	167147	460340	65505
印度尼西亚	Indonesia	1153865	164390	731321	104110	422544	60280
伊朗	Iran	70956	10104	59458	8439	11497	1665
伊拉克	Iraq	319288	45534	319246	45528	43	6
以色列	Israel	250556	35624	238097	33881	12460	1743
日本	Japan	1598393	227014	1152400	163755	445993	63259
约旦	Jordan	57636	8180	57348	8139	288	41
科威特	Kuwait	94460	13372	92100	13035	2360	337
老挝	Laos	17580	2500	15774	2242	1806	258
黎巴嫩	Lebanon	21128	2999	21128	2999	…	…
中国澳门	Macao, China	5588	788	5588	788		
马来西亚	Malaysia	2061327	290984	752862	106742	1308465	184242
马尔代夫	Maldives	5200	738	5200	738		
蒙古	Mongolia	247730	35020	125561	17772	122169	17248
尼泊尔联邦民主共和国	Nepal	31719	4507	31675	4500	44	6
阿曼	Oman	169637	24109	83460	11793	86177	12316
巴基斯坦	Pakistan	303370	43116	273223	38848	30147	4267
巴勒斯坦	Palestine	1954	277	1954	277		
菲律宾	Philippines	674539	96021	628984	89554	45556	6467
卡塔尔	Qatar	1546727	220574	47292	6718	1499436	213856
沙特阿拉伯	Saudi Arabia	765033	108696	723791	102835	41242	5862
新加坡	Singapore	791507	112164	759885	107669	31622	4495
韩国	Korea Rep.	2259519	321333	1867946	265544	391573	55789
斯里兰卡	Sri Lanka	48379	6878	46598	6625	1781	254
叙利亚	Syria	2794	396	2794	396	…	…
泰国	Thailand	1119630	159116	848307	120859	271324	38257
土耳其	Türkiye	539785	77042	512343	73134	27443	3908
阿联酋	United Arab Emirates	819905	116669	688197	97856	131708	18813
也门	Yemen	45148	6411	45136	6410	11	2
越南	Vietnam	1166064	165079	946046	134183	220017	30896
中国	P. R. China	87297	12396			87297	12396
中国台湾	Taiwan, China	655901	93238	525434	74703	130467	18535
东帝汶	Timor Leste	3320	472	3320	472		
哈萨克斯坦	Kazakhstan	223251	31608	214442	30375	8809	1233
吉尔吉斯斯坦	Kirghizia	97755	13892	96764	13751	991	142
塔吉克斯坦	Tadzhikistan	9567	1357	9567	1357	…	…
土库曼斯坦	Turkmenistan	25761	3689	22904	3284	2856	405
乌兹别克斯坦	Uzbekistan	181753	25744	177835	25183	3918	562

10-5 续表 1 continued

国家(地区)	Country (Region)	万元人民币 RMB 10000			万美元 USD 10000		
		进出口总额 Total	出口总额 Exports	进口总额 Imports	进出口总额 Total	出口总额 Exports	进口总额 Imports
非洲	**Africa**	**3866152**	**2542511**	**1323641**	**549984**	**361852**	**188132**
阿尔及利亚	Algeria	116368	115759	609	16545	16459	86
安哥拉	Angola	37731	37731	1	5369	5369	…
贝宁	Benin	25991	17676	8315	3725	2528	1198
博茨瓦纳	Botswana	1983	1983		280	280	
布隆迪	Burundi	1553	1553		220	220	
喀麦隆	Cameroon	66374	66123	250	9447	9412	35
加那利群岛	Canary Is.	14	14		2	2	
佛得角	Cape Verde	1697	1697		243	243	
中非	Central Africa	1570	1570		223	223	
塞卜泰(休达)	Ceuta						
乍得	Chad	18845	18845		2684	2684	
科摩罗	Comoros	815	815		116	116	
刚果(布)	Congo	11599	11540	58	1645	1636	8
吉布提	Djibouti	31118	31118		4435	4435	
埃及	Egypt	207457	202437	5020	29506	28795	712
赤道几内亚	Eq. Guinea	1097	1097		156	156	
埃塞俄比亚	Ethiopia	45501	36922	8579	6503	5267	1237
加蓬	Gabon	44137	15940	28197	6272	2277	3995
冈比亚	Gambia	5477	5477		784	784	
加纳	Ghana	130763	127199	3564	18574	18056	519
几内亚	Guinea	547204	27765	519439	77783	3962	73821
几内亚比绍	Guinea-Bissau	1370	1370		193	193	
科特迪瓦	Cote d'Ivoire	51271	51016	255	7310	7274	37
肯尼亚	Kenya	106407	98914	7493	15149	14085	1064
利比里亚	Liberia	20236	20236		2889	2889	
利比亚	Libya	47156	47156	…	6682	6682	…
马达加斯加	Madagascar	31206	31150	56	4428	4420	8
马拉维	Malawi	2487	2487		352	352	
马里	Mali	32501	28060	4441	4612	3993	619
毛里塔尼亚	Mauritania	17843	17782	61	2522	2514	9
毛里求斯	Mauritius	12865	12864	1	1824	1824	…
摩洛哥	Morocco	137812	137135	677	19636	19540	97
莫桑比克	Mozambique	110435	48568	61867	15580	6915	8665
纳米比亚	Namibia	33536	12351	21185	4777	1754	3023
尼日尔	Niger	37668	37626	42	5420	5414	6
尼日利亚	Nigeria	392814	388120	4693	56112	55439	672
留尼汪	Reunion	3643	3643		518	518	
卢旺达	Rwanda	2773	2773		393	393	
圣多美和普林西比	Sao Tome & Principe	57	57		8	8	
塞内加尔	Senegal	141667	124621	17046	20109	17621	2488
塞舌尔	Seychelles	535	535		76	76	
塞拉利昂	Sierra Leone	123450	7253	116197	17507	1030	16477
索马里	Somalia	10877	10718	158	1547	1525	22
南非	South Africa	869222	385908	483314	123674	54894	68780
苏丹	Sudan	23031	19064	3967	3298	2722	576
坦桑尼亚	Tanzania	135213	119764	15449	19159	16987	2172

10-5 续表 2 continued

国家(地区)	Country (Region)	万元人民币 RMB 10000			万美元 USD 10000		
		进出口总额 Total	出口总额 Exports	进口总额 Imports	进出口总额 Total	出口总额 Exports	进口总额 Imports
多哥	Togo	29770	29563	207	4244	4214	30
突尼斯	Tunisia	31586	27989	3597	4486	3974	512
乌干达	Uganda	34810	32253	2557	4933	4566	367
布基纳法索	Burkina Faso	27412	27291	121	3898	3880	18
刚果(金)	Congo DR	57827	54288	3538	8243	7750	493
赞比亚	Zambia	13606	13296	311	1936	1891	45
津巴布韦	Zimbabwe	19341	16969	2372	2751	2409	342
莱索托	Lesotho	270	270		39	39	
斯威士兰	Swaziland	281	277	5	40	39	1
厄立特里亚	Eritrea	1807	1807		258	258	
马约特	Mayotte	783	783		111	111	
南苏丹共和国	Republic of South Sudan	5295	5295		756	756	
非洲其他国家(地区)	Other Countries (Regions) in Africa						
欧洲	**Europe**	**11427904**	**8721337**	**2706567**	**1622780**	**1239018**	**383762**
比利时	Belgium	492167	470088	22080	69837	66701	3136
丹麦	Denmark	88373	72994	15379	12609	10417	2192
英国	United Kingdom	688125	654909	33215	97636	92919	4717
德国	Germany	1211413	924163	287250	172849	132045	40804
法国	France	494660	302595	192065	70246	43005	27241
爱尔兰	Ireland	55992	30408	25585	7944	4328	3616
意大利	Italy	707795	589361	118435	100634	83846	16788
卢森堡	Luxembourg	13682	2391	11290	1955	345	1610
荷兰	Netherlands	926817	862600	64217	131869	122698	9171
希腊	Greece	111323	110247	1076	15886	15734	151
葡萄牙	Portugal	120399	83479	36920	17199	11951	5248
西班牙	Spain	417833	387018	30815	59425	55059	4366
阿尔巴尼亚	Albania	25265	13711	11554	3598	1946	1652
安道尔	Andorra	121	66	55	17	9	8
奥地利	Austria	59368	27289	32079	8427	3883	4543
保加利亚	Bulgaria	40577	38455	2121	5782	5483	299
芬兰	Finland	44215	33231	10984	6290	4733	1558
直布罗陀	Gibraltar	…	…		…	…	
匈牙利	Hungary	58263	38055	20208	8315	5422	2893
冰岛	Iceland	2096	1829	267	300	261	39
列支敦士登	Liechtenstein	430	23	407	61	3	58
马耳他	Malta	11347	11338	9	1632	1631	1
摩纳哥	Monaco	243	243		35	35	
挪威	Norway	31105	28436	2669	4422	4046	375
波兰	Poland	313533	297943	15590	44596	42385	2211
罗马尼亚	Romania	96315	88074	8240	13693	12527	1166
圣马力诺	San Marino	73	73		10	10	
瑞典	Sweden	188116	95187	92929	26691	13529	13162
瑞士	Switzerland	38462	26593	11870	5446	3775	1671
爱沙尼亚	Estonia	9675	9507	167	1376	1352	24
拉脱维亚	Latvia	20541	12901	7640	2914	1830	1083
立陶宛	Lithuania	25793	25777	16	3653	3651	2
格鲁吉亚	Georgia						

10-5 续表 3 continued

国家(地区)	Country (Region)	万元人民币 RMB 10000			万美元 USD 10000		
		进出口总额 Total	出口总额 Exports	进口总额 Imports	进出口总额 Total	出口总额 Exports	进口总额 Imports
亚美尼亚	Armenia						
阿塞拜疆	Azerbaijan						
白俄罗斯	Byelorussia	30708	26309	4399	4382	3744	638
摩尔多瓦	Moldavia	6168	6079	89	875	862	13
俄罗斯联邦	Russian Federation	4763259	3208065	1555193	674614	454292	220323
乌克兰	Ukraine	84621	30135	54486	11988	4272	7715
斯洛文尼亚	Slovenia	84408	81830	2578	12104	11738	366
克罗地亚	Croatia	25437	25102	335	3668	3620	48
捷克	Czech	62556	48108	14448	8894	6850	2044
斯洛伐克	Slovak	49241	29800	19441	6992	4231	2762
北马其顿共和国	North Macedonia	1616	1591	24	231	227	4
波黑	Bosnia & Herzegovina	1401	1345	57	197	189	8
梵蒂冈城国	Vatican City State						
法罗群岛	Faroe Islands	31	31		4	4	
塞尔维亚	Serbia	23181	22796	385	3319	3264	55
黑山	Montenegro	1162	1161	1	165	165	…
拉丁美洲	**Latin America**	**7462966**	**3268824**	**4194142**	**1057464**	**464022**	**593442**
安提瓜和巴布达	Antigua and Barbuda	466	466		66	66	
阿根廷	Argentina	216317	106061	110256	30615	15089	15526
阿鲁巴	Aruba	1277	1277		183	183	
巴哈马	Bahamas	1453	1453		205	205	
巴巴多斯	Barbados	2883	2883	…	407	407	…
伯利兹	Belize	2536	2536		360	360	
多民族玻利维亚国	Bolivia	27424	21064	6360	3905	2999	906
巴西	Brazil	4655413	1035073	3620340	658598	146590	512008
开曼群岛	Cayman Is.	150	150		21	21	
智利	Chile	544467	305777	238690	77072	43408	33664
哥伦比亚	Colombia	164300	151284	13016	23404	21538	1866
多米尼克	Dominica	186	186		26	26	
哥斯达黎加	Costa Rica	40000	36726	3274	5708	5236	471
古巴	Cuba	3861	3861		548	548	
库腊索岛	Curacao	1166	1166		166	166	
多米尼加共和国	Dominica Rep.	62696	62365	332	8896	8849	47
厄瓜多尔	Ecuador	168940	119198	49742	24110	17005	7105
法属圭亚那	French Guyana	565	565		80	80	
格林纳达	Granada	185	185		26	26	
瓜德罗普	Guadeloupe	2888	2888		413	413	
危地马拉	Guatemala	78851	78850	1	11160	11160	…
圭亚那	Guyana	11136	11136		1586	1586	
海地	Haiti	8675	8675	…	1232	1232	…
洪都拉斯	Honduras	22485	22429	56	3204	3196	8
牙买加	Jamaica	15238	15238		2163	2163	
马提尼克	Martinique	962	962		137	137	
墨西哥	Mexico	862179	839094	23085	122480	119196	3284
蒙特塞拉特	Montserrat						
尼加拉瓜	Nicaragua	9387	9386	…	1335	1335	…
巴拿马	Panama	84907	84869	38	12060	12054	5
巴拉圭	Paraguay	13371	13371	…	1898	1898	…

10−5 续表 4 continued

国家(地区)	Country (Region)	万元人民币 RMB 10000			万美元 USD 10000		
		进出口总额 Total	出口总额 Exports	进口总额 Imports	进出口总额 Total	出口总额 Exports	进口总额 Imports
秘鲁	Peru	297326	199550	97776	42477	28352	14126
波多黎各	Puerto Rico	6169	6159	10	876	875	1
圣卢西亚	Saint Lucia	151	151		21	21	
圣马丁岛	Saint Martin Is.	16	16		2	2	
圣文森特和格林纳丁斯	Saint Vincent & Grenadines	2991	2991		426	426	
萨尔瓦多	El Salvador	33880	33750	130	4842	4823	19
苏里南	Surinam	2841	2841		403	403	
特立尼达和多巴哥	Trinidad and Tobago	12848	12499	349	1830	1779	50
特克斯和凯科斯群岛	Turks & Caicos Is.	76	76		11	11	
乌拉圭	Uruguay	56690	30206	26484	8025	4282	3744
委内瑞拉	Venezuela	44176	39974	4202	6282	5671	611
英属维尔京群岛	Virgin Is. (E)	1020	1020		145	145	
圣其茨和尼维斯	St. Kitts-Nevis	84	84		12	12	
圣皮埃尔和密克隆	St. Pierre and Miquelon						
荷属安的列斯群岛	Andreas Is. (N)	49	49		7	7	
拉丁美洲其他国家(地区)	Other Countries (Regions) in Latin America						
北美洲	**North America**	**6543978**	**4634449**	**1909529**	**932385**	**658744**	**273641**
加拿大	Canada	702424	465451	236972	100155	66226	33929
美国	United States	5841488	4168931	1672557	832220	592508	239712
格陵兰	Greenland	1	1		…	…	
百慕大	Bermuda	65	65		10	10	
北美洲其他国家(地区)	Other Countries (Regions) in North America	…	…		…	…	
大洋洲	**Oceania**	**8750750**	**1622301**	**7128449**	**1242444**	**229367**	**1013077**
澳大利亚	Australia	8498672	1467560	7031112	1206624	207402	999222
库克群岛	Cook Is.	184	184		26	26	
斐济	Fiji	6616	6616	…	936	936	…
瑙鲁	Nauru	6	6		1	1	
新喀里多尼亚	New Caledonia (Fr)	3327	3327		474	474	
瓦努阿图	Vanuatu	726	726		102	102	
新西兰	New Zealand	206064	109995	96069	29289	15616	13673
巴布亚新几内亚	Papua New Guinea	19847	18580	1267	2813	2631	182
社会群岛	Society Is.						
所罗门群岛	Solomon Is.	3845	3845		546	546	
汤加	Tonga	453	453		64	64	
萨摩亚	Samoa	772	772		108	108	
基里巴斯	Kiribati	308	308		44	44	
图瓦卢	Tuvalu	7	7		1	1	
密克罗尼西亚联邦	Micronesia Commonwealth	146	146		20	20	
马绍尔群岛	Marshall. Is.	4855	4855		696	696	
帕劳	Palau	554	554		78	78	
法属波利尼西亚	Polynesia (F)	3376	3376		480	480	
瓦利斯和浮图纳	Wallis and Futuna	56	56		8	8	
大洋洲其他国家(地区)	Other Countries (Regions) in Oceania	2	2	1	…	…	…
国别(地区)不详	Country (Region) of Unknown	2	2	1	…	…	…

10-6 出口主要货物数量和金额(2023年)
Major Exported Commodities in Quantity and Value (2023)

品名	Commodity	数量 Quantity	金额 Value 万元人民币 RMB 10000	金额 Value 万美元 USD 10000
农产品	**Agricultural Products**	**156.28**	**1585243.21**	**225352.98**
肉类(包含杂碎)(万吨)	Meat (including entrails) (10000 tons)	1.17	110600.13	15738.53
水产品(万吨)	Aquatic Products (10000 tons)	2.96	160582.59	22855.86
食用水产品(万吨)	Edible Aquatic Products (10000 tons)	2.96	160582.59	22855.86
蔬菜及食用菌(万吨)	Vegetables and Edible Fungi (10000 tons)	16.57	131888.53	18710.70
鲜或冷藏蔬菜(万吨)	Fresh or Refrigerated Vegetables (10000 tons)	3.58	15088.89	2119.76
干鲜瓜果及坚果(万吨)	Dried and Fresh Fruits, Melons and Nuts (10000 tons)	20.99	176319.84	25047.80
苹果(万吨)	Apples (10000 tons)	0.71	6398.58	913.69
茶叶(吨)	Tea (ton)	…	3.89	0.54
粮食(万吨)	Grain (10000 tons)	5.12	45700.33	6518.75
稻谷和大米(万吨)	Paddy and Rice (10000 tons)			
罐头(吨)	Canned Food (ton)	6.63	105168.36	14934.19
蔬菜罐头(吨)	Vegetable Can (ton)	3.97	33643.78	4796.74
酒类及饮料	Alcohol and Beverages	1.37	14089.81	2001.60
果蔬汁(万吨)	Fruit and Vegetable Juice (10000 tons)	1.22	12755.23	1812.73
啤酒(万升)	Beer (10000 liters)	0.08	381.78	53.28
烟草及其制品(吨)	Tobacco and Tobacco Manufactures (ton)			
烤烟(吨)	Flue-cured Tobacco (ton)			
卷烟(万条)	Cigarettes (10000 units)			
制盐(吨)	Salt Manufacturing (ton)	0.90	885.30	128.43
水泥及水泥熟料(万吨)	Cement and Cement Clinkers (10000 tons)	2.62	4522.04	641.08
钨品(吨)	Tungsten Products (ton)	…	1740.03	246.94
煤及褐煤(万吨)	Coal and Lignite (10000 tons)	24.49	36869.15	5339.36
焦炭及半焦炭(万吨)	Coke and Semi-coke (10000 tons)	20.77	49683.90	7057.64
成品油(万吨)	Product Oil (10000 tons)	6.24	47567.69	6789.05
汽油(万吨)	Gasoline (10000 tons)			
航空煤油(万吨)	Aviation Kerosene (10000 tons)	4.85	28564.23	4078.26
柴油(万吨)	Diesel Oil (10000 tons)			
氧化铝(万吨)	Aluminum Oxide (10000 tons)	0.01	263.32	37.74
稀土及其制品(吨)	Rare Earth and Its Products (ton)	0.04	11519.40	1608.92
稀土(吨)	Rare Earth (ton)	0.04	9171.74	1281.04
基本有机化学品	Basic Organic Chemicals		976072.11	139178.48
柠檬酸(万吨)	Citric Acid (10000 tons)	0.01	54.74	7.76
医药材及药品(吨)	Pharmaceutical Materials and Drugs (ton)	18.57	944993.15	134488.51
中药材(吨)	Traditional Chinese Medicine (ton)	0.48	24200.81	3438.95
中式成药(吨)	Medicaments of Chinese Type (ton)	0.01	3400.89	484.56
人用疫苗(千克)	Human Vaccine (kg)			
抗菌素(制剂除外)(吨)	Antibiotics (except preparations) (ton)	0.92	256389.58	36470.27
医用敷料(吨)	Medical Dressing (ton)	0.07	5723.85	808.80
肥料(万吨)	Chemical Fertilizers (10000 tons)	182.46	253791.33	35925.62
尿素(万吨)	Urea (10000 tons)	12.99	30415.04	4319.03
硫酸铵(万吨)	Ammonium Sulphate (10000 tons)	151.86	165875.77	23354.47
磷酸氢二铵(万吨)	Diammonium Hydrogen Phosphate (10000 tons)	0.04	231.64	33.30
磷酸二氢铵(万吨)	Ammonium Dihydrogen Phosphate (10000 tons)	1.02	3834.26	547.41
合成有机染料(吨)	Synthetic Organic Dyestuffs (ton)	1.02	38562.50	5505.48
美容化妆品及洗护用品(吨)	Beauty Cosmetics and Toiletries (ton)	0.35	24839.35	3542.78
烟花、爆竹(吨)	Fireworks and Firecrackers (ton)			
塑料制品	Plastic Articles		1056184.56	149712.37
橡胶轮胎(万吨)	Rubber Tire (10000 tons)	2.71	58221.14	8289.11
新的充气橡胶轮胎(万吨)	New Pneumatic Rubber Tyres (10000 tons)	2.01	42208.38	6006.60

10−6 续表 1 continued

品　名	Commodity	数　量 Quantity	金　额 Value 万元人民币 RMB 10000	万美元 USD 10000
皮革、毛皮及其制品	Leather, Fur and Their Products		342130.09	48426.79
裘皮服装(吨)	Fur Garment (ton)	0.07	179605.86	25377.63
箱包及类似容器(万吨)	Luggage and Similar Containers (10000 tons)	7.11	464000.87	66027.15
皮革箱包及类似容器(吨)	Leather Cases, Bags and Similar Containers (ton)	0.28	24770.43	3517.17
木及其制品(万吨)	Wood and Its Products (10000 tons)	6.04	60988.53	8678.75
家用或装饰用木制品(万吨)	Household or Decorative Wood Products (10000 tons)	0.17	6041.46	855.02
胶合板及类似多层板(万立方米)	Plywood and Similar Multilayer Boards (10000 cbm)	2.51	16753.05	2380.38
植物材料编结品(吨)	Plant Material Braid (ton)	0.47	7393.81	1053.61
纸浆、纸及其制品(万吨)	Pulp, Paper and Its Products (10000 tons)	9.41	228025.17	32274.80
纺织原料(万吨)	Textile Raw Materials (10000 tons)	16.11	366793.21	52190.12
化学纤维纺织原料(万吨)	Chemical Fiber Textile Raw Materials (10000 tons)	14.40	171828.84	24531.43
纺织纱线、织物及其制品	Textile Yarn, Fabric and Its Products		1853946.01	264086.41
纺织纱线	Textile Yarn		231510.46	33070.83
纺织织物	Textile Fabric		401815.76	57224.34
纺织制品	Textile Products		1220619.78	173791.25
服装及衣着附件	Clothing and Accessories		1592103.98	225780.26
服装	Garments		1167984.58	165499.69
鞋靴(万双)	Footwear (10000 pairs)	1.84	186740.97	26620.61
帽类(万个)	Hat Class (10000 units)	22.33	93196.15	13265.22
伞(万把)	Umbrellas (10000 units)	0.10	5960.92	845.77
花岗岩石材及其制品(万吨)	Granite Stone and Its Products (10000 tons)	2.07	16084.16	2312.20
陶瓷产品(万吨)	Ceramic Products (10000 tons)	49.44	617157.56	87458.73
日用陶瓷(万吨)	Household Ceramics (10000 tons)	43.71	555652.34	78767.77
建筑用陶瓷(万吨)	Architectural Ceramics (10000 tons)	5.39	49346.84	6959.17
玻璃及其制品	Glass and Its Products		529210.19	75332.56
珍珠、宝石及半宝石	Pearls, Precious Stones and Semi Precious Stones		4939.19	703.09
贵金属或包贵金属的首饰(吨)	Precious Metal or Jewelry Wrapped in Precious Metal (ton)	0.04	1102.72	153.75
铁合金(万吨)	Ferroalloy (10000 tons)	0.19	16651.96	2378.41
钢材(万吨)	Rolled Steel (10000 tons)	478.59	2742841.96	390599.61
钢铁棒材(万吨)	Steel Bar (10000 tons)	51.01	296946.41	42427.12
角钢及型钢(万吨)	Angle Steel and Section Steel (10000 tons)	66.25	288176.70	41081.78
钢铁板材(万吨)	Steel Sheet (10000 tons)	264.93	1300878.66	184911.52
钢铁线材(万吨)	Steel Wire Rod (10000 tons)	10.57	89281.70	12761.58
未锻轧铜及铜材(吨)	Unwrought Copper and Copper Products (ton)	0.08	6950.92	983.80
未锻轧铝及铝材(吨)	Unwrought Aluminum and Aluminum Products (ton)	10.13	250232.06	35653.08
家具及其零件	Furniture and Parts		1051853.49	149163.42
玩具	Toys		216229.97	30600.48
体育用品及设备	Sporting Goods and Equipment		113673.89	16132.94
笔及其零件	Pen and Its Parts		15204.25	2152.89
机电产品	Mechanical and Electrical Products		16262519.72	2308446.58
机械基础件	Mechanical Foundation Parts		499917.04	71122.52
紧固件(吨)	Fastener (ton)	40.06	352837.32	50220.48
轴承(吨)	Bearings (ton)	5.21	35569.26	5053.97
手用或机用工具(万吨)	Hand Tools and Tools for Machines (10000 tons)	11.54	349028.11	49582.65
农业机械	Agricultural Machinery		55530.20	7900.07
拖拉机(辆)	Tractors (unit)	0.00	7013.78	994.31
食品加工机械(万台)	Food Processing Machinery (10000 sets)	0.03	23271.35	3300.14
包装机械(台)	Packaging Machinery (set)	0.02	134126.16	19046.94
印刷、装订机械及其零件	Printing and Binding Machinery and Its Parts		28741.78	4074.58

10-6 续表 2 continued

品　　名	Commodity	数　量 Quantity	金　额 Value 万元人民币 RMB 10000	万美元 USD 10000
打印机、复印机及一体机(台)	Printer, Copier and All-in-one Machine (set)	0.01	14032.53	1985.45
通用机械设备	General Mechanical Equipment		386533.98	54902.04
泵(万台)	Pump (10000 sets)	0.84	70534.69	10037.37
压缩机(万台)	Compressor (10000 sets)	…	9931.59	1417.33
分离设备	Separation Equipment		54635.25	7763.80
阀门及类似装置(万套)	Valves and Similar Devices (10000 units)	11.51	194815.90	27653.73
纺织机械及其零件	Textile Machinery and Its Parts		12138.32	1732.28
缝制机械及其零件	Sewing Machinery and Its Parts		15701.95	2244.23
机床(台)	Machine Tool (set)	0.01	106458.37	15114.01
自动数据处理设备及其零部件	Automatic Data Processing Equipment and Its Parts		84427.88	11888.54
自动数据处理设备(万台)	Automatic Data Processing Equipment (10000 sets)	0.03	13751.17	1934.86
平板电脑(万台)	Tablet PC (10000 sets)	0.01	4238.87	599.48
笔记本电脑(万台)	Notebook Computer (10000 sets)	0.01	2653.68	370.71
中央处理部件(万台)	Central Processing Unit (10000 sets)	0.01	8570.53	1197.36
存储部件(万台)	Storage Unit (10000 sets)	0.03	4034.13	566.02
自动数据处理设备的零件、附件(吨)	Parts and Accessories of Automatic Data Processing Equipment (ton)	0.06	31713.14	4477.23
液晶监视器(万台)	LCD Monitor (10000 sets)	0.01	1924.76	271.47
电工器材	Electrical Equipment		675324.21	95869.64
变压器(万个)	Transformer (10000 units)	1.39	24888.86	3508.76
原电池(亿个)	Primary Cells and Batteries (100 million units)	1.11	923.91	131.51
蓄电池(万个)	Electric Accumulators (10000 units)	0.32	30148.59	4278.63
锂离子蓄电池(万个)	Lithium-ion Battery (10000 units)	0.28	22000.76	3130.86
电气控制装置	Electrical Control Device		88573.74	12544.83
高压开关及控制装置	High Voltage Switch and Control Device		6389.89	901.73
低压开关及控制装置	Low Voltage Switch and Control Device		82183.84	11643.10
电线及电缆(万吨)	Wires and Cables (10000 tons)	7.34	321753.32	45787.94
手机(万台)	Mobile Phone (10000 sets)	0.02	6864.98	970.34
家用电器(万台)	Household Electric Appliances (10000 sets)	1.59	152816.78	21609.92
电扇(万台)	Fans (10000 sets)	0.18	20260.29	2883.27
空调(万台)	Air Conditioner (10000 sets)	…	1773.12	250.86
冰箱(万台)	Refrigerator (10000 sets)	…	1581.96	224.61
洗衣机(万台)	Washing Machine (10000 sets)	…	1202.22	170.65
吸尘器(万台)	Vacuum Cleaner (10000 sets)	0.05	7194.59	1017.09
微波炉(万个)	Microwave Oven (10000 units)	…	163.68	22.91
电视机(万台)	TV (10000 sets)	0.01	2118.77	299.88
液晶电视机(万台)	LCD TV (10000 sets)	…	1959.56	277.66
音视频设备及其零件	Audio and Video Equipment and Its Parts		84585.65	11973.29
电视摄像机，数字照相机及视频摄录一体机(万台)	TV Camera, Digital Camera and Video Recorder (10000 sets)	0.10	10949.19	1544.02
数字照相机(万台)	Digital Camera (10000 sets)	0.01	1002.66	141.48
无线电广播接收设备(万台)	Radio Broadcasting Receiving Equipment (10000 sets)	0.17	20116.04	2843.74
音视频设备的零件	Parts of Audio and Video Equipment		41251.77	5858.30
有机发光二极管显示屏(万块)	Organic Light Emitting Diode Display (10000 sets)			
电子元件	Electronic Component		1027325.74	145582.75
印刷电路(亿块)	Printed Circuit (100 million units)	92.88	155381.08	21901.29
二极管及类似半导体器件(亿个)	Diode and Semi Conductors (100 million units)	58.86	729759.24	103665.07
太阳能电池(万个)	Solar Cell (10000 units)	1.11	695453.87	98798.73
集成电路(亿个)	Integrated Circuits (100 million units)	1.33	6354.24	892.10

10-6 续表 3 continued

品 名	Commodity	数 量 Quantity	金 额 Value 万元人民币 RMB 10000	万美元 USD 10000
集装箱(万个)	Containers (10000 units)	…	21433.29	2994.75
摩托车(万辆)	Motorcycle (10000 units)	0.01	36083.14	5110.83
内燃机摩托车(万辆)	Internal Combustion Engine Motorcycle (10000 units)	…	9590.34	1363.60
电动摩托车及脚踏车(万辆)	Electric Motorcycle and Bicycle (10000 units)	0.01	26201.64	3706.18
自行车(万辆)	Bicycles (10000 units)	0.24	63030.90	8999.72
摩托车及自行车的零配件	Spare Parts for Motorcycles and Bicycles		203945.90	29008.29
汽车(包含底盘)(万辆)	Automobile (including chassis) (10000 units)	0.04	3973568.91	562104.69
乘用车(辆)	Passenger Car (unit)	0.04	3783064.15	535139.58
商用车(辆)	Commercial Vehicle (unit)	…	190504.76	26965.10
客车(十座及以上)(辆)	Passenger Cars (ten seats and above) (unit)	…	11970.24	1667.86
货车(辆)	Trucks (unit)	…	164268.87	23277.45
专用汽车(辆)	Special Purpose Vehicle (unit)		6725.87	960.22
汽车零配件	Auto Parts		2034050.11	289673.66
车用发动机(万台)	Vehicle Engine (10000 sets)	…	44857.69	6405.86
汽车轮胎(吨)	Automobile Tire (ton)	0.09	2567.85	367.31
婴孩车及其零件(吨)	Baby Carriages and Parts (ton)	1.19	43311.41	6143.17
船舶(艘)	Shipping (unit)		3449.37	479.55
液货船(艘)	Tanker (unit)			
集装箱船(艘)	Container Ship (unit)			
散货船(艘)	Bulk Cargo Ship (unit)			
眼镜及其零件	Glasses and Parts Thereof		22225.23	3155.05
液晶显示板(万个)	Liquid Crystal Display Panel (10000 units)			
计量检测分析自控仪器及器具	Automatic Control Instruments and Apparatus for Measurement, Detection and Analysis		232373.19	32778.77
分析仪器(台)	Analysis instrument(set)	0.01	6200.97	876.07
医疗仪器及器械	Medical Instruments and Appliances		125060.37	17778.97
钟表及其零件	Clocks and Watches and Their Parts		28442.44	4018.50
手表(万只)	Wrist Watches (10000 units)	0.53	11717.88	1655.04
灯具、照明装置及其零件	Lamps, Lighting Devices and Their Parts		299332.19	42449.00
游戏机及其零附件(吨)	Game Console and Its Accessories (ton)	0.65	14385.27	2033.23
高新技术产品	New and High-tech Product		2487934.07	353072.66
生物技术	Biotechnology		2505.04	355.79
生命科学技术	Life Science and Technology		751335.14	107035.52
光电技术	Photoelectric Technology		64328.06	9151.58
计算机与通信技术	Computer and Communication Technology		250920.30	35525.98
电子技术	Electronic Technique		987710.29	140079.38
计算机集成制造技术	Computer Integrated Manufacturing Technology		222986.04	31559.07
材料技术(吨)	Material Technology (ton)	0.03	39412.02	5592.95
航空航天技术	Aviation and Aerospace Technology		167817.91	23642.14
其他技术	Other Technologies		919.25	130.25
电动载人汽车(辆)	Electric Manned Vehicle (unit)	0.01	1235160.27	174825.59
混合动力客车(10座及以上)(辆)	Hybrid Electric Bus (10 seats and above) (unit)			
纯电动客车(10座及以上)(辆)	Pure Electric Bus (10 seats and above) (unit)		308.11	42.99
非插电式混合动力乘用车(辆)	Non Plug in Hybrid Passenger Vehicle (unit)	…	367863.88	51867.11
插电式混合动力乘用车(辆)	Plug in Hybrid Passenger Car (unit)	…	226220.37	32173.22
纯电动乘用车(辆)	Pure Electric Passenger Car (unit)	0.01	640767.91	90742.27
文化产品	Cultural Products		593625.11	84021.12
食品	Food		1232765.66	175300.05

10-7 进口主要货物数量和金额(2023年)
Major Imported Commodities in Quantity and Value (2023)

品名	Commodity	数量 Quantity	金额 Value 万元人民币 RMB 10000	万美元 USD 10000
总额	**Total**		**22001712.33**	**3125154.752**
农产品	Agricultural Products		4290463.55	609456.14
肉类(包含杂碎)(万吨)	Meat (including entrails) (10000 tons)	5.02	151288.76	21335.19
牛肉及牛杂碎(万吨)	Beef and Cattle Entrails (10000 tons)	3.55	120384.08	16976.81
牛肉(万吨)	Beef (10000 tons)	3.52	118963.61	16774.39
猪肉及猪杂碎(万吨)	Pork and Pig Entrails (10000 tons)	0.92	15265.71	2146.78
猪肉(万吨)	Pork (10000 tons)	0.51	8153.65	1143.42
羊肉(吨)	Mutton (ton)	0.31	8591.91	1213.76
禽肉(吨)	Meat of Poultry (ton)	0.08	1535.89	217.28
水产品(万吨)	Aquatic Products (10000 tons)	4.90	118873.34	16971.31
食用水产品(万吨)	Edible Aquatic Products (10000 tons)	4.19	117315.30	16750.00
冻鱼(万吨)	Frozen Fish (10000 tons)	0.39	4922.11	702.09
乳品(万吨)	Dairy Products (10000 tons)	1.87	59091.14	8405.17
奶粉(万吨)	Milk Powder (10000 tons)	0.69	28578.80	4072.81
干鲜瓜果及坚果(万吨)	Dried and Fresh Fruits, Melons and Nuts (10000 tons)	10.12	278429.86	38991.60
粮食(万吨)	Grain (10000 tons)	647.87	2745501.65	390781.13
薯类(吨)	Tubers (ton)			
谷物及谷物粉(万吨)	Cereals and Cereals Flour (10000 tons)	14.65	36067.12	5172.53
小麦(万吨)	Wheat (10000 tons)	1.41	3691.35	536.37
大麦(万吨)	Barley (10000 tons)	2.46	6213.08	881.39
玉米(万吨)	Corn (10000 tons)	4.21	9357.33	1355.16
稻谷及大米(万吨)	Paddy and Rice (10000 tons)	0.17	1052.23	152.90
高粱(万吨)	Jowar (10000 tons)	1.94	4917.12	706.66
豆类(万吨)	Beans (10000 tons)	632.75	2701551.85	384486.01
大豆(万吨)	Soybeans (10000 tons)	628.42	2678609.22	381213.00
食用油(万吨)	Edible Oil (10000 tons)	9.37	73329.05	10431.38
食用植物油(万吨)	Edible Vegetable Oil (10000 tons)	4.74	35106.82	4980.88
豆油(万吨)	Soybean Oil (10000 tons)	0.27	2279.13	331.96
棕榈油(万吨)	RBD Palm Oil (10000 tons)	2.15	14685.67	2077.24
菜籽油及芥子油(万吨)	Rapeseed Oil and Mustard Oil (10000 tons)	0.69	6049.72	862.62
食糖(万吨)	Sugar (10000 tons)	26.59	110387.57	15442.17
酒类及饮料	Alcohol and Beverages		18887.83	2693.54
啤酒(万升)	Beer (10000 liters)	…	22.26	3.14
葡萄酒(万升)	Wine (10000 liters)	1.22	13756.06	1968.84
制盐(吨)	Salt Manufacturing (ton)	28.10	8802.28	1253.82
金属矿及矿砂(万吨)	Metal Ore and Ore (10000 tons)	12481.00	9993615.43	1419973.61
铁矿砂及其精矿(万吨)	Iron Ore and Concentrates (10000 tons)	11060.70	9112514.78	1294737.64
铜矿砂及其精矿(万吨)	Copper Ores and Concentrates (10000 tons)	0.39	1976.63	278.93
铝矿砂及其精矿(万吨)	Aluminum Ores and Concentrates (10000 tons)	1144.98	533250.16	75783.19
煤及褐煤(万吨)	Coal and Lignite (10000 tons)	820.25	1026216.50	146380.18
原油(万吨)	Crude Oil (10000 tons)	177.60	586894.61	83154.31
成品油(万吨)	Petroleum Products Refined (10000 tons)	44.39	167225.64	23442.72
石脑油(万吨)	Naphtha (10000 tons)			
航空煤油(万吨)	Aviation Kerosene (10000 tons)	5.28	30610.61	4354.47
天然气(万吨)	Natural Gas (10000 tons)	642.12	2966509.49	420821.89
液化天然气(万吨)	Liquified Natural Gas (10000 tons)	642.12	2966509.49	420821.89
气态天然气(万吨)	Natural Gas (10000 tons)			
多晶硅(吨)	Polysilicon (ton)			
基本有机化学品	Basic Organic Chemicals		164027.03	23322.90
二甲苯(万吨)	Xylene (10000 tons)			
乙二醇(万吨)	Ethylene Glycol (10000 tons)			
医药材及药品(吨)	Pharmaceutical Materials and Drugs (ton)	1.19	33876.10	4856.63
中药材(吨)	Traditional Chinese Medicine (ton)	1.18	7612.80	1079.20
人用疫苗(千克)	Human Vaccine (kg)			
肥料(万吨)	Chemical Fertilizers (10000 tons)	5.09	11025.52	1536.44
氯化钾(万吨)	Potassium Chloride (10000 tons)	5.09	11021.77	1535.90
氮磷钾三元复合肥(万吨)	N-P-K Compound Fertilizer (10000 tons)			
美容化妆品及洗护用品(吨)	Beauty Cosmetics and Toiletries (ton)	0.05	6535.62	922.83
初级形状的塑料(万吨)	Plastics in Primary Forms (10000 tons)	35.09	294060.52	41765.13
塑料制品	Plastic Articles		86294.39	12254.61

10-7 续表 1 continued

品　名	Commodity	数　量 Quantity	金　额 Value 万元人民币 RMB 10000	万美元 USD 10000
天然及合成橡胶(包括胶乳)(万吨)	Natural and Synthetic Rubber (including latex) (10000 tons)	3.00	22433.79	3189.76
皮革、毛皮及其制品	Leather, Fur and Their Products		179020.49	25278.03
牛皮革及马皮革(吨)	Cow Leather and Horse Leather (ton)	0.33	12249.40	1740.56
木及其制品(万吨)	Wood and Its Products (10000 tons)	56.70	86451.99	12290.25
原木(万立方米)	Logs (10000 cbm)	48.51	61100.73	8706.31
锯材(万立方米)	Wood Sawn (10000 cbm)	0.69	3774.31	535.69
纸浆、纸及其制品(万吨)	Pulp, Paper and Its Products (10000 tons)	58.44	314927.37	44833.95
纸浆(万吨)	Paper Pulp (10000 tons)	56.78	307603.01	43790.09
纺织原料(万吨)	Textile Raw Materials (10000 tons)	8.89	156015.57	22047.04
羊毛及毛条(吨)	Wool and Wool Tops (ton)	1.20	23189.27	3303.80
棉花(万吨)	Cotton (10000 tons)	0.40	6317.19	896.01
纺织纱线、织物及其制品	Textile Yarn, Fabric and Its Products		50402.47	7164.10
纺织纱线	Textile Yarn		20025.72	2845.71
棉纱线(万吨)	Cotton Yarn (10000 tons)	0.82	15984.53	2271.55
合成纤维纱线(吨)	Synthetic Fiber Yarn (ton)	0.02	1759.56	248.82
服装及衣着附件	Clothing and Accessories		5262.46	757.36
玻璃及其制品	Glass and Its Products		18336.50	2591.30
玻璃纤维及其制品(吨)	Glass Fiber and Its Products (ton)	0.02	12286.22	1731.31
珍珠、宝石及半宝石	Pearls, Precious Stones and Semi Precious Stones		2855.51	406.94
钻石(千克)	Diamonds(kg)			
钢材(万吨)	Rolled Steel (10000 tons)	7.03	49939.62	7126.76
未锻轧铜及铜材(吨)	Unwrought Copper and Copper Products (ton)	0.98	115859.35	16455.69
未锻轧铝及铝材(吨)	Unwrought Aluminum and Aluminum Products (ton)	5.66	96491.80	13681.94
机电产品	Mechanical and Electrical Products		1411730.76	200473.77
机械基础件	Mechanical Foundation Parts		33355.09	4729.07
农业机械	Agricultural Machinery		10658.21	1513.22
收获机械(台)	Harvesting Machinery (set)		10253.12	1455.03
拖拉机(辆)	Tractors (unit)		19.52	2.72
食品加工机械(万台)	Food Processing Machinery (10000 sets)		1723.46	246.82
包装机械(台)	Packaging Machinery (set)		20428.37	2891.14
印刷、装订机械及其零件	Printing and Binding Machinery and Its Parts		1310.99	184.94
打印机、复印机及一体机(台)	Printer, Copier and All-in-one Machine (set)		946.81	132.83
通用机械设备	General Mechanical Equipment		62467.62	8906.91
泵(万台)	Pump (10000 sets)	0.01	15563.92	2232.63
压缩机(万台)	Compressor (10000 sets)		1120.48	158.38
分离设备	Separation Equipment		6712.12	963.98
阀门及类似装置(万套)	Valves and Similar Devices (10000 sets)	0.47	29734.87	4219.70
机床(台)	Machine Tool (set)		39544.23	5671.66
自动数据处理设备及其零部件	Automatic Data Processing Equipment and Its Parts		11941.39	1694.25
自动数据处理设备(万台)	Automatic Data Processing Equipment (10000 sets)		10373.73	1470.75
中央处理部件(万台)	Central Processing Unit (10000 sets)		327.44	46.29
存储部件(万台)	Storage Unit (10000 sets)		21.28	3.00
自动数据处理设备的零件、附件(吨)	Parts and Accessories of Automatic Data Processing Equipment (ton)		718.77	102.29
半导体制造设备(台)	Semiconductor Manufacturing Equipment (set)		4858.80	684.44
制造单晶柱或晶圆用的机器及装置(台)	Machines and Devices for Manufacturing Single Crystal Columns or Wafers (set)		690.48	98.22
制造半导体器件或集成电路用的机器及装置(台)	Machines and Devices for Manufacturing Semiconductor Devices or Integrated Circuits (set)		1844.95	258.36
制造平板显示器用的机器及装置(台)	Machine and Device for Manufacturing Flat Panel Display (set)		457.21	66.71
电工器材	Electrical Equipment		143105.92	20316.19
变压器(万个)	Transformer (10000 units)	0.01	1240.63	174.62
蓄电池(万个)	Electric Accumulators (10000 units)		144.94	20.78
锂离子蓄电池(万个)	Lithium-ion Battery (10000 units)		126.70	18.23

10-7 续表 2 continued

品 名	Commodity	数 量 Quantity	金 额 Value 万元人民币 RMB 10000	万美元 USD 10000
电气控制装置	Electrical Control Device		78144.28	11105.59
电线及电缆(万吨)	Wires and Cables (10000 tons)	0.20	27351.11	3893.71
家用电器(万台)	Household Electric Appliances (10000 sets)		1851.24	263.61
电视机(万台)	Televisions (10000 sets)		4.48	0.66
液晶电视机(万台)	LCD Televisions (10000 sets)		4.48	0.66
音视频设备及其零件	Audio and Video Equipment and Its Parts		11992.74	1703.12
电视摄像机,数字照相机及视频摄录一体机(万台)	TV Camera, Digital Camera and Video Recorder (10000 sets)	0.07	11814.39	1677.83
音视频设备的零件	Parts of Audio and Video Equipment		55.00	7.89
有机发光二极管显示屏(万块)	Organic Light Emitting Diode Display (10000 sets)			
电子元件	Electronic Component	82.20	157255.54	22346.50
电容器(万吨)	Electrical Capacitors (10000 tons)	82.20	2332.31	330.88
印刷电路(亿块)	Printed Circuit (100 million units)	0.26	7198.21	1022.06
二极管及类似半导体器件(亿个)	Diode and Semi Conductor (100 million units)	17.61	5882.31	839.74
集成电路(亿个)	Integrated Circuits (100 million units)	25.88	133752.14	19005.21
汽车(包含底盘)(万辆)	Automobile (including chassis) (10000 units)		6076.26	869.21
乘用车(辆)	Passenger Car (unit)		5698.19	815.43
商用车(辆)	Commercial Vehicle (unit)		378.08	53.78
货车(辆)	Trucks (unit)			
专用汽车(辆)	Special Purpose Vehicle (unit)		378.08	53.78
汽车零配件	Auto Parts		143126.39	20218.97
车用发动机(万台)	Vehicle Engine (10000 sets)		5336.08	743.19
汽车轮胎(吨)	Automobile Tire (ton)	0.01	761.62	106.30
飞机及其他航空器(架)	Aircraft and Others (unit)		5467.94	761.60
空载重量超过2吨的飞机(架)	Aircraft with an Unloaded Weight of More than 2 Tons (unit)		5467.94	761.60
航空器零部件	Aircraft Parts		775.45	109.87
涡轮喷气发动机(台)	Turbojet Engine (set)			
涡轮螺桨发动机(台)	Turboprop Engine (set)			
船舶(艘)	Shipping (unit)			
计量检测分析自控仪器及器具	Automatic Control Instruments and Apparatus for Measurement, Detection and Analysis		178034.26	25283.31
医疗仪器及器械	Medical Instruments and Appliances		21142.86	3045.08
钟表及其零件	Clocks and Watches and Their Parts		123.73	17.58
手表(万只)	Wrist Watches (10000 units)		20.38	2.92
电动手表(万只)	Electric Watch (10000 units)		8.42	1.19
机械手表(万只)	Mechanical Watch (10000 units)		11.97	1.73
高新技术产品	New and High-tech Product		579128.69	82312.24
生物技术	Biotechnology		123.69	17.43
生命科学技术	Life Science and Technology		57682.41	8197.75
光电技术	Photoelectric Technology		47514.97	6740.41
计算机与通信技术	Computer and Communication Technology		34112.27	4833.76
电子技术	Electronic Technique		185206.56	26341.95
计算机集成制造技术	Computer Integrated Manufacturing Technology		148750.15	21135.13
材料技术(吨)	Material Technology (ton)		1811.68	259.65
航空航天技术	Aviation and Aerospace Technology		103844.73	14774.46
其他技术	Other Technologies		82.24	11.70
电动载人汽车(辆)	Electric Manned Vehicle (unit)		274.96	39.81
混合动力客车(10座及以上)(辆)	Hybrid Bus (10 seats and above) (unit)			
纯电动客车(10座及以上)(辆)	Pure Electric Bus (10 seats and above) (unit)			
非插电式混合动力乘用车(辆)	Non Plug-in Hybrid Passenger Vehicle (unit)		112.71	16.18
插电式混合动力乘用车(辆)	Plug-in Hybrid Passenger Car (unit)			
纯电动乘用车(辆)	Pure Electric Passenger Car (unit)		162.24	23.62
文化产品	Cultural Products		21649.56	3068.86
食品	Food		3758211.86	533796.20

10−8　分市货物进出口总额(2023年)
International Trade in Goods by City (2023)

市	City	万元人民币 RMB 10000				万美元 USD 10000			
		进出口总额 Total	出口总额 Exports	进口总额 Imports	差额 Balance	进出口总额 Total	出口总额 Exports	进口总额 Imports	差额 Balance
全　省	**Total**	**58283518**	**35041717**	**23241802**	**11799915**	**8279446**	**4978973**	**3300472**	**1678501**
石家庄市	Shijiazhuang	12408617	7741396	4667222	3074174	1764093	1100282	663811	436471
唐 山 市	Tangshan	16452072	5802104	10649968	-4847865	2336321	822840	1513481	-690640
秦皇岛市	Qinhuangdao	4236827	2698752	1538075	1160677	602464	384132	218332	165800
邯 郸 市	Handan	2428390	1383481	1044908	338573	344771	197130	147642	49488
邢 台 市	Xingtai	2533159	2260484	272675	1987809	359740	321096	38644	282452
保 定 市	Baoding	7448853	6877017	571836	6305181	1058004	976931	81073	895858
张家口市	Zhangjiakou	785334	709168	76166	633002	110793	100073	10720	89352
承 德 市	Chengde	263462	204017	59445	144572	37577	29113	8464	20649
沧 州 市	Cangzhou	4669095	2979353	1689741	1289612	662405	423968	238437	185531
廊 坊 市	Langfang	4692026	2178097	2513929	-335832	666705	309334	357371	-48036
衡 水 市	Hengshui	2365683	2207848	157835	2050012	336572	314074	22498	291576

10−9　国家级经济(高新)技术开发区进出口总额(2023年)
International Trade in Goods of National Economic (High-Tech) Development Zones (2023)

开发区名称	Name	万元人民币 RMB 10000			万美元 USD 10000		
		进出口总额 Total	出口总额 Exports	进口总额 Imports	进出口总额 Total	出口总额 Exports	进口总额 Imports
合　计	**Total**	**3184649**	**1939686**	**1244963**	**450629**	**274515**	**176115**
石家庄高新技术产业开发实验区	Shijiazhuang High-tech Industrial Development Experimental Zone	10329	7626	2703	1469	1085	384
曹妃甸经济技术开发区	Caofeidian Economic and Technological Development Zone	832184	616085	216100	116186	85964	30222
秦皇岛经济技术开发区	Qinhuangdao Economic and Technological Development Zone	2322473	1299293	1023180	330178	185092	145086
保定高新技术产业开发区	Baoding High-tech Industrial Development Zone	14732	14140	591	2096	2012	84
廊坊经济技术开发区	Langfang Economic and Technological Development Zone	4931	2543	2388	700	361	339

10-10 按贸易方式分进出口总额(2023年)
International Trade in Goods by Type (2023)

贸易方式	Type	万元人民币 RMB 10000			万美元 USD 10000		
		进出口总额 Total	出口总额 Exports	进口总额 Imports	进出口总额 Total	出口总额 Exports	进口总额 Imports
总 值	**Total**	**58283518**	**35041717**	**23241802**	**8279446**	**4978973**	**3300472**
一般贸易	Ordinary Trade	52017132	31241383	20775749	7388722	4437629	2951093
国家间、国际组织间无偿援助和赠送的物资	Free Assistance and Gifts from Countries and International Organizations	1421	1421		199	199	
其他捐赠物资	Other Donated Materials						
加工贸易	Processing Trade	2055680	1391703	663977	292605	198137	94468
来料加工贸易	Processing Imported Raw Materials	399919	263492	136427	57044	37608	19436
进料加工贸易	Processing Exported Raw Materials	1655761	1128211	527550	235561	160529	75032
边境小额贸易	Border Small Trade	1201219	1185803	15416	171858	169668	2190
加工贸易进口设备	Import Equipment for Processing Trade	13		13	2		2
对外承包工程出口货物	Exported Commodities for Contracted Projeccts	282612	282612		40184	40184	
租赁贸易	Renting Trade	688	688		97	97	
外商投资企业作为投资进口的设备、物品	Equipment and Articles for Investment and Import from Foreign-invested Enterprises						
易货贸易	Barter Trade						
保税物流	Bonded Logistics	3009487	1222828	1786658	426262	173539	252722.1
海关保税监管场所进出境货物	Inbound and Outbound Goods in Customs Bonded Areas	1600279	185371	1414909	226543	26517	200025.9
海关特殊监管区域物流货物	Customs Supervision of Goods Logistics	1409207	1037457	371750	199718	147022	52696
海关特殊监管区域进口设备	Customs Supervision of Imported Equipment	4		4	1		1
其他贸易	Others	916439	901071	15369	131370	129187	2183

10－11　按企业性质分进出口总额(2023年)
International Trade in Goods by Nature of Enterprises (2023)

企业性质	Type	万元人民币 RMB 10000			万美元 USD 10000		
		进出口总额 Total	出口总额 Exports	进口总额 Imports	进出口总额 Total	出口总额 Exports	进口总额 Imports
总　值	**Total**	**58283518.13**	**35041716.56**	**23241801.57**	**8279445.62**	**4978973.22**	**3300472.41**
国有企业	State-owned Enterprises	10828125.09	2914861.85	7913263.24	1538831.14	414544.27	1124286.87
外商投资企业	Foreign Invested Enterprises	10304629.14	7384288.11	2920341.03	1462976.84	1048838.09	414138.75
中外合作企业	Cooperative Enterprises	75865.25	9910.83	65954.42	10752.74	1403.73	9349.02
中外合资企业	Joint-venture Enterprises	7653719.48	5602767.48	2050952.00	1085398.10	794860.83	290537.27
外商独资企业	Sole-proprietorship Enterprises	2575044.42	1771609.80	803434.61	366825.99	252573.53	114252.46
民营企业	Private Enterprises	37145974.37	24739901.34	12406073.03	5276961.21	3515211.10	1761750.11
集体企业	Collective-owned Enterprises	1231311.90	254809.95	976501.95	174627.65	36133.16	138494.50
私营企业	Self-employed Enterprises	35852337.38	24427843.41	11424493.97	5093488.19	3470946.31	1622541.87
个体工商户	Individual Businesses	62325.09	57247.98	5077.11	8845.37	8131.63	713.74
报关企业	Customs Declaration Enterprises	0.32	0.12	0.20	0.05	0.02	0.03
其他企业	Other Enterprises	4789.20	2665.14	2124.06	676.39	379.74	296.64

10−12 实际使用外资
Actual Utilization of Foreign Investment

年 份 Year	新设企业 (家) Newly Establishment of Enterprises (unit)	实际使用外资金额 (万美元) Total Amount of Foreign Investment Actually Utilized (USD 10000)
1984	22	546
1985	53	1423
1986	31	1127
1987	25	1032
1988	91	1910
1989	73	4373
1990	110	4447
1991	322	18967
1992	1428	28682
1993	1975	48447
1994	1096	73742
1995	1220	108620
1996	923	160062
1997	742	213649
1998	652	210348
1999	530	193747
2000	510	139378
2001	507	93521
2002	482	104793
2003	586	155800
2004	603	197856
2005	581	227890
2006	447	238274
2007	369	300722
2008	252	363395
2009	215	369316
2010	248	436597
2011	199	526016
2012	197	603168
2013	196	667250
2014	198	700949
2015	208	736884
2016	162	814697
2017	194	893587
2018	246	970292
2019	298	1027741
2020	348	1103116
2021	389	1161405
2022	442	165526
2023	521	174615

注：1.1990年以前年度数据为部门数，仅供参考使用。
2.2019年以前数据由省统计局提供，2019年起由省商务厅提供。
3.自2022年起，全省利用外资统计口径发生变化，由省口径调整为商务部口径，原指标“实际利用外资”改为“实际使用外资”。以下相关表同。

a) Data for years prior to 1990 are reported in terms of the number of departments and are provided for reference only.
b) Data will be provided by the Provincial Bureau of Statistics before 2019 and by the Provincial Department of Commerce since 2019.
c) Since 2022, the statistical criteria for the utilization of foreign investment in the province have changed, involving adjustments to relevant indicators. The original "actual utilization of foreign investment" has been changed to "actual utilization of foreign investment". The same applies to the following tables.

10−13 按国别(地区)分实际使用外资额

Actual Utilization of Foreign Investment by Country (Region)

单位：万美元 (USD 10000)

国别(地区)	Country (Region)	2021	2022	2023
合　计	**Total**	**153782**	**165526**	**174615**
亚　洲	**Asia**	**126910**	**154517**	**162605**
#中国香港	Hong Kong, China	118567	123896	136982
中国澳门	Macao, China		175	171
中国台湾	Taiwan, China	208	211	373
印度尼西亚	Indonesia			10
日　本	Japan	354	994	1859
马来西亚	Malaysia	40	20	170
菲律宾	Philippines			
新加坡	Singapore	6152	14982	15748
韩　国	Republic of Korea	82	9978	276
泰　国	Thailand			
#东南亚联盟	Association of Southeast Asian Nations	7244	19204	21406
非　洲	**Africa**	**2**	**15**	**20**
欧　洲	**Europe**	**3953**	**5511**	**3072**
#比利时	Belgium		132	607
丹　麦	Denmark			431
英　国	United Kingdom	417	245	340
德　国	Germany	426	3096	229
法　国	France	119	113	32
爱尔兰	Ireland	10	811	747
意大利	Italy	6	4	11
卢森堡	Luxembourg			
荷　兰	Netherlands	811	878	447
希　腊	Greece			
西班牙	Spain	763	219	109
瑞　士	Switzerland	113	3	
#欧　盟(27国)	European Union (27 Countries)	2900	5263	4118
南美洲	**South America**	**15243**	**3445**	**3579**
#开曼群岛	Cayman Islands	4993	1749	3427
英属维尔京群岛	Virgin Islands	10207	1681	137
北美洲	**North America**	**3562**	**917**	**469**
#加拿大	Canada	29	59	194
美　国	United States	3533	858	275
大洋洲	**Oceania**	**4112**	**1121**	**4870**
#澳大利亚	Australia	338	983	563
新西兰	New Zealand		138	51

注：本表数据均为商务部口径数据，其中2021年各国家(地区)数据不包含银行、证券、保险领域数据，自2022年起为全口径数据。

a) The data in this table are all based on the Ministry of Commerce's statistical scope. The data for each country (region) in 2021 do not include data from the banking, securities and insurance sectors. From 2022 onwards, the data are comprehensive.

10−14 按行业分实际使用外资(2023年)
Actual Utilization of Foreign Investment by Sector (2023)

单位：万美元 (USD 10000)

项 目	Item	新设企业 Newly Establishment of Enterprises		实际使用外资金额 Total Amount of Foreign Investment Actually Utilized
		设立企业(家) Establishment of Enterprises (unit)	合同外资额 Contracted Amount of Foreign Investment	
合　计	**Total**	**521**	**669106**	**174615**
按产业分组	**Grouped by Industry**			
第一产业	Primary Industry	9	2235	2572
第二产业	Secondary Industry	143	128253	82700
第三产业	Tertiary Industry	369	538618	89343
按国民经济行业分组	**Grouped by Sector**			
农、林、牧、渔业	Agriculture, Forestry, Animal Husbandry and Fishery	10	2306	2572
采矿业	Mining			170
制造业	Manufacturing	94	90786	53149
电力、热力、燃气及水的生产和供应业	Production and Supply of Electricity, Heat, Gas and Water	41	38132	28643
建筑业	Construction	8	-667	739
批发和零售业	Wholesale and Retail Trades	110	117947	10463
交通运输、仓储和邮政业	Traffic, Transport, Storage and Post	19	33821	11953
住宿和餐饮业	Hotels and Catering Services	2	1426	
信息传输、软件和信息技术服务业	Information Transmission, Software and Information Technology	21	29250	21509
金融业	Financial Intermediation			2652
房地产业	Real Estate	11	19984	6890
租赁和商务服务业	Leasing and Business Services	60	87998	12486
科学研究和技术服务业	Scientific Research and Technical Services	128	192011	21150
水利、环境和公共设施管理业	Management of Water Conservancy, Environment and Public Facilities	9	54736	1899
居民服务、修理和其他服务业	Service to Households, Repair and Other Services	1	70	
教　育	Education	1	600	
卫生和社会工作	Health and Social Service	2	382	320
文化、体育和娱乐业	Culture, Sports and Entertainment	4	324	20

10-15　对外直接投资
Outward Foreign Direct Investment

单位：万美元　　(USD 10000)

年　份 Year	非金融类对外直接投资流量 Flow of Non-financial Outward Foreign Direct Investment	年末非金融类对外直接投资存量 Stock of Non-financial Outward Foreign Direct Investment at Year-end
2002		
2003	110	17153
2004	1286	26154
2005	8538	32770
2006	4880	32770
2007	5394	38248
2008	5363	52415
2009	21993	88692
2010	53237	137724
2011	46363	195470
2012	57809	238710
2013	92757	349045
2014	121865	453094
2015	94030	572481
2016	301285	862739
2017	165276	1110454
2018	160555	1128621
2019	194196	1181404
2020	125140	1360450
2021	275159	1627453
2022	276102	1722700

注：2003—2022年流量数据、存量数据均为对外非金融类直接投资数据。
a) The flow data and stock data from 2003-2022 are the data of non-financial outward foreign direct investment.

10-16 按国别(地区)分对外直接投资
Outward Foreign Direct Investment by Country (Region)

单位：万美元 (USD 10000)

国家(地区)	Country or Region	对外直接投资流量 Flow of Outward Foreign Direct Investment 2021	2022	截至2022年对外直接投资存量 Stock of Outward Foreign Direct Investment at the End of 2022
合计	**Total**			
亚洲	**Asia**	**197215**	**193109**	**1245239**
中国香港	Hong Kong, China	183921	134485	957092
朝鲜	Korea DPR			101
孟加拉国	Bangladesh			925
柬埔寨	Cambodia	5	122	5180
东帝汶	East Timor			23
印度	India		196	3794
印度尼西亚	Indonesia	5363	3234	58736
伊朗	Iran		26	1655
以色列	Israel			47
日本	Japan	533	-405	2753
哈萨克斯坦	Kazakhstan		732	732
吉尔吉斯斯坦	Kirghizia		24	3042
老挝	Laos	3913	-3274	9863
中国澳门	Macao, China			
马来西亚	Malaysia	2670	2689	9806
蒙古	Mongolia	-419	39	3145
缅甸	Myanmar			148
尼泊尔	Nepal			475
巴基斯坦	Pakistan		324	324
菲律宾	Philippines	9	-153	497
韩国	Republic of Korea	-285	4608	6076
新加坡	Singapore	-7000	27932	119521
泰国	Thailand	2504	6212	23163
土耳其	Türkiye	19	185	186
乌兹别克斯坦	Uzbekistan	184	27	1363
阿联酋	United Arab Emirates	40		392
越南	Vietnam	5757	16106	36202
非洲	**Africa**	**8941**	**4320**	**53413**
阿尔及利亚	Algeria	61		740
安哥拉	Angola			
贝宁	Benin			
喀麦隆	Cameroon	74	-681	1801
乍得	Chad			68
科特迪瓦	Cote d'Ivoir			
吉布提	Djibouti	3		162
埃及	Egypt			
埃塞俄比亚	Ethiopia	-396	98	3775
加蓬	Gabon			
加纳	Ghana		272	1171
几内亚	Guinea			
肯尼亚	Kenya			61
利比里亚	Liberia			270
马达加斯加	Madagascar		17	5448

10-16 续表 continued

单位：万美元 (USD 10000)

国家(地区)	Country or Region	对外直接投资流量 Flow of Outward Foreign Direct Investment		截至2022年对外直接投资存量 Stock of Outward Foreign Direct Investment at the End of 2022
		2021	2022	
马拉维	Malawi			7
毛里塔尼亚	Mauritania			250
毛里求斯	Mauritius	1589	1	7169
莫桑比克	Mozambique	746	261	1384
纳米比亚	Namibia			77
尼日利亚	Nigeria		-3	25
苏丹	Sudan			
塞拉利昂	Sierra Leone			2265
南非	South Africa	4900	502	10708
坦桑尼亚	Tanzania	526	432	3545
乌干达	Uganda		300	7174
赞比亚	Zambia	1437	3121	7046
津巴布韦	Zimbabwe			266
欧洲	**Europe**	**31647**	**80119**	**229064**
英国	United Kingdom	39	41058	81107
比利时	Belgium			68
白俄罗斯	Belorussia			15
荷兰	Netherlands	2354	2	634
匈牙利	Hungary			489
德国	Germany	28857	37313	93858
法国	France	13	-3	342
意大利	Italy	27	20	2454
爱尔兰	Ireland	-13	-37	482
波兰	Poland	14		79
罗马尼亚	Romania			3
卢森堡	Luxembourg	-24877		
俄罗斯联邦	Russia	24386	1739	40907
塞尔维亚	Serbie	847	27	2319
西班牙	Spain			6306
乌克兰	Ukraine			3
拉丁美洲	**Latin America**	**3113**	**1402**	**18715**
巴西	Brazil			327
阿根廷	Argentina			28
开曼群岛	Cayman Islands	1200		8070
智利	Chile			2417
墨西哥	Mexico	1805	1348	4197
秘鲁	Peru	108	54	361
委内瑞拉	Venezuela			
英属维尔京群岛	Virgin Is.(E)			3313
北美洲	**North America**	**5088**	**4150**	**88460**
加拿大	Canada	135	-544	28941
美国	United States	4953	4695	59519
大洋洲	**Oceania**	**29155**	**-6998**	**87809**
澳大利亚	Australia	29056	-7076	79023
新西兰	New Zealand	99	78	8786

10-17 按行业分对外直接投资
Outward Foreign Direct Investment by Sector

单位：万美元 (USD 10000)

行　业	Sector	对外直接投资流量 Flow of Outward Foreign Direct Investment 2021	2022	截至2022年对外直接投资存量 Stock of Outward Foreign Direct Investment at the End of 2022
总　计	**Total**	**275159**	**276102**	**1722700**
农、林、牧、渔业	Agriculture, Forestry, Animal Husbandry and Fishery	1450	3313	30878
采矿业	Mining	5411	38	43459
制造业	Manufacturing	84995	77168	476349
电力、热力、燃气及水生产和供应业	Production and Supply of Electricity, Heat, Gas and Water	36713	35411	92977
建筑业	Construction	8399	-1794	65474
批发和零售业	Wholesale and Retail Trades	19029	42540	377457
交通运输、仓储和邮政业	Transport, Storage and Post	574	-195	2217
住宿和餐饮业	Hotels and Catering Services		-149	2508
信息传输、软件和信息技术服务业	Information Transmission, Software and Information Technology			431
金融业	Financial Intermediation			
房地产业	Real Estate	-693	4514	38420
租赁和商务服务业	Leasing and Business Services	114854	113405	564436
科学研究和技术服务业	Scientific Research and Technical Services	4031	1555	19497
水利、环境和公共设施管理业	Management of Water Conservancy, Environment and Public Facilities	212	142	2473
居民服务、修理和其他服务业	Service to Households, Repair and Other Services			15
教育	Education	180	155	445
卫生和社会工作	Health and Social Service	5		188
文化、体育和娱乐业	Culture, Sports and Entertainment			5477
公共管理、社会保障和社会组织	Public Management, Social Security and Social Organization			

10-18 对外经济合作
Economic Cooperation with Foreign Countries or Regions

年 份 Year	对外承包工程 Contracted Projects					对外劳务合作 Labour Services	
	合同数 (份) Number of Contracts (unit)	合同金额 (万美元) Contracted Value (USD 10000)	完成营业额 (万美元) Value of Turnover Fulfilled (USD 10000)	派出人数 (人) Dispatched Persons (person)	年末在外人数 (人) Persons Abroad by the End of Year (person)	派出劳务人数 (人) Dispatched Workers (person)	年末在外人数 (人) Workers Abroad by the End of Year (person)
1979							
1980							
1981							
1982							
1983							
1984							
1985		300	500				
1986							
1987		700	300				
1988		1500	700				
1989		400	900				
1990		300	600				
1991		100	200				
1992		100	500				
1993		900					
1994		600	300				
1995		2200	1600				
1996		300	900				
1997		1500	1500				
1998		5200	2500				
1999		5800	4000				
2000		9400	4600				
2001		15336	6235				
2002		21329	12031	2537	2582	3196	10715
2003		31669	17940	762	2537	1863	10678
2004		51340	24062	1539	3549	1829	9993
2005		107533	54139	1832	2396	1707	5325
2006	84	171035	81006	3176	3585	5806	6924
2007	119	172954	123912	7241	7234	3359	6465
2008	73	393774	155593	5271	8057	2304	5333
2009	186	266678	287157	8097	10642	2198	4385
2010	190	294596	285351	7033	8791	1728	4533
2011	215	328230	243603	6599	5503	629	3370
2012	169	417866	286271	10821	7602	712	2198
2013	175	467343	434565	9791	9688	553	1512
2014	190	485335	408696	8636	9049	603	2231
2015	185	386488	359910	7039	8414	342	2340
2016	130	467386	257649	4936	6277	1287	3159
2017	128	584589	294101	6122	8715	1797	3554
2018	195	422353	277253	7004	9802	1523	3930
2019	128	372915	307172	3854	9912	1592	4142
2020	125	307080	277463	2662	6455	530	1404
2021	129	316851	278331	4753	8184	1798	2251
2022	116	380424	303785	2764	7087	1799	3262
2023	97	305512	343270	4795	7467	1100	3722

10－19　按国别(地区)分对外经济合作(2023年)
Economic Cooperation by Country (Region) (2023)

国别(地区)	Country (Region)	对外承包工程 Contracted Projects			对外劳务合作 Labour Services	
		完成营业额(万美元) Value of Turnover Fulfilled (USD 10000)	派出人数(人) Dispatched Persons (person)	年末在外人数(人) Persons Abroad by the End of Year (person)	派出人数(人) Dispatched Workers (person)	年末在外人数(人) Workers Abroad by the End of Year (person)
合计	**Total**	**343270**	**4795**	**7467**	**1100**	**3722**
亚洲	**Asia**	**210307**	**2432**	**4173**	**646**	**1793**
阿富汗	Afghanistan					
巴林	Bahrain					
孟加拉国	Bangladesh	8980	69	215		
文莱	Brunei					
缅甸	Myanmar	485	2	15		
柬埔寨	Cambodia	2254	11	23		2
塞浦路斯	Cyprus	4791	72	81		
中国香港	Hong Kong, China	1968	61	56	312	346
印度	India	7495	3	22		
印度尼西亚	Indonesia	37112	436	591	31	587
伊朗	Iran					
伊拉克	Iraq	21434	548	495		
以色列	Israel					1
日本	Japan				46	201
约旦	Jordan					
科威特	Kuwait	4072		50		
老挝	Laos		17	23		
黎巴嫩	Lebanon					
中国澳门	Macao, China					
马来西亚	Malaysia	6034	405	315		
马尔代夫	Maldives					
蒙古	Mongolia					
尼泊尔联邦民主共和国	Nepal	583	9	21		
阿曼	Oman	10968	6	64		
巴基斯坦	Pakistan	7249	17	27		
巴勒斯坦	Palestine					
菲律宾	Philippines	3687	31	44		
卡塔尔	Qatar	1087		7		
沙特阿拉伯	Saudi Arabia	27468	23	361		
新加坡	Singapore	1920	16	38	254	615
韩国	Korea					
斯里兰卡	Sri Lanka	2	1	1		38
叙利亚	Syria					
泰国	Thailand	20654	248	261		
土耳其	Türkiye	2269	190	201		
阿联酋	United Arab Emirates	29651	193	425	3	3
也门	Yemen					
越南	Vietnam	275		6		
中国台湾	Taiwan, China					
东帝汶	East Timor	12	12	7		
哈萨克斯坦	Kazakhstan	3690	10	772		
吉尔吉斯斯坦	Kirghizia					
塔吉克斯坦	Tadzhikistan					
土库曼斯坦	Turkmenistan	3463				
乌兹别克斯坦	Uzbekistan	2705	52	52		

10−19 续表 1 continued

国别(地区)	Country (Region)	对外承包工程 Contracted Projects			对外劳务合作 Labour Services	
		完成营业额 (万美元) Value of Turnover Fulfilled (USD 10000)	派出人数 (人) Dispatched Persons (person)	年末在外人数 (人) Persons Abroad by the End of Year (person)	派出人数 (人) Dispatched Workers (person)	年末在外人数 (人) Workers Abroad by the End of Year (person)
非洲	**Africa**	**118311**	**1725**	**2821**	**203**	**1535**
阿尔及利亚	Algeria	2260	299	286		
安哥拉	Angola	1296	24	14		
贝宁	Benin	5315	185	108		
博茨瓦纳	Botswana	653	8	12		
喀麦隆	Cameroon	6693	145	225		
乍得	Chad	2593	66	72		
吉布提	Djibouti				32	272
刚果(布)	Congo (B)					
埃及	Egypt	1326				
埃塞俄比亚	Ethiopia	506	7	9		282
冈比亚	Gambia					
加蓬	Gabon					
加纳	Ghana	2127		25		
几内亚	Guinea					
科特迪瓦	Cote d'Ivoir					
肯尼亚	Kenya				23	140
利比里亚	Liberia				22	29
利比亚	Libya					
马达加斯加	Madagascar					
马拉维	Malawi					
毛里塔尼亚	Mauritania					
摩洛哥	Morocco	84	8	3		
莫桑比克	Mozambique		7	4		
纳米比亚	Namibia					
尼日尔	Niger	21481	194	243		
尼日利亚	Nigeria	55197	388	1210		263
卢旺达	Rwanda	267		6		
圣多美和普林西比	Sao Tome and Principe	2286				
塞内加尔	Senegal	6644	123	279		
南非	South Africa	2047	24	63		
苏丹	Sudan					
坦桑尼亚	Tanzania	60			83	332
突尼斯	Tunisia					
乌干达	Uganda	6601	238	246		

10−19 续表 2 continued

国别(地区)	Country (Region)	对外承包工程 Contracted Projects 完成营业额(万美元) Value of Turnover Fulfilled (USD 10000)	派出人数(人) Dispatched Persons (person)	年末在外人数(人) Persons Abroad by the End of Year (person)	对外劳务合作 Labour Services 派出人数(人) Dispatched Workers (person)	年末在外人数(人) Workers Abroad by the End of Year (person)
赞比亚	Zambia	82	6	6	43	217
津巴布韦	Zimbabwe	65	3	7		
莱索托	Lesotho					
厄立特里亚	Eritrea					
南苏丹	S. Sudan					
刚果(金)	Congo (J)	729		3		
欧洲	**Europe**	**5594**	**523**	**260**		**45**
英国	United Kingdom					
法国	France	780	11	16		
希腊	Greece					25
马耳他	Malta					20
挪威	Norway					
阿塞拜疆	Azerbajan					
白俄罗斯	Belorussia					
俄罗斯联邦	Russian Federation	4466	491	231		
塞尔维亚	Serbie					
黑山	Montenegro	347	21	13		
拉丁美洲	**Latin America**	**9058**	**115**	**213**	**26**	**22**
阿根廷	Argentina					
巴哈马	Bahamas					
多米尼加共和国	Republic of Dominica	6123	95	192		
玻利维亚	Bolivia	1882				
巴西	Brazil					
哥伦比亚	Colombia	479				
厄瓜多尔	Ecuador					
墨西哥	Mexico					
巴拿马	Panama				26	22
萨尔瓦多	El Salvador	172	20	20		
苏里南	Suriname	401				
委内瑞拉	Venezuela			1		
北美洲	**North America**					
加拿大	Canada					
大洋洲	**Oceania**				**225**	**327**
澳大利亚	Australia					
新西兰	New Zealand				225	327
巴布亚新几内亚	Papua New Guinea					
马绍尔群岛共和国	Republic of the Marshall Islands					

主要统计指标解释

货物进出口总额　指实际进出我国关境并改变我国境内物质存量的货物总金额，包括一般贸易进出口货物、加工贸易进出口货物、海关特殊监管区域、保税监管场所或经济特区进出境的货物、租赁期一年及以上的租赁贸易货物、外商投资企业进出口的货物、国际间无偿援助的物资以及捐赠品、免税品、边民互市进出口货物、低值快速货物以及以邮报或快件方式向海关申报的跨境电商包裹等，不包括过境货物、暂时进出境货物、进出境展览品、租赁期一年以下的租赁进出境货物、进出境货币及货币用金、进出境旅客的自用物品（汽车除外）、进出境运输工具在境外添装的燃料、物料和食品等。我国规定出口货物按离岸价格统计，进口货物按到岸价格统计，同时按照人民币和美元计价。

服务进出口　指常住单位与非常住单位之间相互提供的服务。包括运输，旅行，建筑，保险服务，金融服务，电信、计算机和信息服务，知识产权使用费，个人、文化和娱乐服务，维护和维修服务，加工服务，其他商业服务，政府服务。

外商投资　是指国外及港澳台地区的法人和自然人在中国大陆地区以现金、实物、无形资产、股权等方式进行投资。其中，外商直接投资是指国外及港澳台地区投资者在非上市公司中的全部投资及在单个外国投资者所占股权比例不低于10%的上市公司中的投资。

对外直接投资　是境内投资者以控制国（境）外企业的经营管理权为核心的经济活动，体现在一经济体通过投资于另一经济体而实现其持久利益的目标。

对外承包工程　根据《对外承包工程管理条例》，对外承包工程是指中国的企业或者其他单位承包境外建设工程项目的活动。

对外劳务合作　指组织劳务人员赴其他国家或地区为国外的企业或机构工作的经营性活动。

Explanatory Notes on Main Statistical Indicators

Import and Export of Goods refer to the value of commodities actually imported or exported across the border of China and changed the material stock within our country. They include general trade imports and exports, processing trade imported and exported goods, goods imported and exported from customs special supervision areas, bonded supervision places or economic special zones, leased trade goods with a lease term of one year or more, goods imported and exported by foreign invested enterprises, international free aid materials and donations, duty-free goods, border trade imported and exported goods, low value express goods, and cross-border e-commerce packages declared to customs by mail or express delivery. They do not include transit goods, temporary imported and exported goods, imported and exported exhibits, leased imported and exported goods with a lease term of less than one year, imported and exported currency and currency fees, personal belongings of inbound and outbound passengers (excluding cars), fuel, materials added to inbound and outbound transportation vehicles overseas, and food, etc. In accordance with the stipulation of the Chinese government, exports are calculated at FOB, while imports are calculated at CIF and simultaneously priced in both RMB and USD.

Import and Export of Services refers to services provided between resident and non-resident units, including transportation, travel, construction, insurance, finance, telecommunications, computer and information, professional and management consultancy, intellectual property fee, individual, culture and recreation, maintenance and repair, and other services, but excluding government services.

Foreign Investment refers to investment in China by legal or natural persons of foreign countries and of Hong Kong, Macao and Taiwan, in the form of cash, physical assets, intangible assets and equity and others. Foreign direct investment refers to investment by investors from foreign countries and from Hong Kong, Macao and Taiwan in a non-listed company, or the investment of over 10 percent or more in a listed company.

Overseas Direct Investment refers to the economic activities centring on operation and management of those enterprises are under the control of domestic investors. The content of overseas direct investment mainly reflects one economic entity by investing in another economic entity to achieve its goal of lasting interest.

Overseas Contracted Projects refer to activities of contracting overseas construction projects by Chinese enterprises or any other units, which are stipulated in the *Regulations on Administration of Foreign Contracted Project*.

Overseas Labour Services refer to operational activities of organizing labour force to go abroad providing services to foreign enterprises or agencies.

农 业
Agriculture

简 要 说 明

一、本篇资料反映河北省农业生产和农村经济的基本情况，内容主要包括农业机械拥有量、农林牧渔业产值、主要农产品产量、国营农场基本情况等方面的统计资料。

二、农业产值、经济作物、农用化肥施用量来源于河北省统计局农村统计处；农作物统计资料来源于国家统计局河北调查总队；农业机械拥有量、水产品产量、国有农场基本情况统计资料来源于河北省农业农村厅；水利统计资料来源于河北省水利厅，林业统计资料来源于河北省林业和草原局。

三、根据《全国农业普查条例》，本篇资料的1996年部分数据以第一次全省农业普查结果为基础做了调整，2006年部分数据以第二次全省农业普查结果为基础做了调整，2007—2017年部分数据以第三次全省农业普查结果为基础做了调整。

四、资料整理：赵丽丽　张妍　时韦玉　刘洁　宋金玲　闫香妥

Brief Introduction

Ⅰ.The data in this chapter reflects the basic situation of agricultural production and rural economy in Hebei Province, which mainly includes the statistical data of agricultural machinery ownership, output value of agriculture, forestry, animal husbandry and fishery, output of main agricultural products, basic situation of state farms and other aspects.

Ⅱ.Agricultural output value, cash crops and agricultural fertilizer application amount came from Rural Statistics Division of Hebei Provincial Bureau of Statistics. Crop statistics were from the Survey Office of the National Bureau of Statistics in Hebei. The statistical data of agricultural machinery ownership, aquatic product output and state-owned farms came from Department of Agriculture and Rural Affairs of Hebei Province. The statistics of water conservancy came from Department of Water Resources of Hebei Province, the statistics of forestry came from Forestry and Grassland Bureau of Hebei Province.

Ⅲ. According to the *Regulations of the National Agricultural Census*, part of the data in this paper was adjusted based on the results of the First National Agricultural Census in 1996, part of the data in 2006 was adjusted based on the results of the Second National Agricultural Census, and part of the data in 2007-2017 was adjusted based on the results of the Third National Agricultural Census.

Ⅳ. Data collection: Zhao Lili, Zhang Yan, Shi Weiyu, Liu Jie, Song Jinling, Yan Xiangtuo.

11－1 农业生产条件与农作物播种面积
Conditions of Agricultural Production and Sown Area of Farm Crops

指标	Item	2000	2010	2015	2020	2021	2022	2023
农业机械总动力(万千瓦)	Total Power of Agricultural Machinery (10000 kW)	7000.39	10151.30	11102.81	7965.7	8096.8	8429.1	8403.8
大中型拖拉机(万台)	Number of Large and Medium-sized Tractors (10000 units)	6.36	17.27	27.43	30.64	32.00	33.67	35.28
大中型拖拉机配套农具(万部)	Number of Large and Medium-sized Tractor Towing Farm Machinery (10000 units)	10.83	34.53	49.78	43.05	44.25	45.16	46.21
耕地灌溉面积(千公顷)	Irrigated Area of Cultivated Land (1000 hectares)	4482.32	4520.87	4447.98	4470.03	4489.21	4102.86	4121.99
农用化肥施用量(折纯)(万吨)	Consumption of Chemical Fertilizers (10000 tons)	270.62	322.86	335.49	285.71	276.87	271.64	266.43
农作物总播种面积(千公顷)	Total Sown Area (1000 hectares)	9024.4	8352.0	8482.2	8089.4	8097.2	8114.0	8115.0
粮食	Grain Crops	6918.7	6441.3	6772.1	6388.8	6428.6	6443.8	6455.2
谷物	Cereal	5879.1	6055.9	6463.4	6036.0	6109.3	6097.2	6083.3
#稻谷	Rice	143.9	77.6	79.9	78.7	78.4	76.6	73.5
小麦	Wheat	2678.8	2451.4	2394.2	2216.9	2246.6	2247.3	2247.7
玉米	Corn	2478.6	3191.0	3654.4	3417.1	3454.1	3455.9	3442.2
豆类	Beans	592.2	160.4	98.5	122.1	96.7	125.0	138.9
薯类	Tubers	447.4	225.0	210.2	230.7	222.6	221.5	232.3
油料	Oil-bearing Crops	686.4	428.5	383.8	355.4	350.3	334.6	343.4
棉花	Cotton	307.4	558.9	322.5	189.2	139.8	116.1	86.0
甜菜	Beetroots	9.9	14.1	11.6	12.6	8.1	13.3	11.9
烟叶	Tobacco	5.5	2.2	1.6	1.0	1.2	1.3	1.4
蔬菜	Vegetables	866.1	693.2	755.1	803.5	814.0	838.7	843.8
果园面积(千公顷)	Area of Orchards (1000 hectares)	1041.8	811.4	594.1	521.6	472.5	473.7	461.0

11-2 主要农牧渔业生产情况
Output of Agriculture, Animal Husbandry and Fishery

指　　标	Item	2015	2019	2020	2021	2022	2023
农产品产量(万吨)	**Output of Farm Products (10000 tons)**						
粮食	Grain	3602.20	3739.24	3795.89	3825.09	3865.06	3809.92
谷物	Cereal	3505.80	3566.90	3617.71	3664.70	3697.02	3625.99
#稻谷	Rice	51.20	48.65	48.93	49.60	48.88	48.85
小麦	Wheat	1482.80	1462.57	1439.30	1469.10	1474.57	1485.56
玉米	Corn	1897.70	1986.64	2051.82	2066.87	2094.70	2014.28
豆类	Beans	19.10	30.08	29.39	22.58	28.58	29.81
薯类	Tubers	77.30	142.30	148.78	137.81	139.47	154.13
油料	Oil-bearing Crops	126.01	119.54	119.52	118.36	115.45	118.27
#花生	Peanuts	102.81	96.46	96.81	96.30	92.58	94.18
棉花	Cotton	32.35	22.74	20.86	15.97	13.90	10.39
麻类(吨)	Fiber Crops (ton)	499.00	12.00	3.00	1.00		
甜菜	Beetroots	60.57	64.28	63.68	39.60	70.22	65.54
烟叶(吨)	Tobacco (ton)	3424.09	3467.70	1888.00	3032.00	2568.00	3945.00
水果	Fruits	948.63	1004.39	1031.38	1058.49	1139.70	1166.57
农产品单位面积产量(公斤/公顷)	**Output of Farm Products per Hectare (kg/hectare)**						
粮食	Cereal	5319.00	5780.09	5941.48	5950.11	5998.20	5902.10
油料	Oil-bearing	3283.05	3279.80	3363.22	3379	3450	3444
棉花	Cotton	1003.00	1115.31	1102.50	1142	1197	1208
麻类	Fiber Crops	2160.17	534.05	1095.22	703		1304
甜菜	Beetroots	52015.46	51760.99	50470.86	48596	52720	54899
烟叶	Tobacco	2182.81	2565.78	1873.44	2603.00	2036.00	2759.00
畜产品产量	**Output of Livestock Products**						
大牲畜年底头数(万头)	Number of Large Animals (year-end,10000 heads)	395.85	376.97	385.31	395.05	420.14	439.25
#牛	Cattle and Buffaloes	360.31	350.11	358.59	370.42	397.46	414.55
猪出栏头数(万头)	Number of Slaughtered Fattened Hogs (10000 heads)	3837.12	3119.77	2907.62	3410.64	3506.14	3648.40
猪年底头数(万头)	Number of Hogs (year-end,10000 heads)	2015.93	1418.37	1748.85	1810.06	1927.71	1793.80
羊年底只数(万只)	Number of Sheep and Goats (year-end,10000 heads)	1425.09	1194.90	1270.31	1316.04	1418.69	1414.40
肉类产量(万吨)	Output of Meat (10000 tons)	477.50	433.40	419.17	464.32	478.83	495.10
生牛奶(万吨)	Raw Milk (10000 tons)	393.50	428.68	483.40	498.39	546.73	571.88
绵羊毛(吨)	Sheep Wool (ton)	26850.99	19095.85	16883.00	20709.46	25782.66	28417.55
禽蛋(万吨)	Poultry Eggs (10000 tons)	379.69	385.90	389.71	389.56	401.79	407.80
水产品总产量(万吨)	**Total Aquatic Products (10000 tons)**	**112.92**	**99.01**	**100.34**	**108.10**	**112.44**	**114.74**
海水产品	Seawater Aquatic Products	75.69	63.97	65.97	73.41	77.06	79.82
淡水产品	Freshwater Aquatic Products	36.83	29.45	29.32	29.74	31.12	31.00
远洋捕捞	Pelagic Fishing	0.4	5.59	5.05	4.96	4.26	3.92

11-3 农、林、牧、渔业总产值及指数
Gross Output Value of Agriculture, Forestry, Animal Husbandry and Fishery and Related Indices

年 份 市	Year City	绝对数(亿元) Gross Output Value (100 million yuan)					指 数(上年=100) Indices of Gross Output (preceding year=100)				
		农林牧渔业总产值 Total	#农 业 Farming	#林 业 Forestry	#牧 业 Animal Husbandry	#渔 业 Fishery	农林牧渔业总产值 Total	#农 业 Farming	#林 业 Forestry	#牧 业 Animal Husbandry	#渔 业 Fishery
	1978	75.86	64.03	2.39	8.87	0.56	122.1	125.0	113.1	97.2	101.5
	1980	97.79	79.86	3.10	14.00	0.83	93.8	92.1	96.2	104.0	100.9
	1985	167.33	128.65	6.15	31.16	1.37	103.3	98.6	104.6	131.1	126.2
	1990	357.63	254.77	9.58	83.38	9.90	105.4	104.4	107.3	107.1	143.7
	1995	1147.83	753.52	23.50	344.18	26.63	111.9	110.5	105.4	114.0	124.3
	2000	1544.65	846.72	25.37	613.68	58.88	105.7	105.4	98.4	106.2	108.7
	2005	2379.17	1258.00	40.13	879.38	79.44	106.5	106.0	96.9	107.7	104.1
	2006	2466.37	1380.45	45.85	832.32	72.75	105.5	106.0	96.7	104.9	102.0
	2007	3075.77	1639.07	52.37	1146.99	85.14	103.9	104.2	109.6	102.1	105.1
	2008	3505.23	1760.75	55.89	1410.82	102.77	105.1	103.7	108.6	106.6	106.9
	2009	3640.93	1958.79	39.69	1350.10	108.38	103.2	103.3	111.8	102.3	104.4
	2010	4309.42	2470.11	51.26	1443.76	142.47	103.5	103.8	101.8	102.4	105.8
	2011	4570.27	2484.67	62.23	1643.80	155.36	103.9	105.5	103.6	101.1	101.8
	2012	4912.42	2710.55	83.40	1709.84	167.08	104.1	103.6	105.5	104.7	104.1
	2013	5284.43	2975.01	104.30	1772.37	166.28	103.3	104.0	106.5	101.2	106.0
	2014	5373.76	2893.29	118.47	1895.90	175.85	104.1	103.1	108.9	105.1	103.2
	2015	5291.68	2820.11	134.62	1842.65	181.12	102.7	102.8	104.3	101.7	102.4
	2016	5299.66	2772.86	148.30	1846.23	190.30	103.5	101.3	97.8	106.8	101.2
	2017	5373.38	2890.60	175.54	1735.82	195.86	104.0	104.9	107.9	102.1	98.2
	2018	5707.00	3085.86	186.64	1813.82	207.49	103.0	102.1	99.0	104.4	101.3
	2019	6061.46	3114.86	231.38	2035.42	212.54	101.9	101.7	104.8	100.4	100.6
	2020	6742.49	3413.34	255.35	2309.72	243.22	103.50	104.20	105.70	101.00	103.90
	2021	7018.67	3645.02	263.66	2239.50	298.02	107.10	103.64	102.65	112.44	107.65
	2022	7667.41	4035.67	266.56	2391.71	342.29	104.61	103.94	101.55	104.85	106.09
	2023	7770.85	4081.04	259.13	2394.97	351.21	102.99	101.79	102.73	103.67	104.15
石家庄市	Shijiazhuang	937.52	480.76	23.85	347.49	3.67	103.9	104.1	104.1	103.1	104.3
石家庄市①	Shijiazhuang①	840.86	431.76	23.47	303.95	3.64	104.2	104.5	104.5	103.1	103.7
唐 山 市	Tangshan	1070.16	489.38	3.55	315.97	218.83	103.7	101.2	46.3	102.9	113.9
秦皇岛市	Qinhuangdao	484.96	201.78	8.56	152.01	72.13	103.2	104.4	58.8	105.0	104.0
邯 郸 市	Handan	840.25	467.14	10.58	289.15	4.32	102.8	103.1	63.4	103.4	106.5
邢 台 市	Xingtai	609.92	391.01	8.65	176.33	1.27	101.0	100.5	76.4	103.2	88.0
保 定 市	Baoding	973.33	573.75	26.86	314.78	2.56	102.1	102.2	85.9	102.6	75.9
保 定 市①	Baoding①	796.23	459.00	17.44	267.30	2.56	102.4	102.3	93.3	102.4	87.0
张家口市	Zhangjiakou	580.75	352.07	16.62	190.94	1.85	104.0	104.1	170.7	100.6	100.7
承 德 市	Chengde	659.63	410.70	50.67	182.55	0.68	104.3	103.4	121.4	101.7	103.5
沧 州 市	Cangzhou	788.08	327.64	2.34	206.69	61.45	102.4	101.0	110.7	100.9	105.3
廊 坊 市	Langfang	334.68	227.31	8.24	82.04	4.07	97.0	93.2	582.7	100.0	94.7
衡 水 市	Hengshui	492.18	297.17	3.88	147.51	1.34	100.7	99.3	66.2	103.3	106.1
定 州 市	Dingzhou	157.13	97.89	8.54	47.43		102.2	105.1	70.4	104.4	
辛 集 市	Xinji	96.66	48.99	0.39	43.54	0.03	102.1	101.5	88.2	102.7	468.3

注：1.本表绝对数按当年价格计算，指数按可比价格计算。2003年起总产值包括农林牧渔专业及辅助性活动产值。2.分市指数为快报数。3.本表数据中石家庄市含辛集市，石家庄市①不含辛集市；保定市含定州市和雄安新区，保定市①不含定州市和雄安新区。以下相关表同。

a) Data in value terms in this table are calculated at current prices, while the indices are calculated at constant prices. Since 2003, gross output value includes professional and support services for agriculture, forestry, animal husbandry and fishery.

b) Indices of city is preliminary estimation.

c) Data in this table, Shijiazhuang includes Xinji, Shijiazhuang① excludes Xinji; Baoding includes Dingzhou and Xiongan, Baoding① excludes Dingzhou and Xiongan. The same applies to the table following.

11-4 主要农业机械拥有量(年底数)
Major Agricultural Machinery (End of Year)

年 份 Year 市 City		农业机械总动力(万千瓦) Total Power of Agricultural Machinery (10000 kW)	大中型拖拉机 Large and Medium-sized Tractors	
			数 量(台) 22.1千瓦以上 Number (unit)	配套农具(部) 58.8千瓦及以上拖拉机配套 Towing Farm Machinery (unit)
	1978	1083.17	28092	76803
	1980	1253.84	42133	88589
	1985	1993.74	37341	53091
	1990	2822.25	30063	40962
	1995	4336.44	29040	45809
	2000	7000.39	63624	108349
	2005	8487.21	100894	183516
	2006	8795.77	111080	205530
	2007	9134.53	114345	223486
	2008	9525.37	136169	260496
	2009	9861.37	155153	320043
	2010	10151.30	172676	345268
	2011	10349.19	197882	379647
	2012	10553.81	213733	409718
	2013	10786.45	234425	435351
	2014	10942.86	254604	458201
	2015	11102.81	274346	497756
	2016	7401.97	298740	538025
	2017	7580.58	314728	597906
	2018	7706.20	272928	405703
	2019	7830.73	296676	419438
	2020	7965.74	306385	430549
	2021	8096.81	319960	442488
	2022	8249.08	336717	451640
	2023	8403.77	352846	462138
石家庄市	Shijiazhuang	1355.61	41506	65456
石家庄市①	Shijiazhuang①	1224.03	39872	61669
唐 山 市	Tangshan	829.17	27772	46565
秦皇岛市	Qinhuangdao	189.48	7216	6914
邯 郸 市	Handan	1129.38	43296	57816
邢 台 市	Xingtai	963.12	45300	60231
保 定 市	Baoding	879.11	38290	63110
保 定 市①	Baoding①	681.74	31007	52796
张家口市	Zhangjiakou	307.71	27770	21167
承 德 市	Chengde	301.89	23712	14285
沧 州 市	Cangzhou	1110.76	39897	62535
廊 坊 市	Langfang	406.52	17617	16748
衡 水 市	Hengshui	931.00	40470	47311
定 州 市	Dingzhou	115.24	3573	5920
辛 集 市	Xinji	131.59	1634	3787

11−5 耕地灌溉面积和农用化肥施用量
Irrigated Area of Cultivated Land and Consumption of Chemical Fertilizers

年 份 市	Year City	耕地有效灌溉面积(千公顷) Effective Irrigated Area (1000 hectares)	农用化肥施用量(折纯)(万吨) Consumption of Chemical Fertilizers (by 100% Effective Component) (10000 tons)	氮 肥 Nitrogenous Fertilizer	磷 肥 Phosphate Fertilizer	钾 肥 Potash Fertilizer	复合肥 Compound Fertilizer
	1978	3660.17	65.32				
	1980	3622.25	74.74	59.31	13.85	1.00	0.58
	1985	3572.70	110.36	72.50	19.79	1.98	16.09
	1990	3758.49	145.21	92.10	26.13	2.60	24.38
	1995	4040.01	220.68	128.58	39.61	9.40	43.08
	2000	4482.32	270.62	147.96	43.85	16.81	62.00
	2005	4547.75	303.39	155.16	48.58	24.27	75.37
	2006	4569.77	304.89	155.06	48.60	24.30	76.90
	2007	4579.02	311.87	156.11	48.19	25.06	82.51
	2008	4560.51	312.40	153.47	47.92	25.47	85.54
	2009	4509.60	316.17	153.03	47.42	26.29	89.43
	2010	4520.87	322.86	153.07	47.31	26.84	95.64
	2011	4596.61	326.28	152.42	47.10	27.05	99.71
	2012	4165.03	329.33	151.68	46.58	27.24	103.83
	2013	4349.03	331.04	150.65	46.55	27.85	105.99
	2014	4404.22	335.61	150.66	46.94	28.04	109.97
	2015	4447.98	335.49	147.95	46.36	28.05	113.14
	2016	4457.64	331.79	144.95	45.17	27.73	113.93
	2017	4474.67	321.98	138.88	43.18	26.68	110.93
	2018	4495.13	312.40	114.47	23.94	23.97	150.02
	2019	4482.16	297.27	106.49	23.37	22.20	145.20
	2020	4470.03	285.71	100.61	22.28	20.99	141.83
	2021	4489.21	276.87	96.06	22.03	20.01	138.78
	2022	4102.86	271.64	92.42	21.55	19.27	138.40
	2023	4121.99	266.43	87.75	19.41	18.54	140.73
石家庄市	Shijiazhuang	424.20	37.18	14.42	3.62	1.79	17.35
石家庄市①	Shijiazhuang①	366.87	31.27	12.68	3.11	1.29	14.20
唐 山 市	Tangshan	397.92	31.59	12.46	0.67	3.27	15.19
秦皇岛市	Qinhuangdao	119.85	10.40	2.48	0.16	0.65	7.10
邯 郸 市	Handan	481.72	37.36	9.13	3.31	1.91	23.01
邢 台 市	Xingtai	511.84	28.10	6.75	2.04	1.76	17.54
保 定 市	Baoding	550.92	35.85	13.28	2.19	1.72	18.66
保 定 市①	Baoding①	479.38	26.80	9.22	1.51	1.40	14.68
张家口市	Zhangjiakou	336.09	13.13	3.67	1.27	1.54	6.64
承 德 市	Chengde	87.17	9.05	3.70	0.66	0.80	3.88
沧 州 市	Cangzhou	523.89	23.79	8.69	1.83	2.14	11.13
廊 坊 市	Langfang	198.89	12.03	3.49	0.50	0.84	7.20
衡 水 市	Hengshui	489.50	27.93	9.67	3.14	2.11	13.01
定 州 市	Dingzhou	71.54	7.52	3.51	0.62	0.26	3.14
辛 集 市	Xinji	57.33	5.91	1.74	0.51	0.50	3.16

11-6 灌溉、水库和除涝治水情况
Irrigation, Reservoirs, Flood Prevention, Water and Soil Conservation

项　目	Item	2000	2005	2010	2015	2020	2022	2023
万亩以上灌区数(处)	Number of Irrigated Areas over 10000 Mu (set)	147	141	140	149	151	76	76
3.3万公顷以上	33000 Hectares and Over	5	5	5	6	6	6	7
2.0万-3.3万公顷	20000-33000 Hectares	12	13	15	15	15	11	10
水库(座)	Number of Reservoirs (unit)	1107	1096	1063	1065	1031	1018	1013
大型水库	Large Reservoir	18	18	19	23	24	24	24
中型水库	Medium-sized Reservoir	39	39	42	45	45	47	47
小型水库	Small Reservoir	1050	1039	1002	997	962	947	942
除涝面积(万公顷)	Areas with Flood Prevention Measures (10000 hectares)	163.82	164.27	164.86	164.11	163.81	162.10	162.25
水土流失治理面积(万公顷)	Area of Soil Erosion under Control (10000 hectares)	540.71	597.72	629.03	506.16	593.44	635.98	657.33
堤防长度(万公里)	Total Length of Dikes (10000 km)	2.03	2.11	2.14	1.17	1.22	1.24	1.29
堤防保护面积(万公顷)	Area of Land Protected by Dikes (10000 hectares)	310.65	334.40	328.39	379.43	359.09	338.32	301.69

注：大型水库库容：1亿立方米以上；中型水库库容：1千万至1亿立方米；小型水库库容：10万至1千万立方米。

a) The capacity of the large-scale reservoir is over 100 million cubic meters, while that of the medium-scale one is from 10 million to 100 million cubic meters, and that of the small-scale one is from 100000 to 10 million cubic meters.

11-7 分市水利设施和除涝面积
Water Conservancy Facilities and Area with Flood Prevention Measures by City

市	City	水库数(座) Number of Reservoirs (unit)			水土流失治理面积(千公顷) Area of Soil Erosion under Control (1000 hectares)		
		2021	2022	2023	2021	2022	2023
全　省	**Total**	**1018**	**1018**	**1013**	**6147.0**	**6359.8**	**6573.3**
石家庄市	Shijiazhuang	239	240	240	592.2	617.0	652.5
石家庄市①	Shijiazhuang①	239	240	240	592.2	617.0	652.5
唐山市	Tangshan	121	122	121	278.2	288.3	298.6
秦皇岛市	Qinhuangdao	269	268	268	300.9	307.9	316.9
邯郸市	Handan	67	67	67	323.3	337.6	355.1
邢台市	Xingtai	49	49	49	370.8	386.8	401.1
保定市	Baoding	93	93	93	693.8	715.0	737.5
保定市①	Baoding①	93	93	93	688.7	709.8	732.4
张家口市	Zhangjiakou	83	81	80	1694.4	1745.0	1788.0
承德市	Chengde	94	95	92	1809.4	1878.0	1939.7
沧州市	Cangzhou	3	3	3			
廊坊市	Langfang				29.3	29.3	29.3
衡水市	Hengshui				54.9	54.9	54.9
定州市	Dingzhou				5.1	5.1	5.1
辛集市	Xinji						

11－8 农作物播种面积
Sown Areas of Farm Crops

单位：千公顷 (1000 hectares)

年份 市	Year City	农作物总播种面积 Total Sown Area	粮食作物播种面积 Sown Area of Grain Crops	谷物 Cereal	#小麦 Wheat	#玉米 Corn	豆类 Beans	薯类 Tubers	棉花 Cotton
	1978	9370.9	7949.4		2854.8	2236.2		608.5	576.6
	1980	9013.9	7487.2		2648.9	2340.9		473.6	548.7
	1985	8656.5	6492.7		2351.9	1749.5		473.9	850.3
	1990	8786.7	6827.8		2508.4	2040.8		433.7	910.9
	1995	8720.1	6829.5	5767.2	2500.6	2290.8	655.4	407.0	700.5
	2000	9024.4	6918.7	5879.1	2678.8	2478.6	592.2	447.4	307.4
	2005	8785.5	6240.2	5611.3	2377.1	2677.4	333.1	295.8	573.5
	2006	8713.9	6271.7	5752.2	2504.5	2799.9	270.0	249.5	664.1
	2007	8248.2	6201.5	5715.3	2420.2	2903.2	236.6	249.6	678.5
	2008	8283.9	6201.0	5714.1	2431.8	2885.4	236.6	250.3	679.4
	2009	8266.9	6317.4	5893.5	2397.8	3080.4	189.5	234.4	581.7
	2010	8352.0	6441.3	6055.9	2451.4	3191.0	160.4	225.0	558.9
	2011	8422.2	6488.6	6115.5	2435.0	3264.7	140.5	232.6	603.7
	2012	8462.5	6553.6	6197.8	2457.1	3323.2	127.8	228.0	547.3
	2013	8443.8	6607.3	6272.6	2432.0	3428.5	117.9	216.7	451.2
	2014	8432.1	6678.6	6361.8	2404.0	3542.1	110.1	206.7	375.5
	2015	8482.2	6772.1	6463.4	2394.2	3654.4	98.5	210.2	322.5
	2016	8467.5	6791.4	6490.6	2389.8	3696.1	89.1	211.8	230.7
	2017	8381.7	6658.5	6356.7	2373.4	3544.1	90.1	211.6	220.6
	2018	8197.1	6538.7	6196.5	2357.2	3437.7	116.0	226.2	210.4
	2019	8132.7	6469.2	6121.7	2322.5	3408.2	125.1	222.4	203.9
	2020	8089.4	6388.8	6036.0	2216.9	3417.1	122.1	230.7	189.2
	2021	8097.2	6428.6	6109.3	2246.6	3454.1	96.7	222.6	139.8
	2022	8114.0	6443.8	6097.2	2247.3	3455.9	125.0	221.5	116.1
	2023	8115.0	6455.2	6083.3	2247.7	3442.2	138.9	233.0	86.0
石家庄市	Shijiazhuang	910.7	763.9	710.3	331.4	370.5	35.4	18.3	0.2
石家庄市①	Shijiazhuang①	800.2	669.9	619.9	284.3	327.8	32.6	17.5	0.1
唐山市	Tangshan	720.7	490.2	467.2	112.9	290.7	10.2	12.7	7.5
秦皇岛市	Qinhuangdao	198.2	129.7	104.2	6.5	87.2	6.8	18.7	
邯郸市	Handan	988.8	784.4	766.3	350.6	387.2	10.3	7.8	26.6
邢台市	Xingtai	924.7	771.1	750.4	342.0	389.9	12.5	8.2	28.7
保定市	Baoding	1061.9	859.5	824.3	356.4	462.1	10.9	24.3	…
保定市①	Baoding①	818.0	674.7	644.8	269.6	369.8	8.8	21.0	…
张家口市	Zhangjiakou	688.8	471.0	369.7		188.5	18.8	82.5	
承德市	Chengde	409.5	285.3	227.4		175.0	8.1	49.9	
沧州市	Cangzhou	986.3	903.1	889.8	352.5	527.0	10.4	2.9	6.0
廊坊市	Langfang	370.4	272.2	259.1	61.3	196.0	8.5	4.6	0.2
衡水市	Hengshui	855.1	724.9	714.7	334.0	368.3	7.2	3.0	16.9
定州市	Dingzhou	172.2	117.7	115.2	57.8	57.4	1.2	1.3	
辛集市	Xinji	110.5	94.0	90.4	47.1	42.7	2.8	0.8	

11-8 续表 continued

单位：千公顷 (1000 hectares)

年 份 市	Year City	油 料 Oil-bearing Crops	#花 生 Peanuts	麻 类 Fiber Crops	甜 菜 Beetroots	烟 叶 Tobacco	#烤 烟 Flue-cured Tobacco	蔬 菜 Vegetables	瓜果类 Melons and Fruits
	1978	300.2	133.1	30.2	15.2	11.8	6.3	225.4	26.0
	1980	461.0	237.1	27.8	10.0	5.6	1.0	213.7	36.5
	1985	749.8	331.6	24.6	11.5	11.5	3.3	263.2	82.7
	1990	543.5	296.2	9.0	7.7	12.2	7.2	288.5	45.2
	1995	604.5	371.7	4.9	11.9	5.5	3.7	408.9	53.0
	2000	686.4	463.3	3.0	9.9	5.5	3.7	866.1	87.7
	2005	559.0	438.8	2.2	10.5	3.7	2.6	1104.8	105.4
	2006	485.9	377.6	2.0	13.9	1.9	1.1	1066.7	103.1
	2007	488.4	383.5	1.5	15.7	1.9	1.1	653.6	99.9
	2008	496.5	384.3	0.4	15.7	2.6	2.3	670.3	92.8
	2009	467.6	352.8	0.4	12.5	2.4	2.1	669.6	82.7
	2010	428.5	336.4	0.3	14.1	2.2	1.9	693.2	83.3
	2011	403.9	317.8	0.3	11.5	2.1	1.9	705.7	83.3
	2012	404.5	311.4	0.3	12.2	2.1	2.0	734.0	84.1
	2013	411.7	311.6	0.3	12.5	2.1	2.0	743.6	84.8
	2014	390.9	287.6	0.3	11.1	1.7	1.6	754.7	85.6
	2015	383.8	276.7	0.2	11.6	1.6	1.5	755.1	85.8
	2016	383.1	270.6		12.1	1.4	1.4	751.6	70.3
	2017	394.6	266.8		12.2	1.3	1.3	748.6	70.7
	2018	367.9	258.1		18.1	1.4	1.3	787.6	73.9
	2019	364.5	250.2	…	12.4	1.4	1.0	794.6	74.6
	2020	355.4	246.0	…	12.6	1.0	0.6	803.5	74.9
	2021	350.3	247.3	…	8.1	1.2	0.7	814.0	73.0
	2022	334.6	232.4		13.3	1.3	0.5	838.7	74.2
	2023	343.4	232.9	0.2	11.9	1.4	0.5	843.8	73.5
石家庄市	Shijiazhuang	34.7	28.7			0.2	0.2	82.3	4.4
石家庄市①	Shijiazhuang①	29.6	24.7			0.2	0.2	72.6	4.2
唐 山 市	Tangshan	73.8	73.7					123.4	7.8
秦皇岛市	Qinhuangdao	23.6	23.4					37.5	1.2
邯 郸 市	Handan	40.4	25.5					105.4	4.7
邢 台 市	Xingtai	37.9	22.1					53.2	4.8
保 定 市	Baoding	29.8	26.7			0.1	…	94.2	16.8
保 定 市①	Baoding①	24.3	22.0			0.1	…	73.6	15.9
张家口市	Zhangjiakou	46.5	0.2	0.0	11.3	1.1	0.3	88.4	3.1
承 德 市	Chengde	11.5	0.3		0.6			69.3	2.6
沧 州 市	Cangzhou	11.8	8.4	0.1				48.4	9.5
廊 坊 市	Langfang	9.3	8.3					75.6	8.1
衡 水 市	Hengshui	24.2	15.7					66.0	10.5
定 州 市	Dingzhou	4.8	4.4					18.6	0.3
辛 集 市	Xinji	5.0	4.0					9.7	0.2

11-9 主要农作物种植结构
Planting Structure of Major Farm Crops

单位：% (%)

项　　目	Item	2000	2010	2015	2019	2020	2021	2022	2023
农作物总播种面积	**Total Sown Areas of Farm Crops**	**100.00**	**100.00**	**100.00**	**100.00**	**100.00**	**100.00**	**100.00**	**100.00**
粮食作物	**Grain Crops**	**76.66**	**77.12**	**79.84**	**79.55**	**78.98**	**79.39**	**79.42**	**79.55**
谷物	Cereal	65.14	72.51	76.20	75.27	74.62	75.45	75.14	74.96
小麦	Wheat	29.68	29.35	29.23	28.56	27.41	27.75	28.00	27.70
稻谷	Rice	1.59	0.93	0.94	0.96	0.97	0.97	0.94	0.91
玉米	Corn	27.47	38.21	43.08	41.91	42.24	42.66	42.59	42.42
谷子	Millet	3.43	1.93	1.87	1.42	1.60	1.53	1.41	1.24
高粱	Jowar	0.58	0.20	0.14	0.13	0.26	0.35	0.41	0.47
其他谷物	Other Cereal					0.72			0.02
豆类	Soybeans	6.56	1.92	1.16	1.54	1.51	1.19	1.54	1.71
#大豆	Soya	4.70	1.49	0.93	1.15	1.11	0.82	1.21	1.40
薯类	Tubers	4.96	2.69	2.48	2.73	2.85	2.75	2.73	2.87
#马铃薯	Potato	2.34	1.70	1.91	1.90	1.94	1.84	1.91	1.99
油料作物	**Oil-bearing Crops**	**7.61**	**5.13**	**4.53**	**4.48**	**4.39**	**4.33**	**4.12**	**4.23**
#花生	Peanuts	5.13	4.03	3.26	3.08	3.04	3.05	2.86	2.87
油菜籽	Rapeseeds	0.31	0.27	0.21	0.24	0.39	0.40	0.39	0.45
芝麻	Sesame	0.29	0.05	0.02	0.02	0.02	0.02	0.02	0.02
胡麻籽	Benne	1.00	0.48	0.37	0.51	0.35	0.31	0.29	0.27
向日葵	Helianthus	0.78	0.28	0.63	0.62	0.58	0.52	0.55	0.61
棉花	**Cotton**	**3.41**	**6.69**	**3.80**	**2.51**	**2.34**	**1.73**	**1.43**	**1.06**
甜菜	**Beetroots**	**0.11**	**0.17**	**0.14**	**0.15**	**0.16**	**0.10**	**0.16**	**0.15**
烟叶	**Tobacco**	**0.06**	**0.03**	**0.02**	**0.02**	**0.01**	**0.01**	**0.02**	**0.02**
#烤烟	Flue-cured Tobacco	0.04	0.02	0.02	0.01	0.01	0.01	0.01	0.01
药材	**Medicinal Materials**	**0.24**	**0.34**	**0.73**	**1.22**	**1.43**	**1.60**	**1.72**	**1.71**
蔬菜	**Vegetables**	**9.60**	**8.30**	**8.90**	**9.77**	**9.93**	**10.05**	**10.34**	**10.40**
瓜果类	**Melons and Fruits**	**0.97**	**1.00**	**1.01**	**0.92**	**0.93**	**0.90**	**0.91**	**0.91**
其他农作物	**Other Farm Crops**	**1.31**	**1.22**	**1.03**	**1.39**	**1.83**	**1.89**	**1.88**	**1.77**
#青饲料	Succulence	0.49	0.77	0.66	0.82	1.22	1.22	1.17	1.12

11-10 主要农产品产量
Output of Major Farm Products

单位：万吨 (10000 tons)

年份 Year / 市 City		粮食 Grain	谷物 Cereal	#小麦 Wheat	#玉米 Corn	豆类 Beans	薯类 Tubers	棉花 Cotton
	1978	1687.9		631.4	516.6		163.8	11.7
	1980	1522.5		378.8	663.2		125.2	24.7
	1985	1966.6		744.3	678.9		144.5	62.9
	1990	2276.9		927.7	829.2		138.6	57.1
	1995	2739.0	2507.0	1060.3	1183.4	94.3	137.7	37.1
	2000	2551.1	2355.6	1208.0	994.5	74.5	121.0	30.0
	2005	2598.6	2452.9	1150.3	1193.8	51.2	94.5	57.7
	2006	2780.6	2640.2	1189.7	1348.8	46.9	93.5	70.0
	2007	2897.3	2781.7	1197.6	1478.2	40.6	75.0	71.7
	2008	2995.0	2862.5	1229.8	1532.6	41.4	91.1	72.7
	2009	3017.4	2926.3	1241.8	1579.4	30.1	61.0	58.1
	2010	3121.0	3018.3	1246.6	1663.8	27.5	75.2	54.8
	2011	3345.0	3237.4	1296.9	1823.0	28.1	79.4	62.4
	2012	3442.6	3330.8	1363.9	1856.2	24.2	87.6	53.5
	2013	3584.9	3474.2	1419.0	1922.8	22.2	88.4	43.2
	2014	3569.0	3468.9	1444.3	1898.8	23.7	76.4	39.5
	2015	3602.2	3505.8	1482.8	1897.7	19.1	77.3	32.4
	2016	3783.0	3645.6	1480.2	2031.2	19.8	117.6	23.9
	2017	3829.2	3674.5	1504.1	2035.5	20.8	133.9	24.0
	2018	3700.9	3524.9	1450.7	1941.2	28.1	147.9	23.9
	2019	3739.2	3566.9	1462.6	1986.6	30.1	142.3	22.7
	2020	3795.9	3617.7	1439.3	2051.8	29.4	148.8	20.9
	2021	3825.1	3664.7	1469.1	2066.8	22.6	137.8	16.0
	2022	3865.1	3697.0	1474.6	2094.7	28.6	139.5	13.9
	2023	3809.9	3626.0	1485.6	2014.3	29.8	154.1	10.4
石家庄市	Shijiazhuang	504.6	486.3	234.6	248.9	7.9	10.4	0.02
石家庄市①	Shijiazhuang①	438.2	420.7	200.5	217.6	7.5	9.9	0.01
唐山市	Tangshan	299.6	289.8	68.3	179.0	2.5	7.3	0.91
秦皇岛市	Qinhuangdao	77.9	65.4	4.4	55.5	1.7	10.8	
邯郸市	Handan	544.5	537.7	247.3	280.2	2.0	4.9	3.44
邢台市	Xingtai	473.3	464.8	234.5	222.9	2.6	5.8	3.36
保定市	Baoding	513.7	499.1	238.7	258.7	2.2	12.4	…
保定市①	Baoding①	395.2	382.9	178.5	202.7	1.8	10.6	…
张家口市	Zhangjiakou	201.2	137.9	…	107.4	3.1	60.2	
承德市	Chengde	148.7	110.2	…	93.4	2.1	36.5	
沧州市	Cangzhou	467.0	462.8	201.1	257.7	2.2	1.9	0.69
廊坊市	Langfang	141.2	137.0	37.2	99.3	1.7	2.5	0.01
衡水市	Hengshui	438.2	435.1	219.5	211.2	1.7	1.4	1.97
定州市	Dingzhou	81.5	80.5	40.1	40.4	0.3	0.7	
辛集市	Xinji	66.4	65.6	34.2	31.3	0.4	0.5	…

11－10 续表 1 continued

单位：万吨 (10000 tons)

年 份 市	Year City	油 料 Oil-bearing Crops	#花 生 Peanuts	麻 类 (吨) Fiber Crops (ton)	甜 菜 Beetroots	烟 叶 (吨) Tobacco (ton)	#烤 烟 Flue-cured Tobacco	蔬 菜（含食用菌） Vegetables (Including Edible Fungus)
	1978	24.5	17.4	16615.0	8.3	10940	6385	550.7
	1980	45.1	35.8	17785.0	9.4	5900	1540	531.6
	1985	86.9	58.0	59890.0	19.9	20135	5440	921.2
	1990	74.9	57.8	20148.0	12.3	22090	11596	1157.0
	1995	109.9	94.7	13996.0	12.4	9427	6513	2148.4
	2000	147.0	132.6	7951.0	11.5	12429	7360	4454.0
	2005	152.7	140.3	7262.0	42.7	9759	4928	6467.6
	2006	133.8	121.9	7328.0	56.8	4984	2286	6314.4
	2007	135.2	128.0	3962.0	53.1	4223	2271	3916.1
	2008	146.6	131.3	710.0	59.4	5321	3378	4068.4
	2009	134.9	121.3	745.0	30.7	5399	3628	4100.5
	2010	129.5	118.3	677.0	49.0	4926	3192	4306.3
	2011	126.4	113.7	729.0	42.8	4812	3518	4507.9
	2012	127.3	111.5	780.0	51.0	4626	3491	4703.0
	2013	132.3	114.0	786.0	56.9	4714	3697	4823.8
	2014	125.9	105.5	612.0	54.8	5088	4439	4965.1
	2015	126.0	102.8	499.0	60.6	3424	2839	5022.2
	2016	126.2	102.7	2.8	60.4	2318	2265	5038.9
	2017	129.4	103.4	3.0	62.5	2231	2189	5058.5
	2018	121.4	98.5	7.8	94.1	3321	3192	5154.5
	2019	119.5	96.5	13.0	64.3	3468	2163	5093.1
	2020	119.5	96.8	3.0	63.7	1888	1236	5198.2
	2021	118.4	96.3	1.4	39.6	3032	1752	5284.2
	2022	115.4	92.6		70.2	2568	1106	5406.8
	2023	118.3	94.2		65.5	3945	1383	5498.5
石家庄市	Shijiazhuang	11.9	10.4			526	524	601.8
石家庄市①	Shijiazhuang①	9.7	8.4			526	524	527.0
唐 山 市	Tangshan	31.9	31.9			96		956.3
秦皇岛市	Qinhuangdao	9.4	9.4					260.2
邯 郸 市	Handan	14.1	11.1		0.1			609.2
邢 台 市	Xingtai	12.6	8.0					315.2
保 定 市	Baoding	11.9	11.0			386	6	578.9
保 定 市①	Baoding①	9.6	8.8			386	6	444.2
张家口市	Zhangjiakou	8.6	0.1		63.2	2924	853	559.8
承 德 市	Chengde	2.8	0.1		2.3	14		495.6
沧 州 市	Cangzhou	4.3	3.6		…			322.8
廊 坊 市	Langfang	2.6	2.5					492.1
衡 水 市	Hengshui	8.2	6.3					306.5
定 州 市	Dingzhou	2.1	2.0					127.7
辛 集 市	Xinji	2.2	1.9					74.8

11-10 续表 2 continued

单位：万吨 (10000 tons)

年 份 市	Year City	园林水果 Garden Fruits	#苹 果 Apples	#梨 Pears	#桃 Peach	#葡 萄 Grapes	#红 枣 Red Dates
	1978	79.5	17.2	37.1	3.6	0.6	9.3
	1980	80.1	17.8	36.0	3.5	0.8	12.4
	1985	160.2	46.8	73.8	4.8	2.6	14.0
	1990	175.5	46.8	76.3	17.8	8.1	12.3
	1995	432.0	125.6	168.6	50.0	29.3	21.3
	2000	677.3	180.6	255.2	73.6	52.4	44.2
	2005	918.5	220.2	324.6	124.9	86.4	80.8
	2006	968.5	235.8	333.5	131.7	87.8	90.9
	2007	971.3	236.2	334.8	129.9	90.6	85.8
	2008	967.8	236.6	328.9	128.5	90.7	89.0
	2009	973.1	235.6	333.0	123.0	92.3	97.3
	2010	933.0	220.1	330.0	117.9	90.4	87.7
	2011	957.7	224.5	340.1	116.7	90.5	97.1
	2012	975.0	226.8	357.2	114.0	95.5	91.9
	2013	931.8	221.3	343.4	114.1	90.2	80.4
	2014	941.1	224.6	350.4	109.9	97.6	75.5
	2015	948.6	226.1	356.0	109.1	100.0	75.2
	2016	942.8	217.3	332.5	118.1	109.5	77.1
	2017	969.9	228.1	342.4	120.7	111.6	77.3
	2018	957.0	220.1	329.7	127.0	113.4	77.1
	2019	1004.4	221.6	363.2	135.7	118.8	78.0
	2020	1031.4	239.7	350.2	144.5	124.6	81.5
	2021	1058.5	249.1	366.6	154.8	124.7	72.9
	2022	1139.7	265.6	391.0	169.7	134.1	78.2
	2023	1166.6	269.6	395.7	179.6	136.7	78.4
石家庄市	Shijiazhuang	245.7	23.8	170.7	10.7	14.5	21.0
石家庄市①	Shijiazhuang①	211.7	18.1	147.9	7.5	12.4	20.9
唐 山 市	Tangshan	89.8	21.9	12.7	37.5	10.9	0.7
秦皇岛市	Qinhuangdao	79.4	40.6	7.2	14.1	12.8	0.1
邯 郸 市	Handan	71.6	17.9	27.1	13.4	10.4	0.3
邢 台 市	Xingtai	106.5	25.5	32.4	10.6	20.3	8.0
保 定 市	Baoding	153.3	18.5	19.0	51.0	14.8	7.8
保 定 市①	Baoding①	146.1	17.4	16.4	48.4	14.3	7.7
张家口市	Zhangjiakou	32.6	4.9	0.9	1.0	20.8	0.6
承 德 市	Chengde	117.0	74.3	12.7	1.0	0.6	0.5
沧 州 市	Cangzhou	107.0	5.5	51.6	6.2	2.8	38.5
廊 坊 市	Langfang	45.5	3.3	17.1	11.4	11.9	0.6
衡 水 市	Hengshui	118.2	33.4	44.3	22.8	16.8	0.3
定 州 市	Dingzhou	2.6	0.3	0.3	1.4	0.4	…
辛 集 市	Xinji	33.9	5.7	22.8	3.1	2.1	…

11-11 主要农产品单位面积产量
Output of Major Farm Products per Hectare

单位：公斤/公顷 (kg/hectare)

年份 市	Year City	小麦 Wheat	玉米 Corn	棉花 Cotton	花生 Peanuts	麻类 Fiber Crops	甜菜 Beetroots	烤烟 Flue-cured Tobacco
	1978	2212	2310	203	1305	548	5468	1013
	1980	1430	2833	451	1509	638	9398	1478
	1985	3165	3881	739	1750	2438	17250	1665
	1990	3698	4063	627	1951	2229	16027	1606
	1995	4240	5166	529	2548	2843	10408	1761
	2000	4509	4012	976	2862	2642	11695	1976
	2005	4839	4459	1007	3198	3317	40704	1918
	2006	4750	4817	1054	3227	3684	40759	2169
	2007	4948	5092	1057	3338	2717	33851	2028
	2008	5057	5312	1070	3417	1994	37851	1449
	2009	5179	5127	999	3438	2105	24540	1698
	2010	5085	5214	981	3517	2212	34813	1659
	2011	5326	5584	1034	3579	2202	37246	1815
	2012	5551	5586	977	3581	2241	41911	1725
	2013	5835	5608	956	3658	2382	45584	1807
	2014	6008	5361	1051	3667	2242	49574	2692
	2015	6193	5193	1003	3716	2160	52015	1873
	2016	6194	5495	1036	3794	2876	49784	1539
	2017	6338	5743	1088	3876	1379	51238	1640
	2018	6155	5647	1137	3815	1420	51914	2479
	2019	6297	5829	1115	3855	534	51761	2228
	2020	6492	6005	1102	3935	1098	50469	1969
	2021	6539	5984	1142	3894	703	48596	2536
	2022	6562	6061	1197	3984		52720	2036
	2023	6609	5852	1208	4043	1304	54899	2755
石家庄市	Shijiazhuang	7080	6719	966	3609			2714
石家庄市①	Shijiazhuang①	7052	6639	925	3408			2714
唐山市	Tangshan	6048	6158	1204	4329			
秦皇岛市	Qinhuangdao	6847	6370		4002			
邯郸市	Handan	7054	7237	1292	4350		54230	
邢台市	Xingtai	6856	5717	1171	3625			
保定市	Baoding	6696	5598	500	4113			1082
保定市①	Baoding①	6622	5482	797	4025			1082
张家口市	Zhangjiakou		5698		2671		55786	2824
承德市	Chengde		5339		3380		38133	
沧州市	Cangzhou	5703	4890	1147	4216	1571	1761	
廊坊市	Langfang	6066	5067	756	3018			
衡水市	Hengshui	6572	5735	1168	4009			
定州市	Dingzhou	6938	7035		4548			
辛集市	Xinji	7251	7325	1160	4841			

11−12 分市林业生产主要指标(2023年)
Main Indicators of Forestry Production by City (2023)

单位：公顷 (hectare)

市	City	人工造林 Artificial Afforestation	飞播造林 Aerial Seeding Afforestation	新封山育林 New Closed Mountain Cultivation	退化林修复 Restoration of Degraded Forest	人工更新 Artificial Regeneration	森林抚育面积 Area of Forest Tending
全　省	**Total**	**60375**	**3333**	**70392**	**39578**		**311573**
石家庄市	Shijiazhuang	12646		20506	8344		49910
石家庄市①	Shijiazhuang①	12624		20506	8344		49776
唐 山 市	Tangshan	2630		668	670		17080
秦皇岛市	Qinhuangdao	2230		1333			8033
邯 郸 市	Handan	5047	3333	4236	2743		26875
邢 台 市	Xingtai	6403		7333	3927		17625
保 定 市	Baoding	13573		5333			42015
保 定 市①	Baoding①	12333		5333			35418
张家口市	Zhangjiakou	3687		6333	13400		46147
承 德 市	Chengde	10200		24648	10215		68379
沧 州 市	Cangzhou	1423					6334
廊 坊 市	Langfang	561			278		8581
衡 水 市	Hengshui	1975					20594
定 州 市	Dingzhou	720					240
辛 集 市	Xinji	22					134

11−13 重点区域生态保护和修复工程项目造林完成情况(2023年)
Status of Afforestation Completion of Ecological Protection and Restoration Projects in Key Regions (2023)

单位：公顷 (hectare)

市	City	人工造林 Artificial Afforestation	飞播造林 Aerial Seeding Afforestation	新封山育林 New Closed Mountain Cultivation	退化林修复 Restoration of Degraded Forest	人工更新 Artificial Regeneration
全　省	**Total**	**13103**		**22865**	**30179**	
石家庄市	Shijiazhuang	2351		2333	3133	
石家庄市①	Shijiazhuang①	2351		2333	3133	
唐 山 市	Tangshan	333		667		
秦皇岛市	Qinhuangdao	1333		1333		
邯 郸 市	Handan			333	333	
邢 台 市	Xingtai	333		3666	1666	
保 定 市	Baoding	5000		3000	1333	
保 定 市①	Baoding①	5000		3000	1333	
张家口市	Zhangjiakou	1887		8333	12600	
承 德 市	Chengde	1867		3200	11113	
沧 州 市	Cangzhou					
廊 坊 市	Langfang					
衡 水 市	Hengshui					
定 州 市	Dingzhou					
辛 集 市	Xinji					

11-14 牲畜饲养情况
Number of Livestock

单位：万头(万只) (10000 heads)

年 份 / 市	Year / City	大牲畜年末存栏头数 Large Animals (year-end)	牛 Cattle and Buffaloes	马 Horses	驴 Donkeys	骡 Mules
	1996	885.85	598.52	49.36	164.23	73.74
	2000	774.24	516.73	45.04	149.14	63.33
	2005	762.63	584.92	33.13	104.11	40.47
	2006	613.00	458.93	28.99	90.16	34.92
	2007	571.85	448.21	22.78	74.05	26.81
	2008	536.23	435.71	18.98	59.45	22.09
	2009	491.90	410.19	15.52	48.55	17.64
	2010	449.68	380.62	13.17	40.88	15.01
	2011	431.71	371.33	11.63	36.25	12.50
	2012	423.26	368.35	10.77	33.07	11.07
	2013	400.17	351.69	9.65	29.32	9.49
	2014	398.18	356.84	8.33	25.03	7.94
	2015	395.85	360.31	7.13	21.78	6.60
	2016	369.55	340.74	6.17	17.25	5.36
	2017	387.87	359.50	5.86	17.35	5.12
	2018	371.61	342.03	6.12	17.96	5.46
	2019	376.95	350.11	6.27	16.11	4.41
	2020	385.31	358.59	7.05	15.81	3.82
	2021	395.05	370.42	7.40	13.81	3.35
	2022	420.14	397.46	7.18	12.51	2.95
	2023	439.25	414.55	9.21	12.71	2.72
石家庄市	Shijiazhuang	53.62	51.07	1.06	1.46	0.02
石家庄市①	Shijiazhuang①	50.39	48.06	0.92	1.40	0.02
唐 山 市	Tangshan	63.71	61.76	0.42	1.35	0.15
秦皇岛市	Qinhuangdao	17.31	16.20	0.29	0.77	0.05
邯 郸 市	Handan	23.16	22.38	0.08	0.57	0.13
邢 台 市	Xingtai	25.30	24.00	0.61	0.67	0.01
保 定 市	Baoding	43.28	39.83	0.57	2.84	0.03
保 定 市①	Baoding①	33.70	30.72	0.44	2.51	0.03
张家口市	Zhangjiakou	62.69	57.69	2.08	2.18	0.72
承 德 市	Chengde	89.69	82.43	3.64	2.01	1.6
沧 州 市	Cangzhou	21.51	20.72	0.29	0.50	
廊 坊 市	Langfang	14.85	14.69	0.07	0.08	
衡 水 市	Hengshui	24.14	23.77	0.09	0.28	
定 州 市	Dingzhou	9.58	9.11	0.13	0.34	
辛 集 市	Xinji	3.22	3.01	0.14	0.06	

11-14 续表 continued

单位：万头(万只) (10000 heads)

年 份 Year / 市 City		肉猪出栏头数 Slaughtered Fattened Hogs	猪年底头数 Hogs (year-end)	羊年底只数 Sheep and Goats (year-end)	山 羊 Goats	绵 羊 Sheep
	1996	2454.1	2061.2	1654.2	840.1	814.1
	2000	2675.2	1959.6	1676.6	801.8	874.8
	2005	3145.0	1977.5	1679.1	678.3	1000.8
	2006	3246.7	1812.8	1552.6	634.9	917.8
	2007	2989.8	1923.5	1580.6	784.0	796.7
	2008	3286.9	2050.2	1610.8	748.0	862.8
	2009	3420.1	2019.5	1556.1	548.2	1007.8
	2010	3335.8	1910.7	1397.8	458.7	939.1
	2011	3378.1	1968.1	1443.2	463.0	980.2
	2012	3576.7	1945.4	1397.2	445.3	951.9
	2013	3666.4	2052.9	1435.6	444.8	990.7
	2014	3897.8	2052.0	1503.0	474.2	1028.8
	2015	3837.1	2015.9	1425.1	467.6	957.5
	2016	3742.6	1982.5	1359.8	461.3	898.4
	2017	3785.3	1957.8	1228.1	401.4	826.7
	2018	3709.6	1820.8	1179.6	365.2	814.3
	2019	3119.8	1418.4	1194.9	364.3	830.6
	2020	2907.6	1748.8	1270.3	365.0	905.3
	2021	3410.6	1810.1	1316.0	345.4	970.7
	2022	3506.1	1927.7	1418.7	348.8	1069.9
	2023	3648.4	1793.8	1414.4	346.7	1067.7
石家庄市	Shijiazhuang	507.4	238.5	87.4	22.0	65.4
石家庄市①	Shijiazhuang①	433.3	199.7	74.9	20.1	54.7
唐 山 市	Tangshan	563.2	280.2	76.9	22.5	54.4
秦皇岛市	Qinhuangdao	219.3	101.6	90.7	27.3	63.4
邯 郸 市	Handan	465.9	212.0	183.7	69.7	114.0
邢 台 市	Xingtai	282.5	155.0	78.6	34.7	43.8
保 定 市	Baoding	487.8	254.5	340.4	48.4	292.1
保 定 市①	Baoding①	403.4	202.2	321.8	47.4	274.5
张家口市	Zhangjiakou	217.8	107.0	197.1	10.0	187.1
承 德 市	Chengde	196.1	93.3	107.9	41.0	66.9
沧 州 市	Cangzhou	327.6	162.6	111.0	36.4	74.5
廊 坊 市	Langfang	121.1	53.9	71.6	7.1	64.5
衡 水 市	Hengshui	259.7	135.1	69.2	27.7	41.5
定 州 市	Dingzhou	84.4	52.4	18.6	1.0	17.6
辛 集 市	Xinji	74.1	38.8	12.5	1.9	10.6

11－15 畜产品产量
Output of Livestock Products

年 份 市	Year City	肉 类 (万吨) Output of Meat (10000 tons)	#猪牛羊肉 Output of Pork, Beef and Mutton	奶 类 (万吨) Milk (10000 tons)	#牛 奶 Cow Milk	绵羊毛 (吨) Sheep Wool (ton)	禽 蛋 (万吨) Poultry Eggs (10000 tons)
	1996	315.9	253.1	47.9	40.1	19284	266.6
	2000	342.4	270.0	96.2	84.2	27788	329.3
	2005	395.6	314.2	348.6	340.4	36466	385.2
	2006	406.2	323.5	384.4	375.0	33254	382.3
	2007	396.6	309.5	415.3	407.1	32051	397.2
	2008	422.3	333.3	430.4	419.6	30660	412.5
	2009	429.7	343.3	385.0	375.5	30232	355.1
	2010	420.7	340.9	375.1	365.7	29290	341.5
	2011	423.9	340.0	389.7	381.7	27748	342.9
	2012	450.7	356.4	399.8	391.2	27663	346.3
	2013	458.8	362.7	388.6	380.9	28105	350.4
	2014	481.1	383.6	414.0	405.7	27930	368.0
	2015	477.5	381.5	401.3	393.5	26851	379.7
	2016	472.1	375.3	373.0	366.4	23376	395.6
	2017	472.3	377.2	387.8	381.0	23158	383.7
	2018	466.7	373.3	391.1	384.8	20816	378.0
	2019	433.4	330.1	433.8	428.7	19096	385.9
	2020	419.2	313.8	488.3	483.4	16883	389.7
	2021	464.3	355.4	501.9	498.4	20709	389.6
	2022	478.8	368.4	549.3	546.7	25783	401.8
	2023	495.0	380.2	574.3	571.9	28418	407.8
石家庄市	Shijiazhuang	63.3	50.7	98.8	98.8	2406	92.4
石家庄市①	Shijiazhuang①	54.5	43.6	92.1	92.1	2227	75.9
唐 山 市	Tangshan	65.0	53.2	128.4	126.5	1020	27.5
秦皇岛市	Qinhuangdao	30.6	22.0	8.4	8.0	2294	8.6
邯 郸 市	Handan	56.9	44.9	22.1	22.1	2405	97.5
邢 台 市	Xingtai	37.0	27.5	43.7	43.7	301	46.8
保 定 市	Baoding	66.6	53.0	67.6	67.6	11346	34.8
保 定 市①	Baoding①	56.9	44.5	44.9	44.9	11021	28.3
张家口市	Zhangjiakou	33.4	27.6	119.0	119.0	4347	14.6
承 德 市	Chengde	42.1	29.8	11.4	11.4	838	10.3
沧 州 市	Cangzhou	50.6	31.9	15.6	15.6	870	35.0
廊 坊 市	Langfang	17.0	13.4	17.9	17.9	1642	13.4
衡 水 市	Hengshui	32.5	26.0	41.3	41.3	949	26.8
定 州 市	Dingzhou	9.7	8.5	22.7	22.7	325	6.5
辛 集 市	Xinji	8.8	7.2	6.7	6.7	179	16.5

11−16 水产品产量
Output of Aquatic Products

单位：万吨 (10000 tons)

年 份 市	Year City	水产品总产量 Total Aquatic Products	海水产品 Marine Aquatic Products	#鱼 类 Fish	#虾蟹类 Shrimps, Prawns and Crabs	淡水产品 Freshwater Aquatic Products	#鱼 类 Fish	#虾蟹类 Shrimps, Prawns and Crabs	远洋渔业 Pelagic Fishery
	1978	13.90	12.80	4.40	6.39	1.10	1.02	0.02	
	1980	9.76	8.65	4.19	3.81	1.11	0.98	0.06	
	1985	12.75	10.45	5.86	3.93	2.30	2.15	0.15	
	1990	21.86	16.49	6.18	7.13	5.37	5.09	0.27	
	1995	39.61	21.02	7.39	6.29	18.59	17.82	0.63	
	2000	80.95	48.20	18.79	8.07	32.75	30.65	1.51	
	2005	98.95	57.18	19.16	9.51	41.77	38.63	2.37	
	2006	87.14	49.90	15.55	7.78	37.24	34.25	2.25	
	2007	90.64	52.43	16.04	7.51	38.21	35.32	2.29	
	2008	96.64	54.93	16.46	8.03	41.72	38.55	2.50	
	2009	100.41	55.39	15.15	7.85	45.02	41.60	2.65	
	2010	106.33	58.26	15.17	7.89	48.07	44.33	2.77	
	2011	106.71	56.33	14.51	7.18	50.39	46.49	2.85	
	2012	99.82	63.46	14.19	8.20	36.36	31.92	3.35	
	2013	106.02	68.28	13.46	7.75	37.74	32.85	3.91	
	2014	109.73	73.16	14.38	7.50	36.57	32.35	3.23	
	2015	112.92	75.69	15.40	7.77	36.83	32.74	3.10	0.40
	2016	119.41	75.92	15.60	7.70	38.73	34.65	3.27	4.76
	2017	116.46	76.32	14.87	7.70	35.32	31.37	3.32	4.82
	2018	109.62	70.22	13.34	7.71	32.85	29.34	2.99	6.55
	2019	99.01	63.97	11.67	7.00	29.45	26.45	2.73	5.59
	2020	100.34	65.97	10.17	7.26	29.32	26.29	2.79	5.05
	2021	108.10	73.41	11.38	8.18	29.74	26.73	2.81	4.96
	2022	112.44	77.06	11.55	10.50	31.12	28.20	2.73	4.26
	2023	114.74	79.82	11.55	11.11	31.00	27.97	2.85	3.92
石家庄市	Shijiazhuang	19376				19376	18194	634	
石家庄市①	Shijiazhuang①	19229				19229	18047	634	
唐 山 市	Tangshan	591577	363148	40893	71078	191864	168293	23222	36565
秦皇岛市	Qinhuangdao	343893	334633	11496	16163	6624	6532	58	2636
邯 郸 市	Handan	22695				22695	22558	136	
邢 台 市	Xingtai	7076				7076	7073		
保 定 市	Baoding	14297	597	392	205	137	13082	57	
保 定 市①	Baoding①	13649				13649	13049	39	
张家口市	Zhangjiakou	8370				8370	7600	770	
承 德 市	Chengde	3907				3907	3614		
沧 州 市	Cangzhou	111872	97552	60892	23307	1432	11377	2943	
廊 坊 市	Langfang	17763	2307	1823	395	15456	15314	142	
衡 水 市	Hengshui	6563				6563	6037	526	
定 州 市	Dingzhou								
辛 集 市	Xinji	147				147	147		

注：分市数据计量单位为吨。

a) Units of data for city is ton.

11-17 人均主要农产品产量
Per Capita Output of Major Farm Products

单位：公斤 (kg)

年 份 / 市	Year / City	粮 食 Grain	棉 花 Cotton	油 料 Oil-bearing Crops	猪牛羊肉 Pork, Beef and Mutton	水产品 Aquatic Products	牛 奶 Milk
	1978	335.72	2.32	4.87	8.29	2.76	0.36
	1980	296.42	4.81	8.79	13.45	1.90	0.52
	1985	356.43	11.39	15.75	14.84	2.31	1.33
	1990	378.23	9.48	12.44	20.13	3.64	1.86
	1995	427.17	5.78	17.13	40.36	6.18	5.08
	2000	383.97	4.52	22.12	40.64	12.18	12.67
	2005	380.48	8.45	22.36	46.00	14.49	49.83
	2006	404.49	10.19	19.46	47.06	12.68	54.55
	2007	418.65	10.36	19.54	44.72	13.10	58.82
	2008	429.94	10.43	21.04	47.84	13.87	60.24
	2009	430.35	8.29	19.24	48.96	14.32	53.56
	2010	438.71	7.70	18.20	47.93	14.95	51.41
	2011	463.76	8.65	17.52	47.14	14.80	52.91
	2012	475.04	7.38	17.56	49.18	13.77	53.98
	2013	492.78	5.93	18.18	49.86	14.57	52.36
	2014	488.55	5.40	17.24	52.52	15.02	55.53
	2015	491.16	4.41	17.18	52.02	15.40	53.65
	2016	513.99	3.25	17.15	50.99	16.22	49.78
	2017	518.01	3.25	17.51	51.02	15.75	51.54
	2018	498.92	3.23	16.36	50.33	14.78	51.88
	2019	502.82	3.06	16.08	44.39	13.31	57.65
	2020	509.16	2.80	16.03	42.09	13.46	64.84
	2021	513.03	2.14	15.87	47.67	14.50	66.84
	2022	520.90	1.87	15.53	49.65	15.12	73.68
	2023	514.40	1.40	15.97	51.33	15.49	77.21
石家庄市	Shijiazhuang	449.40	0.01	10.58	45.17	1.73	87.98
石家庄市①	Shijiazhuang①	411.76	0.01	9.09	40.93	1.81	86.55
唐 山 市	Tangshan	388.44	1.18	41.40	68.95	76.70	163.98
秦皇岛市	Qinhuangdao	250.98		30.35	71.03	110.80	25.78
邯 郸 市	Handan	590.16	3.73	15.26	48.69	2.46	23.94
邢 台 市	Xingtai	676.99	4.80	18.08	39.38	1.01	62.50
保 定 市	Baoding	447.06		10.33	46.14	1.24	58.83
保 定 市①	Baoding①	433.30		10.50	48.81	1.50	49.27
张家口市	Zhangjiakou	495.24		21.09	67.85	2.06	292.99
承 德 市	Chengde	449.05		8.55	90.11	1.18	34.37
沧 州 市	Cangzhou	640.63	0.95	5.85	43.72	15.35	21.41
廊 坊 市	Langfang	257.40	0.03	4.78	24.51	3.24	32.63
衡 水 市	Hengshui	1052.86	4.73	19.61	62.54	1.58	99.25
定 州 市	Dingzhou	757.25		19.95	78.99		210.63
辛 集 市	Xinji	1131.71	0.06	37.65	122.01	0.25	113.79

11-18 国有农场基本情况
Basic Statistics on State Farms

指　　标	Item	2015	2019	2020	2021	2022	2023
农场数(个)	**Number of Farms (unit)**	**33**	**33**	**32**	**32**	**32**	**32**
职工人数(万人)	**Number of Staff and Workers (10000 persons)**	**6.6**	**5.9**	**6.3**	**6.2**	**5.9**	**5.9**
耕地面积(千公顷)	**Cultivated Area (1000 hectares)**	**97.8**	**99.3**	**98.2**	**100.8**	**101.0**	**100.6**
农业机械总动力(亿瓦)	**Total Power of Agricultural Machinery (100 million watts)**	**11.9**	**10.7**	**9.9**	**10.0**	**10.2**	**10.2**
农业机械拥有量(万台、万辆)	**Ownership of Agricultural Machinery (10000 units)**						
大中型农用拖拉机	Large and Medium-sized Agricultural Tractors	0.5	0.4	0.4	0.4	0.4	0.4
小型及手扶拖拉机	Small and Walking Agricultural Tractors	2.3	1.8	1.5	1.5	1.5	1.5
农用排灌动力机械	Machinery for Agricultural Drainage and Irrigation						
联合收割机	Combine Harvesters	0.1	0.1	0.1	0.1	0.1	0.1
农用化肥施用量(万吨)	**Consumption of Chemical Fertilizers (10000 tons)**	**3.3**	**6.3**	**6.0**	**6.1**	**6.2**	**6.2**
农业总产值(亿元)	**Gross Agricultural Output Value (100 million yuan)**	**455.7**	**585.4**	**542.4**	**583.4**	**615.2**	**546.5**
农作物总播种面积(千公顷)	**Sown Area of Farm Crops (1000 hectares)**	**100.7**	**85.8**	**89.4**	**90.6**	**90.7**	**92.8**
粮食作物	Grain	78.2	70.0	72.5	77.0	75.8	78.6
谷　物	Cereal	68.0	59.8	62.6	66.3	66.0	68.5
棉　花	Cotton	7.7	1.7	0.8	0.1	1.0	0.2
油　料	Oil-bearing Crops	1.3	3.1	2.6	2.2	2.5	2.5
年底实有园地面积	Area of Tea Plantations, Orchards and Mulberry Plantations (year-end)	1.6	1.5	3.5	3.5	3.5	3.6
主要农产品产量(万吨)	**Output of Major Farm Products (10000 tons)**						
粮食作物	Grain	53.2	60.1	64.4	68.4	67.3	51.9
谷　物	Cereal	40.2	38.0	45.0	40.8	43.4	43.0
棉　花	Cotton	0.9	0.4	0.2	0.1	0.1	0.1
油　料	Oil-bearing Crops	0.1	0.5	0.4	0.3	0.5	0.5
水　果	Fruits	2.4	4.0	3.5	4.1	4.4	4.4
畜牧业、渔业生产	**Production of Animal Husbandry and Fishery**						
大牲畜年底头数(万头)	Number of Large Animals (year-end) (10000 heads)	20.3	17.9	18.2	19.6	20.1	27.9
猪年底头数(万头)	Number of Hogs (10000 heads)	32.8	27.2	25.5	29.7	30.9	40.6
羊年底只数(万只)	Number of Sheep and Goats (10000 heads)	12.8	6.9	6.3	6.6	6.9	8.7
#绵　羊	Sheep						
畜产品产量(万吨)	**Output of Livestock Products (10000 tons)**						
肉类总产量	Output of Meat	6.1	6.8	6.2	7.1	6.6	7.0
牛　奶	Milk	53.9	59.5	65.2	65.5	72.7	65.5
禽　蛋	Poultry Eggs	1.2	1.7	0.7	1.3	1.4	1.2
羊　毛	Sheep Wool						
水产品总产量(万吨)	**Total Output of Aquatic Products (10000 tons)**	**13.7**	**16.3**	**17.1**	**17.4**	**19.3**	**19.3**

注：本表为农垦系统数据。
a) Data in this table are those from land reclamation departments.

主要统计指标解释

农林牧渔业总产值 指以货币表现的农、林、牧、渔业全部产品和对农林牧渔业生产活动进行的各种支持性服务活动的价值总量，它反映一定时期内农林牧渔业生产总规模和总成果。1993年以前农林牧渔业总产值包括农、林、牧、副、渔五业，从1993年起取消副业，将野生动物的捕猎划入牧业，野生植物采集和农民家庭兼营商品性工业划归农业。从2003年起，执行新的国民经济行业分类标准，农林牧渔业总产值中包括了农、林、牧、渔及农林牧渔服务业产值，2018年以后农林牧渔服务业产值改称农林牧渔专业及辅助性活动产值。农业中取消了家庭兼营商品性工业产值，将野生林产品的采集划归林业。第一、二、三次农业普查以后，根据农业普查结果，对农业、牧业、渔业产值进行了修订。2010年执行《统计用产品分类目录》，对2009年的农业、林业产值做了相应调整。

农林牧渔业总产值采用“产品法”进行计算，通常是按农、林、牧、渔业产品及其副产品的产量分别乘以各自单位产品价格求得；少数生产周期较长，当年没有产品或产品产量不易统计的，则采用间接方法匡算其产值；然后将四业产品产值及农林牧渔专业及辅助性活动产值相加即为农林牧渔业总产值。

粮食产量 指日历年度内生产的全部粮食数量。按收获季节包括夏收粮食、早稻和秋收粮食，按作物品种包括谷物、豆类和薯类。其产量计算方法：谷物按脱粒后的原粮计算，豆类按去豆荚后的干豆计算；薯类（包括甘薯和马铃薯，不包括芋头和木薯）1964年以前按每4公斤鲜薯折1公斤粮食计算，从1964年开始改为按5公斤鲜薯折1公斤粮食计算；城市郊区作为蔬菜的薯类（如马铃薯等）按鲜品计算，并且不作粮食统计。1989年以前全国粮食产量数据主要靠全面报表取得，1989年开始使用抽样调查数据。

棉花产量 指全社会棉花的产量。包括春播棉和夏播棉。产量按皮棉计算。不包括木棉。

油料产量 指全部油料作物的生产量。包括花生、油菜籽、芝麻、向日葵籽、胡麻籽（亚麻籽）和其他油料。不包括大豆、木本油料和野生油料。花生以带壳干花生计算。

水产品产量 指渔业（捕捞和养殖）生产活动的最终有效成果，包括全部海水和淡水鱼类、甲壳类（虾、蟹）、贝类、头足类、藻类和其他类渔业产品的最终产量。水产品产量是通过各级水产部门逐级上报取得数据。1995年及以前，贝类中牡蛎按鲜肉计算；蚶、蛤、蛙按5斤鲜品折1斤计算。1996年以后则统一按鲜品计算。

猪、牛、羊、禽肉产量 指当年出栏并已屠宰、除去头蹄下水后带骨肉（即胴体重）的重量。1996年以前为全面统计并逐级上报数据。1996年第一次农业普查以后，根据普查结果，对畜牧业主要年报数据进行了修正。1999年，国家统计局在部分地区开展了猪、牛、羊、禽等主要畜禽品种的抽样调查，并用抽样数据作为国家定案数据使用。未开展抽样调查的地区，仍使用各级统计部门逐级上报数据。2008年，建立了主要畜禽监测调查制度，猪、牛、羊、禽等主要畜禽数据均以抽样调查数为法定数据。

期初(末)畜禽存栏头(只)数 指报告期初（末）饲养的大牲畜、猪、羊、家禽等畜禽的数量。数据上报方式及数据调整情况同猪、牛、羊、禽肉产量。

农作物播种面积 指日历年度内收获农作物在全部土地（耕地或非耕地）上的播种或移植面积。凡是本年内收获的农作物，无论是本年还是上年播种，都算为播种面积，但不包括本年播种，下年收获的农作物面积。

耕地灌溉面积 指具有一定的水源，地块比较平整，灌溉工程或设备已经配套，在一般年景下能够进行正常灌溉的耕地面积。在一般情况下，耕地灌溉面积应等于灌溉工程或设备已经配套，能够进行正常灌溉的水田和水浇地面积之和。它是反映我国农田水利建设的重要指标。

农用化肥施用量 指本年内实际用于农业生产的化肥数量，包括氮肥、磷肥、钾肥和复合肥。化肥施用量要求按折纯量计算数量。折纯量是指把氮肥、磷肥、钾肥分别按含氮、含五氧化二磷、含氧化钾的百分之百成份进行折算后的数量。复合肥按其所含主要成分折算。公式为：

折纯量=实物量×某种化肥有效成份含量的百分比

农业机械总动力 指全部农业机械动力的额定功率之和。农业机械是指用于种植业、畜牧业、渔业、农产品初加工、农用运输和农田基本建设等活动的机械及设备。

本指标的统计数据来源于农业农村部门。

Explanatory Notes on Main Statistical Indicators

Gross Output Value of Agriculture, Forestry, Animal Husbandry and Fishery refers to the total value of products (expressed in monetary terms) of agriculture, forestry, animal husbandry and fishery, and total value of services in support of agriculture, forestry, animal husbandry and fishery activities. It reflects the total scale and results of agricultural production during a given period. Before 1993, the gross output value of agriculture, forestry, animal husbandry and fishery included agriculture, forestry, animal husbandry, sideline and fishery. Since 1993, the subdivision of sideline occupations has been cancelled, and the hunting of wild animals has been classified into animal husbandry, and the gathering of wild plants and commodity industry run by rural household have been included in farming. A new industrial classification of economic activities was introduced in 2003. Under the new classification, the gross output value of agriculture included the value of farming, forestry, animal husbandry, and fishery, and included value of services to agriculture, forestry, animal husbandry and fishery. In 2018, the output value of services to agriculture, forestry, animal husbandry and fishery was renamed the output value of professional and support activities in agriculture, forestry, animal husbandry and fishery, value of industrial output by rural households is not included in agriculture. According to the result of the first, second and third agriculture census, efforts were made to adjust the output value of agriculture, animal husbandry and fishery output. In line with the Classification of Products for Statistical Purposes implemented in 2010, relevant revisions were made on the output value of agriculture and forestry in 2009.

Gross output value of agriculture is calculated by product method, and is obtained by multiplying the output of each product or by-product by its price, resulting in the output value of each single item. For a small number of products, annual output of which is not available or difficult to get due to the long production (growing) process involved, the output value is estimated through an indirect approach. The sum of output values of all products of agriculture, forestry, animal husbandry and fishery and professional and support activities in agriculture, forestry, animal husbandry and fishery is then equal to the gross output value of agriculture.

Grain Output refers to the total output of grains produced within a calendar year. It includes summer crops, early rice and autumn crops by harvest seasons; and covers cereals, beans and tubers by type of crops. Output of cereals cover husked grain only. Output of beans refers to dry beans without pods. The output of tubers (sweet potatoes and potatoes, not including taros and cassava) are converted with the ratio of 4∶1, i.e. 4 kilograms of fresh tubers were equivalent to 1 kilogram of grain before 1964. Since 1964 the ratio has been changed to 5∶1. Tubers consumed as vegetables (such as potatoes) in cities and suburbs are calculated as fresh vegetables and their output is not included in the output of grain. Data on grain production before 1989 were obtained through the comprehensive statistical reporting system. Since 1989, data from sample surveys are used.

Cotton Output refers to cotton production in the whole country including cotton planted in spring and in summer. Output is measured as the weight of ginned cotton. Ceiba is not included.

Output of Oil-bearing Crops refers to the total production of oil-bearing crops of various kinds, including peanuts (dry, in shell), rapeseeds, sesame, sunflower seeds, flax seeds, and other oil-bearing crops. Soybeans, oil-bearing woody plants, and wild oil-bearing crops are not included.

Output of Aquatic Products refers to final output actually yielded from fishing production (fishery and breeding), including all output of marine and freshwater fish, crustaceans (shrimps, crabs), shellfish, cephalopod, seaweed and other fishery products. Data on output of aquatic products are reported by aquatic product agencies level by level. Before 1995, among the shellfish, oyster was counted as fresh meat; 5 kilograms of ark shell, clams and frogs are equivalent to 1 kilogram of fresh aquatic products; they have all been counted as fresh aquatic products since 1996.

Output of Pork, Beef, Mutton and Poultry refers to the meat of slaughtered hogs, cattle, sheep and goats with head, feet, and offal taken away. Before 1996, data were obtained through bottom-up comprehensive reporting system. The first agricultural census of China in 1996 revealed some discrepancy between the production of animal products from the annual reports and that from the census. Efforts were made to adjust the output value of animal husbandry to make the figures from the annual reports consistent with the census data. Since 1999, the NBS conducted sample surveys in selected regions for the major animal husbandry products, such as hogs, cattle, sheep and goats and fowls, and the data from sample surveys are used as finalized national data. Production of other regions which are not covered by the sample survey is still reported by statistical agencies level by level. A monitoring and survey program was set up in 2008 on main livestock, and data on the main livestock such as hog, cattle, sheep and poultry from the sample survey became the official data.

Number of Livestock or Poultry in Stock at Beginning (or End) of Period refers to the total number of large animals, pigs, sheep, fowls, etc. raised at the beginning/end of the reference period. Data reporting system and data adjustment are the same as that in the output of pork, beef, mutton and poultry.

Sown Area of Crops refers to area of all land (cultivated or non-cultivated area) sown or transplanted with crops that are harvested within the calendar year by agricultural producers. All crops harvested within the year are counted as sown area, regardless of being sown in this year or the previous year. Crops sown this year but will be harvested in the coming year are excluded.

Irrigated Area of Cultivated Land refers to area of land that are effectively irrigated, i.e. relatively level land, where there are water sources or complete sets of irrigation facilities to lift and move adequate water for irrigation purpose under normal conditions. Under normal situations, irrigated area of cultivated land is the sum of watered fields and irrigated fields where irrigation systems or equipment have been installed for regular irrigation purpose. It is an important indicator to reflect the farmland water conservancy construction in China.

Consumption of Chemical Fertilizers in Agriculture refers to the quantity of chemical fertilizers applied in agriculture in the year, including nitrogenous fertilizer, phosphate fertilizer, potash fertilizer, and compound fertilizer. The consumption of chemical fertilizers is calculated in terms of volume of effective components by means of converting the gross weight of the respective fertilizers into weight containing effective component (e.g. nitrogen content in nitrogenous fertilizer, phosphorous pentoxide contents in phosphate fertilizer, and potassium oxide contents in potash fertilizer). Compound fertilizer is converted in regard to its major components. The formula is:

Volume of effective component = physical quantity× effective component of certain chemical fertilizer (%)

Total Power of Agricultural Machinery refers to the total rated capacity of all agricultural machinery. Agricultural machinery refers to the machines and equipment which are used for activities of farming, animal husbandry, fishery, primary processing of agricultural products, agricultural transport and infrastructure construction of farmland.

Data are mainly from Ministry of Agriculture and Rural Affairs.

工 业
Industry

简 要 说 明

一、本篇资料反映河北规模以上工业企业基本情况。

二、规模以上工业企业的统计范围。1998年至2007年为全部国有和年主营业务收入500万元及以上的非国有工业法人企业；2008至2010年为年主营业务收入500万元及以上的工业法人企业；从2011年开始，为年主营业务收入2000万元及以上的工业法人企业。

本篇资料中工业行业分类按《国民经济行业分类》（GB/T 4754—2017）标准划分；企业规模划分按《统计上大中小微型企业划分办法（2017）》标准执行。

三、本篇资料由河北省统计局工业统计处整理提供。

四、资料整理：张记磊 戴利伟 张瀚涛

Brief Introduction

Ⅰ. The data in this chapter reflects the basic situation of industrial enterprises above the scale in Hebei.

Ⅱ.The statistical scope of industrial enterprises above designated size. From 1998 to 2007, it was a state-owned non-state-owned industrial enterprise with annual main business income of 5 million yuan or more. Industrial enterprises with annual main business income of 5 million yuan or above from 2008 to 2010; since 2011, it has been an industrial enterprise with annual main business income of 20 million yuan or more.

In this paper, the industrial industry classification is divided according to the *National Economic Industry Classification* (GB/T 4754-2017). The scale division of enterprises shall be carried out according to the *Statistical Measures for the Division of Large, Medium, Small and Micro Enterprises (2017)*.

Ⅲ. This data is collated and provided by the Industrial Statistics Division of Hebei Province Statistics Bureau.

Ⅳ. Data collection: Zhang Jilei, Dai Liwei, Zhang Hantao.

12-1 规模以上工业企业主要指标(2023年)
Main Indicators of Industrial Enterprises above Designated Size (2023)

单位：亿元 (100 million yuan)

项　目	Item	企业单位数(个) Number of Enterprises (unit)	资产总计 Total Assets	营业收入 Business Revenue	利润总额 Total Profits
总　计	**Total**	**18114**	**65216.6**	**52787.2**	**1280.3**
按工业门类分	**Grouped by Industries**				
采矿业	Mining	517	4841.9	2219.3	185.4
制造业	Manufacturing	16383	50087.1	44908.9	892.7
电力、热力、燃气及水生产和供应业	Production and Supply of Electricity, Heating, Gas and Water	1214	10287.6	5659.0	202.2
按企业规模分	**Grouped by Size of Enterprises**				
大型企业	Large Enterprises	272	30509.9	25576.7	585.4
中型企业	Medium-sized Enterprises	1059	12044.0	10048.7	280.3
小型企业	Small Enterprises	16783	22662.7	17161.7	414.7
按登记注册统计类别分	**By Registered Statistical Categories**				
内资企业	**Domestic Invested Enterprises**	**17486**	**56344.0**	**45715.2**	**1030.2**
有限责任公司	Limited Liability Corporations	16368	48843.3	40555.1	769.8
股份有限公司	Share-holding Corporations Ltd.	589	6375.8	4325.2	237.1
非公司企业法人	Non Corporate Legal Entity	101	881.8	476.9	19.4
个人独资企业	Sole Proprietorship Enterprises	340	208.8	236.2	3.9
合伙企业	Partnership Enterprises	87	34.2	121.5	0.1
其他内资企业	Other Domestic Invested Enterprises				
港澳台投资企业	**Enterprises with Investment from Hong Kong, Macao and Taiwan**	**210**	**4794.9**	**3199.9**	**99.6**
港澳台投资有限责任公司	Limited Liability Corporations with Investment from Hong Kong, Macao and Taiwan	200	3137.3	2243.5	143.4
港澳台投资股份有限公司	Share-holding Corporations Ltd. with Investment from Hong Kong, Macao and Taiwan	9	1620.4	912.7	-40.7
港澳台投资合伙企业	Partnership Enterprises with Investment from Hong Kong, Macao and Taiwan				
其他港澳台投资企业	Other Enterprises with Investment from Hong Kong, Macao and Taiwan				
外商投资企业	**Foreign Invested Enterprises**	**382**	**4072.2**	**3859.8**	**150.3**
外商投资有限责任公司	Foreign Invested Limited Liability Corporations	364	2784.6	2774.9	116.8
外商投资股份有限公司	Foreign Invested Share-holding Corporations Ltd.	9	781.7	776.3	28.5
外商投资合伙企业	Foreign Invested Partnership Enterprises	4	287.3	198.5	23.2
其他外商投资企业	Other Foreign Invested Enterprises	5	218.5	110.2	-18.2
其他统计类别	**Other Statistical Categories**	**36**	**5.5**	**12.3**	**0.1**

注：1.全国规模以上工业企业统计范围1998年至2006年为全部国有及年主营业务收入在500万元及以上非国有工业企业；2007年至2010年为年主营业务收入在500万元及以上的工业企业；2011年及以后年份为年主营业务收入在2000万元及以上的工业企业(以下相关表同)。

2.2017年以来规模以上工业企业数据与上年数据之间存在不可比因素，原因详见“简要说明四”(以下相关表同)。

3.本表登记注册统计类别按《关于市场主体统计分类的划分规定》(国统字〔2023〕14号)执行。

4.“其他统计类别”分组包括农民专业合作社(联合社)、个体工商户和其他市场主体。

a) Industrial enterprises above designated size covered all state-owned enterprises, and non-state owned enterprises with annual revenue from principal business of over 5 million yuan from 1998 to 2006.The coverage was adjusted to include all industrial enterprise with annual revenue from principal business of over 5 million yuan from 2007 to 2010, and further adjusted to include industrial enterprise with annual revenue from principal business of over 20 million yuan since 2011. The same applies to the relevant following tables.

b) Data of 2017 and of following years are not comparable with the preceeding year. See "Brief Introduction IV" for explanation. The same applies to the relevant following tables.

c) The registered statistical categories of this table is implemented in accordance with the Regulations on the Classification of Market Entity Statistics (Guotongzi [2023] No. 14).

d) The other statistical categories include professional farmers cooperatives, individual businesses and other market entities.

12-2 按行业分规模以上工业企业主要指标(2023年)

单位：亿元

行　业	Sector	企业单位数(个) Number of Enterprises (unit)	资产总计 Total Assets
总　计	**Total**	**18114**	**65216.62**
煤炭开采和洗选业	Mining and Washing of Coal	94	2306.92
石油和天然气开采业	Extraction of Petroleum and Natural Gas	2	438.48
黑色金属矿采选业	Mining and Processing of Ferrous Metal Ores	340	1898.89
有色金属矿采选业	Mining and Processing of Non-ferrous Metal Ores	14	75.13
非金属矿采选业	Mining and Processing of Non-metal Ores	66	122.14
开采专业及辅助性活动	Professional and Support Activities for Mining		
其他采矿业	Mining of Other Ores		
农副食品加工业	Processing of Food from Agricultural Products	866	1867.62
食品制造业	Manufacture of Foods	352	1021.15
酒、饮料和精制茶制造业	Manufacture of Liquor, Beverages and Refined Tea	105	640.79
烟草制品业	Manufacture of Tobacco	3	147.50
纺织业	Manufacture of Textile	755	544.73
纺织服装、服饰业	Manufacture of Textile, Wearing Apparel and Accessories	156	114.61
皮革、毛皮、羽毛及其制品和制鞋业	Manufacture of Leather, Fur, Feather and Related Products and Footwear	298	140.91
木材加工和木、竹、藤、棕、草制品业	Processing of Timber, Manufacture of Wood, Bamboo, Rattan, Palm and Straw Products	220	160.59
家具制造业	Manufacture of Furniture	236	193.82
造纸和纸制品业	Manufacture of Paper and Paper Products	297	322.20
印刷和记录媒介复制业	Printing and Reproduction of Recording Media	182	178.56
文教、工美、体育和娱乐用品制造业	Manufacture of Articles for Culture, Education, Arts and Crafts, Sport and Entertainment Activities	242	114.16
石油、煤炭及其他燃料加工业	Processing of Petroleum, Coal and Other Fuels	151	1807.17
化学原料和化学制品制造业	Manufacture of Raw Chemical Materials and Chemical Products	1096	3280.41
医药制造业	Manufacture of Medicines	400	2075.79
化学纤维制造业	Manufacture of Chemical Fibres	45	168.34
橡胶和塑料制品业	Manufacture of Rubber and Plastics Products	1065	1163.35
非金属矿物制品业	Manufacture of Non-metallic Mineral Products	2228	2999.28
黑色金属冶炼和压延加工业	Smelting and Pressing of Ferrous Metals	470	15116.18
有色金属冶炼和压延加工业	Smelting and Pressing of Non-ferrous Metals	265	671.20
金属制品业	Manufacture of Metal Products	2161	2758.36
通用设备制造业	Manufacture of General Purpose Machinery	1161	2007.16
专用设备制造业	Manufacture of Special Purpose Machinery	1002	2858.89
汽车制造业	Manufacture of Automobiles	611	3941.20
铁路、船舶、航空航天和其他运输设备制造业	Manufacture of Railway, Ship, Aerospace and Other Transport Equipments	178	846.51
电气机械和器材制造业	Manufacture of Electrical Machinery and Apparatus	1160	2549.53
计算机、通信和其他电子设备制造业	Manufacture of Computers, Communication and Other Electronic Equipment	266	1577.07
仪器仪表制造业	Manufacture of Measuring Instruments and Machinery	155	337.45
其他制造业	Other Manufacture	32	22.57
废弃资源综合利用业	Utilization of Waste Resources	184	365.93
金属制品、机械和设备修理业	Repair Service of Metal Products, Machinery and Equipment	41	94.07
电力、热力生产和供应业	Production and Supply of Electric Power and Heat Power	717	8048.88
燃气生产和供应业	Production and Supply of Gas	361	1526.09
水的生产和供应业	Production and Supply of Water	136	712.66

Main Indicators of Industrial Enterprises above Designated Size by Industrial Sector (2023)

(100 million yuan)

流动资产合计 Current Assets	应收账款 Accounts Receivable	存货 Inventories	#产成品 Finished Goods	负债合计 Total Liabilities
32231.58	**8473.02**	**5641.75**	**2012.76**	**41383.13**
1081.01	112.67	17.90	12.63	1552.72
12.04	0.79	5.98	2.42	315.95
904.42	189.61	85.02	45.92	1337.17
28.17	2.18	5.34	3.07	44.83
56.01	14.37	10.55	7.71	80.33
1331.61	211.41	321.18	129.27	1379.44
543.15	103.54	115.36	51.82	594.44
325.05	17.61	82.32	22.95	277.33
106.02	9.64	93.11	5.66	80.97
311.42	95.28	102.32	55.28	334.72
80.64	20.17	23.03	8.47	66.49
94.83	27.36	31.57	11.54	81.28
102.06	29.27	28.71	14.14	107.86
119.65	32.15	32.54	9.65	124.40
183.43	36.19	63.07	30.10	200.11
102.80	20.97	21.02	5.79	85.16
72.23	18.95	25.54	10.08	62.16
878.76	108.37	290.21	84.68	1277.26
1601.60	358.06	337.98	134.49	1811.15
1191.61	310.04	206.60	96.10	915.50
51.19	5.64	16.73	8.79	106.18
718.38	276.80	117.88	49.96	488.87
1774.30	731.51	298.72	113.49	1958.12
6632.49	924.55	1230.41	341.24	9971.93
308.90	81.29	78.17	31.89	340.51
1916.15	654.85	357.53	150.57	1755.29
1086.87	376.47	214.27	60.37	1313.84
1840.28	395.51	399.05	104.35	1920.63
2506.04	952.14	297.14	163.99	2645.06
569.46	224.06	149.64	47.66	503.20
1579.38	713.85	268.03	121.61	1387.62
986.91	386.42	109.39	30.46	718.55
247.69	98.36	48.83	16.98	160.62
15.47	4.55	4.37	1.17	15.03
206.40	51.34	35.39	15.80	277.76
70.27	22.29	19.43	1.65	57.85
1759.97	655.55	58.78	1.01	5437.77
645.20	138.85	28.82	9.33	1121.76
189.42	60.33	9.78	0.66	473.17

12−2 续表

单位：亿元

行　　业	Sector	营业收入 Business Revenue	营业成本 Business Cost
总　　计	**Total**	**52787.15**	**46692.77**
煤炭开采和洗选业	Mining and Washing of Coal	708.80	537.43
石油和天然气开采业	Extraction of Petroleum and Natural Gas	204.43	119.26
黑色金属矿采选业	Mining and Processing of Ferrous Metal Ores	1187.22	917.40
有色金属矿采选业	Mining and Processing of Non-ferrous Metal Ores	63.88	35.93
非金属矿采选业	Mining and Processing of Non-metal Ores	54.57	38.05
开采专业及辅助性活动	Professional and Support Activities for Mining		
其他采矿业	Mining of Other Ores		
农副食品加工业	Processing of Food from Agricultural Products	2537.92	2417.04
食品制造业	Manufacture of Foods	1027.48	836.89
酒、饮料和精制茶制造业	Manufacture of Liquor, Beverages and Refined Tea	340.31	239.63
烟草制品业	Manufacture of Tobacco	315.17	97.05
纺织业	Manufacture of Textile	494.60	456.28
纺织服装、服饰业	Manufacture of Textile, Wearing Apparel and Accessories	98.37	83.54
皮革、毛皮、羽毛及其制品和制鞋业	Manufacture of Leather, Fur, Feather and Related Products and Footwear	108.49	97.76
木材加工和木、竹、藤、棕、草制品业	Processing of Timber, Manufacture of Wood, Bamboo, Rattan, Palm and Straw Products	200.29	183.61
家具制造业	Manufacture of Furniture	177.12	151.67
造纸和纸制品业	Manufacture of Paper and Paper Products	391.74	361.15
印刷和记录媒介复制业	Printing and Reproduction of Recording Media	132.42	110.41
文教、工美、体育和娱乐用品制造业	Manufacture of Articles for Culture, Education, Arts and Crafts, Sport and Entertainment Activities	97.15	82.03
石油、煤炭及其他燃料加工业	Processing of Petroleum, Coal and Other Fuels	3195.82	2745.80
化学原料和化学制品制造业	Manufacture of Raw Chemical Materials and Chemical Products	2637.82	2277.08
医药制造业	Manufacture of Medicines	1225.76	748.09
化学纤维制造业	Manufacture of Chemical Fibres	166.08	158.00
橡胶和塑料制品业	Manufacture of Rubber and Plastics Products	802.99	678.37
非金属矿物制品业	Manufacture of Non-metallic Mineral Products	2012.53	1758.13
黑色金属冶炼和压延加工业	Smelting and Pressing of Ferrous Metals	15605.87	14620.71
有色金属冶炼和压延加工业	Smelting and Pressing of Non-ferrous Metals	782.21	728.77
金属制品业	Manufacture of Metal Products	2746.06	2448.11
通用设备制造业	Manufacture of General Purpose Machinery	1275.21	1114.01
专用设备制造业	Manufacture of Special Purpose Machinery	1153.18	927.30
汽车制造业	Manufacture of Automobiles	3105.49	2792.67
铁路、船舶、航空航天和其他运输设备制造业	Manufacture of Railway, Ship, Aerospace and Other Transport Equipments	390.96	321.64
电气机械和器材制造业	Manufacture of Electrical Machinery and Apparatus	2381.92	2132.38
计算机、通信和其他电子设备制造业	Manufacture of Computers, Communication and Other Electronic Equipment	760.34	656.84
仪器仪表制造业	Manufacture of Measuring Instruments and Machinery	214.66	156.82
其他制造业	Other Manufacture	20.77	17.09
废弃资源综合利用业	Utilization of Waste Resources	449.80	420.92
金属制品、机械和设备修理业	Repair Service of Metal Products, Machinery and Equipment	60.34	50.25
电力、热力生产和供应业	Production and Supply of Electric Power and Heat Power	4091.68	3748.37
燃气生产和供应业	Production and Supply of Gas	1413.94	1315.05
水的生产和供应业	Production and Supply of Water	153.34	110.94

continued

(100 million yuan)

销售费用 Selling Expenses	管理费用 Management Expenses	财务费用 Financial Expenses	利润总额 Total Profits	平均用工人数（人） Annual Average Employees (person)
919.77	**1369.13**	**526.86**	**1280.27**	**2591663**
11.99	32.90	29.70	90.21	99733
0.33	27.55	5.19	-23.00	18822
13.80	65.56	32.66	103.40	56204
0.52	8.33	0.67	11.51	3497
2.64	8.44	1.14	3.24	10349
33.31	32.84	9.18	18.99	90464
93.60	31.63	7.18	58.24	73624
30.57	14.00	-0.23	44.87	24638
1.94	15.76	-0.04	10.50	5054
8.14	13.37	5.13	7.41	63861
2.82	6.52	0.54	3.39	24575
1.26	3.49	0.86	3.67	18937
2.63	4.10	1.75	1.73	27199
5.85	8.50	1.42	4.86	26670
6.69	11.29	2.90	3.44	28340
2.80	9.59	1.04	6.01	19113
3.88	4.99	0.84	2.87	18522
12.32	39.33	19.47	-4.79	40990
51.27	97.01	27.46	117.09	136469
187.83	50.26	5.36	169.22	109395
1.26	6.69	2.63	-5.43	10242
26.14	36.42	7.47	37.19	96544
66.64	93.75	28.29	2.75	179614
69.05	205.63	119.99	39.99	355876
3.62	12.26	6.07	13.05	23483
41.85	65.19	18.85	74.26	184915
32.03	52.79	11.17	32.12	109674
42.11	66.43	14.24	59.49	115987
64.67	88.30	1.72	60.02	165172
10.04	20.55	2.18	19.54	38634
38.63	52.95	11.61	71.46	107407
9.35	38.87	0.48	14.97	67892
11.89	12.07	1.33	20.64	21962
0.76	1.41	0.08	0.56	5045
3.81	8.01	4.06	1.38	13144
0.16	5.52	-0.04	3.22	13288
2.32	73.37	124.38	134.49	135330
17.15	27.37	11.99	54.66	28083
4.15	15.98	8.11	13.06	22688

12-3 规模以上工业企业主要指标
Main Indicators of Industrial Enterprises above Designated Size

单位：亿元 (100 million yuan)

年份 市	Year City	企业单位数(个) Number of Enterprises (unit)	资产总计 Total Assets	流动资产合计 Current Assets	应收账款 Accounts Receivable	存货 Inventories	#产成品 Finished Goods	负债合计 Total Liabilities
	1998	7597	4560.95	1809.98				
	2000	7261	5199.74	2000.19	518.32	626.29	294.38	3209.78
	2005	9935	9473.65	4032.20	693.08	1250.41	500.40	5792.00
	2006	10634	11250.95	4763.83	775.13	1400.40	560.09	6869.24
	2007	10870	13721.58	5959.50	983.58	1759.72	633.49	8122.97
	2008	12447	17261.75	7228.64	1210.55	2208.49	868.99	10525.99
	2009	13096	20662.67	8319.12	1385.38	2323.52	834.14	12590.85
	2010	13927	24943.75	10422.94	1732.28	2917.43	956.86	15136.72
	2011	11570	29687.55	12692.76	2083.82	3382.55	1136.15	17865.03
	2012	12360	33567.18	13723.31	2452.63	3524.07	1230.98	19939.47
	2013	13957	37407.61	15260.70	2844.88	3833.70	1366.35	21904.86
	2014	14792	42555.67	16379.21	3166.26	4050.00	1491.21	24172.80
	2015	15295	42717.82	16589.33	3358.99	3830.49	1433.44	23988.85
	2016	14764	44562.88	17327.05	3529.43	3997.11	1450.62	24449.56
	2017	14790	45213.57	18959.29	3745.78	4179.34	1515.01	26107.85
	2018	13697	43957.87	20039.02	4250.47	4376.88	1592.10	26711.55
	2019	13181	47267.72	21845.75	5399.78	4358.84	1606.52	28638.06
	2020	14239	51303.14	23980.22	5302.16	4601.74	1671.68	31201.55
	2021	16127	58769.06	29699.86	6759.66	5395.02	1973.09	36340.35
	2022	18077	61482.51	30502.97	7225.25	5578.28	2124.90	38837.74
	2023	18114	65216.62	32231.58	8473.02	5641.75	2012.76	41383.13
石家庄市	Shijiazhuang	2786	9901.39	5674.66	1555.86	937.15	303.92	6147.96
石家庄市①	Shijiazhuang①	2505	9465.89	5395.78	1503.31	876.79	278.38	5959.83
唐山市	Tangshan	2234	15166.06	6018.21	1157.29	1157.66	431.03	9677.81
秦皇岛市	Qinhuangdao	534	2924.78	1772.54	469.29	394.84	141.40	1531.64
邯郸市	Handan	1873	8644.33	4390.22	913.32	691.73	239.71	5869.58
邢台市	Xingtai	1800	4458.42	2102.40	612.05	402.94	154.12	2666.02
保定市	Baoding	2279	6825.85	3765.32	1144.57	536.95	236.68	4328.07
保定市①	Baoding①	1863	6089.90	3395.57	1027.06	484.47	219.91	3882.31
张家口市	Zhangjiakou	543	3953.54	1360.84	454.61	190.19	50.60	2686.22
承德市	Chengde	479	2834.57	1211.68	337.26	163.58	55.03	2016.35
沧州市	Cangzhou	2708	5196.23	2710.64	870.11	581.29	203.75	3286.60
廊坊市	Langfang	1612	3336.21	2118.61	526.67	377.10	126.06	2090.35
衡水市	Hengshui	1266	1975.24	1106.44	432.00	208.32	70.46	1082.52
定州市	Dingzhou	225	398.61	200.39	48.19	28.36	9.70	253.29
辛集市	Xinji	281	435.51	278.88	52.55	60.36	25.54	188.13

注：1.2017年及以前为主营业务收入和主营业务成本，2018年起为营业收入和营业成本，以下相关表均同。2.本表数据中石家庄市含辛集市，石家庄市①不含辛集市；保定市含定州市和雄安新区，保定市①不含定州市和雄安新区。以下相关表同。

a) The indicators were Revenue from Principal Business and Cost of Principal Business in 2017 and before, and are Business Revenue and Business Cost since 2018. The same applies to the tables following.

b) Data in this table, Shijiazhuang includes Xinji, Shijiazhuang① excludes Xinji; Baoding includes Dingzhou and Xiongan, Baoding① excludes Dingzhou and Xiongan. The same applies to the table following.

12-3 续表 continued

单位：亿元 (100 million yuan)

年 份 市	Year City	营业收入 Business Revenue	营业成本 Business Cost	销售费用 Selling Expenses	管理费用 Management Expenses	财务费用 Financial Expenses	利润总额 Total Profits	平均用工人数（万人） Annual Average Employees (10000 persons)
	1998	2706.81	2254.87				97.87	
	2000	3425.08	2812.34	108.14	205.33	91.98	184.94	269.75
	2005	10745.82	9133.88	233.10	403.71	128.54	690.38	292.12
	2006	13124.58	11158.19	276.01	475.21	158.13	884.74	303.35
	2007	17109.89	14515.55	340.29	532.32	198.07	1269.98	303.21
	2008	22474.08	19490.50	402.98	687.54	276.83	1369.84	316.85
	2009	24119.47	20792.12	418.75	708.00	269.10	1440.28	319.94
	2010	31628.93	27049.79	500.18	932.51	341.92	2141.47	344.67
	2011	41235.52	35517.99	588.19	1123.79	471.52	2639.01	356.03
	2012	44887.68	38890.63	660.18	1208.01	562.74	2559.47	371.45
	2013	47749.54	41450.18	747.20	1301.74	587.82	2734.45	368.29
	2014	48738.95	42382.65	812.20	1384.93	646.38	2610.90	370.65
	2015	47076.35	41148.74	823.61	1333.33	585.37	2360.99	360.83
	2016	48615.80	42277.58	874.75	1346.48	535.17	2815.11	346.67
	2017	43516.80	37313.68	903.82	1401.23	573.37	2712.87	334.81
	2018	39167.84	33409.75	873.25	1355.50	576.00	2163.96	275.28
	2019	41095.06	35216.65	923.50	1125.00	559.98	2140.10	276.65
	2020	43213.24	37201.03	943.38	1165.57	570.19	2177.78	272.19
	2021	53934.02	47040.84	1001.89	1381.15	547.33	2454.86	274.67
	2022	50877.38	44739.47	910.57	1283.01	511.10	1210.36	260.31
	2023	52787.15	46692.77	919.77	1369.13	526.86	1280.27	259.17
石家庄市	Shijiazhuang	6753.35	5576.63	290.96	200.88	47.17	332.76	38.02
石家庄市①	Shijiazhuang①	6235.24	5108.71	283.04	188.54	47.19	313.12	35.21
唐 山 市	Tangshan	14296.75	12974.41	107.90	307.07	122.80	144.00	52.21
秦皇岛市	Qinhuangdao	2675.77	2375.68	58.18	71.57	8.18	106.94	13.19
邯 郸 市	Handan	6460.65	5926.79	58.02	134.58	82.38	66.61	30.68
邢 台 市	Xingtai	3470.20	3143.86	58.22	88.47	45.74	101.68	21.31
保 定 市	Baoding	4810.36	4271.92	107.86	141.79	34.41	120.28	30.64
保 定 市①	Baoding①	4167.61	3688.61	100.95	129.12	26.39	98.19	27.20
张家口市	Zhangjiakou	1703.75	1400.87	27.43	56.44	46.87	91.41	7.79
承 德 市	Chengde	1794.21	1477.76	25.13	74.46	61.12	94.44	8.39
沧 州 市	Cangzhou	5908.84	5137.61	69.15	148.76	46.78	103.46	25.16
廊 坊 市	Langfang	3336.33	3038.01	61.84	91.95	14.31	55.05	18.73
衡 水 市	Hengshui	1576.94	1369.24	55.09	53.16	17.09	63.64	13.05
定 州 市	Dingzhou	444.59	402.37	4.98	7.77	5.80	16.25	1.98
辛 集 市	Xinji	518.11	467.93	7.92	12.34	-0.02	19.64	2.81

12-4 按行业分国有控股工业企业主要指标(2023年)

单位：亿元

行　业	Sector	企业单位数(个) Number of Enterprises (unit)	资产总计 Total Assets
总　计	**Total**	**1181**	**23837.57**
煤炭开采和洗选业	Mining and Washing of Coal	16	2237.14
石油和天然气开采业	Extraction of Petroleum and Natural Gas	2	438.48
黑色金属矿采选业	Mining and Processing of Ferrous Metal Ores	13	724.69
有色金属矿采选业	Mining and Processing of Non-ferrous Metal Ores	3	16.52
非金属矿采选业	Mining and Processing of Non-metal Ores	9	42.65
开采专业及辅助性活动	Professional and Support Activities for Mining		
其他采矿业	Mining of Other Ores		
农副食品加工业	Processing of Food from Agricultural Products	15	52.65
食品制造业	Manufacture of Foods	10	28.63
酒、饮料和精制茶制造业	Manufacture of Liquor, Beverages and Refined Tea	13	116.70
烟草制品业	Manufacture of Tobacco	3	147.50
纺织业	Manufacture of Textile	7	113.67
纺织服装、服饰业	Manufacture of Textile, Wearing Apparel and Accessories	12	43.43
皮革、毛皮、羽毛及其制品和制鞋业	Manufacture of Leather, Fur, Feather and Related Products and Footwear		
木材加工和木、竹、藤、棕、草制品业	Processing of Timber, Manufacture of Wood, Bamboo, Rattan, Palm and Straw Products	3	11.83
家具制造业	Manufacture of Furniture	2	8.43
造纸和纸制品业	Manufacture of Paper and Paper Products	5	39.21
印刷和记录媒介复制业	Printing and Reproduction of Recording Media	16	52.61
文教、工美、体育和娱乐用品制造业	Manufacture of Articles for Culture, Education, Arts and Crafts, Sport and Entertainment Activities	2	4.36
石油、煤炭及其他燃料加工业	Processing of Petroleum, Coal and Other Fuels	17	831.05
化学原料和化学制品制造业	Manufacture of Raw Chemical Materials and Chemical Products	53	745.75
医药制造业	Manufacture of Medicines	24	326.99
化学纤维制造业	Manufacture of Chemical Fibres	4	123.04
橡胶和塑料制品业	Manufacture of Rubber and Plastics Products	12	222.09
非金属矿物制品业	Manufacture of Non-metallic Mineral Products	90	550.02
黑色金属冶炼和压延加工业	Smelting and Pressing of Ferrous Metals	23	4942.82
有色金属冶炼和压延加工业	Smelting and Pressing of Non-ferrous Metals	12	346.68
金属制品业	Manufacture of Metal Products	31	585.69
通用设备制造业	Manufacture of General Purpose Machinery	36	1025.10
专用设备制造业	Manufacture of Special Purpose Machinery	53	355.57
汽车制造业	Manufacture of Automobiles	25	711.46
铁路、船舶、航空航天和其他运输设备制造业	Manufacture of Railway, Ship, Aerospace and Other Transport Equipments	12	631.89
电气机械和器材制造业	Manufacture of Electrical Machinery and Apparatus	25	417.08
计算机、通信和其他电子设备制造业	Manufacture of Computers, Communication and Other Electronic Equipment	20	672.03
仪器仪表制造业	Manufacture of Measuring Instruments and Machinery	5	11.56
其他制造业	Other Manufacture	2	10.01
废弃资源综合利用业	Utilization of Waste Resources	10	18.42
金属制品、机械和设备修理业	Repair Service of Metal Products, Machinery and Equipment	10	71.24
电力、热力生产和供应业	Production and Supply of Electric Power and Heat Power	417	6008.28
燃气生产和供应业	Production and Supply of Gas	78	578.58
水的生产和供应业	Production and Supply of Water	89	561.64

Main Indicators of State-holding Industrial Enterprises by Industrial Sector (2023)

(100 million yuan)

流动资产合计 Current Assets	应收账款 Accounts Receivable	存货 Inventories	#产成品 Finished Goods	负债合计 Total Liabilities
8602.28	**2210.89**	**1439.92**	**415.02**	**15225.56**
1034.88	99.83	12.41	10.47	1489.78
12.04	0.79	5.98	2.42	315.95
321.27	66.66	9.25	7.38	458.26
5.75	0.13	1.61	0.33	13.10
19.48	4.48	3.65	3.20	24.30
30.85	3.46	9.15	6.98	39.85
12.23	3.61	5.02	3.27	14.42
62.78	4.37	32.05	4.96	44.86
106.02	9.64	93.11	5.66	80.97
49.00	6.44	11.83	9.39	59.92
35.08	5.79	6.22	2.28	21.15
2.92	0.65	0.71	0.52	8.19
7	2.65	0.78	0.4	4.4
32.36	0.7	5.27	2.34	5.27
32.70	1.76	5.40	1.44	11.13
2.08	0.89	0.92	0.06	2.01
343.21	70.99	147.51	32.64	583.79
263.04	47.32	45.81	12.57	450.16
173.78	38.94	32.35	16.78	187.98
29.25	0.87	10.70	6.02	71.42
118.78	9.67	9.47	4.22	80.29
248.12	104.19	35.59	15.71	336.61
1387.47	186.86	349.61	75.45	3205.70
123.35	24.87	26.92	9.11	158.14
280.76	52.56	49.19	23.01	285.34
404.81	118.80	77.97	12.43	719.54
252.51	63.01	84.96	26.74	216.23
471.35	271.11	74.69	51.57	513.44
425.24	151.56	122.49	34.13	390.50
247.00	91.53	44.20	21.29	251.91
491.99	200.39	39.36	3.30	302.16
10.74	7.27	1.13	0.82	7.92
6.08	1.62	1.02	0.11	8.48
9.38	2.52	1.81	0.27	13.80
50.33	10.85	16.64	1.16	42.75
1165.33	464.25	44.93	0.49	4043.60
184.31	36.26	9.75	4.90	383.26
140.74	39.13	8.92	0.29	374.83

12-4 续表

单位：亿元

行　业	Sector	营业收入 Business Revenue	营业成本 Business Cost
总　计	**Total**	**15545.59**	**13622.88**
煤炭开采和洗选业	Mining and Washing of Coal	577.72	413.91
石油和天然气开采业	Extraction of Petroleum and Natural Gas	204.43	119.26
黑色金属矿采选业	Mining and Processing of Ferrous Metal Ores	258.49	180.74
有色金属矿采选业	Mining and Processing of Non-ferrous Metal Ores	8.23	4.54
非金属矿采选业	Mining and Processing of Non-metal Ores	17.62	12.64
开采专业及辅助性活动	Professional and Support Activities for Mining		
其他采矿业	Mining of Other Ores		
农副食品加工业	Processing of Food from Agricultural Products	152.78	145.70
食品制造业	Manufacture of Foods	25.17	22.54
酒、饮料和精制茶制造业	Manufacture of Liquor, Beverages and Refined Tea	53.41	29.60
烟草制品业	Manufacture of Tobacco	315.17	97.05
纺织业	Manufacture of Textile	20.18	20.06
纺织服装、服饰业	Manufacture of Textile, Wearing Apparel and Accessories	26.30	20.79
皮革、毛皮、羽毛及其制品和制鞋业	Manufacture of Leather, Fur, Feather and Related Products and Footwear		
木材加工和木、竹、藤、棕、草制品业	Processing of Timber, Manufacture of Wood, Bamboo, Rattan, Palm and Straw Products	6.78	6.07
家具制造业	Manufacture of Furniture	7.45	6.69
造纸和纸制品业	Manufacture of Paper and Paper Products	28.45	22.78
印刷和记录媒介复制业	Printing and Reproduction of Recording Media	29.35	21.43
文教、工美、体育和娱乐用品制造业	Manufacture of Articles for Culture, Education, Arts and Crafts, Sport and Entertainment Activities	0.97	0.86
石油、煤炭及其他燃料加工业	Processing of Petroleum, Coal and Other Fuels	1900.56	1591.02
化学原料和化学制品制造业	Manufacture of Raw Chemical Materials and Chemical Products	446.32	388.85
医药制造业	Manufacture of Medicines	150.74	109.78
化学纤维制造业	Manufacture of Chemical Fibres	121.47	115.77
橡胶和塑料制品业	Manufacture of Rubber and Plastics Products	55.62	39.48
非金属矿物制品业	Manufacture of Non-metallic Mineral Products	264.73	236.84
黑色金属冶炼和压延加工业	Smelting and Pressing of Ferrous Metals	3471.10	3265.81
有色金属冶炼和压延加工业	Smelting and Pressing of Non-ferrous Metals	247.57	225.86
金属制品业	Manufacture of Metal Products	317.89	297.08
通用设备制造业	Manufacture of General Purpose Machinery	501.73	467.48
专用设备制造业	Manufacture of Special Purpose Machinery	168.91	139.79
汽车制造业	Manufacture of Automobiles	701.95	620.62
铁路、船舶、航空航天和其他运输设备制造业	Manufacture of Railway, Ship, Aerospace and Other Transport Equipments	258.56	215.07
电气机械和器材制造业	Manufacture of Electrical Machinery and Apparatus	283.02	258.08
计算机、通信和其他电子设备制造业	Manufacture of Computers, Communication and Other Electronic Equipment	350.15	286.67
仪器仪表制造业	Manufacture of Measuring Instruments and Machinery	4.19	3.36
其他制造业	Other Manufacture	5.57	4.44
废弃资源综合利用业	Utilization of Waste Resources	16.49	15.59
金属制品、机械和设备修理业	Repair Service of Metal Products, Machinery and Equipment	34.77	28.20
电力、热力生产和供应业	Production and Supply of Electric Power and Heat Power	3638.11	3394.15
燃气生产和供应业	Production and Supply of Gas	750.93	702.61
水的生产和供应业	Production and Supply of Water	114.14	84.56

continued

(100 million yuan)

销售费用 Selling Expenses	管理费用 Management Expenses	财务费用 Financial Expenses	利润总额 Total Profits	平均用工人数（人） Annual Average Employees (person)
135.00	**420.54**	**246.99**	**393.77**	**607527**
6.17	31.04	28.36	92.00	96912
0.33	27.55	5.19	-23.00	18822
2.30	18.04	7.43	48.18	12770
0.01	0.92	0.43	1.67	950
0.34	4.28	0.28	0.90	4931
1.88	1.56	0.36	0.41	5079
1.23	1.06	0.24	-0.11	2724
9.31	3.62	-0.23	4.64	6634
1.94	15.76	-0.04	10.50	5054
0.10	1.36	1.57	-0.20	2641
0.82	2.64	0.03	1.54	4211
0.24	0.59	0.22	-0.46	443
0.17	0.24	0.02	0.21	673
0.01	3.05	-0.54	2.42	2462
0.27	3.94	-0.42	4.06	4436
0.01	0.08		0.06	374
2.88	19.45	6.94	-1.79	16507
7.72	23.80	7.90	7.44	26700
17.85	5.62	4.01	13.64	13005
0.88	4.67	1.83	-3.33	6199
2.49	6.13	0.75	8.86	5681
3.65	19.20	4.42	-2.11	19687
8.48	42.22	65.92	18.81	65426
0.57	4.95	2.56	3.76	7590
2.84	6.84	3.65	13.72	15272
7.48	15.40	4.25	-1.02	21544
5.94	11.38	1.23	5.84	19854
22.25	18.01	-1.47	17.93	12674
6.04	12.47	0.96	11.47	21280
7.74	8.00	2.87	-2.41	14488
1.54	19.65	-0.50	35.82	17351
0.16	0.32	0.10	-0.21	1333
0.01	0.48	0.05	0.05	1747
0.18	0.48	0.20	-0.13	916
0.04	3.80	-0.11	2.28	6018
1.76	57.60	89.22	82.22	116986
5.20	11.14	4.42	33.11	7953
4.06	12.84	4.92	6.53	19263

12-5 国有控股工业企业主要指标
Main Indicators of State-holding Industrial Enterprises

单位：亿元 (100 million yuan)

年份 市	Year City	企业单位数(个) Number of Enterprises (unit)	资产总计 Total Assets	流动资产合计 Current Assets	应收账款 Accounts Receivable	存货 Inventories	#产成品 Finished Goods	负债合计 Total Liabilities
	2005	1232	5054.86	1858.99	310.53	535.36	174.32	3235.52
	2006	1120	5472.76	1939.31	287.61	518.34	165.90	3493.95
	2007	832	6675.00	2435.62	364.47	664.85	174.85	4073.02
	2008	810	8235.07	2797.17	372.54	826.03	244.32	5302.47
	2009	794	10210.87	3252.46	438.33	947.27	254.87	6639.33
	2010	765	12144.25	3879.76	580.50	1161.04	293.76	7905.58
	2011	690	13506.43	4670.22	653.91	1347.45	359.84	8814.49
	2012	709	14638.22	4831.72	740.31	1364.58	366.19	9456.19
	2013	753	15489.38	5052.39	817.18	1467.13	407.11	10102.80
	2014	794	16507.43	5238.53	867.79	1602.57	457.17	10840.86
	2015	818	16484.92	5074.54	901.19	1418.51	417.32	10778.83
	2016	714	17303.45	5407.94	988.35	1466.31	400.54	11289.60
	2017	699	17491.84	5515.01	1006.70	1360.33	398.53	11295.98
	2018	715	17645.76	5556.56	1006.65	1370.09	403.91	11201.23
	2019	788	17923.50	5478.62	976.20	1211.11	369.71	11502.86
	2020	899	19102.12	5811.30	1130.27	1100.32	318.20	12340.05
	2021	938	19843.96	6705.20	1497.10	1219.06	325.11	12687.70
	2022	1098	21533.23	7531.32	1700.95	1260.73	343.88	14080.86
	2023	1181	23837.57	8602.28	2210.89	1439.92	415.02	15225.56
石家庄市	Shijiazhuang	188	3061.96	1388.07	418.40	286.24	75.84	1908.09
石家庄市①	Shijiazhuang①	180	3039.72	1377.98	415.62	285.19	75.22	1894.43
唐山市	Tangshan	195	7311.31	2404.29	516.78	284.17	94.23	4609.43
秦皇岛市	Qinhuangdao	60	1092.26	631.47	239.05	167.48	65.17	713.42
邯郸市	Handan	109	3535.95	1372.11	174.04	245.08	59.85	2163.16
邢台市	Xingtai	79	1213.90	446.96	96.72	38.19	12.22	702.77
保定市	Baoding	136	1762.42	681.09	223.83	108.23	41.09	1031.23
保定市①	Baoding①	119	1465.37	566.30	169.90	100.95	37.46	845.32
张家口市	Zhangjiakou	162	2441.50	639.89	205.24	102.66	14.16	1687.37
承德市	Chengde	76	1120.05	375.31	110.62	66.29	9.66	867.19
沧州市	Cangzhou	87	1543.33	421.39	152.04	93.35	30.05	1093.92
廊坊市	Langfang	56	433.57	151.18	58.55	23.57	6.94	257.13
衡水市	Hengshui	33	321.32	90.54	15.62	24.67	5.81	191.86
定州市	Dingzhou	8	103.77	38.59	15.47	6.62	3.24	68.77
辛集市	Xinji	8	22.24	10.08	2.79	1.05	0.62	13.66

12-5 续表 continued

单位：亿元 (100 million yuan)

年 份 市	Year City	营业收入 Business Revenue	营业成本 Business Cost	销售费用 Selling Expenses	管理费用 Management Expenses	财务费用 Financial Expenses	利润总额 Total Profits	平均用工人数（万人） Annual Average Employees (10000 persons)
	2005	4021.79	3388.06	71.92	236.05	68.06	224.40	108.32
	2006	4318.41	3637.93	65.27	268.58	74.01	232.43	102.36
	2007	5488.87	4643.31	78.81	262.42	93.42	366.98	94.88
	2008	6849.31	6026.68	79.83	315.22	132.96	276.82	92.89
	2009	7482.68	6515.27	86.24	335.47	130.60	262.40	92.39
	2010	9936.35	8684.35	99.29	420.02	166.67	365.54	92.68
	2011	12243.26	10705.36	114.88	500.50	223.35	480.32	92.20
	2012	12667.66	11224.00	125.14	493.51	256.82	340.83	94.26
	2013	12042.62	10618.13	136.54	489.12	262.92	307.41	88.14
	2014	11784.06	10321.07	144.53	519.64	284.29	216.38	87.47
	2015	10337.51	9011.25	144.61	468.88	261.09	158.73	82.30
	2016	9758.84	8307.58	160.95	450.27	236.43	284.12	79.17
	2017	10569.89	8857.38	164.38	471.69	228.46	518.45	74.19
	2018	10816.82	9190.53	182.72	477.99	235.17	332.05	68.35
	2019	10968.37	9398.94	170.77	373.40	246.43	307.18	64.22
	2020	10546.04	8948.16	150.06	370.36	265.70	307.04	63.42
	2021	13258.47	11534.56	120.24	396.31	248.46	355.62	59.93
	2022	14446.83	12618.60	109.08	380.13	247.57	267.06	58.71
	2023	15545.59	13622.88	135.00	420.54	246.99	393.77	60.75
石家庄市	Shijiazhuang	2200.56	1835.11	28.97	68.60	26.08	61.26	9.07
石家庄市①	Shijiazhuang①	2188.16	1824.19	28.80	67.98	25.80	61.71	8.97
唐 山 市	Tangshan	4770.59	4360.70	21.51	124.82	73.26	102.32	16.02
秦皇岛市	Qinhuangdao	895.90	787.81	23.26	24.88	3.37	36.83	2.45
邯 郸 市	Handan	2070.57	1910.47	10.32	36.98	38.36	57.78	10.79
邢 台 市	Xingtai	548.14	462.93	3.82	19.89	15.40	49.97	3.88
保 定 市	Baoding	1081.17	946.23	16.08	38.40	12.92	25.80	5.24
保 定 市①	Baoding①	836.62	724.45	13.97	33.84	11.39	16.71	4.74
张家口市	Zhangjiakou	919.51	733.37	8.37	31.03	30.96	43.40	3.50
承 德 市	Chengde	671.21	592.63	2.49	14.38	23.48	3.86	2.53
沧 州 市	Cangzhou	1765.67	1428.78	7.19	46.13	17.87	-4.81	3.86
廊 坊 市	Langfang	370.66	344.70	3.62	9.22	3.09	9.12	1.68
衡 水 市	Hengshui	251.61	220.15	9.37	6.22	2.21	8.25	1.73
定 州 市	Dingzhou	177.76	161.08	1.92	3.12	0.26	6.71	0.34
辛 集 市	Xinji	12.40	10.92	0.17	0.61	0.28	-0.45	0.10

12－6　按行业分私营工业企业主要指标(2023年)

单位：亿元

行　　业	Sector	企业单位数(个) Number of Enterprises (unit)	资产总计 Total Assets
总　　计	**Total**	**14295**	**21072.36**
煤炭开采和洗选业	Mining and Washing of Coal	71	66.06
石油和天然气开采业	Extraction of Petroleum and Natural Gas		
黑色金属矿采选业	Mining and Processing of Ferrous Metal Ores	277	817.60
有色金属矿采选业	Mining and Processing of Non-ferrous Metal Ores	5	19.15
非金属矿采选业	Mining and Processing of Non-metal Ores	41	50.78
开采专业及辅助性活动	Professional and Support Activities for Mining		
其他采矿业	Mining of Other Ores		
农副食品加工业	Processing of Food from Agricultural Products	701	1264.24
食品制造业	Manufacture of Foods	244	428.05
酒、饮料和精制茶制造业	Manufacture of Liquor, Beverages and Refined Tea	51	239.10
烟草制品业	Manufacture of Tobacco		
纺织业	Manufacture of Textile	711	344.25
纺织服装、服饰业	Manufacture of Textile, Wearing Apparel and Accessories	127	56.92
皮革、毛皮、羽毛及其制品和制鞋业	Manufacture of Leather, Fur, Feather and Related Products and Footwear	275	110.67
木材加工和木、竹、藤、棕、草制品业	Processing of Timber, Manufacture of Wood, Bamboo, Rattan, Palm and Straw Products	196	114.61
家具制造业	Manufacture of Furniture	217	151.44
造纸和纸制品业	Manufacture of Paper and Paper Products	264	215.29
印刷和记录媒介复制业	Printing and Reproduction of Recording Media	142	87.24
文教、工美、体育和娱乐用品制造业	Manufacture of Articles for Culture, Education, Arts and Crafts, Sport and Entertainment Activities	222	94.26
石油、煤炭及其他燃料加工业	Processing of Petroleum, Coal and Other Fuels	114	606.62
化学原料和化学制品制造业	Manufacture of Raw Chemical Materials and Chemical Products	828	1467.12
医药制造业	Manufacture of Medicines	258	383.04
化学纤维制造业	Manufacture of Chemical Fibres	38	34.60
橡胶和塑料制品业	Manufacture of Rubber and Plastics Products	957	653.24
非金属矿物制品业	Manufacture of Non-metallic Mineral Products	1874	1826.74
黑色金属冶炼和压延加工业	Smelting and Pressing of Ferrous Metals	378	4949.77
有色金属冶炼和压延加工业	Smelting and Pressing of Non-ferrous Metals	234	251.47
金属制品业	Manufacture of Metal Products	1934	1680.87
通用设备制造业	Manufacture of General Purpose Machinery	1002	659.01
专用设备制造业	Manufacture of Special Purpose Machinery	806	1101.05
汽车制造业	Manufacture of Automobiles	440	606.81
铁路、船舶、航空航天和其他运输设备制造业	Manufacture of Railway, Ship, Aerospace and Other Transport Equipments	142	115.94
电气机械和器材制造业	Manufacture of Electrical Machinery and Apparatus	1012	969.68
计算机、通信和其他电子设备制造业	Manufacture of Computers, Communication and Other Electronic Equipment	179	222.83
仪器仪表制造业	Manufacture of Measuring Instruments and Machinery	119	175.77
其他制造业	Other Manufacture	21	5.80
废弃资源综合利用业	Utilization of Waste Resources	132	142.22
金属制品、机械和设备修理业	Repair Service of Metal Products, Machinery and Equipment	22	8.20
电力、热力生产和供应业	Production and Supply of Electric Power and Heat Power	134	882.74
燃气生产和供应业	Production and Supply of Gas	107	235.37
水的生产和供应业	Production and Supply of Water	20	33.82

Main Indicators of Private Enterprises by Industrial Sector (2023)

(100 million yuan)

流动资产合计 Current Assets	应收账款 Accounts Receivable	存货 Inventories	#产成品 Finished Goods	负债合计 Total Liabilities
12694.98	**3765.46**	**2501.95**	**988.85**	**13291.23**
44.32	12.78	5.07	1.84	60.72
370.34	66.59	59.09	30.96	623.43
8.46	0.20	1.11	0.90	5.82
23.21	5.88	4.39	2.91	35.09
942.19	152.21	185.21	74.26	963.64
216.45	53.63	61.54	27.40	258.11
130.48	1.21	20.24	6.78	109.01
212.32	67.65	78.53	42.66	229.23
38.57	12.78	13.61	4.62	35.70
77.23	21.30	26.11	9.43	62.16
82.21	25.77	23.32	11.88	78.19
93.10	25.44	26.22	7.78	102.34
119.06	26.87	48.41	23.33	157.63
47.04	15.05	12.34	3.42	55.83
58.25	15.41	21.19	9.47	48.61
376.62	20.16	118.08	41.93	410.30
842.52	196.12	192.31	80.34	817.88
244.73	94.69	49.36	24.12	198.79
19.41	4.75	5.66	2.59	25.59
443.76	196.45	82.10	33.08	297.58
1194.38	508.61	207.51	75.61	1221.03
2376.83	391.23	461.52	187.10	2942.18
148.96	45.43	39.85	16.31	136.94
1318.52	518.96	220.80	91.97	1177.24
435.60	173.67	90.28	30.95	404.68
851.16	220.14	162.77	46.02	707.71
416.69	179.94	69.29	28.86	391.01
80.73	42.32	15.63	7.03	65.64
757.50	428.30	108.62	37.76	515.26
147.84	55.17	28.04	8.65	95.50
119.33	48.07	29.18	5.38	100.61
4.70	1.57	1.49	0.70	2.86
79.04	24.89	20.25	10.12	106.89
7.54	4.85	0.80	0.37	4.84
235.90	71.57	5.71	0.27	639.06
112.49	32.15	5.99	1.98	182.58
17.49	3.64	0.35	0.05	21.57

12-6 续表

单位：亿元

行　　业	Sector	营业收入 Business Revenue	营业成本 Business Cost
总　计	**Total**	**22186.25**	**19944.92**
煤炭开采和洗选业	Mining and Washing of Coal	125.62	118.54
石油和天然气开采业	Extraction of Petroleum and Natural Gas		
黑色金属矿采选业	Mining and Processing of Ferrous Metal Ores	649.07	528.41
有色金属矿采选业	Mining and Processing of Non-ferrous Metal Ores	22.28	9.10
非金属矿采选业	Mining and Processing of Non-metal Ores	28.24	19.47
开采专业及辅助性活动	Professional and Support Activities for Mining		
其他采矿业	Mining of Other Ores		
农副食品加工业	Processing of Food from Agricultural Products	1499.09	1431.89
食品制造业	Manufacture of Foods	399.77	348.67
酒、饮料和精制茶制造业	Manufacture of Liquor, Beverages and Refined Tea	101.89	75.02
烟草制品业	Manufacture of Tobacco		
纺织业	Manufacture of Textile	404.50	375.87
纺织服装、服饰业	Manufacture of Textile, Wearing Apparel and Accessories	63.02	55.73
皮革、毛皮、羽毛及其制品和制鞋业	Manufacture of Leather, Fur, Feather and Related Products and Footwear	86.76	78.74
木材加工和木、竹、藤、棕、草制品业	Processing of Timber, Manufacture of Wood, Bamboo, Rattan, Palm and Straw Products	168.99	156.27
家具制造业	Manufacture of Furniture	131.68	113.05
造纸和纸制品业	Manufacture of Paper and Paper Products	289.27	269.90
印刷和记录媒介复制业	Printing and Reproduction of Recording Media	78.13	68.01
文教、工美、体育和娱乐用品制造业	Manufacture of Articles for Culture, Education, Arts and Crafts, Sport and Entertainment Activities	78.99	66.87
石油、煤炭及其他燃料加工业	Processing of Petroleum, Coal and Other Fuels	910.74	801.77
化学原料和化学制品制造业	Manufacture of Raw Chemical Materials and Chemical Products	1317.30	1141.58
医药制造业	Manufacture of Medicines	338.22	279.58
化学纤维制造业	Manufacture of Chemical Fibres	38.75	36.42
橡胶和塑料制品业	Manufacture of Rubber and Plastics Products	597.17	516.44
非金属矿物制品业	Manufacture of Non-metallic Mineral Products	1406.71	1234.21
黑色金属冶炼和压延加工业	Smelting and Pressing of Ferrous Metals	6752.16	6301.21
有色金属冶炼和压延加工业	Smelting and Pressing of Non-ferrous Metals	445.82	420.77
金属制品业	Manufacture of Metal Products	1890.35	1672.22
通用设备制造业	Manufacture of General Purpose Machinery	561.46	471.33
专用设备制造业	Manufacture of Special Purpose Machinery	704.05	578.14
汽车制造业	Manufacture of Automobiles	655.47	580.49
铁路、船舶、航空航天和其他运输设备制造业	Manufacture of Railway, Ship, Aerospace and Other Transport Equipments	81.89	67.32
电气机械和器材制造业	Manufacture of Electrical Machinery and Apparatus	1235.82	1132.17
计算机、通信和其他电子设备制造业	Manufacture of Computers, Communication and Other Electronic Equipment	129.75	103.79
仪器仪表制造业	Manufacture of Measuring Instruments and Machinery	108.74	83.48
其他制造业	Other Manufacture	7.17	5.96
废弃资源综合利用业	Utilization of Waste Resources	215.94	199.03
金属制品、机械和设备修理业	Repair Service of Metal Products, Machinery and Equipment	9.13	7.55
电力、热力生产和供应业	Production and Supply of Electric Power and Heat Power	421.44	382.66
燃气生产和供应业	Production and Supply of Gas	215.27	202.47
水的生产和供应业	Production and Supply of Water	15.61	10.79

continued

(100 million yuan)

销售费用 Selling Expenses	管理费用 Management Expenses	财务费用 Financial Expenses	利润总额 Total Profits	平均用工人数(人) Annual Average Employees (person)
356.14	**544.90**	**163.48**	**412.78**	**1269371**
5.55	1.26	1.33	-1.33	2042
7.38	29.28	18.69	20.37	30838
0.12	4.90	0.01	5.06	629
1.66	2.31	0.50	2.79	3057
18.84	17.96	5.99	7.10	51808
21.12	13.13	3.74	13.87	35790
8.79	3.51	-0.54	20.67	7571
5.30	9.48	2.90	5.61	53553
1.70	3.16	0.41	1.26	15730
0.97	2.37	0.73	3.15	14088
1.19	2.59	1.10	1.72	24709
4.83	6.75	1.30	2.04	21059
4.73	6.31	2.90	0.94	21654
1.69	3.87	0.99	1.87	11840
2.73	3.93	0.78	2.71	15329
6.97	14.56	3.94	-5.68	15927
28.25	40.30	10.50	70.39	69052
14.79	13.41	2.22	15.06	32110
0.33	1.74	0.51	-1.31	3332
16.17	23.33	5.29	20.60	74937
47.79	55.07	18.82	9.13	123515
34.98	85.04	21.89	25.08	167599
1.87	5.38	2.68	7.78	13013
29.31	44.04	11.58	46.92	134448
17.09	27.00	6.29	19.78	68347
21.51	35.36	4.39	38.22	69468
11.47	20.11	5.45	18.28	57598
2.43	4.92	0.92	4.10	11765
18.77	25.96	7.15	25.08	55505
4.33	8.34	0.84	6.90	16560
6.26	6.66	1.21	5.50	12730
0.51	0.32	0.04	0.19	999
2.35	4.42	2.25	-0.16	6487
0.08	0.99	0.08	0.01	4120
0.35	9.64	14.52	15.19	14348
3.83	5.38	1.60	2.37	6220
0.07	2.13	0.48	1.54	1594

12-7 私营工业企业主要指标
Main Indicators of Private Industrial Enterprises

单位：亿元 (100 million yuan)

年 份 / 市	Year / City	企业单位数(个) Number of Enterprises (unit)	资产总计 Total Assets	流动资产合计 Current Assets	应收账款 Accounts Receivable	存货 Inventories	#产成品 Finished Goods	负债合计 Total Liabilities
	2005	4724	1458.18	705.70	125.69	224.38	109.37	793.07
	2006	5567	1949.71	955.94	170.77	283.29	137.29	1088.98
	2007	6067	2537.51	1233.78	232.24	365.44	163.34	1348.36
	2008							
	2009	8162	4001.80	1934.68	364.31	515.94	257.08	2237.77
	2010	8959	5232.19	2591.28	481.92	694.71	302.61	2810.79
	2011	7302	6733.58	3218.22	594.91	778.51	344.73	3535.81
	2012	7949	8897.32	3810.57	750.78	919.16	421.21	4561.44
	2013	9021	10876.66	4620.31	914.29	1070.02	476.31	5379.27
	2014	9600	13685.76	4974.76	1035.60	1142.54	530.41	6323.97
	2015	9893	13349.67	5199.29	1113.45	1152.08	519.44	6189.39
	2016	9626	13851.74	5265.82	1127.72	1226.01	529.00	6040.49
	2017	11647	15484.98	7100.46	1556.17	1748.03	711.25	7932.56
	2018	10692	14125.77	7756.67	1796.29	1870.04	742.65	8224.61
	2019	10073	14575.45	7985.72	1964.96	1832.53	741.19	8039.16
	2020	11184	16738.03	9785.31	2377.25	2044.22	836.10	9535.60
	2021	12901	21170.37	13084.29	2956.30	2462.40	1046.05	12768.85
	2022	14433	20703.25	12284.26	2991.80	2600.10	1122.87	12670.29
	2023	14295	21072.36	12694.98	3765.46	2501.95	988.85	13291.23
石家庄市	Shijiazhuang	2185	2626.11	1889.08	610.54	296.40	128.25	1538.36
石家庄市①	Shijiazhuang①	1950	2287.96	1660.07	571.81	244.32	106.88	1406.89
唐山市	Tangshan	1676	4533.24	2071.72	357.34	553.11	238.82	2829.00
秦皇岛市	Qinhuangdao	361	1116.37	700.40	121.00	119.75	44.37	447.43
邯郸市	Handan	1506	2513.21	1554.72	530.63	263.54	99.19	1907.14
邢台市	Xingtai	1512	1695.55	1052.97	374.75	224.15	85.14	1104.47
保定市	Baoding	1817	1818.55	1143.28	412.66	230.80	95.89	1161.47
保定市①	Baoding①	1459	1612.74	1006.75	362.29	199.41	85.77	1047.69
张家口市	Zhangjiakou	282	608.96	313.62	120.53	42.20	18.18	453.90
承德市	Chengde	278	937.97	438.79	107.43	54.89	24.54	653.68
沧州市	Cangzhou	2323	2361.92	1483.29	565.14	343.15	130.69	1311.99
廊坊市	Langfang	1280	1752.01	1337.22	268.95	248.36	80.83	1304.69
衡水市	Hengshui	1075	1108.46	709.90	296.51	125.61	42.93	579.09
定州市	Dingzhou	193	88.97	57.09	23.80	11.66	4.72	55.09
辛集市	Xinji	235	338.16	229.01	38.72	52.07	21.37	131.48

12-7 续表 continued

单位：亿元 (100 million yuan)

年 份 市	Year City	营业收入 Business Revenue	营业成本 Business Cost	销售费用 Selling Expenses	管理费用 Management Expenses	财务费用 Financial Expenses	利润总额 Total Profits	平 均 用工人数 (万人) Annual Average Employees (10000 persons)
	2005	2719.79	2323.23	57.33	53.02	24.21	191.66	77.34
	2006	3626.95	3107.01	80.09	69.01	31.88	261.97	88.30
	2007	4979.83	4240.03	105.41	100.25	43.75	384.24	95.39
	2008							
	2009	8471.12	7296.15	144.08	150.21	61.92	639.82	112.97
	2010	11649.99	9915.10	189.47	231.36	84.90	968.14	129.81
	2011	15141.31	12963.46	225.15	284.65	112.70	1231.33	138.47
	2012	18083.93	15525.58	260.40	352.35	149.40	1423.01	155.15
	2013	20699.88	17878.53	302.28	412.14	169.30	1573.37	154.32
	2014	21856.50	19036.58	321.33	427.08	194.58	1532.07	158.44
	2015	21930.92	19269.27	324.46	424.57	169.66	1435.70	155.55
	2016	23378.17	20637.77	345.83	433.04	152.95	1539.11	151.25
	2017	22862.13	20024.44	397.38	537.89	212.04	1479.09	179.15
	2018	17881.37	15522.71	276.74	482.65	194.50	1097.82	133.56
	2019	18734.42	16329.39	312.82	427.17	182.63	1038.22	138.83
	2020	20694.70	18224.03	344.79	449.73	188.83	1069.01	138.44
	2021	25915.35	22928.65	404.83	593.06	181.39	1219.61	143.04
	2022	22008.19	19723.12	343.94	516.98	170.64	407.83	130.86
	2023	22186.25	19944.92	356.14	544.90	163.48	412.78	126.94
石家庄市	Shijiazhuang	2287.31	2003.56	54.47	67.64	4.72	107.78	16.37
石家庄市①	Shijiazhuang①	1835.11	1593.16	47.83	59.24	5.29	89.41	14.16
唐 山 市	Tangshan	6245.67	5622.73	58.57	112.06	21.93	25.62	24.21
秦皇岛市	Qinhuangdao	1188.81	1088.84	16.15	26.07	3.14	34.37	5.98
邯 郸 市	Handan	2013.90	1878.93	28.12	49.35	22.93	-8.98	11.91
邢 台 市	Xingtai	1918.99	1768.53	40.57	44.50	19.95	25.14	12.87
保 定 市	Baoding	1593.52	1402.47	39.88	49.97	14.84	56.32	14.12
保 定 市①	Baoding①	1337.64	1169.55	36.04	42.80	13.39	49.04	11.68
张家口市	Zhangjiakou	367.38	314.73	9.25	11.88	8.98	14.59	2.37
承 德 市	Chengde	624.13	513.43	6.59	37.72	26.99	20.20	3.52
沧 州 市	Cangzhou	2992.10	2659.28	47.78	70.23	20.95	69.94	16.63
廊 坊 市	Langfang	2094.68	1949.59	22.11	42.36	8.67	34.34	10.74
衡 水 市	Hengshui	859.77	742.82	32.64	33.10	10.38	33.45	8.22
定 州 市	Dingzhou	158.28	144.28	2.49	4.51	0.57	4.63	1.30
辛 集 市	Xinji	452.20	410.40	6.64	8.41	-0.57	18.37	2.21

12-8 按行业分外商投资和港澳台商投资工业企业主要指标(2023年)

单位：亿元

行业	Sector	企业单位数(个) Number of Enterprises (unit)	资产总计 Total Assets
总计	**Total**	**592**	**8867.07**
煤炭开采和洗选业	Mining and Washing of Coal		
石油和天然气开采业	Extraction of Petroleum and Natural Gas		
黑色金属矿采选业	Mining and Processing of Ferrous Metal Ores	3	62.08
有色金属矿采选业	Mining and Processing of Non-ferrous Metal Ores		
非金属矿采选业	Mining and Processing of Non-metal Ores		
开采专业及辅助性活动	Professional and Support Activities for Mining		
其他采矿业	Mining of Other Ores		
农副食品加工业	Processing of Food from Agricultural Products	37	308.38
食品制造业	Manufacture of Foods	33	197.23
酒、饮料和精制茶制造业	Manufacture of Liquor, Beverages and Refined Tea	21	141.06
烟草制品业	Manufacture of Tobacco		
纺织业	Manufacture of Textile	9	16.00
纺织服装、服饰业	Manufacture of Textile, Wearing Apparel and Accessories	10	6.09
皮革、毛皮、羽毛及其制品和制鞋业	Manufacture of Leather, Fur, Feather and Related Products and Footwear	4	2.34
木材加工和木、竹、藤、棕、草制品业	Processing of Timber, Manufacture of Wood, Bamboo, Rattan, Palm and Straw Products	3	3.10
家具制造业	Manufacture of Furniture	5	10.48
造纸和纸制品业	Manufacture of Paper and Paper Products	4	44.46
印刷和记录媒介复制业	Printing and Reproduction of Recording Media	3	9.49
文教、工美、体育和娱乐用品制造业	Manufacture of Articles for Culture, Education, Arts and Crafts, Sport and Entertainment Activities	5	1.68
石油、煤炭及其他燃料加工业	Processing of Petroleum, Coal and Other Fuels	5	179.54
化学原料和化学制品制造业	Manufacture of Raw Chemical Materials and Chemical Products	46	414.43
医药制造业	Manufacture of Medicines	17	558.73
化学纤维制造业	Manufacture of Chemical Fibres		
橡胶和塑料制品业	Manufacture of Rubber and Plastics Products	22	73.86
非金属矿物制品业	Manufacture of Non-metallic Mineral Products	23	55.83
黑色金属冶炼和压延加工业	Smelting and Pressing of Ferrous Metals	21	2635.87
有色金属冶炼和压延加工业	Smelting and Pressing of Non-ferrous Metals	4	24.07
金属制品业	Manufacture of Metal Products	46	96.77
通用设备制造业	Manufacture of General Purpose Machinery	29	108.22
专用设备制造业	Manufacture of Special Purpose Machinery	32	134.66
汽车制造业	Manufacture of Automobiles	67	2528.75
铁路、船舶、航空航天和其他运输设备制造业	Manufacture of Railway, Ship, Aerospace and Other Transport Equipments	6	46.38
电气机械和器材制造业	Manufacture of Electrical Machinery and Apparatus	18	21.59
计算机、通信和其他电子设备制造业	Manufacture of Computers, Communication and Other Electronic Equipment	18	109.56
仪器仪表制造业	Manufacture of Measuring Instruments and Machinery	9	52.04
其他制造业	Other Manufacture	6	5.00
废弃资源综合利用业	Utilization of Waste Resources	6	18.17
金属制品、机械和设备修理业	Repair Service of Metal Products, Machinery and Equipment		
电力、热力生产和供应业	Production and Supply of Electric Power and Heat Power	39	566.28
燃气生产和供应业	Production and Supply of Gas	31	361.19
水的生产和供应业	Production and Supply of Water	6	46.92

Main Indicators of Industrial Enterprises with Investment from Hong Kong, Macao, Taiwan and Foreign Funds by Industrial Sector (2023)

(100 million yuan)

流动资产合计 Current Assets	应收账款 Accounts Receivable	存货 Inventories	#产成品 Finished Goods	负债合计 Total Liabilities
4700.11	**1095.91**	**648.48**	**246.58**	**5382.17**
34.36	2.37	2.28	1.16	45.71
214.20	37.46	71.18	22.49	216.71
132.48	16.43	13.49	5.18	64.91
46.56	6.33	9.61	3.40	46.55
11.67	3.72	4.40	2.25	9.59
3.63	0.94	1.06	0.56	4.43
1.53	0.28	0.85	0.21	1.27
2.16	0.43	0.72	0.17	1.35
4.92	1.98	0.87	0.21	5.06
16.45	6.13	4.61	2.05	17.52
4.16	1.54	0.66	0.40	4.73
1.17	0.35	0.22	0.05	0.69
99.27	7.74	9.22	1.35	122.04
165.42	28.89	23.45	9.29	196.25
299.82	55.29	41.50	22.45	197.19
46.41	11.86	9.43	4.92	37.23
32.43	10.13	6.39	2.93	22.50
1249.10	108.95	185.52	34.12	1833.65
11.78	6.67	3.37	0.80	6.90
67.07	16.54	17.90	7.48	43.39
91.68	32.69	20.01	3.15	40.19
105.01	31.23	27.89	8.90	50.07
1583.78	548.88	149.53	99.10	1738.11
28.81	14.00	6.45	4.21	14.48
25.25	13.28	2.40	1.04	6.25
83.57	19.46	11.67	4.52	29.29
45.72	12.77	4.53	1.68	19.74
3.30	0.88	1.30	0.26	1.81
11.76	2.82	0.96	0.53	8.44
138.27	62.53	10.63	0.01	301.67
125.95	29.66	5.27	1.33	244.08
6.61	2.56	0.03		32.27

12-8 续表

单位：亿元

行　业	Sector	营业收入 Business Revenue	营业成本 Business Cost
总　计	**Total**	**7059.70**	**6210.98**
煤炭开采和洗选业	Mining and Washing of Coal		
石油和天然气开采业	Extraction of Petroleum and Natural Gas		
黑色金属矿采选业	Mining and Processing of Ferrous Metal Ores	24.63	14.01
有色金属矿采选业	Mining and Processing of Non-ferrous Metal Ores		
非金属矿采选业	Mining and Processing of Non-metal Ores		
开采专业及辅助性活动	Professional and Support Activities for Mining		
其他采矿业	Mining of Other Ores		
农副食品加工业	Processing of Food from Agricultural Products	440.38	422.11
食品制造业	Manufacture of Foods	226.10	173.89
酒、饮料和精制茶制造业	Manufacture of Liquor, Beverages and Refined Tea	103.57	85.47
烟草制品业	Manufacture of Tobacco		
纺织业	Manufacture of Textile	17.46	15.44
纺织服装、服饰业	Manufacture of Textile, Wearing Apparel and Accessories	3.56	2.92
皮革、毛皮、羽毛及其制品和制鞋业	Manufacture of Leather, Fur, Feather and Related Products and Footwear	1.51	1.34
木材加工和木、竹、藤、棕、草制品业	Processing of Timber, Manufacture of Wood, Bamboo, Rattan, Palm and Straw Products	3.93	2.68
家具制造业	Manufacture of Furniture	10.82	9.24
造纸和纸制品业	Manufacture of Paper and Paper Products	38.31	35.44
印刷和记录媒介复制业	Printing and Reproduction of Recording Media	8.25	6.92
文教、工美、体育和娱乐用品制造业	Manufacture of Articles for Culture, Education, Arts and Crafts, Sport and Entertainment Activities	2.71	2.37
石油、煤炭及其他燃料加工业	Processing of Petroleum, Coal and Other Fuels	145.51	129.17
化学原料和化学制品制造业	Manufacture of Raw Chemical Materials and Chemical Products	388.76	326.93
医药制造业	Manufacture of Medicines	267.92	125.50
化学纤维制造业	Manufacture of Chemical Fibres		
橡胶和塑料制品业	Manufacture of Rubber and Plastics Products	49.57	39.89
非金属矿物制品业	Manufacture of Non-metallic Mineral Products	46.34	40.25
黑色金属冶炼和压延加工业	Smelting and Pressing of Ferrous Metals	2421.66	2232.82
有色金属冶炼和压延加工业	Smelting and Pressing of Non-ferrous Metals	36.73	34.75
金属制品业	Manufacture of Metal Products	86.46	70.16
通用设备制造业	Manufacture of General Purpose Machinery	92.70	74.12
专用设备制造业	Manufacture of Special Purpose Machinery	87.67	66.95
汽车制造业	Manufacture of Automobiles	1808.05	1648.44
铁路、船舶、航空航天和其他运输设备制造业	Manufacture of Railway, Ship, Aerospace and Other Transport Equipments	18.67	13.64
电气机械和器材制造业	Manufacture of Electrical Machinery and Apparatus	17.91	14.32
计算机、通信和其他电子设备制造业	Manufacture of Computers, Communication and Other Electronic Equipment	43.10	37.80
仪器仪表制造业	Manufacture of Measuring Instruments and Machinery	60.55	43.59
其他制造业	Other Manufacture	6.22	5.06
废弃资源综合利用业	Utilization of Waste Resources	8.74	7.38
金属制品、机械和设备修理业	Repair Service of Metal Products, Machinery and Equipment		
电力、热力生产和供应业	Production and Supply of Electric Power and Heat Power	281.42	254.86
燃气生产和供应业	Production and Supply of Gas	288.09	260.77
水的生产和供应业	Production and Supply of Water	7.23	3.96

continued

(100 million yuan)

销售费用 Selling Expenses	管理费用 Management Expenses	财务费用 Financial Expenses	利润总额 Total Profits	平均用工人数(人) Annual Average Employees (person)
168.27	**184.47**	**31.54**	**249.91**	**267625**
0.06	1.78	1.06	6.17	1537
5.80	5.83	0.17	8.62	10468
17.52	7.67	-0.27	23.90	13677
6.12	2.98	0.05	5.89	4765
0.22	0.62	0.10	0.68	2050
0.06	0.32	0.06	0.10	2179
0.06	0.18	0.01	-0.09	567
0.89	0.16	-0.02	0.15	376
0.14	0.27	0.10	0.87	1623
0.67	1.18	0.29	0.43	1645
0.30	0.77	0.13	-0.14	765
0.04	0.18	-0.01	0.11	454
0.83	0.97	5.30	3.31	2483
7.36	11.06	4.73	19.86	10403
49.12	8.30	-1.42	76.66	18116
2.31	2.44	0.38	2.78	4693
2.12	2.86	0.21	-0.07	5841
7.11	45.54	15.09	28.46	56168
0.87	0.48	0.42	0.12	625
2.99	4.88	0.06	5.97	10336
4.61	4.66	-0.11	7.85	6703
5.58	7.65	-0.35	1.32	8364
41.88	48.84	-5.45	5.84	67001
0.91	1.51	0.18	1.61	1907
0.63	1.19	-0.11	1.68	2551
0.75	4.01	-0.36	-1.27	10076
1.76	2.55	-0.08	11.79	2619
0.15	0.53	-0.01	0.36	1972
0.19	0.49	0.07	0.14	799
0.24	5.82	6.84	13.49	8248
6.90	6.57	3.20	18.04	7110
0.01	0.32	1.23	1.61	332

12-9 外商投资和港澳台商投资工业企业主要指标
Main Indicators of Industrial Enterprises with Investment from Hong Kong, Macao, Taiwan and Foreign Funds

单位：亿元 (100 million yuan)

年份 市	Year City	企业单位数(个) Number of Enterprises (unit)	资产总计 Total Assets	流动资产合计 Current Assets	应收账款 Accounts Receivable	存货 Inventories	#产成品 Finished Goods	负债合计 Total Liabilities
	2005	993	1549.76	664.82	120.62	212.55	73.20	882.76
	2006	1043	1973.75	908.32	148.28	286.25	108.92	1131.09
	2007	1076	2387.92	1141.31	201.28	351.63	110.39	1363.43
	2008							
	2009	1127	3676.75	1647.70	296.42	423.26	137.17	2088.01
	2010	1094	4220.60	2071.27	342.06	553.63	156.21	2426.49
	2011	919	5117.98	2480.97	424.54	655.48	195.24	3018.76
	2012	911	4999.36	2479.52	462.40	632.92	203.92	2987.09
	2013	913	5121.83	2548.51	512.09	626.08	196.18	3035.70
	2014	868	5245.95	2605.33	542.28	582.57	190.69	2971.42
	2015	503	4827.11	2318.32	527.27	481.64	168.17	2588.69
	2016	731	4999.98	2398.67	512.22	483.39	151.72	2585.09
	2017	719	5702.70	2792.20	566.00	518.62	162.41	2975.02
	2018							
	2019	607	5294.84	2770.08	585.83	469.24	160.46	2877.81
	2020	602	6047.56	3152.33	649.70	520.64	176.61	3395.46
	2021	645	8333.48	4535.25	1068.78	656.46	211.27	4681.81
	2022	651	8636.73	4788.49	1127.75	622.71	226.16	5050.64
	2023	592	8867.07	4700.11	1095.91	648.48	246.58	5382.17
石家庄市	Shijiazhuang	69	1239.04	576.37	119.15	95.78	47.55	619.04
石家庄市①	Shijiazhuang①	62	1226.15	567.04	114.99	94.77	47.20	613.19
唐山市	Tangshan	79	1444.51	621.15	98.71	113.64	18.52	938.15
秦皇岛市	Qinhuangdao	54	754.23	510.29	191.75	109.90	58.03	438.80
邯郸市	Handan	27	929.51	458.53	24.25	17.97	6.66	558.38
邢台市	Xingtai	38	311.62	154.51	32.13	46.40	17.03	173.69
保定市	Baoding	61	2201.45	1275.84	285.69	96.66	56.77	1434.20
保定市①	Baoding①	55	2040.53	1191.72	283.35	88.47	55.85	1333.13
张家口市	Zhangjiakou	29	217.25	91.65	34.19	12.26	2.83	115.42
承德市	Chengde	12	126.41	49.01	9.60	5.59	2.57	69.54
沧州市	Cangzhou	75	1019.02	565.10	161.51	84.78	12.31	772.00
廊坊市	Langfang	116	529.92	346.90	115.81	58.39	21.29	205.57
衡水市	Hengshui	32	94.12	50.76	23.11	7.11	3.02	57.38
定州市	Dingzhou	4	159.55	83.25	2.12	8.17	0.92	99.69
辛集市	Xinji	7	12.89	9.33	4.16	1.02	0.35	5.85

12-9 续表 continued

单位：亿元 (100 million yuan)

年 份 市	Year City	营业收入 Business Revenue	营业成本 Business Cost	销售费用 Selling Expenses	管理费用 Management Expenses	财务费用 Financial Expenses	利润总额 Total Profits	平均用工人数（万人） Annual Average Employees (10000 persons)
	2005	1675.24	1413.68	39.15	48.60	16.65	162.82	30.82
	2006	2291.27	1909.97	62.57	60.36	24.73	218.42	35.22
	2007	2998.35	2495.50	78.60	76.70	27.63	296.16	38.32
	2008							
	2009	3874.67	3305.87	98.85	109.78	43.01	286.66	43.11
	2010	4597.75	3890.25	109.26	130.77	47.81	366.57	47.32
	2011	5744.97	4946.86	129.71	149.59	65.01	376.26	48.26
	2012	5766.67	5052.46	140.46	160.62	83.96	225.93	45.81
	2013	5931.28	5220.75	149.30	173.74	70.67	245.61	46.60
	2014	5542.41	4827.97	159.41	179.28	71.84	281.32	44.14
	2015	4747.82	4113.77	165.10	164.40	63.77	195.55	40.28
	2016	4614.09	3948.89	153.63	156.04	57.35	275.62	32.89
	2017	4951.72	4107.02	173.37	185.29	53.38	401.76	35.37
	2018							
	2019	4796.42	3965.36	182.72	135.23	36.72	407.83	28.45
	2020	5009.80	4133.55	194.31	161.94	40.97	375.83	26.74
	2021	7366.57	6302.60	241.40	201.11	37.75	471.99	32.90
	2022	6925.20	6042.25	203.84	181.87	33.47	279.45	29.74
	2023	7059.70	6210.98	168.27	184.47	31.54	249.91	26.76
石家庄市	Shijiazhuang	736.95	538.75	58.06	20.25	2.96	103.71	3.56
石家庄市①	Shijiazhuang①	731.83	534.23	57.99	19.31	2.86	104.08	3.50
唐 山 市	Tangshan	1316.10	1190.15	8.49	29.51	15.28	21.51	4.14
秦皇岛市	Qinhuangdao	783.74	679.14	30.38	19.13	-2.04	46.27	2.15
邯 郸 市	Handan	812.16	719.86	3.49	17.17	0.83	14.33	1.71
邢 台 市	Xingtai	212.62	193.26	3.01	5.40	2.53	-0.40	1.19
保 定 市	Baoding	1377.31	1271.13	25.65	33.35	1.47	-1.76	6.41
保 定 市①	Baoding①	1250.49	1156.69	24.82	32.48	-2.89	-5.49	6.09
张家口市	Zhangjiakou	166.75	150.34	1.82	5.48	0.47	6.55	0.74
承 德 市	Chengde	79.38	59.68	1.37	1.95	1.70	13.70	0.23
沧 州 市	Cangzhou	985.86	927.19	6.59	23.06	7.88	10.76	2.44
廊 坊 市	Langfang	499.76	400.80	26.78	26.48	-0.31	33.76	3.54
衡 水 市	Hengshui	89.06	80.69	2.63	2.67	0.79	1.47	0.66
定 州 市	Dingzhou	125.56	113.27	0.82	0.85	4.35	3.69	0.30
辛 集 市	Xinji	5.12	4.52	0.07	0.94	0.10	-0.36	0.06

12-10 按行业分大中型工业企业主要指标(2023年)

单位：亿元

行　　业	Sector	企业单位数（个）Number of Enterprises (unit)	资产总计 Total Assets
总　计	**Total**	**1331**	**42553.89**
煤炭开采和洗选业	Mining and Washing of Coal	13	2236.09
石油和天然气开采业	Extraction of Petroleum and Natural Gas	2	438.48
黑色金属矿采选业	Mining and Processing of Ferrous Metal Ores	46	1202.18
有色金属矿采选业	Mining and Processing of Non-Ferrous Metal Ores	4	40.60
非金属矿采选业	Mining and Processing of Non-metal Ores	8	63.08
开采专业及辅助性活动	Professional and Support Activities for Mining		
其他采矿业	Mining of Other Ores		
农副食品加工业	Processing of Food from Agricultural Products	64	1212.45
食品制造业	Manufacture of Foods	50	717.15
酒、饮料和精制茶制造业	Manufacture of Liquor, Beverages and Refined Tea	20	383.98
烟草制品业	Manufacture of Tobacco	3	147.50
纺织业	Manufacture of Textile	33	281.84
纺织服装、服饰业	Manufacture of Textile, Wearing Apparel and Accessories	17	55.34
皮革、毛皮、羽毛及其制品和制鞋业	Manufacture of Leather, Fur, Feather and Related Products and Footwear	12	56.06
木材加工和木、竹、藤、棕、草制品业	Processing of Timber, Manufacture of Wood, Bamboo, Rattan, Palm and Straw Products	4	14.44
家具制造业	Manufacture of Furniture	18	81.70
造纸和纸制品业	Manufacture of Paper and Paper Products	18	149.86
印刷和记录媒介复制业	Printing and Reproduction of Recording Media	10	67.89
文教、工美、体育和娱乐用品制造业	Manufacture of Articles for Culture, Education, Arts and Crafts, Sport and Entertainment Activities	8	18.90
石油、煤炭及其他燃料加工业	Processing of Petroleum, Coal and Other Fuels	33	1645.72
化学原料和化学制品制造业	Manufacture of Raw Chemical Materials and Chemical Products	93	2019.00
医药制造业	Manufacture of Medicines	59	1516.69
化学纤维制造业	Manufacture of Chemical Fibres	7	138.07
橡胶和塑料制品业	Manufacture of Rubber and Plastics Products	42	434.64
非金属矿物制品业	Manufacture of Non-metallic Mineral Products	100	990.45
黑色金属冶炼和压延加工业	Smelting and Pressing of Ferrous Metals	116	14404.02
有色金属冶炼和压延加工业	Smelting and Pressing of Non-ferrous Metals	13	444.37
金属制品业	Manufacture of Metal Products	85	1200.56
通用设备制造业	Manufacture of General Purpose Machinery	57	1227.29
专用设备制造业	Manufacture of Special Purpose Machinery	63	752.07
汽车制造业	Manufacture of Automobiles	89	3190.45
铁路、船舶、航空航天和其他运输设备制造业	Manufacture of Railway, Ship, Aerospace and Other Transport Equipments	22	697.73
电气机械和器材制造业	Manufacture of Electrical Machinery and Apparatus	53	1493.42
计算机、通信和其他电子设备制造业	Manufacture of Computers, Communication and Other Electronic Equipment	32	1252.02
仪器仪表制造业	Manufacture of Measuring Instruments and Machinery	16	207.27
其他制造业	Other Manufacture	4	13.79
废弃资源综合利用业	Utilization of Waste Resources	8	87.13
金属制品、机械和设备修理业	Repair Service of Metal Products, Machinery and Equipment	13	81.46
电力、热力生产和供应业	Production and Supply of Electric Power and Heat Power	64	2992.95
燃气生产和供应业	Production and Supply of Gas	15	342.71
水的生产和供应业	Production and Supply of Water	17	254.55

注：从2017年开始，工业企业年报规模划分按《统计上大中小微型企业划分办法(2017)》执行。大中型工业企业为从业人员300人及以上并且主营业务收入在2000万元及以上的工业企业。

Main Indicators of Large and Medium-sized Industrial Enterprises by Industrial Sector (2023)

(100 million yuan)

流动资产合计 Current Assets	应收账款 Accounts Receivable	存货 Inventories	#产成品 Finished Goods	负债合计 Total Liabilities
19878.11	**4097.53**	**3527.43**	**1204.77**	**26313.22**
1035.13	99.64	12.32	10.38	1486.59
12.04	0.79	5.98	2.42	315.95
557.93	111.00	26.50	14.27	773.47
11.39	0.43	0.93	0.32	17.48
26.78	2.73	5.52	4.82	36.73
882.86	122.74	174.34	57.16	921.05
379.83	68.67	52.50	21.21	405.58
215.40	3.10	47.56	11.85	172.38
106.02	9.64	93.11	5.66	80.97
134.28	33.01	45.50	28.87	158.73
37.34	9.03	11.32	4.11	29.98
27.82	7.04	8.34	3.13	21.83
5.65	0.98	1.91	0.99	5.48
51.14	8.62	12.90	5.57	49.04
73.10	9.63	23.03	11.92	77.10
40.53	5.73	7.69	1.70	20.39
12.98	3.36	4.74	2.08	13.20
769.72	94.21	252.58	63.89	1162.75
874.02	126.59	188.18	73.24	1082.02
846.25	194.87	142.30	65.88	616.97
37.81	1.92	12.30	6.78	88.15
252.75	69.89	35.15	14.91	156.37
470.29	87.44	105.35	44.58	595.34
6220.32	867.40	1135.11	299.85	9437.50
149.47	33.73	32.70	12.35	187.79
666.36	105.15	147.88	70.51	683.92
546.38	168.26	108.29	26.83	808.01
552.78	132.57	159.14	48.09	378.40
1973.49	676.72	219.68	135.89	2081.72
459.41	169.52	130.99	40.51	421.94
745.50	246.04	152.02	80.96	803.47
766.51	309.13	74.24	17.86	604.03
147.95	61.12	31.68	11.29	99.97
8.44	2.38	1.91	0.32	9.82
23.14	4.99	4.96	1.72	66.72
60.22	16.54	18.19	1.14	50.42
505.07	178.75	26.85	0.03	1947.81
122.65	40.90	5.57	1.58	264.30
69.36	13.30	8.17	0.08	179.82

a) Since 2017, sizes in industrial enterprises annual reporting forms are based on the Statistical Measures for the Division of Large, Medium, Small and Micro Enterprises (2017). Large and medium-sized enterprises refer to enterprises with engaged persons over 300 and revenue from principal business above 20 million yuan.

12-10 续表

单位：亿元

行　　业	Sector	营业收入 Business Revenue
总　　计	**Total**	**35625.43**
煤炭开采和洗选业	Mining and Washing of Coal	577.83
石油和天然气开采业	Extraction of Petroleum and Natural Gas	204.43
黑色金属矿采选业	Mining and Processing of Ferrous Metal Ores	597.32
有色金属矿采选业	Mining and Processing of Non-Ferrous Metal Ores	34.46
非金属矿采选业	Mining and Processing of Non-metal Ores	25.02
开采专业及辅助性活动	Professional and Support Activities for Mining	
其他采矿业	Mining of Other Ores	
农副食品加工业	Processing of Food from Agricultural Products	1432.94
食品制造业	Manufacture of Foods	733.05
酒、饮料和精制茶制造业	Manufacture of Liquor, Beverages and Refined Tea	229.08
烟草制品业	Manufacture of Tobacco	315.17
纺织业	Manufacture of Textile	130.20
纺织服装、服饰业	Manufacture of Textile, Wearing Apparel and Accessories	45.97
皮革、毛皮、羽毛及其制品和制鞋业	Manufacture of Leather, Fur, Feather and Related Products and Footwear	29.13
木材加工和木、竹、藤、棕、草制品业	Processing of Timber, Manufacture of Wood, Bamboo, Rattan, Palm and Straw Products	13.42
家具制造业	Manufacture of Furniture	60.82
造纸和纸制品业	Manufacture of Paper and Paper Products	137.36
印刷和记录媒介复制业	Printing and Reproduction of Recording Media	45.35
文教、工美、体育和娱乐用品制造业	Manufacture of Articles for Culture, Education, Arts and Crafts, Sport and Entertainment Activities	18.47
石油、煤炭及其他燃料加工业	Processing of Petroleum, Coal and Other Fuels	2873.23
化学原料和化学制品制造业	Manufacture of Raw Chemical Materials and Chemical Products	1411.76
医药制造业	Manufacture of Medicines	808.45
化学纤维制造业	Manufacture of Chemical Fibres	131.67
橡胶和塑料制品业	Manufacture of Rubber and Plastics Products	216.47
非金属矿物制品业	Manufacture of Non-metallic Mineral Products	602.12
黑色金属冶炼和压延加工业	Smelting and Pressing of Ferrous Metals	14307.26
有色金属冶炼和压延加工业	Smelting and Pressing of Non-ferrous Metals	296.76
金属制品业	Manufacture of Metal Products	1161.63
通用设备制造业	Manufacture of General Purpose Machinery	648.38
专用设备制造业	Manufacture of Special Purpose Machinery	467.84
汽车制造业	Manufacture of Automobiles	2434.77
铁路、船舶、航空航天和其他运输设备制造业	Manufacture of Railway, Ship, Aerospace and Other Transport Equipments	296.98
电气机械和器材制造业	Manufacture of Electrical Machinery and Apparatus	1094.04
计算机、通信和其他电子设备制造业	Manufacture of Computers, Communication and Other Electronic Equipment	571.40
仪器仪表制造业	Manufacture of Measuring Instruments and Machinery	117.19
其他制造业	Other Manufacture	10.08
废弃资源综合利用业	Utilization of Waste Resources	66.12
金属制品、机械和设备修理业	Repair Service of Metal Products, Machinery and Equipment	44.57
电力、热力生产和供应业	Production and Supply of Electric Power and Heat Power	3062.93
燃气生产和供应业	Production and Supply of Gas	305.99
水的生产和供应业	Production and Supply of Water	65.77

continued

(100 million yuan)

营业成本 Business Cost	销售费用 Selling Expenses	管理费用 Management Expenses	财务费用 Financial Expenses	利润总额 Total Profits	平均用工人数(人) Annual Average Employees (person)
31638.27	**582.70**	**811.94**	**294.74**	**865.62**	**1492865**
414.00	6.18	30.58	28.24	92.72	97064
119.26	0.33	27.55	5.19	-23.00	18822
417.68	6.39	40.75	24.52	97.93	31140
14.19	0.01	7.08	-0.04	9.21	2053
16.79	0.31	5.03	0.38	2.52	7109
1379.59	16.45	14.94	3.90	11.17	45045
579.42	82.04	19.00	4.56	51.29	46509
155.88	25.98	7.39	-0.96	35.77	15484
97.05	1.94	15.76	-0.04	10.50	5054
116.91	3.85	6.24	2.87	1.17	20977
39.10	1.84	2.15	0.20	1.74	13292
23.97	0.53	1.44	-0.01	2.29	7041
11.85	0.06	0.43	0.25	0.82	1426
49.38	2.69	3.15	0.41	3.90	10415
124.27	3.45	5.63	0.62	1.19	9817
35.39	0.64	4.12	-0.18	5.01	5541
14.83	1.14	1.11	0.07	0.56	4004
2462.56	8.77	34.06	18.05	-4.46	36388
1197.50	25.16	50.55	15.38	87.38	71246
426.11	151.89	31.27	3.56	151.39	72093
125.90	0.93	5.62	2.36	-5.17	7382
167.51	10.60	12.22	2.18	18.73	23788
522.80	16.68	29.47	8.97	0.61	64383
13455.59	63.31	188.56	113.77	45.59	327400
270.18	1.59	6.10	3.43	6.37	9169
1054.41	13.61	21.07	6.87	47.26	58598
576.88	16.26	24.35	4.37	11.98	43642
373.65	20.86	24.07	2.18	31.80	44956
2189.38	53.18	60.44	-3.24	70.94	114893
246.60	7.50	14.87	1.29	12.78	27535
948.51	19.73	24.18	3.92	49.63	50684
509.42	3.10	27.22	-0.67	0.60	47503
90.27	6.50	4.43	0.79	8.42	11734
8.23	0.06	0.81	0.05	0.37	3142
60.67	0.31	2.02	1.08	0.48	3540
36.95	0.01	4.35	-0.10	2.75	9768
2975.16	0.85	37.04	34.97	6.41	101134
280.76	4.89	8.13	4.06	14.13	9103
49.66	3.08	8.79	1.47	2.89	13991

12-11 大中型工业企业主要指标
Main Indicators of Large and Medium-sized Industrial Enterprises

单位：亿元 (100 million yuan)

年份 市	Year City	企业单位数(个) Number of Enterprises (unit)	资产总计 Total Assets	流动资产合计 Current Assets	应收账款 Accounts Receivable	存货 Inventories	#产成品 Finished Goods	负债合计 Total Liabilities
	2005	1206	7404.47	3044.23	460.78	913.84	326.49	4592.09
	2006	1298	8881.50	3608.11	498.36	1037.07	378.05	5491.95
	2007	1167	9909.83	4127.25	560.01	1200.64	372.10	5924.88
	2008	1340						
	2009	1466	16155.76	6243.64	880.60	1738.06	539.89	10129.75
	2010	1627	19539.54	7962.57	1159.79	2245.62	644.79	12361.79
	2011	2030	23461.11	9912.75	1419.89	2662.41	799.20	14677.90
	2012	2184	26017.06	10436.26	1586.95	2715.65	837.17	16105.06
	2013	2191	28022.44	11172.26	1773.06	2837.39	907.52	17177.55
	2014	2221	31324.46	11603.13	1890.22	2909.91	963.78	18668.00
	2015	2169	30535.76	11534.68	1958.32	2688.41	892.26	18190.42
	2016	2042	31663.94	12092.11	2027.18	2832.31	917.06	18570.81
	2017	1878	31679.17	13055.85	2024.21	2898.88	974.47	1134.23
	2018	1470	31899.45	13694.18	2279.36	2988.11	1010.00	19671.77
	2019	1413	32076.94	14330.28	3157.23	2866.80	1003.13	19646.31
	2020	1409	34116.70	15297.60	2579.03	2967.36	1016.29	20715.97
	2021	1415	37254.25	17529.07	3171.89	3421.25	1160.81	22342.66
	2022	1345	39742.07	18957.86	3445.70	3441.91	1240.35	24506.87
	2023	1331	42553.89	19878.11	4097.53	3527.43	1204.77	26313.22
石家庄市	Shijiazhuang	222	6327.22	3692.63	1068.49	601.51	192.94	3647.41
石家庄市①	Shijiazhuang①	211	6111.94	3552.26	1049.20	581.11	186.39	3596.92
唐山市	Tangshan	237	12195.96	4505.05	713.81	812.62	273.75	7637.31
秦皇岛市	Qinhuangdao	85	2188.65	1372.07	335.58	295.97	111.04	1063.78
邯郸市	Handan	135	6800.17	3162.91	464.59	501.17	162.33	4441.94
邢台市	Xingtai	115	2886.66	1162.44	207.01	235.54	91.71	1596.65
保定市	Baoding	135	4066.18	2184.63	583.13	277.67	138.93	2631.19
保定市①	Baoding①	114	3736.02	2035.57	559.49	258.52	132.85	2429.97
张家口市	Zhangjiakou	53	1616.24	619.52	181.87	138.41	30.65	1109.90
承德市	Chengde	64	1397.10	649.99	109.67	97.67	22.51	1008.08
沧州市	Cangzhou	113	2671.00	1169.59	179.35	325.93	105.82	1735.14
廊坊市	Langfang	109	1698.61	1019.24	176.87	172.65	50.71	1087.50
衡水市	Hengshui	63	706.11	340.04	77.16	68.29	24.39	354.33
定州市	Dingzhou	14	293.76	141.47	21.42	17.97	5.42	180.46
辛集市	Xinji	11	215.27	140.37	19.30	20.40	6.55	50.49

12-11 续表 continued

单位：亿元 (100 million yuan)

年 份 市	Year City	营业收入 Business Revenue	营业成本 Business Cost	销售费用 Selling Expenses	管理费用 Management Expenses	财务费用 Financial Expenses	利润总额 Total Profits	平均用工人数（万人） Annual Average Employees (10000 persons)
	2005	7455.87	6359.34	143.76	308.92	98.68	477.12	176.02
	2006	9087.26	7740.20	166.47	367.69	121.80	601.71	187.06
	2007	10843.11	9235.07	182.34	355.51	138.66	817.00	168.69
	2008	14868.77						
	2009	15951.39	13797.44	252.66	516.76	198.75	844.72	196.41
	2010	20931.40	17980.15	292.90	674.09	259.80	1266.02	215.26
	2011	27730.48	23988.63	356.97	841.87	362.93	1536.53	246.98
	2012	30026.54	26130.29	405.40	891.76	432.78	1397.84	256.62
	2013	30891.05	26885.81	462.80	929.22	434.19	1475.39	242.22
	2014	31125.29	26999.22	502.59	987.76	477.70	1452.00	241.67
	2015	28736.93	25089.98	506.94	922.10	413.91	1180.07	231.91
	2016	29597.86	25578.49	543.68	925.89	374.66	1570.07	223.12
	2017	28266.59	23945.87	621.63	970.56	390.34	1856.17	209.51
	2018	27704.89	23411.62	643.61	985.39	407.21	1674.75	178.58
	2019	27466.72	23353.72	643.86	724.10	342.20	1503.18	168.76
	2020	28871.56	24729.10	644.27	766.62	373.96	1487.00	166.41
	2021	36472.92	31610.38	662.16	882.11	323.81	1835.45	165.99
	2022	34340.21	30270.24	593.28	791.30	290.39	645.90	150.93
	2023	35625.43	31638.27	582.70	811.94	294.74	865.62	149.29
石家庄市	Shijiazhuang	4680.43	3758.93	238.27	122.97	21.60	275.58	22.73
石家庄市①	Shijiazhuang①	4400.66	3508.49	235.25	118.14	22.95	260.71	21.48
唐 山 市	Tangshan	11015.01	10159.76	68.01	223.83	98.23	111.90	36.39
秦皇岛市	Qinhuangdao	2146.94	1911.34	45.25	48.53	0.60	95.45	9.37
邯 郸 市	Handan	5111.93	4681.76	31.69	94.12	61.61	64.58	20.97
邢 台 市	Xingtai	1900.02	1696.02	32.31	48.11	23.67	84.90	11.60
保 定 市	Baoding	2855.69	2569.13	56.79	74.04	11.48	47.54	16.14
保 定 市①	Baoding①	2503.92	2248.98	53.92	69.62	6.18	33.09	14.72
张家口市	Zhangjiakou	1110.77	945.17	19.94	34.03	11.23	25.35	4.86
承 德 市	Chengde	1228.40	1037.44	13.39	40.24	36.63	54.08	4.71
沧 州 市	Cangzhou	3398.39	2906.35	20.52	73.44	21.41	57.36	9.93
廊 坊 市	Langfang	1575.74	1456.44	29.29	37.70	5.53	9.20	7.91
衡 水 市	Hengshui	602.12	515.94	27.23	14.94	2.76	39.68	4.67
定 州 市	Dingzhou	309.46	279.91	2.69	3.62	4.96	13.66	0.94
辛 集 市	Xinji	279.78	250.43	3.02	4.83	-1.35	14.86	1.25

12−12 工业产品产量
Output of Industrial Products

产品名称	Item	2021	2022	2023
原煤(万吨)	Coal (10000 tons)	4641.00	4705.63	4611.12
原油(万吨)	Crude Petroleum Oil (10000 tons)	544.55	547.08	470.98
天然气(亿立方米)	Natural Gas (100 million cu.m)	5.28	5.66	5.88
原盐(万吨)	Salt (10000 tons)	223.52	197.12	230.33
精制食用植物油(万吨)	Refined Edible Vegetable Oil (10000 tons)	248.01	257.12	249.11
成品糖(万吨)	Refined Sugar (10000 tons)	49.79	47.24	60.50
罐头(万吨)	Canned Food (10000 tons)	15.45	17.92	23.50
啤酒(万千升)	Beer (10000 kiloliters)	179.35	182.35	177.87
卷烟(亿支)	Cigarettes (100 million pieces)	792.15	792.36	791.58
纱(万吨)	Yarn (10000 tons)	60.22	49.28	57.63
布(亿米)	Cloth (100 million m)	8.87	7.94	8.71
机制纸及纸板(万吨)	Machine-made Paper and Paperboard (10000 tons)	407.69	377.89	436.19
汽油(万吨)	Gasoline (10000 tons)	541.84	558.55	645.35
柴油(万吨)	Diesel Oil (10000 tons)	448.36	646.85	859.27
焦炭(万吨)	Coke (10000 tons)	4056.99	4133.77	4315.68
硫酸(折100%)(万吨)	Sulfuric Acid (10000 tons)	184.94	160.47	180.53
烧碱(折100%)(万吨)	Caustic Soda (10000 tons)	138.20	143.04	162.90
纯碱(碳酸钠)(万吨)	Soda Ash (10000 tons)	218.08	204.26	215.20
乙烯(万吨)	Ethylene (10000 tons)	1.32	1.11	
合成氨(万吨)	Synthetic Ammonia (10000 tons)	213.68	208.44	216.36
农用氮、磷、钾化肥(万吨)	Chemical Fertilizers (10000 tons)	201.59	193.38	219.67
#氮肥(万吨)	Nitrogen Fertilizers (10000 tons)	165.27	160.99	163.98
磷肥(万吨)	Phosphate Fertilizers (10000 tons)	24.84	27.81	36.92
化学农药原药(万吨)	Chemical Pesticides (10000 tons)	5.27	5.53	10.29
初级形态的塑料(万吨)	Primary Plastic (10000 tons)	171.18	148.85	182.03
合成橡胶(万吨)	Synthetic Rubber (10000 tons)	13.85	7.03	14.95
合成洗涤剂(万吨)	Synthetic Detergents (10000 tons)	3.80	5.91	8.35
化学药品原药(万吨)	Chemical Medicines (10000 tons)	61.25	62.30	78.21
中成药(万吨)	Traditional Chinese Medicine (10000 tons)	3.54	3.90	4.73
化学纤维(万吨)	Chemical Fiber (10000 tons)	90.04	93.99	115.27
橡胶轮胎外胎(万条)	Tires (10000 tires)	30.28	18.02	8031.52
水泥(万吨)	Cement (10000 tons)	11124.62	9905.72	10130.59
平板玻璃(万重量箱)	Plain Glass (10000 weight cases)	13486.63	14200.46	13401.62
生铁(万吨)	Pig Iron (10000 tons)	20202.98	19840.19	19549.41
粗钢(万吨)	Crude Steel (10000 tons)	22496.45	21194.55	21050.63
钢材(万吨)	Rolled Steel (10000 tons)	29559.38	32169.16	29891.02

12-12 续表 continued

产品名称	Item	2021	2022	2023
#重轨(万吨)	Heavy Rail (10000 tons)	52.92	73.36	78.03
大型型钢(万吨)	Rolled-steel, Large (10000 tons)	559.89	640.79	562.50
中小型型钢(万吨)	Rolled-steel, Medium and Small (10000 tons)	2263.60	2896.32	2047.21
棒材(万吨)	Steel Bar (10000 tons)	353.53	417.94	401.64
钢筋(万吨)	Corrugated Steel Bar (10000 tons)	1980.10	1780.29	1409.94
线材(盘条)(万吨)	Wire Rod (10000 tons)	2633.69	2577.80	2521.04
特厚板(万吨)	Heavy Steel Plate (10000 tons)	230.59	231.54	250.99
厚钢板(万吨)	Thick Steel Plate (10000 tons)	465.51	526.66	637.10
中厚宽钢带(万吨)	Medium Wide Steel Belt (10000 tons)	7679.88	7914.65	7791.53
热轧薄宽钢带(万吨)	Hot-roll Thin Wide Steel Belt (10000 tons)	3399.14	4057.30	3237.52
冷轧薄宽钢带(万吨)	Non-hot-roll Thin Wide Steel Belt (10000 tons)	1649.86	1904.88	1702.50
镀层板(带)(万吨)	Plated Plate (Belt) (10000 tons)	1920.83	2228.03	2280.22
无缝钢管(万吨)	Seamless Steel Pipe (10000 tons)	22.52	67.12	67.57
十种有色金属(万吨)	Ten Kinds of Nonferrous Metals (10000 tons)	3.75	4.97	12.42
#精炼铜(万吨)	Refined Copper (10000 tons)			
发动机(万千瓦)	Engines (10000 kW)	3673.19	2907.58	2885.24
金属切削机床(万台)	Metal-cutting Machine Tools (10000 units)	0.42	0 33	0.26
矿山专用设备(万吨)	Special Equipment for Mine (10000 tons)	40.48	43.23	36.26
炼油、化工生产专用设备(万吨)	Equipment for Oil Refining, Chemical Production (10000 tons)	0.97	0.73	3.37
铁路客车(辆)	Railway Passenger Coaches (unit)	377	291	0.06
铁路货车(辆)	Railway Freight Wagons (unit)	881	792	0.13
汽车(万辆)	Motor Vehicles (10000 sets)	110.01	90.55	86.20
#轿车(万辆)	Cars (10000 sets)	15.47	7.79	8.71
客车(万辆)	Buses (10000 sets)	4.08	3.46	4.96
载货汽车(万辆)	Trucks (10000 sets)	22.00	19.09	17.77
摩托车整车(万辆)	Motorcycle (10000 sets)	5.60	7.21	8.80
两轮脚踏自行车(万辆)	Bicycles with Two Wheels and Feet Driven (10000 sets)	43.53	37.21	51.47
发电机组(发电设备)(万千瓦)	Power Generation Equipment (10000 kW)	218.76	268.84	117.48
房间空气调节器(万台)	Air Conditioners (10000 sets)	1193.37	1306.60	1081.18
家用电风扇(万台)	Electric Fans (10000 sets)	190.25	193.91	198.99
家用洗衣机(万台)	Home Washing Machines (10000 sets)	7.47	5.16	
程控交换机(万线)	Program-controlled Switchboards (10000 lines)	40.19	1.39	0.55
集成电路(万块)	Integrated Circuits (10000 units)	3258.68	3930.37	3711.22
发电量(亿千瓦时)	Electricity (100 million kW·h)	3288.64	3458.35	3736.27
#火电(亿千瓦时)	Thermal Power (100 million kW·h)	2686.60	2705.58	2850.63
水电(亿千瓦时)	Hydropower (100 million kW·h)	7.97	24.77	48.20

12－13　分市工业产品产量(2023年)
Output of Industrial Products by City (2023)

市	City	原煤 (万吨) Coal (10000 tons)	啤酒 (千升) Beer (kiloliter)	布 (万米) Cloth (10000 m)	机制纸及纸板 (吨) Machine-made Paper and Paperboards (ton)	焦炭 (万吨) Coke (10000 tons)	硫酸 (吨) Sulfuric Acid (ton)	烧碱 (吨) Caustic Soda (ton)	农用氮、磷、钾化肥 (吨) Chemical Fertilizer (ton)
全　省	**Total**	**4611.1**	**1778701.6**	**87084.0**	**4361855.6**	**4315.7**	**1805289.5**	**1628971.3**	**2196659.8**
石家庄市	Shijiazhuang		390170.7	45708.0	362933.3		546448.0	319166.0	149817.0
石家庄市①	Shijiazhuang①		390170.7	44676.6	329289.8		546448.0	319166.0	149817.0
唐山市	Tangshan	2085.2	330567.5	616.0	1851035.1	2081.3	445359.3	480944.0	355023.6
秦皇岛市	Qinhuangdao		96717.0	728.3	515968.7	185.1	216365.0		
邯郸市	Handan	1569.7	26769.2	12925.5	29892.7	1043.3			19598.7
邢台市	Xingtai	750.5		14195.3	929130.0	282.0	37929.3		61090.0
保定市	Baoding		168321.0	12447.9	543845.3	302.9			
保定市①	Baoding①		168321.0	11633.6	507576.3				
张家口市	Zhangjiakou	179.7	48738.4			158.1	47460.0		36794.0
承德市	Chengde	26.1	10201.8			82.8	162798.0		352397.4
沧州市	Cangzhou		189603.4	20.1	16900.5	180.1	137866.0	573280.4	979759.4
廊坊市	Langfang		517612.6		88423.0				
衡水市	Hengshui			442.9	23727.0		211064.0	255580.8	242179.7
定州市	Dingzhou					302.9			
辛集市	Xinji			1031.4	33643.5				

12－13　续表　continued

市	City	初级形态的塑料 (吨) Primary Plastic (ton)	化学纤维 (吨) Chemical Fiber (ton)	水泥 (万吨) Cement (10000 tons)	平板玻璃 (万重量箱) Plate Glass (10000 weight cases)	生铁 (万吨) Pig Iron (10000 tons)	粗钢 (万吨) Crude Steel (10000 tons)	钢材 (万吨) Rolled Steel (10000 tons)	汽车 (辆) Motor Vehicles (unit)
全　省	**Total**	**1820329.7**	**1152668.2**	**10130.6**	**13401.6**	**19549.4**	**21050.6**	**29891.0**	**861962**
石家庄市	Shijiazhuang	231722.2	297967.7	2100.5	1386.7	1325.2	1590.4	1897.9	11809
石家庄市①	Shijiazhuang①	231722.2	294732.7	1834.7	1386.7	872.2	1113.6	1432.9	11809
唐山市	Tangshan	471410.0	769310.0	2721.9		11221.5	12148.7	16582.7	
秦皇岛市	Qinhuangdao	4831.0	14398.9	330.8	1062.5	1092.8	1161.9	1568.1	
邯郸市	Handan	29785.6		1056.2		3786.4	4108.9	5685.2	
邢台市	Xingtai	193225.6	4104.5	874.8	9145.7	458.0	489.4	616.1	6801
保定市	Baoding	23883.1	36955.1	1174.3				19.3	713614
保定市①	Baoding①	7654.1	36955.1	1174.3				18.2	522952
张家口市	Zhangjiakou			312.3			19.6	16.1	89772
承德市	Chengde			1026.4		907.6	871.3	922.9	
沧州市	Cangzhou	531138.0		269.4	5.8	757.8	660.4	1209.3	39966
廊坊市	Langfang	103175.2	1094.0	136.8	1790.9			1344.8	
衡水市	Hengshui	231159.0	28838.0	127.2	10.0			28.7	
定州市	Dingzhou	16229.0							190662
辛集市	Xinji		3235.0	265.8		453.0	476.8	465.0	

主要统计指标解释

工业 指从事自然资源的开采，对采掘品和农产品进行加工和再加工的物质生产部门。具体包括：(1)对自然资源的开采，如采矿、晒盐等（但不包括禽兽捕猎和水产捕捞）；(2)对农副产品的加工、再加工，如粮油加工、食品加工、缫丝、纺织、制革等；(3)对采掘品的加工、再加工，如炼铁、炼钢、化工生产、石油加工、机器制造、木材加工等，以及电力、燃气及水的生产和供应等；(4)对工业品的修理、翻新，如机器设备的修理等。

工业统计调查单位为工业法人单位。

工业法人单位指从事工业生产经营活动的法人单位。工业法人单位应同时具备以下条件：①依法成立，有自己的名称、组织机构和场所，能够独立承担民事责任；②独立拥有（或授权）使用资产，承担负债，有权与其他单位签订合同；③具有包括资产负债表在内的账户，或者能够根据需要编制账户。

国有控股企业 即原来的国有及国有控股企业，根据企业实收资本中国有经济成分的出资人的实际投资情况，或国有经济成分的出资人对企业资产的实际控制、支配程度进行分类。以下情况为国有控股：(1)在企业的全部实收资本中，国有经济成分的出资人拥有的实收资本（股本）所占企业全部实收资本（股本）的比例大于50%的国有绝对控股。(2)在企业的全部实收资本中，国有经济成分的出资人拥有的实收资本（股本）所占比例虽未大于50%，但相对大于其他任何一方经济成分的出资人所占比例的国有相对控股；或者虽不大于其他经济成分，但根据协议规定拥有企业实际控制权的国有协议控股。(3)投资双方各占50%，且未明确由谁绝对控股的企业，若其中一方为国有经济成分的，一律按国有控股处理。

资产总计 指企业过去的交易或者事项形成的、由企业拥有或者控制的、预期会给企业带来经济利益的资源。包括企业拥有的土地、办公楼、厂房、机器、运输工具、存货等实物资产和现金、存款、应收账款和预付账款等金融资产。资产一般按流动性分为流动资产和非流动资产。其中流动资产可分为货币资金、交易性金融资产、应收票据、应收账款、预付款项、其他应收款、存货等；非流动资产可分为长期股权投资、固定资产、无形资产及其他非流动资产等。来源于会计“资产负债表”中“资产总计”项目的期末余额数。

流动资产合计 资产满足以下条件之一应归为流动资产：(1)预计在一个正常营业周期中变现、出售或耗用，主要包括存货、应收账款等；(2)主要为交易目的而持有；(3)预计在资产负债表日起一年内（含一年）变现；(4)自资产负债日起一年内，交换其他资产或清偿负债的能力不受限制的现金或现金等价物。包括货币资金、应收票据、应收账款、存货等项目。来源于会计“资产负债表”中“流动资产合计”项目的期末余额数。

负债合计 指企业过去的交易或者事项形成的，预期会导致经济利益流出企业的现时义务。包括银行贷款、借款、应付账款、应付职工工资、应付职工福利费、应交税金等企业负有偿还责任的债务。负债一般按偿还期长短分为流动负债和非流动负债。来源于会计“资产负债表”中“负债合计”项目的期末余额数。

应收账款 指资产负债表日以摊余成本计量的、企业因销售商品、提供服务等经营活动应收取的款项。来源于会计“资产负债表”中“应收账款”项目的期末余额数。

存货 指企业在日常活动中持有以备出售的产成品或商品、处在生产过程中的在产品、在生产过程或提供劳务过程中耗用的材料或物料等，通常包括原材料、在产品、半成品、产成品、商品以及周转材料等。来源于会计“资产负债表”中“存货”项目的期末余额数。

产成品 指企业已经完成全部生产过程并验收入库，可以按照合同规定的条件送交订货单位，或者可以作为商品对外销售的产品；以及外购或委托加工完成验收入库用于销售的各种商品。如果会计“资产负债表”列示“产成品”或“库存商品”项目，则根据其期末余额填报；或者，根据会计“产成品”或“库存商品”科目的期末借方余额，减去为“产成品”或“库存商品”计提的存货跌价准备等填报。

营业收入 指企业从事销售商品、提供劳务和让渡资产使用权等生产经营活动形成的经济利益流入。营业收入包括“主营业务收入”和“其他业务收入”。来源于会计“利润表”中“营业收入”项目的本年累计数。

营业成本 指企业从事销售商品、提供劳务和让渡资产使用权等生产经营活动发生的实际成本。包括企业（单位）在报告期内从事销售商品、提供劳务等日常活动发生的各种耗费。包括“主营业务成本”和“其他业务成本”。来源于会计“利润表”中“营业成本”项目的本年累计数。

销售费用 指企业在销售商品和材料、提供劳务的过程中发生的各种费用，包括保险费、包装费、展览费和广告费、商品维修费、预计产品质量保证损失、运输费、装卸费等以及为销售本企业商品而专设的销售机构（含销售网点、售后服务网点等）的职工薪酬、业务费、折旧费等经营费用。

管理费用 指企业为组织和管理企业生产经营所发生的费用，包括企业在筹建期间内发生的开办费、董事会和行政管理部门在企业经营管理中发生的，或者应当由企业统一负担的公司经费等。来源于会计“利润表”中“管理费用”项目的本年累计数。

财务费用 指企业为筹集生产经营所需资金等而发生的筹资费用，包括企业生产经营期间发生的利息支出（减利息收入）、汇兑损失（减汇兑收益）以及相关的手续费等。来源于会计“利润表”中“财务费用”项目的本年累计数。

利润总额 指企业在一定会计期间的经营成果，是生产经营过程中各种收入扣除各种耗费后的盈余，反映企业在报告期内实现的盈亏总额。来源于会计“利润表”中“利润总额”项目的本年累计数。

平均用工人数 指报告期企业平均实际拥有的、参与本企业生产经营活动的人员数。

Explanatory Notes on Main Statistical Indicators

Industry refers to the material production sector which is engaged in the extraction of natural resources and processing and reprocessing of minerals and agricultural products, including (1) extraction of natural resources, such as mining, salt production (but not including hunting and fishing); (2) processing and reprocessing of farm and sideline produces, such as grain and oil processing, food processing, silk reeling, spinning and weaving and leather making; (3) processing and reprocessing of mineral products, such as steel making, iron smelting, chemicals manufacturing, petroleum processing, machine building, timber processing, and production and supply of electricity, gas and water; (4) repairing and renovating of industrial products such as the machinery.

In industrial surveys, the units of enquiry are industrial corporate units.

Industrial corporate units refer to corporate units engaging in industrial production and operation activities, which meet the following requirements: (1) They are established legally, having their own names, organizations, location, and are able to take civil liability independently; (2) They possess (or are authorized to use) assets independently, assume liabilities and are entitled to sign contracts with other units; (3) They have accounts including the balance sheets or can compile the accounts according to the need.

State-holding Enterprises cover the original state-owned enterprises and state-holding enterprises. They are classified according to the actual investment made by the contributor of state-owned part in the paid-in capital of the enterprises, or the degree of control or dominance of the contributor on the assets of the enterprises. The following cases are regarded as state-holding: (1) Absolute state-holding in which the contributors of state-owned parts possess more than 50% of all the paid-in capital (stocks) of the enterprises; (2) Relative state-holding in which the contributors of state-owned parts possess no more than 50% of the paid-in capital (stocks) of the enterprises, but more than that of any other contributors; or Agreed state-holding in which the contributors of state-owned parts possess no more than other contributors but have actual control over the enterprises according to agreements; (3) In the case both contributors possess 50% and it is not clear which one is in absolute holding position, the enterprise is regarded as state-holding enterprise if one of the contributor has state-owned elements.

Total Assets refer to all resources that are owned or controlled by enterprises through previous trades or transactions, with expectation of making economic profits to enterprises. Included are all assets owned by enterprises such as land, office buildings, factories, machines, vehicles, inventories and other physical assets as well as cash, deposits, accounts receivable, prepayments and other financial assets. Classified by the degree of liquidity, total assets include current assets and non-current assets. Current assets can be classified into monetary capital, trading financial assets, notes receivable, accounts receivable, advanced payments, other receivables and inventories. Non-current assets can be divided into long-term equity investment, fixed assets, intangible assets and other non-current assets. Data on this indicator can be obtained from the year-end figures of total assets in the Balance Sheet of accounting records.

Total Current Assets refer to the assets that meet one of the following requirements: (1) expected to be cashed, sold or used in a normal operation cycle, mainly including inventory and accounts receivable; (2) be owned for trading purpose mainly; (3) expected to be cashed in one year (including one year) from the day of the *Balance Sheet*; (4) unlimited cash or cash equivalents that can be exchanged with other assets or being capable of settling debts during one year since the day of the *Balance Sheet*. Included are monetary capital, notes receivable, accounts receivable and inventories. Data on this indicator can be obtained from the year-end figures of total current assets in the *Balance Sheet* of accounting records.

Total Liabilities refer to payable liabilities of enterprises that are accumulated from earlier transactions with expectation of leaking out of economic profits. Included are debts that enterprises are responsible for repaying such as bank loans, borrowings, accounts payable, wages payable, employee benefits payable, taxes payable, etc. In terms of payment, it can be divided into liquid liabilities and long-term liabilities. Data on this indicator can be obtained from the year-end figures of total liabilities in the Balance Sheet of accounting records.

Accounts Receivable refers to creditor's rights through business activities such as selling goods and providing labor. It comes from the ending balance of accounts receivable in balance sheet.

Inventories refers to finished goods or commodities held in preparation for sale in enterprises' daily activities, goods in the production process, material or the physical materials consumed in the production process or in the process of providing labor, usually include raw materials, goods in the production process, semi-finished products, finished products, goods and materials in flow. It comes from the ending balance of inventory in balance sheet.

Finished Goods refers to products that have completed the entire production process and have been accepted for storage by the enterprise, and can be delivered to the ordering unit according to the conditions stipulated in the contract, or can be sold as commodities to the outside world; and various goods purchased or commissioned for processing, acceptance and storage for sale. If the accounting "balance sheet" lists "finished products" or "inventory goods" items, report them based on their ending balance; alternatively, based on the ending debit balance of the accounting "finished products" or "inventory goods" account, subtract the provision for inventory depreciation made for "finished products" or "inventory goods".

Business Revenue refers to the inflow of economic benefits through production and operation activities of enterprises, such as selling commodities, providing labor services and transferring the right to use of assets. Business revenue includes "revenue from principal business" and "revenue from other business". It comes from current year's cumulative report of "business revenue" items from the "income statement".

Business Cost refers to the actual costs incurred by the enterprises in such production and operation activities as selling commodities, providing labor services and transferring the right to use of assets. It includes various expenditures incurred by enterprises (units) in their daily activities of selling goods and providing labour services during the reporting period. It includes "cost of principal business" and "cost of other business". It comes from current year's cumulative report of "operating cost" items from the "income statement".

Selling Expense refers to the cost during the sale of goods and materials, providing labour services, including insurance, packing, exhibition fees and advertising fees, merchandise maintenance costs, expected product quality guarantee loss, transportation fees, handling fees, and operating expenses for the sales of the company's products such as employee compensation, business expenses, depreciation costs for dedicated sales offices (including sales outlets, after-sales service outlets, etc.).

Administrative Expense refers to the expenses for the organization and management of enterprise operating, including the start-up costs during the construction of enterprises, funds occurred during enterprises operating by board of directors and executive management in the enterprise management, or burden by enterprises. It comes from this year's cumulative current amount of management cost in income statement.

Financial Expenses refers to cost of raising fund for enterprises to raise funds for production and operation, including interest payments (a reduction in interest income), exchange loss (less exchange gains) and related fees during the period of production. It comes from this year's cumulative current amount of financial expenses in income statement.

Total Profits refers to the operation results in a certain accounting period, and it is the balance of various incomes minus various spendings in the course of operation, reflecting the total profits and losses of enterprises in reference period. Data are obtained from the this year's cumulative amount of total profits in the profit statement of the accounting record of enterprise.

Annual Average Employees refers to the number of persons engaged in the enterprise production and operation activities in the reporting period, which are actually owned by the enterprise.

建筑业
Construction

简 要 说 明

一、本篇资料反映河北省建筑业概况和发展情况。包括建筑业企业基本情况和生产经营情况。

二、根据建筑业发展的实际情况，建筑业统计范围从2002年年报起由原具有建筑业资质等级四级及四级以上的独立核算的建筑业企业调整为具有建筑业资质的独立核算建筑业企业。

三、本篇建筑业企业统计数据根据国家统计局制定的《建筑业统计报表制度》整理汇总。

四、本篇资料由河北省统计局投资与建筑业统计处整理提供。

五、资料整理：卢领建

Brief Introduction

Ⅰ.The data in this chapter reflects the general situation and development of construction industry in Hebei Province. Including the basic situation of construction enterprises and production and operation.

Ⅱ. According to the actual situation of the development of the construction industry, the statistical scope of the construction industry shall be adjusted from independent accounting construction enterprises with construction industry qualification grade 4 or above to independent accounting construction enterprises with construction industry qualification since the 2002 annual Report.

Ⅲ. The statistical data of this construction enterprise is collated and summarized according to the *Statistical Statement System of Construction Industry* formulated by the National Bureau of Statistics.

Ⅳ.This information is provided by Investment and Construction Statistics Division of Hebei Province Statistics Bureau.

Ⅴ.Data collection: Lu Lingjian.

13－1 建筑业企业概况
Main Indicators of Construction Enterprises

年 份 Year	总 计 Total	内资企业 Domestic Invested Enterprises	港澳台投资企业 Enterprises with Investment from Hong Kong, Macao and Taiwan	外商投资企业 Foreign Invested Enterprises
企业单位数（个） Number of Enterprises (unit)				
1980	243	243		
1985	441	441		
1990	527	527		
1995	941	941		
2000	1730	1730		
2005	2094	2094		
2010	2289	2283	4	2
2011	2290	2284	5	1
2012	2499	2492	5	2
2013	2500	2494	5	1
2014	2496	2490	5	1
2015	2485	2481	3	1
2016	2604	2599	4	1
2017	2667	2662	3	2
2018	2523	2520	3	
2019	2693	2688	3	2
2020	2940	2933	4	3
2021	3142	3138	3	1
2022	3579	3574	4	1
2023	4118	4114	3	1
从业人员（万人） Number of Employed Persons (10000 persons)				
1980	26.2	26.2		
1985	29.6	29.6		
1990	59.3	59.3		
1995	76.2	76.2		
2000	87.6	87.6		

注：1.1980—1992年为全民和集体所有制建筑业企业数据；1993—1995年为各种经济成分的建制镇以上企业数据；1996—2001年数据为资质等级(旧资质)四级及四级以上建筑业企业数据；2002年及以后数据为所有具有资质等级的施工总承包、专业承包建筑业企业数据。

2.从业人员数1993年至1997年为年平均人数，其余年份为年末人数。

a) Data from 1980 to 1992 were construction enterprises owned by the whole people or under collective ownership. Data from 1993 to 1995 were enterprises above the designated town in diverse economic sectors. Data from 1996 to 2001 included construction enterprises at fourth or higher quality grades(old classification of grades). Data since 2002 included all general contracting and professional contracting construction enterprises which possess qualification certificates.

b) For 1993-1997,the number of employed persons refers to the annual average, and for other years, it refers to employed persons at the end of the year.

13-1 续表 continued

年 份 Year	总 计 Total	内资企业 Domestic Invested Enterprises	港澳台投资企业 Enterprises with Investment from Hong Kong, Macao and Taiwan	外商投资企业 Foreign Invested Enterprises
2005	108.4	108.4		
2010	128.7	128.6	0.1	…
2011	120.5	120.4	0.1	…
2012	134.9	134.8	0.1	…
2013	119.5	119.4	…	0.1
2014	114.2	114.1	0.1	0.1
2015	107.3	107.3	0.1	…
2016	145.3	145.3	0.1	…
2017	149.2	149.2	…	…
2018	124.3	124.2	…	
2019	89.8	89.7	0.1	
2020	81.4	81.4	…	
2021	79.0	78.2	0.7	…
2022	81.7	81.0	0.7	
2023	79.0	78.4	0.7	…
建筑业总产值（亿元） Gross Output Value (100 million yuan)				
1980	23.53	23.53		
1985	44.98	44.98		
1990	133.06	133.06		
1995	555.23	555.23		
2000	852.09	852.09		
2005	1285.29	1284.66	0.48	0.15
2010	3232.53	3227.39	2.83	2.31
2011	3972.66	3968.91	3.54	0.21
2012	4865.09	4857.81	3.64	3.64
2013	5234.97	5231.53	2.80	0.64
2014	5625.75	5622.40	2.78	0.57
2015	5252.57	5249.31	2.69	0.57
2016	5517.69	5513.60	3.73	0.36
2017	5655.38	5650.70	3.90	0.78
2018	5740.25	5735.94	4.31	
2019	5847.97	5844.03	3.86	0.07
2020	5948.09	5943.32	4.49	0.28
2021	6484.60	6062.42	408.91	13.27
2022	6951.34	6534.84	410.12	6.39
2023	7259.02	6908.90	349.98	0.13

13-2 按登记注册统计类别分建筑业企业主要经济指标(2023年)
Main Economic Indicators of Construction Enterprises by Registered Statistical Categories (2023)

指标	Item	总计 Total	内资企业 Domestic Invested Enterprises	港澳台投资企业 Enterprises with Investment from Hong Kong, Macao and Taiwan	外商投资企业 Foreign Invested Enterprises
企业单位数(个)	Number of Construction Enterprises (unit)	**4118**	**4114**	**3**	**1**
从业人员(万人)	Number of Employed Persons (10000 persons)	79	78	1	…
固定资产原价(亿元)	Fixed Assets (original value) (100 million yuan)	820	810	10	0.2
建筑业总产值(亿元)	Gross Output Value of Construction (100 million yuan)	7259	6909	350	0.1
房屋施工面积(万平方米)	Floor Space of Buildings under Construction (10000 sq.m)	34047	30745	3302	…
房屋竣工面积(万平方米)	Floor Space of Buildings Completed (10000 sq.m)	7923	7224	698	…
利润总额(亿元)	Total Profits (100 million yuan)	126	119	7	…
税金总额(亿元)	Total Tax (100 million yuan)	145	141	5	…
按总产值计算的劳动生产率(元/人)	Overall Labour Productivity in Terms of Gross Output Value (yuan/person)	542192	541990	546384	307535
房屋建筑面积竣工率(%)	Rate of Floor Space of Buildings Completed (%)	23.3	23.5	21.1	
产值利润率(%)	Ratio of Profit to Gross Output Value (%)	1.7	1.7	1.9	7.6
产值利税率(%)	Ratio of Pre-tax Profit to Gross Output Value (%)	3.7	3.8	3.2	9.6

13-3 分市建筑业劳动生产率(2023年)
Labor Productivity of Construction Industry by Region (2023)

单位：元/人 (yuan/person)

市	City	按建筑业总产值计算的劳动生产率 Labor Productivity in Terms of Total Output Value of Construction	#内资企业 Domestic Invested Enterprises
全省	**Total**	**542192**	**541990**
石家庄市	Shijiazhuang	851561	851561
石家庄市①	Shijiazhuang①	873173	873173
唐山市	Tangshan	580154	580154
秦皇岛市	Qinhuangdao	488345	488507
邯郸市	Handan	473756	473756
邢台市	Xingtai	473787	473787
保定市	Baoding	429935	402968
保定市①	Baoding①	475955	457700
张家口市	Zhangjiakou	351397	351397
承德市	Chengde	335656	335656
沧州市	Cangzhou	562385	562385
廊坊市	Langfang	541449	541449
衡水市	Hengshui	352138	352274
定州市	Dingzhou	257887	257887
辛集市	Xinji	231407	231407

13-4 分市按登记注册统计类别分建筑业企业单位数(2023年) Number of Construction Enterprises by Registered Statistical Categories and Region (2023)

单位：个 (unit)

市	City	总计 Total	内资企业 Domestic Invested Enterprises	港澳台投资企业 Enterprises with Investment from Hong Kong, Macao and Taiwan	外商投资企业 Foreign Invested Enterprises
全　　省	**Total**	**4118**	**4114**	**3**	**1**
石家庄市	Shijiazhuang	624	624		
石家庄市①	Shijiazhuang①	579	579		
唐 山 市	Tangshan	453	453		
秦皇岛市	Qinhuangdao	221	220		1
邯 郸 市	Handan	542	542		
邢 台 市	Xingtai	362	362		
保 定 市	Baoding	565	563	2	
保 定 市①	Baoding①	481	480	1	
张家口市	Zhangjiakou	193	193		
承 德 市	Chengde	261	261		
沧 州 市	Cangzhou	315	315		
廊 坊 市	Langfang	302	302		
衡 水 市	Hengshui	280	279	1	
定 州 市	Dingzhou	43	43		
辛 集 市	Xinji	45	45		

13-5 分市按登记注册统计类别分建筑业企业从业人员(2023年) Number of Employed Persons in Construction Enterprises by Registered Statistical Categories and Region (2023)

单位：人 (person)

市	City	总计 Total	内资企业 Domestic Invested Enterprises	港澳台投资企业 Enterprises with Investment from Hong Kong, Macao and Taiwan	外商投资企业 Foreign Invested Enterprises
全　　省	**Total**	**790340**	**783527**	**6768**	**45**
石家庄市	Shijiazhuang	108097	108097		
石家庄市①	Shijiazhuang①	104721	104721		
唐 山 市	Tangshan	112137	112137		
秦皇岛市	Qinhuangdao	23983	23938		45
邯 郸 市	Handan	105167	105167		
邢 台 市	Xingtai	42144	42144		
保 定 市	Baoding	162022	155392	6630	
保 定 市①	Baoding①	108668	102103	6565	
张家口市	Zhangjiakou	19356	19356		
承 德 市	Chengde	33214	33214		
沧 州 市	Cangzhou	62402	62402		
廊 坊 市	Langfang	85063	85063		
衡 水 市	Hengshui	36755	36617	138	
定 州 市	Dingzhou	51695	51695		
辛 集 市	Xinji	3376	3376		

13-6 建筑业企业技术装备情况

Machinery and Equipment Owned by Construction Enterprises

年份 Year 市 City		自有施工机械设备年末总台数(台) Number of Machinery and Equipment Owned (set)	自有施工机械设备年末总功率(万千瓦) Total Power of Machinery and Equipment Owned (10000 kW)	自有施工机械设备年末净值(万元) Year-end Net Value of Machinery and Equipment Owned (10000 yuan)	技术装备率(元/人) Value of Machinery per Worker (yuan/person)	动力装备率(千瓦/人) Power of Machines per Worker (kW/person)
	1992	94837	212.6	138588	3398	5.2
	1995	213972	331.8	2851719	3741	4.4
	2000	380673	603.9	5715649	6525	7.0
	2005	435734	716.7	975913	8212	6.0
	2006	516915	723.7	1065747	9936	6.8
	2007	498629	698.0	1071893	10004	6.5
	2008	465252	777.4	1290411	11142	6.7
	2009	475386	843.7	1384173	11711	7.1
	2010	967008	1034.5	1813278	14092	8.0
	2011	551462	1198.6	1878605	15590	10.0
	2012	546209	1471.4	1873380	15672	12.3
	2013	870203	1129.9	1818782	14732	9.2
	2014	657988	1756.6	1949338	13327	12.0
	2015	530245	1250.4	2088220	15001	9.0
	2016	535161	1029.7	1750955	12049	7.1
	2017	641691	1183.8	2191898	14532	7.9
	2018	595714	1257.4	7660159	61653	10.1
	2019	500821	1086.0	1646906	18348	11.2
	2020	335727	780.5	1358128	16675	13.3
	2021	263536	847.6	1083479	13721	10.7
	2022	249339	651.2	977769	11966	8.0
	2023	210639	581.8	939274	11884	7.4
石家庄市	Shijiazhuang	28143	56.9	158175	14633	5.3
石家庄市①	Shijiazhuang①	27186	52.5	154354	14740	5.0
唐山市	Tangshan	24534	61.4	113939	10161	5.5
秦皇岛市	Qinhuangdao	5877	53.7	29672	12372	22.4
邯郸市	Handan	37434	93.6	150976	14356	8.9
邢台市	Xingtai	14388	17.0	50369	11952	4.0
保定市	Baoding	32294	47.9	97613	6025	3.0
保定市①	Baoding①	29999	44.6	84999	7822	4.1
张家口市	Zhangjiakou	3594	37.3	19627	10140	19.3
承德市	Chengde	8326	12.7	39005	11744	3.8
沧州市	Cangzhou	15859	27.9	55824	8946	4.5
廊坊市	Langfang	35490	163.8	193267	22720	19.3
衡水市	Hengshui	4700	9.6	30807	8382	2.6
定州市	Dingzhou	1912	3.0	10430	2018	0.6
辛集市	Xinji	957	4.4	3820	11316	12.9

注：从2004年起，自有机械设备情况统计改为自有施工机械设备情况统计。

a) Starting from 2004, statistics on machinery and equipment owned refer to construction machinery and equipment owned.

13-7 分市建筑业总产值(2023年)
Total Output Value of Construction by Region (2023)

单位：万元 (10000 yuan)

市	City	建筑业总产值 Total Output Value of Construction	建筑工程产值 Output Value of Construction	安装工程产值 Output Value of Installation	其 他 Others
全　省	**Total**	**72590170**	**61228651**	**9728822**	**1632696**
石家庄市	Shijiazhuang	20027705	15407165	4074644	545896
石家庄市①	Shijiazhuang①	19844430	15240907	4059003	544521
唐 山 市	Tangshan	10101470	9347185	640284	114002
秦皇岛市	Qinhuangdao	2347281	2173843	154662	18775
邯 郸 市	Handan	6623161	5552858	1000295	70009
邢 台 市	Xingtai	2422522	2271900	116362	34260
保 定 市	Baoding	14665252	13475195	1025732	164325
保 定 市①	Baoding①	12450227	11374358	926174	149696
张家口市	Zhangjiakou	1389600	1191623	168117	29859
承 德 市	Chengde	1719597	1554583	163359	1656
沧 州 市	Cangzhou	5328595	4000857	847431	480307
廊 坊 市	Langfang	6274089	4728046	1396264	149779
衡 水 市	Hengshui	1690899	1525398	141672	23828
定 州 市	Dingzhou	1890081	1783990	93611	12480
辛 集 市	Xinji	183275	166259	15641	1375

13-8 分市按登记注册统计类别分建筑业总产值(2023年)
Total Output Value of Construction by Registered Statistical Categories and Region (2023)

单位：万元 (10000 yuan)

市	City	总 计 Total	内资企业 Domestic Invested Enterprises	港澳台投资企业 Enterprises with Investment from Hong Kong, Macao and Taiwan	外商投资企业 Foreign Invested Enterprises
全　省	**Total**	**72590170**	**69089042**	**3499805**	**1322**
石家庄市	Shijiazhuang	20027705	20027705		
石家庄市①	Shijiazhuang①	19844430	19844430		
唐 山 市	Tangshan	10101470	10101470		
秦皇岛市	Qinhuangdao	2347281	2345958		1322
邯 郸 市	Handan	6623161	6623161		
邢 台 市	Xingtai	2422522	2422522		
保 定 市	Baoding	14665252	11168742	3496511	
保 定 市①	Baoding①	12450227	9063549	3386678	
张家口市	Zhangjiakou	1389600	1389600		
承 德 市	Chengde	1719597	1719597		
沧 州 市	Cangzhou	5328595	5328595		
廊 坊 市	Langfang	6274089	6274089		
衡 水 市	Hengshui	1690899	1687604	3294	
定 州 市	Dingzhou	1890081	1890081		
辛 集 市	Xinji	183275	183275		

13-9 分市按行业分建筑业总产值(2023年)
Total Output Value of Construction by Branch and Region (2023)

单位：万元 (10000 yuan)

市	City	建筑业总产值 Total Output Value of Construction	房屋建筑业 Construction of Buildings	土木工程建筑业 Civil Engineering	建筑安装业 Building Installation	建筑装饰、装修和其他建筑业 Building Decoration and Other Construction
全　省	**Total**	**72590170**	**40165397**	**23556142**	**7003545**	**1865086**
石家庄市	Shijiazhuang	20027705	8272286	7011334	4150466	593618
石家庄市①	Shijiazhuang①	19844430	8159025	6944965	4149975	590466
唐 山 市	Tangshan	10101470	6091867	3754913	147437	107254
秦皇岛市	Qinhuangdao	2347281	1216159	887318	182921	60883
邯 郸 市	Handan	6623161	3849252	2194547	426401	152961
邢 台 市	Xingtai	2422522	1160844	1170774	51830	39074
保 定 市	Baoding	14665252	10919811	3101548	356869	287025
保 定 市①	Baoding①	12450227	8951136	2926555	348385	224151
张家口市	Zhangjiakou	1389600	943575	398157	23355	24512
承 德 市	Chengde	1719597	932031	625680	126170	35716
沧 州 市	Cangzhou	5328595	3492036	866829	858386	111344
廊 坊 市	Langfang	6274089	2157118	3124052	597578	395340
衡 水 市	Hengshui	1690899	1130418	420988	82131	57361
定 州 市	Dingzhou	1890081	1802533	25387	780	61382
辛 集 市	Xinji	183275	113262	66370	492	3152

13-10 分市建筑业企业签订合同和承包工程完成情况(2023年)
Contracts Signed and Completion of Contracted Projects by Construction Enterprises by Region (2023)

单位：万元 (10000 yuan)

市	City	合同总额 Total Value of Contracts	上年结转合同额 Value from Contracts Signed in Last Year	本年新签合同额 Value from New Contracts Signed in This Year	直接从建设单位承揽工程完成的产值 Completed Output Value of Projects Contracted Directly from Investors	自行完成施工产值 Own-completed Output Value	分包出去工程的产值 Output Value of Out-subcontracted Projects	从建设单位以外承揽工程完成的产值 Completed Output Value of Projects Contracted from Non-investors
全　省	**Total**	**175218099**	**91020795**	**84197305**	**70394862**	**69229011**	**1165851**	**3361159**
石家庄市	Shijiazhuang	40827881	16986303	23841578	18818821	18414866	403955	1612839
石家庄市①	Shijiazhuang①	40412832	16823383	23589449	18633333	18239973	393359	1604457
唐 山 市	Tangshan	39362932	21583331	17779601	10083973	9885344	198628	216126
秦皇岛市	Qinhuangdao	4473540	2757529	1716011	1861321	1856879	4442	490402
邯 郸 市	Handan	12277392	5137448	7139944	6437580	6407114	30466	216047
邢 台 市	Xingtai	7054789	4169004	2885785	2360604	2345961	14643	76561
保 定 市	Baoding	32696490	19230292	13466198	14372269	14349815	22454	315437
保 定 市①	Baoding①	29730849	18839349	10891500	12368473	12360084	8389	90144
张家口市	Zhangjiakou	3057680	1538278	1519402	1334969	1316821	18148	72779
承 德 市	Chengde	3058358	1513192	1545167	1713876	1712872	1004	6725
沧 州 市	Cangzhou	10890285	4659596	6230690	5232813	5113296	119517	215299
廊 坊 市	Langfang	18476905	11847707	6629198	6518842	6178882	339959	95206
衡 水 市	Hengshui	3041846	1598115	1443731	1659795	1647161	12634	43738
定 州 市	Dingzhou	2297050	280253	2016797	1812311	1801376	10935	88706
辛 集 市	Xinji	415050	162921	252129	185488	174892	10596	8382

13-11 分市按登记注册统计类别分建筑业企业实收资本(2023年)
Paid-in Capitals of Construction Enterprises by Registered Statistical Categories and Region (2023)

单位：万元 (10000 yuan)

市	City	总 计 Total	内资企业 Domestic Invested Enterprises	港澳台投资企业 Enterprises with Investment from Hong Kong, Macao and Taiwan	外商投资企业 Foreign Invested Enterprises
全 省	**Total**	**10696406**	**10496068**	**196338**	**4000**
石家庄市	Shijiazhuang	1871047	1871047		
石家庄市①	Shijiazhuang①	1818155	1818155		
唐 山 市	Tangshan	1335159	1335159		
秦皇岛市	Qinhuangdao	625241	621241		4000
邯 郸 市	Handan	1394540	1394540		
邢 台 市	Xingtai	699788	699788		
保 定 市	Baoding	1556880	1361242	195638	
保 定 市①	Baoding①	1400765	1224627	176138	
张家口市	Zhangjiakou	440309	440309		
承 德 市	Chengde	382814	382814		
沧 州 市	Cangzhou	802765	802765		
廊 坊 市	Langfang	1265203	1265203		
衡 水 市	Hengshui	322659	321959	700	
定 州 市	Dingzhou	69080	69080		
辛 集 市	Xinji	52892	52892		

13-12 分市建筑业企业资产(2023年)
Assets of Construction Enterprises by Region (2023)

单位：万元 (10000 yuan)

市	City	资产总计 Total Assets	#流动资产 Current Assets	#固定资产 Fixed Assets	#在建工程 Projects under Construction
全 省	**Total**	**95140699**	**79344617**	**8197298**	**662245**
石家庄市	Shijiazhuang	18721574	16171888	1211119	91668
石家庄市①	Shijiazhuang①	18434726	15932744	1168766	91647
唐 山 市	Tangshan	12728889	10499859	999769	59573
秦皇岛市	Qinhuangdao	5055980	4288297	408001	15494
邯 郸 市	Handan	7621178	5656081	1045343	68162
邢 台 市	Xingtai	6443093	4326476	407083	74769
保 定 市	Baoding	17193410	14659055	915676	88156
保 定 市①	Baoding①	16157623	13982120	847125	56233
张家口市	Zhangjiakou	3848498	3245847	347198	62129
承 德 市	Chengde	3263156	2699812	349676	34361
沧 州 市	Cangzhou	6363950	5411732	698909	87942
廊 坊 市	Langfang	11975877	10757686	1592748	23063
衡 水 市	Hengshui	1925094	1627885	221776	56930
定 州 市	Dingzhou	611458	313013	51003	995
辛 集 市	Xinji	286848	239144	42353	21

13-13 分市建筑业企业负债及所有者权益(2023年)
Liabilities and Owners' Equity of Construction Enterprises by Region (2023)

单位：万元 (10000 yuan)

市	City	负债合计 Total Liabilities	流动负债合计 Current Liabilities	非流动负债合计 Non-current Liabilities	所有者权益 Owners' Equity	#实收资本 Paid-in Capitals
全　省	**Total**	**72496122**	**60568065**	**4539542**	**22644578**	**10696406**
石家庄市	Shijiazhuang	14911508	12906663	935970	3810066	1871047
石家庄市①	Shijiazhuang①	14716612	12813809	935950	3718115	1818155
唐 山 市	Tangshan	10047150	8540878	705241	2681739	1335159
秦皇岛市	Qinhuangdao	3813931	3266499	324866	1242049	625241
邯 郸 市	Handan	4586389	3631916	390358	3034789	1394540
邢 台 市	Xingtai	4743728	2788926	43531	1699365	699788
保 定 市	Baoding	13501998	11188488	1065087	3691413	1556880
保 定 市①	Baoding①	12948045	10700611	1046941	3209579	1400765
张家口市	Zhangjiakou	2928231	2406016	366547	920267	440309
承 德 市	Chengde	2230854	1590485	137933	1032302	382814
沧 州 市	Cangzhou	4963314	4527000	70221	1400636	802765
廊 坊 市	Langfang	9507111	8691636	461531	2468766	1265203
衡 水 市	Hengshui	1261907	1029558	38257	663186	322659
定 州 市	Dingzhou	235907	182836	17187	375551	69080
辛 集 市	Xinji	194897	92854	20	91951	52892

13-14 分市按登记注册统计类别分建筑业企业资产(2023年)
Assets of Construction Enterprises by Registered Statistical Categories and Region (2023)

单位：万元 (10000 yuan)

市	City	总计 Total	内资企业 Domestic Invested Enterprises	港澳台投资企业 Enterprises with Investment from Hong Kong, Macao and Taiwan	外商投资企业 Foreign Invested Enterprises
全　省	**Total**	**95140699**	**89930073**	**5199319**	**11308**
石家庄市	Shijiazhuang	18721574	18721574		
石家庄市①	Shijiazhuang①	18434726	18434726		
唐 山 市	Tangshan	12728889	12728889		
秦皇岛市	Qinhuangdao	5055980	5044672		11308
邯 郸 市	Handan	7621178	7621178		
邢 台 市	Xingtai	6443093	6443093		
保 定 市	Baoding	17193410	11995419	5197992	
保 定 市①	Baoding①	16157623	11042200	5115423	
张家口市	Zhangjiakou	3848498	3848498		
承 德 市	Chengde	3263156	3263156		
沧 州 市	Cangzhou	6363950	6363950		
廊 坊 市	Langfang	11975877	11975877		
衡 水 市	Hengshui	1925094	1923766	1327	
定 州 市	Dingzhou	611458	611458		
辛 集 市	Xinji	286848	286848		

13-15 分市按登记注册统计类别分建筑业企业负债(2023年)
Liabilities of Construction Enterprises by Registered Statistical Categories and Region (2023)

单位：万元 (10000 yuan)

市	City	总计 Total	内资企业 Domestic Invested Enterprises	港澳台投资企业 Enterprises with Investment from Hong Kong, Macao and Taiwan	外商投资企业 Foreign Invested Enterprises
全　省	**Total**	**72496122**	**67860183**	**4635204**	**734**
石家庄市	Shijiazhuang	14911508	14911508		
石家庄市①	Shijiazhuang①	14716612	14716612		
唐 山 市	Tangshan	10047150	10047150		
秦皇岛市	Qinhuangdao	3813931	3813197		734
邯 郸 市	Handan	4586389	4586389		
邢 台 市	Xingtai	4743728	4743728		
保 定 市	Baoding	13501998	8867899	4634098	
保 定 市①	Baoding①	12948045	8374455	4573590	
张家口市	Zhangjiakou	2928231	2928231		
承 德 市	Chengde	2230854	2230854		
沧 州 市	Cangzhou	4963314	4963314		
廊 坊 市	Langfang	9507111	9507111		
衡 水 市	Hengshui	1261907	1260801	1106	
定 州 市	Dingzhou	235907	235907		
辛 集 市	Xinji	194897	194897		

13-16 分市按登记注册统计类别分建筑业企业所有者权益(2023年)
Owners' Equity of Construction Enterprises by Registered Statistical Categories and Region (2023)

单位：万元 (10000 yuan)

市	City	总计 Total	内资企业 Domestic Invested Enterprises	港澳台投资企业 Enterprises with Investment from Hong Kong, Macao and Taiwan	外商投资企业 Foreign Invested Enterprises
全　省	**Total**	**22644578**	**22069890**	**564115**	**10574**
石家庄市	Shijiazhuang	3810066	3810066		
石家庄市①	Shijiazhuang①	3718115	3718115		
唐 山 市	Tangshan	2681739	2681739		
秦皇岛市	Qinhuangdao	1242049	1231476		10574
邯 郸 市	Handan	3034789	3034789		
邢 台 市	Xingtai	1699365	1699365		
保 定 市	Baoding	3691413	3127519	563894	
保 定 市①	Baoding①	3209579	2667745	541834	
张家口市	Zhangjiakou	920267	920267		
承 德 市	Chengde	1032302	1032302		
沧 州 市	Cangzhou	1400636	1400636		
廊 坊 市	Langfang	2468766	2468766		
衡 水 市	Hengshui	663186	662965	221	
定 州 市	Dingzhou	375551	375551		
辛 集 市	Xinji	91951	91951		

13-17 分市建筑业企业营业收入(2023年)
Business Revenue of Construction Enterprises by Region (2023)

单位：万元 (10000 yuan)

市	City	营业收入 Business Revenue	主营业务收入 Revenue from Principal Business	#主营业务成本 Costs of Principal Business	#主营业务利润 Profits from Principal Business	其他业务收入 Revenue from Other Businesses	#其他业务利润 Profits from Other Businesses
全　省	**Total**	**64757423**	**64212641**	**58701881**	**1241511**	**544782**	**31172**
石家庄市	Shijiazhuang	17337822	17280852	15879083	308892	56971	8058
石家庄市①	Shijiazhuang①	17142234	17086161	15699689	306230	56073	8051
唐 山 市	Tangshan	9952838	9894641	8595354	193560	58197	3810
秦皇岛市	Qinhuangdao	2268054	2253655	2031295	62403	14399	2540
邯 郸 市	Handan	6210698	6128596	5665364	127469	82101	1960
邢 台 市	Xingtai	2751810	2705877	2448607	69051	45933	4685
保 定 市	Baoding	10247620	10094728	9369216	232600	152893	3295
保 定 市①	Baoding①	9433981	9282983	8629451	219278	150997	3359
张家口市	Zhangjiakou	1664788	1652570	1546674	5333	12218	899
承 德 市	Chengde	1422670	1414129	1302651	17599	8542	1948
沧 州 市	Cangzhou	4671036	4644719	4341434	86058	26317	2228
廊 坊 市	Langfang	6699727	6616912	6126088	102985	82815	1607
衡 水 市	Hengshui	1530360	1525963	1396115	35562	4397	141
定 州 市	Dingzhou	517299	517241	468360	9830	58	
辛 集 市	Xinji	195588	194691	179394	2662	897	6

13-18 分市按登记注册统计类别分建筑业企业营业收入(2023年)
Business Revenue of Construction Enterprises by Registered Statistical Categories and Region (2023)

单位：万元 (10000 yuan)

市	City	总　计 Total	内资企业 Domestic Invested Enterprises	港澳台投资企　业 Enterprises with Investment from Hong Kong, Macao and Taiwan	外商投资企　业 Foreign Invested Enterprises
全　省	**Total**	**64757423**	**62063648**	**2692323**	**1451**
石家庄市	Shijiazhuang	17337822	17337822		
石家庄市①	Shijiazhuang①	17142234	17142234		
唐 山 市	Tangshan	9952838	9952838		
秦皇岛市	Qinhuangdao	2268054	2266603		1451
邯 郸 市	Handan	6210698	6210698		
邢 台 市	Xingtai	2751810	2751810		
保 定 市	Baoding	10247620	7558592	2689029	
保 定 市①	Baoding①	9433981	6860137	2573844	
张家口市	Zhangjiakou	1664788	1664788		
承 德 市	Chengde	1422670	1422670		
沧 州 市	Cangzhou	4671036	4671036		
廊 坊 市	Langfang	6699727	6699727		
衡 水 市	Hengshui	1530360	1527066	3294	
定 州 市	Dingzhou	517299	517299		
辛 集 市	Xinji	195588	195588		

13-19 分市建筑业企业利税总额(2023年)
Total Pre-tax Profits of Construction Enterprises by Region (2023)

市	City	利税总额 合计(万元) Total Pre-tax Profits (10000 yuan)	利润总额 Total Profits	税金总额 Total Tax	产值利税率(%) Ratio of Pre-tax Profits to Output Value (%)	资产利税率(%) Ratio of Pre-tax Profits to Assets (%)
全　省	**Total**	**2711099**	**1259130**	**1451969**	**3.7**	**2.9**
石家庄市	Shijiazhuang	714239	319277	394962	3.6	3.8
石家庄市①	Shijiazhuang①	705061	316953	388108	3.6	3.8
唐 山 市	Tangshan	330613	192819	137794	3.3	2.6
秦皇岛市	Qinhuangdao	115014	64323	50691	4.9	2.3
邯 郸 市	Handan	299341	133199	166142	4.5	3.9
邢 台 市	Xingtai	149679	72686	76992	6.2	2.3
保 定 市	Baoding	464464	234611	229853	3.2	2.7
保 定 市①	Baoding①	429891	221525	208366	3.5	2.7
张家口市	Zhangjiakou	55671	4698	50972	4.0	1.4
承 德 市	Chengde	65701	12653	53047	3.8	2.0
沧 州 市	Cangzhou	196406	86047	110359	3.7	3.1
廊 坊 市	Langfang	244622	104706	139916	3.9	2.0
衡 水 市	Hengshui	75351	34111	41240	4.5	3.9
定 州 市	Dingzhou	27971	9699	18272	1.5	4.6
辛 集 市	Xinji	9178	2324	6854	5.0	3.2

13-20 分市按登记注册统计类别分建筑业企业税金总额(2023年)
Taxes of Construction Enterprises by Registered Statistical Categories and by Region (2023)

单位：万元　　(10000 yuan)

市	City	总计 Total	内资企业 Domestic Invested Enterprises	港澳台投资企业 Enterprises with Investment from Hong Kong, Macao and Taiwan	外商投资企业 Foreign Invested Enterprises
全　省	**Total**	**1451969**	**1406180**	**45763**	**26**
石家庄市	Shijiazhuang	394962	394962		
石家庄市①	Shijiazhuang①	388108	388108		
唐 山 市	Tangshan	137794	137794		
秦皇岛市	Qinhuangdao	50691	50664		26
邯 郸 市	Handan	166142	166142		
邢 台 市	Xingtai	76992	76992		
保 定 市	Baoding	229853	184233	45620	
保 定 市①	Baoding①	208366	163019	45347	
张家口市	Zhangjiakou	50972	50972		
承 德 市	Chengde	53047	53047		
沧 州 市	Cangzhou	110359	110359		
廊 坊 市	Langfang	139916	139916		
衡 水 市	Hengshui	41240	41096	144	
定 州 市	Dingzhou	18272	18272		
辛 集 市	Xinji	6854	6854		

13-21 分市按登记注册统计类别分建筑业企业利润总额(2023年)
Total Profits of Construction Enterprises by Registered Statistical Categories and Region (2023)

单位：万元 (10000 yuan)

市	City	总计 Total	内资企业 Domestic Invested Enterprises	港澳台投资企业 Enterprises with Investment from Hong Kong, Macao and Taiwan	外商投资企业 Foreign Invested Enterprises
全　省	**Total**	**1259130**	**1191305**	**67724**	**101**
石家庄市	Shijiazhuang	319277	319277		
石家庄市①	Shijiazhuang①	316953	316953		
唐山市	Tangshan	192819	192819		
秦皇岛市	Qinhuangdao	64323	64222		101
邯郸市	Handan	133199	133199		
邢台市	Xingtai	72686	72686		
保定市	Baoding	234611	167157	67454	
保定市①	Baoding①	221525	157243	64283	
张家口市	Zhangjiakou	4698	4698		
承德市	Chengde	12653	12653		
沧州市	Cangzhou	86047	86047		
廊坊市	Langfang	104706	104706		
衡水市	Hengshui	34111	33841	270	
定州市	Dingzhou	9699	9699		
辛集市	Xinji	2324	2324		

13-22 分市按登记注册统计类别分建筑业企业主营业务利润(2023年)
Profits from Principal Business of Construction Enterprises by Registered Statistical Categories and Region (2023)

单位：万元 (10000 yuan)

市	City	总计 Total	内资企业 Domestic Invested Enterprises	港澳台投资企业 Enterprises with Investment from Hong Kong, Macao and Taiwan	外商投资企业 Foreign Invested Enterprises
全　省	**Total**	**1241511**	**1175688**	**65740**	**84**
石家庄市	Shijiazhuang	308892	308892		
石家庄市①	Shijiazhuang①	306230	306230		
唐山市	Tangshan	193560	193560		
秦皇岛市	Qinhuangdao	62403	62319		84
邯郸市	Handan	127469	127469		
邢台市	Xingtai	69051	69051		
保定市	Baoding	232600	167130	65470	
保定市①	Baoding①	219278	156972	62306	
张家口市	Zhangjiakou	5333	5333		
承德市	Chengde	17599	17599		
沧州市	Cangzhou	86058	86058		
廊坊市	Langfang	102985	102985		
衡水市	Hengshui	35562	35292	270	
定州市	Dingzhou	9830	9830		
辛集市	Xinji	2662	2662		

13-23 分市建筑业企业房屋建筑面积(2023年)
Floor Space of Buildings Constructed by Construction Enterprises (2023)

单位：万平方米 (10000 sq.m)

市	City	施工面积 Floor Space under Construction	竣工面积 Floor Space Completed
全　省	**Total**	**34046.6**	**7922.8**
石家庄市	Shijiazhuang	7735.3	1940.1
石家庄市①	Shijiazhuang①	7616.3	1837.7
唐 山 市	Tangshan	4711.1	1034.5
秦皇岛市	Qinhuangdao	937.5	315.6
邯 郸 市	Handan	3158.0	840.7
邢 台 市	Xingtai	1740.7	305.8
保 定 市	Baoding	9152.2	1967.5
保 定 市①	Baoding①	8546.2	1773.8
张家口市	Zhangjiakou	720.9	110.7
承 德 市	Chengde	553.3	118.9
沧 州 市	Cangzhou	2367.9	739.4
廊 坊 市	Langfang	1950.1	251.7
衡 水 市	Hengshui	1019.5	297.8
定 州 市	Dingzhou	510.9	178.3
辛 集 市	Xinji	119.0	102.4

主要统计指标解释

建筑业统计单位　指从事房屋、构筑物建造和设备安装活动的法人企业。建筑业法人企业应具有建筑业资质并能够独立核算，同时还应具备以下条件：①依法成立，有自己的名称、组织机构和场所，能够承担民事责任；②独立拥有和使用资产，承担负债，有权与其他单位签订合同；③独立核算盈亏，能够编制资产负债表。

建筑业总产值　是以货币形式表现的建筑业企业在一定时期内生产的建筑业产品和提供服务的总和。建筑业总产值包括：

(1)建筑工程产值：指列入建筑工程预算内的各种工程价值。

(2)安装工程产值：指设备安装工程价值以及将预制部品部件安装成建筑工程产品的价值，不包括被安装设备本身的价值。

(3)其他产值：建筑业总产值中除建筑工程、安装工程以外的产值。包括房屋构筑物修理产值、非标准设备制造产值、总包企业向分包企业收取的管理费以及不能明确划分的施工活动所完成的产值。

a.房屋构筑物修理产值：指房屋和构筑物修理所完成的产值，但不包括被修理房屋、构筑物本身价值和生产设备的修理价值。

b.非标准设备制造产值：指加工制造没有定型的非标准生产设备的加工费和原材料价值（如化工厂、炼油厂用的各种罐、槽，矿井生产统一使用的各种漏斗、三角槽、阀门等）以及附属加工厂为本企业承建工程制作的非标准设备的价值。

房屋施工面积　指报告期内施工的全部房屋建筑面积，包括本期新开工的房屋建筑面积、上期跨入本期继续施工的房屋建筑面积、上期停缓建在本期恢复施工的房屋建筑面积、本期竣工的房屋建筑面积及本期施工后又停缓建的房屋建筑面积。

房屋竣工面积　指报告期内房屋建筑按照设计要求已全部完工，达到住人和使用条件，经验收鉴定合格或达到竣工验收标准，可正式移交使用的各栋房屋建筑面积的总和。

Explanatory Notes on Main Statistical Indicators

Statistical Unit in the Construction Industry refers to a corporate enterprise engaged in the construction of buildings and structures and in the installation of equipment. A corporate construction enterprise should have qualification certificates with independent accounting system, and should meet the following 3 requirements: a) being set up in line with relevant legal basis, having its full name, organization and location, and capable of taking civil liabilities; b) independently possessing and using its assets and assuming its liabilities, and entitled to sign contracts with other institutions; and c) making independent accounts of its profits and losses, and capable of compiling its own balance sheet.

Gross Output Value of Construction refers to total of construction products and services, expressed in monetary terms, produced or rendered by construction and installation enterprises during a given period of time. It includes:

(1) Output value of construction projects: the value of projects covered by the project budgets;

(2) Output value of installation projects: the value of the installation of equipment, and the value of installing prefabricated components into construction engineering products (excluding the value of the equipment to be installed);

(3) Other output values: the output value of construction industry apart from that of construction projects and installation projects. It includes: output value of repair of buildings and structures; output value of manufacturing of non-standard equipment; overhead expenses received by contracted enterprises from the sub-contracted enterprises, and the completed output value of construction activities for which there is no clear definition.

a. Output value of repair of buildings and structures: the value created through the repairs of buildings or structures. It does not include the value of buildings or structures being repaired and the value of the repair of production equipment.

b. Output value of manufactured non-standard equipment: refers to the value of non-standard production equipment, including raw materials and manufacturing cost, (i.e., kettles or tanks used by chemical plant or refinery; various fillers, triangle tanks, valves used in mines). It also includes the output value of non-standard equipment manufactured made by its subsidiary workshops for undertaking projects.

Floor Space of Buildings refers to floor space of buildings under construction in the reference period, including the space of buildings for which construction has newly started; buildings for which construction has started earlier and is continuing during the reference period; and buildings for which construction has been suspended earlier but has restarted during the reference period; buildings completed during the reference period; and buildings under construction but construction has subsequently been during the reference period.

Floor Space of Buildings Completed refers to the total floor space of each building that has been completed in the reference period in accordance with the requirements of the design, up to the standard for being resided in and put into use, or has been checked and accepted by departments concerned as qualified ones or up to the standard of buildings completed and can be handed over for putting into use.

批发和零售业
Wholesale and Retail Trades

简 要 说 明

一、本篇资料反映河北省批发零售业商品流通情况、社会消费品零售总额等。

二、本篇资料主要根据国家统计局《批发和零售业统计报表制度》进行搜集和加工整理。资料中限额以上批发和零售业采用全面调查的方法自下而上逐级综合汇总而得，限额以下企业及个体户资料采用抽样调查方法推算而得。

三、各表的调查范围：

限额以上批发和零售业统计限额标准：批发业年主营业务收入2000万元及以上；零售业年主营业务收入500万元及以上。

商品购、销、存总额表为各种经济类型的限额以上和限额以下批发零售业法人及产业活动单位和个体户。

社会消费品零售总额表为各种经济类型的法人及产业活动单位、个体户对城乡居民和社会集团的零售。

四、本篇资料由河北省统计局贸易外经统计处整理提供。

五、资料整理：孙皖靓　王骥

Brief Introduction

Ⅰ. The data in this chapter in this chapter show the development of Hebei's domestic market, including mainly the circulation of commodities in the wholesale and retail trades and the total retail sales of consumer goods, etc.

Ⅱ. The data are collected and processed in accordance with the *Statistical Reporting Scheme on Wholesale and Retail Trades* stipulated by the National Bureau of Statistics. Data on basic conditions for all corporate enterprises of wholesale, retail above the designated size are collected through comprehensive reporting systems and data are reported level by level in a bottom-up manner. Data on small-size enterprises and individual enterprises below the designated size are collected through sample surveys.

Ⅲ. The statistical coverage in this chapter comes as follows:

Criteria for wholesale and retail sale trades above designated size is defined as follows：wholesale trade with annual sales of 20 million yuan or above, retail sale trade with annual sales of 5 million yuan or above.

The table of total purchases，sales and inventory include corporate units, establishments and individuals of various types of ownership both above and below designated size by category of commodities.

The table of total retail sales of consumer goods includes the retail sales of corporate units, establishments and individuals of various types of ownership to urban and rural residents and institutions.

Ⅳ. The data in this chapter are prepared and provided by the Division of Trade and External Economic Relations Statistics of Statistics Bureau of Hebei Province.

Ⅴ.Data collection: Sun Huanjing, Wang Ji.

14-1 限额以上批发和零售业情况
Main Indicators of Enterprises above Designated Size of Wholesale and Retail Trades

指　　标	Item	2015	2020	2022	2023
批发和零售业	**Wholesale and Retail Trades**				
法人企业(个)	Number of Corporation Enterprises (unit)	3945	5330	7835	8618
年末从业人数(万人)	Engaged Persons at Year-end (10000 persons)	35.7	35.2	37.7	38.9
商品购进额(亿元)	Total Purchases Value (100 million yuan)	9061.2	13173.1	22516.2	24144.1
#进口额(亿元)	Imports (100 million yuan)	148.7	143.8	158.4	255.7
商品销售额(亿元)	Total Sales Value (100 million yuan)	9857.8	14438.2	24130.4	25472.2
#出口额(亿元)	Exports (100 million yuan)	77.8	135.8	181.0	207.0
期末商品库存额(亿元)	Total Stock at Year-end (100 million yuan)	741.0	1390.6	1045.4	1118.3
批发业	**Wholesale Trade**				
法人企业(个)	Number of Corporation Enterprises (unit)	1556	2570	4219	4760
年末从业人数(万人)	Engaged Persons at Year-end (10000 persons)	10.8	9.8	11.2	12.6
商品购进额(亿元)	Total Purchases Value (100 million yuan)	6289.4	10013.3	18579.5	19926.5
#进口额(亿元)	Imports (100 million yuan)	93.9	85.7	108.2	195.8
商品销售额(亿元)	Total Sales Value (100 million yuan)	6781.7	10756.4	19844.2	20865.1
#出口额(亿元)	Exports (100 million yuan)	77.5	135.2	180.1	206.5
期末商品库存额(亿元)	Total Stock at Year-end (100 million yuan)	296.4	1022.5	1045.4	675.4
零售业	**Retail Trade**				
法人企业(个)	Number of Corporation Enterprises (unit)	2389	2760	3616	3858
年末从业人数(万人)	Engaged Persons at Year-end (10000 persons)	25.0	25.5	26.6	26.3
商品购进额(亿元)	Total Purchases Value (100 million yuan)	2771.8	3159.8	3936.6	4217.6
#进口额(亿元)	Imports (100 million yuan)	54.8	58.1	50.2	60.0
商品销售额(亿元)	Total Sales Value (100 million yuan)	3076.0	3681.8	4286.2	4607.0
#出口额(亿元)	Exports (100 million yuan)	0.4	0.5	0.9	0.5
期末商品库存额(亿元)	Total Stock at Year-end (100 million yuan)	444.6	368.2	398.5	443.0
年末零售营业面积(万平方米)	Business Area of Retail at Year-end (10000 sq.m)	1294.9	1605.8	1814.1	2085.8

14-2 按登记注册统计类别和行业分限额以上批发业企业主要指标(2023年)

单位：亿元

指标	Item	法人企业(个) Number of Corporation Enterprises (unit)	年末从业人数(人) Engaged Persons at Year-end (person)	商品购进额 Total Purchases Value	#进口 Imports
批发业合计	**Wholesale Trade**	**4760**	**126059**	**19926.5**	**195.8**
按登记注册统计类别分	**By Registered Statistical Categories**				
内资企业	**Domestic Funded Enterprises**	**4739**	**124275**	**19579.1**	**194.7**
国有独资公司	Wholly State-owned Company	15	765	263.3	0.1
私营有限责任公司	Private Limited Liability Company	3922	75994	8775.2	20.1
其他有限责任公司	Other Limited Liability Companies	670	33760	9334.7	170.3
私营股份有限公司	Private Share Holding Limited Companies	28	1314	34.3	
其他股份有限公司	Other Limited Liability Companies	23	2018	532.3	4.1
全民所有制企业(国有企业)	State Owned Enterprises (State-owned Enterprises)	20	8621	609.5	0.1
集体所有制企业(集体企业)	Collective Owned Enterprises (Collective Enterprises)	11	1002	7.7	
股份合作企业	Cooperative Stock Enterprise	4	231	3.8	
联营企业	Joint Venture Enterprise				
个人独资企业	Sole Proprietorship Enterprise	41	535	17.1	
合伙企业	Partnership Enterprise	5	35	1.2	
其他内资企业	Other Domestic Enterprises				
港、澳、台商投资企业	**Enterprises with Investment from Hong Kong, Macao and Taiwan**	**7**	**274**	**99.5**	**…**
港澳台投资有限责任公司	Hong Kong, Macao and Taiwan Investment Co., Ltd	7	274	99.5	…
港澳台投资股份有限公司	Hong Kong, Macao and Taiwan Investment Co., Ltd				
港澳台投资合伙企业	Hong Kong, Macao and Taiwan Investment Partnership Enterprise				
其他港澳台投资企业	Other Hong Kong, Macao and Taiwan Investment Enterprises				
外商投资企业	**Foreign Funded Enterprises**	**12**	**1396**	**247.2**	**1.2**
外商投资有限责任公司	Foreign Investment Limited Liability Company	11	729	208.3	1.2
其他外商投资企业	Other Foreign-Invested Enterprises	1	667	38.9	

注：限额以上批发企业中，因包含了部分视同法人单位，账务指标数据存在资产≠负债+所有者权益的问题。

Main Indicators of Enterprises above Designated Size of Wholesale Trade by Registered Statistical Categories and Sector (2023)

(100 million yuan)

商品销售额 Total Sales Value	#出口 Exports	期末商品库存额 Stock (year-end)	资产总计 Total Assets	#流动资产合计 Total Current Assets	负债合计 Total Liabilities	所有者权益合计 Total Owners' Equities	营业收入 Business Income	营业成本 Operating Costs	税金及附加 Tax and Other Charges	营业利润 Operating Profit
20865.1	**207.0**	**675.4**	**9329.1**	**7749.3**	**7013.3**	**2315.8**	**18451.4**	**17581.4**	**122.2**	**281.0**
20488.0	**202.5**	**668.2**	**9008.4**	**7573.9**	**6853.1**	**2155.3**	**18108.9**	**17251.9**	**121.8**	**243.4**
279.4	0.7	4.7	169.9	128.7	142.9	27.0	249.4	227.7	0.2	0.9
9153.3	145.6	323.8	3755.2	3424.1	3121.7	633.5	8156.2	7778.0	7.9	97.9
9534.3	45.8	285.3	3105.3	2789.6	2593.1	512.2	8354.0	8156.1	8.1	52.9
37.0	2.8	3.0	16.5	12.7	10.2	6.3	34.6	30.8	…	0.1
564.9	6.1	19.2	1733.1	1027.9	921.5	811.6	499.0	475.5	0.8	3.4
885.5	1.6	30.6	181.9	158.7	29.1	152.8	782.3	552.2	104.6	89.1
8.6		0.2	30.8	20.6	25.8	5.0	10.7	10.3	0.1	-0.8
4.4		0.5	6.7	3.8	3.2	3.5	4.1	3.7	…	-0.1
19.2		0.9	8.3	7.2	5.0	3.3	17.5	16.5	…	0.1
1.3		0.1	0.6	0.5	0.5	…	1.2	1.1	…	…
111.1	**1.6**	**0.2**	**145.4**	**108.7**	**98.6**	**46.8**	**98.4**	**92.2**	**0.2**	**17.1**
111.1	1.6	0.2	145.4	108.7	98.6	46.8	98.4	92.2	0.2	17.1
265.1	**2.3**	**6.9**	**174.9**	**66.5**	**61.4**	**113.5**	**242.5**	**236.5**	**0.3**	**20.5**
228.2	2.3	4.9	166.2	63.9	57.8	108.3	209.9	205.6	0.2	20.4
36.9		2.0	8.8	2.6	3.6	5.2	32.6	30.9	…	…

a)For the financial data of wholesale enterprises above designated size, total assets may not equal to liabilities plus total owner's equities, due to the fact that there are some establishments which are regarded as enterprises .

14-2 续表

单位：亿元

指　　标	Item	法人企业(个) Number of Corporation Enterprises (unit)	年末从业人数(人) Engaged Persons at Year-end (person)	商品购进额 Total Purchases Value	#进口 Imports
按国民经济行业分	**By Sector**				
农、林、牧、渔产品批发	Wholesale of Agricultural, Forestry, Livestock and Fishery Products	235	3383	533.1	4.5
食品、饮料及烟草制品批发	Wholesale of Food, Beverages and Tobaccos	526	26212	1095.5	27.9
#米、面制品及食用油批发	Wholesale of Rice, Flour and Edible Oil	91	4584	126.5	5.6
烟草制品批发	Wholesale of Tobaccos	15	8734	602.5	0.1
纺织、服装及家庭用品批发	Wholesale of Textiles, Wearing Apparel and Household Articles	241	9332	312.4	4.8
#服装批发	Wholesale of Garments	51	3519	105.1	0.1
日用家电批发	Wholesale of Household Electrical Appliances	49	841	78.6	
文化、体育用品及器材批发	Wholesale of Culture, Sports Appliances and Equipments	87	3045	95.2	
医药及医疗器材批发	Wholesale of Medicines and Medical Appliances	487	27809	1508.8	62.0
矿产品、建材及化工产品批发	Wholesale of Mineral Products, Building Materials and Chemical Products	2442	40360	15172.6	91.5
#煤炭及制品批发	Wholesale of Coal and Related Products	419	12271	3184.1	0.3
石油及制品批发	Wholesale of Petroleum and Related Products	223	6746	919.2	0.2
金属及金属矿批发	Wholesale of Metal Materials	985	12328	9297.7	36.7
建材批发	Wholesale of Building Materials	318	3155	588.9	13.9
化肥批发	Wholesale of Chemical Fertilizer	61	900	264.1	
机械设备、五金产品及电子产品批发	Wholesale of Machinery, Hardware and Electronic Products	618	13839	772.0	3.4
#汽车及零配件批发	Wholesale of Motor Vehicles and Their Parts	239	4836	346.9	0.4
计算机、软件及辅助设备批发	Wholesale of Computer, Software and Assistant Appliances	40	982	63.6	
贸易经纪与代理	Trade Broker and Agency	15	370	13.6	1.8
其他批发业	Other Wholesale not Classified Elsewhere	109	1709	423.2	…

continued

(100 million yuan)

商品销售额 Total Sales Value	#出口 Exports	期末商品库存额 Stock (year-end)	资产总计 Total Assets	#流动资产合计 Total Current Assets	负债合计 Total Liabilities	所有者权益合计 Total Owners' Equities	营业收入 Business Income	营业成本 Operating Costs	税金及附加 Tax and Other Charges	营业利润 Operating Profit
532.3	6.3	48.6	401.1	346.5	349.5	51.6	502.6	491.9	0.4	-0.1
1427.6	21.5	76.4	500.8	432.2	278.0	222.9	1284.2	997.0	105.5	94.0
131.0	0.8	11.1	94.7	84.2	82.7	12.0	122.7	115.8	0.2	-5.0
879.5		31.6	183.4	159.4	29.4	154.0	776.8	546.2	104.6	89.0
344.3	44.0	31.8	204.0	171.9	105.5	98.5	315.0	293.1	0.5	22.7
111.9	12.2	10.9	78.5	61.9	43.8	34.7	101.9	93.5	0.2	0.3
95.0		11.6	79.5	68.1	23.8	55.6	84.0	81.3	0.2	21.7
106.0	2.7	9.1	112.8	83.9	71.1	41.8	103.3	92.4	0.1	4.9
1605.3	8.6	142.5	902.2	809.3	728.8	173.4	1436.5	1338.9	2.7	23.8
15580.9	65.4	261.6	6557.3	5393.6	4985.6	1571.7	13646.5	13252.6	11.7	112.5
3313.5	0.2	61.7	1757.3	1130.0	950.8	806.5	2967.9	2829.6	3.1	63.2
934.1	2.3	35.6	1069.4	804.2	707.5	361.9	853.4	831.3	1.1	-6.9
9469.8	23.9	96.3	3212.7	2991.6	2926.6	286.1	8145.3	7968.4	6.2	52.0
612.2	9.5	17.0	226.8	199.9	182.0	44.8	550.5	520.8	0.7	0.7
288.8	10.8	29.6	105.4	98.9	93.8	11.6	265.9	261.4	0.1	0.2
796.5	42.7	79.2	397.9	348.4	326.9	71.0	731.8	693.2	0.8	3.2
344.6	7.3	36.0	162.9	138.8	137.7	25.2	318.6	308.8	0.3	-0.1
67.7	…	2.7	17.6	14.8	11.3	6.3	60.9	59.0	0.1	0.1
18.1	11.1	0.6	5.6	5.3	4.5	1.1	17.6	16.0	…	0.1
454.0	4.0	25.5	247.3	158.2	163.5	83.7	413.2	406.5	0.4	19.8

14-3 分市限额以上批发业企业主要指标(2023年)
Main Indicators of Enterprises above Designated Size of Wholesale Trade by City (2023)

单位：亿元 (100 million yuan)

市	City	法人企业(个) Number of Corporation Enterprises (unit)	年末从业人数(人) Engaged Persons at Year-end (person)	商品购进额 Total Purchases Value	#进口 Imports	商品销售额 Total Sales Value	#出口 Exports	期末商品库存额 Stock (year-end)
全省	**Total**	**4760**	**126059**	**19926.5**	**195.8**	**20865.1**	**206.5**	**675.4**
石家庄市	Shijiazhuang	1314	41102	7465.2	146.2	7684.2	117.4	268.9
石家庄市①	Shijiazhuang①	1283	40513	7433.9	141.2	7654.2	116.2	263.3
唐山市	Tangshan	1219	25911	6467.8	34.7	6711.5	38.6	126.8
秦皇岛市	Qinhuangdao	212	5445	1230.9	4.0	1294.2	7.1	25.2
邯郸市	Handan	359	7094	721.8	…	779.3	2.1	26.6
邢台市	Xingtai	201	6408	418.8	0.1	448.5	2.2	31.0
保定市	Baoding	439	9873	591.5	1.6	670.7	6.2	56.1
保定市①	Baoding①	358	8498	435.8	0.7	498.0	5.2	35.7
张家口市	Zhangjiakou	100	3246	534.0	0.1	586.8		33.4
承德市	Chengde	83	5089	143.2	5.1	177.4		10.1
沧州市	Cangzhou	303	9130	1174.6	1.1	1238.0	8.9	38.6
廊坊市	Langfang	347	6886	890.6	2.4	946.0	11.5	38.7
衡水市	Hengshui	183	5875	288.0	0.4	328.5	12.4	20.1
定州市	Dingzhou	17	296	7.1		17.8		0.5
辛集市	Xinji	31	589	31.3	5.0	29.9	1.2	5.6

注：本表数据中石家庄市含辛集市，石家庄市①不含辛集市；保定市含定州市和雄安新区，保定市①不含定州市和雄安新区。以下相关表同。

a) Data in this table, Shijiazhuang includes Xinji, Shijiazhuang① excludes Xinji; Baoding includes Dingzhou and Xiongan, Baoding① excludes Dingzhou and Xiongan. The same applies to the table following.

14-3 续表 continued

单位：亿元 (100 million yuan)

市	City	资产总计 Total Assets	#流动资产合计 Total Current Assets	负债合计 Total Liabilities	所有者权益合计 Total Owners' Equities	营业收入 Business Income	营业成本 Operating Costs	税金及附加 Tax and Other Charges	营业利润 Operating Profit
全　省	**Total**	**9329.1**	**7749.3**	**7013.3**	**2315.8**	**18450.8**	**17581.4**	**122.2**	**281.0**
石家庄市	Shijiazhuang	3964.6	3177.2	3023.5	941.1	6621.7	6414.4	23.7	47.1
石家庄市①	Shijiazhuang①	3947.0	3161.3	3008.8	938.2	6594.3	6388.0	23.7	47.1
唐 山 市	Tangshan	2052.9	1846.4	1609.2	443.7	5980.6	5666.7	16.3	91.2
秦皇岛市	Qinhuangdao	353.2	291.1	240.0	113.2	1164.3	1121.5	6.1	27.7
邯 郸 市	Handan	263.4	238.7	187.3	76.2	698.1	653.6	11.6	11.1
邢 台 市	Xingtai	127.7	107.4	83.7	44.0	401.6	371.4	9.0	7.0
保 定 市	Baoding	298.4	264.6	196.5	102.0	599.8	538.8	17.0	41.2
保 定 市①	Baoding①	256.6	225.6	167.4	89.3	446.5	395.7	13.6	38.1
张家口市	Zhangjiakou	167.9	157.8	142.7	25.2	538.1	511.8	7.3	7.2
承 德 市	Chengde	117.7	88.9	95.7	22.0	164.1	142.0	5.5	5.1
沧 州 市	Cangzhou	528.7	441.8	426.8	101.9	1128.1	1078.4	10.9	11.2
廊 坊 市	Langfang	1330.4	1026.1	917.0	413.3	858.6	818.6	8.8	25.0
衡 水 市	Hengshui	124.1	109.4	90.9	33.2	295.6	264.3	6.1	7.1
定 州 市	Dingzhou	5.1	3.9	2.0	3.1	15.9	12.8	1.4	1.0
辛 集 市	Xinji	17.7	15.9	14.7	2.9	27.4	26.5	…	…

14-4 按登记注册统计类别和行业分限额以上零售业企业主要指标(2023年)

单位：万元

指标	Item	法人企业(个) Number of Corporate Enterprises (unit)	年末从业人数(人) Employed Persons at Year-end (person)	商品购进额 Total Purchases Value	#进口 Imports
零售业合计	**Retail Trade**	**3858**	**262810**	**42176401.9**	**599195.9**
按登记注册统计类别分	**By Registered Statistical Categories**				
内资企业	**Domestic Invested Enterprises**	**3823**	**252109**	**37881386.9**	**525553.5**
国有独资公司	Wholly State-owned Corporations	2	95	5538.5	
私营有限责任公司	Private Limited Liability Corporations	2681	145283	18817206.1	199233.3
其他有限责任公司	Other Limited Liability Corporations	722	85537	16458805.6	280051.0
私营股份有限公司	Private Share-holding Corporations Ltd.	14	486	57125.6	
其他股份有限公司	Other Share-holding Corporations Ltd.	17	13995	1998794.9	46269.2
全民所有制企业(国有企业)	State Owned Enterprises (State-owned Enterprises)	9	106	8566.5	
集体所有制企业(集体企业)	Collective Owned Enterprises (Collective Enterprises)	22	425	47616.0	
股份合作企业	Cooperative Stock Enterprises	12	1425	20636.7	
联营企业	Associated Enterprises				
个人独资企业	Sole Proprietorship Enterprises	295	4228	397784.0	
合伙企业	Partnership Enterprises	48	423	56721.8	
其他内资企业	Other Domestic Invested Enterprises	1	106	12591.2	
港、澳、台商投资企业	**Enterprises with Investment from Hong Kong, Macao and Taiwan**	**16**	**2193**	**905109.0**	**37050.0**
港澳台投资有限责任公司	Limited Liability Corporations with Invested from Hong Kong, Macao and Taiwan	16	2193	905109.0	37050.0
港澳台投资股份有限公司	Share-holding Corporations Ltd. with Invested from Hong Kong, Macao and Taiwan				
港澳台投资合伙企业	Partnership Enterprises with Invested from Hong Kong, Macao and Taiwan				
其他港澳台投资企业	Other Enterprises with Invested from Hong Kong, Macao and Taiwan				
外商投资企业	**Foreign Invested Enterprises**	**18**	**8488**	**3384058.8**	**36592.4**
外商投资有限责任公司	Foreign Invested Limited Liability Corporations	7	1042	258149.9	36592.4
外商投资股份有限公司	Foreign Invested Share-holding Corporations Ltd.	1	752	371121.6	
其他外商投资企业	Other Foreign Invested Enterprises	10	6694	2754787.3	

Main Indicators of Enterprises above Designated Size of Retail Trade by Registered Statistical Categories and Sector (2023)

(10000 yuan)

商品销售额 Total Sales Value	#出口 Exports	期末商品库存额 Stock (year-end)	资产总计 Total Assets	#流动资产合计 Total Current Assets	负债合计 Total Liabilities	所有者权益合计 Total Owners' Equities	营业收入 Business Revenue	营业成本 Business Cost	税金及附加 Taxes and Other Charges	营业利润 Business Profit
46070317.8	**5074.4**	**4429848.7**	**21796547.7**	**14813974.5**	**15708324.2**	**6067191.0**	**41823005.9**	**37394849.7**	**139086.1**	**461845.1**
40217451.5	**5074.4**	**4162594.5**	**19972008.0**	**14225065.9**	**15946108.6**	**4004866.9**	**36728679.4**	**32803910.4**	**127607.4**	**284512.5**
5467.7		3536.1	13196.5	9421.2	9620.1	3576.4	5298.6	5260.7	8.3	173.5
19648035.0	5074.4	2581759.8	9293013.8	6922617.5	7687427.2	1604586.6	18030610.7	16002727.9	61018.7	105954.5
17119579.4		1365658.7	8062954.1	5755383.8	6237914.2	1825039.9	15836881.0	14333310.3	50226.7	105237.2
64590.5		9810.5	67845.7	47125.0	49373.8	18471.9	60697.0	55666.9	97.5	110.0
2762751.5		160285.7	2228666.9	1275556.9	1768007.8	440626.6	2241014.6	1920201.5	13646.7	61137.3
9325.7		1379.4	14095.7	9268.5	4745.6	9350.1	8429.8	7110.0	41.9	1.4
55388.7		3376.6	25791.8	22981.4	20308.3	5483.5	49688.1	43482.8	96.0	1115.0
21873.6		5909.2	56532.0	29906.6	22223.1	34308.9	19952.5	15620.4	414.3	-349.8
451772.0		26892.5	170835.1	131919.6	114231.6	56603.5	404509.9	358085.7	1795.8	9001.5
66498.5		1722.5	36505.3	18380.6	29930.3	6575.0	60804.4	51954.4	259.2	2120.8
12168.9		2263.5	2571.1	2504.8	2326.6	244.5	10792.8	10489.8	2.3	11.1
1072251.2		**58386.4**	**235383.9**	**145080.0**	**116260.4**	**119123.5**	**896831.9**	**814239.1**	**4603.2**	**15670.1**
1072251.2		58386.4	235383.9	145080.0	116260.4	119123.5	896831.9	814239.1	4603.2	15670.1
4774599.8		**208847.5**	**1589082.2**	**443755.0**	**-354099.6**	**1943181.8**	**4191479.3**	**3770853.0**	**6874.6**	**161642.8**
278268.0		11581.8	286466.6	88918.6	123476.1	162990.5	255433.4	224975.3	854.6	-8674.1
431854.6		21564.4	87107.6	19259.7	-137109.4	224217.0	382172.3	326781.1	458.6	37815.1
4064477.2		175701.3	1215508.0	335576.7	-340466.3	1555974.3	3553873.6	3219096.6	5561.4	132501.8

14-4 续表

单位：万元

指标	Item	法人企业(个) Number of Corporation Enterprises (unit)	年末从业人数(人) Engaged Persons at Year-end (person)	商品购进额 Total Purchases Value	#进口 Imports
按国民经济行业分	**By Sector**				
综合零售	Integrated Retail	586	125081	7537332.8	72214.1
#百货零售	Retail of General Merchandise	325	81889	5011410.0	46269.2
超级市场零售	Retail of Supermarkets	228	41232	2439195.6	25944.9
食品、饮料及烟草制品专门零售	Special Retail of Food, Beverages and Tobaccos	187	4262	669761.2	
纺织、服装及日用品专门零售	Special Retail of Textiles, Garments and Daily Consumer Articles	95	3269	384315.5	1468.3
#服装零售	Retail of Garments	47	1719	193062.4	
文化、体育用品及器材专门零售	Special Retail of Culture, Sports Appliances and Equipments	80	8058	661974.3	
#体育用品及器材零售	Retail of Sports Appliances and Equipments	5	146	38087.8	
图书、报刊零售	Retail of Books, Newspapers and Magazines	18	5251	427082.1	
医药及医疗器材专门零售	Special Retail of Medicines and Medical Appliances	280	38052	1679698.6	854.0
#西药零售	Retail of Western Medicines	251	36439	1616348.8	854.0
汽车、摩托车、零配件和燃料及其他动力销售	Retail of Motor Vehicles, Motorcycles, Parts, and Fuel and Other Powers	1961	71659	25706862.8	519666.3
#汽车新车零售	Retail of New Motor Vehicles	1442	52746	20248982.9	514091.8
机动车燃油零售	Retail of Fuel Oil of Motor Vehicles	474	18230	5336706.6	
家用电器及电子产品专门零售	Special Retail of Household Electric Appliances and Electronic Products	437	8444	1483580.7	7.1
#日用家电零售	Retail of Household Electric Appliances	154	2940	656309.5	
计算机、软件及辅助设备零售	Retail of Computer, Software and Assistant Appliances	61	999	136021.2	7.1
通信设备零售	Retail of Communication Equipments	90	2077	429516.7	
五金、家具及室内装饰材料专门零售	Special Retail of Hardware, Furniture and Interior Decoration Materials	47	666	76940.4	
货摊、无店铺及其他零售业	Stalls, Non-shop and Other Retails	185	3319	3975935.6	4986.1
#互联网零售	Retails on the Internet	155	2136	3847333.6	4986.1

continued

(10000 yuan)

商品销售额 Total Sales Value	#出口 Exports	期末商品库存额 Stock (year-end)	资产总计 Total Assets	#流动资产合计 Total Current Assets	负债合计 Total Liabilities	所有者权益合计 Total Owners' Equities	营业收入 Business Income	营业成本 Operating Costs	税金及附加 Tax and Other Charges	营业利润 Operating Profit
9620936.3		864072.4	7402498.3	4054471.8	5717277.2	1685221.1	8411499.9	6559428.0	79610.4	247925.0
6845786.5		604228.5	5493833.8	2872239.0	3850886.9	1642946.9	5712385.2	4411537.9	68996.6	257211.8
2673647.5		247721.4	1819145.0	1101388.1	1789338.8	29806.2	2602732.8	2069042.5	10446.9	-7944.1
902085.8	3441.3	88069.9	428587.9	363468.9	255437.4	173150.5	662202.1	560813.0	1891.1	39167.2
459449.7		58030.4	396879.0	256841.3	322409.8	74469.2	434552.6	351956.4	1417.4	-556.5
227884.0		40401.5	206450.9	87221.9	167140.6	39310.3	220561.0	179171.7	968.1	-1246.2
740090.4		170062.1	890356.1	706518.0	381997.2	508358.9	720952.2	508621.7	4444.6	55718.8
35764.8		13806.1	23706.2	22823.8	20291.6	3414.6	31714.3	24887.0	101.8	433.8
478328.0		54054.9	656733.6	496895.0	187020.5	469713.1	484424.6	314827.2	2560.7	51380.0
2048953.8		339764.2	1381176.4	1119060.7	1091441.5	289734.9	1840758.0	1433137.0	4553.8	43928.3
1967965.9		321008.2	1314439.8	1060706.1	1042096.9	272342.9	1762747.3	1370410.3	4465.6	42460.4
26693734.1	1633.1	2587072.2	9827103.2	7021302.3	6708660.7	3097410.0	24715128.9	23185188.3	43684.0	75847.5
19278695.7	1633.1	2302458.3	6912162.0	5718046.9	6056495.0	854667.0	18177832.7	17262392.9	32283.5	-124189.8
7262329.3		268704.8	2850963.9	1255662.2	609916.7	2221014.7	6399247.4	5793825.5	11320.5	199789.8
1502267.2		222101.6	908933.4	803998.7	776903.2	132030.2	1343543.1	1218234.0	1813.6	-12224.1
637931.6		68976.0	498381.6	441659.8	483009.5	15372.1	562487.4	504128.3	822.9	-11634.1
149669.2		21332.0	70713.4	65816.0	37110.4	33603.0	137658.1	124549.6	151.7	-206.0
442133.2		54216.7	145600.9	131362.7	107999.2	37601.7	408877.1	381892.3	386.5	-2540.8
100674.3		14122.6	75121.0	70388.2	60222.9	14898.1	92075.4	81624.8	119.4	2034.7
4002126.2		86553.3	485892.4	417924.6	393974.3	91918.1	3602293.7	3495846.5	1551.8	10004.2
3846883.0		78408.3	400432.1	366673.3	359994.2	40437.9	3462349.9	3380739.3	1314.8	6671.3

14－5 分市限额以上零售业企业主要指标(2023年)

Main Indicators of Enterprises above Designated Size of Retail Trade by City (2023)

单位：万元 (10000 yuan)

市	City	法人企业(个) Number of Corporation Enterprises (unit)	年末从业人数(人) Engaged Persons at Year-end (person)	商品购进额 Total Purchases Value	#进口 Imports	商品销售额 Total Sales Value	#出口 Exports	期末商品库存额 Stock (year-end)
全　省	**Total**	**3858**	**262810**	**42176401.9**	**599195.9**	**46070317.8**	**5074.4**	**4429848.7**
石家庄市	Shijiazhuang	674	57398	10174993.7	275269.7	11235744.7		1016408.2
石家庄市①	Shijiazhuang①	643	54997	10057967.2	275269.7	11099315.7		1002278.8
唐 山 市	Tangshan	488	28332	4134924.7	41468.8	4587683.0		474888.7
秦皇岛市	Qinhuangdao	175	12563	1658907.8	15066.5	1836198.3		205572.1
邯 郸 市	Handan	398	19213	3317465.9	61284.7	3374167.1		363264.0
邢 台 市	Xingtai	286	19624	2742891.1	28544.6	2632029.7		404343.6
保 定 市	Baoding	671	35725	5997706.3	81681.6	6261459.2	5074.4	567897.3
保 定 市①	Baoding①	561	30221	5504130.0	81681.6	5727676.8	5074.4	514860.5
张家口市	Zhangjiakou	169	9052	1554782.3	16835.4	1867249.4		144977.0
承 德 市	Chengde	165	11852	1043414.1	4859.9	1483852.1		151703.6
沧 州 市	Cangzhou	276	35411	3827654.7	39055.2	4294018.0		464928.5
廊 坊 市	Langfang	368	16256	5772043.3	21916.7	6453970.6		430046.4
衡 水 市	Hengshui	188	17384	1951618.0	13212.8	2043945.7		205819.3
定 州 市	Dingzhou	46	3808	257035.6		275572.3		38454.3
辛 集 市	Xinji	31	2401	117026.5		136429.0		14129.4

14－5 续表 continued

单位：万元 (10000 yuan)

市	City	资产总计 Total Assets	#流动资产合计 Total Current Assets	负债合计 Total Liabilities	所有者权益合计 Total Owners' Equities	营业收入 Business Income	营业成本 Operating Costs	税金及附加 Tax and Other Charges	营业利润 Operating Profit
全　省	**Total**	**21796547.7**	**14813974.5**	**15708324.2**	**6067191.0**	**41823005.9**	**37394849.7**	**139086.1**	**461845.1**
石家庄市	Shijiazhuang	5183672.9	3429818.0	3559826.0	1622846.9	9818154.7	8663739.9	37989.4	106975.6
石家庄市①	Shijiazhuang①	5111804.5	3386974.6	3506359.5	1604445.0	9694348.8	8563545.4	37268.1	101419.8
唐 山 市	Tangshan	2448568.0	1495798.5	1529974.1	918593.9	4238883.1	3708854.5	15027.2	115798.8
秦皇岛市	Qinhuangdao	1051645.9	754429.2	806046.7	245599.2	1711934.7	1521109.9	5508.4	-5253.0
邯 郸 市	Handan	1886105.8	1459466.1	1540372.4	345733.4	3121300.1	2829770.6	7124.4	3270.2
邢 台 市	Xingtai	1462632.7	1087341.5	1036165.5	426467.2	2405398.7	2146443.4	7611.2	22418.7
保 定 市	Baoding	2658297.3	1834325.9	1956552.6	681712.2	5589803.6	4980364.7	16963.0	60902.2
保 定 市①	Baoding①	2321164.5	1604191.8	1782706.9	538457.6	5087250.9	4529260.2	15143.8	59810.5
张家口市	Zhangjiakou	1017684.2	731871.0	1020270.4	-2586.2	1766860.4	1639435.5	3145.6	-24654.4
承 德 市	Chengde	756336.3	450984.7	450410.8	305925.5	1381621.1	1192840.0	3263.7	29871.9
沧 州 市	Cangzhou	2391678.6	1619147.1	1383131.0	1008547.6	3982919.9	3424209.3	24264.7	159209.8
廊 坊 市	Langfang	1911617.9	1334073.9	1540888.6	370729.3	5894799.0	5615499.2	7889.0	-19149.8
衡 水 市	Hengshui	1028308.1	616718.6	884686.1	143622.0	1911330.6	1672582.7	10299.5	12455.1
定 州 市	Dingzhou	179278.3	121188.3	102481.0	76797.3	264837.5	230383.3	1218.2	4416.1
辛 集 市	Xinji	71868.4	42843.4	53466.5	18401.9	123805.9	100194.5	721.3	5555.8

14-6 按登记注册统计类别分连锁批发和零售企业基本情况(2023年)

Basic Conditions of Chain Wholesale and Retail Enterprises by Registered Statistical Categories (2023)

指　标	Item	总店数(个) Number of Head Stores (unit)	门店总数(个) Number of Stores (unit)	年末从业人数(人) Engaged Persons at Year-end (person)	年末零售营业面积(万平方米) Operating Area of Retail Enterprises at Year-end (10000 sq.m)
合　计	**Total**	**256**	**14859**	**74241**	**714.2**
内资企业	**Domestic Invested Enterprises**	**244**	**13189**	**65164**	**460.2**
私营有限责任公司	Private Limited Liability Corporations Ltd.	174	8576	32293	125.8
其他有限责任公司	Other Limited Liability Corporations Ltd.	56	3695	20316	92.8
私营股份有限公司	Private Share Holding Limited Corporations Ltd.	1	59	151	0.5
其他股份有限公司	Other Limited Liability Corporations Ltd.	12	826	12307	240.8
个人独资企业	Sole Proprietorship Enterprises	1	33	97	0.4
港、澳、台商投资企业	**Enterprises Invested from Hong Kong, Macao and Taiwan**	**1**	**113**	**504**	**1.2**
外商投资企业	**Foreign Invested Enterprises**	**11**	**1557**	**8573**	**252.8**
外商投资有限责任公司	Foreign Investment Limited Liability Company	1	109	838	11.2
外商投资股份有限公司	Foreign Investment Corporation Limited	2	250	1395	26.5
其他外商投资企业	Other Foreign-invested Enterprises	8	1198	6340	215.1

14-6 续表 continued

指　标	Item	商品销售额(万元) Total Sales of Commodities (10000 yuan)	商品购进总额(万元) Total Purchases Value (10000 yuan)	统一配送商品购进额(万元) Centralized Purchase and Delivery (10000 yuan)
合　计	**Total**	**11527939**	**9403514**	**6910402**
内资企业	**Domestic Invested Enterprises**	**6784797**	**5839419**	**3999438**
私营有限责任公司	Private Limited Liability Corporations Ltd.	1760036	1426156	1017855
其他有限责任公司	Other Limited Liability Corporations Ltd.	2261816	2292796	1407149
私营股份有限公司	Private Share Holding Limited Corporations Ltd.	5546	4979	
其他股份有限公司	Other Limited Liability Corporations Ltd.	2753615	2111761	1570708
个人独资企业	Sole Proprietorship Enterprises	3784	3726	3726
港、澳、台商投资企业	**Enterprises Invested from Hong Kong, Macao and Taiwan**	**36598**	**25668**	**25668**
外商投资企业	**Foreign Invested Enterprises**	**4706544**	**3538428**	**2885296**
外商投资有限责任公司	Foreign Investment Limited Liability Company	157985	138697	
外商投资股份有限公司	Foreign Investment Corporation Limited	683550	689223	689223
其他外商投资企业	Other Foreign-invested Enterprises	3865009	2710507	2196072

14-7 按行业和业态分连锁批发和零售企业基本情况(2023年)
Main Indicators of Chain Wholesale and Retail Enterprises by Sector and Business Categories (2023)

指标	Item	总店数(个) Number of Head Stores (unit)	门店总数(个) Number of Stores (unit)	年末从业人数(人) Engaged Persons at Year-end (person)	年末零售营业面积(万平方米) Operating Area of Retail Enterprises at Year-end (10000 sq.m)	商品销售额(万元) Total Sales of Commodities (10000 yuan)	商品购进总额(万元) Total Purchases Value (10000 yuan)	统一配送商品购进额(万元) Centralized Purchase and Delivery (10000 yuan)
总计	**Total**	**256**	**14859**	**74241**	**714.2**	**11527939**	**9403514**	**6910402**
按行业分	**By Sector**							
批发业	**Wholesale Trade**	**19**	**1116**	**4757**	**152.4**	**2283347**	**1197523**	**1034505**
食品、饮料及烟草制品批发	Wholesale of Food, Beverages, and Tobacco Products	2	139	56	0.2			
纺织、服装及家庭用品批发	Wholesale of Textiles, Wearing Apparel and Household Articles	3	90	428	2.6	88466	46398	4591
医药及医疗器材批发	Wholesale of Medicines and Medical Appliances	3	120	385	2.9	43711	41840	14283
矿产品、建材及化工产品批发	Wholesale of Mineral Products, Building Materials and Chemical Products	10	757	3847	146.8	2130606	1094696	1001042
机械设备、五金产品及电子产品批发	Wholesale of Machinery, Hardware and Electronic Products	1	10	41	0.1	15100	10457	10457
零售业	**Retail Trade**	**237**	**13743**	**69484**	**561.7**	**9244592**	**8205992**	**5875897**
综合零售	Integrated Retail	41	1020	23790	186.6	2371802	1828432	418364
食品、饮料及烟草制品专门零售	Retail of Food, Beverages and Tobaccos	8	155	875	1.7	45209	28347	9807
纺织、服装及日用品专门零售	Special Retail of Textiles, Garments and Daily Consumer Articles	3	153	843	1.9	84077	69090	63993
文化、体育用品及器材专门零售	Retail of Culture, Sports Appliances and Equipments	2	20	712	2.0	50928	49415	
医药及医疗器材专门零售	Retail of Medicines and Medical Appliances	158	10647	33525	107.8	1626352	1330884	1083614
汽车、摩托车、燃料及零配件专门零售	Retail of Motor Vehicles, Motorcycles, Fuel and Parts	17	1693	9055	251.3	4886482	4727879	4168401
家用电器及电子产品专门零售	Special Retail of Household Electric Appliances and Electronic Products	8	55	684	10.4	179741	171944	131718
按业态分	**By Business Categories**							
便利店	Convenience Store	11	435	956	4.4	34265	27152	23017
折扣店	Discount Store							
超市	Supermarket	23	363	18019	162.9	1934494	1516937	352583
大型超市	Hypermarket							
仓储会员店	Warehouse Club							
百货店	Department Store	2	27	1796	11.0	205085	96561	25177
专业店	Specialty Store	209	13672	49852	524.5	9083331	7520628	6488422
#加油站	Gas Station	26	2342	12470	396.7	7005088	5822150	5169018
专卖店	Franchised Store	10	334	1147	4.0	92904	72042	21203
家居建材商店	Building Material Store							
厂家直销中心	Factory Outlets Center							
其他	Other Store							

14-8 分市连锁批发和零售企业基本情况
Main Indicators of Chain Wholesale and Retail Enterprises by City

年份 市	Year City	总店数(个) Number of Head Stores (unit)	门店总数(个) Number of Stores (unit)	年末从业人数(人) Engaged Persons at Year-end (person)	年末零售营业面积(万平方米) Operating Area of Retail Enterprises at Year-end (10000 sq.m)	商品销售额(万元) Total Sales of Commodities (10000 yuan)	商品购进总额(万元) Total Purchases Value (10000 yuan)	统一配送商品购进额(万元) Centralized Purchase and Delivery (10000 yuan)
	2005	35	3738	37961	363.9	3331579	3053306	2897626
	2006	37	3779	39551	367.2	4397692	4020615	3849724
	2007	37	4363	43649	202.5	4132464	3670184	2413988
	2008	84	5205	57134	380.4	6371912	4653074	2543638
	2009	92	5528	55510	554.7	7071838	5682474	3807685
	2010	92	4168	48848	528.5	8391033	7073095	4602000
	2011	88	4168	49646	513.8	10542861	9581992	6312342
	2012	88	4299	51577	589.7	11005087	10288970	7414285
	2013	83	4362	52654	612.1	11070886	9493615	6348129
	2014	81	4537	53685	645.9	11453145	9887943	6889957
	2015	84	4750	52999	606.6	9890066	9195765	5902944
	2016	85	4935	51947	612.0	9397528	8684569	5416481
	2017	108	5879	55167	648.6	12370688	11314785	9207284
	2018	117	6557	57940	655.1	9963286	8612196	6485425
	2019	121	7404	58760	634.6	9595363	7999700	5910228
	2020	139	8387	60010	642.6	8150387	7954908	4854050
	2021	153	9497	61575	651.7	8413966	6988845	5003830
	2022	152	9102	57507	612.6	9664037	8221588	6172530
	2023	256	14859	74241	714.2	11527939	9403514	6910402
石家庄市	Shijiazhuang	43	3190	21255	207.7	2975406	2275233	1481757
石家庄市①	Shijiazhuang	43	3190	21255	207.7	2975406	2275233	1481757
唐山市	Tangshan	33	2242	8659	122.0	1745042	1921896	1801898
秦皇岛市	Qinhuangdao	29	1110	7851	61.8	774735	614449	554720
邯郸市	Handan	11	680	3897	45.1	732394	726204	708143
邢台市	Xingtai	21	1082	2878	16.2	541723	544761	521113
保定市	Baoding	36	1563	10272	64.4	1640235	1487346	369467
保定市①	Baoding	34	1456	9889	63.6	1624893	1475393	357514
张家口市	Zhangjiakou	18	739	3582	11.0	365313	318641	195604
承德市	Chengde	11	568	2160	30.0	592488	170373	69116
沧州市	Cangzhou	14	1434	5625	37.1	791431	643197	591085
廊坊市	Langfang	28	1491	6041	69.7	892835	300398	216483
衡水市	Hengshui	12	760	2021	49.3	476338	401017	401017
定州市	Dingzhou	2	107	383	0.8	15342	11953	11953
辛集市	Xinji							

14-9 亿元以上商品交易市场基本情况(2023年)
Main Indicators on Commodity Exchange Markets of Transaction Value over 100 Million Yuan (2023)

市 场	Market	市场数量(个) Number of Markets (unit)	市场摊位总数(个) Total Number of Market Booths (unit)	营业面积(万平方米) Operating Area (10000 sq.m)	成交额(亿元) Turnover (100 million yuan)	批发市场 Whole-sale	零售市场 Retail
总 计	**Total**	**148**	**246604**	**2338.1**	**60287482**	**5879.3**	**149.4**
综合市场	**Integrated Markets**	**43**	**50666**	**381.8**	**9356717**	**858.9**	**76.8**
生产资料综合市场	Production Comprehensive Market	1	951	40.0	726368	72.6	
工业消费品综合市场	Industrial Consumable Comprehensive Markets	7	14380	122.1	4045478	362.3	42.2
农产品综合市场	Farm Produce Comprehensive Markets	24	24192	141.7	3040063	295.5	8.5
其他综合市场	Other Comprehensive Markets	11	11143	77.9	1544808	128.4	26.0
专业市场	**Special Markets**	**105**	**195938**	**1956.3**	**50930765**	**5020.4**	**72.7**
生产资料市场	Production Markets	23	24398	439.4	7674329	767.4	
农业生产用具市场	Agricultural Production Equipment Markets	2	2263	43.0	1513050	151.3	
建材市场	Building Material Markets	5	2403	91.3	143186	14.3	
化工材料及制品市场	Chemical Materials and Products Markets	2	790	6.5	404168	40.4	
金属材料市场	Metal Materials Markets	9	17160	272.6	5204099	520.4	
机械设备市场	Mechanical Equipments Markets	3	711	22.0	342461	34.2	
其他生产资料市场	Others	2	1071	4.0	67365	6.7	
农产品市场	Farm Produce Markets	37	79044	406.9	25389047	2534.8	4.1
粮油市场	Grain and Oil Markets	1	85	23.0	63181	6.3	
肉禽蛋市场	Meat, Poultry and Eggs Markets	2	946	21.5	1011249	101.1	
水产品市场	Aquatic Products Markets	3	3735	34.5	171600	13.1	4.1
蔬菜市场	Vegetables Markets	22	45483	213.3	4929064	492.9	
干鲜果品市场	Dried and Fresh Melons and Fruits Markets	5	15380	71.6	18257003	1825.7	
棉麻土畜、烟叶市场	Cotton, Local & Livestock Products, and Tobacco Markets	2	12609	36.0	921390	92.1	
其他农产品市场	Others	2	806	6.9	35560	3.6	
食品、饮料及烟酒市场	Food, Beverages, Tobacco and Liquor Markets						
食品饮料市场	Food and Beverages Markets						
纺织、服装、鞋帽市场	Textiles, Clothing, Shoes and Hats Markets	15	48648	454.1	9131642	904.8	8.3
布料及纺织品市场	Cloth and Textiles Markets	2	2845	60.2	1482184	148.2	
服装市场	Clothing Markets	9	28420	261.0	2487332	240.4	8.3
鞋帽市场	Shoes and Hats Markets	1	420	0.7	18547	1.9	
其他纺织服装鞋帽市场	Others	3	16963	132.2	5143579	514.4	
日用品及文化用品市场	Daily Use Articles and Cultural Goods Markets	2	8994	29.9	614068	61.4	
小商品市场	Merchandise Markets	1	2979	9.4	208438	20.8	
箱包市场	Luggage Markets	1	6015	20.5	405630	40.6	
电器、通讯器材、电子设备市场	Electrical Appliances, Communication Appliances and Electronical Appliances Markets						
通讯器材市场	Communication Appliances Markets						
医药、医疗用品及器材市场	Medicine, Medical Materials and Medical Instruments Markets	1	12000	36.0	4050000	405.0	
中药材市场	Chinese Medicine Markets	1	12000	36.0	4050000	405.0	
家具、五金及装饰材料市场	Furniture, Hardware and Decoration Materials Markets	13	10712	423.5	2600518	239.2	20.8
家具市场	Furniture Markets	8	7337	364.7	1021869	82.4	19.8
装饰材料市场	Decoration Materials Markets	2	1146	16.5	116536	10.6	1.1
五金材料市场	Hardware Materials Markets	1	1958	32.6	1285000	128.5	
其他装修市场	Others	2	271	9.7	177113	17.7	
汽车、摩托车及零配件市场	Cars, Motorcycles and Spare Parts Markets	9	4845	52.1	672518	27.8	39.4
汽车市场	Cars Markets	4	2158	16.4	371325		37.1
摩托车市场	Motorcycles Markets	1	785	5.0	28500	2.9	
机动车零配件市场	Vehicle Spare Parts Markets	4	1902	30.7	272693	25.0	2.3
花、鸟、鱼、虫市场	Flower, Bird, Fish and Insects Markets						
花卉市场	Flower Markets						
其他专业市场	Others	5	7297	114.3	798643	79.9	

14-10 亿元以上商品交易市场摊位分类情况(2023年)
Classification of Commodity Exchange Markets of Transaction Value over 100 Million Yuan (2023)

类别	Classification	年末出租摊位数(个) Number of Rented Booths at Year-end (unit)	成交额(亿元) Turnover (100 million yuan)	批发市场 Wholesale	零售市场 Retail
总计	**Total**	**199639**	**6028.7**	**5879.3**	**149.4**
粮油、食品类	Grain and Oil, Food	76048	2762.9	2743.1	19.8
#粮油类	Grain and Oil	2544	86.3	81.2	5.1
肉禽蛋类	Meat, Poultry and Eggs	3594	146.1	143.1	3.0
水产品类	Aquatic Products	3013	42.2	36.6	5.5
蔬菜类	Vegetables	48559	955.5	952.1	3.5
干鲜果品类	Dried and Fresh Melons and Fruits	16132	1530.5	1528.9	1.6
饮料类	Beverages	1901	20.9	17.8	3.1
烟酒类	Tobacco and Liquor	947	26.0	21.6	4.4
服装鞋帽、针、纺织品类	Clothing, Shoes, Hats, Knitwear and Textiles	43615	875.9	852.6	23.3
服装类	Clothing	34027	520.9	504.9	16.0
鞋帽类	Footwear and Hats	3521	68.6	64.8	3.9
针、纺织品类	Knitwear and Textiles	6067	286.3	282.9	3.4
化妆品类	Cosmetics	557	6.7	6.3	0.4
金银珠宝类	Gold, Silver and Jewellery	52	1.9	0.2	1.7
日用品类	Articles for Daily Use	5956	172.7	158.4	14.2
五金、电料类	Hardware & Electrical Materials	3121	173.9	173.4	0.5
体育、娱乐用品类	Sports & Recreational Articles	362	10.8	9.2	1.6
#照相器材类	Photographic Equipment	52	0.6	0.4	0.2
书报杂志类	Newspapers and Magazines	75	1.9	1.8	0.1
电子出版物及音像制品类	E-journal and Video Products	22	0.2		0.2
家用电器和音像器材类	Household Appliances and Video Equipments	876	19.6	15.2	4.5
中西药品类	Traditional Chinese and Western Medicine	7060	405.4	405.2	0.1
#西药类	Western Medicine	33	0.2	0.2	0.1
中草药及中成药类	Traditional Chinese	7016	405.1	405.1	
文化办公用品类	Cultural and Official Goods	3830	161.3	155.9	5.5
#计算机及其配套产品	Computer and Corollary Equipment	1946	73.3	73.3	
家具类	Furniture	6386	118.9	97.1	21.8
通讯器材类	Communication Appliances	2747	96.8	92.8	4.0
木材及制品类	Wood and Wooden Products	194	19.8	19.7	
石油及制品类	Petroleum and Related Products				
化工材料及制品类	Chemical Materials and Related Products	880	76.0	76.0	
#化肥类	Fertilizer	90	5.5	5.5	
金属材料类	Metal Materials	16451	520.9	520.9	
建筑及装潢材料类	Building and Decoration Materials	3376	50.4	47.8	2.6
机电产品及设备类	Mechanical & Electrical Products and Equipment	2299	156.5	156.5	
#农机类	Agricultural Machinery	1292	122.5	122.5	
汽车类	Automobile	3940	96.7	56.9	39.8
种子饲料类	Seed and Feedstuff	75	1.6	1.5	
棉麻类	Cotton and Hemp				
其他类	Others	18853	251.0	249.2	1.8

14−11 分市社会消费品零售总额
Total Retail Sales of Consumer Goods by City

市	City	2021		2022		2023	
		社会消费品零售总额（亿元）Total Retail Sales of Consumer Goods (100 million yuan)	增长（%）Growth Rate (%)	社会消费品零售总额（亿元）Total Retail Sales of Consumer Goods (100 million yuan)	增长（%）Growth Rate (%)	社会消费品零售总额（亿元）Total Retail Sales of Consumer Goods (100 million yuan)	增长（%）Growth Rate (%)
全　省	**Total**	**13509.9**	**6.3**	**13720.1**	**1.6**	**15040.5**	**9.6**
石家庄市	Shijiazhuang	2501.2	5.0	2548.4	1.9	2875.2	12.8
石家庄市①	Shijiazhuang①	2392.5	5.0	2436.1	1.8	2751.2	12.9
唐山市	Tangshan	2143.2	5.7	2190.4	2.2	2385.3	8.9
秦皇岛市	Qinhuangdao	592.5	5.0	597.2	0.8	667.1	11.7
邯郸市	Handan	1276.0	6.3	1301.6	2.0	1412.2	8.5
邢台市	Xingtai	1025.9	4.8	1028.0	0.2	1097.9	6.8
保定市	Baoding	1700.3	9.5	1722.1	1.3	1870.2	8.6
保定市①	Baoding①	1490.5	9.5	1505.5	1.0	1633.5	8.5
张家口市	Zhangjiakou	640.7	14.0	641.4	0.1	692.7	8.0
承德市	Chengde	500.9	5.7	510.8	2.0	559.8	9.6
沧州市	Cangzhou	1114.7	6.0	1143.7	2.6	1276.4	11.6
廊坊市	Langfang	1403.1	5.5	1409.9	0.5	1504.4	6.7
衡水市	Hengshui	611.3	5.7	626.6	2.5	699.3	11.6
定州市	Dingzhou	107.5	6.7	111.2	3.5	124.4	11.9
辛集市	Xinji	108.8	5.5	112.3	3.2	124.0	10.5

14-12 亿元以上商品交易市场基本情况
Main Indicators of Commodity Exchange Markets with Transaction Value over 100 Million Yuan

年 份 市	Year City	市场数量（个）Number of Markets (unit)	市场摊位总数（个）Total Number of Market Booths (unit)	营业面积（万平方米）Operating Area (10000 sq.m)	成交额（亿元）Turnover (100 million yuan)	批发市场 Wholesale	零售市场 Retail
	2000	247	329179	1604.7	1573.8	1251.9	322.0
	2005	240	286611	2049.1	2322.9		
	2006	247	287168	1979.7	2622.8	2259.1	363.7
	2007	265	292389	2312.9	3036.2	2679.9	356.4
	2008	281	339137	2481.1	3508.0	3260.0	248.0
	2009	259	305973	2343.0	3168.6	2905.4	263.2
	2010	281	338928	2599.0	4125.2	3867.8	257.3
	2011	278	338227	2670.4	4430.6	4112.8	317.7
	2012	268	335552	2862.0	4774.0	4475.9	298.1
	2013	253	336525	2872.4	4874.5	4551.4	323.1
	2014	244	355813	2699.8	5193.0	4886.6	306.4
	2015	236	362252	2621.2	5365.6	5064.5	301.1
	2016	225	348754	2656.6	5540.4	5248.9	291.5
	2017	217	327322	2644.7	5918.0	5628.4	289.7
	2018	200	278526	2307.2	5848.3	5574.3	274.0
	2019	190	291491	2360.3	5982.4	5716.1	266.3
	2020	178	289720	2355.1	5400.0	5198.3	201.7
	2021	168	274973	2329.8	5906.1	5730.9	175.1
	2022	161	263481	2363.5	5834.5	5689.2	145.3
	2023	148	246604	2338.1	6028.7	5879.3	149.4
石家庄市	Shijiazhuang	23	40157	362.1	1082.1	1029.4	52.6
石家庄市①	Shijiazhuang①	22	39207	342.1	1072.0	1019.4	52.6
唐 山 市	Tangshan	17	14541	102.0	232.5	207.0	25.5
秦皇岛市	Qinhuangdao	10	45782	128.9	196.8	192.8	4.0
邯 郸 市	Handan	19	24459	166.3	725.1	705.5	19.6
邢 台 市	Xingtai	8	5982	118.5	428.3	428.3	
保 定 市	Baoding	12	36001	205.1	2079.0	2079.0	
保 定 市①	Baoding①	11	35761	196.8	2074.4	2074.4	
张家口市	Zhangjiakou	8	3539	88.4	86.6	86.6	
承 德 市	Chengde	6	1841	45.2	75.9	65.0	10.8
沧 州 市	Cangzhou	23	44471	447.6	823.2	808.5	14.7
廊 坊 市	Langfang	15	25624	638.6	214.1	195.2	18.9
衡 水 市	Hengshui	7	4207	35.3	85.3	82.0	3.2
定 州 市	Dingzhou	1	240	8.3	4.6	4.6	
辛 集 市	Xinji	1	950	20.0	10.1	10.1	

主要统计指标解释

批发业 指向其他批发或零售单位（含个体经营者）及其他企事业单位、机关团体等批量销售生活用品、生产资料的活动，以及从事进出口贸易和贸易经纪与代理的活动，包括拥有货物所有权，并以本单位（公司）的名义进行交易活动，也包括不拥有货物的所有权，收取佣金的商品代理、商品代售活动；还包括各类商品批发市场中固定摊位的批发活动，以及以销售为目的的收购活动。

零售业 指百货商店、超级市场、专门零售商店、品牌专卖店、售货摊等主要面向最终消费者（如居民等）的销售活动，以互联网、邮政、电话、售货机等方式的销售活动，还包括在同一地点，后面加工生产，前面销售的店铺（如面包房）；谷物、种子、饲料、牲畜、矿产品、生产用原料、化工原料、农用化工产品、机械设备（乘用车、计算机及通信设备除外）等生产资料的销售不作为零售活动；多数零售商对其销售的货物拥有所有权，但有些则是充当委托人的代理人，进行委托销售或以收取佣金的方式进行销售。

批发和零售业商品购进、销售、库存额 指各种登记注册统计类别的批发和零售业企业从国内、国外市场购进的商品总价，销售和出口的商品总价，库存的商品总价等情况。该指标可以反映商品流转过程中商品购进、销售、库存之间的比例关系和存在的问题。

商品购进额 指从本企业以外的单位和个人购进（包括从国外直接进口）作为转卖或加工后转卖的商品金额（含增值税）。商品购进包括：(1)从工农业生产者、批发和零售业、住宿和餐饮业、出版社或报社的出版发行部门和其他服务业等企事业单位和个体经营户购进的商品；(2)从机关、社会团体购进的商品；(3)从海关、市场管理部门购进的缉私和没收的商品；(4)从居民收购的废旧商品等。不包括：(1)企业为本单位自身经营用，不是作为转卖而购进的商品，如材料物资、包装物、低值易耗品、办公用品等；(2)未通过买卖行为而收入的商品，如接受其他部门移交的商品、借入的商品、收入代其他单位保管的商品、其他单位赠送的样品、加工回收的成品等；(3)经本单位介绍，由买卖双方直接结算，本单位只收取手续费的业务；(4)销售退回和买方拒付货款的商品；(5)商品溢余；(6)期货交易商品。

进口 指直接从国外进口或委托外贸企业代理进口的商品金额，不包括从国内有关单位购进的进口商品。对外贸易企业只统计自主经营进口的商品，不统计受托代理进口的商品。

商品销售额 指对本单位以外的单位和个人出售的商品金额（含增值税），以及出售给本单位且开具增值税发票的商品金额。商品销售包括：(1)售给个人和社会集团消费用的商品；(2)售给农业、工业、建筑业、服务业等国民经济各行业用于生产、经营用的商品，包括售予批发和零售业作为转卖或加工后转卖的商品；(3)对国（境）外直接出口的商品。不包括：(1)未通过买卖行为付出的商品，如因机构变动移交给其他企业单位的商品、借出的商品、归还受其他单位委托代保管的商品、付出的加工原料和赠送给其他单位的样品等；(2)促销返券所销售的、不计入营业收入的商品；(3)经本单位介绍，由买卖双方直接结算，本单位只收取手续费的业务；(4)未发生所有权转移的商品预付卡销售，如加油卡；(5)汽车维修、电话卡销售等服务性经济活动；(6)购货退回的商品；(7)商品损耗和损失；(8)出售本单位自用的废旧物资；(9)期货交易商品；(10)自来水供应企业、电力企业、天然气供应企业提供的水、电、气。

出口 指直接向国（境）外出口商品和委托外贸企业代理出口的商品金额，商品出口不包括售给外贸企业出口或加工后出口的商品，以及在国内市场以外币销售的商品。外贸企业只统计自主经营出口的商品，不包括受托代理出口的商品。

期末商品库存额 对于批发和零售业法人单位和个体经营户，是指报告期末取得所有权的全部商品金额（含增值税）；对于批发和零售业产业活动单位，是指报告期末实际在库且归属法人具有所有权的全部商品金额（含增值税）。库存商品包括：(1)存放在本单位（如门市部、批发站、采购站、经营处）的仓库、货场、货柜和货架中的商品；(2)挑选、整理、包装中的商品；(3)已记入购进而尚未运到本单位的商品，即发货单或银行承兑凭证已到而货未到的商品；(4)寄放他处的商品，如因购货方拒绝付款而暂时存在购货方的商品；(5)委托其他单位代销（未作销售或调出）尚未售出的商品；(6)代其他单位购进尚未交付的商品。不包括：(1)所有权不属于本单位的商品，如商品已做销售但买方尚未取走的商品，代替他人保管、运输、加工的商品，代其他单位销售（未做购进或调入）而未售出的商品；(2)委托外单位加工的商品（包括本单位所属加工厂和其他生产单位加工生产尚未收回成品的商品）；(3)外贸企业代理其他单位从国外进口，尚未付给订货单位的商品；(4)代国家储备部门保管的商品。

连锁总店（总部） 指负责连锁企业资源（商号、商誉、经营模式、服务标准、管理模式等）的开发、配置、控制或使用等功能的企业核心管理机构。连锁经营是指经营同类商品或服务，使用统一商号的若干店铺，在同一总店（总部）的管理下，采取统一采购或特许经营等方式，实现规模效益的组织形式，包括直营连锁、特许连锁和自愿连锁三种形式。其中，直营连锁是指连锁店铺由连锁公司全资或控股开设，在总部的直接控制下，开展统一经营的连锁经营形式；特许连锁是指拥有注册商标、企业标志、专利、专有技术等经营资源的企业（特许人），以合同形式将其拥有的经营资源许可其他经营者（被特许人）使用，被特许人按合同约定在统一的经营模式下开展经营，并向特许人支付特许经营费用的连锁经营形式；自愿连锁是指若干个店铺或企业自愿组合起来，在不改变各自资产所有权关系的情况下，以同一个品牌形象面对消费者，以共同进货为纽带开展的连锁经营形式。

亿元以上商品交易市场 指年成交额在亿元及以上的商品交易市场。商品交易市场是指经有关部门和组织批准设立，有固定场所、设施，有经营管理部门和监管人员，若干市场经营者入内，常年或实际开业三个月以上，集中、公开、独立地进行生活消费品、生产资料等现货商品交易以及提供相关服务的交易场所，包括各类消费品市场、生产资料市场等。

社会消费品零售总额 指企业（单位、个体户）通过交易直接售给个人、社会集团非生产、非经营用的实物商品金额，以及提供餐饮服务所取得的收入金额。个人包括城乡居民和入境人员，社会集团包括机关、社会团体、部队、学校、企事业单位、居委会或村委会等。

网上零售额 指通过公共网络交易平台（包括自建网站和第三方平台）实现的商品和服务零售额之和。商品和服务包括实物商品和非实物商品（如虚拟商品、服务类商品等）。

Explanatory Notes on Main Statistical Indicators

Wholesale Trade refers to the activities of selling wholesale commodities for daily use and capital goods to enterprises of wholesale and retail trades (including self-employed individuals) and other enterprises, institutions and government organs and organizations, and the activities of engaging in import and export and acting as a trade agent. The wholesaler may have the ownership of the commodities for wholesale and trade in the name of its own (a company), and the wholesaler can act as commission agent or commodity broker without the ownership of commodities. Also included are the wholesale activities at the fixed stalls in wholesale market and the acquisition for sales purpose.

Retail Trade refers to the activities of department store, supermarket, franchised store, brand store, retail stall and on-the-spot-making-selling store selling commodities to the final consumers (residents) by any means including internet, post, telephone, sales machine. It also includes shops with sales and production located in the same places (such as bakeries). Retail trade excludes the activities of sales of capital goods such as grain, seed, feed, livestock, mineral products, raw material for production, industrial chemicals, chemical products for agricultural use, machine and equipment (excluding vehicles, computers and communication equipment). Most retailers have the ownership of commodities to sell, but some are acting as agents or brokers to make transactions for a commission.

Purchase, Sales and Stock of Commodities by Wholesale and Retail Trades refer to the total volume of commodities purchased, total volume of sales and exports, and the stock of commodities by wholesale and retail enterprises (establishments) of different statistical categories of registration from domestic and overseas markets. This indicator reflects the relationship among purchase, sales and stock of commodities in the circulation of goods and reveals the existing problems.

Total Purchases of Commodities refer to the total value of purchases of commodities by enterprises (establishments) from other establishments or individuals (including direct import from abroad) for the purpose of re-selling, either with or without further processing of the commodities purchased. The commodities include: (1) commodities purchased from agricultural and industrial producer, wholesaler, retailer, publishing house and other enterprises, institutions and individual operators of service business; (2) commodities purchased from institutions and government departments; (3) confiscated goods purchased from the customs authorities or market management agencies; (4) second-hand goods and wastes purchased from residents; The commodities exclude (1) commodities purchased by enterprises (establishments) for use in their own business operation, commodities obtained without buying or selling procedures such as materials, consumable goods of low value, office appliance, etc. (2) received goods without trading, such as goods handed over from others, borrowed goods, preserved goods for others, donated goods from others, processed and retrieved goods, etc. (3) goods of direct settlement between buyer and seller with handling fees introduced by others, (4) goods returned or refused to pay by the buyer, (5) excessive goods, (6) futures trading commodities.

Import refers to the amount of goods imported directly from abroad or imported entrusted to foreign trade enterprises as agents, excluding imports purchased from relevant domestic units. Foreign trade enterprises only count imported goods independently, not imported goods entrusted by agents.

Total Sales of Commodities refer to value of commodities sold by the establishments to other establishments and individuals (including VAT), and the value of commodities sold to the establishments themselves and invoiced for VAT. The commodities include: (1) commodities sold to individuals and social groups for their consumption; (2) commodities sold to establishments in all industries for their production and operation, including agriculture, industry, construction, and catering services, including commodities sold to wholesale and retail establishments for re-selling, with or without further processing; (3) commodities for direct export to abroad. Excluded are (1) extended commodities without trading, such as goods handed over to other enterprises and institutions because of the change of organizations, lent goods, return of goods kept for others, extended processing materials and samples donated to others, (2) goods sold by coupon rebates that are not included in business income, (3) goods of direct settlement between buyer and seller with handling fees introduced by others, (4) prepaid cards for goods without transfer of ownership, such as gas cards, (5) Service-oriented economic activities such as automobile maintenance and telephone card sales, (6) goods returned after purchase, (7) damaged and spoiled goods, (8) waste and used goods of self-use, (9) futures trading commodities, (10) water, electricity and gas supplied by water supply enterprises, electric power enterprises and natural gas supply enterprises.

Export refers to the amount of goods exported directly to foreign countries (borders) or exported entrusted to foreign trade enterprises as agents. Commodity export does not include goods sold to foreign trade enterprises for export or exported after processing, as well as goods sold in foreign currencies in the domestic market. Foreign trade enterprises only count the goods they export independently, excluding those exported by trusted agents.

Total Stock of Commodities at End of Period For corporate units and self-employed individuals engaged in wholesale and retail trade, it refers to total value (including VAT) of commodities possessed at the end of the reference period; and for wholesale and retail establishments, it refers to the value (including VAT) of all commodities actually in stock and owned by their corporate units at the end of reference period. The commodities in stock includes: (1)

commodities located in storage, garages, counters, and shelves of operating places of wholesale and retail trades (such as sale stores, wholesale centres, procurement stations and operating offices); (2) commodities in the process of being selected, sorted, and packed; (3) commodities not arrived but recorded as purchased in the account, i.e. commodities not arrived but payment receipts for the commodities from the sellers or the banks arrived; (4) commodities deposited in other places rather than places mentioned above, for instance: commodities in the hold of purchasers temporarily due to the refusal of payment; (5) commodities entrusted to other units to sell but not sold yet; (6) commodities purchased for other units but not delivered yet. Commodities not included as stock are those not owned by the enterprises (units), commodities on commission for processing, imported commodities of agency of foreign trade enterprise but not yet delivered to ordering units and finally those put in stock on behalf of the state reserves units.

Chain Head Stores (headquarter) refer to the core leading stores responsible for development, allocation, administration and utilization of resources (name of stores, brand of stores, operation model, service standard, management way, etc.) of chain stores. Chain stores refers to the stores engaged in providing homogeneous commodities or services, with the central leadership of head store (headquarters) and guided by common policies, conduct centralized purchase and distributed selling of commodities, in order to gain better efficiency through standardized operation. The chain stores include regular chain stores, franchise chain stores and voluntary chain stores.

Regular Chain store refers to chain stores that are invested or controlled by the headquarters. They operate under direct and unified management from the headquarters.

Franchise chain store refers to the chain stores (franchisees) which are franchised with operation resources such as trade marks, names, patent and operation know-how by the franchisors in form of contract and pay the operation fees to the franchisors.

Voluntary chain store refers to the stores operate jointly on the voluntary bases while maintaining their status of independent legal entities with full ownership of their assets. They sell goods of same brand from same channel of resource to the consumers.

Large Commodity Markets with Transaction Value over 100 Million Yuan refers to the commodity markets with an annual transaction at and above 100 million. The commodity market refers to the markets approved and managed by related departments, where there are fixed sites, facilities, managers and administration offices, where there are a certain number of traders to operate for three month and above or all the year, where the commodities including the articles for daily consumption and capital goods and services are traded in a centralized, independent and open way. Such market includes markets of daily goods and market of capital goods, etc.

Total Retail Sales of Consumer Goods refer to the amount obtained by enterprises (units, self-employed individuals) through direct sales of non-production and non-business physical commodity to individuals, social institutions, and revenue from providing catering services. Individuals include rural and urban households, population from abroad, social institutions include government agencies, social organizations, military units, schools, institutions, neighbourhood (village)committees.

Online Retail Sales refer to the total retail sales of goods and services through public online trading platforms (including self-built websites and third-party platforms). Goods and services include physical goods and non-physical goods (such as virtual goods, service goods, etc.).

运输和邮电
Transport, Post and Telecommunication Services

简 要 说 明

一、本篇资料反映河北省交通运输业和邮政、电信发展的基本状况。

二、交通运输业资料主要包括：运输线路里程、运输设备拥有量，各种运输方式完成的货物运输量和旅客运输量，规模以上港口码头长度、泊位数量及货物吞吐量等资料。

邮政、电信资料主要包括：全省邮政、电信主要通信能力，主要的邮电业务完成情况，邮电通信发展水平主要指标等资料。

三、本篇资料由河北省统计局服务业统计处、河北省通信管理局整理提供。

四、资料整理：菅耀茹　马辉

Brief Introduction

Ⅰ.The data in this chapter show the basic situation of the development of Hebei Province's transportation industry, postal service and telecommunication.

Ⅱ.Transportation data mainly include: mileage of transportation lines, ownership of transportation equipment, volume of cargo and passenger transportation completed by various modes of transportation, length of ports above designated size, number of berths and throughput of cargo, etc.

Postal and telecommunications data mainly include: the province's business outlets and postal and postal routes, the main telecommunications capacity, the main completion of postal and telecommunications services, and the development level of postal and telecommunications major indicators.

Ⅲ. This data is collated and provided by Services Statistics Division of Hebei Provincial Statistics Bureau and Hebei Communications Administration.

Ⅳ.Data collection: Jian Yaoru, Ma Hui.

15-1 运输线路长度
Length of Transportation Routes

单位：公里 (km)

年份 Year	公路通车里程 Total Length of Highways	#高速公路 Expressway	内河航道里程 Length of Navigable Inland Waterways	地方铁路里程 Length of Local Railways
1978	40260		177	562.7
1980	39883		29	572.8
1985	40698			721.6
1990	43640	7	75	691.5
1995	51630	229	75	770.0
2000	59152	1480	75	554.8
2005	75894	2135		1207.0
2006	143778	2329		1489.1
2007	147265	2853		1522.7
2008	149504	3234		1605.4
2009	152135	3303		2152.8
2010	154344	4307		2124.1
2011	156965	4756		2172.4
2012	163045	5069		2174.8
2013	174492	5619		2193.4
2014	179200	5888		2212.1
2015	184553	6333		2242.9
2016	188431	6502		2330.2
2017	191693	6531		2350.0
2018	193252	7280		2455.2
2019	196983	7476		2448.0
2020	204737	7809		2332.7
2021	207049	8084	22	2327.1
2022	209209	8326	22	2327.1
2023	211107	8408	34	2424.9

15-2 交通运输工具拥有量
Number of Transportation Tools

指标	Item	2015 合计 Total	2015 #个人 Private	2020 合计 Total	2020 #个人 Private	2023 合计 Total	2023 #个人 Private
汽车(辆)	Vehicles (unit)	11371345	10361729	17631270	16212938	20743363	18483270
载客汽车	Passenger Vehicles	9233310	8732308	15119373	14443805	17598544	16613916
#轿车	Saloon Cars	6492873	6214163	10582303	10220941	12157958	11608502
载货汽车	Trucks	1466413	1034078	2273464	1586014	2484042	1746818
#普通载货	Ordinary Trucks	760073	636051			1114989	938030
其他汽车	Others	671622	595343	238433	183119	660777	122536
摩托车(辆)	Motorcycle (unit)	2998683	2856850	768145	752365	842870	806016
拖拉机(辆)	Tractors (unit)	1636978		1430791		831281	
挂车(辆)	Combination Vehicle (unit)	412347	164136	595299	244694	553243	243691
运输船舶	Transport Vessels						
货船(艘)	Freighter (unit)	146	80	124		130	
净载重量(吨位)	Deadweight Cargo Tonnage (ton)	3692744	770955	2104781		2658459	
拖船(艘)	Tow-boat (unit)	5				1	
功率(千瓦)	Drawing Power (kW)	13850				1940	
货运驳船(艘)	Barges (unit)	1					
净载重量(吨位)	Dead Weight Tonnage (ton)	1300					

15-3 民用汽车拥有量
Possession of Civil Vehicles

单位：万辆 (10000 units)

年 份 Year	民用汽车总计 Civil Vehicles	#载客汽车 Passenger Vehicles	#载货汽车 Trucks	#私人汽车总计 Private Vehicles	#载客汽车 Passenger Vehicles	#轿车 Cars	#载货汽车 Trucks
1978	6.9	1.3	5.1				
1980	9.3	1.7	6.9				
1985	17.8	3.5	13.3	2.8	0.2		2.5
1990	35.6	9.2	25.5	7.7	2.6		5.1
1995	72.6	23.6	44.5	26.7	10.5		12.6
1996	69.4	26.7	38.3	26.4	13.9		9.2
1997	77.3	31.9	41.1	32.6	18.5		11.0
1998	81.0	36.0	43.5	38.7	22.5		16.0
1999	91.1	42.0	47.6	41.7	26.4		15.3
2000	104.1	50.2	52.4	51.7	33.1		18.6
2001	119.9	59.9	58.5	63.4	41.2		22.1
2002	135.7	71.6	53.8	70.8	53.1		22.5
2003	155.6	87.4	56.1	95.1	66.1		30.9
2004	180.9	103.1	59.0	112.7	79.4		26.7
2005	282.9	120.0	70.9	198.9	97.0	44.6	34.5
2006	301.7	149.5	70.4	221.2	123.8	62.5	37.4
2007	345.2	185.3	75.1	260.6	156.2	85.9	41.6
2008	388.6	220.0	79.9	300.0	188.0	108.7	46.4
2009	625.8	286.1	104.4	379.0	248.1	149.3	62.7
2010	719.9	365.4	121.5	470.6	323.3	199.5	79.1
2011	832.5	463.4	137.2	577.1	416.2	266.5	92.3
2012	957.6	568.1	153.4	694.3	516.7	341.4	105.0
2013	1035.6	660.2	150.0	781.8	612.0	423.4	105.1
2014	995.3	780.6	143.5	895.4	732.0	516.4	100.4
2015	1137.1	923.3	146.6	1036.2	873.2	621.4	103.4
2016	1291.7	1077.1	163.3	1186.6	1026.9	731.4	114.7
2017	1413.8	1207.3	174.3	1304.9	1155.2	823.6	121.8
2018	1552.5	1330.4	193.4	1433.0	1273.4	903.6	135.4
2019	1666.7	1429.8	211.0	1536.8	1367.1	970.7	148.7
2020	1763.1	1511.9	227.3	1621.3	1444.4	1022.1	158.6
2021	1903.2	1593.3	241.2	1698.7	1516.2	1070.9	166.9
2022	1982.9	1672.1	243.7	1768.6	1585.1	1114.2	169.9
2023	2074.3	1759.9	248.4	1848.3	1661.4	1160.9	174.7

15-4 民用车辆拥有量(2023年)
Possession of Civil Motor Vehicles (2023)

单位：辆 (unit)

指　标	Item	总　计 Total	营　运 Working	进　口 Import	#个　人 Private
全省总计	**Total**	**22970802**	**1982661**	**478323**	**19532977**
汽　车	Civil Vehicles	20743363	1419952	458147	18483270
载客汽车	Passenger Vehicles	17598544	145683	452742	16613916
#大型	Large Scale	61033	44699	217	2819
中型	Medium Scale	16601	3129	293	3784
小型	Small Scale	17346673	97820	446764	16447481
#轿车	Cars	12157958	94316	178122	11608502
载货汽车	Trucks	2484042	1236283	5068	1746818
#重型	Heavy Scale	750720	735519	475	336732
中型	Medium Scale	25946	17221	14	13348
轻型	Light Scale	1706787	483518	4575	1396343
#普通载货	Ordinary Trucks	1114989	303076	2530	938030
其他汽车	Other Vehicles	660777	37986	337	122536
#三轮汽车	Tricycle Motors	367367	20595		50070
低速汽车	Low Speed Vehicles	196799	10788		32340
电　车	Tram	35	35		
摩托车	Motor	842870	11798	20111	806016
普通	Ordinary Motor	810357	11798	20109	774828
轻便	Light Motor	32513		2	31188
挂　车	Freight Trailers	553243	550876	64	243691
其他类型车	Other Motor Vehicles	10		1	
拖拉机	Tractor	831281			

15-5 民用航空发展基本情况
Main Indicators of Civil Aviation

指　标	Item	2005	2010	2015	2020	2023
定期航班航线条数(条)	Number of Regular Civil Aviation Routes (line)	25	56	74	229	217
国际航线	International Routes	1	1	4	20	13
国内航线	Domestic Routes	24	55	70	209	24
#港澳地区航线	Regional Routes	1	2	2	2	
民用机场数(个)	Number of Civil Airports (unit)	2	4	5	6	6
国外通航国家和地区(个)	Countries and Regions in International Air Navigation (unit)	1	1	3	17	7
#通航城市	Cities	1	1	4	22	11
民航机场旅客吞吐量(万人)	Passenger Traffic (10000 persons)	47	308.39	684.86	1046.80	1217.56

15-6 客 运 量
Passenger Traffic

单位：万人 (10000 persons)

年 份 Year	总 计 Total	铁 路 Railways	公 路 Highways	水 运 Waterways	民 航 Civil Aviation
1990	25745	5034	20525	183	4.0
1995	36714	4655	32038		21.0
2000	65255	4902	60341		12.0
2001	72229	4841	67377		10.7
2002	76094	5004	71081		9.1
2003	65219	4441	60767		10.7
2004	77784	5270	72500		13.8
2005	80918	5492	75402		23.8
2006	83988	6024	77931		33.3
2007	88935	6238	82648		48.8
2008	94622	6816	87746		59.4
2009	77773	7194	70579		76.7
2010	90847	7558	83289		156.8
2011	99688	7601	91857		229.6
2012	105336	7846	97218		272.0
2013	102974	8762	93911		300.8
2014	61063	9571	51151	3.67	338.0
2015	53631	9706	43563	4.54	358.0
2016	51176	10771	39925	5.10	474.8
2017	50688	11527	38492	1.66	666.8
2018	48105	12211	35133	2.50	759.8
2019	45524	13013	31719	1.19	790.3
2020	18238	7102	10575		561.2
2021	15464	7931	7079		454.7
2022	8774	4114	4296		363.6
2023	21083	12388	8030		664.9

15-7 旅客周转量
Passenger-Kilometers

单位：亿人公里 (100 million passenger-km)

年份 Year	总计 Total	铁路 Railways	公路 Highways	水运 Waterways
1990	358.09	249.44	108.44	0.20
1995	493.92	287.72	206.20	
2000	782.87	377.24	405.63	
2001	849.33	402.56	445.35	
2002	897.84	415.26	482.58	
2003	780.46	383.76	396.69	
2004	945.40	479.07	466.33	
2005	989.77	504.44	485.33	
2006	1068.57	552.45	516.12	
2007	1165.28	595.48	569.80	
2008	1236.65	639.17	597.47	
2009	1043.30	672.40	370.90	
2010	1172.86	730.61	442.25	
2011	1306.58	784.50	522.08	
2012	1369.20	791.03	578.17	
2013	1434.76	867.18	567.58	
2014	1276.66	985.91	290.48	0.28
2015	1213.21	944.43	268.43	0.34
2016	1238.12	993.55	244.18	0.39
2017	1282.66	1042.72	239.82	0.12
2018	1289.20	1061.40	227.61	0.19
2019	1311.11	1089.54	221.47	0.09
2020	603.57	520.47	83.10	
2021	682.13	615.67	66.46	
2022	382.21	345.37	36.84	
2023	1080.38	1003.91	76.47	

15-8 货运量
Freight Traffic

单位：万吨 (10000 tons)

年份 Year	总计 Total	铁路 Railways	公路 Highways	水运 Waterways	民航 Civil Aviation	管道 Petroleum and Gas Pipelines	港口货物吞吐量 Volume of Freight Handled in Coastal Ports
1990	58203	11501	44258	363	0.10	2080	6960
1995	74214	12106	59860	404	…	1844	8815
2000	76808	12546	62321	571	3.09	1366	10771
2001	80835	14954	63696	945	3.80	1236	12558
2002	84315	15368	66655	1105	2.62	1184	14432
2003	80551	16646	61570	1172	2.48	1161	18002
2004	87265	18216	66227	1700	1.81	1120	22515
2005	91330	19051	68652	2539	1.45	1087	27341
2006	96784	19646	73263	2778	0.88	1096	33805
2007	104188	20920	79822	2162	0.77	1283	39962
2008	111383	23808	84486	1762	0.98	1326	44065
2009	136804	28308	106530	1008	1.16	958	50874
2010	177308	37964	135938	2149	1.68	1258	60344
2011	212330	41671	166680	2672	2.11	1305	71300
2012	242886	43429	195530	2590	2.40	1335	76234
2013	277840	49688	224319	2517	2.63	1313	88984
2014	238749	48063	185286	4041	2.52	1356	95029
2015	199192	17843	175637	4542	2.60	1168	91251
2016	210994	16313	189822	4458	2.33	399	95208
2017	229211	17100	207309	4413	2.10	386	108868
2018	249650	19580	226334	3352	2.19	382	115599
2019	242866	26823	211461	4160	2.58	419	116315
2020	247783	30806	211942	4575	5.63	455	120446
2021	269586	29205	227203	4800	1.51	8376	123427
2022	240636	30212	196727	5197	1.91	8497	127667
2023	262095	30124	217492	5475	3.31	9001	136265

15-9 货物周转量
Freight Ton-Kilometers

单位：亿吨公里　　　　(100 million ton-km)

年份 Year	总计 Total	铁路 Railways	公路 Highways	水运 Waterways	管道 Petroleum and Gas Pipelines
1990	1546.47	1256.80	215.42	48.53	25.72
1995	2029.48	1534.74	397.36	67.88	29.50
2000	2325.85	1474.77	555.42	267.97	27.69
2001	2760.82	1613.04	608.01	512.70	27.07
2002	2862.79	1658.24	632.40	543.34	28.82
2003	3023.79	1787.73	591.60	612.19	32.28
2004	3796.05	1955.54	658.59	1150.00	31.93
2005	4750.64	2120.98	691.45	1908.07	30.14
2006	5157.40	2331.11	748.86	2051.41	26.02
2007	5507.02	2581.86	843.23	2057.28	24.64
2008	5209.01	2738.05	890.96	1554.62	25.38
2009	5981.61	2743.10	2998.49	216.82	23.21
2010	7673.09	3208.70	4011.23	432.11	21.05
2011	9840.50	4104.69	5219.28	495.04	21.49
2012	10844.84	4180.88	6133.47	509.60	20.89
2013	12003.78	4489.73	6972.94	519.81	21.29
2014	12968.80	4444.78	7019.56	1481.77	22.69
2015	12024.94	3633.01	6821.48	1551.86	18.59
2016	12339.25	3704.47	7294.59	1335.55	4.64
2017	13383.62	4278.36	7896.99	1203.91	4.37
2018	13876.71	4831.57	8550.15	490.88	4.12
2019	13568.30	4937.18	8027.16	599.04	4.92
2020	13734.86	4972.05	8103.25	654.65	4.91
2021	15525.22	5395.40	8650.10	724.00	755.72
2022	15018.43	5505.97	7890.34	837.90	784.23
2023	15601.94	5436.68	8472.24	888.00	805.02

15-10 沿海港口基本情况(2023年)
Main Indicators of Coastal Ports (2023)

港口名称	Name	合计 Total			#生产用 For Productive Use			设计吞吐能力(万吨) Design the Handling Capacity (10000 tons)	货物吞吐量(万吨) Volume of Freight Handled (10000 tons)
		码头长度(米) Length of Quay Line (m)	泊位个数(个) Number of Berths (unit)	#万吨级 10000 Tons Class	码头长度(米) Length of Quay Line (m)	泊位个数(个) Number of Berths (unit)	#万吨级 10000 Tons Class		
全　省	**Total**	**68183**	**304**	**215**	**66146**	**271**	**215**	**119565**	**136265**
唐 山 港	Tangshan	38704	156	130	38320	152	130	67286	84218
#京 唐 港	Jingtang	11754	45	40	11443	43	40	17252	30711
曹妃甸港	Caofeidian	25837	101	90	25837	101	90	48624	53507
秦皇岛港	Qinhuangdao	17246	93	44	16013	73	44	23569	18964
黄 骅 港	Huanghua	12233	55	41	11813	46	41	28710	33083

15-11 规模以上沿海港口货物分货类吞吐量(2023年)
Volume of Freight Handled in Coastal Ports above Designated Size by Type of Freight (2023)

单位：万吨　(10000 tons)

货物种类	Type of Freight	合计 Total	#外贸 Foreign Trade	出港量 Out-put	#外贸 Foreign Trade	进港量 In-put	#外贸 Foreign Trade
总　计	**Total**	**136265**	**41927**	**90494**	**2319**	**45770**	**39608**
煤炭及制品	Coal and Product	75159	3338	71601	133	3557	3205
石油、天然气及制品	Crude Petroleum Oil, Natural Gas and Product	3266	1939	268	6	2999	1933
#原油	Crude Oil	2418	1352	166		2251	1352
金属矿石	Metal Ores	30147	29212	182	4	29965	29207
钢　铁	Steel and Iron	5820	1356	5589	1252	231	104
矿建材料	Mineral Building Materials	9594	258	8120	210	1474	47
水　泥	Cement	477		477			
木　材	Timber	124	74	14		111	74
非金属矿石	Nonmetal Ores	4900	4055	299	2	4600	4053
化肥农药	Chemical Fertilizers and Pesticides	411	316	375	306	36	10
盐	Salt	181	178	2		178	178
粮　食	Grain	650	612	18	3	632	609
机械、设备、电器	Machinery, Equipment and Electric Appliance	11	5	9	5	3	
化工原料及制品	Industrial Chemicals and Product	530	225	525	222	5	3
有色金属	Non-ferrous Metals	6	3	3		3	3
轻工、医药产品	Light Industry and Medicines Product	81	81			81	81
农林牧渔业产品	Agriculture, Forestry, Animal Husbandry and Fishery Product	22	7	1	0	21	6
其　他	Others	4886	267	3010	175	1875	93
港口集装箱吞吐量(万标箱)	**Port Container Throughput (10000 TEUs)**						

注：规模以上港口包括秦皇岛港、黄骅港和唐山港。
a) Coastal ports above designated size include Qinhuangdao, Huanghua and Tangshan.

15-12 邮电业务基本情况(年底数)
Basic Conditions of Postal and Telecommunication Services (End of Year)

年 份 Year	邮政局、所(处) Number of Postal and Offices (unit)	#设在农村的 Located in the Countryside	邮路总长度(万公里) Length of Postal Routes (10000 km)	移动电话用户(万户) Number of Mobile Telephone Subscribers (10000 subscribers)	#5G用户 5G Mobile Phone Subscribers	#4G用户 4G Mobile Phone Subscribers	移动互联网用户(万户) Mobile Internet Subscribers (10000 subscribers)	互联网宽带接入用户(万户) Broad Band Subscribers Port of Internet (10000 ports)
1978	1802	1511	16.5					
1980	1752	1434	17.0					
1985	2928	2588	2.6					
1990	2443	1078	2.8					
1995	2538	1869	3.5					
1996	2555	1820	3.7	24.7				
1997	2472	1863	3.9	44.8				
1998	2389	1750	3.9	86.5				
1999	2081	1455	4.0	139.7				
2000	2018	1390	4.1	279.4				
2001	2013	1371	4.1	543.4				
2002	1978	1312	4.5	840.8				
2003	1952	1272	5.3	1253.2				
2004	1955	1258	5.4	1512.9				
2005	1957	1242	4.7	1785.5				
2006	1986	1244	4.6	2251.0				
2007	1851	1110	4.9	2814.8				
2008	1876	1091	5.5	3214.1				
2009	1742	1098	6.4	3783.2				
2010	2054	1030	5.1	4353.6				
2011	2114	1001	5.2	5094.5				824.5
2012	1616	1024	5.2	5513.1				963.9
2013	1617	1019	4.7	6006.2				1031.6
2014	2273	1683	7.7	6229.1				1127.6
2015	2470	1883	6.5	6139.9		2107.4		1226.5
2016	2441	1875	7.2	7121.0		4034.7		1612.0
2017	2460	1906	8.7	7581.8		5199.0		1910.1
2018	2457	1906	10.2	8195.6		5920.0		2159.8
2019	2450	1904	11.2	8315.6		6596.5		2359.7
2020	2446	1893	13.0	8336		6740.9	7104.0	2534.4
2021	2452	1886	15.2	8643.5	1675.1	5906.1	7512.5	2796.9
2022	2473	1894	16.9	8733.3	2680.9	5261.9	7578.8	2992.6
2023	2462	1906		8851.6	4013.3	4352.6	7892.9	3179.7

注：邮路总长度1982年及以前是邮路及农村投递线路总长度之和。

a) Length of postal routes before 1983 included the length of postal routes and rural delivery routes.

15-13 邮政和电信业务量

Business Volume of Postal Services and Telecommunications Services

年 份 Year	邮政业务总量(亿元) Business Volume of Postal Services (100 million yuan)	电信业务总量(亿元) Business Volume of Telecommunication Services (100 million yuan)	函 件(万件) Letters (10000 pcs)	报刊期发数(万份) Issue of Newspapers and Magazines (10000 copies)	快 递(万件) Express Deliveries (10000 pcs)	固定电话用户(万户) Fixed Telephone Subscribers (10000 subscribers)	移动短信业务量(亿条) Short Message Services (100 million messages)
1978		0.59	15417	267		8.0	
1980		0.64	15961	304		8.2	
1985		1.26	21639	580		16.3	
1990		5.56	23716	473		23.6	
1995		36.09	31471	504		189.3	
1996		48.50	30171	584		265.3	
1997		63.42	25858	589		328.8	
1998		88.51	25699	499		403.4	
1999		116.44	21235	1149		487.4	
2000		191.04	26302	522		667.3	
2001		167.01	31698	422	507.2	905.2	
2002		219.84	36078	508	488.3	1104.4	
2003		293.18	20056	484	651.0	1339.0	
2004		430.79	32623	451	739.9	1578.0	
2005		528.47	25742	378	842.9	1627.8	
2006		641.57	22444	340	1023.5	1657.2	204.6
2007		852.31	20641	321	2956.5	1589.1	281.0
2008		1069.57	26702	317	3795.5	1457.5	362.2
2009		1190.65	26960	185	4506.8	1343.9	380.4
2010		1420.68	25355	509	4573.7	1251.3	352.5
2011		537.56	24432	617	8660.4	1242.8	319.4
2012		572.69	29263	632	12469.1	1207.7	311.2
2013		728.74	32091	732	20755.7	1152.4	311.8
2014		825.54	25607	786	34019.0	1085.1	265.5
2015	131.5	866.5	14319	1179	54911.9	978.2	220.5
2016	196.8	1348.4	7006	1095	90392.4	850.6	173.4
2017	269.0	1095.5	5483	477	119389.3	763.8	178.1
2018	380.1	2785.3	4915	519	174136.2	669.9	258.0
2019	557.4	4742.8	4154	483	230392.7	705.2	610.3
2020	853.7	5973.4	2787	471	370249.8	652.1	869.4
2021	528.1	741.8	1942	472	506015.0	671.1	892.9
2022	536.0	751.4	1212.3	460.2	526889.0	651.4	798.4
2023	645.9	783.5	1312.6	452.1	660073.0	586.8	763.2

注：1.从2021年起，邮政业务总量为2020年不变价，电信业务总量为上年不变价。2.2023年邮政业务总量单位为"亿标准量"。

a) From 2021, the Business Volume of Postal Services will remain unchanged at 2020 prices, the Business Volume of Telecommunication Services will remain unchanged at the previous year prices.

b)The total volume of postal services in 2023 is measured in units of "one billion standard volume".

15-14 分市电信业务基本情况(2023年底数)

Main Indicators of Telecommunication Services by City (End of 2023)

市	City	电信业务总量 (万元) Business Volume of Telecommunication Services (10000 yuan)	固定电话用户 (户) Fixed Telephone Subscribers (subscriber)	移动电话用户 (户) Number of Mobile Telephone Subscribers at Year-end (subscriber)	#4G移动电话用户 4G Mobile Telephone Subscribers	#5G移动电话用户 5G Mobile Telephone Subscribers
石家庄市	Shijiazhuang	1505395	1021996	14930952	7260144	6710502
唐 山 市	Tangshan	837774	754296	9657274	4890825	4210812
秦皇岛市	Qinhuangdao	349775	359444	3860733	1984574	1704234
邯 郸 市	Handan	740698	441761	10098015	4904028	4705471
邢 台 市	Xingtai	557739	476625	7494397	3863693	3223461
保 定 市	Baoding	1089994	886489	12876537	6327605	5901771
张家口市	Zhangjiakou	441975	238401	4698397	2384211	2078797
承 德 市	Chengde	326875	199830	4054780	2073374	1717987
沧 州 市	Cangzhou	688756	557654	8600204	4181757	3850906
廊 坊 市	Langfang	916440	492160	6596816	3070770	3278017
衡 水 市	Hengshui	375708	439226	4927035	2585426	2029840

15-14 续表 continued

市	City	(固定)互联网宽带接入用户 (户) Broad Band Subscribers Users of Internet (subscriber)	FFTH/O用户 (户) FFTH/O Subscribers (subscriber)	固定互联网宽带接入端口数 (个) Broad Band Subscribers Port of Fixed Internet (unit)	FFTH/O端口数 (个) FFTH/O Subscribers Port (unit)
石家庄市	Shijiazhuang	5296794	4671632	8396914	7994227
唐 山 市	Tangshan	3448161	3274013	6330788	6121623
秦皇岛市	Qinhuangdao	1645884	1502766	2913468	2802821
邯 郸 市	Handan	3341594	3182522	5729136	5618814
邢 台 市	Xingtai	2685809	2585658	4758678	4659597
保 定 市	Baoding	4529281	4289059	7931335	7758571
张家口市	Zhangjiakou	1756341	1687647	3114910	3089706
承 德 市	Chengde	1488396	1414797	2526190	2437673
沧 州 市	Cangzhou	3102635	2973327	5232990	5158609
廊 坊 市	Langfang	2677113	2506174	4828956	4682987
衡 水 市	Hengshui	1825012	1751359	3041951	3008066

主要统计指标解释

铁路营业里程 又称营业长度，指投入客货运输营业或临时营业的线路长度。

公路里程 指报告期末公路的实际长度。统计范围：包括城间、城乡间、乡（村）间能行驶汽车的公共道路，公路通过城镇街道的里程，公路桥梁长度、隧道长度、渡口宽度。不包括城市街道里程，断头路里程，农（林）业生产用道路里程，工（矿）企业等内部道路里程。统计原则：按已竣工验收或交付使用的实际里程计算；两条或多条公路共同经由同一路段的重复里程，只计算一次。

内河航道里程 指在一定时期内，能通航运输船舶及排筏的天然河流、湖泊水库、运河及通航渠道的长度。包括全年季节性通航累计三个月以上的航道，不包括仅供零散流放竹、木排的河道。两省以河为界的航道里程，双方均按一半计算，以免重复。

货(客)运量 指在一定时期内，各种运输工具实际运送的货物重量（旅客数量）。货运按吨计算，客运按人计算。货物不论运输距离长短、货物类别，均按实际重量统计。旅客不论行程远近或票价多少，均按一人一次客运量统计；半价票、儿童票也按一人统计。

货物(旅客)周转量 指在一定时期内，由各种运输工具运送的货物（旅客）数量与其相应运输距离的乘积之总和。该指标可以反映运输业生产的总成果，也是编制和检查运输生产计划，计算运输效率、劳动生产率以及核算运输单位成本的主要基础资料。计算货物周转量通常按发出站与到达站之间的最短距离，也就是计费距离计算。计算公式为：

货物（旅客）周转量=Σ（货物（旅客）运输量×运输距离）

港口货物吞吐量 指经由水路进、出港区范围，并经过装卸的货物数量。按货物流向分为进港吞吐量和出港吞吐量，按货物的贸易性质分为内贸和外贸吞吐量。货物类别根据现行的交通行业《运输货物分类和代码》标准分类。

民用运输船舶拥有量 指报告期末在水路运输管理部门注册登记的从事水上客、货运输活动的我国企业或私人拥有的营业性运输船舶（含我国企业或私人拥有的悬挂外国旗的船舶）数量。不包括非运输船舶及农业、渔业生产船舶。

民用汽车拥有量 指报告期末，在公安交通管理部门按照《机动车注册登记工作规范》，已注册登记领有民用车辆牌照的全部汽车数量。汽车拥有量统计的主要分类：根据汽车结构分为载客汽车、载货汽车及其他汽车；根据汽车所有者不同分为个人（私人）汽车、单位汽车；根据汽车的使用性质分为营运汽车、非营运汽车；根据汽车大小规格不同，载客汽车分为大型、中型、小型和微型，载货汽车分为重型、中型、轻型和微型。

邮政、电信业务总量 指以货币形式表示的邮政、电信通信企业为社会提供各类邮政、电信通信服务的总数量。计算方法为各类业务的实物量分别乘以相应的不变单价，求出各类业务的货币量加总求得。没有不变单价的业务按其业务收入直接相加。

移动电话用户 指在电信运营企业营业网点办理开户登记手续，通过移动电话交换机进入移动电话网，占用移动电话号码的各类电话用户。包括各类签约用户、智能网预付费用户、无线上网卡用户。

互联网上网人数 指过去半年内使用过互联网的6周岁及以上中国居民人数。

固定电话用户 指在电信企业营业网点办理开户登记手续并已接入固定电话网上的全部电话用户。

互联网宽带接入端口 指用于接入互联网用户的各类实际安装运行的接入端口的数量，包括xDSL用户接入端口、LAN接入端口、其他类型接入端口等，不包括窄带拨号接入端口。

Explanatory Notes on Main Statistical Indicators

Length of Railways in Operation refers to the total length of the trunk line for passenger and freight transportation in full operation or temporary operation.

Length of Highways refers to the actual length of highways at the end of reference period. It covers public roads running vehicles between cities, between urban and rural areas, and between townships (villages), as well as highways passing through streets at small cities and towns, length of bridges and tunnels, width of ferry piers. It does not include the length of streets in cities, dead end highways, the length of streets built for agricultural (forest) production and inside factories (mines). Mileage can only be included when the road is completed, checked and accepted or put into operation. If two or more highways use the same section, the length of the section is counted only once.

Length of Navigable Inland Waterways refers to the length of natural rivers, lakes, reservoirs and canals that are open to navigation for ships and rafts during a given period. It includes the channels with annual seasonal navigation for more than three months, excluding waterways for scattered bamboo and wooden rafts. If two provinces share one river as the border, the length of waterways will be equally divided for each province to avoid duplication.

Freight (Passenger) Traffic refers to the weight of freight (number of passengers) transported with various means within a specific period of time. Freight transport is calculated in tons and passenger traffic is calculated in terms of number of persons. Freight transport is calculated in terms of the actual weight of the goods, irrespective of the type of freight and distance of transport. Passenger traffic is calculated by the principle that one person can be counted only once in one trip, irrespective of travelling distance and ticket price. The passengers who travel with a discounted ticket or a children ticket is also calculated as one person.

Freight Ton-kilometres (Passenger-kilometres) refers to the sum of the product of the volume of transported cargo (passengers) multiplied by the transport distance. As an indicator to reflect the achievement of the transportation industry, this is an important indicator to show the total results of the transport industry; to prepare and examine the transport plan; and to serve as the main basic data for calculating the efficiency, labour productivity and unit cost of transport. Normally, the shortest distance between the departure station and the destination station (i.e., the payable distance) is the basis in calculating the freight ton-kilometres. The formula is as follows:

$$\begin{matrix}\text{Freight ton-kilometres}\\ \text{(passenger-kilometres)}\end{matrix} = \sum \begin{matrix}\text{freight}\\ \text{(passenger)traffic}\end{matrix} \times \begin{matrix}\text{distance of}\\ \text{transportation}\end{matrix}$$

Volume of Freight Handled in Coastal Ports refers to the volume of cargo passing in and out of the harbour area of the major coastal ports and having been loaded and unloaded. The volume of freight handled may be classified by direction of cargo flow as inbound freight and outbound freight, or by nature of trading as freight for domestic trade and freight for foreign trade. It can also be classified by type of freight based on the existing standard classification for transportation industry *Classification and Coding for Freight*.

Possession of Civil Transport Vessels refers to the total number of operating transport vessels at the end of reference period, owned by Chinese enterprises or privately, that are registered in the water transport management agencies and permitted to perform cargo or passenger transport activities (including vessels with foreign flags but owned by Chinese enterprises or citizens). Non-transport vessels and vessels used for agriculture and fishery are not included.

Possession of Civil Motor Vehicles refer to the total numbers of vehicles at the end of the reference period that are registered and received vehicles license *according to the Working Regulations for Motor Vehicle Registration* formulated by the transport management offices. Motor vehicles are classified into different categories. By the structure of motor vehicles, they are divided into passenger vehicles, trucks and others; by ownership, into private vehicles and vehicles for the unit's use; by usage, into business vehicles and non-business vehicles; and by size of vehicles, into large passenger vehicles, medium-sized passenger vehicles, small passenger vehicles and mini passenger vehicles, heavy trucks, light-heavy trucks, light trucks and mini-trucks.

Business Volume of Post and Telecommunications refers to the total amount of postal and telecommunication services, expressed in value terms, provided by the post and telecommunications departments for the society. Business volume of post and telecommunications is the sum of each service in kind multiplying with its correspondent unit price (constant price). For business activities without constant price, the business revenue is added up directly.

Mobile Phone Subscribers refer to persons who have gone through registration procedures in the operation outlets of enterprises engaged in telecommunications and are hence connected with the mobile phone communication network through the mobile phone switchboards and occupy mobile phone numbers. Included are various types of contracted subscribers, prepaid users for intelligent network and wireless network card users.

Internet Users refer to the number of Chinese citizens aged 6 and over who use the Internet in the past six months.

Fixed Telephone Subscribers refer to all subscribers who have gone through registration procedures in the operation outlets of enterprises engaged in telecommunications and are hence connected to the local telecommunications service provider through fixed line network.

Broadband Connection Terminals refer to the connection terminals to internet users actually installed and put into operation, including connection terminals for xDSL, connection terminals for LAN, and other types of connection terminals. N-ISDN connection terminals are not included.

住宿、餐饮业和旅游
Hotels, Catering Services and Tourism

简 要 说 明

一、本篇资料主要反映河北省住宿和餐饮业的基本情况、经营情况和旅游产业的发展状况。

二、本篇资料的统计范围为：限额以上住宿和餐饮业法人企业、个体经营户；餐饮连锁集团；旅行社、星级饭店和旅游者。限额以上住宿和餐饮业统计单位是指年主营业务收入200万元及以上。

三、本篇资料中住宿和餐饮业统计数据由河北省统计局贸易外经处整理提供；旅游产业统计数据由河北省文化和旅游厅整理提供。

四、资料整理：孙皖靓　王骥　杜析

Brief Introduction

Ⅰ. The data in this chapter reflect the development of hotel and catering services and tourism in Hebei Province.

Ⅱ. The statistical coverage in this chapter comes as follows: Data in this chapter cover the enterprises of hotel and catering services above the designated size, self-employed households of hotel and catering services; chain catering services, travel agencies, star-rated hotels and tourists; hotels with annual turnover of 2 million yuan or above, and catering services with annual turnover of 2 million yuan or above.

Ⅲ. The data in this chapter are prepared and edited by the Division of Trade and External Economic Relations Statistics of Hebei Provincial Bureau of Statistics. Data on tourism are from Department of Culture and Tourism of Hebei Province.

Ⅳ.Data collection: Sun Huanjing, Wang Ji, Du Xi.

16−1 限额以上住宿和餐饮业情况

Main Indicators of Hotels and Catering Services above Designated Size

指　标	Item	2015	2020	2022	2023
住宿和餐饮业	**Hotels and Catering Services**				
法人企业(个)	Number of Corporation Enterprises (unit)	915	1033	1375	1613
年末从业人数(万人)	Employed Persons at Year-end (10000 persons)	8.5	7.5	7.4	9.0
营业额(亿元)	Business Revenue (100 million yuan)	101.5	112.7	154.3	223.7
#餐费收入(亿元)	From Meals (100 million yuan)	59.7	64.0	98.5	142.1
年末餐饮营业面积(万平方米)	Business Area of Catering Services at Year-end (10000 sq.m)	275.1	442.9	521.6	782.6
住宿业	**Hotels**				
法人企业(个)	Number of Corporation Enterprises (unit)	476	534	633	713
年末从业人数(万人)	Employed Persons at Year-end (10000 persons)	5.4	4.4	3.9	4.6
营业额(亿元)	Business Revenue (100 million yuan)	65.7	64.7	70.5	99.4
#客房收入(亿元)	From Hotel Rooms (100 million yuan)	27.1	28.9	31.4	47.7
餐费收入(亿元)	From Meals (100 million yuan)	31.5	27.1	28.3	38.7
客房数(万间)	Number of Rooms (10000 rooms)	9.4	8.2	11.1	10.3
床位数(万位)	Number of Beds (10000 beds)	16.6	13.6	18.5	16.6
年末餐饮营业面积(万平方米)	Business Area of Catering Services at Year-end (10000 sq.m)	154.2	266.9	292.9	367.9
餐饮业	**Catering Services**				
法人企业(个)	Number of Corporation Enterprises (unit)	439	499	742	900
年末从业人数(万人)	Employed Persons at Year-end (10000 persons)	3.1	3.1	3.4	4.4
营业额(亿元)	Business Revenue (100 million yuan)	35.8	48.0	83.8	124.3
#餐费收入(亿元)	From Meals (100 million yuan)	28.2	36.8	70.1	103.4
年末餐饮营业面积(万平方米)	Business Area of Catering Services at Year-end (10000 sq.m)	120.9	176.0	228.6	414.7

注：本表的统计范围为限额以上法人企业。

a) Scope of hotels and catering services covers enterprises above designated size.

16-2 按登记注册统计类别和行业分限额以上住宿业企业主要指标(2023年)

单位：亿元

指　　标	Item	法人企业(个) Number of Corporation Enterprises (unit)	年末从业人数(人) Employed Persons at Year-end (person)
住宿业合计	**Hotels**	**713**	**45876**
按登记注册统计类别分	**By Registered Statistical Categories**		
内资企业	**Domestic Invested Enterprises**	**709**	**45242**
国有独资公司	Wholly State-owned Corporations	5	636
私营有限责任公司	Private Limited Liability Corporations Ltd.	471	20601
其他有限责任公司	Other Limited Liability Corporations Ltd.	170	19132
私营股份有限公司	Private Share Holding Limited Corporations Ltd.		
其他股份有限公司	Other Limited Liability Corporations Ltd.		
全民所有制企业(国有企业)	State Owned Enterprises (State-owned Enterprises)	40	3573
集体所有制企业(集体企业)	Collective Owned Enterprises (Collective Enterprises)	5	177
股份合作企业	Cooperative Stock Enterprises		
联营企业	Joint Venture Enterprises		
个人独资企业	Sole Proprietorship Enterprises	18	1123
合伙企业	Partnership Enterprises		
其他内资企业	Other Domestic Invested Enterprises		
港、澳、台商投资企业	**Enterprises with Investment from Hong Kong, Macao and Taiwan**	**4**	**634**
按国民经济行业分	**By Sector**		
旅游饭店	Tourist Hotel	308	28523
一般旅馆	General Hotels	385	15740
民宿服务	Home Lodging Services	1	34
其他住宿业	Others	19	1579

Main Indicators of Enterprises above Designated Size of Hotels by Registered Statistical Categories and Sector (2023)

(100 million yuan)

营业额 Business Revenue	#客房收入 From Hotel Rooms	#餐费收入 From Meals	资产总计 Total Assets	#流动资产合计 Total Current Assets	#固定资产原价 Original Price of Fixed Assets	负债合计 Total Liabilities	所有者权益合计 Total Owners' Equities	营业收入 Business Revenue	营业成本 Business Costs	税金及附加 Tax and Other Charges	利润总额 Total Profits
99.44	**47.66**	**38.71**	**379.24**	**154.96**	**228.09**	**381.60**	**-2.37**	**95.15**	**42.70**	**1.72**	**-16.77**
97.76	**46.73**	**38.10**	**365.50**	**154.05**	**209.96**	**366.72**	**-1.23**	**93.56**	**41.66**	**1.62**	**-15.93**
0.84	0.41	0.42	4.82	0.53	4.06	0.95	3.87	0.85	0.46	0.01	-0.21
45.60	25.66	16.28	170.17	91.59	81.69	205.34	-35.18	43.96	19.86	0.54	-9.02
43.84	17.93	17.69	169.78	55.83	105.59	144.06	25.73	41.75	18.00	0.92	-5.69
4.96	1.57	2.65	17.77	4.49	16.35	14.76	3.01	4.61	2.27	0.13	-1.04
0.38	0.23	0.09	0.87	0.46	1.07	0.31	0.56	0.36	0.14	0.01	-0.03
2.14	0.94	0.97	2.09	1.16	1.19	1.32	0.78	2.03	0.93	0.02	0.06
1.68	**0.93**	**0.61**	**13.74**	**0.90**	**18.14**	**14.88**	**-1.14**	**1.59**	**1.03**	**0.10**	**-0.84**
64.77	28.26	27.49	259.30	103.84	161.29	254.93	4.37	61.44	26.38	1.22	-9.85
31.44	18.27	9.98	108.95	45.81	63.52	117.35	-8.42	30.49	14.83	0.47	-7.01
0.04	0.03	0.01	0.26	0.02	0.30	0.30	-0.04	0.04	0.05	0.00	-0.05
3.19	1.10	1.24	10.75	5.29	2.99	9.02	1.73	3.18	1.44	0.03	0.14

16-3 按登记注册统计类别和行业分限额以上餐饮业企业主要指标(2023年)

单位：万元

指　　标	Item	法人企业(个) Number of Corporation Enterprises (unit)	年末从业人数(人) Employed Persons at Year-end (person)
餐饮业合计	**Catering Services**	**900**	**44163**
按登记注册统计类别分	**By Registered Statistical Categories**		
内资企业	**Domestic Invested Enterprises**	**896**	**43980**
国有独资公司	Wholly State-owned Corporations	3	244
私营有限责任公司	Private Limited Liability Corporations	648	27985
其他有限责任公司	Other Limited Liability Corporations	167	9942
私营股份有限公司	Private Share-holding Corporations Ltd.	3	2766
其他股份有限公司	Other Share-holding Corporations Ltd.	1	
全民所有制企业(国有企业)	State Owned Enterprises (State-owned Enterprises)	10	569
集体所有制企业(集体企业)	Collective Owned Enterprises (Collective Enterprises)	1	181
股份合作企业	Cooperative Stock Enterprises	1	201
联营企业	Associated Enterprises		
个人独资企业	Sole Proprietorship Enterprises	51	1899
合伙企业	Partnership Enterprises	11	193
其他内资企业	Other Domestic Invested Enterprises		
港、澳、台商投资企业	**Enterprises with Investment from Hong Kong, Macao and Taiwan**	**2**	**111**
港澳台投资有限责任公司	Limited Liability Corporations with Invested from Hong Kong, Macao and Taiwan	2	111
港澳台投资股份有限公司	Share-holding Corporations Ltd. with Invested from Hong Kong, Macao and Taiwan		
港澳台投资合伙企业	Partnership Enterprises with Invested from Hong Kong, Macao and Taiwan		
其他港澳台投资企业	Other Enterprises with Invested from Hong Kong, Macao and Taiwan		
外商投资企业	**Foreign Invested Enterprises**	**2**	**72**
外商投资有限责任公司	Foreign Invested Limited Liability Corporations	2	72
外商投资股份有限公司	Foreign Invested Share-holding Corporations Ltd.		
其他外商投资企业	Other Foreign Invested Enterprises		
按国民经济行业分	**By Sector**		
正餐服务	Restaurant	817	40585
快餐服务	Fast Food	34	925
饮料及冷饮服务	Beverages and Cold Drinks	9	415
餐饮配送及外卖送餐服务	Catering Distribution and Delivery Service	32	2065
其他餐饮业	Others	8	173

Main Indicators of Enterprises above Designated Size of Catering Services by Registered Statistical Categories and Sector (2023)

(10000 yuan)

营业额 Business Revenue	#餐费收入 From Meals	资产总计 Total Assets	#流动资产合计 Total Current Assets	#固定资产原价 Original Price of Fixed Assets	负债合计 Total Liabilities	所有者权益合计 Total Owners' Equities	营业收入 Business Revenue	营业成本 Business Costs	税金及附加 Tax and Other Charges	利润总额 Total Profits
1242984.9	**1034037.6**	**1822938.9**	**1045675.8**	**629545.0**	**1794925.0**	**28013.9**	**1183877.6**	**778478.8**	**4824.3**	**-24186.4**
1238982.7	**1031858.5**	**1811547.4**	**1037905.8**	**624711.8**	**1793548.3**	**17999.1**	**1179928.1**	**775893.5**	**4788.3**	**-23712.7**
2301.6	1600.7	5502.7	3850.2	2466.9	4668.7	834.0	2190.6	1636.6	18.3	-1048.5
644240.2	573239.7	894936.5	477398.5	299440.9	953090.9	-58154.4	613836.0	379513.2	1962.4	-7596.2
286326.3	213330.1	588768.9	310195.8	247541.3	542287.7	46481.2	268429.0	154122.4	1770.4	-13217.9
243331.3	190281.8	238542.6	211022.0	8398.6	211740.1	26802.5	235776.0	206310.1	338.9	308.0
7108.2	5077.8	18650.9	5918.2	18498.3	17581.4	1069.5	7176.7	5097.9	230.3	-2255.5
5372.0	4580.8	4800.0	2966.8	4719.5	4663.0	137.0	5066.7	1733.5	48.6	18.2
7087.7	7087.7	7875.9	678.2	8898.6	7284.6	591.3	6686.6	3748.1	32.9	167.5
37994.2	32233.3	49678.3	24497.2	32502.5	51596.8	-1918.5	35737.6	20085.9	330.0	-244.8
5221.2	4426.6	2791.6	1378.9	2245.2	635.1	2156.5	5028.9	3645.8	56.5	156.5
1841.9	**1402.0**	**9869.1**	**6276.3**	**4657.4**	**632.5**	**9236.6**	**1937.4**	**744.0**	**34.1**	**-501.0**
1841.9	1402.0	9869.1	6276.3	4657.4	632.5	9236.6	1937.4	744.0	34.1	-501.0
2160.3	**777.1**	**1522.4**	**1493.7**	**175.8**	**744.2**	**778.2**	**2012.1**	**1841.3**	**1.9**	**27.3**
2160.3	777.1	1522.4	1493.7	175.8	744.2	778.2	2012.1	1841.3	1.9	27.3
1121151.0	925631.2	1750883.2	1003524.1	614101.9	1738478.9	12404.3	1069005.2	698167.3	4691.0	-26795.7
26017.9	25262.6	12610.1	11634.3	1077.5	9752.1	2858.0	25559.9	16471.2	15.6	2092.2
17126.5	16714.2	9329.5	2825.0	575.0	8383.0	946.5	16135.2	10083.5	5.2	1059.2
69275.1	57204.3	47908.5	25647.9	13585.6	36781.3	11127.2	66544.0	49063.9	97.3	-644.3
9414.4	9225.3	2207.6	2044.5	205.0	1529.7	677.9	6633.3	4692.9	15.2	102.2

16-4 分市限额以上住宿业企业主要指标(2023年)
Main Indicators of Enterprises above Designated Size of Hotels by City (2023)

单位：万元 (10000 yuan)

市	City	法人企业(个) Number of Corporation Enterprises (unit)	年末从业人数(人) Employed Persons at Year-end (person)	营业额 Business Revenue	#客房收入 From Hotel Rooms	#餐费收入 From Meals	资产总计 Total Assets	#流动资产合计 Total Current Assets	#固定资产原价 Net Value of Fixed Assets
全　省	**Total**	**713**	**45876**	**994381.3**	**476611.1**	**387119.7**	**3792438**	**1549550.8**	**2280948.3**
石家庄市	Shijiazhuang	169	11834	312210.1	142927.7	118720.3	982366.3	221788.9	737858.2
石家庄市①	Shijiazhuang①	166	11690	310253.1	141472.3	118302.7	963523.2	218468.6	730204.5
唐山市	Tangshan	56	2653	57258.1	31214.5	19558.1	223953.3	92767.1	124102.8
秦皇岛市	Qinhuangdao	61	3740	124835.8	74775.5	40811.2	395629.4	157007.4	330786.0
邯郸市	Handan	66	3642	50443.8	27575.8	19405.5	259574.5	88582.2	134235.5
邢台市	Xingtai	37	1720	31861.6	16659.8	13886.1	109534.4	29574.5	69021.5
保定市	Baoding	89	6356	122674.6	51505.6	47320.6	405778.6	160256.6	284479.4
保定市①	Baoding①	68	5069	103123.6	40544.2	40156.1	260307.5	104932.0	202682.8
张家口市	Zhangjiakou	76	4866	81859.1	34571.8	39978.6	602067.5	357454.6	221455.7
承德市	Chengde	41	3405	57926.5	29411.3	23900.8	213028.8	102010.0	98788.3
沧州市	Cangzhou	33	2303	47945.1	19242.3	24302.6	122032.3	50019.0	69414.3
廊坊市	Langfang	60	3633	82762.6	35133.1	28783.1	382555.8	258128.5	148987.7
衡水市	Hengshui	25	1724	24604.0	13593.7	10452.8	95917.1	31962.0	61818.9
定州市	Dingzhou	3	191	1979.1	653.9	1301.2	3341.5	502.6	1886.5
辛集市	Xinji	3	144	1957.0	1455.4	417.6	18843.1	3320.3	7653.7

注：本表数据中石家庄市含辛集市，石家庄市①不含辛集市；保定市含定州市和雄安新区，保定市①不含定州市和雄安新区。以下相关表同。

a) Data in this table, Shijiazhuang includes Xinji, Shijiazhuang① excludes Xinji; Baoding includes Dingzhou and Xiongan, Baoding① excludes Dingzhou and Xiongan. The same applies to the table following.

16-4 续表 continued

单位：万元 (10000 yuan)

市	City	负债合计 Total Liabilities	所有者权益合计 Total Owners' Equities	营业收入 Business Revenue	营业成本 Business Costs	税金及附加 Tax and Other Charges	利润总额 Total Profits
全　省	**Total**	**3816024.6**	**-23709.4**	**951470.1**	**426953.1**	**17225.6**	**-167656.8**
石家庄市	Shijiazhuang	718436.8	263929.5	298214.1	109551.2	6699.2	-12401.3
石家庄市①	Shijiazhuang①	693412.6	270110.6	296344.5	108851.9	6647.5	-11993.4
唐山市	Tangshan	178911.3	45042.0	55068.1	29267.2	1118.9	-9386.3
秦皇岛市	Qinhuangdao	330747.7	64881.7	117348.9	41497.4	2561.8	-7568.3
邯郸市	Handan	269000.0	-9425.5	49109.8	23053.9	1234.3	-4194.5
邢台市	Xingtai	149525.4	-39991.0	30818.8	14774.7	278.4	-12905.5
保定市	Baoding	517744.5	-112088.7	120705.2	69664.2	1040.3	-46921.5
保定市①	Baoding①	313494.7	-53310.0	99932.7	53856.6	891.6	-39421.8
张家口市	Zhangjiakou	810911.9	-208844.4	77008.6	39944.1	1457.1	-44412.6
承德市	Chengde	283041.2	-70012.4	56128.8	26214.5	602.4	-16143.3
沧州市	Cangzhou	105211.6	16820.7	44541.2	16571.5	507.2	-2933.2
廊坊市	Langfang	397785.2	-15229.4	78784.8	44247.6	1442.7	-8403.0
衡水市	Hengshui	54709.0	41208.1	23741.8	12166.8	283.3	-2387.3
定州市	Dingzhou	1397.4	1944.1	1850.1	1159.7	30.1	3.3
辛集市	Xinji	25024.2	-6181.1	1869.6	699.3	51.7	-407.9

16-5 分市限额以上餐饮业企业主要指标(2023年)
Main Indicators of Enterprises above Designated Size of Catering Services by City (2023)

单位：万元 (10000 yuan)

市	City	法人企业(个) Number of Corporation Enterprises (unit)	年末从业人数(人) Engaged Persons at Year-end (person)	营业额 Business Revenue	#餐费收入 From Meals	资产总计 Total Assets	#流动资产合计 Total Current Assets	#固定资产原价 Original Price of Fixed Assets
全　省	**Total**	**900**	**44163**	**1242984.9**	**1034037.6**	**1822938.9**	**1045675.8**	**629545**
石家庄市	Shijiazhuang	196	11371	526139.3	436037.4	500004.2	330165.3	140588.0
石家庄市①	Shijiazhuang①	190	11111	519996.4	432567.3	491030.2	328035.2	139943.9
唐 山 市	Tangshan	119	5255	130069.3	102071.3	316520.5	221514.4	70857.3
秦皇岛市	Qinhuangdao	76	2854	82953.1	73931.8	78779.3	41875.8	23005.2
邯 郸 市	Handan	116	4467	101426.0	88860.1	69117.1	30024.8	43183.8
邢 台 市	Xingtai	70	4395	80759.9	72360.1	142542.3	57195.7	68207.3
保 定 市	Baoding	110	5501	122828.9	99130.4	284267.6	141846.4	112051.8
保 定 市①	Baoding①	89	4807	110872.2	89638.6	268904.7	132350.4	104898.1
张家口市	Zhangjiakou	53	2440	50935.7	40658.9	181778.1	130435.5	45561.2
承 德 市	Chengde	44	2274	42671.7	32163.9	130322.0	29049.2	60249.7
沧 州 市	Cangzhou	38	1787	26713.4	18496.1	45848.7	23484.2	31731.6
廊 坊 市	Langfang	55	2138	48337.6	44269.8	56056.9	30087.3	23338.7
衡 水 市	Hengshui	23	1681	30150.0	26057.8	17702.2	9997.2	10770.4
定 州 市	Dingzhou	8	412	6920.1	5200.8	9361.3	5871.0	4703.6
辛 集 市	Xinji	6	260	6142.9	3470.1	8974.0	2130.1	644.1

16-5 续表 continued

单位：万元 (10000 yuan)

市	City	负债合计 Total Liabilities	所有者权益合计 Total Owners' Equities	营业收入 Business Revenue	营业成本 Business Costs	税金及附加 Tax and Other Charges	利润总额 Total Profits
全　省	**Total**	**1794925.0**	**28013.9**	**1183877.6**	**778478.8**	**4824.3**	**-24186.4**
石家庄市	Shijiazhuang	421788.7	78215.5	504661.9	368705.8	1469.8	-2760.4
石家庄市①	Shijiazhuang①	412800.3	78229.9	498791.1	364349.4	1464.3	-2798.4
唐 山 市	Tangshan	314460.3	2060.2	124409.0	72123.1	773.7	-1607.1
秦皇岛市	Qinhuangdao	94150.0	-15370.7	79475.5	49800.3	179.0	-463.9
邯 郸 市	Handan	62468.5	6648.6	90250.3	58990.3	401.8	396.5
邢 台 市	Xingtai	136589.3	5953.0	77980.5	51674.7	407.5	-371.8
保 定 市	Baoding	265408.4	18859.2	117774.3	67320.5	644.1	-2864.6
保 定 市①	Baoding①	256591.3	12313.4	106335.5	59841.7	622.8	-2788.3
张家口市	Zhangjiakou	212376.5	-30598.4	48905.9	27138.9	252.4	-2849.4
承 德 市	Chengde	168722.7	-38400.7	40750.3	20558.9	175.3	-4639.4
沧 州 市	Cangzhou	37343.5	8505.2	25554.1	15200.5	262.3	-3794.9
廊 坊 市	Langfang	62175.7	-6118.8	46143.6	31136.6	198.8	-3318.3
衡 水 市	Hengshui	19441.4	-1739.2	27972.2	15829.2	59.6	-1913.1
定 州 市	Dingzhou	4867.2	4494.1	6582.7	4224.1	12.9	-112.3
辛 集 市	Xinji	8988.4	-14.4	5870.8	4356.4	5.5	38.0

16−6 按登记注册统计类别分连锁餐饮企业基本情况(2023年) Main Indicators of Chain Catering Enterprises by Registered Statistical Categories (2023)

指　标	Item	总店数 (个) Number of Head Stores (unit)	门店总数 (个) Number of Stores (unit)	年末从业人数 (人) Employed Persons at Year-end (person)	年末餐饮营业面积 (平方米) Operating Area of Catering Enterprises at Year-end (sq.m)
合　计	**Total**	**9**	**142**	**1550**	**77424**
内资企业	**Domestic Funded Enterprises**	**9**	**142**	**1550**	**77424**
私营有限责任公司	Private Limited Liability Corporations	6	36	717	50147
其他有限责任公司	Other Share-holding Corporations Ltd.	1	98	225	5096
股份合作企业	Cooperative Stock Enterprises	1	3	201	6600
个人独资企业	Sole Proprietorship Enterprises	1	5	407	15581

16−6 续表 continued

指　标	Item	餐位数 (个) Number of Dining-seats (unit)	营业额 (万元) Business Revenue (10000 yuan)	商品购进总额 (万元) Total Purchases Value (10000 yuan)	统一配送商品购进额 (万元) Centralized Purchase and Delivery (10000 yuan)
合　计	**Total**	**13875**	**51466**	**19015**	**4793**
内资企业	**Domestic Invested Enterprises**	**13875**	**51466**	**19015**	**4793**
私营有限责任公司	Private Limited Liability Corporations	10181	25246	6995	1352
其他有限责任公司	Other Share-holding Corporations Ltd.	294	9961	3440	3440
股份合作企业	Cooperative Stock Enterprises	1600	6687	3748	
个人独资企业	Sole Proprietorship Enterprises	1800	9572	4832	

16-7 分市连锁餐饮企业基本情况
Main Indicators of Chain Catering Enterprises by City

年份 市	Year City	总店数 (个) Number of Head Stores (unit)	门店总数 (个) Number of Stores (unit)	年末从业人数 (人) Engaged Persons at Year-end (person)	年末餐饮营业面积 (平方米) Operating Area of Catering Enterprises at Year-end (sq.m)	餐位数 (个) Number of Dining-seats (unit)	营业额 (万元) Business Revenue (10000 yuan)	商品购进总额 (万元) Total Purchases Value (10000 yuan)	统一配送商品购进额 (万元) Centralized Purchases and Delivery (10000 yuan)
	2005	3	305	1794	26980	6380	6309	3148	2285
	2006	3	351	1925	36180	6580	6599	3069	2181
	2007	3	17	2108	46180	6180	8148	2396	144
	2008	7	36	2185	66720	8264	15027	4754	636
	2009	4	12	1093	18675	3934	14568	5853	383
	2010	1	7	887	14930	4644	17797	11321	
	2011	1	7	1117	14980	4674	17465	12580	
	2012	1	7	1063	14980	4674	17907	11831	
	2013	1	6	960	13780	4520	12307	9732	
	2014	1	6	965	24632	4520	12058	9801	9801
	2015	1	6	862	24632	4520	5877	9801	9801
	2016	1	6	478	20750	3192	6741	3083	
	2017	4	18	1125	37040	5653	15752	7797	227
	2018	4	18	985	37040	5898	22400	10146	2124
	2019	5	23	1097	40697	6843	25206	15976	6142
	2020	6	29	1084	57470	9173	26660	13623	645
	2021	6	33	1327	68238	12676	33272	15295	685
	2022	6	34	1217	74038	13694	27182	12270	631
	2023	9	142	1550	77424	13875	51466	19015	4793
石家庄市	Shijiazhuang	3	113	588	44396	7484	28294	7355	3508
唐山市	Tangshan	2	8	608	22181	3400	16259	8580	
秦皇岛市	Qinhuangdao	3	17	286	9087	2561	5597	2581	1284
邯郸市	Handan								
邢台市	Xingtai								
保定市	Baoding	1	4	68	1760	430	1315	500	
张家口市	Zhangjiakou								
承德市	Chengde								
沧州市	Cangzhou								
廊坊市	Langfang								
衡水市	Hengshui								
定州市	Dingzhou								
辛集市	Xinji								

16-8 按行业分连锁餐饮企业基本情况(2023年)
Main Indicators of Chain Catering Enterprises by Sector (2023)

指 标	Item	总店数 (个) Number of Head Stores (unit)	门店总数 (个) Number of Stores (unit)	年末从业人数 (人) Engaged Persons at Year-end (person)	年末餐饮营业面积 (平方米) Operating Area of Catering Enterprises at Year-end (sq.m)	餐位数 (个) Number of Dining-seats (unit)	营业额 (万元) Business Revenue (10000 yuan)	商品购进总额 (万元) Total Purchases Value (10000 yuan)	统一配送商品购进额 (万元) Centralized Purchases and Delivery (10000 yuan)
总 计	**Total**	**9**	**142**	**1550**	**77424**	**13875**	**51466**	**19015**	**4793**
正餐服务	Restaurant	7	40	1282	71228	13373	40450	15264	1041
快餐服务	Fast Food	1	4	43	1100	208	1055	311	311
咖啡馆服务	Cafe	1	98	225	5096	294	9961	3440	3440

16-9 旅游基本情况
Main Indicators of Tourism

年 份 Year	游客总人数 (万人次) Total Number of Tourists (10000 person-times)	过夜游客 Overnight Tourists	一日游游客 One-day Tourists	旅游总收入 (亿元) Total Tourism Earnings (100 million yuan)
2015	37198.15			3433.97
2016	46679.29	24444.87	22234.42	4654.53
2017	57234.13	29375.35	27858.77	6140.92
2018	67786.50	36611.23	31175.27	7636.42
2019	78266.80	42099.31	36166.66	9313.35
2020	37960.40	17249.07	20711.33	3676.71
2021	42861.32	19204.17	23657.15	4424.42
2022	33156.88	10403.47	22753.41	3008.88
2023	84363.86	35578.55	48785.31	10116.18

主要统计指标解释

住宿业 指为旅行者提供短期留宿场所的活动，有些单位只提供住宿，也有些单位提供住宿、饮食、商务、娱乐一体的服务，不包括主要按月或按年长期出租房屋住所的活动。

餐饮业 指通过即时制作加工、商业销售和服务性劳动等，向消费者提供食品和消费场所及设施的服务。

营业额 指本单位在经营活动中，因提供服务或销售商品等取得的全部收入（含增值税），收入主要来源于提供客房及餐饮服务、商品销售和其他服务，如商务服务。不包括多产业法人企业附营的其他行业产业活动单位的餐费收入、商品销售收入等各项收入。其中，客房收入指本单位在经营活动中因提供住宿服务取得的收入（含增值税）。不包括多产业法人企业附营的其他行业产业活动单位的客房收入。餐费收入指本单位为顾客提供就餐服务取得的收入（含增值税）。包括：经烹饪、调制加工后出售的各种食品，如主食、炒菜、凉拌菜等的收入。不包括多产业法人企业附营的其他行业产业活动单位的餐费收入。

Explanatory Notes on Main Statistical Indicators

Hotel Services refer to short-term accommodation services provided to visitors. Some units may provide only accommodation while others provide a combination of accommodation, meals, business services and recreational facilities. It excludes activities related to the provision of long-term primary residences, typically leased on a monthly or annual basis.

Catering Services refer to the activities of providing foods, serving locations and facilities to customers through instant processing, commercial sales and service-type labor.

Business Revenue rrefers to total revenue (including VAT) received from providing services or selling commodities through business activities. Revenue comes mainly from providing hotels and catering services, selling of commodities and other services, such as commodity services. It does not include revenue from providing meals or selling of commodities by establishments affiliated to other multi-industrial corporate enterprises. Income from hotel rooms refers to income (including VAT) from providing lodging services through business activities. Income from meals refers to income (including VAT) from providing catering services, including selling of cooked or prepared foods, such as staple food, cooked dishes, or cold dishes. It does not include income from meals provided by establishments affiliated to other multi-industrial corporate enterprises.

房地产
Real Estate

简 要 说 明

一、本篇资料反映河北省房地产开发企业经营活动情况，主要包括房地产开发企业土地开发和购置情况、投资规模及完成情况、房屋建筑情况及商品房销售情况等。

二、本篇统计资料是根据《房地产开发统计报表制度》搜集和加工整理而得，全部数据采用全面调查的统计方法。

三、本篇资料对2010年度以来房地产开发投资指标数据进行了修订，主要原因是：（一）加强在建房地产开发项目审核，剔除单纯一级土地开发等非房地产开发项目。（二）加强统计执法，对发现的问题数据按照相关规定进行了改正。

四、本篇统计资料由河北省统计局投资与建筑业统计处整理提供。

五、资料整理：姚立云

Brief Introduction

I. The data in this chapter reflects the operation and activities of real estate development enterprises within the Hebei Province. The information focuses on the land development and purchasing activities of real estate development enterprises, the scope of investments and their completion, the construction of buildings, and the sale of commodity buildings.

II.The statistical information within this section was collected and further edited in accordance to the *Real Estate Development Statistics Reporting System*, all data have been compiled by full investigation.

III.This document has revised the data on real estate development investment since 2010. The main reason is: (1) strengthen the review of real estate development projects under construction, and eliminate non real estate development projects such as pure primary land development. (2) strengthen statistical law enforcement and made corrections to the problem data discovered in accordance with relevant regulations.

Ⅳ.The information within this section was edited and provided by the Statistics Office on Investment in Fixed Assets from Hebei Provincial Bureau of Statistics.

Ⅴ.Data collection: Yao Liyun.

17-1 房地产开发企业主要指标
Main Indicators of Enterprises for Real Estate Development

指　标	Item	2015	2020	2022	2023
企业个数(个)	**Number of Enterprises (unit)**	**3181**	**3942**	**4036**	**3840**
内资	Domestic Invested	3130	3904	4002	3810
港、澳、台投资	Enterprises with Investment from Hong Kong, Macao and Taiwan	33	23	20	20
外商投资	Foreign Invested	18	15	14	10
平均从业人数(万人)	**Average Number of Employed Persons (10000 persons)**	**10.66**	**11.04**	**9.90**	**8.76**
内资企业	Domestic Invested	10.32	10.78	9.78	8.67
港、澳、台投资企业	Enterprises with Investment from Hong Kong, Macao and Taiwan	0.14	0.07	0.05	0.05
外商投资企业	Foreign Invested	0.20	0.19	0.06	0.04
本年完成投资(亿元)	**Investment Completed This Year (100 million yuan)**	**3264.67**	**3398.60**	**3542.80**	**3094.45**
#住宅	Residential Buildings	2367.79	2741.59	2894.53	2607.48
本年实际到位资金(亿元)	**Actual Funds in Place This Year (100 million yuan)**	**4666.67**	**5540.12**	**4712.41**	**3806.95**
#国内贷款	Domestic Loans	456.70	514.39	233.81	295.02
利用外资	Foreign Investment	2.31	0.02		
自筹资金	Self-raising Fund	3099.11	2722.13	2232.54	1315.13
房屋建筑面积(万平方米)	**Floor Space of Buildings (10000 sq.m)**				
施工面积	Floor Space under Construction	30434.76	31408.39	33651.79	31697.17
竣工面积	Floor Space Completed	4039.31	2367.17	2522.65	3447.23
本年新开工面积	Floor Space Started This Year	7219.81	10232.19	5395.28	4966.66
商品房销售面积(万平方米)	**Floor Space of Commercialized Buildings Sold (10000 sq.m)**	**5854.65**	**6028.41**	**4615.74**	**4338.53**
#住宅	Residential Buildings	5161.65	5572.25	4317.51	4085.48
商品房平均销售价格(元/平方米)	**Average Selling Price of Commercialized Buildings (yuan/sq.m)**	**5759.00**	**8211.75**	**8020.64**	**8179.68**
#住宅	Residential Buildings	5530.00	8251.46	8080.53	8281.63
实收资本合计(亿元)	**Total Capital Held (100 million yuan)**	**1375.00**	**2333.57**	**1987.70**	**29098.58**
资产负债率(%)	**Ratio of Liabilities to Assets (%)**	**85.90**	**88.10**	**89.86**	**88.18**
主营业务收入(亿元)	**Revenue from Principal Business (100 million yuan)**	**2305.92**	**2519.16**	**2676.52**	**38065.75**
#土地转让收入	Land Transferred	6.30	6.96	12.53	38.30

注：商品房平均销售价格由报告期内新建商品房销售额除以销售面积计算而成。不同时期的商品房平均销售价格可能会受商品房区域、房屋类型等各种因素的影响(以下相关表同)。

a) Average selling price of commercialized buildings is calculated by total sale of newly-built commercialized building divided by floor space sold during report period. It is affected by location and type of buildings etc. in different period. The same applies to the relevant tables following.

17-2 房地产开发企业个数
Number of Enterprises for Real Estate Development

单位：个 (unit)

年 份 Year 市 City		企业个数 Number of Enterprises	内资企业 Domestic Funded Enterprises	港、澳、台投资企业 Enterprises with Investment from Hong Kong, Macao and Taiwan	外商投资企业 Foreign Investment Enterprises
	1998	376	332	27	17
	2000	460	416	22	22
	2005	1169	1111	37	21
	2006	1272	1215	37	20
	2007	1497	1440	37	20
	2008	2564	2499	39	26
	2009	2710	2642	37	31
	2010	2997	2933	34	30
	2011	3226	3159	39	28
	2012	3178	3115	37	26
	2013	3283	3225	33	25
	2014	3387	3332	34	21
	2015	3181	3130	33	18
	2016	3279	3228	32	19
	2017	3317	3269	27	21
	2018	3449	3406	22	12
	2019	3498	3458	22	18
	2020	3942	3904	23	15
	2021	4182	4143	23	16
	2022	4036	4002	20	14
	2023	3840	3810	20	10
石家庄市	Shijiazhuang	488	485		3
石家庄市①	Shijiazhuang①	460	457		3
唐 山 市	Tangshan	307	302	2	3
秦皇岛市	Qinhuangdao	232	230	1	1
邯 郸 市	Handan	405	404	1	
邢 台 市	Xingtai	462	462		
保 定 市	Baoding	481	481		
保 定 市①	Baoding①	416	416		
张家口市	Zhangjiakou	308	302	4	2
承 德 市	Chengde	232	229	3	
沧 州 市	Cangzhou	335	334	1	
廊 坊 市	Langfang	389	380	8	1
衡 水 市	Hengshui	201	201		
定 州 市	Dingzhou	56	56		
辛 集 市	Xinji	28	28		

注：本表数据中石家庄市含辛集市，石家庄市①不含辛集市；保定市含定州市和雄安新区，保定市①不含定州市和雄安新区。以下相关表同。

a) Data in this table, Shijiazhuang includes Xinji, Shijiazhuang① excludes Xinji; Baoding includes Dingzhou and Xiongan, Baoding① excludes Dingzhou and Xiongan. The same applies to the table following.

17-3 房地产开发企业从业人员数
Number of Employed Persons in Enterprises for Real Estate Development

单位：人 (person)

年份 市	Year City	平均从业人数 Average Number of Employed Persons	内资企业 Domestic Funded Enterprises	港、澳、台投资企业 Enterprises with Funds from Hong Kong, Macao and Taiwan	外商投资企业 Foreign Funded Enterprises
	1998	15224	14216	601	407
	2000	22263	20848	783	632
	2005	39573	36950	1913	710
	2006	44690	42563	1187	940
	2007	48902	47140	1046	716
	2008	65664	63479	1109	1076
	2009	63189	61160	833	1196
	2010	75245	72592	968	1685
	2011	88021	85946	1183	892
	2012	97887	94850	1301	1736
	2013	108627	105806	1204	1617
	2014	111598	108927	1348	1323
	2015	106614	103190	1433	1991
	2016	111918	108712	1384	1822
	2017	109273	106390	979	1904
	2018	110660	107158	882	2620
	2019	108323	104931	876	2516
	2020	110399	107822	705	1872
	2021	111693	109225	685	1783
	2022	99016	97836	543	637
	2023	87560	86705	453	402
石家庄市	Shijiazhuang	11468	11175		293
石家庄市①	Shijiazhuang①	10924	10631		293
唐山市	Tangshan	7085	6954	33	98
秦皇岛市	Qinhuangdao	4975	4911	60	4
邯郸市	Handan	10393	10344	49	
邢台市	Xingtai	11494	11494		
保定市	Baoding	13404	13404		
保定市①	Baoding①	10615	10615		
张家口市	Zhangjiakou	5919	5818	95	6
承德市	Chengde	3772	3710	62	
沧州市	Cangzhou	6457	6449	8	
廊坊市	Langfang	8066	7919	146	1
衡水市	Hengshui	4527	4527		
定州市	Dingzhou	1410	1410		
辛集市	Xinji	544	544		

17-4 按用途分房地产开发企业完成投资
Investment Completed by Enterprises for Real Estate Development by Use

单位：亿元 (100 million yuan)

年 份 Year / 市 City		本年完成投资 Investment Completed in the Year	住宅 Residential Buildings	办公楼 Office Buildings	商业营业用房 Houses for Business Use	其他 Others
	1998	61.27	40.63	2.07	7.94	10.63
	2000	108.39	71.11	2.62	13.22	21.44
	2005	391.52	292.05	9.71	47.27	42.49
	2006	481.58	379.63	11.28	46.27	44.40
	2007	709.28	573.70	6.95	44.01	84.62
	2008	1084.44	858.58	20.14	81.43	124.28
	2009	1520.04	1219.24	30.11	150.25	120.44
	2010	2038.41	1591.19	45.21	250.12	151.90
	2011	2536.99	1863.15	67.92	360.48	245.44
	2012	2538.54	1872.12	91.87	330.35	244.20
	2013	2748.10	1982.75	112.51	355.89	296.95
	2014	3102.84	2264.69	109.78	367.10	361.27
	2015	3264.67	2367.79	121.47	375.61	399.80
	2016	3571.82	2624.19	150.21	477.72	319.69
	2017	3657.33	2757.53	141.90	433.27	324.63
	2018	3303.66	2543.32	103.20	335.46	321.68
	2019	3250.50	2550.43	91.86	242.28	365.93
	2020	3398.60	2741.59	72.91	243.03	341.07
	2021	3657.42	2955.58	65.09	240.70	396.05
	2022	3542.80	2894.53	54.42	201.96	391.89
	2023	3094.45	2607.48	37.64	144.77	304.58
石家庄市	Shijiazhuang	521.01	446.61	11.53	18.97	43.89
石家庄市①	Shijiazhuang①	494.06	422.10	11.37	17.83	42.76
唐 山 市	Tangshan	376.30	321.13	1.35	19.64	34.19
秦皇岛市	Qinhuangdao	172.19	125.41	1.01	9.60	36.18
邯 郸 市	Handan	333.10	281.89	7.98	12.86	30.36
邢 台 市	Xingtai	296.10	260.91	0.90	5.88	28.40
保 定 市	Baoding	482.12	402.60	10.07	8.28	61.16
保 定 市①	Baoding①	436.52	361.88	10.04	7.86	56.75
张家口市	Zhangjiakou	114.49	94.86	0.32	5.96	13.35
承 德 市	Chengde	109.76	84.84	0.42	14.24	10.26
沧 州 市	Cangzhou	268.34	230.68	1.46	21.78	14.43
廊 坊 市	Langfang	281.08	236.72	2.32	21.41	20.62
衡 水 市	Hengshui	139.90	121.76	0.27	6.14	11.73
定 州 市	Dingzhou	42.95	38.14	0.03	0.36	4.42
辛 集 市	Xinji	26.95	24.52	0.16	1.15	1.13

17-5 房地产开发企业实际到位资金
Actual Funds in Place of Enterprises for Real Estate Development

单位：亿元 (100 million yuan)

年 份 市	Year City	本年实际到位资金 Actual Funds in Place in the Year	国内贷款 Domestic Loans	利用外资 Foreign Investment	自筹资金 Self-raising Funds	其他到位资金 Others
	1998	79.07	13.80	1.56	18.46	28.39
	2000	129.74	20.12	0.77	38.00	55.63
	2005	413.13	68.25	3.44	177.64	163.80
	2006	594.08	87.31	1.13	250.82	254.81
	2007	810.16	125.36	1.12	343.35	340.32
	2008	1384.15	166.44	3.52	565.36	497.86
	2009	2121.25	265.17		887.36	702.24
	2010	2710.89	288.89	3.00	1462.58	956.43
	2011	3499.18	289.55	14.52	2028.69	1166.42
	2012	3712.99	295.57	10.93	2195.48	1211.02
	2013	4123.54	336.40	9.98	2394.67	1382.50
	2014	4438.48	312.47	26.34	2819.53	1280.14
	2015	4666.67	456.70	2.31	3099.11	1108.55
	2016	5102.36	456.10	1.71	3224.49	1420.07
	2017	5184.96	532.68	2.01	3133.32	1516.96
	2018	4784.39	580.38	0.04	2834.91	82.81
	2019	5036.44	594.27		2556.61	66.35
	2020	5540.12	514.39	0.02	2722.13	91.38
	2021	6046.90	363.39		2729.41	97.78
	2022	4712.41	233.81		2232.54	135.07
	2023	3806.95	295.02		1315.13	113.86
石家庄市	Shijiazhuang	637.24	27.59		243.30	17.36
石家庄市①	Shijiazhuang①	616.43	26.81		232.76	17.36
唐 山 市	Tangshan	427.30	28.90		175.02	11.85
秦皇岛市	Qinhuangdao	165.60	26.27		52.05	2.19
邯 郸 市	Handan	456.91	9.49		179.94	12.19
邢 台 市	Xingtai	348.78	12.80		89.28	8.40
保 定 市	Baoding	593.71	113.34		214.48	24.48
保 定 市①	Baoding①	465.12	60.56		193.08	24.21
张家口市	Zhangjiakou	179.76	12.30		52.31	3.49
承 德 市	Chengde	131.92	7.31		58.05	4.94
沧 州 市	Cangzhou	329.17	27.43		80.78	5.24
廊 坊 市	Langfang	369.22	27.81		98.09	21.41
衡 水 市	Hengshui	167.33	1.78		71.83	2.32
定 州 市	Dingzhou	43.61	1.57		20.60	0.27
辛 集 市	Xinji	20.81	0.78		10.54	

17-6 房地产开发企业房屋建筑面积和造价

Floor Space and Cost of Buildings Constructed by Enterprises for Real Estate Development

年 份 市	Year City	房屋施工面积(万平方米) Floor Space of Buildings under Construction (10000 sq.m)	房屋竣工面积(万平方米) Floor Space of Buildings Completed (10000 sq.m)	房屋建筑面积竣工率(%) Rate of Floor Space of Buildings Completed (%)	房屋竣工价值(亿元) Value of Buildings Completed (100 million yuan)	房屋竣工造价(元/平方米) Cost of Buildings Completed (yuan/sq.m)
	1998	1169.47	480.78	41.1	39.76	827
	2000	1670.00	771.31	46.2	69.38	900
	2005	3820.96	1129.92	29.6	137.41	1216
	2006	4769.50	1378.89	28.9	196.23	1423
	2007	5821.87	1342.64	23.1	221.19	1647
	2008	8958.07	1663.55	18.6	316.60	1903
	2009	12752.97	2211.72	17.3	464.22	2099
	2010	20700.03	3614.66	17.5	816.11	2258
	2011	26670.81	5180.51	19.4	1282.08	2475
	2012	27577.83	4894.56	17.7	1132.49	2314
	2013	29949.12	4437.02	14.8	1199.11	2703
	2014	31628.39	4037.56	12.8	1138.41	2820
	2015	30434.76	4039.31	13.3	1253.87	3104
	2016	30476.78	4287.78	14.1	1139.31	2657
	2017	30318.32	3416.00	11.3	971.32	2843
	2018	28172.06	2390.41	8.5	623.06	2607
	2019	29852.97	2679.96	9.0	690.52	2577
	2020	31408.39	2367.17	7.5	678.79	2867
	2021	35681.38	2522.55	7.1	812.62	3221
	2022	33651.79	2522.65	7.5	877.77	3480
	2023	31697.17	3447.23	10.9	1241.27	3601
石家庄市	Shijiazhuang	3806.50	604.72	15.9	198.03	3275
石家庄市①	Shijiazhuang①	3434.39	386.34	11.2	138.55	3586
唐 山 市	Tangshan	3121.78	430.16	13.8	185.58	4314
秦皇岛市	Qinhuangdao	1691.84	263.79	15.6	106.50	4037
邯 郸 市	Handan	3737.89	340.96	9.1	109.01	3197
邢 台 市	Xingtai	4865.24	472.18	9.7	112.23	2377
保 定 市	Baoding	3232.80	174.74	5.4	67.78	3879
保 定 市①	Baoding①	2791.56	154.93	5.5	45.77	2954
张家口市	Zhangjiakou	2452.95	306.41	12.5	122.41	3995
承 德 市	Chengde	1496.39	196.76	13.1	81.32	4133
沧 州 市	Cangzhou	2694.64	286.83	10.6	115.09	4012
廊 坊 市	Langfang	3133.42	230.72	7.4	103.50	4486
衡 水 市	Hengshui	1463.71	139.95	9.6	39.83	2846
定 州 市	Dingzhou	409.57	1.37	0.3	0.40	2900
辛 集 市	Xinji	372.12	218.38	58.7	59.48	2724

17-7 按用途分房地产开发企业房屋新开工面积
Floor Space of Buildings Started in the Year by Enterprises for Real Estate Development by Use

单位：万平方米 (10000 sq.m)

年 份 市	Year City	本年房屋新开工面积 Floor Space Started in the Year	住 宅 Residential Buildings	办公楼 Office Buildings	商业营业用 房 Buildings for Business Use	其 他 Others
	1998	662.41	603.32	10.86	32.62	15.61
	2000	859.72	748.85	13.01	80.78	17.08
	2005	1970.80				
	2006	2280.51				
	2007	2797.55				
	2008	3768.81	3319.77	56.76	238.21	154.07
	2009	6786.00	5771.58	98.77	581.95	333.69
	2010	9629.16	7866.40	147.43	993.13	622.20
	2011	11182.80	8925.24	246.12	1177.27	834.16
	2012	7641.80	5973.78	187.61	831.34	639.08
	2013	6932.65	5445.77	172.02	704.82	610.04
	2014	8239.03	6361.42	160.41	959.84	757.36
	2015	7219.81	5542.98	186.40	764.65	725.78
	2016	8161.30	6190.29	342.23	849.33	779.45
	2017	8417.21	6568.03	142.51	810.22	896.45
	2018	8390.07	6443.62	157.75	805.20	983.50
	2019	9452.68	7404.40	209.36	602.31	1236.61
	2020	10232.19	7979.05	207.19	726.80	1319.14
	2021	9069.19	7146.19	140.78	428.55	1353.66
	2022	5395.28	4300.12	64.13	263.44	767.59
	2023	4966.66	3986.64	44.02	173.50	762.50
石家庄市	Shijiazhuang	648.92	539.77	1.14	21.93	86.07
石家庄市①	Shijiazhuang①	584.26	493.28	1.09	16.46	73.42
唐 山 市	Tangshan	360.33	284.71	1.47	15.44	58.71
秦皇岛市	Qinhuangdao	284.68	186.33	1.92	10.63	85.80
邯 郸 市	Handan	911.02	763.62	19.53	19.48	108.39
邢 台 市	Xingtai	702.97	553.55	0.58	14.71	134.13
保 定 市	Baoding	623.37	510.64	5.26	13.17	94.30
保 定 市①	Baoding①	567.74	462.36	4.95	11.63	88.80
张家口市	Zhangjiakou	233.20	193.46	0.81	2.05	36.88
承 德 市	Chengde	161.02	123.21	0.09	9.08	28.64
沧 州 市	Cangzhou	397.10	328.27	2.11	24.07	42.65
廊 坊 市	Langfang	326.94	251.71	9.26	34.82	31.15
衡 水 市	Hengshui	317.11	251.37	1.85	8.12	55.77
定 州 市	Dingzhou	44.41	40.22	0.31	1.34	2.54
辛 集 市	Xinji	64.66	46.49	0.05	5.47	12.65

17-8 按用途分新建商品房销售面积
Floor Space of Newly-built Commercial Buildings Sold by Use

单位：万平方米 (10000 sq.m)

年 份 市	Year City	新建商品房销售面积 Floor Space of Newly-built Commercial Buildings Sold	住 宅 Residential Buildings	办公楼 Office Buildings	商业营业用 房 Buildings for Business Use	其 他 Others
	1998	293.86	272.47	6.79	13.38	1.22
	2000	489.44	443.52	1.81	41.30	2.81
	2005	1408.74	1322.32	15.86	60.37	10.19
	2006	1817.94	1692.40	19.29	93.37	12.87
	2007	2067.79	1969.12	7.74	73.93	17.00
	2008	2231.84	2128.86	2.69	78.79	21.50
	2009	2966.61	2819.77	19.05	88.50	39.28
	2010	4662.10	4325.12	39.20	209.09	88.69
	2011	5888.33	5293.18	59.24	366.01	169.91
	2012	5144.92	4622.46	74.78	316.70	130.97
	2013	5675.95	5020.13	78.00	404.93	172.89
	2014	5706.19	5015.06	75.54	444.33	171.25
	2015	5854.65	5161.65	90.10	385.34	217.56
	2016	6682.29	5899.72	126.59	448.71	207.27
	2017	6425.91	5576.99	144.11	496.13	208.68
	2018	5251.93	4714.42	110.63	274.04	152.84
	2019	5282.70	4770.38	112.68	222.30	177.34
	2020	6028.41	5572.25	59.01	190.05	207.10
	2021	6133.15	5779.60	34.50	160.54	158.50
	2022	4615.74	4317.51	43.03	155.43	99.77
	2023	4338.53	4085.48	43.69	104.37	104.99
石家庄市	Shijiazhuang	586.75	565.93	6.15	5.27	9.40
石家庄市①	Shijiazhuang①	520.46	501.45	6.15	4.98	7.89
唐 山 市	Tangshan	368.18	342.53	0.50	7.94	17.21
秦皇岛市	Qinhuangdao	100.61	88.14	1.15	2.93	8.40
邯 郸 市	Handan	645.49	624.14	7.82	11.71	1.81
邢 台 市	Xingtai	522.97	487.97	0.16	1.80	33.04
保 定 市	Baoding	585.03	548.92	23.12	7.60	5.39
保 定 市①	Baoding①	506.81	473.33	22.40	6.43	4.65
张家口市	Zhangjiakou	214.99	209.90	0.05	2.55	2.49
承 德 市	Chengde	144.38	133.21	0.23	7.85	3.09
沧 州 市	Cangzhou	413.81	399.44	0.12	11.87	2.38
廊 坊 市	Langfang	390.05	342.54	3.51	34.18	9.82
衡 水 市	Hengshui	365.57	342.06	0.89	10.68	11.94
定 州 市	Dingzhou	41.00	39.37	0.73	0.16	0.75
辛 集 市	Xinji	66.29	64.48		0.30	1.51

注：2004年及以前的销售数据仅包括现房；2005年及以后的销售数据包括期房和现房(以下相关表同)。

a) Figures on floor space of houses sold and selling price of houses for 2004 and the earlier years refer to houses actually sold out, while figures since 2005 refer to both completed and future houses sold. The same applies to the relevant tables following.

17–9 按用途分新建商品房销售额
Sales of Newly-built Commercial Buildings by Use

单位：亿元 (100 million yuan)

年份 市	Year City	新建商品房销售额 Total Sale of Newly-built Commercialized Buildings Sold	住宅 Residential Buildings	办公楼 Office Buildings	商业营业用房 Buildings for Business Use	其他 Others
	1998	41.17	36.42	1.47	3.07	0.21
	2000	70.88	59.87	0.33	10.03	0.65
	2005	262.31	235.04	7.54	18.11	1.63
	2006	383.84	343.29	7.07	31 42	2.06
	2007	534.68	493.27	3.81	34.27	3.34
	2008	620.24	583.89	0.99	30.84	4.52
	2009	968.05	905.15	7.90	45.93	9.07
	2010	1650.00	1488.78	18.34	118.29	24.59
	2011	2345.23	1993.81	40.88	258.37	52.17
	2012	2303.90	1914.61	50.34	297.49	311.39
	2013	2779.69	2329.11	60.72	311.39	78.46
	2014	2928.00	2501.63	48.78	319.13	324.03
	2015	3371.59	2854.21	84.35	323.99	109.04
	2016	4301.80	3710.90	121.80	394.30	74.80
	2017	4628.40	3925.40	148.90	452.20	101.90
	2018	4035.00	3567.30	100.30	285.30	82.10
	2019	4138.57	3714.57	111.68	215.85	96.47
	2020	4950.38	4597.91	58.13	182.46	111.88
	2021	5052.90	4814.32	24.88	142.49	71.21
	2022	3702.12	3488.78	43.70	135.43	34.20
	2023	3548.78	3383.44	21.71	99.92	43.71
石家庄市	Shijiazhuang	621.87	607.95	5.84	4.18	3.91
石家庄市①	Shijiazhuang①	581.63	568.51	5.84	3.91	3.37
唐 山 市	Tangshan	310.58	299.55	0.42	6.29	4.32
秦皇岛市	Qinhuangdao	94.50	82.79	1.03	3.16	7.52
邯 郸 市	Handan	502.16	484.99	4.95	10.88	1.35
邢 台 市	Xingtai	312.09	300.86	0.13	1.55	9.55
保 定 市	Baoding	477.54	460.09	4.27	9.11	4.06
保 定 市①	Baoding①	395.82	382.32	3.82	6.07	3.61
张家口市	Zhangjiakou	147.18	144.15	0.03	2.18	0.82
承 德 市	Chengde	101.15	89.48	0.23	10.20	1.24
沧 州 市	Cangzhou	326.82	318.13	0.10	7.58	1.01
廊 坊 市	Langfang	434.00	384.89	4.40	38.16	6.54
衡 水 市	Hengshui	219.45	209.12	0.31	6.62	3.40
定 州 市	Dingzhou	28.62	27.45	0.45	0.26	0.45
辛 集 市	Xinji	40.25	39.44		0.26	0.54

17−10 按用途分新建商品房平均销售价格
Average Selling Price of Newly-built Commercial Buildings by Use

单位：元/平方米 (yuan/sq.m)

年份 市	Year City	新建商品房平均销售价格 Average Selling Price of Newly-built Commercialized Buildings	住宅 Residential Buildings	办公楼 Office Buildings	商业营业用房 Buildings for Business Use	其他 Others
	1998	1401	1337	2165	2294	1721
	2000	1448	1350	1823	2429	2313
	2005	1862	1777	4754	3000	1600
	2006	2111	2028	3667	3365	1602
	2007	2586	2505	4922	4635	1967
	2008	2779	2743	3692	3915	2102
	2009	3263	3210	4145	5190	2309
	2010	3539	3442	4680	5657	2772
	2011	3983	3767	6901	7059	3070
	2012	4478	4142	6732	9393	
	2013	4897	4640	7785	7690	4538
	2014	5131	4988	6457	7182	
	2015	5759	5530	9362	8408	5012
	2016	6438	6290	9622	8789	3609
	2017	7039	8001	10334	9115	4882
	2018	7683	7567	9068	10409	5372
	2019	7834	7787	9911	9710	5440
	2020	8212	8251	9850	9600	5402
	2021	8239	8330	7211	8875	4493
	2022	8021	8081	10156	8714	3428
	2023	8180	8282	4968	9573	4164
石家庄市	Shijiazhuang	10599	10743	9493	7924	4156
石家庄市①	Shijiazhuang①	11175	11337	9493	7864	4267
唐山市	Tangshan	8435	8745	8383	7925	2510
秦皇岛市	Qinhuangdao	9393	9393	9009	10801	8948
邯郸市	Handan	7779	7770	6322	9293	7441
邢台市	Xingtai	5968	6166	8460	8620	2890
保定市	Baoding	8163	8382	1845	11999	7529
保定市①	Baoding①	7810	8077	1704	9431	7764
张家口市	Zhangjiakou	6846	6867	6459	8549	3284
承德市	Chengde	7006	6717	10000	12997	4015
沧州市	Cangzhou	7898	7964	8418	6386	4226
廊坊市	Langfang	11127	11236	12545	11166	6659
衡水市	Hengshui	6003	6113	3484	6193	2851
定州市	Dingzhou	6980	6972	6202	17012	6063
辛集市	Xinji	6072	6117		8921	3575

17-11 房地产开发企业资产负债
Assets and Liabilities of Enterprises for Real Estate Development

单位：亿元 (100 million yuan)

年份 市	Year City	实收资本合计 Paid-in Capital	资产总计 Total Assets	累计折旧 Total Depreciation	#本年折旧 Depreciation in the Year	负债合计 Total Liabilities	所有者权益 Owners' Equity	资产负债率(%) Ratio of Liabilities to Assets(%)
	1998	36.35	142.76	1.83	0.32	120.99	21.77	84.8
	2000	34.59	214.98	2.30	0.58	177.66	37.32	82.6
	2005	188.15	931.76			647.73	284.03	69.5
	2006	214.20	1189.27			8501.00	339.17	71.5
	2007	256.77	1651.76			1217.35	434.41	73.7
	2008	395.75	2510.04			1940.26	570.26	77.3
	2009	431.89	3096.39			2260.36	836.03	73.0
	2010	590.78	4811.26	345.68	69.31	3942.90	868.36	82.0
	2011	883.42	7281.31	38.77	10.98	5909.82	1371.50	81.2
	2012	1028.11	9007.44	46.63	11.74	7453.94	1553.49	82.6
	2013	1145.13	11120.85	67.79	14.77	11537.43	1725.39	84.5
	2014	1117.92	12976.63	69.46	13.70	11098.65	1877.97	85.5
	2015	1375.00	14274.35	65.24	11.64	12263.68	2010.67	85.9
	2016	1437.68	15931.79			13334.91	2596.88	83.7
	2017	1632.30	18325.10			15503.03	2822.07	84.6
	2018	1789.74	22513.56			19023.96	3489.60	84.5
	2019	1983.85	25290.18	105.21	23.75	21853.67	3436.51	86.4
	2020	2333.57	29760.19	115.12	27.25	26214.52	3545.67	88.1
	2021	2020.95	32584.39	120.95	25.44	29229.65	3354.74	89.7
	2022	1987.70	30775.09	120.50	21.38	27653.10	3121.99	89.9
	2023	2909.86	30415.82	125.73	21.13	26820.52	3595.29	88.2
石家庄市	Shijiazhuang	302.57	4405.54	10.61	1.57	4207.82	197.72	95.5
石家庄市①	Shijiazhuang①	297.31	4206.74	10.10	1.47	4028.54	178.20	95.8
唐 山 市	Tangshan	194.35	2790.04	9.62	1.80	2432.98	357.06	87.2
秦皇岛市	Qinhuangdao	267.68	1718.14	13.12	2.82	1409.53	308.61	82.0
邯 郸 市	Handan	111.58	2596.96	8.69	1.43	2427.61	169.35	93.5
邢 台 市	Xingtai	100.80	2212.66	7.73	1.25	2187.22	25.44	98.9
保 定 市	Baoding	455.43	4802.04	20.15	3.92	3992.94	809.10	83.2
保 定 市①	Baoding①	248.34	3656.19	17.20	3.11	3143.11	513.08	86.0
张家口市	Zhangjiakou	122.80	1915.25	7.65	0.99	1794.93	120.32	93.7
承 德 市	Chengde	72.69	1176.80	13.28	1.74	1059.11	117.70	90.0
沧 州 市	Cangzhou	102.71	2015.11	9.49	2.81	1896.72	118.39	94.1
廊 坊 市	Langfang	1123.12	5814.21	20.86	2.02	4525.58	1288.63	77.8
衡 水 市	Hengshui	56.14	969.06	4.53	0.78	886.08	82.98	91.4
定 州 市	Dingzhou	35.55	339.30	2.71	0.74	300.23	39.07	88.5
辛 集 市	Xinji	5.26	198.80	0.51	0.09	179.28	19.52	90.2

17-12 房地产开发企业经营情况
Operating Statistics on Enterprises for Real Estate Development

单位：亿元 (100 million yuan)

年份 市	Year City	主营业务收入 Revenue from Principal Business	土地转让收入 Land Transferred	商品房销售收入 Commercialized Buildings Sold	房屋出租收入 Houses Leased	其他收入 Others	税金及附加 Taxes and Other Charges	营业利润 Operating Profit
	1998	40.68	0.84	34.43	0.30	5.11	1.73	-2.66
	2000	83.66	2.51	71.93	0.32	8.90	3.35	0.55
	2005	259.62	1.95	251.58	0.42	5.68	14.78	8.50
	2006	346.56	0.05	338.18	0.44	4.36	22.79	27.60
	2007	465.26	3.28	454.92	0.79	6.27	29.32	29.82
	2008	574.61	4.82	555.98	1.09	12.72	35.37	42.65
	2009	750.33	5.98	728.60	0.37	15.39	51.37	76.43
	2010	1199.86	3.21	1180.17	2.26	14.22	92.41	101.78
	2011	1226.55	2.04	1197.16	4.09	23.26	97.89	97.65
	2012	1687.70	2.80	1651.55	9.83	23.52	139.16	122.53
	2013	1927.53	3.48	1891.52	9.55	22.98	172.19	115.49
	2014	1953.50	11.29	1894.97	16.14	31.10	174.88	61.84
	2015	2305.92	6.30	2265.32	8.07	26.24	202.28	132.29
	2016	2856.33	12.14	2799.20	14.40	30.59	204.63	354.35
	2017	2414.27	38.65	2328.42	8.32	32.77	132.66	310.57
	2018	2748.27	22.33	2671.58	10.96	40.55	175.30	297.58
	2019	2313.24	13.96	2237.45	11.55	49.37	210.02	111.21
	2020	2519.16	6.96	2462.27	10.48	37.96	195.10	105.44
	2021	2628.00	14.30	2513.43	10.65	86.44	189.56	-40.60
	2022	2676.52	12.53	2605.88	8.24	40.72	151.20	-5.87
	2023	3806.58	3.83	3605.64	10.98	186.13	161.67	259.98
石家庄市	Shijiazhuang	416.37	0.03	414.46	0.39	1.49	14.89	-9.60
石家庄市①	Shijiazhuang①	399.37	0.03	397.48	0.38	1.48	13.49	-10.34
唐山市	Tangshan	554.39	0.66	547.27	0.71	5.75	21.49	39.84
秦皇岛市	Qinhuangdao	240.08		187.04	0.80	52.23	12.95	9.20
邯郸市	Handan	408.55	0.40	404.85	0.93	2.36	16.20	21.57
邢台市	Xingtai	157.01		155.52	0.13	1.36	8.96	-6.99
保定市	Baoding	590.04	0.07	489.68	5.45	94.84	23.61	53.74
保定市①	Baoding①	412.12	0.06	389.02	2.48	20.56	21.00	47.02
张家口市	Zhangjiakou	162.92	0.02	160.45	0.23	2.22	4.91	-13.17
承德市	Chengde	144.02	0.23	143.09	0.09	0.61	5.09	-1.20
沧州市	Cangzhou	405.98	0.97	392.30	0.13	12.58	10.85	26.13
廊坊市	Langfang	601.90	1.44	586.09	1.70	12.66	37.79	139.32
衡水市	Hengshui	125.33		124.88	0.42	0.04	4.94	1.16
定州市	Dingzhou	39.95	0.01	39.50	0.20	0.24	1.66	0.46
辛集市	Xinji	17.00		16.99	0.01	0.01	1.39	0.74

主要统计指标解释

待开发土地面积 指房地产开发企业经有关部门批准，通过各种方式获得土地使用权，但尚未开工建设的土地面积。

本年土地购置面积 指房地产开发企业本年通过各种方式获得土地使用权的土地面积。

本年土地成交价款 指房地产开发企业本年进行土地使用权交易活动的最终金额。在土地一级市场，是指土地最后的划拨款、“招拍挂”价格和出让价；在土地二级市场是指土地转让、出租、抵押等最后确定的合同价格。土地成交价款与土地购置面积同口径。

土地购置费 指房地产开发企业通过各种方式取得土地使用权而支付的费用。土地购置费按实际发生额填报，分期付款的应分期计入。项目分期开发的，只计入与本期项目有关的土地购置费。前期支付的土地购置费，项目纳入统计后计入。

计划总投资 指房地产开发企业在建的建设工程按照总体设计（或按设计概算或预算）规定的内容全部建成计划需要的总投资。

自开始建设累计完成投资 指房地产开发企业在建的房屋建设工程或正在开发的土地开发工程从开始建设到本年末止累计完成的全部投资。

房地产开发投资 指房地产开发企业本年完成的全部用于房屋建设工程、土地开发工程的投资额以及公益性建筑和土地购置费等的投资。

本年实际到位资金 指房地产开发企业本年实际到位的，用于房地产开发的各种货币资金。包括国内贷款、利用外资、自筹资金、定金及预收款、个人按揭贷款和其他资金。

房屋施工面积 指房地产开发企业本年施工的全部房屋建筑面积。包括本年新开工的房屋建筑面积、上年跨入本年继续施工的房屋建筑面积、上年停缓建在本年恢复施工的房屋建筑面积、本年竣工的房屋建筑面积以及本年施工后又停缓建的房屋建筑面积。多层建筑应填各层建筑面积之和。

房屋新开工面积 指房地产开发企业本年新开工建设的房屋建筑面积，以单位工程为核算对象。不包括在上年开工跨入本年继续施工的房屋建筑面积和上年停缓建而在本年恢复施工的房屋建筑面积。房屋的开工应以房屋正式开始破土刨槽（地基处理或打永久桩）的日期为准。房屋新开工面积指整栋房屋的全部建筑面积，不能分割计算。

房屋竣工面积 指房地产开发企业本年按照设计要求已全部完工，达到住人和使用条件，经验收鉴定合格或达到竣工验收标准，可正式移交使用的各栋房屋建筑面积的总和。

新建商品房销售面积 指房地产开发企业本年出售商品房屋的合同总面积（即双方签署的正式买卖合同中所确定的建筑面积）。

新建商品房销售额 指房地产开发企业本年出售商品房屋的合同总价款（即双方签署的正式买卖合同中所确定的合同总价）。该指标与商品房销售面积同口径。

Explanatory Notes on Main Statistical Indicators

Land Space Pending Development refers to the area of land with its use rights already approved by authorities and obtained by real estate development companies but the land development not yet starts.

Land Space Purchased in the Year refers to the area of land with its use rights already obtained in the year by real estate development companies.

Transaction Value of Land in the Year refers to the final amount of transactions made by real estate development companies to obtain the land use rights in the year. At the primary land market, it refers to the amount of final assignment, or the amount reached and transferred as a result of bidding, auction or listing procedures. In the secondary land market, it refers to the final amount on contracts with land transfer, lease and mortgage. The transaction value of land and the land space purchased have the same scope.

Value of Land Purchased refers to the payment made by real estate development enterprises for land use rights. The actual payment of land purchased is recorded. If the payment is by installments, it should be recorded when occurring. If the project is developed by stages, the value of land purchased only related to the current project. The value of land purchased in the early stage should be recorded after the project is included in the statistics.

Total Investment Planned refers to the total amount required for the completion of the activities according to the planned design or budget for the project under construction by real estate development companies.

Accumulative Investment Actually Completed Since Starting of Construction refers to all the investment accomplished by real estate development companies in the construction of building or the development of land from the beginning to the end of the year.

Investment in Real Estate Development refers to the investment made by real estate development companies in the construction of housing, development of land, nonprofit buildings and value of land purchased.

Total Actual Funds in Place This Year refers to the total amount available for real estate development regardless of kinds of currencies. It includes domestic loans, foreign investment, self-raised funds, deposit and advance payment, personal mortgage loan and others.

Floor Space of Buildings under Construction refers to the total space area of the buildings under construction in the year by real estate development companies. It includes buildings started in the year, continued from the previous year, suspended in earlier years but restarted in the year, completed in the year, and started in the year but suspended in the year as well. The floor space of a multi-storied building should be the sum of floor space of all the stories.

Floor Space of Buildings Started This Year refers to the total floor space area of the buildings started in the year by real estate development companies. It excludes the buildings started in previous years and continued in the year, and the buildings suspended in previous years but restarted in the year. The start of a construction is defined by the date of ground breaking or pile driving. The floor space of the building includes that of the entire building.

Floor Space of Buildings Completed refers to the total floor space area of the buildings completed in the year by real estate development companies, which meet the requirements as designed, reach the criteria set for people to live in or use, have passed the acceptance checks, and are ready for delivery or use.

Floor Space of Newly-built Commercial Buildings Sold refers to total contracted area of commercial buildings (i.e. area of floor space as designated in the formal contracts signed by both sides) sold by real estate development enterprises in the year.

Total Sale of Newly-built Commercial Buildings refers to the total contracted value (i.e. value of sales/purchase for selling/ purchase of commercial buildings as designated in the contract signed by both sides) received from the sales of the buildings by real estate development enterprises in the year. This indicator has the same statistical coverage as the area of commercial buildings sold.

科学技术
Science and Technology

简　要　说　明

一、本篇资料主要反映河北省科学技术活动基本情况。

二、本篇资料主要包括研究与开发机构基本情况，高校研究与发展人员及经费，规模以上工业企业科技活动情况，专利申请受理量和批准量等数据。

三、本篇资料由河北省统计局社会科技和文化产业统计处负责整理提供。

四、资料整理：李海涛　巴子璋

Brief Introduction

Ⅰ. The data in this chapter reflects the basic situation of science and technology activities in Hebei Province.

Ⅱ. The data of this paper mainly include the basic information of research and development institutions, research and development personnel and funds of universities, scientific and technological activities of industrial enterprises above a certain scale, the number of patent applications accepted and approved and other data.

Ⅲ.This data is collated and provided by the Social Technology and Cultural Industry Statistics Department of Hebei Provincial Bureau of Statistics.

Ⅳ. Data collection: Li Haitao, Ba Zizhang.

18-1 科技活动基本情况
Basic Statistics on Scientific and Technological Activities

指　标	Item	2015	2020	2021	2022	2023
研究与试验发展(R&D)投入情况	**Statistics on R&D Input**					
R&D人员折合全时当量(人年)	Full-time Equivalent of R&D Personnel (man-year)	107508.0	125057.6	125609.2	158712.8	178015.9
#基础研究	Basic Research	5623.0	8292.6	7965.3	9269.5	9849.2
应用研究	Applied Research	14432.0	19083.3	19359.9	21825.1	20656.0
试验发展	Experimental Development	87456.0	97682.0	98284.5	127619.6	147511.1
R&D经费支出(万元)	Expenditure on R&D (10000 yuan)	3521444	6343724	7454936	8489080	9121066
#基础研究	Basic Research	68298	155513	168938	273048	259838
应用研究	Applied Research	309184	561944	600563	764351	855826
试验发展	Experimental Development	3143962	5626267	6685436	7451681	8005402
#政府资金	Government Funds	541239	715744	1013761	921610	937852
企业资金	Self-raised Funds by Enterprises	2858631	5534886	6251424	7250341	7890307
R&D经费支出与国内生产总值之比(%)	Ratio of Expenditure on R&D to GDP (%)	1.33	1.76	1.85	2.02	2.08
科技产出及成果情况	**Statistics on S&T Outputs and Results**					
科技成果登记数(项)	Number of Major Achievements in Science and Technology (item)	2902	2679	2795	2432	3661
国家技术发明奖(项)	Number of National Invention Prizes Awarded (item)		2			
国家科学技术进步奖(项)	Number of National Scientific and Technological Progress Prizes Awarded (item)	14	15			
专利授权数(件)	Number of Patent Grants (piece)	3456	7348	6768	115311	91976
#发明专利	Inventions	1133	2368	2609	12022	14211
登记技术合同成交额(亿元)	Register the Transaction Amount of Technical Contract (100 million yuan)	39.95	558.55	752.03	1009.70	1789.90

注：1.科技成果登记数、国家技术发明奖、国家科学技术进步奖、登记技术合同成交额4项数据为科技部门数据；专利授权及其中项数据2022年及以后年份为市场监管部门数据。
2.R&D经费支出与国内生产总值之比，根据国内生产总值最新核实数据作了相应修正。

a) The four data of the registered number of scientific and technological achievements, the the State Technological Innovation Award, the National Award for Scientific and Technological Progress, and the turnover of registered technology contracts are the data of the scientific and technological department; Patent authorization and item data for 2022 and subsequent years are data from market regulatory authorities.

b) Ratio of expenditure on R&D to GDP was revised by use of latest updated historical data of GDP.

18-2 科学研究与开发机构基本情况
Basic Statistics on Scientific Research and Development Institutions

指　　标	Item	2000	2010	2015	2020	2022	2023
机构基本情况	**Basic Statistics on Institutions**						
机构数(个)	Number of R&D Institutions (unit)		75	79	75	73	87
#中央属	Subordinated to Central Level		8	8	9	7	8
地方属	Subordinated to Local Level		67	71	66	66	79
研究与试验发展(R&D)投入情况	**Statistics on R&D Input**						
R&D人员(人)	R&D Personnel (person)		6551	9400	12363	11710	11825
R&D人员全时当量(人年)	Full-time Equivalent of R&D Personnel (man-year)	4315	6201	8757	11508	11191	11258
#基础研究	Basic Research	393	669	693	1002	748	776
应用研究	Applied Research	1312	4072	3597	4077	3928	3852
试验发展	Experimental Development	2610	1460	4467	6429	6515	6630
R&D经费支出(万元)	Expenditure on R&D (10000 yuan)	42709	212542	406037	540216	788044	803965
#基础研究	Basic Research	3542	24796	13306	25885	26248	27389
应用研究	Applied Research	7448	141414	100804	119948	149142	217318
试验发展	Experimental Development	31719	46331	291927	394383	612654	559257
#政府资金	Government Appropriation Funds	38872	175190	346804	470840	532417	571675
企业资金	Self-raised Funds by Enterprises	107	51	549	416	922	169
R&D项目(课题)情况	**Statistics on R&D Topics**						
R&D项目(课题)数(项)	R&D Projects (item)	558	572	857	1297	1341	1563
R&D项目(课题)人员全时当量(人年)	Participants (man-year)	3261	5690	7958	10595	2610	3701
R&D项目(课题)经费支出(万元)	Expenditure (10000 yuan)	4128	106116	266479	358137	48586	59888
科技产出及成果情况	**Statistics on S&T Outputs and Results**						
发表科技论文(篇)	Scientific Papers Issued (piece)	2089	1935	2352	2710	1935	2496
#国外发表	Published in Foreign Periodicals					411	491
出版科技著作(种)	Publication on Science and Technology (kind)	83	35	124	80	123	178
专利申请数(件)	Number of Patent Applications (piece)	41	244	665	1552	526	1064
#发明专利	Inventions	15	151	430	1139	319	594
专利授权数(件)	Number of Patent Grants (piece)		150	510	888	530	783
#发明专利	Inventions		62	298	426	253	340

注：1.R&D项目(课题)情况、科技产出及成果情况10项数据2022年及以后年份为科技部门数据。
　　2.机构数、R&D项目(课题)情况、科技产出及成果情况13项数据2023年及以后年份包含科技事业单位数据。

a) The data of 10 R&D projects (topics), scientific and technological outputs, and achievements in 2022 are from the science and technology department.

b) From 2023, 13 indicators including the number of institutions, R&D projects (topics), scientific and technological output and achievements will include science and technology institutions.

18−3 高等学校科技活动情况
Basic Statistics on Higher Education for Science and Technology Activities

指　　标	Item	2000	2010	2015	2020	2022	2023
高等学校基本情况	**Basic Statistics on Higher Education**						
学校数(个)	Number of Institutions (unit)						
#理工农医	Natural Sciences & Technology				119	122	126
#人文社科	Social Sciences & Humanities				121	123	123
R&D机构(个)	R&D Institutions (unit)	46			507	634	719
研究与试验发展(R&D)投入情况	**Statistics on R&D Input**						
R&D人员(人)	R&D Personnel (person)		16842	28416	40883	48331	54847
R&D人员全时当量(人年)	Full-time Equivalent of R&D Personnel (man-year)	5226	7388	10569	15654	18852	20029
#基础研究	Basic Research	1647	2981	4657	6653	8092	8597
应用研究	Applied Research	2842	4092	5659	8510	10082	10722
试验发展	Experimental Development	737	319	253	490	678	710
R&D经费支出(万元)	Expenditure on R&D (10000 yuan)	31780	74597	140153	298119	551849	479153
#基础研究	Basic Research	8571	27030	51196	102890	210819	168410
应用研究	Applied Research	18408	41076	83895	185361	280508	248249
试验发展	Experimental Development	4802	6486	5062	9869	60523	62494
#政府资金	Government Appropriation Funds	22580	39915	84486	163483	279640	242216
企业资金	Self-raised Funds by Enterprises	5603	29338	41916	119764	225014	196539
R&D项目(课题)情况	**Statistics on R&D Topics**						
R&D项目(课题)数(项)	R&D Projects (item)	3042	13301	20946	31844	38335	41337
R&D项目(课题)人员全时当量(人年)	Participants (man-year)	5865.0	7384.9	10554.1	15651.1	18847.1	20025.5
R&D项目(课题)经费支出(万元)	Expenditure (10000 yuan)	8241	54999	80604	144339	228321	242156
科技产出及成果情况	**Statistics on S&T Outputs and Results**						
发表科技论文(篇)	Scientific Papers Issued (piece)	14482	30426	32909	35153	35329	38147
#国外发表	Published in Foreign Periodicals					11951	14357
出版科技著作(种)	Publication on Science and Technology (kind)	931	743	1129	1173	1104	1155
专利申请数(件)	Number of Patent Applications (piece)	64	937	3753	7378	6395	5777
#发明专利	Inventions	24	430	1286	3114	3782	3620
专利授权数(件)	Number of Patent Grants (piece)		649	2900	6195	5595	5286
#发明专利	Inventions		211	821	1911	2998	3080

注：R&D项目(课题)情况、科技产出及成果情况10项数据2022年及以后年份为教育部门数据。
a) The data of 10 R&D projects (topics), scientific and technological outputs, and achievements in 2022 are from the education department.

18-4 规模以上工业企业的科技活动基本情况
Basic Statistics on Science and Technology Activities of Industrial Enterprises above Designated Size

指 标	Item	2010	2015	2020	2022	2023
企业基本情况	**Statistics on Industrial Enterprises**					
有R&D活动企业数(个)	Number of Enterprises Having R&D Activities (unit)	546	1388	3137	4746	3685
有R&D活动企业所占比重(%)	Percentage of Enterprises Having R&D Activities to Total Number of Enterprises (%)	3.92	9.07	22.04	26.30	20.41
R&D活动情况	**Statistics on R&D Activities**					
R&D人员全时当量(人年)	Full-time Equivalent of R&D Personnel (man-year)	41632.2	79452.0	86337.0	111333.0	128602.0
R&D经费支出(万元)	Expenditure on R&D (10000 yuan)	1149280	2858051	4854544	6358675	7035030
R&D经费支出与主营业务收入之比(%)①	Percentage of Expenditure on R&D to Revenue from Principal Business (%)①	0.36	0.63	1.13	1.25	1.42
R&D项目数(项)	R&D Projects (item)	4976	8358	17423	22938	16765
R&D项目经费支出(万元)	Expenditure on R&D Projects (10000 yuan)	979939	2493028	4846766	6588074	7227749
企业办R&D机构情况	**Statistics on R&D Institutions**					
机构数(个)	Number of R&D Institutions (unit)	529	1245	2555	5010	5684
机构人员数(人)	R&D Personnel (person)	43038	79049	102583	136678	144582
机构经费支出(万元)	Expenditure on R&D (10000 yuan)	771783	1514208	4105470	6783447	7298933
新产品开发及生产情况	**Statistics on New Products Development and Production**					
新产品开发项目数(个)	Number of New Products Development (unit)	4892	7489	20229	34170	39967
新产品开发经费支出(万元)	Expenditure on New Products Development (10000 yuan)	1081733.6	2465368.8	5621709.2	8594265.7	9014151.5
新产品销售收入(万元)	Sales Revenue of New Products (10000 yuan)	13857108	34762445	71909825	94746340	111738833
#新产品出口	Export	1480375	3268926	6034109	9866625	11013762
专利情况	**Statistics on Patents**					
专利申请数(件)	Number of Patent Applications (piece)	3581	10396	24815	33789	34738
#发明专利	Inventions	1072	3393	7543	10689	13170
有效发明专利数(件)	Number of Inventions in Force (piece)	1545	7740	28135	38203	44210
技术获取和技术改造情况(万元)	**Statistics on Technology Acquisition and Technology Reconstruction (10000 yuan)**					
引进境外技术经费支出	Expenditure for Acquisition of Foreign Technology	134132	41980	14828	12540	7570
引进技术消化吸收经费支出	Expenditure for Assimilation of Technology	190811	16576	3615	…	9
购买境内技术经费支出	Expenditure for Purchase of Domestic Technology	31476	21108	70954	111283	62601
技术改造经费支出	Expenditure for Technical Renovation	1714642	1236018	802231	848477	721904

注：1.从2011年起，规模以上工业企业的统计范围从年主营业务收入为500万元及以上的法人工业企业调整为年主营业务收入为2000万元及以上的法人工业企业。以下相关表同。2.①2018起为R&D经费内部支出与营业收入之比。

a) From 2011, the statistics range of the industrial enterprises above designated size change from the industrial enterprises with the sales revenue above 5 million RMB to the industrial enterprises with the sales revenue above 20 million RMB. The same applies to the following table.

b) Since 2018 ① is Percentage of Expenditure on R&D to Revenue from Business.

18-5 按登记注册统计类别分规模以上工业企业研究与试验发展(R&D)活动及专利情况(2023年)

Statistics on R&D Activities and Patents of Industrial Enterprises above Designated Size by Registered Statistical Categories (2023)

登记注册统计类别	Registered Statistical Categories	R&D人员全时当量(人年) Full-time Equivalent of R&D Personnel (man-year)	R&D经费(万元) Expenditure on R&D (10000 yuan)	专利申请数(件) Number of Patent Applications (piece)	#发明专利 Inventions	有效发明专利数(件) Number of Inventions in Force (piece)
全　省	**Total**	**128602**	**7035029.9**	**34738**	**13170**	**44210**
#大中型工业企业	Large and Medium-sized Industrial Enterprises	83657	5360380.0	18185	8311	20338
内资企业	**Domestic Invested Enterprises**	**104785**	**5481082.5**	**28639**	**10305**	**39339**
国有独资公司	Wholly State-owned Corporations	1036	47006.0	369	245	405
私营有限责任公司	Private Limited Liability Corporations	46046	2076321.9	14086	3793	18208
其他有限责任公司	Other Limited Liability Corporations	40323	2590289.9	9740	4453	13748
私营股份有限公司	Private Share-holding Corporations Ltd.	5667	184871.7	1539	511	2488
其他股份有限公司	Other Share-holding Corporations Ltd.	10744	532165.6	2863	1286	4308
全民所有制企业(国有企业)	State Owned Enterprises (State-owned Enterprises)	199	7076.6	24	13	16
集体所有制企业(集体企业)	Collective Owned Enterprises (Collective Enterprises)	26	97.8	9		44
股份合作企业	Cooperative Stock Enterprises	77	1260.9	8	4	96
个人独资企业	Sole Proprietorship Enterprises	483	33881.7	1		16
合伙企业	Partnership Enterprises	184	8110.4			10
港澳台商投资	**Enterprises with Investment from Hong Kong, Macao and Taiwan**	**16073**	**1062411.8**	**4954**	**2473**	**2964**
港澳台投资有限责任公司	Limited Liability Corporations with Invested from Hong Kong, Macao and Taiwan	5441	366982.6	534	156	752
港澳台投资股份有限公司	Share-holding Corporations Ltd. with Invested from Hong Kong, Macao and Taiwan	10632	695429.2	4420	2317	2212
港澳台投资合伙企业	Partnership Enterprises with Invested from Hong Kong, Macao and Taiwan					
其他港澳台投资企业	Other Enterprises with Invested from Hong Kong, Macao and Taiwan					
外商投资	**Foreign Invested Enterprises**	**7745**	**491535.6**	**1145**	**392**	**1907**
外商投资有限责任公司	Foreign Invested Limited Liability Corporations	4757	268835.9	638	248	1051
外商投资股份有限公司	Foreign Invested Share-holding Corporations Ltd.	2178	175227.3	420	121	767
外商投资合伙企业	Foreign Invested Partnership Enterprises	801	44102.2	40	9	58
其他外商投资企业	Other Foreign Invested Enterprises	9	3370.2	47	14	31

18-6 按行业分规模以上工业企业研究与试验发展(R&D)活动及专利情况(2023年)

Statistics on R&D Activities and Patents of Industrial Enterprises above Designated Size by Industrial Sector (2023)

行业	Sector	R&D人员全时当量(人年) Full-time Equivalent of R&D Personnel (man-year)	R&D经费(万元) Expenditure on R&D (10000 yuan)	专利申请数(件) Number of Patent Applications (piece)	#发明专利 Inventions	有效发明专利数(件) Number of Inventions in Force (piece)
全省	**Total**	**128602**	**7035030**	**34738**	**13170**	**44210**
煤炭开采和洗选业	Mining and Washing of Coal	3044	173705	61	15	23
石油和天然气开采业	Extraction of Petroleum and Natural Gas	1179	46959	177	156	606
黑色金属矿采选业	Mining and Processing of Ferrous Metal Ores	1905	149916	120	25	170
有色金属矿采选业	Mining and Processing of Non-ferrous Metal Ores	273	7362	68	10	18
非金属矿采选业	Mining and Processing of Non-metal Ores	124	4619	51	20	81
农副食品加工业	Processing of Food from Agricultural Products	2002	135851	257	101	426
食品制造业	Manufacture of Foods	1788	55613	499	184	1115
酒、饮料和精制茶制造业	Manufacture of Liquor, Beverages and Refined Tea	843	29018	143	23	225
烟草制品业	Manufacture of Tobacco					
纺织业	Manufacture of Textile	1456	33658	443	133	497
纺织服装、服饰业	Manufacture of Textile, Wearing Apparel and Accessories	684	10494	102	30	270
皮革、毛皮、羽毛及其制品和制鞋业	Manufacture of Leather, Fur, Feather and Related Products and Footwear	360	8378	169	21	108
木材加工和木、竹、藤、棕、草制品业	Processing of Timber, Manufacture of Wood, Bamboo, Rattan, Palm and Straw Products	340	14050	62	18	123
家具制造业	Manufacture of Furniture	753	15402	206	29	269
造纸及纸制品业	Manufacture of Paper and Paper Products	1034	31935	207	30	229
印刷和记录媒介复制业	Printing and Reproduction of Recording Media	641	14733	198	43	302
文教、工美、体育和娱乐用品制造业	Manufacture of Articles for Culture, Education, Arts and Crafts, Sport and Entertainment Activities	574	9752	220	47	259
石油、煤炭及其他燃料加工业	Processing of Petroleum, Coal and Other Fuels	1113	111724	215	71	282
化学原料及化学制品制造业	Manufacture of Raw Chemical Materials and Chemical Products	9140	478412	2232	930	3814
医药制造业	Manufacture of Medicines	7126	444227	1072	495	2329
化学纤维制造业	Manufacture of Chemical Fibre	412	24910	91	35	114
橡胶和塑料制品业	Manufacture of Rubber and Plastics Products	4212	109699	1279	352	1729
非金属矿物制品业	Manufacture of Non-metallic Mineral Products	7292	244704	2161	499	2527
黑色金属冶炼和压延加工业	Smelting and Pressing of Ferrous Metals	18460	1805227	3188	1226	2566
有色金属冶炼和压延加工业	Smelting and Pressing of Non-ferrous Metals	1130	115916	469	140	462
金属制品业	Manufacture of Metal Products	7795	389001	2565	697	2878
通用设备制造业	Manufacture of General Purpose Machinery	4825	139345	2201	620	3042
专用设备制造业	Manufacture of Special Purpose Machinery	8347	272869	3255	1025	4581
汽车制造业	Manufacture of Automobiles	21152	1153483	6375	2728	4658
铁路、船舶、航空航天和其他运输设备制造业	Manufacture of Railway, Ship, Aerospace and Other Transport Equipments	2492	110197	569	277	1497
电气机械和器材制造业	Manufacture of Electrical Machinery and Apparatus	7210	414806	2285	900	2810
计算机、通信和其他电子设备制造业	Manufacture of Computers, Communication and Other Electronic Equipment	5549	217866	1491	1067	3195
仪器仪表制造业	Instruments and Meters	2322	51666	616	186	940
其他制造业	Other Manufacturing	67	1958	21	3	3
废弃资源综合利用业	Utilization of Waste Resources	305	33543	95	26	224
金属制品、机械和设备修理业	Repair Service of Metal Products, Machinery and Equipment	96	1374	57	6	43
电力、热力生产和供应业	Production and Supply of Electric Power and Heat Power	1881	138379	1333	963	1664
燃气生产和供应业	Production and Supply of Gas	484	29448	136	20	57
水的生产和供应业	Production and Supply of Water	194	4834	49	19	74

注：石油、煤炭及其他燃料加工业2019年及以前是石油加工、炼焦及核燃料加工业。

a) Processing of Petroleum, Coal and Other Fuel in 2019 and before are Processing of Petroleum, Coking and Processing of Nuclear Fuel.

18-7 按登记注册统计类别分规模以上工业企业新产品开发及生产情况(2023年)

New Products Development and Production of Industrial Enterprises above Designated Size by Registered Statistical Categories (2023)

登记注册统计类别	Registered Statistical Categories	新产品开发项目数(项) Projects for New Products Development (unit)	新产品开发经费支出(万元) Expenditure on New Products Development (10000 yuan)	新产品销售收入(万元) Sales Revenue of New Products (10000 yuan)	#出口 Exports
全　省	**Total**	**39967**	**9014151.5**	**111738832.6**	**11013762.4**
#大中型工业企业	Large and Medium-sized Industrial Enterprises	11834	6507683.7	87533318.6	9916950.6
内资企业	**Domestic Invested Enterprises**	**37142**	**7203677.5**	**85516221.7**	**5621037.4**
国有独资公司	Wholly State-owned Corporations	256	25145.0	274161.8	19349.7
私营有限责任公司	Private Limited Liability Corporations	23343	3164503.8	33323738.3	1802366.4
其他有限责任公司	Other Limited Liability Corporations	8942	3251328.5	38322469.7	2523699.2
私营股份有限公司	Private Share-holding Corporations Ltd.	2117	278469.4	4384390.0	492388.6
其他股份有限公司	Other Share-holding Corporations Ltd.	2198	434664.0	8828813.0	782387.9
全民所有制企业(国有企业)	State Owned Enterprises (State-owned Enterprises)	38	7010.9	64366.8	
集体所有制企业(集体企业)	Collective Owned Enterprises (Collective Enterprises)	31	1305.0	8890.3	
股份合作企业	Cooperative Stock Enterprises	62	2716.3	9020.5	845.6
个人独资企业	Sole Proprietorship Enterprises	118	28960.0	265122.6	
合伙企业	Partnership Enterprises	37	9574.6	35248.7	
港澳台商投资	**Enterprises with Investment from Hong Kong, Macao and Taiwan**	**1059**	**1173047.8**	**19774682.4**	**3989297.3**
港澳台投资有限责任公司	Limited Liability Corporations with Invested from Hong Kong, Macao and Taiwan	814	502953.2	5306255.9	260902.9
港澳台投资股份有限公司	Share-holding Corporations Ltd. with Invested from Hong Kong, Macao and Taiwan	245	670094.6	14468426.5	3728394.4
港澳台投资合伙企业	Partnership Enterprises with Invested from Hong Kong, Macao and Taiwan				
其他港澳台投资企业	Other Enterprises with Invested from Hong Kong, Macao and Taiwan				
外商投资	**Foreign Invested Enterprises**	**1766**	**637426.2**	**6447928.5**	**1403427.7**
外商投资有限责任公司	Foreign Invested Limited Liability Corporations	1076	298744.1	2935262.5	221657.4
外商投资股份有限公司	Foreign Invested Share-holding Corporations Ltd.	627	282732.2	3139237.3	1177543.1
外商投资合伙企业	Foreign Invested Partnership Enterprises	34	52327.3	362761.6	
其他外商投资企业	Other Foreign Invested Enterprises	29	3622.6	10667.1	4227.2

18-8 按行业分规模以上工业企业新产品开发及生产情况(2023年)
New Products Development and Production of Industrial Enterprises above Designated Size by Industrial Sector (2023)

行业	Sector	新产品开发项目数(项) Projects for New Products Development (unit)	新产品开发经费支出(万元) Expenditure on New Products Development (10000 yuan)	新产品销售收入(万元) Sales Revenue of New Products (10000 yuan)	#出口 Exports
全省	**Total**	**39967**	**9014151.5**	**111738832.6**	**11013762.4**
煤炭开采和洗选业	Mining and Washing of Coal	100	14670.4		
石油和天然气开采业	Extraction of Petroleum and Natural Gas	3	644.7		
黑色金属矿采选业	Mining and Processing of Ferrous Metal Ores	220	96237.9	990869.2	
有色金属矿采选业	Mining and Processing of Non-ferrous Metal Ores	49	5238.4	87963.0	
非金属矿采选业	Mining and Processing of Non-metal Ores	46	6072.7	81815.4	
农副食品加工业	Processing of Food from Agricultural Products	983	213009.4	1649883.6	20355.8
食品制造业	Manufacture of Foods	801	85285	1130541.9	75309.7
酒、饮料和精制茶制造业	Manufacture of Liquor, Beverages and Refined Tea	232	39853.4	728598.1	
烟草制品业	Manufacture of Tobacco				
纺织业	Manufacture of Textile	856	69064.3	743520.2	152956.9
纺织服装、服饰业	Manufacture of Textile, Wearing Apparel and Accessories	242	15734.9	193958.2	26280.7
皮革、毛皮、羽毛及其制品和制鞋业	Manufacture of Leather, Fur, Feather and Related Products and Footwear	156	12525.5	124923.9	18561.7
木材加工和木、竹、藤、棕、草制品业	Processing of Timber, Manufacture of Wood, Bamboo, Rattan, Palm and Straw Products	197	22299.4	201665.4	1030.7
家具制造业	Manufacture of Furniture	374	28505.1	286770.4	56823.8
造纸及纸制品业	Manufacture of Paper and Paper Products	398	51750.6	655724.0	44169.6
印刷和记录媒介复制业	Printing and Reproduction of Recording Media	306	27101.0	166260.8	1884.7
文教、工美、体育和娱乐用品制造业	Manufacture of Articles for Culture, Education, Arts and Crafts, Sport and Entertainment Activities	413	23267.3	132435.7	22941.5
石油、煤炭及其他燃料加工业	Processing of Petroleum, Coal and Other Fuels	237	178540.1	2176049.6	1590.8
化学原料及化学制品制造业	Manufacture of Raw Chemical Materials and Chemical Products	2835	483030.4	8028034.4	920883.6
医药制造业	Manufacture of Medicines	2441	472473.0	5385216.6	491583.9
化学纤维制造业	Manufacture of Chemical Fibre	89	19540.0	408777.0	49868.9
橡胶和塑料制品业	Manufacture of Rubber and Plastics Products	2354	190223.9	2289521.4	268101.3
非金属矿物制品业	Manufacture of Non-metallic Mineral Products	2880	326737.4	3237143.3	245090.4
黑色金属冶炼和压延加工业	Smelting and Pressing of Ferrous Metals	1975	3014371.8	35396887.2	297233.7
有色金属冶炼和压延加工业	Smelting and Pressing of Non-ferrous Metals	519	125109.1	1887888.3	278433.3
金属制品业	Manufacture of Metal Products	4399	495448.9	5650801.0	447129.4
通用设备制造业	Manufacture of General Purpose Machinery	3028	247860.9	2362437.6	188789.0
专用设备制造业	Manufacture of Special Purpose Machinery	4169	390265.7	3269089.9	289208.2
汽车制造业	Manufacture of Automobiles	2777	1222253.3	22092907.1	5293832.4
铁路、船舶、航空航天和其他运输设备制造业	Manufacture of Railway, Ship, Aerospace and Other Transport Equipments	731	133147.6	1824216.6	36070.5
电气机械和器材制造业	Manufacture of Electrical Machinery and Apparatus	2970	547059.2	7124353.8	799479.7
计算机、通信和其他电子设备制造业	Manufacture of Computers, Communication and Other Electronic Equipment	1406	242595.9	1959454.2	920816.2
仪器仪表制造业	Instruments and Meters	1033	81553.6	512218.0	12122.9
其他制造业	Other Manufacturing	63	3708.8	36950.6	3478.2
废弃资源综合利用业	Utilization of Waste Resources	140	23589.7	449893.6	49734.9
金属制品、机械和设备修理业	Repair Service of Metal Products, Machinery and Equipment	60	2952.0	4668.0	
电力、热力生产和供应业	Production and Supply of Electric Power and Heat Power	318	78906.2	401790.9	
燃气生产和供应业	Production and Supply of Gas	135	22099.6	18390.5	
水的生产和供应业	Production and Supply of Water	32	1424.4	47213.2	

注：石油、煤炭及其他燃料加工业2019年及以前是石油加工、炼焦及核燃料加工业。

a) Processing of Petroleum, Coal and Other Fuel in 2019 and before are Processing of Petroleum, Coking and Processing of Nuclear Fuel.

18-9 分市规模以上工业企业研究与试验发展(R&D)活动及专利情况(2023年)

Statistics on R&D Activities and Patents of Industrial Enterprises above Designated Size by City (2023)

市	City	R&D人员全时当量(人年) Full-time Equivalent of R&D Personnel (man-year)	R&D经费(万元) Expenditure on R&D (10000 yuan)	专利申请数(件) Number of Patent Applications (piece)	#发明专利 Inventions	有效发明专利数(件) Number of Inventions in Force (piece)
全　省	**Total**	**128602**	**7035029.9**	**34738**	**13170**	**44210**
石家庄市	Shijiazhuang	19073	903084.5	5050	2001	8518
石家庄市①	Shijiazhuang①	18340	806398.2	4546	1875	7880
唐 山 市	Tangshan	20182	1695920.3	5379	1876	7011
秦皇岛市	Qinhuangdao	8069	439931.2	1537	514	2580
邯 郸 市	Handan	13127	981849.3	2755	1161	3233
邢 台 市	Xingtai	9548	520471.5	2280	611	2271
保 定 市	Baoding	25760	1212705	8449	3631	7576
保 定 市①	Baoding①	24696	1179153.5	7899	2429	6892
张家口市	Zhangjiakou	2073	116413.8	638	215	678
承 德 市	Chengde	3844	125476.9	793	267	1124
沧 州 市	Cangzhou	11744	499689.2	3003	1161	4170
廊 坊 市	Langfang	8534	312409.6	3130	1321	4946
衡 水 市	Hengshui	6647	227078.7	1724	412	2103
定 州 市	Dingzhou	682	20430.5	319	81	350
辛 集 市	Xinji	733	96686.3	504	126	638

注：本表数据中石家庄市含辛集市，石家庄市①不含辛集市；保定市含定州市和雄安新区，保定市①不含定州市和雄安新区。以下相关表同。

a) Data in this table, Shijiazhuang includes Xinji, Shijiazhuang① excludes Xinji; Baoding includes Dingzhou and Xiongan, Baoding① excludes Dingzhou and Xiongan. The same applies to the table following.

18-10 分市规模以上工业企业新产品开发及生产情况(2023年)

New Products Development and Production of Industrial Enterprises above Designated Size by City (2023)

市	City	新产品开发项目数(项) Projects for New Products Development (unit)	新产品开发经费支出(万元) Expenditure on New Products Development (10000 yuan)	新产品销售收入(万元) Sales Revenue of New Products (10000 yuan)	#出口 Exports
全　省	**Total**	**39967**	**9014151.5**	**111738832.6**	**11013762.4**
石家庄市	Shijiazhuang	7729	1224258.2	12952640.4	1023314.9
石家庄市①	Shijiazhuang①	7265	1157455.6	10946565.3	981769.8
唐 山 市	Tangshan	4766	2100595.8	28417527.5	1149488.7
秦皇岛市	Qinhuangdao	2241	501794.8	6437924.5	2177618.2
邯 郸 市	Handan	2824	1248557.0	13304961.8	184604.2
邢 台 市	Xingtai	3294	547714.7	7178511.1	1015194.0
保 定 市	Baoding	5206	1392878.5	20938387.1	4279092.4
保 定 市①	Baoding①	4603	1309765.9	20443647.8	4268511.7
张家口市	Zhangjiakou	697	129586.1	1738189.1	105699.4
承 德 市	Chengde	808	340549.2	2230236.0	68612.6
沧 州 市	Cangzhou	6132	836963.8	9510432.5	516051.4
廊 坊 市	Langfang	3879	444682.6	3915443.4	214440.4
衡 水 市	Hengshui	2391	246570.8	5114529.2	279646.2
定 州 市	Dingzhou	259	60368.8	329005.1	35.0
辛 集 市	Xinji	464	66802.6	2006074.1	41545.1

18-11 按行业分规模以上工业企业产品和工艺创新情况(2023年)
Industrial Enterprises above Designated Size with Product or Process Innovation by Sector (2023)

行业	Sector	开展产品或工艺创新活动的企业数(个) Number of Product or Process Innovation-active Enterprises (unit)	开展产品或工艺创新活动的企业占规模以上工业企业的比重(%) As Percentage of Industrial Enterprises above Designated Size (%)	#实现产品创新的企业所占比重 Product Innovators	#实现工艺创新的企业所占比重 Process Innovators
全省	**Total**	**8695**	**48.91**	**29.20**	**35.05**
采矿业	**Mining**	**171**	**34.13**	**11.78**	**28.54**
煤炭开采和洗选业	Mining and Washing of Coal	13	14.61		11.24
石油和天然气开采业	Extraction of Petroleum and Natural Gas	2	100.00		50.00
黑色金属矿采选业	Mining and Processing of Ferrous Metal Ores	129	38.97	14.80	33.53
有色金属矿采选业	Mining and Processing of Non-ferrous Metal Ores	9	69.23	15.38	53.85
非金属矿采选业	Mining and Processing of Non-metal Ores	18	27.69	12.31	21.54
开采专业及辅助性活动	Support Activities for Mining				
其他采矿业	Mining of Other Ores				
制造业	**Manufacture**	**8270**	**51.44**	**31.71**	**36.71**
农副食品加工业	Processing of Food from Agricultural Products	342	40.24	20.94	27.88
食品制造业	Manufacture of Foods	196	56.32	33.62	38.22
酒、饮料和精制茶制造业	Manufacture of Liquor, Beverages and Refined Tea	63	61.17	40.78	32.04
烟草制品业	Manufacture of Tobacco	1	33.33		33.33
纺织业	Manufacture of Textile	196	27.15	15.24	19.25
纺织服装、服饰业	Manufacture of Textile, Wearing Apparel and Accessories	42	28.57	14.29	23.13
皮革、毛皮、羽毛及其制品和制鞋业	Manufacture of Leather, Fur, Feather and Related Products and Footware	77	26.83	13.59	17.07
木材加工和木、竹、藤、棕、草制品业	Processing of Timber, Manufacture of Wood, Bamboo, Rattan, Palm and Straw Products	55	25.70	16.36	19.63
家具制造业	Manufacture of Furniture	95	40.43	24.68	28.51
造纸和纸制品业	Manufacture of Paper and Paper Products	107	36.64	23.97	25.00
印刷和记录媒介复制业	Printing and Reproduction of Recording Media	85	47.22	24.44	38.89
文教、工美、体育和娱乐用品制造业	Manufacture of Articles for Culture, Education, Arts and Crafts, Sport and Entertainment Activities	128	53.56	31.38	35.98
石油、煤炭及其他燃料加工业	Processing of Petroleum, Coal and Other Fuels	67	46.21	18.62	37.24
化学原料和化学制品制造业	Manufacture of Raw Chemical Materials and Chemical Products	654	60.78	34.76	42.84

18-11 续表 continued

行　业	Sector	开展产品或工艺创新活动的企业数（个）Number of Product or Process Innovation-active Enterprises (unit)	开展产品或工艺创新活动的企业占规模以上工业企业的比重(%) As Percentage of Industrial Enterprises above Designated Size (%)	#实现产品创新的企业所占比重 Product Innovators	#实现工艺创新的企业所占比重 Process Innovators
医药制造业	Manufacture of Medicines	306	76.88	38.69	53.27
化学纤维制造业	Manufacture of Chemical Fibres	27	61.36	45.45	38.64
橡胶和塑料制品业	Manufacture of Rubber and Plastics Products	573	54.31	34.03	40.00
非金属矿物制品业	Manufacture of Non-metallic Mineral Products	861	39.17	20.11	28.39
黑色金属冶炼和压延加工业	Smelting and Pressing of Ferrous Metals	211	45.28	31.12	36.70
有色金属冶炼和压延加工业	Smelting and Pressing of Non-ferrous Metals	100	38.61	23.94	28.57
金属制品业	Manufacture of Metal Products	1105	52.44	33.03	40.01
通用设备制造业	Manufacture of General Purpose Machinery	665	58.85	39.56	40.88
专用设备制造业	Manufacture of Special Purpose Machinery	772	77.12	54.25	52.25
汽车制造业	Manufacture of Automobiles	395	65.83	45.33	48.00
铁路、船舶、航空航天和其他运输设备制造业	Manufacture of Railway, Ship, Aerospace and Other Transport Equipments	106	61.27	38.15	46.24
电气机械和器材制造业	Manufacture of Electrical Machinery and Apparatus	609	53.00	37.16	36.47
计算机、通信和其他电子设备制造业	Manufacture of Computers, Communication and Other Electronic Equipment	197	78.17	53.17	53.17
仪器仪表制造业	Manufacture of Measuring Instruments and Machinery	142	91.03	64.10	52.56
其他制造业	Other Manufacture	16	53.33	33.33	43.33
废弃资源综合利用业	Utilization of Waste Resources	64	35.56	15.56	27.22
金属制品、机械和设备修理业	Repair Service of Metal Products, Machinery and Equipment	13	34.21	7.89	26.32
电力、热力、燃气及水生产和供应业	**Production and Supply of Electricity, Heat, Gas and Water**	**254**	**21.17**	**2.92**	**15.50**
电力、热力生产和供应业	Production and Supply of Electric Power and Heat Power	170	23.94	3.10	17.32
燃气生产和供应业	Production and Supply of Gas	54	15.17	2.25	10.96
水的生产和供应业	Production and Supply of Water	30	22.39	3.73	17.91

18-12 按行业分规模以上工业企业组织(管理)和营销创新情况(2023年)

Industrial Enterprises above Designated Size with Organizational or Marketing Innovation by Industrial Sector (2023)

行业	Sector	实现组织(管理)或营销创新活动的企业数(个) Number of Organizational or Marketing Innovation-active Enterprises (unit)	实现组织(管理)或营销创新活动的企业占规模以上工业企业的比重(%) As Percentage of Industrial Enterprises above Designated Size (%)	#实现组织(管理)创新的企业所占比重 Organizational Innovators	#实现营销创新的企业所占比重 Marketing Innovators
全省	**Total**	**5530**	**31.11**	**23.44**	**23.95**
采矿业	**Mining**	**103**	**20.56**	**18.96**	**7.58**
煤炭开采和洗选业	Mining and Washing of Coal	6	6.74	6.74	1.12
石油和天然气开采业	Extraction of Petroleum and Natural Gas	2	100.00	100.00	
黑色金属矿采选业	Mining and Processing of Ferrous Metal Ores	74	22.36	21.15	8.76
有色金属矿采选业	Mining and Processing of Non-ferrous Metal Ores	6	46.15	46.15	7.69
非金属矿采选业	Mining and Processing of Non-metal Ores	15	23.08	16.92	10.77
开采专业及辅助性活动	Support Activities for Mining				
其他采矿业	Mining of Other Ores				
制造业	**Manufacture**	**5245**	**32.62**	**24.31**	**25.81**
农副食品加工业	Processing of Food from Agricultural Products	278	32.71	19.18	29.41
食品制造业	Manufacture of Foods	158	45.40	28.74	39.08
酒、饮料和精制茶制造业	Manufacture of Liquor, Beverages and Refined Tea	58	56.31	26.21	48.54
烟草制品业	Manufacture of Tobacco				
纺织业	Manufacture of Textile	121	16.76	12.47	12.33
纺织服装、服饰业	Manufacture of Textile, Wearing Apparel and Accessories	28	19.05	17.69	16.33
皮革、毛皮、羽毛及其制品和制鞋业	Manufacture of Leather, Fur, Feather and Related Products and Footware	67	23.34	12.54	20.56
木材加工和木、竹、藤、棕、草制品业	Processing of Timber, Manufacture of Wood, Bamboo, Rattan, Palm and Straw Products	36	16.82	11.21	14.49
家具制造业	Manufacture of Furniture	73	31.06	23.83	27.23
造纸和纸制品业	Manufacture of Paper and Paper Products	80	27.40	18.49	22.95
印刷和记录媒介复制业	Printing and Reproduction of Recording Media	47	26.11	19.44	17.22
文教、工美、体育和娱乐用品制造业	Manufacture of Articles for Culture, Education, Arts and Crafts, Sport and Entertainment Activities	89	37.24	20.92	34.31
石油、煤炭及其他燃料加工业	Processing of Petroleum, Coal and Other Fuels	32	22.07	17.93	13.79
化学原料和化学制品制造业	Manufacture of Raw Chemical Materials and Chemical Products	375	34.85	25.74	26.02

18-12 续表 continued

行 业	Sector	实现组织(管理)或营销创新活动的企业数(个) Number of Organizational or Marketing Innovation-active Enterprises (unit)	实现组织(管理)或营销创新活动的企业占规模以上工业企业的比重(%) As Percentage of Industrial Enterprises above Designated Size (%)	#实现组织(管理)创新的企业所占比重 Organizational Innovators	#实现营销创新的企业所占比重 Marketing Innovators
医药制造业	Manufacture of Medicines	183	45.98	31.16	37.94
化学纤维制造业	Manufacture of Chemical Fibres	12	27.27	18.18	25.00
橡胶和塑料制品业	Manufacture of Rubber and Plastics Products	330	31.28	22.18	27.01
非金属矿物制品业	Manufacture of Non-metallic Mineral Products	547	24.89	19.38	17.20
黑色金属冶炼和压延加工业	Smelting and Pressing of Ferrous Metals	152	32.62	28.76	24.89
有色金属冶炼和压延加工业	Smelting and Pressing of Non-ferrous Metals	67	25.87	19.31	18.92
金属制品业	Manufacture of Metal Products	667	31.66	25.82	25.91
通用设备制造业	Manufacture of General Purpose Machinery	444	39.29	30.35	32.57
专用设备制造业	Manufacture of Special Purpose Machinery	459	45.85	35.86	36.56
汽车制造业	Manufacture of Automobiles	225	37.50	27.83	27.83
铁路、船舶、航空航天和其他运输设备制造业	Manufacture of Railway, Ship, Aerospace and Other Transport Equipments	55	31.79	26.59	23.12
电气机械和器材制造业	Manufacture of Electrical Machinery and Apparatus	397	34.55	24.54	28.02
计算机、通信和其他电子设备制造业	Manufacture of Computers, Communication and Other Electronic Equipment	106	42.06	34.92	25.00
仪器仪表制造业	Manufacture of Measuring Instruments and Machinery	84	53.85	44.23	42.95
其他制造业	Other Manufacture	11	36.67	26.67	26.67
废弃资源综合利用业	Utilization of Waste Resources	52	28.89	28.33	15.56
金属制品、机械和设备修理业	Repair Service of Metal Products, Machinery and Equipment	12	31 58	31.58	2.63
电力、热力、燃气及水生产和供应业	**Production and Supply of Electricity, Heat, Gas and Water**	**182**	**15.17**	**13.58**	**5.92**
电力、热力生产和供应业	Production and Supply of Electric Power and Heat Power	103	14.51	13.52	4.37
燃气生产和供应业	Production and Supply of Gas	61	17.13	14.61	8.71
水的生产和供应业	Production and Supply of Water	18	13.43	11.19	6.72

18-13 高技术产业(制造业)相关情况(2023年)

行 业	Industry	R&D机构数(个) R&D Institutions (unit)	R&D人员折合全时当量(人年) Full-time Equivalent of R&D Personnel (man-year)
全 省	**Total**	**596**	**16868**
医药制造业	**Manufacture of Medicines**	**256**	**7126.2**
#化学药品制造	Manufacture of Chemical Medicine	102	3583.3
中成药生产	Manufacture of Finished Traditional Chinese Herbal Medicine	37	1825.7
生物药品制品制造	Manufacture of Biopharmaceutical Products	21	542.4
电子及通信设备制造业	**Manufacture of Electronic Equipment and Communication Equipment**	**169**	**6013.8**
#电子工业专用设备制造	Manufacture of Special Equipment for Electronic Industry	13	238.6
光纤光缆及锂离子电池制造	Manufacture of Optical Fiber and Cable, and Lithium Ion Battery	20	432.4
#锂离子电池制造	Manufacture of Lithium Ion Batteries	19	396.1
通信设备、雷达及配套设备制造	Manufacture of Communication Equipment, Radar and Matching Equipment	33	2946.4
#通信系统设备制造	Manufacture of Communication System Equipment	25	445.3
通信终端设备制造	Manufacture of Communication Terminal Equipment	7	2485.4
雷达及配套设备制造	Manufacture of Radar and Related Equipment	1	15.6
广播电视设备制造	Manufacture of Broadcasting and TV Equipment	2	23.9
非专业视听设备制造	Manufacture of Non-professional Audio-visual Equipment		866.5
电子器件制造	Manufacture of Electronic Appliances	36	34.0
#电子真空器件制造	Manufacture of Electronic Vacuum Appliances	3	101.4
半导体分立器件制造	Manufacture of Semiconductor Discreting Appliances	1	94.9
集成电路制造	Manufacture of Integrate Circuit	3	202.0
光电子器件制造	Manufacture of Optoelectronic Devices	18	1136.7
电子元件及电子专用材料制造	Manufacture of Electronic Components and Electronic Specialized Materials	53	24.8
#电阻电容电感元件制造	Manufacture of Resistance, Capacitance and Inductance Components	2	371.1
电子电路制造	Manufacture of Electronic Circuit	6	332.7
电子专用材料制造	Manufacture of Electronic Specialized Materials	23	53.3
智能消费设备制造	Manufacturing of Intelligent Consumption Equipment	6	316.0
其他电子设备制造	Other Electronic Equipment	6	
计算机及办公设备制造业	**Manufacture of Computers and Office Equipments**	**16**	**261.2**
#计算机整机制造	Manufacture of Entire Computer		
计算机零部件制造	Manufacture of Parts and Fixture for Computer	1	68.3
计算机外围设备制造	Manufacture of Computer Peripheral Equipment	7	127.9
办公设备制造	Manufacture of Office Equipment	7	54.9
医疗仪器设备及仪器仪表制造业	**Manufacture of Medical Equipments and Meters**	**143**	**3239.8**
#医疗仪器设备及器械制造	Manufacture of Medical Equipment and Appliances	36	931.6
#医疗诊断、监护及治疗设备制造	Manufacture of Medical Diagnosis, Monitoring and Treatment Equipment	10	567.0
医疗、外科及兽医用器械制造	Manufacture of Medical, Surgical and Veterinary Instruments	7	64.7
通用仪器仪表制造	Manufacture of General Instruments	85	1889.6
专用仪器仪表制造	Manufacture of Special Instruments	14	309.9
信息化学品制造业	**Manufacture of Electronic Chemicals**	**8**	**173.7**

注：本表数据口径为规模以上工业企业。

Statistics on High-tech Industry (Manufacturing Industry) (2023)

R&D 经费支出 (万元) Expenditure on R&D (10000 yuan)	R&D 项目数 (个) R&D Projects (unit)	R&D 项目经费 (万元) Expenditure on R&D Projects (10000 yuan)	新产品开发项目数 (项) New Products (unit)	新产品开发经费支出 (万元) Expenditure on New Products Development (10000 yuan)	新产品销售收入 (万元) Sales Revenue of New Products (10000 yuan)	#出口 Export	专利申请数 (件) Patent Applications (piece)	#发明专利 Inventions	有效发明专利数 (件) Number of Inventions in Force (piece)
783479	**2331**	**863063.9**	**5727**	**903120.1**	**8421007.7**	**1508672.4**	**4117**	**2165**	**7869**
444226.8	**1187**	**523797.8**	**2441**	**472473.0**	**5385217**	**491583.9**	**1072**	**495**	**2329**
278209.9	628	305034.8	1241	324785.1	3539989	426780.3	348	187	932
67622.4	180	92824.7	378	70956.0	956183	1870.6	186	106	621
56473.4	107	83780.2	197	24611.6	319221	33511.8	121	46	175
250562.7	**659**	**246332.2**	**1587**	**295553.9**	**2139617**	**921525.2**	**1901**	**1321**	**3717**
18178.2	48	18279.7	222	21827.5	42683	1179.9	344	188	522
19181.5	49	19116.6	114	39574.9	170807	3903.9	160	93	116
17127.0	39	17047.0	89	37671.5	165278	3903.9	142	87	101
73954.3	161	77108.5	352	84601.1	1014272	786688.3	242	188	462
11849.5	77	12678.5	185	16971.9	125180		103	62	229
61259.5	76	63578.1	125	65911.3	881686	786688.3	137	125	231
845.3	8	851.9	42	1717.9	7407		2	1	2
727.4	4	811.2	19	1517.7	49903		10	5	44
94747.4	209	85735.6	378	89995.2	407135	33201.4	773	662	1610
592.7	6	743.5	30	1321.4	16282		9	1	41
1558.9	13	1604.2	18	1464.9	18984	5071.5	7		4
7475.0	22	7620.1	44	10043.1	16918		28	14	16
14030.4	36	15538.8	94	16874.4	75454	23284.3	134	105	361
34897.2	137	35824.0	351	44895.5	377596	96095.5	283	147	865
760.9	4	734.2	18	966.8	1790		36	4	
7139.3	18	7798.0	74	10005.4	116122	74138.6	45	25	204
17430.3	54	17601.3	130	22558.6	195650	7481.0	124	97	493
1029.2	9	1135.0	51	2259.7	4225		29	20	11
7847.5	42	8321.6	99	10880.5	72952	456.2	60	18	87
6766.2	**35**	**6398.7**	**188**	**11576.7**	**44901**	**7949.1**	**134**	**54**	**210**
1152.3	7	1164.7	36	2359.0	2603	26.3	23	4	28
3510.7	18	3821.0	46	4694.3	23734	4348.5	53	19	60
2103.2	10	1413.0	33	3132.3	11574	3574.3	40	27	94
70431.6	**396**	**73603.8**	**1404**	**109798.7**	**665200**	**55922.4**	**937**	**260**	**1248**
18766.0	88	19615.9	389	29001.0	155997	43799.5	326	77	310
11987.2	36	12198.0	78	13691.6	60976	18488.6	155	34	74
1033.3	10	1119.4	59	2917.0	39573	11496.1	43	4	106
41949.2	246	43827.8	798	64409.7	450314	9770.1	506	146	711
6778.1	37	7008.2	139	11014.5	22132	1778.0	72	27	108
8714.1	**42**	**10114.5**	**63**	**9651.9**	**178250**	**31075.2**	**63**	**32**	**325**

a) Data in this table cover industrial enterprises above designated size.

18-14 按登记注册统计类别分规模以上工业企业组织(管理)和营销创新情况(2023年)

Industrial Enterprises above Designated Size with Organizational or Marketing Innovation by Registered Statistical Categories (2023)

登记注册统计类别	Registered Statistical Categories	实现组织(管理)或营销创新活动的企业数(个) Number of Organizational or Marketing Innovation Active Enterprises (unit)	实现组织(管理)或营销创新活动的企业占规模以上工业企业的比重(%) As Percentage of Industrial Enterprises above Designated Size (%)	#实现组织(管理)创新的企业所占比重 Organizational Innovators	#实现营销创新的企业所占比重 Marketing Innovators
全　　省	**Total**	**5530**	**31.1**	**23.4**	**24.0**
内资企业	**Domestic Invested Enterprises**	**5358**	**31.2**	**23.5**	**24.1**
国有独资公司	Wholly State-owned Corporations	21	25.0	21.4	15.5
私营有限责任公司	Private Limited Liability Corporations	3961	29.9	22.1	23.9
其他有限责任公司	Other Limited Liability Corporations	936	33.7	26.6	22.3
私营股份有限公司	Private Share-holding Corporations Ltd.	191	49.4	37.2	42.4
其他股份有限公司	Other Share-holding Corporations Ltd.	117	57.6	47.8	40.9
全民所有制企业(国有企业)	State Owned Enterprises (State-owned Enterprises)	8	19.0	14.3	11.9
集体所有制企业(集体企业)	Collective Owned Enterprises (Collective Enterprises)	10	26.3	18.4	23.7
股份合作企业	Cooperative Stock Enterprises	9	50.0	38.9	33.3
联营企业	Associated Enterprises				
个人独资企业	Sole Proprietorship Enterprises	84	25.5	21.3	18.2
合伙企业	Partnership Enterprises	21	24.7	24.7	17.6
其他内资企业	Other Domestic Invested Enterprises				
港、澳、台商投资企业	**Enterprises with Investment from Hong Kong, Macao and Taiwan**	**67**	**32.7**	**25.4**	**21.0**
港澳台投资有限责任公司	Limited Liability Corporations with Invested from Hong Kong, Macao and Taiwan	62	32.0	24.7	20.1
港澳台投资股份有限公司	Share-holding Corporations Ltd. with Invested from Hong Kong, Macao and Taiwan	4	44.4	33.3	33.3
港澳台投资合伙企业	Partnership Enterprises with Invested from Hong Kong, Macao and Taiwan				
其他港澳台投资企业	Other Enterprises with Invested from Hong Kong, Macao and Taiwan	1	50.0	50.0	50.0
外商投资企业	**Foreign Invested Enterprises**	**105**	**27.7**	**20.1**	**19.3**
外商投资有限责任公司	Foreign Invested Limited Liability Corporations	97	27.0	19.2	18.1
外商投资股份有限公司	Foreign Invested Share-holding Corporations Ltd.	6	50.0	41.7	50.0
外商投资合伙企业	Foreign Invested Partnership Enterprises	1	20.0	20.0	20.0
其他外商投资企业	Other Foreign Invested Enterprises	1	33.3	33.3	33.3

18-15 国内外三种专利授权数
Three Kinds of Patent Granted

单位：件 (piece)

指 标	Item	授权数 Granted 2019	2020	2021	2022	2023
全 省	**Total**	**57808**	**92192**	**120033**	**115311**	**91976**
发 明	**Inventions**					
国 内	Domestic	5130	6365	8621	12022	14211
职 务	Official	4699	5951	8036	11436	13776
大专院校	Universities and Colleges	1274	1997	2196	2905	2666
科研单位	Research Institutions	412	433	653	948	313
企 业	Enterprises	2947	3460	5093	7383	10521
机关团体	Government Agencies and Organizations	66	61	94	200	276
非职务	Non-official	431	414	585	586	435
国 外	Foreign					
实用新型	**Utility Models**					
国 内	Domestic	40561	68462	92602	85732	61181
职 务	Official	33091	53936	73805	71626	53145
大专院校	Universities and Colleges	2620	4049	4145	2781	1622
科研单位	Research Institutions	445	583	803	742	326
企 业	Enterprises	29397	48496	67357	66604	49958
机关团体	Government Agencies and Organizations	629	808	1500	1499	1239
非职务	Non-official	7470	14526	18797	14106	8036
国 外	Foreign					
外观设计	**Designs**					
国 内	Domestic	12117	17365	18810	17557	16584
职 务	Official	4963	7474	8341	7714	7642
大专院校	Universities and Colleges	567	713	475	377	486
科研单位	Research Institutions	11	31	52	39	11
企 业	Enterprises	4371	6698	7756	7263	7050
机关团体	Government Agencies and Organizations	14	32	58	35	95
非职务	Non-official	7154	9891	10469	9843	8942
国 外	Foreign					

18−16 按登记注册统计类别分规模以上工业企业产品和工艺创新情况(2023年)
Industrial Enterprises above Designated Size with Product or Process Innovation by Registered Statistical Categories (2023)

登记注册统计类别	Registered Statistical Categories	开展产品或工艺创新活动的企业数(个) Number of Product or Process Innovationactive Enterprises (unit)	开展产品或工艺创新活动的企业占规模以上工业企业的比重(%) As Percentage of Industrial Enterprises above Designated Size (%)	#实现产品创新的企业所占比重 Product Innovators	#实现工艺创新的企业所占比重 Process Innovators
全　省	**Total**	**8695**	**48.9**	**29.2**	**35.1**
内资企业	**Domestic Invested Enterprises**	**8392**	**43.6**	**29.1**	**35.0**
国有独资公司	Wholly State-owned Corporations	33	33.3	17.9	29.8
私营有限责任公司	Private Limited Liability Corporations	6207	42.2	28.4	33.5
其他有限责任公司	Other Limited Liability Corporations	1503	46.5	29.4	39.0
私营股份有限公司	Private Share-holding Corporations Ltd.	316	73.4	57.4	60.5
其他股份有限公司	Other Share-holding Corporations Ltd.	177	78.3	58.6	61.1
全民所有制企业(国有企业)	State Owned Enterprises (State-owned Enterprises)	13	23.8	7.1	21.4
集体所有制企业(集体企业)	Collective Owned Enterprises (Collective Enterprises)	8	21.1	15.8	18.4
股份合作企业	Cooperative Stock Enterprises	14	72.2	50.0	50.0
联营企业	Associated Enterprises				
个人独资企业	Sole Proprietorship Enterprises	97	27.4	15.8	23.7
合伙企业	Partnership Enterprises	24	25.9	15.3	21.2
其他内资企业	Other Domestic Invested Enterprises				
港、澳、台商投资企业	**Enterprises with Investment from Hong Kong, Macao and Taiwan**	**115**	**46.8**	**32.2**	**38.0**
港澳台投资有限责任公司	Limited Liability Corporations with Invested from Hong Kong, Macao and Taiwan	106	45.4	31.4	37.1
港澳台投资股份有限公司	Share-holding Corporations Ltd. with Invested from Hong Kong, Macao and Taiwan	8	77.8	55.6	55.6
港澳台投资合伙企业	Partnership Enterprises with Invested from Hong Kong, Macao and Taiwan				
其他港澳台投资企业	Other Enterprises with Invested from Hong Kong, Macao and Taiwan	1	50.0		50.0
外商投资企业	**Foreign Invested Enterprises**	**188**	**43.0**	**30.3**	**35.6**
外商投资有限责任公司	Foreign Invested Limited Liability Corporations	175	41.8	28.7	35.1
外商投资股份有限公司	Foreign Invested Share-holding Corporations Ltd.	11	91.7	83.3	66.7
外商投资合伙企业	Foreign Invested Partnership Enterprises	1	20.0	20.0	20.0
其他外商投资企业	Other Foreign Invested Enterprises	1	33.3	33.3	

18−17 分市国内三种专利授权数(2023年)
Three Kinds of Domestic Patent Granted by City (2023)

单位：件 (piece)

市	City	授权数 Granted	发 明 Inventions	实用新型 Utility Models	外观设计 Designs
全 省	**Total**	**91976**	**14211**	**61181**	**16584**
石家庄市	Shijiazhuang	19690	4217	13072	2401
石家庄市①	Shijiazhuang①	19022	4137	12573	2312
唐 山 市	Tangshan	11128	1730	8127	1271
秦皇岛市	Qinhuangdao	3567	1178	2062	327
邯 郸 市	Handan	6636	1024	4860	752
邢 台 市	Xingtai	7606	653	4408	2545
保 定 市	Baoding	14669	2105	10187	2377
保 定 市①	Baoding①	12608	1825	8864	1919
张家口市	Zhangjiakou	2465	309	1899	257
承 德 市	Chengde	2200	305	1649	246
沧 州 市	Cangzhou	8934	1027	5625	2282
廊 坊 市	Langfang	10200	1206	5851	3143
衡 水 市	Hengshui	4881	457	3441	983
定 州 市	Dingzhou	699	69	453	177
辛 集 市	Xinji	668	80	499	89

主要统计指标解释

研究与试验发展(R&D) 指为增加知识存量（也包括有关人类、文化和社会的知识）以及设计已有知识的新应用而进行的创造性、系统性工作，包括基础研究、应用研究和试验发展三种类型。国际上通常采用 R&D 活动的规模和强度指标反映一国的科技实力和核心竞争力。

基础研究 指一种不预设任何特定应用或使用目的的实验性或理论性工作，其主要目的是为获得（已发生）现象和可观察事实的基本原理、规律和新知识。其成果通常表现为提出一般原理、理论或规律，并以论文、著作、研究报告等形式为主。

应用研究 指为获取新知识，达到某一特定的实际目的或目标而开展的初始性研究。应用研究是为了确定基础研究成果的可能用途，或确定实现特定和预定目标的新方法。其研究成果以论文、著作、研究报告、原理性模型或发明专利等形式为主。

试验发展 指利用从科学研究、实际经验中获取的知识和研究过程中产生的其他知识，开发新的产品、工艺或改进现有产品、工艺而进行的系统性研究。其研究成果以专利、专有技术，以及具有新颖性的产品原型、原始样机及装置等形式为主。

R&D 人员 指报告期 R&D 活动单位中从事基础研究、应用研究和试验发展活动的人员。包括直接参加上述三类 R&D 活动的人员，以及与上述三类 R&D 活动相关的管理人员和直接服务人员，即直接为 R&D 活动提供资料文献、材料供应、设备维护等服务的人员。不包括为 R&D 活动提供间接服务的人员，如餐饮服务、安保人员等。

R&D 人员全时当量 指报告期 R&D 人员按实际从事 R&D 活动时间计算的工作量，以“人年”为计量单位。为国际上比较科技人力投入而制定的可比指标。

R&D 经费内部支出 指报告期调查单位内部为实施 R&D 活动而实际发生的全部经费，按支出性质分为日常性支出和资产性支出。不包括调查单位委托其他单位或与其他单位合作开展 R&D 活动而转拨给其他单位的全部经费。

R&D 经费内部支出中政府资金 指 R&D 经费支出中来自各级政府财政的各类资金，包括财政科学技术支出和财政其他功能支出的资金用于 R&D 活动的实际支出。

R&D 经费内部支出中企业资金 指 R&D 经费支出中来自企业的各类资金。对企业而言，企业资金指企业自有资金、接受其他企业委托开展 R&D 活动而获得的资金，以及从金融机构贷款获得的开展 R&D 活动的资金；对科研院所、高校等事业单位而言，企业资金是指因接受从企业委托开展 R&D 活动而获得的各类资金。

R&D 项目（课题）数 R&D 项目（课题）是进行 R&D 活动的基本组织形式，通常由 R&D 活动执行单位依据项目立项书或合同书等形式明确项目任务、目标、人员和经费等。

专利 是专利权的简称，是对发明人的发明创造经审查合格后，由国家知识产权局依据专利法授予发明人和设计人对该项发明创造享有的专有权。包括发明、实用新型和外观设计。反映拥有自主知识产权的科技和设计成果情况。

发明（专利） 指对产品、方法或者其改进所提出的新的技术方案。是国际通行的反映拥有自主知识产权技术的核心指标。

实用新型（专利） 指对产品的形状、构造或者其结合所提出的适于实用的新的技术方案。反映具有一定技术含量的技术成果情况。

外观设计（专利） 指对产品的形状、图案、色彩或者其结合所作出的富有美感并适于工业上应用的新设计。反映拥有自主知识产权的外观设计成果情况。

Explanatory Notes on Main Statistical Indicators

Research and Experimental Development (R&D) refers to creative and systematic work undertaken in order to increase the stock of knowledge (including knowledge of humankind, culture and society) and to devise new applications of available knowledge. R&D includes 3 categories of activities: basic research, applied research and experimental development. The scale and intensity of R&D are widely used internationally to reflect the strength of S&T and the core competitiveness of a country in the world.

Basic Research refers to experimental or theoretical work undertaken primarily to acquire new knowledge of the underlying foundations of phenomena and observable facts, without any particular application or use in view. Basic research usually formulates hypotheses, theories or laws, and its results are mainly released or disseminated in the form of scientific papers or monographs or research reports.

Applied Research refers to original investigation undertaken in order to acquire new knowledge. It is directed primarily towards a specific, practical aim or objective. Purpose of the applied research is to identify the possible uses of results from basic research, or to explore new (fundamental) methods or new approaches. Results of applied research are expressed in the form of scientific papers, monographs, fundamental models or invention patents.

Experimental Development refers to systematic work, drawing on knowledge gained from research and practical experience and producing additional knowledge, which is directed to producing new products or processes or to improving existing products or processes. Results of experimental development activities are embodied in patents, exclusive technology, and monotype of new products or equipment.

R&D Personnel refer to persons of R&D activities units engaged in basic research, applied research, and experimental development at the reference period, including persons of directly participating in the three activities above, as well as management and direct service staff related to R&D activities, such as literature provision, material supply, equipment maintenance staff, it excludes persons providing indirect support and ancillary services, such as canteen and security staff.

Full-time Equivalent of R&D Personnel refers to the ratio of working hours actually spent on R&D during a specific reference period (usually a calendar year) divided by the total number of hours conventionally worked in the same period by an individual or by a group. The measurement unit of the ratio is "man-years". This is an internationally comparable indicator of S&T manpower input.

Expenditure on R&D refers to the real expenditure of surveyed units on their own R&D activities in reporting period. It is divided into current expenditures and gross fixed capital expenditures for R&D according to the nature of expenditure. It doesn't include the fees transferred to cooperated or entrusted agencies on R&D activities.

Expenditure on R&D from Government Funds refers to the expenditure of funds on R&D activities from government agencies at different levels, including appropriate funds on science and technology from financial departments, and the real expenditure of other fiscal functional funds on R&D activities from government agencies.

Expenditure on R&D from Enterprises funds refers to the expenditure of all kinds of funds on R&D activities from enterprises. In terms of enterprises, it refers to the expenditure of self-raised funds of enterprises, funds from other enterprises through entrustment, loans from financial institutions on R&D activities. In terms of public institutions, such as institution of scientific research and universities, it refers to the expenditure of funds from enterprises through entrustment.

Number of R&D Projects (subjects) R&D Projects (subjects) are the basic forms of R&D activities, The project task, target, personnel and expenditure are usually defined by R&D activity execution unit according to project approval specification or contract document.

Patent is an abbreviation for the patent right and refers to the exclusive right of ownership by the inventors or designers for the creation or inventions, given from the China National Intellectual Property Administration after due process of assessment and approval in accordance with the Patent Law. Patents are granted for inventions, utility models and designs. This indicator reflects the achievements of S&T and design with independent intellectual property.

Patented Inventions refer to new technical proposals to the products or methods or their modifications. This is universal core indicator reflecting the technologies with independent intellectual property.

Patented Utility Models refer to the practical and new technical proposals on the shape and structure of the product or the combination of both. This indicator reflects the condition of technological results with certain technical content.

Designs refer to the aesthetics and industrially applicable new designs for the shape, pattern and colour of the product, or their combinations. This indicator reflects the appearance design achievements with independent intellectual property.

教 育
Education

简 要 说 明

一、本篇主要反映河北省教育事业发展基本情况。

二、本篇资料的主要高、中、初等教育，幼儿教育和各种类型的各级成人教育，指标主要包括各级各类的学校数、在校生数、招生数、毕业生数、教职工数、专任教师数和教育经费等。

三、本篇的资料来源

教育事业统计资料、教育经费统计资料由河北省教育厅提供；技工学校资料由河北省人力资源和社会保障厅提供。

四、资料整理：王博阳　任婷婷

Brief Introduction

Ⅰ.This paper mainly reflects the basic situation of education development in Hebei Province.

Ⅱ.The data of the main high, middle, primary education, early childhood education and various types of adult education at all levels, indicators mainly include the number of schools at all levels, the number of students, enrollment, graduates, teaching staff, full-time teachers and educational funds, etc..

Ⅲ. Sources for this article

Statistical data on educational undertakings and educational funds shall be provided by the Hebei Education Department; the technical school materials are provided by the Human Resources and Social Security Department of Hebei Province.

Ⅳ.Data collection: Wang Boyang, Ren Tingting.

19-1 各级各类学校和教职工情况(2023年)
Number of Schools and Educational Personnel by Type and Level (2023)

项 目	Item	学校数(所) Schools (unit)	教职工数(人) Educational Personnel (person)
高等教育学校	**Higher Education Schools**	**133**	**131651**
普通本科学校	HEIs Offering Degree Programs	58	81880
#独立学院	Independent Institutions	12	9703
本科层次职业学校	Undergraduate Level Vocational Schools	3	3606
高职(专科)学校	Higher Vocational (Specialist) Schools	67	45700
成人高等学校	Adult HEIs	5	465
其他普通高教机构	Other Institutions		
高中阶段学校	**Senior Secondary Schools**	**1446**	
普通高中	Regular Senior Secondary Schools	818	
完全中学	Combined Secondary Schools	258	66881
高级中学	Regular High Schools	483	117997
十二年一贯制学校	12-Year Schools	77	24313
中等职业教育	Secondary Vocational Education		
中等职业学校	Secondary Vocational Schools	628	69494
其他中职机构	Other Secondary Vocational Institutions		
义务教育阶段学校	**Compulsory Education Schools**	**13838**	
初中学校	Junior Secondary Schools	2525	
初级中学	Regular Junior Secondary Schools	1872	188004
九年一贯制学校	9-Year Schools	653	75396
职业初中	Vocational Junior Secondary Schools		
普通小学	Regular Primary Schools		
小学	Primary Schools	11313	385138
小学教学点	External Teaching Sites	6064	27321
特殊教育学校	**Schools for Special Education**	**163**	**4462**
幼儿园	**Kindergarten**	**17818**	**248201**
专门学校	**Specialized Schools**		

注：1.完全中学的学校数和教职工数计入高中阶段教育，九年一贯制学校的校数和教职工数计入初中阶段教育，十二年一贯制学校的校数和教职工数计入高中阶段教育(以下相关表同)。
2.2021年起，中等职业教育数据不含人社部管理的技工学校(以下相关表同)。
3."()"内数据为不计校数(以下相关表同)。

a) Number of combined secondary schools and their educational personnel are classified into the number of senior secondary education, the number of 9-year schools and their educational personnel are classified into the number of junior secondary education, the number of 12-year schools and their educational personnel are classified into the number of senior secondary education. The full-time teachers are classified by educational level. The same applies to the relevant following tables.
b) Since 2021, Secondary Vocational Education data do not include Technical Schools managed by the Ministry of Human Resources and Social Security. The same applies to the relevant following tables.
c) Data within "( )" do not include the number of schools. The same applies to the relevant following tables.

19-2 各级各类学历教育学生情况(2023年)
Number of Students of Formal Education by Type and Level (2023)

单位：人 (person)

项　　目	Item	毕业生数 Graduates	招生数 Entrants	在校生数 Enrolment
高等教育	**Higher Education**			
研究生	Postgraduates	24048	30152	86972
博 士	Doctor's Degree	872	1533	5967
硕 士	Master's Degree	23176	28619	81005
普通本科	Undergraduates	243685	270156	985569
职业本专科	Vocational Undergraduates	265255	315179	854267
本 科	Bachelor Degree		10388	18085
专 科	Short-cycle Courses	265255	304791	836182
成人本专科	Undergraduates in Adult HEIs	188723	199793	439899
本 科	Bachelor Degree	93414	113759	235121
专 科	Short-cycle Courses	95309	86034	204778
网络本专科生	Web-based Undergraduates			
本 科	Bachelor Degree			
专 科	Short-cycle Courses			
高中阶段教育	**High School Level Education**			
#普通高中	Regular Senior Secondary Schools	556851	629833	1826292
完全中学	Combined Secondary Schools	135119	144045	436586
高级中学	Regular High Schools	394295	446349	1284542
十二年一贯制学校	12-Year Schools	27437	39439	105164
#中等职业教育	Secondary Vocational Education	315575	318570	892031
中等职业学校	Secondary Vocational Schools	305426	308045	858200
附设中职班	Subsidiary Secondary Vocational Class	10149	10525	33831
义务教育阶段教育	**Compulsory Education**	**2147795**	**2168754**	**9864258**
初中阶段	Junior Secondary Schools	1005455	1124263	3332508
初级中学	Regular Junior Secondary Schools	688771	826968	2403739
九年一贯制学校	9-Year Schools	149991	153585	463362
十二年一贯制学校	12-Year Schools	36513	26478	88978
完全中学	Combined Secondary Schools	130180	117232	376429
小学阶段	Primary Education	1142340	1044491	6531750
小学	Primary Schools	1033327	969311	6010528
九年一贯制学校	9-Year Schools	93005	68953	457759
十二年一贯制学校	12-Year Schools	16008	6227	63463
特殊教育	**Special Education**	**6918**	**5127**	**37471**
#特殊教育学校	Special Education Schools	2825	1835	17219
学前教育	**Pre-school Education**	**927783**	**620857**	**1994319**
幼儿园	Kindergartens	775536	533886	1711911
附设幼儿班	Subsidiary Toddler Class	152247	86971	282408
专门学校	**Specialized Schools**			

注：1.2017年起，研究生招生数包含全日制和非全日制研究生，在校生数包含全日制、非全日制研究生和在职人员攻读硕士学位学生(以下相关表同)。
2.高中阶段教育学生数含国家开放大学中职部(以下相关表同)。
3.完全中学、九年一贯制学校、十二年一贯制学校和附设教学班的学生数按教育层次分别计入对应教育阶段的学生数中(以下相关表同)。
4.特殊教育涵盖特殊教育学校、附设特教班、随班就读和送教上门等各类形式(以下相关表同)。
5.2019年起，学前教育招生数仅包括首次入园的适龄儿童，不再包括复学、转入等情况(以下相关表同)。

a) Since 2017, the number of postgraduate entrants includes full-time and part-time postgraduates, the number of enrolment includes full-time, part-time postgraduates and on-the-job students. The same applies to the relevant following tables.
b) Number of students in high school level education includes secondary vocational department of National Open University. The same applies to the relevant following tables.
c) Number of the students in Combined Secondary Schools, 9-Year Schools, 12-Year Schools and subsidiary class are classified by educational level. The same applies to the relevant following tables.
d) Special education covers various forms including special education schools, attached special education classes, regular classes and 'home delivery' teaching. The same applies to the relevant following tables.
e) From 2019, the number of entrants of the pre-school education only includes the school-age children who enter the kindergarten for the first time, and does not include the situation of returning to school and transferring in. The same applies to the relevant following tables.

19-3 各级各类民办学校和教职工情况(2023年)
Number of Non-government Schools and Educational Personnel by Type and Level (2023)

项　目	Item	学校数(所) Schools (unit)	教职工数(人) Educational Personnel (person)
高等教育学校	**Higher Education Schools**	**37**	**41042**
普通本科学校	HEIs Offering Degree Programs	21	25444
#独立学院	Independent Institutions	12	9703
本科层次职业学校	Undergraduate Level Vocational Schools		
高职(专科)学校	Higher Vocational (Specialist) Schools	16	15598
成人高等学校	Adult HEIs		
其他普通高教机构	Other Institutions		
高中阶段学校	**Senior Secondary Schools**		
普通高中	Regular Senior Secondary Schools	327	75080
完全中学	Combined Secondary Schools	81	19886
高级中学	Regular High Schools	186	35048
十二年一贯制学校	12-Year Schools	60	20146
中等职业教育	Secondary Vocational Education	210	17115
义务教育阶段学校	**Compulsory Education Schools**	**978**	**71060**
初中学校	Junior Secondary Schools	340	42809
初级中学	Regular Junior Secondary Schools	86	9948
九年一贯制学校	9-Year Schools	254	32861
职业初中	Vocational Junior Secondary Schools		
普通小学	Regular Primary Schools	638	28251
特殊教育学校	**Schools for Special Education**	**8**	**140**
幼儿园	**Kindergarten**	**9654**	**148744**
专门学校	**Specialized Schools**		

19-4 各级各类民办教育学生情况(2023年)
Statistics on Students of Non-government Education by Type and Level (2023)

单位：人 (person)

项　目	Item	毕业生数 Graduates	招生数 Entrants	在校生数 Enrolment
高等教育	**Higher Education**	**155882**	**218814**	**619259**
研究生	Postgraduates	248	293	854
普通本科	Undergraduates	79701	103803	335510
职业本专科	Vocational Undergraduates	75933	114718	282895
本 科	Bachelor Degree			
专 科	Short-cycle Courses	75933	114718	282895
成人本专科	Undergraduates in Adult HEIs	43674	62126	126306
本 科	Bachelor Degree	11807	24570	42064
专 科	Short-cycle Courses	31867	37556	84242
高中阶段教育	**High School Level Education**			
普通高中	Regular Senior Secondary Schools	158919	218811	591588
完全中学	Combined Secondary Schools			
高级中学	Regular High Schools			
十二年一贯制学校	12-Year Schools			
中等职业教育	Secondary Vocational Education	77742	76202	242482
义务教育阶段教育	**Compulsory Education**	**356551**	**132523**	**886190**
初中阶段	Junior Secondary Schools	214870	110021	423991
初级中学	Regular Junior Secondary Schools			
九年一贯制学校	9-Year Schools			
十二年一贯制学校	12-Year Schools			
完全中学	Combined Secondary Schools			
职业初中	Junior Secondary Vocational Schools			
小学阶段	Primary Education	141681	22502	462199
小学	Primary Schools			
九年一贯制学校	9-Year Schools			
十二年一贯制学校	12-Year Schools			
特殊教育	**Special Education**	**102**	**54**	**480**
学前教育	**Pre-school Education**	**274258**	**875476**	**402648**
专门学校	**Specialized Schools**			

19-5 各级各类教育专任教师情况(2023年)
Number of Full-time Teachers of Education by Type and Level (2023)

单位：人 (person)

项 目	Item	专任教师数 Full-time Teachers	#民 办 Civilian-run
高等教育学校	**Higher Education Schools**	**98888**	**24983**
普通本科学校	HEIs Offering Degree Programs	59770	12379
#独立学院	Independent Institutions	7165	7165
本科层次职业学校	Undergraduate Level Vocational Schools	3115	
高职(专科)学校	Higher Vocational (Specialist) Schools	35814	12604
成人高等学校	Adult HEIs	189	
其他普通高教机构	Other Institutions		
高中阶段教育	**High School Level Education**		
普通高中	Regular Senior Secondary Schools	143188	45764
完全中学	Combined Secondary Schools	33167	10189
高级中学	Regular High Schools	101816	28556
十二年一贯制学校	12-Year Schools	8205	7019
附设普通高中班	Subsidiary Regular Senior Secondary School Class		
中等职业教育	Secondary Vocational Education	58440	13258
中等职业学校	Secondary Vocational Schools	56800	12443
附设中职班	Subsidiary Secondary Vocational Class	1640	815
义务教育阶段教育	**Compulsory Education**		
初中阶段	Junior Secondary Education	244726	33289
初级中学	Regular Junior Secondary Schools	174404	7414
九年一贯制学校	9-Year Schools	36061	14763
十二年一贯制学校	12-Year Schools	6852	5224
完全中学	Combined Secondary Schools	26506	5802
职业初中	Vocational Junior Secondary Schools		
附设普通初中班	Junior Secondary Classes Attached	903	86
附设职业初中班	Vocational Junior Secondary Classes Attached		
小学阶段	Primary Education		
小学	Primary Schools	351357	33660
九年一贯制学校	9-Year Schools	28423	9713
十二年一贯制学校	12-Year Schools	4292	3316
小学教学点	External Teaching Sites	21351	
附设小学班	Subsidiary Primary School Classes	279	25
特殊教育	**Special Education**		
#特殊教育学校	Special Education Schools	3865	96
学前教育	**Pre-school Education**	**159434**	**75841**
幼儿园	Kindergartens	141368	75667
附设幼儿班	Subsidiary Toddler Class	18066	174
专门学校	**Specialized Schools**		

注：完全中学、九年一贯制学校、十二年一贯制学校和附设教学班的专任教师数按教育层次分别计入对应教育阶段的专任教师数中(以下相关表同)。

a) Numbers of full-time teachers in combined secondary schools, 9-year schools, 12-year schools and subsidiary class are classified by educational levels. The same applies to the relevant following tables.

19-6 各级各类学校校数情况
Number of Schools by Type and Level

单位：所 (unit)

年 份 Year	普通、职业高等学校 Regular and Vocational HEIs	#高职(专科)学校 Higher Vocational (Specialist) Schools	普通高中 Regular Senior Secondary Schools	中等职业教育 Secondary Vocational Education	初中学校 Junior Secondary Schools	普通小学 Regular Primary Schools	特殊教育学校 Special Education Schools	幼儿园 Kindergarten
1978	23		4594	105	12205	44644	10	8183
1980	27		2291	117	8048	49764	10	4634
1985	46		752	292	5423	49346	11	2790
1990	50		658	306	4745	49568	17	2031
1995	47		561	202	4695	47133	74	2319
2000	52		716	150	4194	36465	95	4476
2001	67		752	111	4346	31529	90	1307
2002	75		791	96	4262	28433	93	2235
2003	83		810	133	4214	25700	97	3765
2004	87		814	624	4103	22953	109	3368
2005	86		816	686	3918	20883	117	4034
2006	88		801	718	3663	19162	124	5616
2007	88		761	781	3403	17340	134	6441
2008	105		713	801	3172	16205	137	6383
2009	109	58	661	755	2887	14447	144	6434
2010	110	58	615	753	2649	13563	149	7368
2011	112	58	598	696	2534	13274	148	8183
2012	113	58	565	663	2435	12898	151	9327
2013	118	61	563	636	2381	12538	155	10813
2014	118	60	567	631	2391	12529	157	11437
2015	118	60	578	628	2378	12126	159	12959
2016	120	59	598	609	2379	11944	160	13635
2017	121	60	630	609	2375	11697	161	14368
2018	122	61	655	604	2367	11545	162	15418
2019	122	61	679	601	2405	11604	163	16559
2020	125	64	707	607	2466	11625	163	18057
2021	123	62	738	602	2516	11604	163	18818
2022	124	63	775	622	2517	11460	163	18692
2023	128	67	818	628	2525	11313	163	17818

19-7 各级各类教育专任教师情况
Number of Full-time Teachers of Education by Type and Level

单位：万人 (10000 persons)

年 份 Year	普通高等学校 Regular HEIs	高 中 Senior Secondary Schools	中等职业教育 Secondary Vocational Education	初 中 Junior Secondary Schools	#职业初中 Vocational Junior Secondary Schools	小 学 Primary Schools	特殊教育 Special Education Schools	学前教育 Pre-school Education Institutions
1978	0.78	5.73	0.48	14.31		24.96		1.78
1980	0.85	3.46	0.59	15.65	0.03	27.11		2.25
1985	1.20	2.26	0.97	12.87	0.25	24.70		2.26
1990	1.36	2.56	1.22	13.04	0.22	26.99	0.04	3.96
1995	1.48	2.59	1.33	15.37	0.26	27.01	0.11	4.73
2000	1.94	4.37	1.41	21.00	2.38	32.95	0.15	4.03
2001	2.37	4.82	1.35	22.10	0.26	33.28	0.15	
2002	2.81	5.35	1.17	22.37	0.28	33.22	0.15	1.66
2003	3.45	6.13	1.18	22.46	0.27	32.92	0.16	2.17
2004	3.92	6.75	3.17	22.25	0.17	32.48	0.18	2.30
2005	4.27	7.34	3.97	21.66	0.09	32.01	0.19	2.84
2006	4.74	7.82	4.36	20.89	0.04	31.53	0.21	3.64
2007	5.28	8.12	4.65	20.14	0.01	31.60	0.22	4.01
2008	5.51	8.07	4.82	19.36	…	31.67	0.23	4.27
2009	5.84	8.18	4.80	18.62	…	32.12	0.26	4.69
2010	6.08	8.30	4.91	17.77	…	31.90	0.27	5.37
2011	6.27	8.35	4.83	17.25		31.65	0.28	5.91
2012	6.50	8.29	4.57	16.78		31.70	0.29	6.71
2013	6.68	10.15	4.42	16.07		30.37	0.30	7.61
2014	6.86	10.36	4.42	16.72		31.63	0.31	8.39
2015	6.94	10.68	4.39	17.10		32.02	0.32	9.81
2016	7.04	11.23	4.49	17.69		33.05	0.32	10.62
2017	7.29	12.02	4.61	18.55		34.22	0.33	11.45
2018	7.55	13.15	4.66	19.48		35.37	0.34	12.66
2019	7.91	14.23	4.85	20.54		36.53	0.35	13.51
2020	8.54	15.22	5.03	21.58		37.46	0.36	14.31
2021	9.03	16.44	5.24	22.90		39.10	0.38	14.96
2022	9.50	13.41	5.65	23.60		40.82	0.38	16.92
2023	9.89	14.32	5.84	24.47		40.57	0.39	15.94

19-8 各级各类教育毕业生情况
Number of Graduates of Formal Education by Type and Level

单位：万人 (10000 persons)

年 份 Year	本专科 Undergraduate in Regular HEIs	#专科 Specialized Courses	高 中 Senior Secondary Schools	中等职业教育 Secondary Vocational Education	初 中 Junior Secondary Schools	#职业初中 Vocational Junior Secondary Schools	小 学 Primary Schools	特殊教育 Special Education Schools	学前教育 Pre-school Education Institutions
1978	0.71		45.95	1.65	106.44		125.47		
1980	0.23		40.85	2.44	50.16	0.13	108.80		
1985	1.20		7.79	2.82	52.73	0.89	101.79		
1990	2.28		10.54	3.13	55.16	0.83	82.56	0.01	
1995	3.64		8.84	4.69	66.50	0.92	119.22	0.07	
2000	4.35		18.16	7.25	113.42	1.34	154.93	0.11	
2001	4.58		21.28	7.13	115.80	1.04	153.80	0.10	
2002	6.29		23.48	7.43	124.06	1.09	152.69	0.13	
2003	11.34		26.49	7.53	136.61	1.26	145.92	0.20	
2004	14.31		31.87	18.38	141.19	1.07	128.09	0.09	
2005	18.04		39.63	21.24	138.40	0.76	117.46	0.09	
2006	22.10		45.06	23.57	133.03	0.39	108.58	0.11	
2007	24.07		47.22	27.72	115.32	0.17	93.54	0.11	51.75
2008	27.13		48.23	31.21	105.27		80.20	0.11	53.26
2009	28.27		46.90	34.81	99.08		73.39	0.11	51.81
2010	29.71	18.91	42.66	34.82	87.69		72.18	0.08	48.93
2011	31.11	19.08	42.79	35.58	75.25		73.28	0.11	78.60
2012	31.58	18.23	42.37	38.86	70.31		79.61	0.09	79.70
2013	33.43	18.81	40.45	33.71	66.78		84.01	0.11	79.47
2014	34.45	19.14	36.20	29.77	60.25		82.04	0.12	81.89
2015	32.80	16.95	35.24	25.41	69.19		78.10	0.11	87.37
2016	33.52	17.16	36.82	19.66	77.44		87.26	0.09	89.40
2017	33.00	15.96	37.70	22.01	80.94		97.69	0.11	91.71
2018	33.88	16.74	40.11	23.05	77.61		102.00	0.12	94.40
2019	35.78	18.33	42.76	24.50	86.04		100.35	0.15	94.00
2020	38.51	19.29	45.50	26.75	96.70		100.52	0.20	94.06
2021	40.89	21.03	44.77	25.52	101.10		110.93	0.27	87.30
2022	48.81	26.22	50.04	28.78	100.20		111.93	0.26	88.25
2023	50.90	26.53	55.69	31.56	100.55		114.23	0.28	92.78

19-9 各级各类教育招生情况
Number of Entrants of Formal Education by Type and Level

单位：万人 (10000 persons)

年 份 Year	本专科 Undergraduate in Regular HEIs	#专科 Specialized Courses	高 中 Senior Secondary Schools	中等职业教育 Secondary Vocational Education	初 中 Junior Secondary Schools	#职业初中 Vocational Junior Secondary Schools	小 学 Primary Schools	特殊教育 Special Education Schools	学前教育 Pre-school Education Institutions
1978	1.23		58.44	2.37	116.70		187.12		
1980	1.07		24.50	2.50	89.27	0.23	134.40		
1985	2.17		11.06	3.35	69.66	1.69	113.45		
1990	2.38		10.81	3.55	64.97	0.99	125.33	0.05	
1995	4.30		14.66	6.55	105.98	1.54	162.60	0.20	137.04
2000	11.10		26.22	6.18	151.00	1.94	107.05	0.15	84.97
2001	14.83		31.20	6.11	149.80	2.18	93.30	0.15	60.50
2002	17.08		37.95	6.90	147.69	2.04	78.96	0.18	61.40
2003	20.38		44.93	8.53	142.97	1.45	72.74	0.18	65.34
2004	23.86		46.40	23.93	126.00	0.80	71.50	0.17	75.14
2005	25.03		49.47	35.35	115.20	0.41	72.00	0.19	77.61
2006	26.68		49.70	37.69	107.49	0.15	80.07	0.17	83.40
2007	29.46		45.25	41.01	93.37	0.05	88.52	0.17	88.17
2008	31.12		44.85	40.65	80.08	0.01	91.44	0.19	99.65
2009	32.92		44.72	45.24	73.37		87.58	0.17	102.42
2010	33.90	18.06	42.02	40.95	72.16		95.60	0.17	106.58
2011	35.92	19.71	39.78	35.68	72.72		103.85	0.19	97.63
2012	34.23	17.56	38.41	29.95	77.77		106.29	0.15	101.01
2013	34.69	17.55	37.56	22.10	78.36		99.61	0.14	106.32
2014	34.20	16.49	38.23	22.41	81.27		98.98	0.22	102.71
2015	35.08	17.18	40.77	24.32	77.06		109.27	0.18	109.09
2016	38.07	18.66	43.27	27.43	85.41		110.88	0.17	102.07
2017	39.24	19.06	45.71	28.71	96.50		113.45	0.18	102.04
2018	42.18	20.79	44.89	27.58	100.37		121.86	0.28	102.66
2019	49.96	27.20	50.67	31.56	99.24		118.98	0.33	87.58
2020	52.62	27.86	56.08	34.47	99.68		116.33	0.24	99.15
2021	51.69	26.30	58.59	35.61	107.92		98.43	0.17	84.88
2022	55.79	28.58	59.88	32.66	109.91		92.60	0.18	74.89
2023	58.32	30.26	62.98	31.86	112.43		104.45	0.18	62.09

19−10 各级各类学校在校学生情况
Number of Enrolment of Formal Education by Type and Level

单位：万人 (10000 persons)

年 份 Year	本专科 Undergraduate in Regular HEIs	#专科 Specialized Courses	高 中 Senior Secondary Schools	中等职业教育 Secondary Vocational Education	初 中 Junior Secondary Schools	#职业初中 Vocational Junior Secondary Schools	小 学 Primary Schools	特殊教育 Special Education Schools	学前教育 Pre-school Education Institutions
1978	2.96		121.31	4.49	263.64		746.32		61.30
1980	4.15		60.43	6.00	264.92	0.52	734.57		69.45
1985	5.82		33.02	7.31	212.37	4.42	601.30		73.95
1990	7.60		31.24	10.76	176.36	2.87	705.48	0.19	125.23
1995	12.63		35.58	18.03	274.66	4.34	851.31	1.12	155.30
2000	25.26		70.04	23.52	411.71	4.77	813.73	0.97	100.42
2001	35.05		80.39	22.69	421.40	4.85	747.60	1.01	74.30
2002	47.30		94.80	21.38	433.25	5.26	674.55	1.23	82.25
2003	57.55		114.23	24.70	429.48	4.30	606.60	1.35	92.61
2004	69.74		129.39	63.07	403.53	2.69	547.00	1.09	108.53
2005	77.40		139.11	81.04	370.43	1.31	500.36	1.14	120.36
2006	86.26		143.81	90.40	336.83	0.53	470.25	1.15	133.62
2007	93.05		140.86	102.00	306.24	0.14	465.44	1.28	135.56
2008	100.00		135.12	105.58	274.18	0.02	475.66	1.23	139.12
2009	106.05		130.87	110.39	241.86		488.65	1.27	151.29
2010	110.51	55.31	127.51	112.05	221.25		511.59	1.26	168.03
2011	114.93	55.73	123.32	106.60	215.03		541.09	1.26	183.46
2012	116.88	54.62	117.69	93.40	217.37		562.22	1.24	196.22
2013	117.44	52.90	109.28	75.23	208.85		546.21	1.31	212.94
2014	116.43	49.85	110.41	65.54	228.82		564.29	1.26	216.85
2015	117.92	49.66	115.79	61.29	236.13		596.24	1.03	231.72
2016	121.61	50.74	121.33	65.81	243.58		620.55	1.11	234.11
2017	126.89	53.31	129.14	70.62	260.07		637.22	1.20	237.47
2018	134.26	56.79	133.49	72.43	283.15		658.85	1.38	240.21
2019	147.40	65.11	141.20	77.46	297.31		679.11	1.73	239.04
2020	160.48	73.03	151.75	83.79	301.55		695.92	1.89	245.31
2021	170.43	77.78	165.85	91.07	308.94		684.35	1.83	247.03
2022	177.37	81.10	175.25	92.27	320.14		663.60	1.81	232.97
2023	183.99	83.62	182.63	89.21	333.25		653.18	1.72	199.43

19-11 技工学校情况
Statistics on Skilled Workers Schools

年 份 Year	学校数 (所) Schools (unit)	教职工数 (人) Educational Personnel (person)	#专任教师 Full-time Teachers	毕业生数 (人) Graduates (person)	招生数 (人) Enrolment (person)	在校学生数 (人) Enrolment (person)
2005	164	10863	8111			105508
2006	160	10951	8988			129845
2007	161	13096	10209			160286
2008	161	12133	10881			174421
2009	164	12597	11196			169663
2010	166	12743	11109			158592
2011	168	12686	8865			145870
2012	170	13188	9355			145272
2013	170	13204	9546	48513	50126	135468
2014	173	13131	9504	46449	45245	111626
2015	173	13044	9456	41083	38570	101333
2016	175	13076	9539	41257	43842	100535
2017	177	13331	9973	33969	52997	110598
2018	181	13495	10339	31331	47523	120309
2019	187	14313	10631	37847	56334	132087
2020	195	14446	11080	42713	63247	149675
2021	205	14975	11685	42009	71310	169332
2022	215	17095	12442	50873	64555	178357
2023	149	15489	13399	54497	61541	162458

19-12 进城务工人员子女和农村留守儿童在校情况(2023年)
Statistics on Children of Migrant Workers and Rural Left Behind Children in Schools (2023)

单位：人 (person)

项 目	Item	进城务工人员随迁子女 Children of Migrant Workers	外省迁入 From Other Provinces	本省外县迁入 From Other Counties of the Same Province	农村留守儿童 Rural Left-Behind Children
普通小学	**Regular Primary Schools**				
毕业生数	Graduates	48262	12416	35846	14166
招生数	Entrants	52700	12326	40374	5283
在校生数	Enrolment	310242	74344	235898	64269
#女	Female	143228	34204	109024	24330
初中	**Junior Secondary Schools**				
毕业生数	Graduates	38586	10475	28111	16643
招生数	Entrants	48655	10852	37803	16227
在校生数	Enrolment	139622	32657	106965	52335
#女	Female	63408	14940	48468	22746

19-13 小学学龄儿童净入学率和各级普通学校毕业生升学率

Net Enrolment Ratio of School-age Children in Primary Schools and Promotion Rate of Graduates of Regular School by Levels

单位：% (%)

年份 Year	小学学龄儿童净入学率 Net Enrollment Ratio of School-age Children in Primary Schools	小学升学率 Promotion Rate from Primary Schools to Junior Secondary Schools	初中升学率 Promotion Rate from Junior Secondary Schools to Senior Secondary Schools
1990	98.3	79.9	31.9
1991	98.3	81.6	36.8
1992	98.5		
1993	98.5	82.9	38.0
1994	98.4	85.7	40.5
1995	99.2	90.2	41.1
1996	99.7	95.0	43.5
1997	99.8	98.8	44.3
1998	99.8	98.1	45.2
1999			
2000	99.9	98.7	40.9
2001	99.5	98.8	51.0
2002	99.5	98.1	60.2
2003	99.4	99.0	59.7
2004	99.8	99.0	61.5
2005	99.7	98.4	64.6
2006	99.4	99.6	67.7
2007	99.5	99.9	75.1
2008	99.7	99.8	81.7
2009	99.7	100.0	84.0
2010	99.8	100.0	85.6
2011	99.9	99.2	88.2
2012	99.8	97.7	92.3
2013	99.8	97.7	92.4
2014	99.7	98.1	92.5
2015	99.8	98.7	92.7
2016	100.1	97.9	90.2
2017	99.5	98.8	92.1
2018	100.0	98.4	99.5
2019	99.8	98.9	96.6
2020	99.9	99.1	95.6
2021	100.0	99.2	99.8
2022	99.7	98.1	98.8
2023	100.0	98.0	96.1

注：1.1991年以前的入学率是按7-11周岁统一计算；从1991年起入学率是按各地不同入学年龄和学制分别计算。
2.1991年前初中毕业生升学率不含技工学校招生数。

a) Enrolment ratio of school-age children before 1991 was calculated on the basis of primary school pupils aged 7-11 enrolled. From 1991 onwards its calculation has taken account of the age of entry and the length of schooling prevailing.

b) Pre-1991 transition rate for junior high school graduates exclude enrolment in technical schools.

19-14 分市普通高中情况(2023年)
Statistics on Regular Senior Secondary Schools by City (2023)

单位：人 (person)

市	City	学校数(所) Schools (unit)	高中阶段专任教师数 Full-time Teachers	城区 City	镇区 Township	乡村 Rural	毕业生数 Graduates	招生数 Entrants	在校生数 Enrolment
全　省	**Total**	**818**	**143188**	**58660**	**74548**	**9980**	**556851**	**629833**	**1826292**
石家庄市	Shijiazhuang	136	17539	8565	8306	668	68878	84515	226448
石家庄市①	Shijiazhuang①	131	16623	7940	8015	668	65027	80302	215036
唐 山 市	Tangshan	83	13885	7780	5692	413	51237	48624	147327
秦皇岛市	Qinhuangdao	35	4955	2122	2833		18297	19310	56556
邯 郸 市	Handan	106	18980	7269	10057	1654	78251	89547	274416
邢 台 市	Xingtai	73	13066	5874	7068	124	52759	64330	181246
保 定 市	Baoding	117	23584	9184	13097	1303	90023	104157	299414
保 定 市①	Baoding①	91	18976	7025	10648	1303	72019	83863	240549
张家口市	Zhangjiakou	48	7544	2798	4578	168	28560	30108	88991
承 德 市	Chengde	32	5898	1537	3411	950	25364	27625	80512
沧 州 市	Cangzhou	72	13509	6085	6437	987	50589	65470	177647
廊 坊 市	Langfang	54	8141	2004	5752	385	27212	39400	107102
衡 水 市	Hengshui	62	16087	5442	7317	3328	65681	56747	186633
定 州 市	Dingzhou	14	2700	2159	541		10576	12425	35093
辛 集 市	Xinji	5	916	625	291		3851	4213	11412

19-15 分市中等职业学校情况(2023年)
Statistics on Secondary Vocational Education by City (2023)

单位：人 (person)

市	City	学校数(所) Schools (unit)	教职工数 Educational Personnel	#专任教师 Full-time Teachers	毕业生数 Graduates	招生数 Entrants	在校生数 Enrolment	预计毕业生数 Estimated Graduates for Next Year
全　省	**Total**	**628**	**69494**	**57072**	**315575**	**318570**	**892031**	**325261**
石家庄市	Shijiazhuang	135	16123	12587	89763	82583	249716	90461
石家庄市①	Shijiazhuang①	132	15719	12200	88330	81060	245152	88935
唐 山 市	Tangshan	46	5567	4635	20424	20233	57036	18865
秦皇岛市	Qinhuangdao	32	3099	2504	10192	10772	29815	10020
邯 郸 市	Handan	74	8311	7225	33547	32232	100755	34060
邢 台 市	Xingtai	70	6165	5277	25704	25788	78542	27206
保 定 市	Baoding	83	10380	8585	37091	37437	116699	38719
保 定 市①	Baoding①	70	8958	7349	32174	31999	101682	33872
张家口市	Zhangjiakou	52	4196	3587	18113	14553	42385	13413
承 德 市	Chengde	25	3936	3201	13356	13470	42943	15239
沧 州 市	Cangzhou	41	5254	4357	44847	60883	108338	54832
廊 坊 市	Langfang	34	3054	2301	11110	11594	35073	11646
衡 水 市	Hengshui	36	3409	2813	11428	9025	30729	10800
定 州 市	Dingzhou	8	792	666	3275	3406	9856	3490
辛 集 市	Xinji	3	404	387	1433	1523	4564	1526

19-16 分市初中情况(2023年)
Statistics on Regular Junior Secondary Schools by City (2023)

单位：人 (person)

市	City	初中学校数(所) Junior Secondary Schools (unit)	初中阶段专任教师数 Full-time Teachers in Junior Secondary Schools	城区 City	镇区 Township	乡村 Rural	初中阶段在校生数 Enrolment in Junior Secondary Schools	城区 City	镇区 Township	乡村 Rural
全　省	**Total**	**2525**	**244726**	**77453**	**130988**	**36285**	**3332508**	**1078481**	**1778750**	**475277**
石家庄市	Shijiazhuang	313	30045	12668	13186	4191	457737	198213	198157	61367
石家庄市①	Shijiazhuang①	287	28223	11615	12901	3707	433235	184497	194292	54446
唐山市	Tangshan	271	22207	9312	10097	2798	259486	112362	116349	30775
秦皇岛市	Qinhuangdao	120	9091	3152	4569	1370	98138	34452	51002	12684
邯郸市	Handan	363	39687	11786	21745	6156	553112	163505	307373	82234
邢台市	Xingtai	231	26137	7891	15430	2816	361613	107465	214693	39455
保定市	Baoding	414	36746	10088	19200	7458	488773	139663	257202	91908
保定市①	Baoding①	330	29866	8750	15830	5286	392131	114946	214313	62872
张家口市	Zhangjiakou	124	11944	3648	7821	475	139066	44366	89619	5081
承德市	Chengde	105	10894	2158	7807	929	136258	26097	99120	11041
沧州市	Cangzhou	275	24341	7792	11989	4560	377468	126571	182024	68873
廊坊市	Langfang	175	17292	4666	10404	2222	241028	65242	145881	29905
衡水市	Hengshui	134	16342	4292	8740	3310	219829	60545	117330	41954
定州市	Dingzhou	35	2855	1338	756	761	45829	24717	10922	10190
辛集市	Xinji	26	1822	1053	285	484	24502	13716	3865	6921

19-17 分市小学情况(2023年)
Statistics on Primary Schools by City (2023)

单位：人 (person)

市	City	普通小学数(所) Primary Schools (unit)	小学阶段专任教师数 Full-time Teachers in Primary Schools	城区 City	镇区 Township	乡村 Rural	小学阶段在校生数 Enrolment in Primary Schools	城区 City	镇区 Township	乡村 Rural
全　省	**Total**	**11313**	**405702**	**119768**	**162876**	**123058**	**6531750**	**2230890**	**2679538**	**1621322**
石家庄市	Shijiazhuang	1463	53548	22374	16979	14195	967784	477677	306427	183680
石家庄市①	Shijiazhuang①	1388	50903	20806	16689	13408	923431	448339	301769	173323
唐山市	Tangshan	1120	35354	14203	11364	9787	556192	249828	176371	129993
秦皇岛市	Qinhuangdao	403	14744	5239	4735	4770	196156	85480	70784	39892
邯郸市	Handan	1753	63223	16679	27352	19192	1020538	291793	454130	274615
邢台市	Xingtai	1011	44910	11742	20966	12202	758292	216334	363513	178445
保定市	Baoding	2079	61197	16209	22718	22270	966656	300336	365859	300461
保定市①	Baoding①	1570	48778	14142	18058	16578	770835	255423	295242	220170
张家口市	Zhangjiakou	381	18823	4827	10771	3225	246184	83728	142475	19981
承德市	Chengde	447	18474	3417	9031	6026	238094	58227	132531	47336
沧州市	Cangzhou	1352	42316	11061	14644	16611	710609	207338	254399	248872
廊坊市	Langfang	754	30812	7983	14175	8654	526567	148787	249017	128763
衡水市	Hengshui	550	22301	6034	10141	6126	344678	111362	164032	69284
定州市	Dingzhou	261	5364	2049	887	2428	87379	44223	12101	31055
辛集市	Xinji	75	2645	1568	290	787	44353	29338	4658	10357

19－18　分市特殊教育情况(2023年)
Statistics on Special Education by City (2023)

单位：人 (person)

市	City	学校数(所) Schools (unit)	专任教师数 Full-time Teachers	毕业生数 Graduates	招生数 Entrants	在校生数 Enrolment	#女 Female
全　省	**Total**	**163**	**4019**	**2825**	**1835**	**17205**	**6356**
石家庄市	Shijiazhuang	24	514	464	349	2652	951
石家庄市①	Shijiazhuang①	23	484	454	340	2552	919
唐 山 市	Tangshan	14	397	228	135	1472	541
秦皇岛市	Qinhuangdao	5	212	98	41	708	260
邯 郸 市	Handan	19	502	436	273	2370	913
邢 台 市	Xingtai	19	442	358	271	2050	760
保 定 市	Baoding	23	537	274	218	1917	688
保 定 市①	Baoding①	19	448	200	174	1582	558
张家口市	Zhangjiakou	13	341	172	120	1390	532
承 德 市	Chengde	9	260	196	105	1044	378
沧 州 市	Cangzhou	17	319	338	138	1498	530
廊 坊 市	Langfang	10	278	161	113	1209	452
衡 水 市	Hengshui	10	217	100	72	895	351
定 州 市	Dingzhou	1	27	33	17	177	76
辛 集 市	Xinji	1	30	10	9	100	32

19-19 各级学校生师比
Student-Teacher Ratio of Regular Schools by Level

(教师人数=1) (Number of Teachers=1)

年 份 地 区	Year Region	小学阶段 Primary Education	初中阶段 Junior Secondary Education	普通高中 Regular Senior Secondary Schools	中等职业教育 Secondary Vocational Education	高等教育 Higher Education
	2006	16.34	16.12	19.32	30.19	18.16
	2007	14.73	15.21	17.35	29.34	17.62
	2008	15.02	14.16	16.75	20.82	17.91
	2009	15.21	12.99	16.01	21.72	17.70
	2010	16.04	12.45	15.37	22.21	17.82
	2011	17.09	12.47	14.77	21.24	17.89
	2012	17.74	12.95	14.19	19.84	17.65
	2013	17.13	12.67	13.28	16.76	17.54
	2014	16.92	13.45	13.23	14.82	17.28
	2015	17.59	13.58	13.57	13.95	17.46
	2016	17.66	13.59	13.61	14.67	16.90
	2017	17.42	13.87	13.68	14.49	17.11
	2018	17.32	14.17	13.37	15.55	17.39
	2019	17.18	14.11	13.19	15.98	18.01
	2020	17.07	13.72	13.18	16.65	17.80
	2021	16.59	13.39	13.18	17.36	16.92
	2022	16.25	13.57	13.07	16.33	18.68
	2023	16.10	13.62	12.75	15.26	17.43
石家庄市	Shijiazhuang	18.07	15.24	12.91	19.84	
石家庄市①	Shijiazhuang①	18.14	15.35	12.94	20.09	
唐 山 市	Tangshan	15.73	11.68	10.61	12.31	
秦皇岛市	Qinhuangdao	13.30	10.80	11.41	11.91	
邯 郸 市	Handan	16.14	13.94	14.46	13.95	
邢 台 市	Xingtai	16.88	13.84	13.87	14.88	
保 定 市	Baoding	15.80	13.30	12.70	13.59	
保 定 市①	Baoding①	15.80	13.13	12.68	13.84	
张家口市	Zhangjiakou	13.08	11.64	11.80	11.82	
承 德 市	Chengde	12.89	12.51	13.65	13.42	
沧 州 市	Cangzhou	16.79	15.51	13.15	24.87	
廊 坊 市	Langfang	17.09	13.94	13.16	15.24	
衡 水 市	Hengshui	15.46	13.45	11.60	10.92	
定 州 市	Dingzhou	16.29	16.05	13.00	14.80	
辛 集 市	Xinji	16.77	13.45	12.46	11.79	

19−20 每十万人口各级学校平均在校生数
Number of Students per 100 000 Population by Level

单位：人 (person)

年 份 Year	学前教育 Pre-school Education	小 学 Primary Education	初中阶段 Junior Secondary Education	高中阶段 Senior Secondary Education	高等教育 Higher Education
1990	2050	1155	3148	691	226
1995	2145	13327	4680	839	336
2000	3202	10724	5607	1415	616
2005	1768	7349	5460	3394	1420
2006	1950	6864	4924	3618	1630
2007	1965	6747	4442	3715	1712
2008	2004	6851	3949	3724	1811
2009	2165	6992	3461	3705	1871
2010	2389	7273	3145	3647	1950
2011	2550	7521	2989	3427	2006
2012	2710	7765	3002	3148	2063
2013	2922	7495	2866	2759	2108
2014	2957	7696	3121	2611	2098
2015	3138	8075	3198	2555	2141
2016	3153	8358	3281	2657	2191
2017	3179	8530	3481	2809	2328
2018	3194	8761	3765	2885	2457
2019	3164	8988	3935	3053	2596
2020	3231	9167	3972	3276	2700
2021	3311	9172	4141	3660	2456
2022	3140	8943	4316	3605	2501
2023	2688	8803	4491	3882	2569

注：1.高等教育在校生数包括研究生、普通本科、职业本专科、成人本专科，不含网络本专科生。
2.2021年起，高中阶段在校生数不含人社部管理的技工学校。
3.2022年起，高中阶段在校生数含国家开放大学中职部。

a) The number of students in higher education includes postgraduates, regular undergraduates, vocational undergraduates and adult undergraduates, excluding web-based undergraduates.

b) Since 2021, the number of students in Senior Secondary Education data do not include Technical Schools managed by the Ministry of Human Resources and Social Security.

c) Since 2022, the number of students in Senior Secondary Education data includes secondary vocational department of National Open University.

19-21 教育经费情况

Basic Statistics on Educational Funds

单位：万元 (10000 yuan)

年 份 Year 地 区 Region		合 计 Total	国家财政性教育经费 Government Appropriation for Education	#一般公共预算教育经费 General Public Budget Expenditure on Education	民办学校中举办者投入 Funds from Sponsors of Non-public Schools	捐 赠 收 入 Donation Revenues	事业收入 Income from Teaching Research and Other Auxiliary Activities	#学费 Tuition	其他教育经费 Other Educational Funds
	1992	356714	289604	202274		36097		25586	25586
	1995	780777	536282	389775	2444	109640		105769	105769
	2000	1499715	1023712	831405	50716	44081	23810	356922	269132
	2001	1718466	1166288	998387	58635	34902	18205	431835	334999
	2002	2032640	1344622	1224089	62398	27554	9403	555726	428798
	2003	2246260	1436694	1332208	77882	26246	11678	661532	489956
	2004	2617872	1703907	1589753	85052	20754	5467	762194	610418
	2005	3183289	2094804	1926917	98161	18076	6768	897694	691993
	2006	3554401	2372849	2166291	182073	22080	12182	904608	725183
	2007	4403700	3103586	2841172	31470	13471	1481	1110183	857400
	2008	5584914	4171281	3829877	10606	4971	1098	1196773	959854
	2009	6145261	4692123	4345828	29487	9451	1250708	1030697	163491
	2010	7192734	5647497	5178041	14598	8285	1422726	1211145	99629
	2011	8447882	6844588	6106370	22060	6392	1484576	1302985	90267
	2012	10435050	8710670	7907824	38444	7492	1588117	1332742	90326
	2013	10298143	8523960	7674486	50262	6637	1606017	1386046	111267
	2014	10861672	8926512	8016355	40933	12107	1796503	1517465	85618
	2015	12861641	10732988	10010728	29824	6080	1941007	1581934	151742
	2016	14203834	11888154	11155774	49418	7217	2106271	1755230	152774
	2017	15938478	13374769	12466288	79721	8260	2387755	2041977	87973
	2018	17389625	14428248	13545006	57290	10934	2824628	2382262	68525
	2019	19921191	16403527	15157178	110687	6353	3291596	2803668	109027
	2020	21282804	17793662	15817361	43298	8014	3353440	2883392	84389
	2021	21927812	17431028	16210113	99392	56533	4243325	3646113	97535
	2022	24395755	19640362	17546049	58758	103611	4346161	3710470	246864
	2023	25367980	20312509	18022367	49287	25835	4789323	4024669	191028
石家庄市	Shijiazhuang	3248518	2686255	2543818	5437	90	507561	449849	49175
石家庄市①	Shijiazhuang①	3078249	2530185	2392471	5410	90	493421	437338	49143
唐 山 市	Tangshan	2304548	2006081	1805883	3315	230	275928	243152	18994
秦皇岛市	Qinhuangdao	760785	658981	626224	272	1614	95910	83895	4008
邯 郸 市	Handan	2368398	2058601	1830780	7306		301310	250784	1181
邢 台 市	Xingtai	1799658	1527457	1308263	10531	241	260433	226988	996
保 定 市	Baoding	3219762	2749117	2159233	5331	2213	444385	391017	18716
保 定 市①	Baoding①	2456885	2062727	1683004	4862	2213	368379	323353	18704
张家口市	Zhangjiakou	1271504	1099580	936965	2402	322	164388	148594	4812
承 德 市	Chengde	1049458	929518	841629	5376	942	112065	94474	1557
沧 州 市	Cangzhou	2219165	1969739	1665182	1673	50	239450	208112	8253
廊 坊 市	Langfang	1704358	1441185	1303711	2942	720	256586	232991	2925
衡 水 市	Hengshui	1240520	894684	789700	962	33	334175	290738	10666
定 州 市	Dingzhou	260459	213711	178140	182		46562	40911	4
辛 集 市	Xinji	170269	156070	151347	27		14140	12511	32

注：1."民办学校中举办者投入"1993—2006年数据为社会团体和公民个人办学总经费。
2.从2017年起，"公共财政教育经费"改为"一般公共预算教育经费"。"一般公共预算教育经费"数据1992—2011年包括教育事业费、基本建设经费、教育费附加、科研经费和其他经费，2012年起仅包括教育事业费、基本建设经费和教育费附加，2015年起教育事业费包含地方教育附加和土地出让收益计提的教育资金。
3."其他教育经费"数据1992—1997年包含扣除"学费"后的事业收入。

a) "Funds from sponsors of non-public schools" from 1993 to 2006 cover funds from social organizations and from citizens for running schools.

b) Since 2017, the "public expenditure on education" has been changed to "general public budget expenditure on education". From 1992 to 2011, the "general public budget expenditure on education" included the appropriated funds for education, capital construction, education surcharges, scientific research and other funds. Since 2012, it only includes the appropriated funds for education, capital construction and education surcharges. Since 2015, the "appropriated funds for education" includes the education funds accrued from local education surcharges and land transfer income.

c) The "other education funds" includes career income after deducting "tuition fees" from 1992 to 1997.

主要统计指标解释

普通、职业高等学校 指国家依法审批的，实施高等学历教育的全日制大学、独立设置的学院、独立学院、本科层次职业学校、高等专科学校及高等职业学校。

大学、独立设置的学院主要实施普通本科及本科层次以上的教育。独立学院主要实施普通本科层次的教育。本科层次职业学校主要实施本科层次职业教育。高等专科学校、高等职业学校实施专科层次的教育。

成人高等学校 指国家依法审批的，招收具有高中毕业或同等学力的人员为主要培养对象，利用函授、业余、脱产等多种形式，对其实施高等学历教育的学校。包括：职工高等学校、农民高等学校、管理干部学院、教育学院、独立函授学院、广播电视大学、其他成人高教机构等。其他成人高教机构是指承担国家成人招生计划任务不计校数的机构。

国家财政性教育经费 包括一般公共预算安排的教育经费，政府性基金预算安排的教育经费，企业办学中的企业拨款，校办产业和社会服务收入用于教育的经费，其他属于国家财政性教育经费。

Explanatory Notes on Main Statistical Indicators

Regular and Vocational Higher Education Institutions refer to full-time universities, independently established schools, independent colleges, undergraduate level vocational schools, higher professional colleges and higher vocational colleges approved by the state according to law and implementing higher academic education.

Universities and independently established schools primarily provide normal courses at undergraduate and higher levels. Independent colleges mainly provide normal undergraduate courses. Undergraduate level vocational schools primarily provide undergraduate level vocational courses. Higher professional colleges and higher vocational colleges primarily provide undergraduate of short-cycle courses.

Adults Higher Education Institutions refer to educational establishments approved by the state according to law, enrolling personnel graduated from senior secondary school or with equivalent education, and providing higher education courses in forms of correspondence, spare time or full time, for adults. Adults higher education institutions include schools of higher education for staff and workers, schools of higher education for peasants, institutions of administration, educational colleges, independent correspondence colleges, radio and television universities and other educational establishments of higher education for adult. Other educational establishments of higher education for adult refer undertakings to enrol adult students under the State Plan but not enumerated in the number of schools.

Government Appropriation for Education refers to the general public budget appropriation fund for education, educational funds budgeted by government funds, enterprise appropriation for enterprise-run schools, income from school-run enterprises and social services that are used for education purpose and other national appropriations for education.

卫生和社会服务
Health and Social Services

简 要 说 明

一、本篇资料主要反映卫生、社会服务的发展情况。

卫生统计资料主要包括医疗卫生机构、卫生人员、医疗服务、卫生设施、卫生费用、基层医疗卫生服务、妇幼保健、疾病控制、居民病伤死亡原因等情况。

社会服务统计资料主要包括民政机构床位情况，社会救助情况，孤儿和收养登记情况，婚姻登记情况，医疗救助情况、残疾人事业基本情况等。

二、本篇的卫生统计资料由省卫生健康委员会提供。社会服务统计资料由省民政厅、省医疗保障局和省残疾人联合会依据统计报表制度整理提供。

三、资料整理：赵建勋　陈博　刘新　白昭

Brief Introduction

Ⅰ.The data in this chapter mainly reflects the development of health and social services.

Health statistics mainly include medical and health institutions, health personnel, medical services, health facilities, health costs, primary medical and health services, maternal and child health care, disease control, causes of death from illness and injury, etc.

Statistics on social services mainly include beds in civil affairs institutions, social assistance, registration of orphans and adoptions, marriage registration, medical assistance, basic statistics on the work for persons with disabilities etc.

Ⅱ.The health statistics of this section are provided by the Provincial Health Commission. The statistical data of social services shall be sorted out and provided by the Provincial Civil Affairs Department, Provincial Healthcare Security Bureau and Hebei Disabled Persons' Federation according to the statistical statement system.

Ⅲ.Data collection: Zhao Jianxun, Chen Bo, Liu Xin, Bai Zhao.

20-1 卫生事业发展情况
Statistics on Public Health

年 份 Year	卫生机构数 (个) Number of Health Institutions (unit)	#医 院 Hospitals	卫生机构床位数 (万张) Beds in Health Care Institutions (10000 beds)	#医 院 Hospitals	卫生技术人员数 (万人) Medical Technical Personnel (10000 persons)	#执业(助理)医师 Licensed Doctors	每千人口医疗床位 (张) Beds of Medical Institutions per 1000 Population (bed)	每万人口执业(助理)医师数 (人) Licensed (Assistant) Doctors in Health Care Institutions per 10000 Persons(person)
1978	8949	4336	8.90	8.16	10.70	5.46	1.76	10.8
1980	9492	4336	9.55	8.76	12.56	6.13	1.85	11.9
1985	10402	3120	12.09	10.31	15.45	6.85	2.18	12.4
1986	10454	3246	12.48	10.77	15.88	6.94	2.22	12.3
1987	10366	3311	13.32	11.48	16.18	6.96	2.34	12.2
1988	10579	3374	13.81	11.89	16.88	7.70	2.38	13.3
1989	10721	3379	14.39	12.43	17.45	8.36	2.44	14.2
1990	10586	3531	14.60	12.59	18.56	8.60	2.39	14.0
1991	10647	3630	14.81	12.93	18.35	8.61	2.38	13.8
1992	10715	3640	15.19	13.24	18.95	8.89	2.43	14.2
1993	10958	3787	15.54	13.56	19.77	8.25	2.46	13.0
1994	10274	4540	15.91	13.74	19.83	9.14	2.50	14.3
1995	10266	4533	15.90	13.76	20.18	9.31	2.49	14.5
1996	5402	794	16.19	10.25	18.18	7.93	2.50	12.2
1997	5392	795	16.62	10.45	18.73	8.24	2.56	12.6
1998	5386	791	16.56	10.44	19.21	8.53	2.53	13.0
1999	5338	784	16.62	10.64	20.30	8.96	2.51	13.6
2000	5306	779	16.89	10.78	20.75	9.17	2.54	13.7
2001	5281	773	17.27	10.99	20.98	9.41	2.57	14.0
2002	4671	885	17.17	10.98	20.05	9.33	2.55	12.4
2003	4520	770	15.88	10.98	20.28	9.31	2.35	12.3
2004	3414	807	15.84	11.72	20.21	8.39	2.33	12.3
2005	3284	817	16.23	11.84	20.29	8.41	2.38	12.3
2006	3394	874	17.30	12.63	21.08	8.75	2.52	12.7
2007	19431	1125	19.54	13.74	24.29	10.81	2.82	15.6
2008	15050	1103	21.40	14.84	24.57	10.91	3.07	15.6
2009	14738	1123	23.30	15.92	25.80	11.44	3.31	17.2
2010	15122	1224	24.95	17.31	29.23	13.41	3.47	18.6
2011	14855	1248	26.69	18.77	30.20	13.69	3.69	18.9
2012	79083	1248	28.47	20.39	31.51	14.31	3.92	19.7
2013	78486	1268	30.36	22.05	33.31	15.02	4.17	20.6
2014	78906	1341	32.29	23.69	35.17	15.78	4.41	21.6
2015	78599	1547	34.22	25.48	37.26	16.69	4.66	22.7
2016	78723	1618	36.10	27.15	39.36	17.74	4.89	24.1
2017	80903	1847	39.53	29.98	42.51	19.19	5.34	25.9
2018	85088	2105	42.18	32.07	46.06	21.10	5.68	28.4
2019	84637	2115	42.99	32.83	49.01	22.87	5.77	30.7
2020	86938	2244	44.29	34.86	52.05	24.01	5.93	32.2
2021	88162	2395	45.48	36.02	55.94	25.42	6.11	34.1
2022	90195	2423	48.57	38.26	58.34	26.23	6.55	35.4
2023	92825	2487	53.40	41.49	64.49	28.98	7.22	39.2

20-2 卫生机构基本情况
Basic Statistics of Health Institutions

指　标	Indicator	2021	2022	2023
卫生机构数(个)	**Number of Health Institutions (unit)**	**88162**	**90195**	**92825**
城市	Urban Areas	23269	24391	25495
农村	Rural Areas	64893	65804	67330
医院	Hospitals	2395	2423	2487
#公立医院	Public Hospitals	699	712	690
民营医院	Private Hospitals	1696	1711	1797
#综合医院	General Hospitals	1589	1591	1616
中医医院	Hospitals Specialized in Traditional Chinese Medicine	275	281	301
专科医院	Specialized Hospitals	476	492	504
基层医疗卫生机构	Basic Medical Institutions	85030	87020	89576
#社区卫生服务中心(站)	Community Health Service Centers (Stations)	1543	1598	1631
街道卫生院	Urban Health Centers			
乡镇卫生院	Township Health Centers	1970	1970	1965
村卫生室	Village Clinics	59968	59548	59321
门诊部(所)	Outpatient Department (Stations)	21549	23904	26659
专业公共卫生机构	Specialized Public Health Institutions	643	638	633
#疾病预防控制中心	Center for Disease Control and Prevention	187	187	187
专科疾病防治院(所/站)	Specialized Disease Prevention & Treatment Centers (Institution,Stations)	12	12	13
妇幼保健院(所/站)	Women and Children Care Centers (Institution,Stations)	184	184	184
健康教育所(站/中心)	Health Education Institutions (Stations, Centers)	2	2	2
卫生监督所(中心)	Health Inspection Institutions (Centers)	180	180	178
卫生人员数(人)	**Number of Medical Personnel (person)**	**710337**	**732879**	**790634**
卫生技术人员	Medical Technical Personnel	559404	583380	644891
#执业(助理)医师	Licensed (Assistant) Doctors	254233	262303	289780
#执业医师	Licensed Doctors	197942	204423	224708
注册护士	Registered Nurse	225018	238241	269708
药师(士)	Pharmacist	21178	21500	23715
乡村医生和卫生员	Village Doctors and Assistants	56605	55519	53117
其他技术人员	Other Technical Personnel	32271	31469	30216
管理人员	Administrative Personnel	39263	43189	47302
#仅从事管理的人员	Administrative Personnel Only	20666	21169	21186
工勤技能人员	Logistics Technical Workers	41391	41342	41224
卫生机构床位数(张)	**Beds in Health Care Institutions (bed)**	**454830**	**485658**	**534036**
城市	Urban Areas	205023	209820	223564
农村	Rural Areas	249807	275838	310472
医院	Hospitals	360191	382583	414853
#公立医院	Public Hospitals	255268	269387	282891
民营医院	Private Hospitals	104923	113196	131962
基层医疗卫生机构	Basic Medical Institutions	79694	87319	101128
#社区卫生服务中心(站)	Community Health Service Centers (Stations)	8415	8946	9481
乡镇卫生院	Township Health Centers	69928	77091	89784
专业公共卫生机构	Specialized Public Health Institutions	14711	15400	17254
#妇幼保健院(所/站)	Women and Children Care Agencies (Institution,Stations)	14443	15133	17088
专科疾病防治院(所/站)	Specialized Disease Prevention & Treatment Centers (Institution,Stations)	192	196	101

注：从2021年起，卫生人员数为卫生技术人员、乡村医生和卫生员、其他技术人员、仅从事管理的人员及工勤技能人员数据之和。

a) Since 2021, the number of medical personnel is the sum of the data of medical technical personnel, village doctors and assistants, other technical personnel, administrative personnel only and logistics technical workers.

20-3 分市医疗卫生机构和人员数(2023年)
Number of Health Care Institutions and Personnel by City (2023)

市	City	机构(个) Number of Institutions (unit)	#医院 Hospitals	卫生人员(人) Medical Personnel (person)	#卫生技术人员 Medical Technical Personnel	执业(助理)医师(人) Certified Doctors (person)	注册护士(人) Registered Nurses (person)
全　省	**Total**	**92825**	**2487**	**790634**	**644891**	**289780**	**269708**
石家庄市	Shijiazhuang	9644	342	129965	108944	48765	46015
石家庄市①	Shijiazhuang①	9090	320	124469	104559	46605	44386
唐 山 市	Tangshan	10038	275	89392	73040	31188	32413
秦皇岛市	Qinhuangdao	3823	92	33701	27800	11792	12697
邯 郸 市	Handan	11206	314	94300	74894	31980	33606
邢 台 市	Xingtai	9890	196	68254	55504	26814	21761
保 定 市	Baoding	14361	462	117395	94689	44165	37924
保 定 市①	Baoding①	11753	391	99179	80106	37045	32500
张家口市	Zhangjiakou	6426	157	44802	35051	15126	14560
承 德 市	Chengde	4688	91	38058	30884	13023	13211
沧 州 市	Cangzhou	9659	224	74966	62521	29116	25620
廊 坊 市	Langfang	6434	189	57186	47790	22066	18642
衡 水 市	Hengshui	6656	145	42615	33774	15745	13259
定 州 市	Dingzhou	1050	36	9387	7791	3774	3064
辛 集 市	Xinji	554	22	5496	4385	2160	1629

注：1.机构、人员数含村卫生室数。2.本表数据中石家庄市含辛集市，石家庄市①不含辛集市；保定市含定州市和雄安新区，保定市①不含定州市和雄安新区。以下相关表同。

a) Number of village clinics was included in health care institutions. b) Data in this table, Shijiazhuang includes Xinji, Shijiazhuang① excludes Xinji; Baoding includes Dingzhou and Xiongan, Baoding① excludes Dingzhou and Xiongan. The same applies to the table following.

20-4 各类医院病床使用率
Utilization Rate of Beds in Hospital

单位：%　　(%)

类　别	Category	2019	2020	2021	2022	2023
总　计	**Total**	**81.40**	**70.73**	**68.91**	**64.31**	**71.55**
按管理类别分	**By Management Category**					
非营利性	Non-profit	82.69	71.94	70.01	65.17	72.98
营利性	For-profit	57.29	52.51	54.96	54.02	56.49
按医院等级分	**By Hospital Grade Point**					
三级医院	Tertiary Hospitals	105.74	87.91	85.05	78.80	90.43
二级医院	Secondary Hospital	79.42	68.70	67.47	62.85	68.80
一级医院	Primary Hospitals	47.31	42.90	42.64	42.15	44.71
按类别分	**By Nature**					
综合医院	General Hospital	82.96	71.69	69.18	64.36	71.95
中医医院	Hospital Specialized in Traditional Chinese Medicine	76.42	66.52	65.31	59.91	66.95
中西医结合医院	Hospital of Integrated Traditional Chinese with Western Medicine	92.46	82.98	86.97	77.51	87.34
民族医院	Nationalities Hospital					
专科医院	Specialized Hospital	75.36	66.94	66.82	65.79	70.43
护理院(中心)	Nursing Hospital(Centre)	48.08	45.05	43.85	32.17	39.92

20-5 村卫生室情况
Statistics on Village Clinics

年份 市	Year City	村卫生室(个) Village Clinics (unit)					
		合计 Total	村办 Village-run	乡卫生院设点 Outlets of Township Health Centers	联合办 Joint-run	私人办 Private-run	其他 Others
	2007	60156	23427	1002	934	33243	1550
	2008	60808	24569	1074	707	33584	874
	2009	64483	26613	1446	637	34455	1332
	2010	66356	28575	1775	698	34011	1297
	2011	65463	28863	1845	1292	32220	1243
	2012	64486	29352	1915	1166	30790	1263
	2013	62311	29042	2426	1108	28391	1344
	2014	61451	27452	2107	1039	27180	3673
	2015	60492	28399	2041	1013	25660	3379
	2016	60365	28735	2116	1030	25145	3339
	2017	60225	28763	2208	1057	24535	3662
	2018	59047	28491	2668	1002	23121	3765
	2019	59518	28833	3000	1056	22633	3996
	2020	60183	29837	4937	1110	20186	4113
	2021	59968	30380	5200	1212	19010	4166
	2022	59548	31671	4199	1194	18057	4427
	2023	59321	33386	3124	1217	17147	4447
石家庄市	Shijiazhuang	4306	3937	33	8	47	281
石家庄市①	Shijiazhuang①	3958	3602	33	8	38	277
唐山市	Tangshan	5925	3334	160	400	1908	123
秦皇岛市	Qinhuangdao	2275	1615	284	16	333	27
邯郸市	Handan	9042	5278	430	107	2744	483
邢台市	Xingtai	7110	3987	287	187	2325	324
保定市	Baoding	7921	4715	83	157	2183	783
保定市①	Baoding①	6392	3838	83	157	1590	724
张家口市	Zhangjiakou	3857	1926	448	109	748	626
承德市	Chengde	2731	2379	182	1	146	23
沧州市	Cangzhou	7132	2042	156	67	4044	823
廊坊市	Langfang	3932	2475	17		1079	361
衡水市	Hengshui	5090	1698	1044	165	1590	593
定州市	Dingzhou	507	503			2	2
辛集市	Xinji	348	335			9	4

20−6 各类医疗卫生机构医疗服务及床位利用情况(2023年)

Statistics on Health Services and Utilization of Beds in Health Care Institutions (2023)

机构名称	Institutions	诊疗人次数(万人次) Visits (10000 person-times)	入院人数(万人) Inpatients (10000 persons)	医师日均担负诊疗人次(人次) Daily Visits Each Physician (person-time)	实际开放总床日数(万日) Days of Total Beds Actually Opened (10000 days)	平均开放病床(万张) Average Beds Opened (10000 beds)
总计	**Total**	**50445.1**	**1294.11**	**5.7**	**17952.42**	**49.18**
医院	Hospitals	19460.6	1120.66	5.1	14111.26	38.66
综合医院	General Hospitals	14090.4	843.62	5.2	9676.57	26.51
中医医院	Traditional Chinese Medicine Hospital	2853.2	153.58	5.1	2121.52	5.81
中西医结合医院	Hospital of Integrated Traditional Chinese with Western Medicine	725.3	43.16	4.9	535.28	1.47
专科医院	Specialized Hospitals	1789.3	80.10	4.8	1760.56	4.82
护理院(中心)	Nursing Hospitals	2.5	0.20	1.5	17.32	0.05
基层医疗卫生机构	Basic Medical Institutions	29517.3	128.12	6.9	3237.09	8.87
#社区卫生服务中心(站)	Community Health Service Centers	2258.1	8.94	9.0	260.81	0.71
卫生院	Health Centers	5475.7	117.09	6.6	2976.28	8.15
乡镇卫生院	Township Health Centers	5475.7	117.09	6.6	2976.28	8.15
村卫生室	Village Clinics	14137.1				
门诊部	Outpatient Department	773.8	2.09	3.7		
专业公共卫生机构	Specialized Public Health Institutions	1463.6	45.11	5.4	580.85	1.59
#专科疾病防治院(所、站)	Specialized Disease Prevention & Treatment Institution	13.2	0.05	3.5	3.52	0.01
妇幼保健院(所、站)	Women and Children Care Agencies	1428.7	45.06	5 4	577.34	1.58
其他医疗卫生机构	Other Institutions	3.6	0.22	1.2	23.22	0.06
#康复医疗机构	Rehabilitation Medical Institutions	3.6	0.22	1.2	23.22	0.06

20−6 续表 continued

机构名称	Institutions	病床周转次数(次) Turnover of Hospital Beds (time)	病床工作日(日) Working Days of Hospital Beds (day)	病床使用率(%) Occupancy Rate of Hospital Beds (%)	平均住院日(日) Average Length of Stay in Hospital (day)
总计	**Total**	**26.20**	**231.90**	**63.55**	**8.40**
医院	Hospitals	28.90	261.20	71.55	8.70
综合医院	General Hospitals	31.80	262.60	71.95	8.00
中医医院	Traditional Chinese Medicine Hospital	26.40	244.40	66.95	8.80
中西医结合医院	Hospital of Integrated Traditional Chinese with Western Medicine	29.30	318.80	87.34	10.40
专科医院	Specialized Hospitals	16.40	257.10	70.43	14.30
护理院(中心)	Nursing Hospitals	3.90	145.70	39.92	23.20
基层医疗卫生机构	Basic Medical Institutions	14.30	114.30	31.32	7.00
#社区卫生服务中心(站)	Community Health Service Centers	12.20	118.10	32.34	7.60
卫生院	Health Centers	14.30	114.00	31.23	7.00
乡镇卫生院	Township Health Centers	14.30	114.00	31.23	7.00
村卫生室	Village Clinics				
门诊部	Outpatient Department				
专业公共卫生机构	Specialized Public Health Institutions	28.20	179.40	49.16	6.20
#专科疾病防治院(所、站)	Specialized Disease Prevention & Treatment Institution	5.00	80.60	22.09	11.60
妇幼保健院(所、站)	Women and Children Care Agencies	28.40	180.00	49.32	6.20
其他医疗卫生机构	Other Institutions	3.70	186.70	51.15	10.70
#康复医疗机构	Rehabilitation Medical Institutions	3.70	186.70	51.15	10.70

20-7 医疗卫生机构床位
Number of Beds in Health Care Institutions

单位：张 (bed)

年份 市	Year City	合计 Total	#医院 Hospitals	#基层医疗卫生机构 Health Care Institutions at Grass-root Level	#社区卫生服务中心(站) Health Service Centers for Community (stations)	#乡镇卫生院 Township Health Centers	#专业公共卫生机构 Specialized Public Health Institutions	#妇幼保健院(所、站) Maternity and Children Care Centers (Institutions, Stations)	#专科疾病防治院(所、站) Specialized Prevention & Treatment Centers (Institutions, Stations)
	2007	192314	134889	48559	5033	42709	7614	7144	371
	2008	213987	148419	56560	7124	48668	8155	7669	377
	2009	233366	159780	63936	9337	54005	8491	8015	377
	2010	249516	173110	66142	8289	57097	8526	8333	94
	2011	266904	187659	68178	8695	58777	9652	8853	700
	2012	284730	203884	69053	8936	59469	10388	9593	795
	2013	303568	220473	70293	8821	60836	11797	10860	837
	2014	322909	236889	73108	9667	62930	11907	11015	837
	2015	342189	254829	74873	9521	64853	11482	10627	800
	2016	360992	271502	76689	9775	66447	11796	10910	831
	2017	395299	299849	81476	9924	70817	12959	12599	290
	2018	421836	320679	86533	13593	71831	13521	13262	175
	2019	429926	328330	86482	13573	71652	14261	13999	180
	2020	442932	348609	79136	8705	70168	15187	14928	183
	2021	454830	360191	79694	8415	69928	14711	14443	192
	2022	485658	382583	87319	8946	77091	15400	15133	196
	2023	534036	414853	101128	9481	89784	17254	17088	101
石家庄市	Shijiazhuang	78199	64563	11720	1172	10023	1728	1703	
石家庄市①	Shijiazhuang①	74839	62143	10920	1172	9223	1588	1563	
唐山市	Tangshan	61742	48076	11486	1817	9588	1976	1976	
秦皇岛市	Qinhuangdao	23859	18627	4340	424	3888	892	892	
邯郸市	Handan	73511	50866	19084	1903	16723	3561	3531	
邢台市	Xingtai	49569	36818	11431	694	10352	1200	1200	
保定市	Baoding	74229	59845	10964	1062	9891	3360	3274	86
保定市①	Baoding①	62763	51490	8624	682	7931	2589	2534	55
张家口市	Zhangjiakou	32407	25326	6004	628	5243	1007	997	
承德市	Chengde	27730	19813	7167	627	6357	750	750	
沧州市	Cangzhou	53434	45207	7220	271	6920	887	872	15
廊坊市	Langfang	30477	24146	5433	593	4840	859	859	
衡水市	Hengshui	28879	21566	6279	290	5959	1034	1034	
定州市	Dingzhou	7237	4912	1725	350	1375	600	600	
辛集市	Xinji	3360	2420	800		800	140	140	

20-8 分城乡医疗卫生机构床位数
Number of Beds in Health Institutions by Urban and Rural Areas

单位：张 (bed)

年份 Year 市 City		医疗卫生机构床位数 Beds of Health Institutions			每千人口医疗卫生机构床位 Beds of Health Care Institutions per 1000 Population
		合计 Total	城市 Urban	农村 Rural	
	2010	249516	95568	153948	3.47
	2011	266904	101513	165391	3.69
	2012	284730	109019	175711	3.92
	2013	303568	115897	187671	4.17
	2014	322909	125325	197584	4.41
	2015	342189	133162	209027	4.66
	2016	360992	148724	212268	4.89
	2017	395299	161193	234106	5.34
	2018	421836	172898	248938	5.68
	2019	429926	176039	253887	5.77
	2020	442932	182640	260292	5.93
	2021	454830	205023	249807	6.11
	2022	485658	209820	275838	6.55
	2023	534036	223564	310472	7.22
石家庄市	Shijiazhuang	78199	45379	32820	6.96
石家庄市①	Shijiazhuang①	74839	45379	29460	7.03
唐山市	Tangshan	61742	34428	27314	8.00
秦皇岛市	Qinhuangdao	23859	14275	9584	7.68
邯郸市	Handan	73511	31723	41788	8.01
邢台市	Xingtai	49569	17132	32437	7.13
保定市	Baoding	74229	26125	48104	6.46
保定市①	Baoding①	62763	26125	36638	6.90
张家口市	Zhangjiakou	32407	16589	15818	8.00
承德市	Chengde	27730	8060	19670	8.40
沧州市	Cangzhou	53434	13869	39565	7.36
廊坊市	Langfang	30477	7351	23126	5.56
衡水市	Hengshui	28879	8633	20246	6.95
定州市	Dingzhou	7237		7237	6.72
辛集市	Xinji	3360		3360	5.76

20−9 分市医院床位利用情况(2023年)
Utilization of Beds in Hospitals by City (2023)

市	City	病床工作日(日) Working Days of Hospital Beds (day)			病床使用率(%) Utilization Rate of Beds (%)			出院者平均住院日(日) Average Length of Stay in Hospital (day)		
		合计 Total	公立 Public Hospitals	民营 Non-public Hospitals	合计 Total	公立 Public Hospitals	民营 Non-public Hospitals	合计 Total	公立 Public Hospitals	民营 Non-public Hospitals
全　省	**Total**	**261.2**	**284.2**	**207.3**	**71.6**	**77.9**	**56.8**	**8.7**	**8.4**	**9.7**
石家庄市	Shijiazhuang	278.7	304.0	201.8	76.3	83.3	55.3	8.7	8.4	10.6
石家庄市①	Shijiazhuang①	281.4	306.2	203.5	77.1	83.9	55.8	8.7	8.4	10.8
唐 山 市	Tangshan	303.8	329.8	264.6	83.2	90.4	72.5	8.9	8.9	9.1
秦皇岛市	Qinhuangdao	295.9	318.8	236.1	81.1	87.3	64.7	9.2	9.0	10.0
邯 郸 市	Handan	251.8	270.7	201.1	69.0	74.2	55.1	8.7	8.3	11.0
邢 台 市	Xingtai	253.8	274.1	155.0	69.5	75.1	42.5	8.4	8.3	9.6
保 定 市	Baoding	229.6	255.4	189.2	62.9	70.0	51.8	8.2	7.9	9.3
保 定 市①	Baoding①	236.2	259.7	199.7	64.7	71.2	54.7	8.4	8.0	9.4
张家口市	Zhangjiakou	254.6	265.2	228.5	69.7	72.7	62.6	9.1	9.1	8.9
承 德 市	Chengde	260.7	280.6	168.5	71.4	76.9	46.2	9.4	9.3	10.4
沧 州 市	Cangzhou	283.1	308.6	211.2	77.6	84.5	57.9	8.7	8.3	10.6
廊 坊 市	Langfang	199.5	221.7	178.5	54.7	60.7	48.9	8.1	7.4	9.1
衡 水 市	Hengshui	230.8	242.1	200.2	63.3	66.3	54.8	8.5	8.2	10.4
定 州 市	Dingzhou	199.4	273.6	102.8	54.6	75.0	28.2	7.0	6.8	7.5
辛 集 市	Xinji	207.0	228.9	177.6	56.7	62.7	48.7	8.0	7.6	8.8

20−10 分市按床位数分组的社区卫生服务中心(站)(2023年)
Community Health Service Centers (Stations) by Grouping of Beds and City (2023)

单位：个 (unit)

市	City	社区卫生服务中心 Community Health Service Centers							社区卫生服务站 Community Health Service Stations			
		总计 Total	无床 No Bed	1−9张 1-9 Beds	10−29张 10-29 Beds	30−49张 30-49 Beds	50−99张 50-99 Beds	100张及以上 100 Beds and Above	总计 Total	元床 No Bed	1−9张 1-9 Beds	10张及以上 10 Beds and Above
全　省	**Total**	**364**	**90**	**19**	**130**	**73**	**51**	**1**	**1267**	**1097**	**124**	**46**
石家庄市	Shijiazhuang	55	17	1	16	17	4		190	174	11	5
石家庄市①	Shijiazhuang①	55	17	1	16	17	4		190	174	11	5
唐 山 市	Tangshan	42	3	1	13	12	12	1	152	113	22	17
秦皇岛市	Qinhuangdao	17	3	2	9	1	2		116	99	15	2
邯 郸 市	Handan	48	1	3	17	13	14		86	65	14	7
邢 台 市	Xingtai	29	7		15	5	2		125	91	33	1
保 定 市	Baoding	47	20	1	15	4	7		217	207	1	9
保 定 市①	Baoding①	38	19	1	14	1	3		176	166	1	9
张家口市	Zhangjiakou	26	2	3	11	8	2		47	44	2	1
承 德 市	Chengde	26	11		6	6	3		112	105	4	3
沧 州 市	Cangzhou	30	18	3	6	1	2		103	98	4	1
廊 坊 市	Langfang	25	2		16	6	1		55	53	2	
衡 水 市	Hengshui	19	6	5	6		2		64	48	16	
定 州 市	Dingzhou	7			1	2	4		18	18		
辛 集 市	Xinji											

20-11 分市医疗卫生机构门诊服务情况(2023年)
Outpatient Services of Health Institutions by City (2023)

市	City	诊疗人次数(万人次) Visits (10000 person-times)	#门急诊 Outpatients with Emergency Treatment	观察室留观病例数(万例) Cases in Observation Room (10000 cases)	健康检查人次数(万人次) Number of Health Examinations (10000 person-times)	急诊病死率(%) Fatality Rate among Emergency Admissions (%)	观察室病死率(%) Fatality Rate in Observation Room (%)	居民平均就诊次数(次) Average Number of Visits of Doctors (time)
全　省	**Total**	**50445.12**	**47516.77**	**125.11**	**2065.18**	**0.16**	**0.17**	**6.82**
石家庄市	Shijiazhuang	8255.24	7911.74	48.41	344.67	0.14	0.08	7.35
石家庄市①	Shijiazhuang①	7883.71	7570.01	48.22	333.21	0.13	0.08	7.40
唐 山 市	Tangshan	4658.29	4322.26	8.59	229.12	0.09	0.06	6.03
秦皇岛市	Qinhuangdao	2145.77	1912.70	9.91	141.68	0.24	0.27	6.91
邯 郸 市	Handan	4964.68	4517.19	9.62	259.08	0.25	0.47	5.41
邢 台 市	Xingtai	4720.60	4475.66	2.64	142.41	0.15	0.06	6.79
保 定 市	Baoding	7363.80	6941.27	19.76	297.70	0.14	0.24	6.41
保 定 市①	Baoding①	6038.39	5697.39	18.15	239.58	0.15	0.24	6.64
张家口市	Zhangjiakou	2064.09	1922.29	4.15	87.94	0.19	0.15	5.10
承 德 市	Chengde	2515.33	2322.38	7.63	84.01	0.14	0.14	7.62
沧 州 市	Cangzhou	5838.31	5605.93	2.82	226.33	0.17	0.04	8.04
廊 坊 市	Langfang	4475.47	4305.82	10.48	137.66	0.19	0.28	8.17
衡 水 市	Hengshui	3443.55	3279.53	1.09	114.59	0.12	0.07	8.28
定 州 市	Dingzhou	685.71	654.05	0.65	28.68	0.06	0.51	6.37
辛 集 市	Xinji	371.53	341.73	0.20	11.45	0.29		6.37

20-12 分市医疗卫生机构住院服务情况(2023年)
Hospitalization Services in Health Care Institutions by City (2023)

市	City	入院人数(万人) Inpatients (10000 persons)	出院人数(万人) Patients Discharged (10000 persons)	住院病人手术人次(万人次) Surgical Operation of Hospitalized (10000 person-times)	病死率(%) Fatality Rate (%)	每床出院人数(人) Patients Discharged per Beds (person)	每百门急诊入院人数(人) Inpatients per 100 Outpatient and Emergency Visits (person)	居民年住院率(%) Annual Hospitalization Rate of Residents (%)
全　省	**Total**	**1294.11**	**1290.64**	**293.92**	**0.37**	**24.20**	**4.66**	**17.50**
石家庄市	Shijiazhuang	219.38	218.90	62.77	0.40	28.00	4.14	19.53
石家庄市①	Shijiazhuang①	212.04	211.62	60.64	0.40	28.30	4.16	19.91
唐 山 市	Tangshan	177.91	177.22	38.67	0.30	28.70	5.97	23.05
秦皇岛市	Qinhuangdao	66.32	65.61	11.88	0.65	27.50	5.31	21.34
邯 郸 市	Handan	168.34	167.01	32.07	0.30	22.70	7.17	18.35
邢 台 市	Xingtai	115.87	115.71	26.54	0.33	23.30	3.81	16.66
保 定 市	Baoding	164.76	164.90	34.85	0.38	22.20	4.38	14.34
保 定 市①	Baoding①	139.06	139.12	30.45	0.41	22.20	4.52	15.28
张家口市	Zhangjiakou	73.47	73.56	11.01	0.48	22.70	6.11	18.14
承 德 市	Chengde	64.44	64.44	10.81	0.40	23.20	4.16	19.51
沧 州 市	Cangzhou	136.41	135.72	37.41	0.22	25.40	5.02	18.78
廊 坊 市	Langfang	55.79	55.96	13.64	0.67	18.40	2.62	10.18
衡 水 市	Hengshui	51.42	51.60	14.28	0.38	17.90	3.49	12.37
定 州 市	Dingzhou	17.62	17.70	3.00	0.17	24.50	4.99	16.36
辛 集 市	Xinji	7.35	7.27	2.13	0.40	21.70	3.73	12.59

20−13 社区卫生服务中心(站)医疗服务情况
Medical Services of Community Health Service Centers (Stations)

年份 市	Year City	社区卫生服务中心 Community Health Service Centers					社区卫生服务站 Community Health Service Stations	
		诊疗人次(人次) Visits (person-time)	入院人次数(人次) Inpatients (person-time)	病床使用率(%) Occupancy Rate of Hospital Beds (%)	平均住院日(日) Average Length of Stay in Hospital (day)	医师日均担负诊疗人次(人次) Daily Visits per Physician (person-time)	诊疗人次(万人次) Visits of Community Health Service Stations (10000 person-times)	医师日均担负诊疗人次(人次) Daily Visits per Physician (person-time)
	2007	1952983	45394	48.7	6.8	5.8	565.0	9.3
	2008	2459130	54168	48.7	6.9	6.1	616.2	9.1
	2009	3559078	66328	46.6	7.3	6.6	780.5	10.0
	2010	3813956	67507	57.6	8.9	5.9	890.4	10.4
	2011	4839985	71832	52.7	7.8	6.9	872.0	10.2
	2012	5438079	52557	51.2	7.9	7.7	952.3	11.3
	2013	5995080	64661	51.6	7.6	8.7	984.6	11.9
	2014	6544883	57736	45.4	9.9	8.7	1029.2	11.7
	2015	6752172	59655	43.4	8.6	8.8	1035.6	11.5
	2016	6908037	60561	44.2	9.2	8.7	996.8	11.0
	2017	7069052	73850	44.8	7.6	8.5	984.2	10.0
	2018	7327128	71984	42.6	9.3	8.2	1020.6	9.6
	2019	7891873	75763	39.3	8.6	8.7	997.4	9.0
	2020	7049817	53156	32.2	9.6	7.7	838.2	7.2
	2021	7958594	41287	26.0	9.1	8.1	802.4	6.5
	2022	7041762	42596	27.3	9.4	7.2	754.9	6.1
	2023	11586774	65346	31.5	9.2	9.7	1099.5	8.3
石家庄市	Shijiazhuang	4691874	9271	29.8	10.5	16.5	413.6	13.1
石家庄市①	Shijiazhuang①	4691874	9271	29.8	10.5	16.5	413.6	13.1
唐山市	Tangshan	834760	26404	61.4	9.6	5.5	88.6	6.6
秦皇岛市	Qinhuangdao	524672	707	7.3	7.6	9.6	104.4	7.7
邯郸市	Handan	1035724	6378	26.4	8.6	7.3	49.5	6.2
邢台市	Xingtai	908458	232	5.3	6.8	9.2	40.9	4.4
保定市	Baoding	1313090	6353	19.7	8.4	10.3	144.7	7.9
保定市①	Baoding①	1007170	2155	14.1	9.2	11.7	134.6	8.1
张家口市	Zhangjiakou	377469	4883	34.0	9.7	6.7	38.3	9.9
承德市	Chengde	319183	10433	49.9	8.0	7.6	65.1	9.3
沧州市	Cangzhou	348153	521	16.8	8.5	3.5	58.5	4.5
廊坊市	Langfang	911298	45	11.3	22.8	9.6	36.9	5.2
衡水市	Hengshui	322093	119	4.9	8.5	8.2	58.8	8.6
定州市	Dingzhou	226053	4167	26.8	7.9	6.9	6.6	5.5
辛集市	Xinji							

20-14 乡镇卫生院医疗服务情况
Situations of Health Services in Township Health Centers

年 份 / 市	Year / City	诊疗人次（万人次） Visits (10000 person-times)	入院人次数（万人次） Inpatients (10000 person-times)	病床使用率（%） Occupancy Rate of Hospital Beds (%)	平均住院日（日） Average Length of Stay in Hospital (day)
	2007	3320.85	124.45	43.76	4.7
	2008	3694.96	162.77	51.76	4.7
	2009	3895.00	176.90	56.64	5.6
	2010	3844.29	167.40	55.27	5.9
	2011	3759.01	155.39	55.35	6.5
	2012	4110.43	156.03	57.87	6.8
	2013	4275.94	157.29	58.32	7.0
	2014	4374.61	149.87	55.59	7.5
	2015	4517.25	154.34	56.47	7.4
	2016	4732.54	168.24	58.69	7.2
	2017	4031.87	162.89	53.37	6.9
	2018	3768.45	160.72	51.25	6.9
	2019	3747.07	131.32	43.78	7.1
	2020	3574.67	105.37	36.02	7.2
	2021	3760.94	79.40	27.71	6.8
	2022	3767.20	73.13	23.60	6.8
	2023	5475.68	117.09	31.23	7.0
石家庄市	Shijiazhuang	809.35	19.99	45.68	7.0
石家庄市①	Shijiazhuang①	744.40	18.55	46.20	6.9
唐 山 市	Tangshan	457.89	13.94	34.81	7.2
秦皇岛市	Qinhuangdao	181.01	7.67	39.94	7.4
邯 郸 市	Handan	518.32	29.27	42.35	6.8
邢 台 市	Xingtai	1206.42	12.21	26.97	7.3
保 定 市	Baoding	621.45	9.69	24.75	6.3
保 定 市①	Baoding①	497.21	6.93	23.50	6.7
张家口市	Zhangjiakou	151.84	8.52	37.09	6.2
承 德 市	Chengde	428.89	10.12	36.37	7.4
沧 州 市	Cangzhou	427.81	2.24	10.94	8.4
廊 坊 市	Langfang	297.61	2.07	12.19	8.2
衡 水 市	Hengshui	375.07	1.37	10.68	9.8
定 州 市	Dingzhou	71.61	2.59	38.37	5.3
辛 集 市	Xinji	64.95	1.44	40.18	8.2

20−15 30种传染病报告发病及死亡人数(2023年)
Number of Reported Cases and Deaths of 30 Infectious Diseases (2023)

单位：人 (person)

顺位 No.	发病 Disease Incidence			死亡 Death		
	疾病名称	Diseases	发病人数 Number of Cases	疾病名称	Diseases	死亡人数 Number of Deaths
1	病毒性肝炎	Viral Hepatitis	43379	艾滋病	AIDS	174
2	肺结核	Pulmonary Tuberculosis	21903	肺结核	Pulmonary Tuberculosis	49
3	梅毒	Syphilis	8324	病毒性肝炎	Viral Hepatitis	43
4	淋病	Gonorrhea	753	狂犬病	Hydrophobia	1
5	细菌性和阿米巴性痢疾	Dysentery	1972	流行性乙型脑炎	Encephalitis B	
6	猩红热	Scarlet Fever	1286	流行性出血热	Hemorrhage Fever	
7	艾滋病	AIDS	762	梅毒	Syphilis	
8	布鲁氏菌病	Brucellosis	4096	流行性脑脊髓膜炎	Epidemic Encephalitis	
9	百日咳	Pertussis	2577	疟疾	Malaria	
10	流行性出血热	Hemorrhage Fever	87	新生儿破伤风	Newborn Tetanus	
11	伤寒和副伤寒	Typhoid and Paratyphoid Fever	174	炭疽	Anthrax	1
12	登革热	Dengue Fever	16	淋病	Gonorrhea	
13	麻疹	Measles	22	细菌性和阿米巴性痢疾	Dysentery	
14	疟疾	Malaria	60	百日咳	Pertussis	1
15	流行性乙型脑炎	Encephalitis B	11	伤寒和副伤寒	Typhoid and Paratyphoid Fever	
16	狂犬病	Hydrophobia	1	登革热	Dengue Fever	
17	炭疽	Anthrax	16	麻疹	Measles	
18	钩端螺旋体病	Leptospirosis		钩端螺旋体病	Leptospirosis	
19	血吸虫病	Schistosomiasis		人感染H7N9禽流感	HpAI H7N9	
20	流行性脑脊髓膜炎	Epidemic Encephalitis	5	鼠疫	The Plague	
21	新生儿破伤风	Newborn Tetanus		传染性非典型肺炎	SARS	
22	霍乱	Cholera		脊髓灰质炎	Poliomyelitis	
23	人感染H7N9禽流感	HpAI H7N9		人感染高致病性禽流感	HpAI	
24	鼠疫	The Plague		白喉	Diphtheria	
25	传染性非典型肺炎	SARS		猩红热	Scarlet Fever	
26	脊髓灰质炎	Poliomyelitis		布鲁氏菌病	Brucellosis	
27	人感染高致病性禽流感	HpAI		血吸虫病	Schistosomiasis	
28	白喉	Diphtheria		霍乱	Poliomyelitis	
29	新型冠状病毒肺炎	COVID-19	122708	新型冠状病毒肺炎	COVID-19	3
30	猴痘	Monkey Pox	8	猴痘	Monkey Pox	

20-16 30种传染病报告发病率和死亡率(2023年)
Reported Incidence and Death Rates of 30 Infectious Diseases (2023)

顺位 No.	发病 Disease Incidence			死亡 Death		
	疾病名称	Diseases	发病率(1/10万) Morbidity Rate (1/100000)	疾病名称	Diseases	死亡率(1/10万) Mortality Rate (1/100000)
1	病毒性肝炎	Viral Hepatitis	58.6758	艾滋病	AIDS	0.2354
2	肺结核	Pulmonary Tuberculosis	29.6267	肺结核	Pulmonary Tuberculosis	0.0663
3	梅毒	Syphilis	11.2593	病毒性肝炎	Viral Hepatitis	0.0582
4	淋病	Gonorrhea	1.0185	狂犬病	Hydrophobia	0.0014
5	细菌性和阿米巴性痢疾	Dysentery	2.6674	流行性乙型脑炎	Encephalitis B	
6	猩红热	Scarlet Fever	1.7395	流行性出血热	Hemorrhage Fever	
7	艾滋病	AIDS	1.0307	梅毒	Syphilis	
8	布鲁氏菌病	Brucellosis	5.5404	流行性脑脊髓膜炎	Epidemic Encephalitis	
9	百日咳	Pertussis	3.4857	疟疾	Malaria	
10	流行性出血热	Hemorrhage Fever	0.1177	新生儿破伤风	Newborn Tetanus	
11	伤寒和副伤寒	Typhoid and Paratyphoid Fever	0.2354	炭疽	Anthrax	0.0014
12	登革热	Dengue Fever	0.0216	淋病	Gonorrhea	
13	麻疹	Measles	0.0298	细菌性和阿米巴性痢疾	Dysentery	
14	疟疾	Malaria	0.0812	百日咳	Pertussis	0.0014
15	流行性乙型脑炎	Encephalitis B	0.0149	伤寒和副伤寒	Typhoid and Paratyphoid Fever	
16	狂犬病	Hydrophobia	0.0014	登革热	Dengue Fever	
17	炭疽	Anthrax	0.0216	麻疹	Measles	
18	钩端螺旋体病	Leptospirosis		钩端螺旋体病	Leptospirosis	
19	血吸虫病	Schistosomiasis		人感染H7N9禽流感	HpAI H7N9	
20	流行性脑脊髓膜炎	Epidemic Encephalitis	0.0068	鼠疫	The Plague	
21	新生儿破伤风	Newborn Tetanus		传染性非典型肺炎	SARS	
22	霍乱	Cholera		脊髓灰质炎	Poliomyelitis	
23	人感染H7N9禽流感	HpAI H7N9		人感染高致病性禽流感	HpAI	
24	鼠疫	The Plague		白喉	Diphtheria	
25	传染性非典型肺炎	SARS		猩红热	Scarlet Fever	
26	脊髓灰质炎	Poliomyelitis		布鲁氏菌病	Brucellosis	
27	人感染高致病性禽流感	HpAI		血吸虫病	Schistosomiasis	
28	白喉	Diphtheria		霍乱	Poliomyelitis	
29	新型冠状病毒肺炎	COVID-19	165.9786	新型冠状病毒肺炎	COVID-19	0.0041
30	猴痘	Monkey Pox	0.0108	猴痘	Monkey Pox	

20-17 卫生总费用
Total Health Expenditure

年份 Year	卫生总费用(亿元) Total Health Expenditure (100 million yuan)	政府卫生支出 Government Health Expenditure		社会卫生支出 Social Health Expenditure		个人卫生支出 Personal Health Expenditure		人均卫生总费用合计(元) Per Capita Health Expenditure (yuan)	卫生总费用与GDP之比(%) Health Expenditure as Percentage of GDP (%)
		绝对数(亿元) Level (100 million yuan)	占卫生总费用比重(%) As Percentage of Health Expenditure	绝对数(亿元) Level (100 million yuan)	占卫生总费用比重(%) As Percentage of Health Expenditure	绝对数(亿元) Level (100 million yuan)	占卫生总费用比重(%) As Percentage of Health Expenditure		
2000	160.34	23.01	14.35	36.27	22.62	101.05	63.02	240.2	3.18
2001	190.77	28.35	14.86	46.93	24.60	115.50	60.54	284.8	3.46
2002	236.38	31.99	13.53	55.28	23.39	149.11	63.08	351.0	3.93
2003	275.82	43.41	15.74	71.07	25.77	161.34	58.49	407.5	3.99
2004	309.15	45.84	14.83	91.47	29.59	171.83	55.58	454.0	3.65
2005	383.66	63.44	16.54	114.83	29.93	205.39	53.53	560.0	3.83
2006	455.63	68.94	15.13	145.33	31.90	241.35	52.97	660.5	3.97
2007	492.27	100.74	20.46	111.50	22.65	280.04	56.89	709.0	3.62
2008	582.15	150.01	25.77	144.04	24.74	288.09	49.49	833.0	3.64
2009	778.01	203.45	26.15	205.81	26.45	368.75	47.40	1106.0	4.51
2010	904.31	266.86	29.51	247.50	27.37	389.96	43.12	1257.0	4.43
2011	1060.39	338.67	31.94	275.78	26.01	445.94	42.05	1464.5	4.33
2012	1248.11	368.32	29.51	353.03	28.29	526.76	42.20	1712.7	4.70
2013	1486.26	429.83	28.92	440.62	29.65	615.81	41.43	2026.9	5.19
2014	1645.80	458.64	27.87	558.25	33.92	628.90	38.21	2228.9	5.56
2015	1861.50	552.58	29.68	622.13	33.42	686.78	36.89	2507.1	6.20
2016	2005.12	567.79	28.32	741.98	37.00	695.35	34.68	2684.2	6.25
2017	2197.10	615.69	28.02	833.15	37.92	748.25	34.06	2921.9	6.11
2018	2690.84	706.84	26.24	1070.90	39.80	913.86	33.96	3561.1	7.47
2019	2939.94	721.61	24.54	1256.81	42.75	961.52	32.71	3872.4	8.37
2020	3069.08	848.36	27.64	1271.43	41.43	949.29	30.93	4111.4	8.48
2021	3308.62	849.92	25.69	1466.63	44.33	992.07	29.98	4442.3	8.19
2022	3607.09	977.36	27.10	1597.07	44.28	1032.66	28.63	4861.3	8.51
2023	3769.77	977.40	25.93	1747.14	46.35	1045.23	27.73	5099.1	8.58

20−18 分市提供住宿的民政机构床位数(2023年)
Beds of Civil Affairs Institutions by City (2023)

单位：张 (bed)

市	City	床位数 Number of Beds	养老 Elderly Care Institutions	儿童福利和救助 Child Welfare and Assistance	精神疾病 Mental Illness	其他 Other
全省	**Total**	**248730**	**244163**	**1196**	**970**	**2401**
石家庄市	Shijiazhuang	35453	34486	243	400	325
唐山市	Tangshan	36523	35588	142		793
秦皇岛市	Qinhuangdao	9473	9316	48		109
邯郸市	Handan	24091	23784	140		167
邢台市	Xingtai	26734	26445	114		175
保定市	Baoding	25922	25820	5		97
张家口市	Zhangjiakou	17250	17054	29		167
承德市	Chengde	14170	14038	10		122
沧州市	Cangzhou	15510	15421			89
廊坊市	Langfang	22649	22206	293		150
衡水市	Hengshui	15828	15019	72	570	167
定州市	Dingzhou	2370	2230	100		40
辛集市	Xinji	1804	1803			1

注：本表石家庄市数据不含辛集市，保定市数据不含定州市和雄安新区。以下相关表同。
a) Data in this table, Shijiazhuang excludes Xinji, Baoding excludes Dingzhou and Xiongan. The same applies to the table following.

20−19 分市孤儿和收养登记情况(2023年)
Orphans and Children Adoption Registration by City (2023)

单位：人 (person)

市	City	孤儿数 Number of Orphans	集中养育 Institutional Rearing	社会散居 Family Rearing	无身份信息的孤儿人数 Number of Orphans without Identifying Information	事实无人抚养儿童数 Number of Unsupported Children
全省	**Total**	**4591**	**1451**	**3140**	**28**	**11005**
石家庄市	Shijiazhuang	779	413	366	7	1351
唐山市	Tangshan	374	67	307	1	875
秦皇岛市	Qinhuangdao	195	69	126		313
邯郸市	Handan	748	227	521	6	2333
邢台市	Xingtai	490	130	360	2	1314
保定市	Baoding	450	148	302	5	1140
张家口市	Zhangjiakou	311	103	208	1	589
承德市	Chengde	294	24	270		665
沧州市	Cangzhou	393	80	313	3	999
廊坊市	Langfang	218	85	133	2	416
衡水市	Hengshui	223	64	159		582
定州市	Dingzhou	77	41	36	1	299
辛集市	Xinji	11		11		55

20－20 社会救助情况
Statistics on Social Assistance

单位：万人 (10000 persons)

年 份 市	Year City	城市居民最低生活保障人数 Number of Urban Residents Receiving Minimum Living Allowance	农村居民最低生活保障人数 Number of Rural Residents Receiving Minimum Living Allowance	农村特困人员集中供养人数 Rural Households with Centralized Livelihood Guaranteed in Five Aspects	农村特困人员分散供养人数 Rural Households with Decentralized Livelihood Guaranteed in Five Aspects
	2011	88.10	208.40	10.00	14.70
	2012	77.30	208.00	9.30	14.30
	2013	72.76	221.90	8.88	14.96
	2014	62.50	209.90	6.70	16.40
	2015	55.00	205.80	4.80	18.00
	2016	47.58	189.46	3.84	19.61
	2017	35.50	160.20	3.20	20.00
	2018	23.70	122.20	2.97	22.08
	2019	19.46	157.42	2.94	23.13
	2020	18.22	152.09	2.99	23.30
	2021	15.70	152.09	2.87	22.39
	2022	14.65	148.14	2.70	22.25
	2023	13.84	147.90	2.61	22.33
石家庄市	Shijiazhuang	7637	106644	1736	15955
唐 山 市	Tangshan	10137	61664	4031	26849
秦皇岛市	Qinhuangdao	7263	41306	1465	14144
邯 郸 市	Handan	22566	195820	1797	20878
邢 台 市	Xingtai	16153	203941	2512	21077
保 定 市	Baoding	9696	159752	2509	27529
张家口市	Zhangjiakou	35491	304632	2462	24980
承 德 市	Chengde	13830	177217	2991	23828
沧 州 市	Cangzhou	5602	90913	2461	16276
廊 坊 市	Langfang	2891	39776	1195	6906
衡 水 市	Hengshui	5322	62384	2305	17728
定 州 市	Dingzhou	827	15571	247	3490
辛 集 市	Xinji	334	5045	190	1643

注：各市计量单位为人。
a) The measurement unit of each city is person.

20-21 分市医疗救助情况(2023年)
Statistics on Medical Aid by City (2023)

市	City	资助参加基本医疗保险人数(人) Number of People Subsidized to Participate in Basic Medical Insurance (person)	门诊和住院医疗救助人次数(人次) Outpatients and Inpatients Receiving Medical Aid (person-time)	资助参加基本医疗保险资金数(万元) Expenses on Subsidy to Participation in Basic Medical Insurance (10000 yuan)	门诊和住院医疗救助资金数(万元) Expenses on Medical Aid for Outpatients and Inpatients (10000 yuan)
全　省	**Total**	**3640894**	**9249390**	**105171**	**230300**
石家庄市	Shijiazhuang	286881	1012043	8456	17340
石家庄市①	Shijiazhuang①	272501	988389	8004	16753
唐 山 市	Tangshan	226155	316811	7231	8097
秦皇岛市	Qinhuangdao	119137	310433	7164	7985
邯 郸 市	Handan	418390	239765	12807	24839
邢 台 市	Xingtai	338749	1173803	9123	14789
保 定 市	Baoding	705959	1682419	18294	36642
保 定 市①	Baoding①	431849	1563020	12787	28167
张家口市	Zhangjiakou	692405	1161564	19050	49161
承 德 市	Chengde	558760	2577075	15755	52411
沧 州 市	Cangzhou	91913	299101	1139	9058
廊 坊 市	Langfang	56449	88340	1976	3848
衡 水 市	Hengshui	146096	388036	4177	6129
定 州 市	Dingzhou	253220	26658	4853	1223
辛 集 市	Xinji	14380	23654	452	586

注：本表数据中石家庄市含辛集市，石家庄市①不含辛集市；保定市含定州市和雄安新区，保定市①不含定州市和雄安新区。

a) Data in this table, Shijiazhuang includes Xinji, Shijiazhuang① excludes Xinji; Baoding includes Dingzhou and Xiongan, Baoding① excludes Dingzhou and Xiongan.

20−22 社会组织、自治组织单位数
Statistics on Social Organizations and Autonomy Organizations

单位：个 (unit)

年 份 Year / 市 City		社会组织 Social Organizations	社会团体 Social Groups	民办非企业单位 Non-enterprise Units Run by NGO	基金会 Fund Organization	自治组织 Autonomy Organizations	村民委员会 Village Committee	社区居委会 Neighborhood Committee
	2012	16534	9909	6586	39	52150	48721	3429
	2013	16530	9536	6945	49	52365	48703	3662
	2014	17642	9810	7783	49	52471	48636	3835
	2015	19328	9871	9396	61	52909	48974	3935
	2016	20916	10181	10650	85	53057	48863	4194
	2017	21928	9141	12684	103	53086	48671	4415
	2018	26427	9892	16414	121	52957	48724	4233
	2019	30026	10329	19553	144	53070	48718	4352
	2020	34625	11476	22631	518	53186	48709	4477
	2021	36825	11937	24371	517	53411	48428	4983
	2022	37924	12520	24887	517	53532	48483	5049
	2023	38635	12923	25185	527	54367	49130	5237
石家庄市	Shijiazhuang	5519	1621	3898		4831	3817	1014
唐 山 市	Tangshan	3089	1053	2036		6136	5382	754
秦皇岛市	Qinhuangdao	2974	712	2262		2451	2265	186
邯 郸 市	Handan	4629	1289	3339	1	5850	5089	761
邢 台 市	Xingtai	3923	1178	2744	1	5382	4868	514
保 定 市	Baoding	4962	1785	3175	2	6210	5697	513
张家口市	Zhangjiakou	1694	804	888	2	4519	4173	346
承 德 市	Chengde	1395	699	695	1	2642	2459	183
沧 州 市	Cangzhou	2646	892	1752	2	6693	6372	321
廊 坊 市	Langfang	2404	724	1680		3612	3200	412
衡 水 市	Hengshui	2209	753	1456		5129	4994	135
定 州 市	Dingzhou	394	95	299		544	470	74
辛 集 市	Xinji	157	57	100		368	344	24

注：本表石家庄市数据不含辛集市，保定市数据不含定州市。以下相关表同。

a) Data in this table, Shijiazhuang excludes Xinji, Baoding excludes Dingzhou. The same applies to the table following.

20-23 婚姻登记情况
Statistics on Marriages Registration

年份 市	Year City	按婚前状况分类 By the Classification of Pre Marital Status		按居住地分类 By Place of Residence		离婚
		初婚(人) First Marriages (person)	再婚(人) Re-marriages (person)	居民登记结婚(对) Registered Marriages (couple)	#涉外登记结婚(对) Registered Marriages with Foreigner (couple)	(对) Divorces (couple)
	2003	952850	95232	523822	219	25785
	2004	1041641	107581	574384	227	43117
	2005	947158	100884	523746	275	50280
	2006	1003450	105780	554305	310	56926
	2007	1093448	113714	603261	320	60483
	2008	1203102	122410	662368	388	73066
	2009	1300578	139344	719547	414	86707
	2010	1355779	144803	749885	406	98792
	2011	1370018	184302	776674	486	109600
	2012	1303042	187630	744884	452	118613
	2013	1266237	215277	740260	497	133622
	2014	1099881	222771	660732	594	146877
	2015	987465	231419	609442	579	157180
	2016	851411	252381	551896	988	181901
	2017	750461	259269	504865	963	192255
	2018	645160	272276	462212	1219	197959
	2019	551369	291259	419967	1347	218399
	2020	484406	265408	374642	265	205129
	2021	457968	216252	337110	161	101304
	2022	433463	170731	301816	281	94358
	2023	568214	174024	369787	1332	126079
石家庄市	Shijiazhuang	85414	21198	53306		17086
唐山市	Tangshan	52644	17932	35288		13192
秦皇岛市	Qinhuangdao	23804	7572	15688		6068
邯郸市	Handan	75214	17840	46527		13465
邢台市	Xingtai	56677	15415	36046		10291
保定市	Baoding	68965	20899	44932		15395
张家口市	Zhangjiakou	31683	11961	21822		7944
承德市	Chengde	27901	10053	18977		7038
沧州市	Cangzhou	52982	18808	35895		12720
廊坊市	Langfang	38257	15687	26972		12355
衡水市	Hengshui	29777	9095	19436		6269
定州市	Dingzhou	9643	3297	6470		1939
辛集市	Xinji	3864	1206	2535		825

20−24 分市分年龄婚姻服务情况(2023年)
Statistics on Marriages and Divorces by City and Age (2023)

市	City	初婚人数(人) First Marriages (person)	再婚人数(人) Re-marriages (person)	结婚人数中(人) In the Marriages (person)				
				20−24岁 Aged 20-24	25−29岁 Aged 25-29	30−34岁 Aged 30-34	35−39岁 Aged 35-39	40岁以上 Aged 40 and Over
全　省	**Total**	**568214**	**174024**	**169322**	**259081**	**142202**	**75069**	**96564**
石家庄市	Shijiazhuang	89278	22404	15920	44887	24382	11549	14944
唐 山 市	Tangshan	52644	17932	13084	27037	12644	7492	10319
秦皇岛市	Qinhuangdao	23804	7572	4191	12254	6293	3316	5322
邯 郸 市	Handan	75214	17840	32887	27980	15243	8259	8685
邢 台 市	Xingtai	56677	15415	23403	21588	12908	6532	7661
保 定 市	Baoding	78608	24196	23254	36003	20447	10042	13058
张家口市	Zhangjiakou	31683	11961	4705	18055	9447	4508	6929
承 德 市	Chengde	27901	10053	4914	16075	6937	4038	5990
沧 州 市	Cangzhou	52982	18808	22404	21258	12631	6923	8574
廊 坊 市	Langfang	38257	15687	10309	16106	11244	7486	8799
衡 水 市	Hengshui	29777	9095	9297	13699	7274	3659	4943

20−24 续表 continued

市	City	离婚登记(对) Registered Divorces (couple)	#内地居民登记离婚 Registered Divorces in the Mainland	离婚人数中(人) In the Divorces (person)				
				20−24岁 Aged 20-24	25−29岁 Aged 25-29	30−34岁 Aged 30-34	35−39岁 Aged 35-39	40岁以上 Aged 40 and Over
全　省	**Total**	**126079**	**125906**	**2931**	**21140**	**61504**	**64932**	**101651**
石家庄市	Shijiazhuang	17911	17911	233	2612	8482	10053	14442
唐 山 市	Tangshan	13192	13192	328	2300	5990	6471	11295
秦皇岛市	Qinhuangdao	6068	6060	124	1035	2614	2789	5574
邯 郸 市	Handan	13465	13396	299	2253	7291	7150	9937
邢 台 市	Xingtai	10291	10291	323	1850	5800	5624	6985
保 定 市	Baoding	17334	17331	470	2951	8684	8750	13813
张家口市	Zhangjiakou	7944	7944	141	1409	3428	3518	7392
承 德 市	Chengde	7038	7038	120	1244	2678	3443	6591
沧 州 市	Cangzhou	12720	12718	444	2426	6859	6172	9539
廊 坊 市	Langfang	12355	12312	202	1643	5707	7070	10088
衡 水 市	Hengshui	6269	6269	174	1134	3135	3216	4879

20—25 残疾人补贴情况
Subsidies for Persons with Disabilities

单位：人 (person)

市	City	困难残疾人生活补贴人数 Number of Disabled People in Need			重度残疾人护理补贴人数 Number of Nursing Subsidies for Severe Disabled People		
		2021	2022	2023	2021	2022	2023
全　省	**Total**	**604383**	**575212**	**525246**	**782197**	**792118**	**748826**
石家庄市	Shijiazhuang	69482	58324	48166	96407	95143	88994
石家庄市①	Shijiazhuang①	66661	55620	45720	89112	87981	82326
唐 山 市	Tangshan	34220	33768	31652	71534	75738	73659
秦皇岛市	Qinhuangdao	21862	20759	18160	35892	35038	30743
邯 郸 市	Handan	65785	62723	58597	89530	89440	85897
邢 台 市	Xingtai	83433	79741	71146	81329	82431	77322
保 定 市	Baoding	81453	77181	70292	130564	134826	128468
保 定 市①	Baoding①	66776	62844	57248	107275	108200	102106
张家口市	Zhangjiakou	79368	78342	74679	58367	58554	55614
承 德 市	Chengde	69330	68194	64209	54130	54171	50003
沧 州 市	Cangzhou	40759	39351	36144	73613	74421	70860
廊 坊 市	Langfang	30887	30281	28105	41461	42173	40110
衡 水 市	Hengshui	27804	26548	24096	49370	50183	47156
定 州 市	Dingzhou	8232	8169	7586	12608	14448	14495
辛 集 市	Xinji	2821	2704	2446	7295	7162	6668

注：本表数据中石家庄市含辛集市，石家庄市①不含辛集市；保定市含定州市和雄安新区，保定市①不含定州市和雄安新区。以下相关表同。

a) Data in this table, Shijiazhuang includes Xinji, Shijiazhuang① excludes Xinji; Baoding includes Dingzhou and Xiongan, Baoding① excludes Dingzhou and Xiongan. The same applies to the table following.

20—26 残疾人事业基本情况
Basic Statistics on the Work for Persons with Disability

项　　目	Item	2020	2021	2022	2023
康复	**Rehabilitation**				
视力残疾康复服务人数(人)	Rehabilitation of Persons with Visual Disability (person)	17809	15557	16837	16803
听力语言残疾康复服务人数(人)	Rehabilitation of Persons with Hearing and Speech Disability (person)	16902	16077	17820	17255
肢体残疾康复服务人数(人)	Rehabilitation of Persons with Physical Disability (person)	157963	150757	185789	199460
智力残疾康复服务人数(人)	Rehabilitation of Persons with Intellectual Disability (person)	15251	14058	13765	16810
精神病防治康复服务人数(人)	Prevention and Rehabilitation of Mental Illness (PRMI) (person)	37636	43232	44630	49382
残疾人康复机构(个)	Provision of Assistive Devices (unit)	444	505	572	698
辅助器具服务机构(个)	Assistive Devices Provided (piece) (unit)	69	93	52	57
教育	**Education**				
特殊教育普通高中在校生(人)	Students at Special Education Senior High Schools (person)	1175	1219	846	869
残疾人中等职业教育在校生(人)	Students at Secondary Vocational Schools for PWDs (person)	289	344	327	430
高等院校录取残疾考生(人)	Disable Students Admitted to Higher Education Institutions (person)	414	310	540	
就业	**Employment**				
残疾人就业状况(人)	Newly Employed PWDs in Urban Areas in the Year (person)				
残疾人就业人数	Annual New Employee Population	471172	442354	419612	403902
组织建设	**Organization Development**				
残疾人工作者数(人)	Number of Workers with Disabilities (person)	5455	5399	5384	5401
残疾人人口库持证残疾人(人)	PWDs with Disability Certificate in the PWD Database (person)	1857939	1840178	1825472	1822096

主要统计指标解释

医疗卫生机构 指从卫生健康行政部门取得《医疗机构执业许可证》，或从民政、工商行政、机构编制管理部门取得法人单位登记证书，为社会提供医疗保健、疾病控制、卫生监督服务或从事医学科研和医学在职培训等工作的单位。医疗卫生机构包括医院、基层医疗卫生机构、专业公共卫生机构、其他医疗卫生机构。

医院 包括综合医院、中医医院、中西医结合医院、民族医院、各类专科医院和护理院，不包括专科疾病防治院、妇幼保健院和疗养院。

基层医疗卫生机构 包括社区卫生服务中心（站）、街道卫生院、乡镇卫生院、村卫生室、门诊部、诊所（医务室）。

专业公共卫生机构 包括疾病预防控制中心、专科疾病防治机构、妇幼保健机构、健康教育机构、急救中心（站）、采供血机构、卫生监督机构、卫生健康部门主管的计划生育技术服务机构。不包括传染病院、结核病医院、血防医院、精神病医院、卫生监督（监测、检测）机构。

卫生人员 指在医院、基层医疗卫生机构、专业公共卫生机构及其他医疗卫生机构工作的职工，包括卫生技术人员、乡村医生和卫生员、其他技术人员、管理人员和工勤人员。一律按支付年底工资的在岗职工统计，包括各类聘任人员（含合同工）及返聘本单位半年以上人员，不包括临时工、离退休人员、退职人员、离开本单位仍保留劳动关系人员、本单位返聘和临聘不足半年人员。

卫生技术人员 包括执业医师、执业助理医师、注册护士、药师（士）、检验技师（士）、影像技师、卫生监督员和见习医（药、护、技）师（士）等卫生专业人员。不包括从事管理工作的卫生技术人员（如院长、副院长、党委书记等）。

执业医师 指《医师执业证》“级别”为“执业医师”且实际从事医疗、预防保健工作的人员，不包括实际从事管理工作的执业医师。执业医师类别分为临床、中医、口腔和公共卫生四类。

执业助理医师 指《医师执业证》“级别”为“执业助理医师”且实际从事医疗、预防保健工作的人员，不包括实际从事管理工作的执业助理医师。执业助理医师类别分为临床、中医、口腔和公共卫生四类。

每千人口卫生技术人员 每千人口卫生技术人员=卫生技术人员数/人口数×1000。

每千人口执业（助理）医师 每千人口执业(助理)医师=（执业医师数+执业助理医师数）/人口数×1000。

床位数 指年末医疗卫生机构实有床位，又称实有床位数、病床数。实有床位包括正规床、简易床、监护床、超过半年的加床、正在消毒和修理的床位、因扩建或大修而停用的床位。不包括产科新生儿床、接产室待产床、库存床、观察床、临时加床和病人家属陪待床。

每千人口医疗卫生机构床位 每千人口医疗卫生机构床位=医疗卫生机构床位数/人口数×1000。

30种传染病发病率 是指某年每10万人口中30种传染病发病数。即30种传染病发病率=30种传染病发病数/人口数×100000。

30种传染病死亡率 是指某年每10万人口中30种传染病死亡数。即30种传染病死亡率=30种传染病死亡数/人口数×100000。

卫生总费用 指一个国家或地区在一定时期内，为开展卫生服务活动从全社会筹集的卫生资源的货币总额，按来源法核算。它反映一定经济条件下，政府、社会和居民个人对卫生保健的重视程度和费用负担水平，以及卫生筹资模式的主要特征和卫生筹资的公平性合理性。

政府卫生支出 指各级政府用于医疗卫生服务、医疗保障补助、卫生和医疗保障行政管理、人口与计划生育事务支出等各项事业的经费。

社会卫生支出 指政府支出外的社会各界对卫生事业的资金投入。包括社会医疗保障支出、商业健康保险费、社会办医支出、社会捐赠援助、行政事业性收费收入等。

个人卫生支出 指城乡居民在接受各类医疗卫生服务时的现金支付，包括享受各种医疗保险制度的居民就医时自付的费用。可分为城镇居民、农村居民个人现金卫生支出，反映城乡居民医疗卫生费用的负担程度。

人均卫生总费用 即某年卫生总费用与同期平均人口数之比。

卫生总费用与GDP之比 指某年卫生总费用与同期国内生产总值（GDP）之比。是用来反映一定时期国家对卫生事业的资金投入力度，以及政府和全社会对卫生事业、居民健康的重视程度。

提供住宿的民政机构 指能为老年人、残疾人、智障与精神病人、儿童等人员提供住宿的社会服务机构数。包括社会福利院、特困人员救助供养机构、其他各类养老机构、社会福利医院、儿童福利院、未成年人救助保护中心、流浪乞讨人员救助管理机构、安置农场以及其他提供住宿的机构。

孤儿数 指失去父母或查找不到生父母的未满18周岁的未成年人的人数。由地方县级以上民政部门依据有关规定和条件认定的，并已经领取了孤儿补助费的孤儿。

城市居民最低生活保障人数 指在报告期末纳入当地城市最低生活保障范围、并已发放补助经费的人数。

农村居民最低生活保障人数 指在报告期末纳入当地农村最低生活保障范围、并已发放补助经费的人数。

离婚率　指某地区当年离婚对数占该地区年平均人口的比重。计算公式为：

$$离婚率=\frac{当年离婚对数}{年平均人口数}\times 1000‰$$

残疾人就业人数　指截止到本年度12月31日，以各种就业形式实际在业的城乡持证残疾人数。

Explanatory Notes on Main Statistical Indicators

Health Care Institutions refer to the units which have been qualified with the Certification of Health Care Institution, or qualified with the Certification of Corporate Unit by the civil affairs, administration for industry and commerce, and engaging in medical care services, disease control services, health supervision services, or medicine research and on-job training, etc., including: hospitals, health care institutions at grass-root level, specialized public health institutions, and other health care institutions.

Hospitals include general hospitals, traditional Chinese medicine hospitals, hospitals of integrated traditional Chinese and western medicine, nationalities hospitals, specialized hospitals and nursing hospitals, as well as affiliated hospitals of medical colleges, excluding specialized disease prevention and treatment institutes, maternal and child health centers and convalescent hospitals.

Health Care Institutions at Grass-root Level include community health service centers (stations), sub-district health centers, township health centers, village clinics, outpatient departments and clinics.

Specialized Public Health Institutions include CDC, specialized disease prevention and treatment institutions, maternal and children health centers, health education institutions, emergency centers (first-aid stations), blood gathering and supplying institutions, health inspection institutions, and family planning technical service institutions headed by the health department. It does not include infectious hospital, tuberculosis hospital, schistosomiasis control hospital, mental hospital, health supervision (monitoring and testing) institution.

Health Care Employees refer to all employees engaged in the health care institutions, such as hospitals, health care institutions at grass-root level, specialized public health institutions, and other medical and health care institutions, including medical technical personnel, village doctors and assistants, other technical personnel, managerial and service staff. The data is based on the year end payroll, including personnel hired (including contract labor) and re-employed after retirement by the institution for over half a year and excluding temporary workers, retired personnel, resigned personnel, personnel who have left the institution but kept the contract relation and personnel who are re-employed after retirement or temporarily employed for less than half a year.

Medical Technical Personnel refer to the professional staff engaged in health care, including licensed doctors, licensed assistant doctors, registered nurses, pharmacists, laboratory technicians, imaging staff, health care supervisors and intern doctors, pharmacists, nurses, and technical personnel, excluding the medical technical personnel engaged in managerial job (e.g. president, vice president and secretary of the party committee etc).

Licensed Physicians refer to the medical workers with licenses of qualified doctors and are employed in medical treatment, disease prevention or healthcare institutions, excluding the licensed doctors engaged in management. The physicians are divided into 4 categories: clinician, Chinese medicine, stomatology and public health.

Licensed Physician Assistants refer to the medical workers with licenses of qualified assistant doctors and are employed in medical treatment, disease prevention or healthcare institutions, excluding the licensed assistant doctors engaged in management. Physician assistants are divided into 4 categories: clinician, Chinese medicine, stomatology and public health.

Number of Medical Technical Personnel per 1000 Population The formula is:

Number of health technical personnel per 1000 population = number of health technical personnel / population ×1000

Number of Licensed (Assistant) Doctors per 1000 Population The formula is:

Number of licensed physicians & physician assistants per 1000 population = (number of licensed physicians + number of licensed physician assistants) / population ×1000

Number of Beds refer to the actual number of beds in health care institutions at year-end, also known as the actual number of beds or hospital beds, including regular beds, simple beds, monitoring beds, extra bed over 6 months, beds under disinfection or repairing, beds deactivated due to expansion or overhaul, not including neonatal beds, pre-delivery beds, inventory beds, observation beds, temporary beds and family accompany beds.

Number of Beds of Medical and Health Care Institutions per 1000 Population the formula is:

Number of beds of health care institutions per 1000 population = number of beds of health care institutions at year-end / population at year-end ×1000

Incidence Rate of 30 Infectious Diseases refer to the incidence cases of 30 infectious diseases per 100 thousand population in the reference year. The formula is:

Incidence Rate of 30 Infectious Diseases = Incidence Cases of 30 Infectious Diseases / Population×100000

Death Rate of 30 Infectious Diseases refer to the death cases of 30 infectious diseases per 100 thousand population in the reference year. The formula is:

Death Rate of 30 Infectious Diseases = Death Cases of 30 Infectious Diseases / Population×100000

Total Expenditure on Public Health refers to the total monetary value of health resources in a country or a region collected by the whole society for public health based on source approach. It reflects the attention and affordability of the government, society and individual for public health and the major characteristics, justice and rationality of the health fund-raising model under certain economic circumstance.

Government Expenditure on Public Health refers to the expenditure of the governments at all levels on medical and health care services, medical subsidies, health administration and health security management, and undertakings of family planning etc.

Social Expenditure on Public Health refers to all inputs of society except the government in public health including the expenditures on social medical security, commercial health insurance, private expenditure on operation of medical and health care, social donation and contribution, and income from administrative fees etc.

Out-of-Pocket Health Expenditure refers to expenditure in cash on various health services by rural and urban residents, including self payments of residents within the system of multi-medical insurance. It can be categorized as cash expenditure on health by urban and rural residents and reflects their affordability of public health.

Average Expenditure on Health refers to the ratio of total health expenditure in a year to the average population.

Ratio of Total Expenditure on Public Health to GDP refers to the ratio of total expenditure on public health in a year to GDP, which indicates the financial support given by a nation to health work and the attention paid on the public health and the health of residents by the government and society.

Number of Civil Affairs Institutions with Accommodation refers to the number of social service institutions that can provide accommodations for the elderly, the disabled, the mentally handicapped and the mentally ill, and children. It includes social welfare institutions, assistance and support institutions for people in extreme difficulty, other pension institutions, social welfare hospitals, children's welfare homes, assistance and protection centers for minors, relief and management institutions for vagrants and beggars, resettlement farms and other institutions providing accommodations.

Number of Orphans refers to juveniles under age of 18 that have lost parents or can't find parents. Orphans are affirmed by department of civil affairs at county level according to relevant regulations, and have received orphan subsidies.

Number of Urban Residents Entitled to Minimum Living Allowances refers to the number of urban residents who have been included in the scope of local urban minimum living guarantee and have been granted subsidies by the end of the reporting period.

Number of Rural Residents Entitled to Minimum Living Allowances refers to the number of rural residents who have been included in the scope of local rural minimum living guarantee and have been granted subsidies by the end of the reporting period.

Divorce Rate refers to ratio of divorced couples to the annual average population in a certain region for the reference year, the formula is:

$$\text{Divorce Rate} = \frac{\text{Number of Couples Divorced for the Reference Year}}{\text{Annual Average Population}} \times 1000‰$$

Number of Employed Person with Disabilities refers to the number of urban and rural persons with disability certificates who are actually employed through various forms of employment.

文化和体育
Culture and Sports

简 要 说 明

一、本篇主要反映河北新闻出版、广电、文化、文物、体育事业等发展情况。

二、本篇资料的主要内容包括全省及各地区图书、期刊、报纸、音像制品的出版、印刷、发行情况；全省及各地区广播影视宣传、覆盖、技术等方面的情况；全省及各地区艺术表演团体、公共图书馆、群众文化机构和博物馆的机构、人员、经费和业务活动情况；全省体育系统机构人员情况等。

三、本篇的资料来源：新闻出版资料和文化企业资料由河北省统计局社会科技和文化产业统计处整理提供；广播、电视资料来自省广播电视局；文化资料来自省文化和旅游厅；体育资料来自省体育局。

四、资料整理：苑媛　刘笼梅　闫单单　马悦

Brief Introduction

Ⅰ.This paper mainly reflects the development of Hebei press and publication, radio and television, culture, cultural relics, sports and other undertakings.

Ⅱ.The main contents of this paper include the publication, printing and distribution of books, periodicals, newspapers and audio-visual products in the whole province and various regions. Provincial and regional broadcasting, film and television publicity, coverage, technology and other aspects; The institutions, personnel, funds and operational activities of art performing groups, public libraries, mass cultural institutions and museums in the province and other regions; Provincial sports system personnel, etc.

Ⅲ. The sources of this article: press and publication materials and the data of cultural enterprises are compiled and provided by the Social Technology and Cultural Industry Statistics Department of Hebei Provincial Bureau of Statistics; The radio and television data are from the Provincial Radio and Television Bureau; Cultural materials from the Provincial Department of Culture and Tourism; Sports data from the Provincial Sports Bureau.

Ⅳ. Data collection: Yuan Yuan, Liu Longmei,Yan Dandan, Ma Yue.

21−1 图书、报纸、杂志出版种类和数量(2023年)
Number of Books, Newspaper and Magazines Published (2023)

门 类	Category	出版图书种类(种) Number of Publications (item)	总印数(万册) Printed Copies (10000 copies)	总印张(千印张) Printed Sheets (1000 sheets)
图 书	**Books Published**	**10830**	**37446.93**	**3114015.6**
马克思主义、列宁主义、毛泽东思想	Marxism-Leninism, Mao Zedong Thought	5	0.09	10.08
哲学	Philosophy	37	7.55	1386.57
社会科学总论	General Social Sciences	20	2.32	566.77
政治、法律	Politics and Law	74	448.55	29216.98
军事	Military Affairs	9	10.91	802.81
经济	Economics	83	10.63	1823.52
文化、科学、教育、体育	Culture, Science, Education and Sports	8548	35259.92	2958533.16
语言、文字	Languages	69	177.72	4410.19
文学	Literature	1022	1188.38	80934.36
艺术	Arts	372	130.98	11116.98
历史、地理	History and Geography	132	42.3	5805.64
自然科学类	General Natural Sciences	4	1.38	203.18
数理科学、化学	Mathematics and Chemistry	31	38.2	2657.73
天文学、地理科学	Astronomy and Geology	23	15.58	1417.22
生物科学	Biology	19	11.29	960.86
医药、卫生	Medicine and Health Care	85	26.06	4216.88
农业科学	Agricultural Science	84	29.3	3155.14
工业技术	Industrial Technology	108	30.75	3940.39
交通运输	Transportation	2	0.06	5.73
航空、航天	Aeronautics and Aerospace	4	0.21	12.57
环境科学	Environmental Science	6	1.01	116.02
综合性图书	General Books	93	13.76	2722.83
报 纸	**Newspapers Published**	**56**	**97131.14**	**1252574.6**
省级	Province	22	65307.41	704091.86
地(市)级	Prefecture	33	31510.43	542216.74
县级	County	1	313.3	6266
杂 志	**Magazines Published**	**217**	**3100.48**	**146069.9**
综合类	General Magazines	10	18.96	1146.4
哲学、社会科学类	Philosophy and Social Sciences	53	1280.76	66791.17
自然科学、技术类	Natural Sciences and Technology	104	396.46	23151.51
文化、教育类	Culture and Education	36	1323.4	48374.58
文学、艺术类	Literature and Arts	14	80.9	6606.24
#画刊	Pictures	2	15.36	782.74
#少年儿童读物	Books for Children	3	597.21	13653.32

21-2 广播电视基本情况
Basic Statistics on Broadcasting and Television Stations

项　　目	Item	2015	2018	2019	2020	2021	2022	2023
广播	**Radio**							
广播节目综合覆盖率(%)	Comprehensive Coverage of Radio Programs (%)	99.35	99.36	99.58	99.76	99.79	99.79	99.83
电视	**Television**							
电视节目综合覆盖率(%)	Comprehensive Coverage of TV Programs (%)	99.27	99.29	99.68	99.83	99.86	99.86	99.88
有线电视实际用户数(万户)	Actual Number of Cable TV Users (10000 households)	922.47	734.60	695.78	616.30	627.80	607.38	702.00
广播电视技术及其他	**TV Technology and Others**							
中、短波转播发射台(座)	Transmission and Relaying Stations of Medium and Short Wave Broadcast (unit)	29	30	34	27	24	24	25.00
调频转播发射台(座)	Relaying Stations of Frequency Modulation Broadcasting (unit)	159	364①	298①	242①	218①	181①	169①
电视转播发射台(座)	TV Transmission and Relaying Stations (unit)	253						
微波实有站(座)	Microwave Stations (unit)	32	32	39	51	49	32	34

注：①为调频转播发射台与电视转播发射台之和。

a) ①The data is for relaying stations of frequency modulation and TV transmission & relaying stations.

21-3 分市广播电视基本情况(2023年)

Basic Statistics on Broadcasting and Television Stations by City (2023)

市	City	年末职工人数(人) Engaged Persons at Year-end (person)	广播节目综合覆盖率(%) Comprehensive Coverage of Radio Programs (%)	电视节目综合覆盖率(%) Comprehensive Coverage of TV Programs (%)	有线电视实际用户数(万户) Actual Number of Cable TV Users (10000 households)
全　省	**Total**	**32978**	**99.83**	**99.88**	**702.94**
石家庄市	Shijiazhuang	16784	100	100	81.66
承 德 市	Chengde	1674	98.41	99.48	76.54
张家口市	Zhangjiakou	1433	99.93	99.91	63.43
秦皇岛市	Qinhuangdao	1161	100	100	115.38
唐 山 市	Tangshan	2231	100	100	39.29
廊 坊 市	Langfang	1100	100	100	61.87
保 定 市	Baoding	2251	99.26	99.26	77.58
沧 州 市	Cangzhou	1701	100	100	36.21
衡 水 市	Hengshui	1214	100	100	38.18
邢 台 市	Xingtai	1433	100	100	42.09
邯 郸 市	Handan	1765	100	100	61.49
定 州 市	Dingzhou	94	100	100	7.26
辛 集 市	Xinji	137	100	100	1.96

21−4 主要文化机构情况
Statistics on Cultural Institution

单位：个 (unit)

年份 Year	公共图书馆 Public Libraries	文化馆(站) Cultural Centers	省级、地市级文化馆 Art Centers at Provincial & Prefecture Level	县市级文化馆 Cultural Centers at County & City Level	乡镇(街道)文化站 Township (sub-district) Cultural Centers	国有博物馆 State Owned Museums	艺术表演团体 Art Performance Troupes	艺术表演场馆 Art Performance Places
2008	163	2234	13	164	2057	57	228	106
2009	164	2265	13	164	2088	64	246	102
2010	165	2319	13	164	2142	65	284	113
2011	166	2360	14	163	2183	69	312	113
2012	172	2393	13	168	2212	75	448	138
2013	173	2399	13	169	2217	97	500	77
2014	172	2397	13	167	2217	93	458	77
2015	172	2402	13	167	2222	95	596	108
2016	172	2416	13	167	2236	98	712	112
2017	173	2431	13	167	2251	102	735	96
2018	173	2433	13	167	2253	102	450	81
2019	173	2435	13	167	2255	102	749	112
2020	176	2458	12	168	2278	110	770	100
2021	177	2460	12	168	2280	117	874	128
2022	180	2467	12	169	2286	124	921	130
2023	181	2465	12	170	2283	147	819	120

注：2015年以前艺术表演场馆为公有制艺术表演场馆，2015年起含民营艺术表演场馆。新修订的统计制度中博物馆仅含国有博物馆，据此修改了历史数据。

a) Before 2015, art performance venues are public-owned art performance venues, including private art performance venues since 2015. The newly revised statistical system only includes state-owned museums, and historical data has been modified accordingly.

21-5 文化文物和旅游机构、人员情况(2023年)

Institutions and Personnel in Cultural Relics and Tourism Institutions (2023)

机构名称	Category of Institution	机构(个) Number of Institutions (unit)	文化和旅游部门 Cultural and Tourism Department	其他部门 Other Department	从业人员(人) Number of Employed Persons (person)	文化和旅游部门 Cultural and Tourism Department	其他部门 Other Department
总　计	**Total**	**12499**	**3589**	**8910**	**139784**	**32881**	**106903**
文化和旅游合计	**Cultural and Tourism**	**11988**	**3121**	**8867**	**130144**	**24475**	**105669**
艺术表演团体	Art Performance Troupes	819	107	712	15219	3788	11431
#文化和旅游部门所属	Belonging to the Department of Culture and Tourism	107	107	…	3788	3788	…
艺术表演场馆	Art Performance Places	120	54	66	3120	1005	2115
#文化和旅游部门所属	Belonging to the Department of Culture and Tourism	54	54	…	1005	1005	…
公共图书馆	Public Libraries	181	181	…	2359	2359	…
文化馆	Cultural Centers	182	182	…	2233	2233	…
文化站	Cultural Stations	2283	2283	…	6056	6056	…
艺术展览创作机构	Art Exhibition and Creative Institutions	38	38	…	260	260	…
#美术馆	Art Gallery	37	37	…	249	249	…
文化和旅游部门教育机构	Educational Institutions in the Cultural and Tourism Sector	5	5	…	637	637	…
文化和旅游科研机构	Cultural and Tourism Research Institutions	12	12	…	179	179	…
文化市场经营机构	Institutions of Business of Culture	5737	…	5737	13927	…	13927
旅行社	Travel Agency	1585	…	1585	6104	…	6104
星级饭店	Star Hotel	251	…	251	26422	…	26422
A级景区	Class A Scenic Spot	516	…	516	45670	…	45670
文化和旅游行政部门	Administrative Department of Culture	186	186	…	7148	7148	…
其他文化和旅游机构	Other Cultural Institutions	73	73	…	810	810	…
文物合计	**Cultural Relics**	**511**	**468**	**43**	**9640**	**8406**	**1234**
国有博物馆	State-owned Museums	147	124	23	4848	3896	952
文物保护管理机构	Agencies of Cultural Relics Preservation	157	154	3	3608	3426	182
文物科研机构	Scientific and Research Agencies	8	8	…	392	392	…
文物行政部门	Administrative Department of Cultural Relics	182	181	1	538	537	1
其他文物机构	Other Cultural Relics Institutions	17	1	16	254	155	99

注：统计系统中已不按登记注册类型对艺术表演团体和艺术表演场馆数据分进行类。

a) The statistical system no longer categorizes data for art performance groups and venues based on registration types.

21-6 艺术表演团体基本情况(2023年)

项　目	Item	机　构(个) Number of Institutions (unit)	#补贴团数 Subsidies Group Number	从业人员(人) Number of Employed Persons (person)	本团原创首演剧目(个) Original Premiere Play (unit)
总　计	**Total**	**819**	**135**	**15219**	**64**
按隶属关系分	**By Jurisdiction of Management**				
省	Run by Provinces	9	9	1014	8
市	Run by Prefectures (Cities)	31	22	1563	31
县、市、区	Run by Counties (Cities) and Others	779	104	12642	25
按管理部门分	**By Management**				
文化和旅游部门	Cultural and Tourism Department	107	78	3788	64
其他部门	Other Department	712	57	11431	…
按剧种分	**By Type of Art**				
话剧、儿童剧、滑稽剧类	Drama, Children's Play and Comedy Troupes	2	2	157	1
#儿童剧团	Children's Play	…	…	…	…
歌舞、音乐类	Song and Dance, Musicals	12	8	582	17
京剧、昆曲类	Peking Opera and Kunqu Opera	4	3	160	2
#京剧	Peking Opera	4	3	160	2
地方戏曲类	Local Opera	87	50	2434	28
杂技、魔术、马戏类	Acrobatics, Magic and Circus	4	2	197	1
曲艺类	Folk Arts	2	…	15	…
乌兰牧骑	Ulanmuchi	3	…	1079	…
综合性艺术表演团体	Comprehensive Art Performance	705	70	10595	15

Basic Statistics on Art Performance Troupes (2023)

演出场次（万场次） Number of Performance (10000 shows)	#国内演出 Domestic Performance	#农村 Rural Performance	国内演出观众人次（万人次） Number of Domestic Audience (10000 person-times)	#农村 Rural Audience	收入合计（千元） Total Income (1000 yuan)	#财政补贴 Government Budget	#演出收入 Performance Income	政府采购的公益演出活动 Public Shows under Government Procurement：演出场次（万场次） Number of Performances (10000 shows)	观众人次（万人次） Number of Audience (10000 person-times)
9.41	**9.39**	**2.43**	**3964.37**	**1311.99**	**1463010**	**517592**	**419171**	**2.35**	**991.20**
0.13	0.13	0.04	121.00	42.51	230229	171526	44569	0.06	52.17
0.51	0.51	0.23	843.82	241.59	303296	260753	33274	0.06	58.26
8.76	8.74	2.16	2999.55	1027.89	929485	85313	341328	2.23	880.77
1.52	1.51	0.99	1544.91	767.20	616829	471849	108972	0.44	295.32
7.89	7.88	1.44	2419.46	544.79	846181	45743	310199	1.91	695.88
0.03	0.03	0.01	14.09	6.74	37717	24333	10547	0.01	6.53
…	…	…	…	…	…	…	…	…	…
0.11	0.11	0.05	179.69	52.90	102980	78530	21605	0.01	19.07
0.05	0.05	0.03	28.89	17.02	62856	54144	5336	…	1.06
0.05	0.05	0.03	28.89	17.02	62856	54144	5336	…	1.06
1.11	1.10	0.77	766.68	529.20	277420	218356	49364	0.36	225.63
0.16	0.16	…	427.60	2.35	50174	33549	9100	0.01	5.73
0.03	0.03	…	10.00	…	2949	2949	…	…	…
0.43	0.43	…	114.70	…	36769	…	36757	0.10	20.00
7.51	7.51	1.58	2422.72	703.78	892145	105731	286462	1.86	713.18

21-7 艺术表演场馆基本情况(2023年)

项　目	Item	机构数 (个) Number of Institutions (unit)	从业人员 (人) Number of Employed Persons (person)	座席数 (个) Seating Capacity (unit)
总　计	**Total**	**120**	**3120**	**80976**
#附属剧场	Attached Theatre	42	238	2892
儿童剧场	Children's Theatre	1	…	379
按管理部门分	**By Management**			
文化和旅游部门	Cultural and Toruistic Department	54	1005	35930
其他部门	Other Department	66	2115	45046
按机构类型分	**By Type of Troupes**			
表演艺术中心	Performing Arts Center	4	126	4610
音乐厅	Music Hall	1	133	129
戏剧剧场	Drama Theater	9	79	4874
歌剧剧场	Opera Theater	…	…	…
舞蹈剧场	Dance Theatre	…	…	…
音乐剧剧场	Musical Theater	…	…	…
戏曲剧场	Traditional Opera Theatre	2	…	595
综合剧场	Comprehensive Theatre	74	2184	54978
曲艺剧场	Quyi Theatre	…	…	…
旅游演出剧场	Tourist Performance Theatre	5	97	4170
新型演出剧场	New Performance Theatre	3	96	2614
脱口秀剧场	Talk Show Theater	…	…	…
杂技场	Acrobatic Show	2	244	1320
马戏场	Circus	…	…	…
其他	Others	20	161	7686
按隶属关系分	**By Jurisdiction of Management**			
省	Run by Provinces	6	297	4871
市	Run by Prefectures (Cities)	19	444	10075
县、市、区	Run by Counties (Cities) and Others	95	2379	66030

Statistics on Art Performance Venues (2023)

艺术演出场次(万场次) Number of Performances (10000 shows)	艺术演出观众人次(万人次) Number of Audience (10000 person-times)	收入合计		
		(千元) Total Income (1000 yuan)	#财政拨款 Government	#艺术演出收入 Art Performances Income
0.89	**368.02**	**876550**	**177402**	**601976**
0.10	5.96	71212	55917	12153
0.01	2.00	…	…	…
0.20	119.63	204830	123437	45305
0.69	248.39	671720	53965	556671
0.03	41.36	36171	16586	18333
…	…	40675	35091	5573
0.05	8.80	6732	2537	2010
…	…	…	…	…
…	…	…	…	…
…	…	…	…	…
…	1.15	…	…	…
0.70	287.12	700875	66948	555297
…	…	…	…	…
0.03	9.16	19429	12290	6850
0.02	9.62	31283	17115	6994
…	…	…	…	…
0.04	4.76	30700	20826	6731
…	…	…	…	…
0.01	6.05	10685	6009	188
0.04	36.11	100635	69541	27952
0.12	57.48	72333	36448	15372
0.72	274.43	703582	71413	558652

21-8 分市艺术表演团体、艺术表演场馆演出情况(2023年)
Statistics on Performance of Art Performance Troupes and Art Performance Places by City (2023)

市	City	艺术表演团体 Art Performance Troupes				艺术表演场馆 Art Performance Venues		
		剧团数(个) Number of Institutions (unit)	演出场次(万场次) Number of Performances (10000 shows)	#国内演出 Domestic Performances	国内演出观众人次(万人次) Number of Domestic Audience (10000 person-times)	机构数(个) Number of Institutions (unit)	艺术演出场次(万场次) Number of Performances (10000 shows)	艺术演出观众人次(万人次) Number of Audience (10000 person-times)
全　省	**Total**	**819**	**9.41**	**9.39**	**3964.37**	**120**	**0.89**	**368.02**
石家庄市	Shijiazhuang	54	0.70	0.70	438.23	15	0.06	29.54
石家庄市①	Shijiazhuang①	53	0.69	0.69	434.83	14	0.06	29.54
唐 山 市	Tangshan	58	0.93	0.93	141.18	6	0.02	12.09
秦皇岛市	Qinhuangdao	22	0.28	0.28	264.11	14	0.10	73.58
邯 郸 市	Handan	114	0.83	0.83	379.44	18	0.05	29.93
邢 台 市	Xingtai	68	0.32	0.32	75.27	10	…	0.04
保 定 市	Baoding	97	0.61	0.61	267.54	6	0.01	8.10
保 定 市①	Baoding①	92	0.51	0.51	255.69	6	0.01	8.10
张家口市	Zhangjiakou	54	0.72	0.72	533.11	5	…	…
承 德 市	Chengde	57	0.40	0.40	105.86	9	0.11	53.60
沧 州 市	Cangzhou	106	2.10	2.09	1197.96	5	0.02	8.85
廊 坊 市	Langfang	85	0.65	0.65	210.89	8	0.31	102.30
衡 水 市	Hengshui	37	0.20	0.20	153.68	7	0.01	11.03
定 州 市	Dingzhou	1	…	…	…	…	…	…
辛 集 市	Xinji	1	0.01	0.01	3.40	1	…	…

注：本表数据中石家庄市含辛集市，石家庄市①不含辛集市；保定市含定州市和雄安新区，保定市①不含定州市和雄安新区。以下相关表同。

a) Data in this table, Shijiazhuang includes Xinji, Shijiazhuang① excludes Xinji; Baoding includes Dingzhou and Xiongan, Baoding① excludes Dingzhou and Xiongan. The same applies to the table following.

21-9 公共图书馆基本情况(2023年)
Basic Statistics on Public Libraries (2023)

指标	Item	总计 Total	#少儿图书馆 Children's Libraries	按隶属关系分 By Jurisdiction of Management 省级 Provincial Level	地市级 Prefecture Level	县市区 County (City) Level	#县图书馆 Libraries
机构数(个)	Number of Institutions (unit)	181	1	1	12	168	97
从业人员(人)	Number of Employed Persons (person)	2359	13	195	665	1499	795
总藏量(万册)	Total Collections (10000 copies)	4902	51	378	1181	3342	1666
本年新增电子图书(万册)	New E-books This Year (10000 copies)	879	…	75	171	633	394
本年新增藏量(万册)	New Collections This Year (10000 copies)	292	2	10	34	248	152
当年购买的报刊种类(种)	Kinds of Newspapers and Periodicals Purchased This Year (kind)	27226	…	4338	8820	14068	6711
实际持证活跃读者数(个)	Actual Number of Licensed Active Readers (unit)	2758031		353460	1073563	1331008	682917
总流通人次(万人次)	Total Number of Circulation (10000 person-times)	4822	88	86	1141	3595	1798
书刊文献外借人次(万人次)	Borrowing from Libraries (10000 person-times)	1801	30	16	301	1485	803
书刊文献外借册次(万册次)	Number of Books and Periodicals Lent to Readers (10000 copy-times)	3859	74	53	1112	2694	1308
组织各类讲座次数(次)	Number of Lectures (time)	7829	15	89	793	6947	3992
参加人次(万人次)	Number of Participants (10000 person-times)	151	…	1	11	140	79
举办展览(个)	Exhibitions Held (unit)	4617	40	38	435	4144	2445
参加人次(万人次)	Number of Participants (10000 person-times)	997	60	52	293	653	381
举办培训班(个)	Training Classes Held (unit)	4976	23	61	579	4336	2304
培训人次(万人次)	Trainees (10000 person-times)	51	…	1	3	47	29
计算机(台)	Computers (set)	8813	47	344	2077	6392	3671
#供读者使用的终端数	Number of Terminals Available for Readers to Use	5941	32	54	1156	4731	2749
阅览室坐席数(个)	Seats of Reading Room (unit)	88366	1000	3670	18087	66609	38672
#少儿阅览室坐席数	Number of Seats in Reading Room for Children	20885	1000	120	3974	16791	8926
#盲人阅览室坐席数	Number of Seats in Reading Room for the Blind	1973	…	20	192	1761	1084

21-10 分市公共图书馆基本情况(2023年)

市	City	公共图书馆 (个) Number of Public Library (unit)	藏 量 (册件) Collection (copy)	本年新增电子图书 (册) New E-book This Year (copy)	本年新增藏 量 (册件) New Collections This Year (copy)	实际持证活跃读者数 (个) Actual Number of Licensed Active Readers (unit)	总流通人次 (人次) Total Number of Circulation (person-time)	书刊文献外借人次 (人次) Borrowing from Libraries (person-time)
全 省	**Total**	**181**	**49016609**	**8786144**	**2920903**	**2758031**	**48223827**	**18013967**
石家庄市	Shijiazhuang	25	4762849	286834	201647	408610	6405381	2214842
石家庄市①	Shijiazhuang①	24	4588179	286834	197136	403958	6270104	2135458
唐 山 市	Tangshan	15	10722855	26696	390783	433418	6948052	3259909
秦皇岛市	Qinhuangdao	8	2718370	17000	55662	117191	1659179	425473
邯 郸 市	Handan	19	3177228	1966958	285060	194225	4016315	1516639
邢 台 市	Xingtai	19	3237571	114437	140951	175688	5665318	1970436
保 定 市	Baoding	25	4637740	1035075	443648	253482	6825078	2185676
保 定 市①	Baoding①	21	4289505	1023817	426502	237727	6269218	2026718
张家口市	Zhangjiakou	17	2253428	1146580	308363	70808	2530928	951900
承 德 市	Chengde	12	1279155	1520400	69633	82689	1115664	306192
沧 州 市	Cangzhou	17	6150593	255164	237638	412873	6852124	3261340
廊 坊 市	Langfang	11	4645358	1540000	600343	150177	3335873	814511
衡 水 市	Hengshui	12	1649243	127000	87822	105410	2005614	950739
定 州 市	Dingzhou	1	256856	11258	16996	13320	125860	68958
辛 集 市	Xinji	1	174670	…	4511	4652	135277	79384

Statistics on Public Libraries by City (2023)

书刊文献外借册次 (册次) Number of Books and Periodicals Lent to Readers (copy-time)	为读者举办各种活动 组织各类讲座次数 (次) Number of Lectures (time)	参加人次 (人次) Attending Lectures (person-time)	举办展览 (个) Exhibitions Held (unit)	参观人次 (人次) Visiting Exhibitions (person-time)	举办培训班 (个) Training Classes Held (unit)	培训人次 (人次) Attending Training (person-time)	计算机 (台) Computers (set)	供读者使用的终端数 (台) Terminals Available for Readers to Use (set)	阅览室坐席数 (个) Seats of Reading Room (unit)
38590781	**7829**	**1510891**	**4617**	**9974869**	**4976**	**506396**	**8813**	**5941**	**88366**
3892230	776	176454	578	2242809	422	35364	1177	761	11920
3776764	760	175412	566	2209181	410	34754	1121	713	11800
7338174	343	51896	252	549364	311	26479	1019	666	8620
1463932	171	23730	177	315536	115	9686	348	270	3078
2339984	663	149710	429	694889	563	46424	943	652	8756
2597297	847	122737	472	546657	858	103678	692	567	7550
5738209	2972	614681	1305	2042243	1006	130498	780	535	11002
5470959	2853	606866	1207	1985148	914	123380	650	495	10432
5171653	293	51425	131	434024	107	9108	569	316	7791
737010	195	19912	195	462582	185	12963	568	458	2163
5429163	681	149230	592	1056600	587	53950	1279	860	11210
1362626	372	65496	168	709311	512	45280	690	475	7228
1991205	427	77095	280	405644	249	27420	404	327	5378
101250	86	3565	58	6595	64	3068	26	12	420
115466	16	1042	12	33628	12	610	56	48	120

21-11 群众文化机构基本情况(2023年)
Statistics on Cultural Institutions (2023)

指标	Item	总计 Total	文化馆 Cultural Center	#县市级 County (City) Level	#县文化馆 County Cultural Center	乡镇(街道)文化站 Township (subdistrict) Cultural Stations	#乡镇文化站 Township Cultural Stations
机构数(个)	Institutions (unit)	2465	182	170	98	2283	1980
从业人员(人)	Number of Employed Persons (person)	8289	2233	1669	908	6056	5197
组织文艺活动(次)	Art Performances and Story-telling Sessions (time)	116793	31741	30163	17274	85052	68965
参加文艺活动人次(万人次)	Person-times Attending Art and Cultural Activities (10000 person-times)	7322.99	4367.74	4085.15	1880.79	2955.35	2374.22
举办训练班(次)	Number of Training Courses (time)	59139	26262	22638	10865	32877	25393
参加培训人次(万人次)	Attending Training (10000 person-times)	668.23	190.69	174.87	83.34	477.54	386.64
举办展览个数(个)	Number of Exhibitions (unit)	17936	3346	3194	2077	14590	12379
参观展览人次(万人次)	Visiting Exhibitions (10000 person-times)	1808.33	902.71	815.27	421.86	905.61	749
组织公益性讲座(次)	Organize Public Welfare Lectures (time)	5174	5174	4524	1608	…	…
参加讲座人次(万人次)	Number of Participants (10000 person-times)	93.44	93.54	91.01	46.78	…	…
拥有计算机(台)	Computer Owned (unit)	12966	2558	1989	1022	10408	8757
馆办文艺团体(个)	Art Performance Troupes Run by Centers (unit)	633	633	565	245	…	…
馆办文艺团体演出场次(场)	Number of Art Performances Run by Centers (time)	8821	8821	6019	1995	…	…
馆办老年大学(个)	Aging College Run by Centers (unit)	33	33	33	20		
群众业余文艺团队(个)	Part-time Art Troupes (unit)	29524	6406	5917	2930	23118	20476

21-12 分市国有博物馆基本情况(2023年)
Statistics on State Owned Museums by City (2023)

市	City	机构数(个) Number of Institutions (unit)	从业人员(人) Number of Employed Persons (person)	#专业技术人才 Professional Technical Staff	藏品数(件/套) Number of Collections (piece/set)	#文物藏品 Collection of Cultural Relics	基本陈列(个) Displays Exhibition (unit)	临时展览(个) Temporary Exhibition (unit)	参观人次(万人次) Spectators (10000 person-times)	门票销售总额(千元) Ticket Sales for Entrance Ticket (1000 yuan)
全　省	**Total**	**147**	**4848**	**1448**	**513796**	**293712**	**445**	**569**	**3872.28**	**21083**
石家庄市	Shijiazhuang	12	359	154	16463	12696	43	50	409.49	222
石家庄市①	Shijiazhuang①	12	359	154	16463	12696	43	50	409.49	222
唐山市	Tangshan	13	483	172	59247	16956	38	35	478.02	5143
秦皇岛市	Qinhuangdao	7	113	33	4740	3632	12	35	55.56	…
邯郸市	Handan	18	695	116	38584	34106	53	61	384.57	…
邢台市	Xingtai	7	182	62	17773	3671	39	39	295.30	…
保定市	Baoding	25	785	183	72444	67147	52	70	669.00	14941
保定市①	Baoding①	24	735	165	36616	31881	46	57	608.27	14941
张家口市	Zhangjiakou	11	214	40	9411	8081	27	14	150.38	…
承德市	Chengde	12	452	164	55968	46995	52	68	381.94	…
沧州市	Cangzhou	13	310	68	65073	22762	40	48	345.11	…
廊坊市	Langfang	7	111	31	5876	2571	28	43	98.00	…
衡水市	Hengshui	8	116	16	15107	14372	22	33	117.51	…
定州市	Dingzhou	1	50	18	35828	35266	6	13	60.73	…
辛集市	Xinji	…	…	…	…	…	…	…	…	…

21－13 文物业基本情况(2023年)
Statistics on Cultural Relics (2023)

项 目	Item	机构数(个) Number of Institutions (unit)	从业人员(人) Number of Employed Persons (person)	基本陈列(个) Basic Display (unit)	临时展览(个) Temporary Exhibition (unit)	文物藏品(件/套) Number of Collections (piece/set)	#一级品 Grade One
总 计	**Total**	**511**	**9640**	**461**	**573**	**421425**	**1523**
按单位类型分	**By Kind of Units**						
文物科研机构	Scientific and Research Agencies	8	392	1	…	48740	198
文物保护管理机构	Agencies of Cultural Relics Preservation	157	3608	15	4	77852	230
国有博物馆	State Owned Museums	147	4848	445	569	293712	1094
文物行政部门	Cultural Relics Administration Department	182	538	…	…	1121	1
其他文物机构	Other Agencies	17	254	…	…	…	…
按隶属关系分	**By Jurisdiction of Management**						
省区市	Provincial Level	17	1311	39	73	106056	530
地 市	Prefecture Level	66	3257	118	166	90445	416
县市区	County or City Level	428	5072	304	334	224924	577
按管理部门分	**By Department of Management**						
文物部门	Cultural Relics Department	468	8406	405	520	411672	1464
其他部门	Other Department	43	1234	56	53	9753	59

21－13 续表 continued

项 目	Item	在藏品数中(件/套) In the Number of Collections (piece/set)			参观人次(万人次) Spectators (10000 person-times)	#未成年人 Minor	实际使用房屋建筑面积(万平方米) Floor Space of Buildings Actually Used (10000 sq.m)
		本年新增藏品(件/套) New Collections This Year (piece/set)	#从有关部门接收文物 Accepted Cultural Relics from Department	#本年藏品征集数 Collection of Cultural Relics			
总 计	**Total**	**147383**	**48111**	**14375**	**5031.82**	**1118.49**	**130.65**
按单位类型分	**By Kind of Units**						
文物科研机构	Scientific and Research Agencies	…	…	…	0.39	…	2.85
文物保护管理机构	Agencies of Cultural Relics Preservation	305	…	58	1159.12	81.56	17.93
国有博物馆	State Owned Museums	146546	48111	14315	3872.28	1036.91	107.64
文物行政部门	Cultural Relics Administration Department	102	…	2	…	…	0.70
其他文物机构	Other Agencies	430	…	…	…	…	1.56
按隶属关系分	**By Jurisdiction of Management**						
省区市	Provincial Level	8328	…	6113	487.44	96.55	14.64
地 市	Prefecture Level	75546	41037	850	1680.86	281.48	48.97
县市区	County or City Level	63509	7074	7412	2863.52	740.46	67.04
按管理部门分	**By Department of Management**						
文物部门	Cultural Relics Department	108880	48111	8034	3909.64	936.19	110.18
其他部门	Other Department	38503	…	6341	1122.17	182.30	20.47

21-14 文化发展主要指标
Main Indicators of Cultural Development

指　标	Item	2015	2020	2022	2023
文化和旅游事业费(亿元)	Cultural and Tourism Expenses (100 million yuan)	18.53	35.39	39.38	42.25
人均文化和旅游事业费(元)	Per Capita Cultural and Tourism Expenses (yuan)	24.96	47.43	53.08	57.14
每万人拥有公共图书馆面积(平方米)	Public Library Area per 10000 People (sq.m)	59.15	81.37	127.28	164.22
人均拥有公共图书馆藏书(册)	Per Capita Public Library Collections (copy)	0.30	0.46	0.63	0.66
人均购书费(元)	Per Capita Book Purchase (yuan)	0.55	0.61	0.63	0.79
每万人拥有群众文化设施面积(平方米)	The Area of Mass Cultural Facilities per 10000 People (sq.m)	163.68	192.19	250.86	326.28
人均群众文化业务活动专项经费(元)	Special Fund for Cultural Business Activities per Capita (yuan)	1.64	1.71	2.10	2.11
艺术表演团体国内演出观众人次(万人次)	Number of Audiences in Domestic Performances of Art Performances Troupes (10000 person-times)	4559	3342	2157	3964
艺术表演团体演出收入(万元)	Performance Income of Art Performance Troupes (10000 yuan)	34455	22626	17818	41917
文物部门总藏量(件、套)	Total Inventory of Cultural Relics Department (piece/set)	565985	488045	499243	572996
文物部门博物馆参观总人次(万人次)	Total Number of Visitors to the Cultural Relics Department Museum (10000 person-times)	2103	661	1151	3342

注：文化和旅游事业费2019及以前年份为文化事业费。
a) Cultural and Tourism Expenses are Cultural Expenses in 2019 and previous years.

21-15 分市规模以上文化及相关产业基本情况(2023年)
Main Indicators on Culture and Relevant Industry above Designated Size by City (2023)

单位：万元 (10000 yuan)

市	City	法人单位数(个) Legal Persons (unit)	文化制造业 Cultural Manufacturing	文化批发和零售业 Wholesale and Retail of Culture	文化服务业 Services of Culture	年末从业人员(人) Engaged Persons at Year-end (person)	资产总计 Total Assets	营业收入 Business Revenue	应交增值税 Value-added Tax Payable
全　省	**Total**	**1257**	**466**	**260**	**531**	**111375**	**22208382.6**	**8253691.9**	**181756.4**
石家庄市	Shijiazhuang	306	51	70	185	28639	4930990.1	2842563.1	44178.5
唐山市	Tangshan	116	38	22	56	10635	9228157.7	1074380.8	34704.5
秦皇岛市	Qinhuangdao	55	13	8	34	6285	1011802.9	510168.9	14395.8
邯郸市	Handan	126	38	30	58	8614	824835.6	513812	8037.1
邢台市	Xingtai	106	83	18	5	9863	592323.4	577722.2	9474.9
保定市	Baoding	168	74	32	62	15960	2240588.1	1026598.8	30147.2
张家口市	Zhangjiakou	37	2	10	25	2358	337999.3	85645	2639.2
承德市	Chengde	38	5	11	22	6809	671276.2	246448.1	7708.6
沧州市	Cangzhou	117	59	20	38	8997	660081.5	444333.2	7130.1
廊坊市	Langfang	124	61	28	35	7872	1157444	565552.4	12570.5
衡水市	Hengshui	64	42	11	11	5343	552883.8	366467.4	10770.0

21-16 分市规模以上文化制造业企业基本情况(2023年)

Statistics on Cultural Industrial Enterprises above Designated Size by City (2023)

单位：万元 (10000 yuan)

市	City	企业单位数(个) Number of Enterprises (unit)	年末从业人员(人) Employed Persons at Year-end (person)	资产总计 Total Assets	营业收入 Business Revenue	应交增值税 Value-added Tax Payable
全　　省	**Total**	**466**	**47596**	**4477155.2**	**3612434.2**	**108182.8**
石家庄市	Shijiazhuang	51	4636	506316.4	453260.8	9870.0
唐 山 市	Tangshan	38	4884	645923.7	602830.0	28415.3
秦皇岛市	Qinhuangdao	13	1765	145006.3	195368.5	8772.0
邯 郸 市	Handan	38	3218	202894.4	210466.9	3229.3
邢 台 市	Xingtai	83	8479	479952.3	483891.1	8845.1
保 定 市	Baoding	74	10270	1241029.6	771765.0	25623.6
张家口市	Zhangjiakou	2	413	34794.8	17237.7	632.0
承 德 市	Chengde	5	532	42426.1	49979.4	852.7
沧 州 市	Cangzhou	59	4719	347740.1	240957.5	4320.2
廊 坊 市	Langfang	61	4623	431527.1	314978.8	8607.6
衡 水 市	Hengshui	42	4057	399544.4	271698.5	9015.0

21-17 分市限额以上文化批发和零售业企业基本情况(2023年)

Statistics on Cultural Wholesale and Retail Trades Enterprises above Designated Size by City (2023)

单位：万元 (10000 yuan)

市	City	企业单位数(个) Number of Enterprises (unit)	年末从业人员(人) Employed Persons at Year-end (person)	资产总计 Total Assets	营业收入 Business Revenue	应交增值税 Value-added Tax Payable
全　　省	**Total**	**260**	**11940**	**2093000.6**	**1836649.4**	**10456.6**
石家庄市	Shijiazhuang	70	3750	1157039.2	944197.8	3547.0
唐 山 市	Tangshan	22	862	115227.6	121881.2	665.4
秦皇岛市	Qinhuangdao	8	443	27331.1	31558.7	198.1
邯 郸 市	Handan	30	1516	120734.3	140607.2	673.2
邢 台 市	Xingtai	18	761	84265.7	77534.1	330.4
保 定 市	Baoding	32	750	147320.2	111634.8	621.2
张家口市	Zhangjiakou	10	550	57068.5	41392.9	617.8
承 德 市	Chengde	11	519	35090.9	34633.1	836.9
沧 州 市	Cangzhou	20	1357	133811.3	120391.5	740.6
廊 坊 市	Langfang	28	856	151094.5	157997.8	1981.9
衡 水 市	Hengshui	11	576	64017.3	54820.3	244.1

21-18 分市规模以上文化服务业企业基本情况(2023年)
Statistics on Cultural Enterprises of Service Industry above Designated Size by City (2023)

单位：万元 (10000 yuan)

市	City	企业单位数(个) Number of Enterprises (unit)	年末从业人员(人) Employed Persons at Year-end (person)	资产总计 Total Assets	营业收入 Business Revenue	应交增值税 Value-added Tax Payable
全　省	**Total**	**531**	**51839**	**15638226.8**	**2804608.3**	**63117.0**
石家庄市	Shijiazhuang	185	20253	3267634.5	1445104.5	30761.5
唐 山 市	Tangshan	56	4889	8467006.4	349669.6	5623.8
秦皇岛市	Qinhuangdao	34	4077	839465.5	283241.7	5425.7
邯 郸 市	Handan	58	3880	501206.9	162737.9	4134.6
邢 台 市	Xingtai	5	623	28105.4	16297.0	299.4
保 定 市	Baoding	62	4940	852238.3	143199.0	3902.4
张家口市	Zhangjiakou	25	1395	246136.0	27014.4	1389.4
承 德 市	Chengde	22	5758	593759.2	161835.6	6019.0
沧 州 市	Cangzhou	38	2921	178530.1	82984.2	2069.3
廊 坊 市	Langfang	35	2393	574822.4	92575.8	1981.0
衡 水 市	Hengshui	11	710	89322.1	39948.6	1510.9

21-19 体育系统从业人员情况(2023年)
Number of Engaged Persons of Physical Education System (2023)

指　标	Item	合　计(人) Total (person)	公务员 Civil Servant	管理人员 Management	专业技术人员 Professional and Technical Personnel	优秀运动队运动员 Excellent Sports Teams and Athletes	工勤人员 Workers and Service Personnel	其　他 Others
全　省	**Total**	**6730**	**882**	**958**	**2585**	**1620**	**373**	**312**
体育行政机关	Administrative Agencies of Sports	1143	882				29	232
运动项目管理部门	Sports Events Management Departments	1137		188	154	746	24	25
本科院校	Universities and Colleges	192				192		
体育运动学校	Physical Education & Sports Schools	1493		137	1127	164	65	
少儿体育运动学校	Spare-time Sports School	927		121	674	24	86	22
训练基地	Training Bases	65		17	37		11	
体育场馆	Stadium and Gymnasium	495		206	180		89	20
体育科研机构	Sports Science Research Institute	68		16	52			
其他事业单位	Other Institutions	1163		263	342	494	51	13
其　他	Others	47		10	19		18	

21−20 等级运动员、裁判员分项发展人数(2023年)
Number of Athletes and Referees in Grades by Type of Sports (2023)

单位：人 (person)

运动项目	Item	等级运动员 Number of Athletes in Grades	#一级运动员 First Grades	#二级运动员 Second Grades	一级裁判员 First Referees	#女性 Female
全　省	**Total**	**7697**	**1707**	**5353**	**3160**	**1028**
#田径	Track and Field	2159	108	2049	602	207
游泳	Swimming	842	161	566	165	90
举重	Weight Lifting	19	5	13	24	11
体操	Gymnastics	54	52	2	46	23
射击	Fire	123	42	29	20	12
国际式摔跤	International-like Wrestling	161	42	105	12	1
柔道	Judo	95	17	69	23	15
篮球	Basketball	283	39	244	106	15
排球	Volleyball	512	174	257	165	70
乒乓球	Ping-pong	162	53	73	242	39
羽毛球	Badminton	211	68	107	192	86
足球	Football				77	15
武术	Martial Arts	385	9	376	142	48
跳水	Diving	30	16	12	10	6
射箭	Archery	90	33	34	15	4
皮划艇静水	Canoeing in Still Water	215	74	95	22	5
棒球	Baseball	104	36	64	5	
三人篮球	Three Player Basketball	150	89	61		
拳击	Boxing	190	52	120	37	10
场地自行车	Track Bike	60	28	9	85	29
公路自行车	Highway Bicycles	29	12	12	85	29
山地自行车	Mountain Bike	15	5	4	85	29
BMX小轮车	Bmx Small Wheeled Vehicle	8	5	2		
击剑	Fencing	50	12	32		
手球	Handball	2		2		
马术	Equestrian	18	4	12		
艺术体操	Artistic Gymnastics	52	18	34	16	16
赛艇	Rowing	185	77	97	19	6
跆拳道	Taekwondo	170	55	104	47	11
网球	Tennis	168	50	93	138	39
中国式摔跤	Shuai Jiao	49	34	15		
冰壶	Curling	5		5	56	23
短道速滑	Short Track Speed Skating	52	18	25	78	19
速度滑冰	Speed Skating	99	9	75	78	26
高山滑雪	Alpine Skiing	9	4		88	21
越野滑雪	Cross Country Skiing	5	2	3	24	7
跳台滑雪	Ski Jumping	24	7	16	20	4
单板滑雪	Snowboarding	18	7	11	110	32
高尔夫球	Golf Ball	42	26	16	12	
橄榄球	Football	138	93	39	4	2
围棋	Go	8	2	6	66	20
象棋	Chinese Chess	10	5	5	34	6
武术散打	Martial Arts Sanda	168	7	156	60	8
汽车	Automobile					
毽球	Shuttlecock Ball					
门球	Goalball					
钓鱼	Fishing					
空手道	Karate	291	85	206	17	4
健身	Body Building					
冲浪	Surfing	3				

主要统计指标解释

广播/电视节目综合人口覆盖率 指根据国家广播电视总局制定的《广播电视人口覆盖率统计技术标准和方法》进行统计调查的，在对象区内能接收到由中央、省、地市或县通过无线、有线或卫星等各种技术方式转播的各级广播/电视节目的人口数占全省总人口数的百分比。

艺术表演团体 指由文化部门主办或实行行业管理（经文化行政部门审批并领取营业性演出许可证），专门从事表演艺术等活动的各类专业艺术表演团体，含民间职业剧团。不包括群众业余文艺表演团队。

艺术表演场馆 指由文化部门主办或实行行业管理（向文化行政部门备案或领取合资/合作演出场所许可证），有观众席、舞台、灯光设备，公开售票、专供文艺团体演出的文化活动场所。

文化市场经营机构 指经文化市场行政部门审批或备案并领取相关许可或备案文件的、从事文化经营和文化服务活动的机构。

综合档案馆 指由省或地方各级档案行政管理部门直接管理的，按行政区划或历史时期设置的，收集和管理所辖范围内多种门类档案的档案馆。

规模以上文化制造业企业 指《文化及相关产业分类(2018)》所规定行业范围内，年主营业务收入在2000万元及以上的工业企业法人。

限额以上文化批发和零售业企业 指《文化及相关产业分类(2018)》所规定行业范围内，年主营业务收入在2000万元及以上的批发业企业法人和年主营业务收入在500万元及以上的零售业企业法人。

规模以上文化服务业企业 指《文化及相关产业分类(2018)》所规定行业范围内，年营业收入在1000万元及以上的服务业企业法人，其中交通运输、仓储和邮政业，信息传输、软件和信息技术服务业，水利、环境和公共设施管理业的年营业收入2000万元及以上，居民服务、修理和其他服务业以及文化、体育和娱乐业的年营业收入在500万元及以上。

Explanatory Notes on Main Statistical Indicators

The Population Coverage Rate of Radio/Television refers to the percentage of the whole country's population who can receive radio/television programmes transmitted by national, provincial, municipal or county stations through wireless, cable or satellite techniques, according to *Statistical Standard and Method on Television and Radio Coverage of Population* established by the State Administration of Radio and Television.

Arts Performance Troupes refer to the various professional performing arts groups, sponsored by the cultural departments or guided by the cultural societies (approved by the cultural administration authority, or permitted with the commercial performance certificate), including non-public troupes. The mass amateur arts performance troupes are not included.

Arts Performance Venues refer to the various venues for cultural activities, which are sponsored by the cultural departments or guided by the cultural societies (registered in the cultural market administration, or permitted with the cooperative performance certificate), with the facility of auditorium, stage and lighting, and selling tickets to the public.

Institutions of Cultural Market Management refer to the institutions engaged in cultural management and cultural services, with registration and permits certificate and documents from cultural market administration.

Comprehensive Archives refer to all archives institutions, which are directly managed by the province and local levels archives administration, collecting and keeping various documents and materials by administrative regions or historical periods.

Cultural Manufacturing above Designated Size refer to industrial enterprises with principal business over 20 million yuan, within the designated industrial sectors of *Classification of Culture and Relevant Industry (2018).*

Wholesale and Retail of Culture above Designated Size refer to enterprises of wholesale with principal business over 20 million yuan, and industrial enterprise of retail with principal business over 5 million yuan, within the designated industrial sectors of *Classification of Culture and Relevant Industry (2018).*

Services of Culture above Designated Size refer to service enterprises under the designated industrial sectors of *Classification of Culture and Related Industry (2018)*, with annual principal business revenue over 10 million yuan, except for enterprises in transport, storage and post, information transmission, software and information technology services, water conservancy, environment and public facilities management sectors, where the threshold of annual principal business is over 20 million yuan, as well as enterprises in household services, repair and other services, culture, sports and recreation sectors where the threshold of annual principal business is over 5 million yuan.

公共管理和社会保障

Public Management and Social Security

简 要 说 明

一、本篇资料主要反映司法部门律师、公证、调解工作和劳动保障等情况。

二、律师、公证、调解等资料由河北省司法厅整理提供。

三、劳动保障资料的主要内容包括社会保险基本情况，基本养老保险情况、失业保险情况、工伤保险情况由省人力资源和社会保障厅提供。基本医疗保险情况、生育保险情况由省医疗保障局提供。

四、资料整理：谷红叶　任婷婷　刘新

Brief Introduction

Ⅰ.The data in this chapter mainly reflects the judicial department lawyer, notarization, mediation work and labor security and so on.

Ⅱ.Documents concerning lawyers, notarization and mediation shall be sorted out and provided by the Department of Justice of Hebei Province.

Ⅲ. The main content that labor ensures data includes social insurance basic situation, basic endowment insurance circumstance, unemployed insurance circumstance, industrial injury insurance circumstance is provided by Hebei Provincial Department of Human Resources and Social Security. Basic medical treatment is sure circumstance, birth insurance circumstance is provided by Hebei Provincial Medical Security Bureau.

Ⅳ. Data collection: Gu Hongye, Ren Tingting, Liu Xin.

22-1 律师、公证和调解工作基本情况
Statistics on Lawyers, Notarization and Mediation

项　目	Item	2015	2020	2021	2022	2023
律师工作	**Lawyers**					
律师事务所(个)	Number of Law Offices (unit)	889	1203	1251	1286	1336
律师人数(人)	Number of Lawyers (person)	11443	19970	21175	23060	24630
#专职律师	Full-time Lawyers	10517	15548	15916	16929	18035
兼职律师	Part-time Lawyers	503	599	622	615	685
担任法律顾问(家)	Number of Units with Legal Advisors (unit)	17518	21391	23360	23958	26275
民事案件代理(件)	Agent of Civil Cases (case)	57705	200819	238583	237411	296020
刑事案件辩护及代理(件)	Agent and Defender of Criminal Cases (case)	16775	36233	40632	27752	47360
行政案件代理(件)	Agent of Administrative Action (case)	4374	5930	6757	6739	5994
非诉讼法律事务(件)	Agent of Non-Litigious Legal Affairs (case)	20328	37184	33648	33421	45012
咨询和代书(万人次)	Agent of Legal Advisory Services (10000 person-times)	30.3	28.5	21.0	12.3	12.3
公证工作	**Notarization**					
公证机构(家)	Number of Notary Offices (unit)	175	171	170	170	170
公证员(人)	Notaries (person)	734	727	762	778	818
办理公证(出证)总数(万件)	Number of Notarized Documents (10000 cases)	36.01	29.8	32.16	32.9	44.8
人民调解工作	**Number of People's Mediation**					
人民调解委员会(万个)	Number of People's Mediation Committees (10000 units)	5.84	5.8	5.76	5.85	5.77
调解人员(万人)	Number of Mediators (10000 persons)	34.02	33.03	32.07	32.11	22.47
调解案件总数(万件)	Number of Civil Disputes Mediated (10000 cases)	34.46	35.6	34.74	34.73	35.58

22-2 公证文书分类
Notary Documents by Type

指　标	Indicators	办理公证(件) Handling Notarization (item)			比　重(%) Proportion (%)		
		2021	2022	2023	2021	2022	2023
合　计	**Total**	**321552**	**328720**	**448091**	**100.00**	**100.00**	**100.00**
合同(协议)	Contracts (Agreement)	13633	14053	15293	4.24	4.28	3.41
继　承	Inheritance	64035	53722	79930	19.91	16.34	17.84
委　托	Proxy	81851	103186	113626	25.45	31.39	25.36
声　明	Declarations	59127	53906	92563	18.39	16.40	20.66
赠　与	Gift	2020	1376	1924	0.63	0.42	0.43
遗　嘱	Testaments	1095	1002	1306	0.34	0.30	0.29
现场监督	Field Supervision	2163	1564	1751	0.67	0.48	0.39
婚姻状况、亲属关系、收养关系	Marital Status, Kinship Confirmation, Adoption Relationship	5856	6755	11359	1.82	2.05	2.53
出生、生存、死亡	Births, Survival, Deaths	5296	6329	9522	1.65	1.93	2.12
身份、经历、学历、学位、职务、职称	Identity, Resume, Education Backgroud, Academic Degree, Professional Titles	4512	2407	3419	1.40	0.73	0.76
有无违法犯罪记录	Any Illegal and Criminal Record	8432	9387	13950	2.62	2.86	3.11
公司章程	Articles of Association	72	68	67	0.02	0.02	0.01
保全证据	Preservation of Evidence	18234	15837	18441	5.67	4.82	4.12
证书、执照	Certificate, License	18255	21069	35494	5.68	6.41	7.92
签名、印鉴	The Signature (The seal)	5591	3611	7075	1.74	1.10	1.58
文本相符	Confirmation of Copies and Photo-offset Copies to Originals	17067	15149	23907	5.31	4.61	5.34
赋予强制执行效力	Give Effectiveness	9561	11337	13745	2.97	3.45	3.07
执行证书	Perform Certificate	409	363	366	0.13	0.11	0.08
抵押登记	Mortgage Registration	183	80	1	0.06	0.02	
提　存	Deposited	132	333	367	0.04	0.10	0.08
保　管	Storage	87	61	84	0.03	0.02	0.02
其　他	Others	3941	7125	3901	1.23	2.17	0.87

22-3 社会保险基本情况
Statistics of Social Insurance

单位：万人 (10000 persons)

项　　目	Item	2010	2015	2020	2021	2022	2023
基本养老保险	**Basic Endowment Insurance**						
年末参保人数	Contributors at Year-end	2092.34	4760.80	5283.95	5358.33	5436.21	5477.14
职　工	Number of Employees			1257.81	1313.82	1364.41	1428.90
#企业(含其他)	Enterprises (including others)	728.94	952.03	1038.69	1097.35	1148.96	1214.03
离退休人员	Number of Retirees			480.06	491.66	503.28	520.93
#企业(含其他)	Enterprises (including others)	259.50	368.45	370.34	378.32	386.32	399.36
城乡居民	Urban and Rural Residents	1103.90	3440.32	3546.08	3552.84	3568.52	3527.31
失业保险	**Unemployment Insurance**						
年末参保人数	Contributors at Year-end	493.41	510.98	691.52	747.36	795.43	815.19
全年发放失业保险金人数	Beneficiaries of Unemployment Insurance Fund	9.01	14.12	13.17	14.26	14.66	14.73
全年发放失业保险金(亿元)	Unemployed Relief (100 million yuan)	23.51	7.96	8.85	12.91	12.39	14.47
工伤保险	**Work-related Insurance**						
年末参保人数	Contributors at Year-end	594.44	809.72	1069.45	1084.68	1105.92	1153.53
全年享受工伤待遇的人数	Beneficiaries in the Whole Year	7.50	9.64	9.71	9.93	9.48	9.83

22-4 分市基本养老保险情况(2023年)
Statistics on Basic Pension Insurance by City (2023)

单位：万人 (10000 persons)

市	City	城乡居民参保人数 Basic Pension Insurance for Urban and Rural Residents	实际领取待遇人数 Actually Persons Received Pension	城镇职工参保人数 Urban Employee Basic Pension Insurance	职工 Number of Staff and Workers	离退休人员 Number of Retirees
全　省	**Total**	**3527.31**	**1184.30**	**1949.83**	**1428.90**	**520.93**
石家庄市	Shijiazhuang	419.23	150.21	319.10	246.56	72.54
石家庄市①	Shijiazhuang①	386.12	136.20	306.31	236.96	69.35
唐 山 市	Tangshan	325.42	125.87	273.33	196.28	77.05
秦皇岛市	Qinhuangdao	123.12	50.15	109.38	84.84	24.53
邯 郸 市	Handan	460.27	130.47	178.08	124.45	53.64
邢 台 市	Xingtai	401.64	117.49	125.60	92.90	32.70
保 定 市	Baoding	597.80	203.00	207.15	160.97	46.19
保 定 市①	Baoding①	464.89	158.07	177.02	135.97	41.05
张家口市	Zhangjiakou	206.04	79.06	124.48	79.19	45.29
承 德 市	Chengde	176.53	63.35	93.28	66.65	26.63
沧 州 市	Cangzhou	365.83	120.26	149.56	109.54	40.02
廊 坊 市	Langfang	217.08	73.04	136.53	118.12	18.41
衡 水 市	Hengshui	234.35	84.38	80.25	60.75	19.50
定 州 市	Dingzhou	61.32	22.33	14.88	11.94	2.93
辛 集 市	Xinji	33.11	14.01	12.79	9.60	3.18

注：1.本表数据中石家庄市含辛集市，石家庄市①不含辛集市;保定市含定州市和雄安新区，保定市①不含定州市和雄安新区。以下相关表同。

2.城乡居民实际待遇领取人数取值为报告期末参保人数中已经通过城乡居民基本养老保险待遇核定的人数。

a) Data in this table, Shijiazhuang includes Xinji, Shijiazhuang① excludes Xinji; Baoding includes Dingzhou and Xiongan, Baoding① excludes Dingzhou and Xiongan. The same applies to the table following.

b) The actual number of people receiving benefits for urban and rural residents is the number of people who have already passed the verification of basic pension insurance benefits for urban and rural residents among the insured at the end of the reporting period.

22−5 分市失业保险情况
Statistics of Unemployment Insurance by City

单位：万人 (10000 persons)

市	City	年末参加失业保险人数 Unemployment Insurance Contributors at Year-end			年末领取失业保险金人数 Beneficiaries of Unemployment Insurance Fund at Year-end		
		2021	2022	2023	2021	2022	2023
全　省	**Total**	**747.36**	**795.43**	**815.19**	**7.04**	**6.54**	**7.37**
石家庄市	Shijiazhuang	136.96	157.11	165.65	1.08	1.08	1.16
石家庄市①	Shijiazhuang①	132.31	152.30	160.57	1.07	1.06	1.15
唐 山 市	Tangshan	117.72	119.89	121.00	1.41	1.36	1.48
秦皇岛市	Qinhuangdao	46.21	46.97	47.18	0.82	0.81	0.81
邯 郸 市	Handan	74.13	75.14	76.49	1.18	0.77	0.64
邢 台 市	Xingtai	54.17	56.73	58.19	0.32	0.38	0.40
保 定 市	Baoding	82.81	103.12	105.93	0.50	0.66	0.82
保 定 市①	Baoding①	71.82	90.70	91.87	0.41	0.59	0.68
张家口市	Zhangjiakou	39.02	42.17	42.87	0.34	0.23	0.37
承 德 市	Chengde	35.39	37.94	37.52	0.50	0.42	0.43
沧 州 市	Cangzhou	57.05	62.96	69.20	0.30	0.29	0.48
廊 坊 市	Langfang	51.43	52.73	54.42	0.38	0.42	0.62
衡 水 市	Hengshui	31.56	35.66	36.73	0.12	0.13	0.16
定 州 市	Dingzhou	5.72	5.96	6.15	0.05	0.04	0.05
辛 集 市	Xinji	4.65	4.81	5.07	0.01	0.01	0.02

22−6 分市基本医疗保险参保人数(2023年)
Participants of Basic Medical Insurance by City (2023)

单位：万人 (10000 persons)

市	City	年末参保人数 Participants at Year-end	城镇职工 Urban Workers			城乡居民 Urban and Rural Residents
				在岗职工 Staff and Workers	退休人员 Retirees	
全　省	**Total**	**6925.88**	**1288.30**	**886.22**	**402.07**	**5637.58**
石家庄市	Shijiazhuang	1009.53	248.73	178.16	70.57	760.80
石家庄市①	Shijiazhuang①	955.97	243.17	174.64	68.53	712.80
唐 山 市	Tangshan	703.08	190.07	124.39	65.68	513.01
秦皇岛市	Qinhuangdao	292.24	92.15	68.10	24.05	200.10
邯 郸 市	Handan	883.44	105.45	67.24	38.22	777.99
邢 台 市	Xingtai	716.85	96.58	69.77	26.81	620.27
保 定 市	Baoding	1072.41	168.27	124.41	43.85	904.14
保 定 市①	Baoding①	850.93	148.65	109.33	39.31	702.28
张家口市	Zhangjiakou	416.71	96.23	44.36	51.87	320.48
承 德 市	Chengde	327.00	52.76	34.92	17.84	274.24
沧 州 市	Cangzhou	683.64	101.57	68.68	32.90	582.07
廊 坊 市	Langfang	420.99	86.92	70.22	16.70	334.07
衡 水 市	Hengshui	399.99	49.56	35.98	13.59	350.42
定 州 市	Dingzhou	104.93	9.32	6.56	2.76	95.61
辛 集 市	Xinji	53.56	5.57	3.52	2.04	48.00

22-7 分市基本医疗保险基金收支情况(2023年)
Revenue and Expenses of Basic Medical Care Insurance by City (2023)

单位：亿元 (100 million yuan)

市	City	基金收入 Revenue		基金支出 Expenses		累计结余 Balance at the Year-end	
		职工 Workers	居民 Residents	职工 Workers	居民 Residents	职工 Workers	居民 Residents
全省	**Total**	**713.30**	**555.62**	**559.79**	**563.09**	**1401.15**	**349.35**
石家庄市	Shijiazhuang	134.72	74.31	84.98	67.35	246.76	41.45
唐山市	Tangshan	114.03	52.84	107.05	58.85	206.82	28.03
秦皇岛市	Qinhuangdao	44.10	23.64	39.66	21.08	74.24	6.04
邯郸市	Handan	60.03	67.02	47.63	76.45	126.09	38.25
邢台市	Xingtai	40.73	57.01	27.61	50.06	80.39	65.50
保定市	Baoding	69.58	71.44	53.63	69.92	117.87	57.37
张家口市	Zhangjiakou	37.12	30.70	36.47	36.85	73.25	0.44
承德市	Chengde	27.98	27.86	23.71	27.46	33.89	17.75
沧州市	Cangzhou	51.89	55.21	36.35	53.47	122.74	34.22
廊坊市	Langfang	49.65	34.01	40.87	34.41	128.57	23.70
衡水市	Hengshui	23.16	35.35	17.95	40.42	42.26	17.60
定州市	Dingzhou	4.08	8.51	3.67	10.39	5.65	3.60
辛集市	Xinji	2.64	4.99	1.97	4.69	4.61	4.09

22-8 分市企业职工基本养老保险情况
Statistics on Enterprises Employee Basic Pension Insurance by City

单位：万人 (10000 persons)

市	City	年末参保人数 Contributors at Year-end			职工 Workers			离退休人员 Retirees		
		2021	2022	2023	2021	2022	2023	2021	2022	2023
全省	**Total**	**1475.67**	**1535.28**	**1613.39**	**1097.35**	**1148.96**	**1214.03**	**378.32**	**386.32**	**399.36**
石家庄市	Shijiazhuang	242.31	264.10	280.65	189.40	207.59	222.36	52.91	56.51	58.29
石家庄市①	Shijiazhuang①	232.51	254.19	269.95	181.80	199.91	213.97	50.71	54.28	55.97
唐山市	Tangshan	223.12	231.43	238.68	162.72	169.92	175.49	60.40	61.50	63.19
秦皇岛市	Qinhuangdao	93.40	92.90	95.30	75.20	74.32	76.07	18.20	18.58	19.23
邯郸市	Handan	133.46	138.87	143.82	92.53	97.53	101.32	40.93	41.34	42.50
邢台市	Xingtai	88.52	93.18	100.73	65.78	69.94	76.47	22.74	23.25	24.25
保定市	Baoding	121.85	151.39	165.87	94.60	120.18	133.88	27.25	31.21	31.99
保定市①	Baoding①	104.53	131.53	142.25	80.09	103.19	113.22	24.44	28.34	29.03
张家口市	Zhangjiakou	94.57	98.14	101.11	60.20	63.17	65.26	34.37	34.98	35.84
承德市	Chengde	69.17	71.93	75.33	50.38	52.59	55.11	18.79	19.34	20.22
沧州市	Cangzhou	109.84	114.55	119.88	81.81	85.86	90.23	28.03	28.69	29.64
廊坊市	Langfang	99.16	105.40	117.17	88.64	94.27	105.41	10.52	11.13	11.76
衡水市	Hengshui	58.75	61.05	63.36	46.13	48.24	50.10	12.62	12.82	13.26
定州市	Dingzhou	10.06	11.25	11.94	8.21	9.37	10.01	1.85	1.87	1.93
辛集市	Xinji	9.80	9.91	10.71	7.60	7.68	8.39	2.20	2.23	2.32

22-9 分市工伤保险情况

Statistics of Work-related Injury Insurance by City

单位：万人 (10000 persons)

市	City	年末参保人数 Contributors at Year-end			享受待遇人数 Beneficiaries at Year-end		
		2021	2022	2023	2021	2022	2023
全　　省	**Total**	**1084.64**	**1105.92**	**1153.53**	**9.93**	**9.48**	**9.83**
石家庄市	Shijiazhuang	181.59	192.26	199.60	1.09	1.13	1.26
石家庄市①	Shijiazhuang①	173.97	184.95	192.34	1.04	1.06	1.20
唐 山 市	Tangshan	135.86	139.29	144.07	2.23	2.12	2.30
秦皇岛市	Qinhuangdao	57.33	57.85	62.01	0.59	0.54	0.55
邯 郸 市	Handan	75.76	76.75	81.82	0.62	0.58	0.58
邢 台 市	Xingtai	77.89	79.63	85.35	0.52	0.46	0.44
保 定 市	Baoding	94.37	124.69	133.05	0.40	0.41	0.44
保 定 市①	Baoding①	66.62	100.79	104.35	0.37	0.38	0.39
张家口市	Zhangjiakou	52.88	53.37	52.12	0.30	0.29	0.31
承 德 市	Chengde	63.44	67.48	70.23	0.83	0.78	0.76
沧 州 市	Cangzhou	96.08	100.66	107.55	1.00	0.89	0.91
廊 坊 市	Langfang	92.15	91.75	95.10	0.77	0.80	0.85
衡 水 市	Hengshui	50.92	52.20	54.17	0.29	0.30	0.28
定 州 市	Dingzhou	6.93	6.99	7.10	0.02	0.02	0.02
辛 集 市	Xinji	7.62	7.31	7.27	0.05	0.07	0.05

22-10 分市生育保险参保人数

Participants of Birth Insurance by City

单位：万人 (10000 persons)

市	City	2018	2019	2020	2021	2022	2023
全　　省	**Total**	**774.20**	**810.97**	**875.17**	**900.61**	**882.35**	**886.22**
石家庄市	Shijiazhuang	151.42	165.05	181.83	144.63	144.71	178.16
石家庄市①	Shijiazhuang①	148.36	161.85	178.31	141.09	141.09	174.64
唐 山 市	Tangshan	110.36	115.93	119.21	125.00	123.16	124.39
秦皇岛市	Qinhuangdao	46.41	46.65	52.19	68.30	68.13	68.10
邯 郸 市	Handan	58.33	59.16	61.31	65.77	66.24	67.24
邢 台 市	Xingtai	49.13	51.86	59.83	77.05	66.35	69.77
保 定 市	Baoding	83.19	84.57	96.82	136.24	111.99	124.41
保 定 市①	Baoding①	78.63	79.79	86.79	123.62	97.46	109.33
张家口市	Zhangjiakou	33.07	34.39	43.81	43.74	53.99	44.36
承 德 市	Chengde	31.58	32.13	32.40	33.57	33.57	34.92
沧 州 市	Cangzhou	61.26	62.37	81.25	58.68	62.42	68.68
廊 坊 市	Langfang	67.99	71.72	60.30	61.08	66.04	70.22
衡 水 市	Hengshui	24.66	26.36	29.82	30.34	32.61	35.98
定 州 市	Dingzhou	4.56	4.78	4.78	5.27	6.22	6.56
辛 集 市	Xinji	3.06	3.20	3.52	3.53	3.61	3.52

主要统计指标解释

公证（出证） 指公证处根据当事人申请，依照事实和法律，按照法定程序制作的，具有法律效力的司法证明文书。

受理劳动人事争议案件数 指劳动人事争议仲裁委员会根据国家法律、法规及有关规章、政策规定，对劳动人事争议当事人提出的仲裁申请进行审查后，符合受理条件而正式立案的劳动人事争议案件数。

城镇职工基本养老保险

1. 参保职工人数 指报告期末参加城镇职工基本养老保险并在社保经办机构已建立缴费记录档案的职工人数，包括中断缴费但未终止养老保险关系的职工人数，不包括只登记未建立缴费记录档案的人数。

2. 离退休人员人数 指报告期末参加城镇职工基本养老保险并由养老保险基金支付养老金的离休、退休和退职人员的人数。

3. 基金收入 指根据国家有关规定，由纳入职工基本养老保险范围的缴费单位和个人按国家规定的缴费基数和缴费比例缴纳的养老保险费，以及通过其他方式取得的形成基金来源的收入。包括单位和职工个人缴纳的基本养老保险费、基本养老保险基金利息收入、委托投资收益、上级补助收入、下级上解收入、转移收入、财政补贴和其他收入。

4. 基金支出 指按照国家政策规定的开支范围和开支标准从职工基本养老保险基金中支付给参加职工基本养老保险的个人养老保险待遇支出，以及由于保险关系转移、上下级之间补助、上解等原因而发生的支出。包括基本养老金、医疗补助金、丧葬补助金和抚恤金、病残津贴、补助下级支出、上解上级支出、转移支出和其他支出等。

5. 基金累计结余 指职工基本养老保险基金收支相抵后的期末累计余额。

城乡居民基本养老保险

1. 参保人数 指报告期末，参加城乡居民基本养老保险（在经办机构参保登记并已建立缴费记录以及制度实施当年已经年满 60 周岁并在经办机构参保登记）的总人数（不包括已经办理注销登记手续的人数）。

2. 基金收入 指根据国家有关规定，由参加城乡居民基本养老保险的个人按规定缴费的城乡居民基本养老保险费，以及通过集体补助、财政补助等其他方式取得的形成基金来源的收入。包括个人缴费收入、集体补助收入、财政补贴收入、利息收入、委托投资收益、转移收入、上级补助收入、下级上解收入和其他收入。

3. 基金支出 指按照国家政策规定的开支范围和开支标准从城乡居民基本养老保险基金中支付给参加城乡居民基本养老保险的个人养老保险待遇支出，以及由于参保人员跨统筹地区或跨制度流动而发生的支出等。包括养老保险待遇支出、转移支出、补助下级支出、上解上级支出和其他支出。

4. 基金累计结余 指城乡居民基本养老保险基金收支相抵后的期末累计余额。

基本医疗保险

1. 参保人数 指报告期末按国家有关规定参加职工基本医疗保险和城乡居民基本医疗保险人员的合计。

2. 基金收入（含生育保险） 基本医疗保险基金收入包括职工基本医疗保险基金收入（含生育保险）和城乡居民基本医疗保险基金收入。职工基本医疗保险基金收入（含生育保险）包括基本医疗保险费收入（含生育保险）、利息收入、财政补贴收入、其他收入、待转保险费收入、待转利息收入、转移收入。城乡居民基本医疗保险基金收入包括基本医疗保险费收入、利息收入、财政补贴收入、其他收入。

3. 基金支出（含生育保险） 基本医疗保险基金支出包括职工基本医疗保险基金支出（含生育保险）和城乡居民基本医疗保险基金支出。职工基本医疗保险基金支出（含生育保险）包括基本医疗保险待遇支出、生育保险待遇支出、其他支出、转移支出。城乡居民基本医疗保险基金支出包括基本医疗保险待遇支出、购买大病保险支出、其他支出。

4. 基金累计结余（含生育保险） 指截至报告期末基本医疗保险基金（含生育保险）累计结余金额。

失业保险

1. 参保人数 指报告期末城镇企业、事业单位职工参加失业保险的人数及按地方规定参加失业保险的其他人员人数之和，不包括领取失业保险金人数。

2. 基金收入 指报告期内筹集的失业保险基金的总额，包括失业保险费收入、利息收入、财政补贴收入、其他收入、转移收入。

3. 基金支出 指报告期内为保障失业人员基本生活、预防失业、促进再就业等支出的基金总额，包括失业保险金支出、基本医疗保险费支出、丧葬补助金和抚恤金支出、职业培训和职业介绍补贴支出、其他费用支出、技能提升补贴支出、稳定岗位补贴支出、其他支出、转移支出。

4. 基金累计结余 指截止报告期末失业保险基金收支相抵后的累计余额。

工伤保险

1. 参保人数 指报告期末参加工伤保险的职工人数和有雇工的个体工商户的雇工数。

2. 享受工伤保险待遇人数 指年报告期内由工伤基金支付，享受工伤医疗、伤残、工亡待遇的总人数。不进行重复计算。

3. 基金收入 指根据国家有关规定，由参加工伤保险的单位按国家规定的缴费基数和缴费比例缴纳及难以直接按照工资总额计算缴纳工伤保险费的部分行业企业按规定方式缴纳的工伤保险费，以及依法通过其他形式取得的形成基金来源的款项。包括：工伤保险费收入、利息收入、上级补助收入、下级上解收入、其他收入。

4.基金支出 指按照国家政策规定的开支范围和开支标准从工伤保险基金中支付给参加工伤保险的人员及供养直系亲属工伤保险待遇支出及其他支出。包括工伤医疗待遇支出、伤残待遇支出、工亡待遇支出、劳动能力鉴定支出、工伤预防费用支出、补助下级支出、上解上级支出和其他支出。

5.基金累计结余 指工伤保险基金收支相抵后的期末累计结余金额。

生育保险

1.参保人数 指报告期末依据有关规定参加生育保险的人数。

2.基金收入 指根据国家有关规定，由参加生育保险的单位按照国家规定的缴费基数和缴费比例缴纳的生育保险费，以及通过其他方式取得的形成基金来源的款项，包括：生育保险费收入、财政补贴收入、利息收入、上级补贴收入、下级上解收入和其他收入。

3.基金支出 指按照国家政策规定的开支范围和开支标准，从生育保险基金中支出的生育保险待遇支出及其他支出。包括：生育津贴、医疗费用支出、补助下级支出、上解上级支出及其他支出。

4.基金累计结余 指生育保险基金收支相抵后的期末累计结余金额。

Explanatory Notes on Main Statistical Indicators

Notarization (certification) refer to legally binding judicial notary documents developed at the request of the interested party based on facts and the law following certain legal proceedings.

Number of Labour Disputes Cases Accepted refers to the number of cases of labour disputes arbitration submitted that, after being reviewed by the labour dispute arbitration committees in line with the relevant national laws, regulations and policies, are accepted and registered.

Basic Endowment Insurance for Urban Workers

1. Number of workers covered refers to staff and workers participating in the basic endowment insurance for urban workers at the end of the reference period, who have already had payment records in social security management agencies, including those who have interrupt payment without terminating the insurance programme. Those who have registered in the programme but with no payment records are not included.

2. Number of retirees covered refers to the number of retirees participating in the basic endowment insurance for urban workers and the pension paid by the pension insurance fund by the end of the reference period.

3. Revenue refers to payments made by employers and employees participating in the basic endowment insurance for urban workers in accordance with the basis and proportion stipulated in state regulations, and income from other sources that become the source of endowment insurance fund, including the premium paid by employers and staff and workers, interest income, entrusted investment income, subsidies from higher level agencies, income as transfer from subordinate agencies, transferred income, government financial subsidies and other income.

4. Expenses refer to personal endowment insurance payment made to those covered in the basic endowment insurance for urban workers according to related national policies on scope and standard of expenditure, as well as expenditure which arises due to shift of the insurance relationship or adjustment of funds among agencies, transfer to agencies at higher level, including: basic endowment insurance, medical fees, funeral subsidies, compensation payments, disability allowance, expenses on subsidies to lower subordinates, expenses as transfer to agencies at higher level, transferred expenditure and other expenditure.

5. Balance refers to the balance of the basic endowment insurance funds for urban workers at the end of the reference period after deducting expenses from revenue.

Basic Endowment Insurance for Urban and Rural Residents

1. Participants refers to people participating in the basic endowment insurance for urban and rural residents who registered with the participation and established payment records, and who were 60 years old or above when the system was established and registered with the participation. Those who cancelled their registration are not included.

2. Revenue refers to the revenue from the payments made, in accordance with related regulations of the government, by individuals participating in the basic endowment insurance for urban and rural residents and from the subsidies contributed by collectives, public finance and other sources. It includes the payment by individual participants, collective subsidies, financial subsidies, interest income, entrusted investment income, transferred income, subsidies from higher levels, contributions from lower levels, and income from other sources.

3. Expenses refers to payment made to those covered in the basic endowment insurance for urban and rural residents according to related national policies on scope and standard of expenditure. Also included are expenditures which arise due to movement of participants among different locations or system. It includes the payment to the individual participants, transferred expenditures, expenses on subsidies to lower subordinates, expenses as transfer to agencies at higher level, and other expenditures.

4. Balance refers to the balance of basic endowment insurance funds for urban and rural residents at the end of the reference period after deducting expenses from revenue.

Basic Medical Insurance

1. Participants refers to the total number of people who participate in the basic medical insurance for workers and basic medical insurance for urban and rural residents at the end of the reference period.

2. Revenue (birth insurance included) refers to basic medical insurance fund income for employees (including birth insurance) and basic medical insurance fund income for urban and rural residents. The basic medical insurance fund income of employees (including birth insurance) includes basic medical insurance premium income (including birth insurance), interest income, financial subsidy income, other income, insurance premium income to be transferred, interest income to be transferred and transfer income.

3. Expenses (birth insurance included) refers to basic medical insurance fund expenditure for employees (including birth insurance) and basic medical insurance fund expenditure for urban and rural residents. Basic medical insurance fund expenditure for employees (including birth insurance) includes basic medical insurance treatment expenditure, birth insurance treatment expenditure, other expenditure and transfer expenditure. Basic medical insurance fund expenditure for urban and rural residents includes basic medical insurance treatment expenditure, serious illness insurance expenditure and other expenditure.

4. Balance (birth insurance included) refers to the accumulated balance of basic medical insurance fund (including birth insurance) at the end of the reporting period.

Unemployment Insurance

1. Participants refers to the number of staff and workers in urban enterprises or institutions who have participated in the unemployment insurance, and other people who have participated according to local regulations at the end of the reference period, excluding the number of people receiving unemployment insurance benefits.

2. Revenue refers to the total unemployment insurance funds raised in the reference period, including unemployment insurance premium, interest income, financial subsidies, other revenue, and transferred revenue.

3. Expenses refers to total expenses during the reference period to guarantee the basic livelihood of unemployed people, prevention of unemployment, and to encourage their re-employment. Included are unemployment relief, medical fees, funeral subsidies, compensation payments, training expenses, job placement expenses, other expenses, skills upgrading subsidy, job stabilization subsidy, other expenditures, transferred expenditure.

4. Balance refers to the balance of revenue after deducting expenses at the end of the reference period.

Work-related Injury Insurance

1. Participants refers to staff and workers who have participated in the work-related injury insurance and employees who work as self-employed and have participated in the work-related injury insurance at the end of the reference period.

2. Number of beneficiaries refers to number of people who are paid by the work-related injury fund and enjoy the medical treatment, disability and death benefits during the annual report period. No double calculation is performed.

3. Revenue refers to payments made by employers participating in the work-related injury insurance programme in accordance with the basis and proportion stipulated in state regulations, and payment by enterprises of some industries where it is difficult to estimate the injury insurance premium directly according to the total wage bill in accordance with stipulated way, and revenue from other sources according to law that become source of work-related injury insurance fund, including revenue of injury insurance, interest income, subsidies from higher level agencies, revenue as transfer from subordinate agencies, and other revenues.

4. Expenses refers to payments made from work-related injury insurance funds to those who participated in the work-related injury insurance and their direct dependents within the scope and standards of expenditure according to related national policies, and other expenditure, including medical fees for work injury, injury and disability subsidies, death subsidies, labor capacity appraisal, injury prevention fees, expenses on subsidies to lower subordinates, expenses as transfer to agencies at higher level, and other expenditure.

5. Balance refers to the balance of the work-related injury funds at the end of the reference period.

Maternity Insurance

1. Number of People Covered refers to people who have participated in the maternity insurance programme according to relevant regulation at the end of the reference period.

2. Revenue of Maternity Insurance Programme refers to payments made by employers participating in the maternity insurance programme in accordance with the basis and proportion stipulated in State regulations, and income from other sources that become source of maternity insurance fund, including income of maternity insurance, government financial subsidies, interest income, subsidies from higher level agencies, income as transfer from subordinate agencies, and other income.

3. Expenditure of the Maternity Insurance Programme refers to payments made from maternity insurance funds to staff and workers who participate in the maternity insurance programme within the scope and standards of expenditure in accordance with related national policies, including allowance for child bearing, medical fees, expenses on subsidies to lower subordinates, expenses as transfer to agencies at higher level, and other expenditure.

4. Balance of the Maternity Programme refers to the balance of the maternity insurance funds at the end of the reference period.

城市概况
Statistics on Cities

简 要 说 明

一、本篇资料反映河北省城市及县城公用事业情况。

二、本篇资料由河北省住房和城乡建设厅整理提供。

三、资料整理：李芳芳

Brief Introduction

Ⅰ.This chapter presents the public facilities in cities and counties of Hebei Province.

Ⅱ.This data is compiled and provided by the Department of Housing and Urban-rural Development of Hebei Province.

Ⅲ. Data collection: Li Fangfang.

23－1 城市建设情况(2023年)
Statistics on Construction in Cities (2023)

城 市	City	城区面积 (平方公里) Urban Area (sq.km)	建成区面积 (平方公里) Area of Built Districts (sq.km)	城市人口密度 (人/平方公里) Population Density of Urban Area (person / sq.km)
全 省	**Total**	**6363.96**	**2266.96**	**3426.08**
石家庄市	Shijiazhuang	556.20	334.52	8248.36
晋州市	Jinzhou	90.78	14.83	1537.78
新乐市	Xinle	45.92	14.82	2088.41
唐山市	Tangshan	293.65	249.50	7006.30
滦州市	Luanzhou	140.80	30.40	1953.13
遵化市	Zunhua	85.80	26.70	3131.70
迁安市	Qian'an	128.10	45.14	2810.30
秦皇岛市	Qinhuangdao	290.30	149.81	4832.93
邯郸市	Handan	556.00	192.20	3814.39
武安市	Wu'an	95.00	39.60	2691.58
邢台市	Xingtai	205.07	135.00	3900.62
南宫市	Nangong	28.57	16.50	4812.74
沙河市	Shahe	21.97	18.91	5070.55
保定市	Baoding	359.65	209.78	5887.37
涿州市	Zhuozhou	181.00	37.66	1560.77
安国市	An'guo	31.71	14.69	4011.35
高碑店市	Gaobeidian	36.80	21.08	4165.76
张家口市	Zhangjiakou	411.43	101.80	2777.87
承德市	Chengde	724.03	81.06	761.71
平泉市	Pingquan	26.00	17.60	7338.46
沧州市	Cangzhou	320.00	89.71	2395.00
泊头市	Botou	22.00	20.15	7718.18
任丘市	Renqiu	74.40	52.50	4401.88
黄骅市	Huanghua	227.50	38.30	1272.97
河间市	Hejian	69.40	20.90	2435.16
廊坊市	Langfang	292.00	80.12	2212.31
霸州市	Bazhou	79.00	17.60	1769.62
三河市	Sanhe	169.00	19.31	1366.86
衡水市	Hengshui	401.40	76.59	1620.58
深州市	Shenzhou	83.19	21.23	2235.85
辛集市	Xinji	137.10	34.75	1689.28
定州市	Dingzhou	180.19	44.20	1925.75

注：城区面积、建成区面积为2022年数据。
a)The urban area and area of built districts are the data of 2022.

23-2 城市公共供水情况(2023年)
Statistics on Public Water Supply in Cities (2023)

城　市	City	年末供水综合生产能力(万立方米/日) Production Capacity of Tap Water Supply (year-end) (10000 cu.m/day)	年末供水管道长度(公里) Length of Water Supply Pipelines (year-end) (km)	全年供水总　量(万立方米) Total Annual Volume of Water Supply (10000 cu.m)	#生产运营用水 For Production Use	#居民家庭用水 For Daily Consumption	用水人口(万人) Number of Population with Access to Tap Water (10000 persons)
全　省	**Total**	**787.69**	**23964.29**	**152960.85**	**31805.17**	**67582.56**	**2202.36**
石家庄市	Shijiazhuang	162.50	3464.19	34122.58	11479.20	15210.82	540.11
晋州市	Jinzhou	8.00	135.00	1315.00	523.00	311.00	13.96
新乐市	Xinle	6.50	337.37	1012.30	230.00	446.00	9.59
唐山市	Tangshan	87.90	2951.69	17413.42	2480.30	7327.54	205.02
滦州市	Luanzhou	4.00	354.92	1336.69	279.80	650.38	27.50
遵化市	Zunhua	9.00	177.50	1274.64	94.69	861.03	26.87
迁安市	Qian'an	4.00	388.40	1301.00	22.00	885.40	36.00
秦皇岛市	Qinhuangdao	52.50	1260.22	11627.39	1221.52	3889.28	140.30
邯郸市	Handan	80.80	2074.50	13487.20	2858.00	7515.45	212.08
武安市	Wu'an	6.50	473.00	1641.57	331.00	552.80	23.61
邢台市	Xingtai	37.80	1813.93	6492.10	62.46	2662.26	79.99
南宫市	Nangong	3.75	126.00	507.77		309.53	13.75
沙河市	Shahe	8.60	226.22	1008.02	178.00	418.00	11.14
保定市	Baoding	48.30	1451.39	11060.34	1012.80	4884.51	203.96
涿州市	Zhuozhou	8.71	271.00	3339.27	955.38	1096.35	28.25
安国市	An'guo	4.00	131.15	1022.18	72.16	168.37	12.53
高碑店市	Gaobeidian	9.50	325.20	1668.16	298.00	653.36	15.33
张家口市	Zhangjiakou	29.97	982.32	6900.15	984.55	3024.27	114.29
承德市	Chengde	15.80	787.46	4221.84	822.48	2037.43	55.15
平泉市	Pingquan	2.00	104.50	695.65	12.00	416.69	18.90
沧州市	Cangzhou	22.00	607.00	5518.85	1595.00	2758.00	76.64
泊头市	Botou	5.50	172.00	1026.00	81.00	619.00	16.98
任丘市	Renqiu	15.00	691.44	2116.26	895.97	1017.53	32.75
黄骅市	Huanghua	24.50	1236.00	1709.10	426.00	934.00	28.96
河间市	Hejian	5.00	376.93	1083.24	177.02	530.05	16.90
廊坊市	Langfang	54.47	977.71	6494.78	1106.17	2755.17	64.71
霸州市	Bazhou	2.60	306.80	619.80	125.00	412.00	13.98
三河市	Sanhe	8.00	219.62	2748.00	1010.00	1050.00	23.10
衡水市	Hengshui	23.39	549.46	4668.64	877.92	2196.13	63.55
深州市	Shenzhou	4.00	125.31	880.00	165.27	314.64	18.60
定州市	Dingzhou	18.10	181.91	2521.00	978.00	670.00	23.16
辛集市	Xinji	15.00	684.15	2127.91	450.48	1005.57	34.70

23-3 城市燃气情况(2023年)
Statistics on Supply of Gas in Cities (2023)

城市	City	管道长度(公里) Length of Gas Pipelines (km)			全年供气总量 Volume of Gas Supply			用气人口(万人) Population with Access to Gas (10000 persons)		
		人工煤气 Gaswork Gas	天然气 Natural Gas	液化石油气 Liquefied Petroleum Gas	人工煤气(万立方米) Gaswork Gas (10000 cu.m)	天然气(万立方米) Natural Gas (10000 cu.m)	液化石油气(吨) Liquefied Petroleum Gas (ton)	人工煤气 Gaswork Gas	天然气 Natural Gas	液化石油气 Liquefied Petroleum Gas
全省	**Total**	**498.24**	**50258.36**	**78.29**	**40752.82**	**760147.99**	**88669.19**		**2065.56**	**137.66**
石家庄市	Shijiazhuang		8565.50			107190.51	23382.22		529.91	14.49
晋州市	Jinzhou		439.39			16150.23			13.96	
新乐市	Xinle		157.00			3260.00	429.00		9.29	0.30
唐山市	Tangshan	498.24	5773.31		40752.82	68629.96	9173.48		195.74	10.00
滦州市	Luanzhou		227.90			4864.95	1198.00		23.88	3.62
遵化市	Zunhua		130.00			3075.93	1154.00		25.27	1.60
迁安市	Qian'an		662.20			33467.54	5507.00		30.00	6.00
秦皇岛市	Qinhuangdao		3558.04			67881.62	7214.23		136.15	4.15
邯郸市	Handan		10349.83			62414.31	700.00		211.64	
武安市	Wu'an		801.68			12546.99	496.00		24.97	0.60
邢台市	Xingtai		3110.55			25294.10	1491.20		71.82	7.67
南宫市	Nangong		935.00	1.00		5180.90	2770.00		11.93	1.82
沙河市	Shahe		476.73	0.18		81590.15	480.00		10.88	0.20
保定市	Baoding		3163.11			49716.51	1185.00		194.47	4.65
涿州市	Zhuozhou		399.59			6045.21	555.64		26.95	1.30
安国市	An'guo		214.97			4235.00	550.00		10.81	1.52
高碑店市	Gaobeidian		346.56			2002.18	948.40		14.51	0.52
张家口市	Zhangjiakou		1848.24	5.45		16172.22	4034.70		104.22	8.94
承德市	Chengde		702.89	60.50		9370.67	3230.50		37.25	17.69
平泉市	Pingquan		65.97			4292.43	3283.99		1.73	17.33
沧州市	Cangzhou		836.10			11212.72	802.01		69.64	7.00
泊头市	Botou		569.88			2139.36	238.50		16.70	0.19
任丘市	Renqiu		246.00			5321.70	2019.00		32.46	0.29
黄骅市	Huanghua		344.00	0.80		9921.00	1520.00		22.42	6.54
河间市	Hejian		111.60			4162.79	320.00		16.30	0.60
廊坊市	Langfang		2730.20			89622.86	8245.27		60.61	4.10
霸州市	Bazhou		327.28			4686.00	1395.00		13.86	0.12
三河市	Sanhe		200.50	0.30		915.50	1160.00		22.10	1.00
衡水市	Hengshui		1343.94			12384.00	2419.35		56.70	8.35
深州市	Shenzhou		320.00			4835.65	967.20		14.32	4.28
定州市	Dingzhou		535.00	10.06		26400.00	579.50		21.20	1.96
辛集市	Xinji		765.40			5165.00	1220.00		33.87	0.83

23-4 城市集中供热情况(2023年)
Statistics on Centralized Heating in Cities (2023)

城市	City	供热能力 Heating Supply Capacity		供热总量 Quantity of Heat Supplied		管道长度(公里) Length of Heating Pipelines (km)	供热面积(万平方米) Area of Centralized Heating (10000 sq.m)
		蒸汽(吨/小时) Steam (ton/hour)	热水(兆瓦) Hot Water (Mega Watts)	蒸汽(万吉焦) Steam (10000 gigajoules)	热水(万吉焦) Hot Water (10000 gigajoules)		
全　省	**Total**	**5925.18**	**52242.03**	**3762.19**	**31083.89**	**56191.87**	**106870.91**
石家庄市	Shijiazhuang	2770.00	9546.10	2194.80	5574.20	16725.26	26901.80
晋州市	Jinzhou		338.45		130.00	178.03	572.60
新乐市	Xinle	280.00		270.00		95.50	423.00
唐山市	Tangshan		6573.00		3458.10	4396.55	9343.42
滦州市	Luanzhou		340.00		350.00	313.16	719.00
遵化市	Zunhua		900.00		396.00	497.00	1278.00
迁安市	Qian'an		1300.00		1115.66	616.50	2553.00
秦皇岛市	Qinhuangdao		5467.17		2854.97	8433.61	9327.75
邯郸市	Handan		3870.00		1883.00	2507.50	8291.50
武安市	Wu'an		681.00		498.00	408.49	1550.00
邢台市	Xingtai		3748.10		1202.80	1124.71	4293.07
南宫市	Nangong	40.00	119.00	30.00	108.00	173.00	333.00
沙河市	Shahe				85.00	130.90	308.20
保定市	Baoding		2531.00		1568.01	3043.30	6977.60
涿州市	Zhuozhou	390.00	359.00	268.58	43.23	473.39	979.00
安国市	An'guo		1014.00		423.00		
高碑店市	Gaobeidian		442.00		259.00	287.20	795.00
张家口市	Zhangjiakou	1740.00	3742.00	739.00	2312.64	3818.58	8124.79
承德市	Chengde	105.18	1827.71	100.13	1078.31	1600.38	3296.57
平泉市	Pingquan		360.00		342.89	449.74	755.02
沧州市	Cangzhou		1869.00		991.00	4741.00	4450.51
泊头市	Botou		348.00		160.02	571.10	470.00
任丘市	Renqiu		558.00		540.00	343.50	1470.12
黄骅市	Huanghua		820.00		996.00	690.00	1569.00
河间市	Hejian		276.00		186.00	327.25	757.00
廊坊市	Langfang	340.00	2232.00	15.18	1299.75	1069.42	3137.35
霸州市	Bazhou		281.00		219.90	324.06	369.08
三河市	Sanhe		466.00		200.00	446.00	463.60
衡水市	Hengshui		1748.00		1250.00	1269.08	2734.03
深州市	Shenzhou				171.84	281.96	537.00
定州市	Dingzhou	260.00	485.50	144.50	886.57	686.70	2212.90
辛集市	Xinji				500.00	169.00	1878.00

23-5 城市市政设施(2023年)
Statistics on Municipal Infrastructure in Cities (2023)

城市	City	年末实有道路长度(公里) Length of Paved Roads (year-end) (km)	年末实有道路面积(万平方米) Area of Paved Roads (year-end) (10000 sq.m)	城市桥梁(座) Number of City Bridges (unit)	城市排水管道长度(公里) Length of City Sewage Pipes (km)	城市污水日处理能力(万立方米) Daily Disposal Capacity of City Sewage (10000 cu.m)	城市道路照明灯(盏) Number of Street Lights (unit)
全　省	**Total**	**20934.66**	**44422.47**	**2779**	**25438.8**	**768.8**	**1185156**
石家庄市	Shijiazhuang	3659.70	8873.03	1285	3800.8	155.9	167134
晋州市	Jinzhou	153.70	327.23	15	254.9	12.0	6484
新乐市	Xinle	151.93	278.48	4	172.5	4.0	8120
唐山市	Tangshan	2225.85	4376.64	143	3086.2	119.5	174420
滦州市	Luanzhou	274.75	474.19	8	158.3	6.0	28991
遵化市	Zunhua	224.37	546.90	26	210.9	8.0	7611
迁安市	Qian'an	384.39	765.51	8	319.4	8.0	17928
秦皇岛市	Qinhuangdao	1233.79	2561.77	205	1930.2	57.5	69665
邯郸市	Handan	1728.98	4273.16	142	2348.2	58.8	151208
武安市	Wu'an	356.92	753.98	22	615.8	7.6	12556
邢台市	Xingtai	1028.64	2598.29	243	1713.8	32.5	81792
南宫市	Nangong	132.47	351.63		258.5	4.0	9617
沙河市	Shahe	185.02	319.44		198.1	5.0	12794
保定市	Baoding	1838.12	3063.21	18	1798.8	54.0	56459
涿州市	Zhuozhou	414.74	690.17	6	304.2	10.0	9481
安国市	An'guo	142.96	296.22		158.6	8.0	7495
高碑店市	Gaobeidian	194.62	434.03	4	308.5	8.0	8983
张家口市	Zhangjiakou	896.02	2091.46	118	605.8	28.0	42304
承德市	Chengde	675.00	1293.56	104	701.8	25.5	50684
平泉市	Pingquan	153.04	373.67	11	183.4	5.0	11642
沧州市	Cangzhou	804.44	1670.77	37	901.9	22.0	41068
泊头市	Botou	171.48	305.37	13	174.6	5.0	11807
任丘市	Renqiu	479.87	789.50	28	384.8	10.0	11307
黄骅市	Huanghua	712.00	1156.52	66	931.9	10.0	36669
河间市	Hejian	181.20	411.11	19	308.0	6.0	14549
廊坊市	Langfang	710.28	1574.25	103	1305.5	29.0	54470
霸州市	Bazhou	141.86	268.16	2	165.6	5.0	8296
三河市	Sanhe	190.87	489.27	17	162.2	10.0	6008
衡水市	Hengshui	654.03	1297.94	91	885.6	19.5	29279
深州市	Shenzhou	267.91	365.51	10	261.3	5.0	6846
定州市	Dingzhou	294.48	637.86	16	468.9	20.0	9339
辛集市	Xinji	271.23	713.64	15	360.1	10.0	20150

23-6 城市绿地和园林(2023年)
Statistics on Parks and Green Area in Cities (2023)

城 市	City	城市绿地面积(公顷) Area of Green Space (hectare)	#公园绿地 Public Recreational Green Space	公园(个) Number of Parks (unit)	公园面积(公顷) Area of Parks (hectare)
全 省	**Total**	**106281**	**32489**	**1049**	**23625**
石家庄市	Shijiazhuang	19171	6536	145	5334
晋州市	Jinzhou	594	191	11	93
新乐市	Xinle	690	188	14	165
唐山市	Tangshan	10130	3472	78	2413
滦州市	Luanzhou	1252	356	7	356
遵化市	Zunhua	1060	396	15	336
迁安市	Qian'an	1883	555	17	556
秦皇岛市	Qinhuangdao	5712	2418	30	1130
邯郸市	Handan	9134	3610	132	3210
武安市	Wu'an	1701	390	7	293
邢台市	Xingtai	6275	1310	125	1202
南宫市	Nangong	624	205	9	270
沙河市	Shahe	893	168	5	68
保定市	Baoding	8876	2719	82	1477
涿州市	Zhuozhou	1494	422	8	135
安国市	An'guo	637	183	4	58
高碑店市	Gaobeidian	868	187	4	80
张家口市	Zhangjiakou	4600	1486	112	1226
承德市	Chengde	4039	1167	39	1067
平泉市	Pingquan	772	238	9	237
沧州市	Cangzhou	3754	1063	22	307
泊头市	Botou	755	233	5	146
任丘市	Renqiu	2435	532	18	170
黄骅市	Huanghua	4008	572	25	648
河间市	Hejian	820	249	13	271
廊坊市	Langfang	3639	1000	17	699
霸州市	Bazhou	667	203	2	203
三河市	Sanhe	752	324	9	164
衡水市	Hengshui	4620	1026	30	878
深州市	Shenzhou	1073	247	7	79
定州市	Dingzhou	1533	348	21	192
辛集市	Xinji	1821	498	27	161

23－7 城市市容环境卫生情况(2023年)
Environmental Sanitation of Cities (2023)

城 市	City	道路清扫保洁面积(万平方米) Road Area Cleaned (10000 sq.m)	生活垃圾清运量(万吨) Volume of Garbage Disposal (10000 tons)	市容环卫专用车辆设备总数(台) Number of Special Vehicles for Environmental Sanitation (unit)	公共厕所(座) Number of Public Toilets (unit)	#三类以上 Third Grade and Above
全 省	**Total**	**44177**	**784.40**	**14516**	**8899**	**8587**
石家庄市	Shijiazhuang	9753	157.53	2249	1144	1139
晋州市	Jinzhou	335	4.13	122	60	60
新乐市	Xinle	394	4.11	116	60	60
唐山市	Tangshan	4163	85.01	1204	890	884
滦州市	Luanzhou	406	8.42	108	134	134
遵化市	Zunhua	454	6.82	100	107	107
迁安市	Qian'an	457	10.51	47	127	127
秦皇岛市	Qinhuangdao	2481	48.17	639	609	609
邯郸市	Handan	4567	68.15	1653	604	604
武安市	Wu'an	337	7.50	205	166	166
邢台市	Xingtai	2590	34.04	438	599	599
南宫市	Nangong	307	4.29	91	66	66
沙河市	Shahe	390	4.88	144	73	
保定市	Baoding	3265	58.52	1650	475	451
涿州市	Zhuozhou	518	12.37	148	171	171
安国市	An'guo	243	5.02	45	64	64
高碑店市	Gaobeidian	434	6.14	100	94	94
张家口市	Zhangjiakou	1760	42.73	1136	576	471
承德市	Chengde	1056	25.18	502	369	369
平泉市	Pingquan	135	7.60	30	75	75
沧州市	Cangzhou	1493	34.30	492	552	552
泊头市	Botou	316	7.13	111	111	111
任丘市	Renqiu	734	12.18	180	210	210
黄骅市	Huanghua	912	11.02	367	264	221
河间市	Hejian	282	5.43	81	89	89
廊坊市	Langfang	1917	41.91	928	326	326
霸州市	Bazhou	314	6.07	77	77	77
三河市	Sanhe	490	9.17	256	106	106
衡水市	Hengshui	1624	28.79	753	279	260
深州市	Shenzhou	404	5.59	79	85	85
定州市	Dingzhou	755	8.52	135	145	145
辛集市	Xinji	892	13.15	330	192	155

23-8 县城市政公用设施水平(2023年)

县	County	人口密度(人/平方公里) Population Density (person/sq.km)	人均日生活用水量(升) Daily Water Consumption per Capita (liter)	供水普及率(%) Water Coverage Rate (%)	公共供水普及率 Public Water Coverage Rate	燃气普及率(%) Gas Coverage Rate (%)	建成区供水管道密度(公里/平方公里) Density of Water Supply Pipelines in Built Districts (km/sq.km)
全　省	**Total**	**2777**	**106.15**	**100.00**	**99.65**	**98.61**	**11.52**
井陉县	Jingxing County	1544	95.48	100.00	100.00	100.00	7.62
正定县	Zhengding County	2205	130.26	100.00	100.00	100.00	4.16
行唐县	Xingtang County	2425	125.99	100.00	100.00	98.94	15.11
灵寿县	Lingshou County	3502	135.79	100.00	100.00	100.00	23.18
高邑县	Gaoyi County	1477	139.50	100.00	100.00	100.00	7.07
深泽县	Shenze County	3979	136.39	100.00	100.00	100.00	21.32
赞皇县	Zanhuang County	1093	129.51	100.00	100.00	100.00	15.76
无极县	Wuji County	2928	145.80	100.00	100.00	100.00	8.93
平山县	Pingshan County	1161	103.78	100.00	100.00	100.00	14.57
元氏县	Yuanshi County	3133	112.55	100.00	100.00	100.00	8.77
赵　县	Zhao County	8360	78.05	100.00	100.00	100.00	3.94
滦南县	Luannan County	1443	131.85	100.00	100.00	100.00	10.21
乐亭县	Laoting County	1450	112.31	100.00	100.00	100.00	12.19
迁西县	Qianxi County	1306	80.72	100.00	95.93	100.00	14.54
玉田县	Yutian County	1878	96.27	100.00	92.31	100.00	7.78
曹妃甸区	Caofeidian District	1795	133.81	100.00	100.00	100.00	10.28
青龙满族自治县	Qinglong Man A.C.	2655	86.68	100.00	100.00	100.00	5.80
昌黎县	Changli County	3375	128.92	100.00	96.45	99.92	12.39
卢龙县	Lulong County	1460	82.94	100.00	100.00	100.00	5.10
临漳县	Linzhang County	1477	131.34	100.00	100.00	100.00	7.12
成安县	Cheng'an County	6441	82.55	100.00	100.00	97.17	14.12
大名县	Daming County	4038	45.72	100.00	100.00	100.00	9.11
涉　县	She County	2454	91.83	100.00	100.00	100.00	8.52
磁　县	Ci County	2729	89.69	100.00	100.00	99.51	8.65
邱　县	Qiu County	3447	86.89	100.00	100.00	100.00	5.43
鸡泽县	Jize County	5934	106.10	100.00	100.00	100.00	14.89
广平县	Guangping County	4238	160.43	100.00	100.00	100.00	4.39
馆陶县	Guantao County	2073	82.10	100.00	100.00	99.20	14.21
魏　县	Wei County	3941	54.14	100.00	100.00	100.00	7.55
曲周县	Quzhou County	4458	103.96	100.00	100.00	100.00	13.38
临城县	Lincheng County	1306	77.72	100.00	100.00	99.29	10.06
内丘县	Neiqiu County	2189	98.46	100.00	100.00	98.68	11.76

Level of Public Facilities of County Towns (2023)

人均城市道路面积(平方米) Per Capita Area of Paved Roads (sq.m)	建成区排水管道密度(公里/平方公里) Density of Sewers in Built Districts (km/sq.km)	污水处理率(%) Waste Water Treatment Rate (%)	污水处理厂集中处理率 Centralized Treatment at Sewage Treatment Plants	人均公园绿地面积(平方米) Per Capita Public Green Areas (sq.m)	建成区绿化覆盖率(%) Green Coverage Rate of Built Districts (%)	建成区绿地率(%) Green Space Rate of Built District (%)	生活垃圾处理率(%) Domestic Garbage Treatment Rate (%)	生活垃圾无害化处理率 Rate of Harmless Disposal of Domestic Garbage
25.90	**10.62**	**98.88**	**98.88**	**14.34**	**42.74**	**39.02**	**100.00**	**100.00**
18.68	12.23	99.89	99.89	15.80	44.74	41.57	100.00	100.00
30.28	12.65	99.15	99.15	21.60	44.13	41.08	100.00	100.00
29.78	12.55	97.28	97.28	17.93	45.96	40.96	100.00	100.00
24.17	9.32	99.78	99.78	15.91	44.14	40.04	100.00	100.00
34.93	12.27	99.90	99.90	13.46	47.90	44.65	100.00	100.00
20.37	5.07	99.34	99.34	13.66	41.04	37.74	100.00	100.00
19.74	9.77	99.39	99.39	19.77	48.80	44.33	100.00	100.00
31.33	10.67	99.83	99.83	15.94	44.83	39.89	100.00	100.00
16.42	13.71	98.09	98.09	13.33	41.23	37.74	100.00	100.00
24.93	9.45	99.30	99.30	13.59	46.04	41.14	100.00	100.00
23.80	8.68	99.77	99.77	12.61	42.62	37.71	100.00	100.00
22.26	6.47	99.91	99.91	13.18	44.15	40.94	100.00	100.00
20.22	8.01	99.36	99.36	15.68	46.51	42.40	100.00	100.00
17.24	7.48	99.84	99.84	16.12	44.27	40.94	100.00	100.00
23.03	4.47	99.12	99.12	9.45	40.05	36.72	100.00	100.00
43.93	11.06	99.87	99.87	26.17	44.98	41.63	100.00	100.00
19.24	7.92	98.50	98.50	14.40	36.59	32.83	100.00	100.00
24.03	11.62	99.99	99.99	8.93	38.71	34.80	100.00	100.00
30.32	8.38	99.99	99.99	12.87	42.63	41.04	100.00	100.00
36.31	9.65	99.89	99.89	16.34	45.38	42.33	100.00	100.00
32.69	0.72	99.80	99.80	15.12	45.58	41.11	100.00	100.00
20.23	6.93	99.59	99.59	16.83	46.58	42.97	100.00	100.00
24.03	18.86	99.79	99.79	19.91	43.80	42.52	100.00	100.00
26.47	8.33	99.92	99.92	14.80	45.89	41.29	100.00	100.00
32.04	12.99	92.83	92.83	15.04	45.64	41.30	100.00	100.00
25.66	12.16	99.98	99.98	16.00	44.73	40.83	100.00	100.00
44.60	13.63	99.99	99.99	14.37	43.21	40.21	100.00	100.00
27.38	14.03	93.81	93.81	13.35	46.21	41.87	100.00	100.00
15.28	8.09	98.99	98.99	13.66	45.04	42.25	100.00	100.00
26.48	12.78	99.93	99.93	15.34	44.32	40.04	100.00	100.00
29.32	11.03	95.92	95.92	14.71	41.14	37.44	100.00	100.00
19.84	10.37	98.20	98.20	12.28	42.67	38.62	100.00	100.00

23-8 续表 1

县	County	人口密度(人/平方公里) Population Density (person/sq.km)	人均日生活用水量(升) Daily Water Consumption per Capita (liter)	供水普及率(%) Water Coverage Rate (%)	公共供水普及率 Public Water Coverage Rate	燃气普及率(%) Gas Coverage Rate (%)	建成区供水管道密度(公里/平方公里) Density of Water Supply Pipelines in Built Districts (km/sq.km)
柏乡县	Baixiang County	696	130.54	100.00	100.00	99.02	6.21
隆尧县	Longyao County	3241	88.21	100.00	100.00	98.02	6.48
宁晋县	Ningjin County	8370	94.47	100.00	100.00	97.39	12.81
巨鹿县	Julu County	2770	80.90	100.00	100.00	100.00	34.50
新河县	Xinhe County	4071	116.32	100.00	100.00	99.12	9.25
广宗县	Guangzong County	1604	80.78	100.00	100.00	100.00	13.62
平乡县	Pingxiang County	1239	101.16	100.00	100.00	100.00	10.65
威　县	Wei County	7136	87.69	100.00	100.00	96.62	19.97
清河县	Qinghe County	9864	65.50	100.00	100.00	100.00	3.84
临西县	Linxi County	5823	81.17	100.00	100.00	100.00	6.66
博野县	Boye County	3545	128.52	100.00	100.00	100.00	4.57
涞水县	Laishui County	5087	117.63	100.00	100.00	99.88	14.48
阜平县	Fuping County	1735	139.06	100.00	100.00	88.59	10.06
白沟新城	Baigou New City	1794	139.94	100.00	99.59	99.49	11.87
定兴县	Dingxing County	8235	137.26	100.00	100.00	100.00	8.14
唐　县	Tang County	2925	104.24	100.00	100.00	100.00	8.59
高阳县	Gaoyang County	4575	137.73	100.00	100.00	100.00	7.06
涞源县	Laiyuan County	5184	116.89	100.00	100.00	66.99	7.16
望都县	Wangdu County	6024	132.50	100.00	100.00	100.00	5.05
易　县	Yi County	7064	133.68	100.00	100.00	99.47	16.76
曲阳县	Quyang County	3004	110.64	100.00	100.00	99.63	3.09
蠡　县	Li County	6083	106.79	100.00	100.00	100.00	9.86
顺平县	Shunping County	2908	121.49	100.00	100.00	99.31	10.67
张北县	Zhangbei County	2204	101.79	100.00	100.00	95.82	16.58
康保县	Kangbao County	1976	52.05	100.00	100.00	9.38	7.79
沽源县	Guyuan County	3028	86.69	100.00	100.00	99.37	17.84
尚义县	Shangyi County	5230	78.99	100.00	100.00	95.00	11.47
蔚　县	Yu County	2234	140.11	100.00	100.00	100.00	11.45
阳原县	Yangyuan County	1115	95.83	100.00	100.00	92.23	13.61
怀安县	Huai'an County	2733	88.21	100.00	100.00	97.89	10.95
怀来县	Huailai County	3652	137.78	100.00	100.00	98.54	9.34
涿鹿县	Zhuolu County	7131	87.55	100.00	100.00	100.00	17.34
赤城县	Chicheng County	9686	81.19	100.00	100.00	100.00	12.15
承德县	Chengde County	3480	135.38	100.00	100.00	97.70	10.04

continued

人均城市道路面积（平方米）Per Capita Area of Paved Roads (sq.m)	建成区排水管道密度（公里/平方公里）Density of Sewers in Built Districts (km/sq.km)	污水处理率(%) Waste Water Treatment Rate (%)	污水处理厂集中处理率 Centralized Treatment at Sewage Treatment Plants	人均公园绿地面积（平方米）Per Capita Public Green Areas (sq.m)	建成区绿化覆盖率(%) Green Coverage Rate of Built Districts (%)	建成区绿地率(%) Green Space Rate of Built District (%)	生活垃圾处理率(%) Domestic Garbage Treatment Rate (%)	生活垃圾无害化处理率 Rate of Harmless Disposal of Domestic Garbage
37.10	8.49	96.44	96.44	14.63	39.37	35.76	100.00	100.00
27.62	10.42	99.92	99.92	14.01	41.85	38.90	100.00	100.00
27.40	11.88	96.16	96.16	8.83	39.57	34.75	100.00	100.00
26.75	14.30	99.60	99.60	12.28	33.86	30.65	100.00	100.00
32.28	13.46	98.34	98.34	14.58	41.78	36.80	100.00	100.00
24.94	15.16	96.51	96.51	14.85	43.57	38.84	100.00	100.00
29.39	16.25	99.61	99.61	14.22	42.65	37.46	100.00	100.00
26.83	17.38	99.50	99.50	15.07	44.42	41.33	100.00	100.00
17.81	12.17	98.05	98.05	13.96	45.72	42.50	100.00	100.00
25.95	17.58	97.17	97.17	9.88	38.08	33.87	100.00	100.00
27.10	12.77	99.27	99.27	12.63	39.67	36.43	100.00	100.00
25.59	9.90	99.28	99.28	13.04	44.30	40.05	100.00	100.00
26.43	17.66	99.71	99.71	28.47	41.63	36.72	100.00	100.00
29.33	8.38	99.50	99.50	14.77	41.18	37.71	100.00	100.00
32.99	15.47	99.54	99.54	15.64	44.76	40.12	100.00	100.00
25.68	5.79	98.06	98.06	14.06	42.20	38.29	100.00	100.00
27.90	10.26	99.94	99.94	12.84	42.84	38.27	100.00	100.00
27.51	7.09	99.21	99.21	18.18	41.63	38.07	100.00	100.00
26.60	11.32	99.65	99.65	12.56	41.36	37.54	100.00	100.00
21.78	2.27	99.96	99.96	14.66	42.28	36.84	100.00	100.00
25.95	4.79	99.98	99.98	13.46	44.48	41.35	100.00	100.00
25.53	7.56	99.98	99.98	14.72	40.89	37.35	100.00	100.00
19.19	12.85	99.97	99.97	14.26	43.93	38.22	100.00	100.00
34.19	7.51	98.50	98.50	13.77	43.90	40.77	100.00	100.00
35.13	7.29	98.01	98.01	11.76	43.76	40.25	100.00	100.00
27.64	7.33	98.40	98.40	12.52	43.51	38.92	100.00	100.00
30.12	9.24	94.90	94.90	15.96	43.12	38.99	100.00	100.00
28.55	9.31	98.18	98.18	11.74	40.28	35.45	100.00	100.00
24.92	13.90	99.66	99.66	11.15	40.09	35.85	100.00	100.00
29.60	14.01	98.22	98.22	11.57	39.08	35.40	100.00	100.00
24.96	11.74	99.02	99.02	12.32	44.13	41.06	100.00	100.00
24.29	11.36	99.97	99.97	13.78	43.82	40.81	100.00	100.00
16.06	10.77	97.29	97.29	9.33	36.41	31.89	100.00	100.00
17.80	9.47	96.06	96.06	13.45	44.16	40.57	100.00	100.00

23-8 续表 2

县	County	人口密度(人/平方公里) Population Density (person/sq.km)	人均日生活用水量(升) Daily Water Consumption per Capita (liter)	供水普及率(%) Water Coverage Rate (%)	公共供水普及率 Public Water Coverage Rate	燃气普及率(%) Gas Coverage Rate (%)	建成区供水管道密度(公里/平方公里) Density of Water Supply Pipelines in Built Districts (km/sq.km)
兴隆县	Xinglong County	2880	122.53	100.00	100.00	99.72	14.25
滦平县	Luanping County	4263	111.13	100.00	100.00	98.89	19.50
隆化县	Longhua County	2117	122.96	100.00	98.80	100.00	18.28
丰宁满族自治县	Fengning Man A.C.	5421	136.98	100.00	100.00	100.00	16.17
宽城满族自治县	Kuancheng Man A.C.	1638	127.53	100.00	100.00	99.37	12.13
围场满族蒙古族自治县	Weichang Man & Mongolian A.C.	4925	123.14	100.00	100.00	100.00	7.41
青　县	Qing County	5706	102.79	100.00	100.00	100.00	7.66
东光县	Dongguang County	4772	86.16	100.00	100.00	100.00	12.46
海兴县	Haixing County	3400	66.73	100.00	100.00	100.00	16.99
盐山县	Yanshan County	3052	110.23	100.00	100.00	100.00	8.00
肃宁县	Suning County	3218	156.08	100.00	100.00	100.00	7.53
南皮县	Nanpi County	3182	116.32	100.00	100.00	100.00	5.66
吴桥县	Wuqiao County	2253	113.05	100.00	100.00	100.00	8.07
献　县	Xian County	3565	93.13	100.00	100.00	100.00	18.06
孟村回族自治县	Mengcun Hui A.C.	2181	104.00	100.00	100.00	100.00	16.07
固安县	Gu'an County	3855	139.33	100.00	100.00	100.00	12.36
永清县	Yongqing County	1925	131.07	100.00	100.00	100.00	29.13
香河县	Xianghe County	1758	136.38	100.00	100.00	100.00	18.60
大城县	Dacheng County	2520	110.44	100.00	100.00	100.00	19.24
文安县	Wen'an County	2778	137.92	100.00	100.00	100.00	16.29
大厂回族自治县	Dachang Hui A.C.	1495	115.92	100.00	100.00	100.00	7.52
枣强县	Zaoqiang County	4613	88.06	100.00	100.00	99.37	25.80
武邑县	Wuyi County	3534	117.42	100.00	100.00	99.08	8.66
武强县	Wuqiang County	3642	133.82	100.00	99.36	97.06	19.90
饶阳县	Raoyang County	1163	78.27	100.00	100.00	100.00	8.67
安平县	Anping County	5217	123.31	100.00	100.00	100.00	21.37
故城县	Gucheng County	5309	112.28	100.00	97.09	96.92	16.02
景　县	Jing County	6941	135.59	100.00	100.00	100.00	5.29
阜城县	Fucheng County	1848	93.68	100.00	100.00	99.00	10.34
容城县	Rongcheng County	6585	105.72	100.00	100.00	100.00	7.64
雄　县	Xiong County	4892	136.87	100.00	91.99	99.45	33.66
安新县	Anxin County	2805	164.41	100.00	100.00	99.44	15.40

continued

人均城市道路面积(平方米) Per Capita Area of Paved Roads (sq.m)	建成区排水管道密度(公里/平方公里) Density of Sewers in Built Districts (km/sq.km)	污水处理率(%) Waste Water Treatment Rate (%)	污水处理厂集中处理率 Centralized Treatment at Sewage Treatment Plants	人均公园绿地面积(平方米) Per Capita Public Green Areas (sq.m)	建成区绿化覆盖率(%) Green Coverage Rate of Built Districts (%)	建成区绿地率(%) Green Space Rate of Built District (%)	生活垃圾处理率(%) Domestic Garbage Treatment Rate (%)	生活垃圾无害化处理率 Rate of Harmless Disposal of Domestic Garbage
24.39	7.53	97.97	97.97	10.93	40.26	36.98	100.00	100.00
17.65	13.20	98.92	98.92	12.62	43.37	40.34	100.00	100.00
19.78	11.31	95.38	95.38	11.55	39.61	35.51	100.00	100.00
20.30	9.80	97.93	97.93	15.07	41.03	37.13	100.00	100.00
29.22	11.61	98.64	98.64	15.90	44.31	40.08	100.00	100.00
13.69	23.19	91.11	91.11	10.34	40.51	36.95	100.00	100.00
30.18	12.38	99.44	99.44	19.05	45.13	41.23	100.00	100.00
15.10	7.72	99.50	99.50	12.23	46.11	41.23	100.00	100.00
37.38	11.81	99.96	99.96	15.68	40.06	36.27	100.00	100.00
33.23	12.08	99.26	99.26	13.64	41.47	37.25	100.00	100.00
35.78	13.42	97.10	97.10	12.63	43.55	40.54	100.00	100.00
32.64	10.00	97.61	97.61	13.05	40.66	36.15	100.00	100.00
50.88	16.68	99.99	99.99	14.86	44.05	40.96	100.00	100.00
23.00	14.23	99.90	99.90	13.60	42.07	38.40	100.00	100.00
33.37	10.07	99.01	99.01	13.04	42.28	38.98	100.00	100.00
21.19	4.18	99.70	99.70	15.71	43.60	40.62	100.00	100.00
36.28	8.24	99.20	99.20	12.83	39.36	36.51	100.00	100.00
28.38	5.71	99.00	99.00	15.01	40.58	37.65	100.00	100.00
27.17	12.07	99.86	99.86	12.72	41.43	36.57	100.00	100.00
30.13	8.69	97.36	97.36	12.06	37.16	32.52	100.00	100.00
35.56	10.17	97.77	97.77	15.23	43.10	40.05	100.00	100.00
18.41	14.56	99.80	99.80	13.49	43.66	40.20	100.00	100.00
23.56	11.21	98.40	98.40	14.55	40.34	36.03	100.00	100.00
26.98	6.77	99.36	99.36	14.73	40.50	37.50	100.00	100.00
41.84	7.11	99.87	99.87	14.68	40.30	37.18	100.00	100.00
26.10	19.76	99.90	99.90	13.07	44.45	40.31	100.00	100.00
37.01	12.72	99.96	99.96	16.05	42.29	39.06	100.00	100.00
40.06	14.23	99.97	99.97	12.72	41.10	37.07	100.00	100.00
29.95	8.55	99.40	99.40	12.42	41.39	37.28	100.00	100.00
13.79	8.16	99.89	99.89	8.35	34.71	30.48	100.00	100.00
12.71	7.72	99.41	99.41	12.80	38.40	33.05	100.00	100.00
13.00	8.13	98.35	98.35	18.69	37.10	32.83	100.00	100.00

主要统计指标解释

供水综合生产能力　指按供水设施取水、净化、送水、出厂输水干管等环节设计能力计算的综合生产能力。计算时，以四个环节中最薄弱的环节为主确定能力。

供水管道长度　指从送水泵至各类用户引入管之间所有市政管道的长度。不包括新安装尚未使用、水厂内以及用户建筑物内的管道。

城市供水总量　指报告期供水企业（单位）供出的全部水量。包括有效供水量和漏损水量。

人工煤气生产能力　指报告期末人工燃气生产厂制气、净化、输送等环节的综合生产能力，不包括备用设备能力。一般按设计能力计算，当实际生产能力大于设计能力时，应按实际测定的生产能力计算。测定时应以制气、净化、输送三个环节中最薄弱的环节为主。

供气管道长度　指报告期末从气源厂压缩机的出口或门站出口至各类用户引入管之间的全部已经通气、投入使用的管道长度。不包括新安装尚未使用，煤气生产厂、输配站、液化气储存站、灌瓶站、储配站、气化站、混气站、供应站等厂（站）内，以及用户建筑物内的管道。

城市供气总量　指报告期燃气企业（单位）向用户供应的燃气数量。包括销售量和损失量。

城市供热能力　指供热企业（单位）向城市热用户输送热能的设计能力。

城市供热总量　指在报告期供热企业（单位）向城市热用户输送全部蒸汽和热水的总热量。

城市供热管道长度　指从各类热源到热用户建筑物接入口之间的全部蒸汽和热水的管道长度。不包括各类热源厂内部的管道长度。

道路长度　指道路长度和与道路相通的桥梁、隧道的长度，按车行道中心线计算。

城市桥梁　指为跨越天然或人工障碍物而修建的构筑物。包括跨河桥、立交桥、人行天桥以及人行地下通道等。

城市排水管道长度　指所有排水总管、干管、支管、检查井及连接井进出口等长度之和。

城市污水日处理能力　指污水处理厂（或污水处理装置）每昼夜处理污水量的设计能力。

城市绿地面积　指报告期末用作园林和绿化的各种绿地面积。包括公园绿地、防护绿地、广场用地、附属绿地和位于建成区范围内的区域绿地面积。

公园绿地　向公众开放，以游憩为主要功能，兼具生态、景观、文教和应急避险等功能，有一定游憩和服务设施的绿地。

清扫保洁面积　指报告期末对城市道路和公共场所（主要包括城市行车道、人行道、车行隧道、人行过街地下通道、道路附属绿地、地铁站、高架路、人行过街天桥、立交桥、广场、停车场及其他设施等）进行清扫保洁的面积。一天清扫保洁多次的，按清扫保洁面积最大的一次计算。

市容环卫专用车辆设备　指用于环境卫生作业、监察的专用车辆和设备，包括用于道路清扫、冲洗、洒水、除雪、垃圾粪便清运、市容监察以及与其配套使用的车辆和设备。

Explanatory Notes on Main Statistical Indicators

Production Capacity of Water Supply refers to the designed overall production capacity of water facilities, covering the four segments of water collection, purification, conveyance, and outflow through trunk pipelines. The capacity is determined mainly on the weakest of the above-mentioned four segments.

Length of Water Supply Pipelines refers to the total length of all municipal pipelines between the water pumps and the user service pipes, excluding pipelines newly installed but not in use yet, pipelines in the water factories, and pipelines in the users' buildings.

Total Volume of Urban Water Supply refers to the total volume of water supplied by water-works (units) during the reference period, including both the effective water supply and loss during the water supply.

Production Capacity of Gaswork Gas refers to the overall production capacity of the urban gasworks in gas generation, purification and delivery at the end of the reference period, excluding capacity of the reserved facilities. In general, it is determined by the designed capacity, and when actual production capacity is larger than the designed capacity, the capacity is determined by the actual measurement on the weakest segment in the production, purification and delivery.

Length of Gas Pipelines refers to the total length of pipelines in use between the outlet of the compressor of gas-work or outlet of gas stations and the leading pipe of users, excluding pipelines newly installed but not in use yet, pipelines within gasworks, delivery stations, LPG storage stations, refilling stations, gas-mixing stations and supply stations, and pipelines in the users' buildings.

Volume of Gas Supply refers to the total volume of gas provided to users by gas-producing enterprises (units) during the reporting period, including the volume sold and the volume lost.

Heating Capacity in Urban Areas refers to the designed capacity of heating enterprises (units) in supplying heating energy to urban users during the reference period.

Quantity of Heat Supplied in Urban Areas refers to the total quantity of heat from steam and hot water supplied to urban users by heating enterprises (units) during the reference period.

Length of Urban Heating Pipelines refers to the total length of steam or hot water pipelines for sources of heat to the leading pipelines of the buildings of the users, excluding internal pipelines in heat generating enterprises.

Length of Paved Roads refers to the length of roads with paved surface, including bridges and tunnels connected with roads. Length of the roads is measured by the central lines.

Urban Bridges refer to bridges built to cross over natural or man-made barriers, including bridges over rivers, overpasses for traffic and for pedestrians, underpasses for pedestrians, etc.

Length of Urban Sewage Pipes refers to the total length of general drainage, trunks, branch and inspection wells, connection wells, inlets and outlets, etc.

Daily Disposal Capacity of Urban Sewage refers to the designed 24-hour capacity of sewage disposal by the sewage treatment works or facilities.

Area of Green Space refers to the total area occupied for green projects at the end of the reference period, including public recreational green space, protection green land, land for squares, green land attached to institutions, and other green areas.

Public Recreational Green Space refers to green areas open to the public for amusement and rest with the facilities of amusement, rest and services. Its function also includes improving ecology, beautifying landscape, education and preventing and reducing disaster.

Area under Cleaning Program refers to the area which are regularly cleaned at urban roads and public places (including urban roadways, pedestrian walkways, vehical tunnels, pedestrian underpasses, underground railway stations, lifted roads, pedestrians walk bridges, overpasses, plazas, parking lots and other facilities), at the end of the reference period. If the cleaning is conducted at a location several times a day, the area that is cleaned with the largest space will be taken.

Vehicles and Facilities Dedicated to Urban Cleanling and Environmental Sanitation refer to vehicles and facilities dedicated for use in the operation, management and monitoring of environmental sanitation work. They include vehicles for road cleaning, washing, showering, ice removal, disposal of garbage and human wastes, sanitation monitoring and related activities.

县（市、区）主要指标

Main Indicators of Counties (Cities and Districts at County Level)

简 要 说 明

一、本篇资料反映河北省县（市、区）经济和社会发展基本情况，主要包括：各县（市、区）的行政区划基本情况、地区生产总值、农业总产值、主要农产品产量、消费品零售总额、居民人均收支、财政收支等内容。

二、本篇资料部分指标为初步统计数据。

三、本篇资料由河北省各市统计局整理提供。

Brief Introduction

Ⅰ. The data in this chapter show the basic conditions of the economic and social development of counties (cities, districts) in Hebei Province, mainly including basic information of administrative divisions of each county (city, district), gross regional product, total value of agricultural output, output of major agriculture products, total retail sales of consumer goods, per capita income and expenditure, financial revenue and expenditure, etc.

Ⅱ. Some data in this chapter are preliminary data.

Ⅲ. The data in this chapter are collected and provided by the statistics bureau of Hebei Province.

24-1 县(市、区)名称(2023年)

Name of Counties (Cities and Districts at County Level) (2023)

市 City	所辖县(市、区)名称 Name of County or City, Districts under Administrative							
石家庄市	长安区	桥西区	新华区	井陉矿区		裕华区	藁城区	鹿泉区
Shijiazhuang	Chang'an	Qiaoxi	Xinhua	Jingxingkuangqu		Yuhua	Gaocheng	Luquan
	栾城区	井陉县	正定县	行唐县	灵寿县	高邑县	深泽县	赞皇县
	Luancheng	Jingxing	Zhengding	Xingtang	Lingshou	Gaoyi	Shenze	Zanhuang
	无极县	平山县	元氏县	赵　县	辛集市	晋州市	新乐市	
	Wuji	Pingshan	Yuanshi	Zhaoxian	Xinji	Jinzhou	Xinle	
唐山市	路南区	路北区	古冶区	开平区	丰南区	丰润区	曹妃甸区	滦南县
Tangshan	Lunan	Lubei	Guye	Kaiping	Fengnan	Fengrun	Caofeidian	Luannan
	乐亭县	迁西县	玉田县	遵化市	迁安市	滦州市		
	Laoting	Qianxi	Yutian	Zunhua	Qian'an	Luanzhou		
秦皇岛市	海港区	山海关区	北戴河区	抚宁区	青龙满族自治县		昌黎县	卢龙县
Qinhuangdao	Haigang	Shanhaiguan	Beidaihe	Funing	Qinglong		Changli	Lulong
邯郸市	邯山区	丛台区	复兴区	峰峰矿区	肥乡区	永年区	临漳县	成安县
Handan	Hanshan	Congtai	Fuxing	Fengfeng	Feixiang	Yongnian	Linzhang	Cheng'an
	大名县	涉　县	磁　县	邱　县	鸡泽县	广平县	馆陶县	魏　县
	Daming	Shexian	Cixian	Qiuxian	Jize	Guangping	Guantao	Weixian
	曲周县	武安市						
	Quzhou	Wu'an						
邢台市	襄都区	信都区	任泽区	南和区	临城县	内丘县	柏乡县	隆尧县
Xingtai	Xiangdu	Xindu	Renze	Nanhe	Lincheng	Neiqiu	Baixiang	Longyao
	宁晋县	巨鹿县	新河县	广宗县	平乡县	威　县	清河县	临西县
	Ningjin	Julu	Xinhe	Guangzong	Pingxiang	Weixian	Qinghe	Linxi
	南宫市	沙河市						
	Nangong	Shahe						
保定市	竞秀区	莲池区	满城区	清苑区	徐水区	涞水县	阜平县	定兴县
Baoding	Jingxiu	Lianchi	Mancheng	Qingyuan	Xushui	Laishui	Fuping	Dingxing
	唐　县	高阳县	涞源县	望都县	易　县	曲阳县	蠡　县	顺平县
	Tangxian	Gaoyang	Laiyuan	Wangdu	Yixian	Quyang	Lixian	Shunping
	博野县	涿州市	定州市	安国市	高碑店市			
	Boye	Zhuozhou	Dingzhou	Anguo	Gaobeidian			
张家口市	桥东区	桥西区	宣化区	下花园区	万全区	崇礼区	张北县	康保县
Zhangjiakou	Qiaodong	Qiaoxi	Xuanhua	Xiahuayuan	Wanquan	Chongli	Zhangbei	Kangbao
	沽源县	尚义县	蔚　县	阳原县	怀安县	怀来县	涿鹿县	赤城县
	Guyuan	Shangyi	Yuxian	Yangyuan	Huai'an	Huailai	Zhuolu	Chicheng
承德市	双桥区	双滦区	鹰手营子矿区		承德县	兴隆县	滦平县	隆化县
Chengde	Shuangqiao	Shuangluan	Yingshouyingzi		Chengde	Xinglong	Luanping	Longhua
	丰宁满族自治县		宽城满族自治县		围场满族蒙古族自治县		平泉市	
	Fengning		Kuancheng		Weichang		Pingquan	
沧州市	新华区	运河区	沧　县	青　县	东光县	海兴县	盐山县	肃宁县
Cangzhou	Xinhua	Yunhe	Cangxian	Qingxian	Dongguang	Haixing	Yanshan	Suning
	南皮县	吴桥县	献　县	孟村回族自治县		泊头市	任丘市	黄骅市
	Nanpi	Wuqiao	Xianxian	Mengcun		Botou	Renqiu	Huanghua
	河间市							
	Hejian							
廊坊市	安次区	广阳区	固安县	永清县	香河县	大城县	文安县	
Langfang	Anci	Guangyang	Gu'an	Yongqing	Xianghe	Dacheng	Wen'an	
	大厂回族自治县		霸州市	三河市				
	Dachang		Bazhou	Sanhe				
衡水市	桃城区	冀州区	枣强县	武邑县	武强县	饶阳县	安平县	故城县
Hengshui	Taocheng	Jizhou	Zaoqiang	Wuyi	Wuqiang	Raoyang	Anping	Gucheng
	景　县	阜城县	深州市					
	Jingxian	Fucheng	Shenzhou					

24−2 各县(市、区)主要指标(2023年)

县(市、区)	County (City or District)	乡镇个数 (个) Number of Countrysides and Towns (unit)	村委会个数 (个) Number of Villagers' Committees (unit)	街道办事处个数 (个) Number of Subdistrict Offices (unit)	居委会个数 (个) Number of Neighborhood Committees (unit)	总户数 (万户) Total Households (10000 households)
石家庄市	**Shijiazhuang**					
长安区	Chang'an District	4		12	178	
桥西区	Qiaoxi District			17	172	
新华区	Xinhua District			15	116	
井陉矿区	Jingxing Mining Area	3		2	41	
裕华区	Yuhua District	2		11	115	
藁城区	Gaocheng District	14	153		66	
鹿泉区	Luquan District	12	180		50	
栾城区	Luancheng District	8	163		19	
井陉县	Jingxing County	17	321		7	
正定县	Zhengding County	8	154	2	44	
行唐县	Xingtang County	15	322		14	
灵寿县	Lingshou County	15	279		5	
高邑县	Gaoyi County	5	107		7	
深泽县	Shenze County	6	125		4	
赞皇县	Zanhuang County	11	199		23	
无极县	Wuji County	11	213		10	
平山县	Pingshan County	23	717		22	
元氏县	Yuanshi County	15	208		8	
赵　县	Zhao County	11	281		10	
晋州市	Jinzhou City	10	224		13	
新乐市	Xinle City	11	160	1	18	
高新区	High Tech District				67	
经开区	Economic-Technological Development Area		11		11	
唐山市	**Tangshan**					
路南区	Lunan District	2	55	9	81	
路北区	Lubei District	1	79	12	183	
古冶区	Guye District	5	122	5	84	
开平区	Kaiping District	6	143	5	43	
丰南区	Fengnan District	17	482	3	48	
丰润区	Fengrun District	22	515	3	73	
曹妃甸区	Caofeidian District	5	11	3	41	
滦南县	Luannan County	16	589	1	18	
乐亭县	Laoting County	14	530	1	15	
迁西县	Qianxi County	17	417	1	13	
玉田县	Yutian County	20	750	1	23	
遵化市	Zunhua City	25	648	2	42	
迁安市	Qian'an City	17	534	4	38	
滦州市	Luanzhou City	10	504	4	35	
海港经济开发区	Haigang Economic Development Area				12	

Main Indicators of Counties (Cities and Districts at County Level) (2023)

常住总人口 (万人) Permanent Population (10000 persons)	城镇人口 Urban	乡村人口 Rural	常住人口城镇化率 (%) Urbanization Rate of Resident Population (%)	地区生产总值 (万元) Gross Domestic Product (10000 yuan)	第一产业 Primary Industry	第二产业 Secondary Industry	第三产业 Tertiary Industry	#工业 Industry
105.3	105.3		100.00	7288054	7468	1033309	6247277	361637
98.0	98.0		100.00	9902945	644	1625683	8276618	883953
80.0	80.0		100.00	5872153	5398	519274	5347481	75210
7.6	6.8	0.8	89.70	803373	4906	481046	317422	460105
78.2	78.2		100.00	5132335	626	610356	4521353	163224
74.0	44.0	30.0	59.44	5957874	512413	3322798	2122663	3120741
59.2	45.1	14.1	76.16	3974391	164903	1498465	2311023	1228550
38.2	27.0	11.3	70.54	2088421	140204	881229	1066988	769112
25.1	13.7	11.5	54.42	1253530	138506	410151	704873	369967
55.3	36.8	18.5	66.55	3612249	369100	877295	2365854	592397
37.3	18.1	19.2	48.58	1529393	504602	236365	788426	185714
31.1	14.8	16.3	47.69	1500134	420872	274084	805178	230050
17.8	10.4	7.5	58.18	1007511	255363	276668	475480	241929
21.5	10.5	11.0	48.74	1014572	210330	343882	460360	264530
24.0	11.0	13.0	45.92	1020938	314848	260379	445710	220592
44.3	21.1	23.1	47.73	1644255	390006	475232	779017	444502
42.3	22.7	19.6	53.62	3238397	215237	1923570	1099590	1867614
39.3	19.7	19.6	50.04	2054807	267347	640991	1146469	581934
50.4	21.1	29.3	41.86	1862940	383018	479929	999993	381113
51.0	24.9	26.1	48.80	2045146	470668	526542	1047936	469306
48.1	29.2	19.0	60.57	1826538	397536	490187	938815	370652
37.1	36.4	0.7	98.11	6076622	27558	3598808	2450257	3315402
33.7	31.9	1.7	94.88	3515863	20773	1460079	2035011	1080472
78.9	77.5	1.4	98.21	6454515	47860	2160190	4246465	1840186
30.8	27.1	3.7	88.10	2563544	125136	1593947	844461	1543509
27.7	20.9	6.7	75.66	1581496	55725	695951	829820	562307
55.5	36.1	19.4	65.09	10201345	627348	5286724	4287273	4994821
79.9	48.4	31.4	60.64	10041998	427476	5910216	3704306	4765831
36.8	31.5	5.3	85.73	10606093	547713	5603577	4454803	5527967
50.0	24.4	25.6	48.79	3168395	1011979	819920	1336496	654786
39.0	19.1	20.0	48.86	5058817	1002440	2484238	1572139	2243054
36.4	20.5	15.9	56.27	3434699	226244	1972265	1236190	1688704
66.3	32.1	34.3	48.34	3363290	687437	1427608	1248245	1242996
70.4	40.9	29.5	58.13	5602937	621254	2235496	2746187	1671805
78.0	49.4	28.6	63.37	12628794	361377	7675186	4592231	7423245
51.9	29.2	22.7	56.25	5062822	502955	2890426	1669441	2807359
9.9	6.9	3.0	69.26	3503554	86281	1796099	1621174	1765628

24−2 续表 1

县(市、区)	County (City or District)	乡镇个数 (个) Number of Countrysides and Towns (unit)	村委会个数 (个) Number of Villagers' Committees (unit)	街道办事处个数 (个) Number of Subdistrict Offices (unit)	居委会个数 (个) Number of Neighborhood Committees (unit)	总户数 (万户) Total Households (10000 households)
唐山湾国际旅游岛	Tangshan Bay International Tourism Island		3			
高新技术产业开发区	High and New Tech Development Zone				22	
芦台经济开发区	Lutai Economic Development Area				2	
汉沽管理区	Hangu Management Area				7	
秦皇岛市	**Qinhuangdao**					
海港区	Haigang District	8	285	13	122	31.0
山海关区	Shanhaiguan District	4	120	5	23	5.1
北戴河区	Beidaihe District	3	73	3	16	4.2
抚宁区	Funing District	7	397	1	11	13.8
青龙满族自治县	Qinglong Man A.C.	24	396	1	10	20.0
昌黎县	Changli County	16	446			22.3
卢龙县	Lulong County	12	548			15.3
秦皇岛开发区	Qinhuangdao Development Area					5.2
北戴河新区	Beidaihe New Area					3.7
邯郸市	**Handan**					
邯山区	Hanshan District	10	178	11	122	14.3
丛台区	Congtai District	9	168	10	141	17.6
复兴区	Fuxing District	5	94	7	71	9.3
峰峰矿区	Fengfeng Mining Area	10	157	1	41	14.1
肥乡区	Feixiang District	9	253		20	9.2
永年区	Yongnian District	17	342		36	27.0
临漳县	Linzhang County	14	425		10	18.0
成安县	Cheng'an County	9	243		9	11.6
大名县	Daming County	20	609		59	26.2
涉　县	She County	16	308	1	5	14.2
磁　县	Ci County	11	240		30	12.0
邱　县	Qiu County	7	217		8	7.9
鸡泽县	Jize County	7	168		7	7.3
广平县	Guangping County	7	99		77	6.4
馆陶县	Guantao County	8	269		17	11.0
魏　县	Wei County	21	479		84	27.1
曲周县	Quzhou County	10	338		13	12.7
武安市	Wu'an City	22	502		11	22.4
冀南新区	Ji'nan New Area					7.9
开发区	Development Area					6.2
邢台市	**Xingtai**					
襄都区	Xiangdu District	7	123	8	75	18.0
信都区	Xindu District	17	530	8	31	27.5
任泽区	Renze District	8	134		67	12.5
南和区	Nanhe District	8	209		17	13.2

continued

常住总人口 (万人) Permanent Population (10000 persons)	城镇人口 Urban	乡村人口 Rural	常住人口城镇化率 (%) Urbanization Rate of Resident Population (%)	地区生产总值 (万元) Gross Domestic Product (10000 yuan)	第一产业 Primary Industry	第二产业 Secondary Industry	第三产业 Tertiary Industry	#工业 Industry
0.2	0.2		100.00	184260	93720	3820	86720	853
17.1	12.5	4.6	73.10	3132598	23708	1774328	1334562	1728605
4.4	2.6	1.8	59.61	845029	35607	650725	158697	641848
5.3	3.7	1.6	70.62	384278	47431	160772	176075	151712
103.0	92.9	10.0	90.28	5848689	80947	1158376	4609366	736723
16.2	15.2	1.0	93.80	952431	95671	308668	548092	274089
11.9	10.6	1.3	88.92	746525	26479	50971	669074	33725
29.4	13.7	15.7	46.79	1486430	387442	319882	779105	227001
38.5	14.2	24.3	36.82	1453873	576050	267714	610109	237090
49.7	24.9	24.8	50.00	3612160	814660	1372300	1425200	1309020
33.4	13.7	19.7	41.15	1391424	424824	321680	644920	279341
20.1	16.1	4.0	80.06					
8.5	5.0	3.5	58.75	628533	177575	137954	313004	41274
58.0	50.5	7.5	87.04	2528050	33111	479606	2015333	144035
57.9	51.0	6.9	88.03	3417179	13659	989590	2413930	590342
31.6	29.6	2.0	93.82	2165366	6872	1008054	1150440	903302
40.6	31.7	8.8	78.20	2212630	47469	1312000	853161	1291501
35.5	19.3	16.3	54.18	1941868	338348	641950	961570	519322
83.1	46.0	37.1	55.35	2745237	459621	1121395	1164221	1063408
55.7	28.9	26.7	51.99	1981988	292037	788663	901288	680312
39.1	19.7	19.4	50.41	2058422	339356	988116	730950	863048
70.2	32.9	37.3	46.84	2007809	423137	546995	1037677	470079
38.2	25.0	13.2	65.45	2158691	149393	953994	1055304	867422
40.9	23.4	17.4	57.30	1162026	152351	431441	578234	393559
20.1	11.2	8.9	55.90	1234027	229292	509890	494845	362469
28.7	15.5	13.2	54.03	1197644	220545	458584	518515	410055
25.1	14.0	11.0	55.93	1033099	123305	300657	609137	206539
30.0	16.5	13.5	55.10	1181389	286833	261940	632616	213866
75.5	39.2	36.3	51.88	2280038	478814	724399	1076825	566893
45.6	25.2	20.4	55.30	1429809	313475	497929	618405	453143
82.0	47.6	34.4	58.05	8020043	327654	4668583	3023806	4580025
28.3	17.1	11.2	60.52	801564	67658	320135	413771	307313
31.2	19.1	12.1	61.09	2264673	192339	1068388	1003946	946593
36.5	35.3	1.2	96.74	1759087	8210	562315	1188562	410399
79.9	62.6	17.4	78.29	3658665	165769	1567941	1924955	1420921
33.9	16.5	17.4	48.58	756102	163064	245743	347295	190163
34.7	20.8	13.8	60.08	965851	257123	241801	466927	210681

24−2 续表 2

县(市、区)	County (City or District)	乡镇个数 (个) Number of Countrysides and Towns (unit)	村委会个数 (个) Number of Villagers' Committees (unit)	街道办事处个数 (个) Number of Subdistrict Offices (unit)	居委会个数 (个) Number of Neighborhood Committees (unit)	总户数 (万户) Total Households (10000 households)
临城县	Lincheng County	8	209		17	8.4
内丘县	Neiqiu County	9	301		18	9.6
柏乡县	Baixiang County	6	121		6	6.9
隆尧县	Longyao County	12	276		9	17.9
宁晋县	Ningjin County	16	322	1	65	27.1
巨鹿县	Julu County	10	246		55	14.6
新河县	Xinhe County	6	169		8	6.9
广宗县	Guangzong County	8	196		24	11.2
平乡县	Pingxiang County	6	227	1	32	11.1
威　县	Wei County	16	519		10	20.7
清河县	Qinghe County	6	305		25	11.7
临西县	Linxi County	9	299		6	11.2
南宫市	Nangong City	11	440	4	28	16.1
沙河市	Shahe City	8	242	5	21	13.6
开发区	Development Area					
邢东新区	Xingdong New Area					
保定市	**Baoding**					
竞秀区	Jingxiu District	6	84	6	78	
莲池区	Lianchi District	7	119	10	144	
满城区	Mancheng District	12	204		14	
清苑区	Qingyuan District	18	265		12	
徐水区	Xushui District	14	304		22	
涞水县	Laishui County	15	284		8	
阜平县	Fuping County	13	207		7	
定兴县	Dingxing County	16	258		24	
唐　县	Tang County	20	345		10	
高阳县	Gaoyang County	8	165	1	16	
涞源县	Laiyuan County	17	285		6	
望都县	Wangdu County	8	140		14	
易　县	Yi County	27	469		9	
曲阳县	Quyang County	18	367		9	
蠡　县	Li County	13	232		7	
顺平县	Shunping County	10	237		5	
博野县	Boye County	7	133		5	
涿州市	Zhuozhou City	11	402	3	48	
安国市	Anguo City	9	198	2	7	
高碑店市	Gaobeidian City	10	442	5	32	
高新区	High Tech District				13	
白沟新城	Baigou City				4	

continued

常住总人口 (万人) Permanent Population (10000 persons)	城镇人口 Urban	乡村人口 Rural	常住人口城镇化率 (%) Urbanization Rate of Resident Population (%)	地区生产总值 (万元) Gross Domestic Product (10000 yuan)	第一产业 Primary Industry	第二产业 Secondary Industry	第三产业 Tertiary Industry	#工业 Industry
19.8	9.2	10.5	46.81	611304	110517	145447	355340	118233
25.5	11.8	13.7	46.25	791579	169138	170742	451699	146136
16.7	7.9	8.8	47.20	576865	150964	203715	222186	173786
45.7	21.7	24.1	47.39	1302233	298779	436583	566871	413854
73.2	34.8	38.5	47.47	3302124	361102	1657251	1283771	1576099
32.2	14.5	17.7	45.10	1180691	330047	282631	568013	227880
13.3	6.6	6.7	49.66	616116	151484	234345	230287	212092
25.4	10.5	14.9	41.38	719482	150758	244355	324369	186054
32.2	18.0	14.2	55.86	1090540	218775	357557	514208	303483
47.4	20.0	27.4	42.13	1300986	346245	291468	663273	248625
41.1	25.7	15.4	62.58	1728990	80525	681740	966725	657656
31.4	14.2	17.2	45.35	952195	186123	239495	526577	213912
39.2	18.7	20.5	47.61	1362048	242480	436088	683480	360333
42.7	26.9	15.8	63.06	2198289	80620	849242	1268427	734605
18.4	11.4	6.9	62.31	823473	15688	446334	361451	358139
6.5	4.7	1.8	71.87	164189	8384	54377	101428	50287
53.5	53.3	0.1	99.73	4179889	13896	2232289	1933704	1002003
93.1	89.9	3.2	96.55	6119604	19202	2344542	3755860	2077141
39.3	23.0	16.3	58.50	1552794	278049	455766	818979	401581
62.5	28.8	33.7	46.11	1766166	401486	535305	829375	442747
60.7	30.6	30.0	50.51	2120764	225597	813204	1081963	686357
30.8	16.5	14.3	53.57	1079929	181402	183453	715074	122500
18.8	10.3	8.5	54.64	641215	240079	70674	330462	53523
49.8	24.3	25.4	48.93	2055674	369068	700349	986257	504694
48.3	21.4	26.9	44.23	1600203	454293	535111	610799	332868
31.1	15.7	15.4	50.44	1263024	75766	595673	591585	568160
24.2	15.9	8.3	65.55	867938	92441	268583	506914	239597
22.8	12.4	10.5	54.13	835730	202713	242366	390651	196740
47.6	21.3	26.3	44.72	1349993	345296	241287	763410	186812
53.0	23.9	29.2	45.02	1450602	233437	403263	813902	340203
47.7	24.1	23.6	50.53	1449674	246986	458357	744331	413167
25.6	11.3	14.3	44.09	1005524	391867	203541	410116	190860
21.9	11.9	10.0	54.31	752370	210215	213374	328781	176001
65.2	40.6	24.6	62.23	4047629	226774	977404	2843451	797701
35.3	19.6	15.7	55.55	1403034	289860	374283	738891	339395
52.3	31.8	20.5	60.75	2400958	163784	919819	1317355	658662
11.3	7.6	3.7	66.87	1405042	4130	597621	803291	488908
15.1	15.0	0.1	99.03	780180	2327	151325	626528	135750

24-2 续表 3

县(市、区)	County (City or District)	乡镇个数 (个) Number of Countrysides and Towns (unit)	村委会个数 (个) Number of Villagers' Committees (unit)	街道办事处个数 (个) Number of Subdistrict Offices (unit)	居委会个数 (个) Number of Neighborhood Committees (unit)	总户数 (万户) Total Households (10000 households)
张家口市	**Zhangjiakou**					
桥东区	Qiaodong District	3	47	5	47	13.7
桥西区	Qiaoxi District	1	20	7	44	12.4
宣化区	Xuanhua District	14	313	7	54	21.9
下花园区	Xiahuayuan District	4	46	2	14	3.2
万全区	Wanquan District	11	170		15	8.7
崇礼区	Chongli District	10	211		10	5.9
张北县	Zhangbei County	18	366		26	16.8
康保县	Kangbao County	15	326		4	11.7
沽源县	Guyuan County	14	233		19	10.3
尚义县	Shangyi County	14	172		10	8.1
蔚　县	Yu County	22	546		26	17.5
阳原县	Yangyuan County	14	301		9	11.1
怀安县	Huai'an County	11	273		10	9.7
怀来县	Huailai County	17	279		26	15.1
涿鹿县	Zhuolu County	17	373		7	15.6
赤城县	Chicheng County	18	440		4	13.2
经开区	Economic-Technological Development Area	4	39	2	14	
察北管理区	Chabei Management Area	2	18			
塞北管理区	Saibei Management Area					
承德市	**Chengde**					
双桥区	Shuangqiao District	7	91	7	51	15.0
双滦区	Shuangluan District	6	63	3	28	5.7
鹰手营子矿区	Yingshouyingzi District	4	15	1	9	2.5
承德县	Chengde County	23	378		11	15.7
兴隆县	Xinglong County	20	289		8	13.1
滦平县	Luanping County	19	199	1	17	12.1
隆化县	Longhua County	24	357	1	11	16.7
丰宁满族自治县	Fengning Man A.C.	26	309	1	16	15.5
宽城满族自治县	Kuancheng Man A.C.	18	205		5	8.0
围场满族蒙古族自治县	Weichang Man & Mongolian A.C.	37	312		9	20.8
平泉市	Pingquan City	19	241		18	16.8
高新技术产业开发区	Economic-Technological Development Area					
沧州市	**Cangzhou**					
新华区	Xinhua District	1	20	5	46	
运河区	Yunhe District	2	62	6	80	
沧　县	Cang County	19	510			
青　县	Qing County	10	345		1	
东光县	Dongguang County	9	447			
海兴县	Haixing County	7	197		9	
盐山县	Yanshan County	12	450		6	

continued

常住总人口 (万人) Permanent Population (10000 persons)	城镇人口 Urban	乡村人口 Rural	常住人口城镇化率 (%) Urbanization Rate of Resident Population (%)	地区生产总值 (万元) Gross Domestic Product (10000 yuan)	第一产业 Primary Industry	第二产业 Secondary Industry	第三产业 Tertiary Industry	#工业 Industry
27.4	24.2	3.2	88.34	2416525	17675	919268	1479582	836065
26.8	25.8	1.0	96.17	1143028	2674	89015	1051339	32276
52.6	40.9	11.7	77.73	1845309	156900	506482	1181927	482363
6.3	5.3	1.1	83.03	272070	40408	88980	142682	75015
21.3	15.3	6.0	71.82	826592	140224	225443	460925	208787
9.9	5.6	4.3	56.92	400905	113464	67907	219534	59439
30.5	21.9	8.6	71.84	1583149	416747	560737	605665	544300
13.6	7.1	6.5	52.04	715794	263780	222666	229348	213812
15.7	9.3	6.4	59.09	819313	374182	211122	234009	161764
10.5	5.9	4.6	56.29	628963	272135	176627	180201	169541
40.3	22.1	18.2	54.89	974179	195405	163425	615349	112786
20.5	12.1	8.4	58.90	598705	166869	123405	308431	69670
17.9	9.7	8.1	54.46	977012	106074	539486	331452	516651
35.0	21.8	13.2	62.18	1517502	258015	132695	1126792	74687
29.6	16.2	13.4	54.61	1027795	171205	226855	629735	167487
18.9	9.9	9.0	52.47	725358	288848	94056	342454	87100
26.0	21.8	4.1	84.12	1625533	36063	218485	1370985	176672
1.6	1.3	0.3	80.81	186424	91193	53521	41710	51845
0.7	0.7		100.00	153069	106091	20826	26152	20589
35.7	34.3	1.4	96.16	1845039	6807	277516	1560716	49254
17.7	15.2	2.5	85.91	1621525	33508	1004042	583975	928199
5.4	5.1	0.3	94.12	437726	11674	269501	156551	265158
33.5	15.2	18.3	45.30	1532494	585899	303482	643113	245195
26.7	13.7	13.0	51.40	1388010	299231	475457	613322	436031
26.4	13.5	12.9	51.09	1909394	451885	691301	766208	600329
34.2	15.7	18.5	45.90	1828480	749745	326070	752665	211739
32.1	15.6	16.5	48.54	1761850	439328	655799	666723	490608
23.7	14.2	9.5	59.96	1613581	242806	646891	723884	583296
41.7	18.4	23.3	44.23	2037248	859756	419195	758297	319536
39.3	23.3	16.0	59.23	1701195	615712	279078	806405	198479
13.7	10.9	2.8	79.81	840150	6125	519607	314418	447671
23.5	22.7	0.9	96.40	2118505	1497	581343	1535665	454046
51.1	48.8	2.3	95.53	3655065	4591	1031507	2618967	812696
61.7	16.7	45.0	27.01	2613638	317701	918537	1377400	728460
42.5	23.5	19.0	55.30	2291720	521992	697785	1071943	645126
34.8	18.1	16.7	52.10	1904767	145835	609801	1149131	585925
19.0	7.9	11.1	41.46	764979	145747	188269	430963	163125
38.1	19.4	18.7	50.81	1458335	120231	514680	823424	469280

24-2 续表 4

县(市、区)	County (City or District)	乡镇个数 (个) Number of Countrysides and Towns (unit)	村委会个数 (个) Number of Villagers' Committees (unit)	街道办事处个数 (个) Number of Subdistrict Offices (unit)	居委会个数 (个) Number of Neighborhood Committees (unit)	总户数 (万户) Total Households (10000 households)
肃宁县	Suning County	9	254		11	
南皮县	Nanpi County	9	312		10	
吴桥县	Wuqiao County	10	473			
献　县	Xian County	18	500		13	
孟村回族自治县	Mengcun Hui A.C.	6	126		9	
泊头市	Botou City	12	657	3	33	
任丘市	Renqiu City	12	349	7	54	
渤海新区黄骅市	Bohai New Area Huanghua City	11	327	3	30	
河间市	Hejian City	18	615	2	24	
开发区	Development Area		7		3	
高新区	High Tech District		8		4	
廊坊市	**Langfang**					
安次区	Anci District	8	288	3	53	13.2
广阳区	Guangyang District	4	169	7	94	15.4
固安县	Gu'an County	9	419		32	19.6
永清县	Yongqing County	10	386		8	12.0
香河县	Xianghe County	9	300		29	14.0
大城县	Dacheng County	10	394		12	15.2
文安县	Wen'an County	13	383		6	17.7
大厂回族自治县	Dachang Hui A.C.	5	105	1	28	7.5
霸州市	Bazhou City	12	361	1	22	18.6
三河市	Sanhe City	10	395	6	128	30.7
经济技术开发区	Economic-Technological Development Area					
衡水市	**Hengshui**					
桃城区	Taocheng District	4	221	4	58	28.3
冀州区	Jizhou District	10	382		8	13.5
枣强县	Zaoqiang County	11	553		7	14.3
武邑县	Wuyi County	9	524		8	10.8
深州市	Shenzhou City	17	465		8	22.3
武强县	Wuqiang County	6	238		4	7.8
饶阳县	Raoyang County	7	197		4	9.4
安平县	Anping County	8	230		15	10.7
故城县	Gucheng County	13	538		13	19.9
景　县	Jing County	16	848		8	17.5
阜城县	Fucheng County	10	610		3	12.6
高新区	High Tech District	1	116		6	
滨湖新区	Binhu New Area	2	72			
定州市	**Dingzhou**	**21**	**470**	**4**	**72**	**39.0**
辛集市	**Xinji**	**15**	**344**		**24**	

continued

常住总人口 (万人) Permanent Population (10000 persons)	城镇人口 Urban	乡村人口 Rural	常住人口城镇化率 (%) Urbanization Rate of Resident Population (%)	地区生产总值 (万元) Gross Domestic Product (10000 yuan)	第一产业 Primary Industry	第二产业 Secondary Industry	第三产业 Tertiary Industry	#工业 Industry
35.8	18.7	17.1	52.20	1640547	299205	212459	1128883	132903
36.1	15.3	20.8	42.50	1386406	237833	448469	700104	438972
20.0	8.4	11.6	42.13	1027784	189815	156723	681246	139712
53.6	21.8	31.8	40.69	2459026	387064	1008362	1063600	938723
20.7	10.8	9.9	52.10	1108064	86862	528164	493038	519600
57.6	27.6	30.0	47.88	3119305	234101	1256639	1628565	1216253
83.2	48.0	35.2	57.66	7287034	181912	3317868	3787254	3180058
64.6	47.6	16.9	73.79	8011275	599426	4207451	3204398	3977227
79.5	33.3	46.2	41.85	2718401	247974	808114	1662313	642954
3.3	3.3		100.00	479248	1118	276461	201669	272252
1.6	1.6	…	97.34	356434	619	105949	249866	87524
46.6	31.7	14.9	68.01	2556770	98218	662998	1795554	533119
53.1	44.0	9.1	82.82	5351425	41236	1284391	4025798	546131
60.2	37.7	22.5	62.60	3387403	484561	767302	2135540	687221
39.7	21.1	18.6	53.15	2405199	691243	547565	1166391	318638
45.3	34.0	11.3	75.01	2643552	225264	676269	1742019	457029
49.6	24.8	24.8	49.96	2165411	180200	1014616	970595	711419
55.3	28.4	26.9	51.41	2455632	135890	1304251	1015491	1072538
17.7	12.0	5.7	67.83	1677983	32163	335581	1310239	281921
74.2	47.3	26.8	63.83	4519829	96360	2173437	2250032	2070966
94.0	73.8	20.2	78.50	6103411	192365	1767936	4143110	1158183
12.2	11.3	1.0	91.97					
60.8	54.5	6.3	89.57	2597941	100744	571901	1925296	415924
29.7	17.0	12.7	57.27	1395988	153697	424631	817660	352237
35.9	20.6	15.3	57.48	1405176	176865	398787	829524	324781
26.2	12.8	13.3	49.05	1134325	289852	284071	560402	217275
47.2	20.8	26.4	44.09	1837526	459337	566878	811311	441950
17.4	6.4	11.0	36.77	891743	124939	333421	433383	238686
25.0	10.2	14.8	40.88	1170978	363712	234851	572415	205050
32.4	19.8	12.6	61.20	1682073	171419	627816	882838	550439
43.8	21.6	22.2	49.35	1389507	291949	447541	650017	379271
45.5	22.8	22.8	49.99	2026131	214412	698054	1113665	556921
28.8	13.5	15.3	46.75	1007678	219959	299912	487807	217951
14.9	13.1	1.8	87.61	2081249	13872	1128142	939235	1043082
8.2	5.7	2.6	68.69	260271	17032	81631	161608	72082
107.7	**59.7**	**47.9**	**55.49**	**4001211**	**936764**	**1339441**	**1725007**	**1037376**
58.4	**37.4**	**21.0**	**64.08**	**4220352**	**567752**	**2308271**	**1344329**	**2268220**

24-2 续表 5

县(市、区)	County (City or District)	地区生产总值增速 (%) Growth Rate of Regional Gross Domestic Product (%)	第一产业 Primary Industry	第二产业 Secondary Industry
石家庄市	**Shijiazhuang**			
长安区	Chang'an District	6.1	-5.5	10.0
桥西区	Qiaoxi District	6.0	-25.8	11.2
新华区	Xinhua District	6.3	2.6	18.4
井陉矿区	Jingxing Mining Area	7.0	2.9	5.4
裕华区	Yuhua District	6.5	-2.6	19.8
藁城区	Gaocheng District	6.8	1.0	8.1
鹿泉区	Luquan District	6.1	-8.8	6.3
栾城区	Luancheng District	5.0	-10.0	7.2
井陉县	Jingxing County	6.1	7.5	5.2
正定县	Zhengding County	6.9	2.5	8.3
行唐县	Xingtang County	4.3	5.3	-1.1
灵寿县	Lingshou County	6.9	8.7	6.9
高邑县	Gaoyi County	8.5	8.9	7.2
深泽县	Shenze County	8.3	6.9	5.7
赞皇县	Zanhuang County	7.1	10.1	4.8
无极县	Wuji County	6.6	4.8	6.1
平山县	Pingshan County	6.4	4.6	6.6
元氏县	Yuanshi County	6.4	4.7	7.2
赵　县	Zhao County	6.3	3.5	5.0
晋州市	Jinzhou City	6.7	7.0	5.8
新乐市	Xinle City	6.7	6.1	3.9
高新区	High Tech District	8.3	9.1	10.8
经开区	Economic-Technological Development Area			
唐山市	**Tangshan**			
路南区	Lunan District	6.8	3.4	8.2
路北区	Lubei District	7.2	2.9	9.4
古冶区	Guye District	5.9	0.1	6.0
开平区	Kaiping District	5.9	5.5	6.2
丰南区	Fengnan District	6.5	3.7	7.3
丰润区	Fengrun District	4.2	-0.7	3.5
曹妃甸区	Caofeidian District	7.5	12.0	8.0
滦南县	Luannan County	5.1	4.0	7.5
乐亭县	Laoting County	6.2	5.4	6.9
迁西县	Qianxi County	2.1	-3.3	2.2
玉田县	Yutian County	6.5	4.7	7.1
遵化市	Zunhua City	6.2	1.4	6.9
迁安市	Qian'an City	5.1	4.6	5.2
滦州市	Luanzhou City	6.4	3.8	7.3
海港经济开发区	Haigang Economic Development Area	6.8	4.6	9.1

continued

第三产业 Tertiary Industry	#工业 Industry	人均地区生产总值 (元) Per Capita Gross Domestic Product (yuan)	人均可支配收入 Per Capita Disposable Income 城镇居民 (元) Urban Value (yuan)	增速 (%) Growth Rate (%)	农村居民 (元) Rural Value (yuan)	增速 (%) Growth Rate (%)
5.4	6.3	69281	53025	6.3		
5.1	7.1	101164	53981	6.3		
5.4	4.9	73310	53286	6.3		
8.7	5.3	105846	43755	6.4		
5.1	10.3	65631	54646	6.3		
6.5	7.7	80534	47176	5.9	27881	7.1
7.4	8.1	67249	46145	6.3	27868	6.9
5.7	4.6	54671	42815	6.5	25562	7.0
6.3	5.6	49941	39709	5.9	19581	7.2
7.2	5.5	65374	43965	7.0	27497	7.5
5.4	1.2	41058	40263	6.7	13926	7.9
5.9	4.2	48275	39337	6.5	13308	7.8
9.0	5.1	56618	37518	6.9	20574	7.2
10.7	4.7	48084	37841	6.1	19516	6.9
6.6	6.8	42834	36597	6.6	12995	8.0
7.9	5.6	37200	39296	6.6	22219	7.3
6.4	6.9	76549	41009	6.4	14856	7.9
6.4	6.2	52312	38264	6.8	21784	7.1
7.8	6.5	36861	40431	6.2	22620	7.4
7.1	4.2	40125	44282	6.2	27505	6.7
8.5	4.8	37982	38111	6.2	24765	7.3
5.1	9.9	165126				
5.9	5.7	104545	57947	7.4		
6.1	5.7	81894	57067	7.0		
6.7	5.7	82909	49342	6.4		
5.5	4.6	57197	48412	6.8	24632	7.3
5.9	7.6	184123	55174	7.4	25905	7.8
6.0	7.6	125855	53030	6.5	24732	7.1
6.3	8.0	290777	53664	7.3	29275	7.9
4.2	4.7	63053	49330	6.7	22463	7.3
5.7	6.5	129896	50003	7.1	26379	7.6
3.1	1.8	94399	51588	6.4	25248	7.1
6.9	4.7	50744	47647	6.9	25274	7.5
6.8	4.7	79683	51101	6.6	25262	7.4
5.0	5.0	161960	53785	6.4	34024	7.1
5.7	7.2	97653	54356	7.2	26024	7.7
4.3	9.0	356052				

24-2 续表 6

县(市、区)	County (City or District)	地区生产总值增速 (%) Growth Rate of Regional Gross Domestic Product (%)	第一产业 Primary Industry	第二产业 Secondary Industry
唐山湾国际旅游岛	Tangshan Bay International Tourism Island	6.0	11.0	0.2
高新技术产业开发区	High and New Tech Development Zone	6.2	4.3	7.2
芦台经济开发区	Lutai Economic Development Area	2.0	1.3	1.0
汉沽管理区	Hangu Management Area	5.1	2.8	4.2
秦皇岛市	**Qinhuangdao**			
海港区	Haigang District	4.3	-0.9	5.5
山海关区	Shanhaiguan District	5.9	2.1	1.5
北戴河区	Beidaihe District	3.7	6.6	-1.9
抚宁区	Funing District	6.3	4.5	0.6
青龙满族自治县	Qinglong Man A.C.	3.0	2.5	-4.6
昌黎县	Changli County	6.5	3.7	6.5
卢龙县	Lulong County	5.7	3.3	5.5
秦皇岛开发区	Qinhuangdao Development Area			
北戴河新区	Beidaihe New Area	10.0	1.7	20.2
邯郸市	**Handan**			
邯山区	Hanshan District	6.0	2.8	4.2
丛台区	Congtai District	6.4	3.9	8.5
复兴区	Fuxing District	-9.6	28.5	-19.3
峰峰矿区	Fengfeng Mining Area	8.2	-3.9	11.0
肥乡区	Feixiang District	7.5	1.0	11.5
永年区	Yongnian District	2.9	4.2	1.2
临漳县	Linzhang County	7.2	8.6	6.9
成安县	Cheng'an County	5.7	3.5	5.7
大名县	Daming County	6.1	2.5	6.2
涉　县	She County	11.9	0.9	19.4
磁　县	Ci County	5.8	-0.3	7.7
邱　县	Qiu County	7.0	9.5	8.2
鸡泽县	Jize County	6.3	3.8	6.6
广平县	Guangping County	5.2	2.4	4.7
馆陶县	Guantao County	6.9	4.5	9.7
魏　县	Wei County	7.8	4.9	10.9
曲周县	Quzhou County	6.6	3.7	8.4
武安市	Wu'an City	6.4	-7.4	7.2
冀南新区	Ji'nan New Area	7.3	-4.0	14.3
开发区	Development Area	6.6	3.4	7.7
邢台市	**Xingtai**			
襄都区	Xiangdu District	7.6	-3.1	9.7
信都区	Xindu District	1.8	5.1	-3.9
任泽区	Renze District	4.5	-5.7	8.5
南和区	Nanhe District	1.4	-4.3	0.4

continued

第三产业 Tertiary Industry	#工业 Industry	人均地区生产总值（元） Per Capita Gross Domestic Product (yuan)	人均可支配收入 Per Capita Disposable Income 城镇居民（元） Urban Value (yuan)	增速（%） Growth Rate (%)	农村居民（元） Rural Value (yuan)	增速（%） Growth Rate (%)
0.1		921300				
5.0	6.6	184596				
7.8	1.0	194483				
6.8	6.0	73126				
4.0	3.7	57041	50556	5.6		
9.5	4.3	58847	43847	4.8		
4.0	4.4	62681	53852	5.4		
10.3	4.1	50645	46567	5.9	22613	6.8
6.9	-2.6	37582	43591	4.8	16821	7.2
8.2	7.6	72789	42742	5.6	23716	6.8
7.7	9.6	41622	43172	5.8	20492	6.3
10.5	1.2	73771				
6.5	3.9	42965	51369	6.7	24417	7.0
5.5	3.0	59316	52559	6.6	23682	7.0
3.1	-19.2	67997	52906	5.5	22676	7.7
5.3	11.0	54331	37886	7.1	20995	7.6
7.2	9.5	53896	38087	6.9	23789	7.8
4.0	1.9	32773	42807	6.6	24246	6.5
6.9	7.8	34830	41037	7.0	23121	6.5
6.6	8.1	52431	46985	5.5	23639	7.7
7.2	6.5	28257	42346	6.9	21833	8.0
6.3	24.4	57018	32494	7.2	20313	8.2
6.5	7.7	27846	40639	6.5	22293	7.7
4.5	5.4	61349	29731	7.5	21888	8.3
6.8	5.8	41470	39593	6.8	23500	7.6
6.1	3.9	40673	35888	8.0	20961	8.1
6.7	7.9	39145	37754	7.7	21227	8.5
6.7	10.1	29910	41591	6.9	22373	7.9
6.3	8.4	31294	38521	6.0	23286	7.5
6.9	7.3	97937	49789	6.5	23900	7.6
4.2	15.4	28444	36817	5.5	20959	6.5
6.0	7.6	74264	47147	5.8	21659	7.0
6.6	11.6	48426	40915	4.8		
6.2	-4.5	45859	45193	4.8	22823	5.8
6.6	7.6	22212	36791	6.1	19910	7.8
5.6	-0.1	27762	39943	5.2	23091	7.6

24-2 续表 7

县(市、区)	County (City or District)	地区生产总值增速 (%) Growth Rate of Regional Gross Domestic Product (%)		
			第一产业 Primary Industry	第二产业 Secondary Industry
临城县	Lincheng County	4.5	2.3	3.3
内丘县	Neiqiu County	6.8	3.0	4.4
柏乡县	Baixiang County	6.5	7.1	6.0
隆尧县	Longyao County	5.3	2.7	6.5
宁晋县	Ningjin County	3.0	-2.8	1.9
巨鹿县	Julu County	5.9	-0.3	10.2
新河县	Xinhe County	5.6	1.3	10.7
广宗县	Guangzong County	4.5	3.6	2.7
平乡县	Pingxiang County	6.6	9.7	4.9
威　县	Wei County	1.4	1.4	-6.9
清河县	Qinghe County	5.4	-4.9	6.6
临西县	Linxi County	6.6	2.8	9.5
南宫市	Nangong City	5.8	3.2	5.5
沙河市	Shahe City	2.0	-0.1	0.9
开发区	Development Area	3.1	-1.2	3.9
邢东新区	Xingdong New Area	0.7	3.3	-5.4
保定市	**Baoding**			
竞秀区	Jingxiu District	5.2	-1.9	2.4
莲池区	Lianchi District	6.0	6.4	5.2
满城区	Mancheng District	5.1	4.9	4.8
清苑区	Qingyuan District	5.5	7.7	3.2
徐水区	Xushui District	5.0	-1.1	4.9
涞水县	Laishui County	3.0	-7.9	7.7
阜平县	Fuping County	6.5	18.5	-8.3
定兴县	Dingxing County	5.2	-2.1	6.8
唐　县	Tang County	6.6	6.3	7.9
高阳县	Gaoyang County	6.2	-1.2	7.4
涞源县	Laiyuan County	5.6	-2.8	5.7
望都县	Wangdu County	2.9	2.0	0.4
易　县	Yi County	5.7	0.8	6.0
曲阳县	Quyang County	5.9	6.3	1.6
蠡　县	Li County	3.3	-0.2	-0.5
顺平县	Shunping County	7.2	15.3	4.3
博野县	Boye County	6.8	3.6	10.9
涿州市	Zhuozhou City	1.6	-14.0	-0.5
安国市	Anguo City	5.8	3.9	7.1
高碑店市	Gaobeidian City	3.1	-3.2	0.2
高新区	High Tech District	6.0	-9.7	6.8
白沟新城	Baigou City	5.3	-10.5	-1.1

continued

第三产业 Tertiary Industry	#工 业 Industry	人均地区生产总值（元） Per Capita Gross Domestic Product (yuan)	人均可支配收入 Per Capita Disposable Income			
			城镇居民（元） Urban Value (yuan)	增 速（%） Growth Rate (%)	农村居民（元） Rural Value (yuan)	增 速（%） Growth Rate (%)
5.6	2.3	30827	33377	4.8	14232	7.2
9.2	5.3	30885	36181	4.8	18883	7.7
6.8	7.8	34440	34619	5.1	20363	6.1
5.8	5.7	28005	36239	5.7	19619	8.0
6.3	1.7	44778	36444	5.6	21891	6.6
7.9	13.2	36151	35877	6.0	13338	7.8
3.5	12.2	46342	34737	6.4	12787	8.2
6.4	6.6	28050	35818	6.3	14567	8.4
6.7	3.3	33868	36770	6.6	16128	8.6
5.7	-3.2	27234	34266	6.2	14175	8.0
5.3	7.4	41925	38444	4.3	22281	5.5
6.5	7.4	29817	37243	5.6	21539	7.2
6.9	4.1	34627	34668	5.2	19295	6.6
2.9	1.1	51254	41660	5.1	23183	6.1
2.1	3.7	45097	40464	4.4	21811	5.7
4.1	-7.0	25555				
8.9	5.9	78584	48191	5.6		
6.5	8.1	65862	48852	5.7		
5.3	5.9	39567	43256	6.1	26386	7.0
5.7	8.5	28304	42469	5.8	26000	6.8
6.5	4.3	34987	44802	6.5	25827	6.9
5.5	4.6	34966	36268	4.0	16730	4.9
4.2	-2.4	33999	29101	6.7	14436	7.7
6.9	6.2	41212	42908	3.6	23241	4.5
5.7	5.0	32784	29753	6.2	13146	7.5
6.0	7.5	40534	37002	4.8	27329	6.6
7.3	6.1	35732	35841	4.3	13305	6.1
4.8	1.1	36511	35729	5.3	21806	7.4
8.1	5.7	27910	34685	6.3	14837	7.3
7.9	0.7	27051	32166	6.8	13374	7.6
6.7	0.4	30309	36989	6.6	24229	7.1
2.6	5.3	38726	36466	6.0	12796	7.7
6.4	11.4	34316	33576	6.4	20500	7.2
3.8	4.6	61933	47048	3.1	26697	3.8
5.9	7.8	39628	38786	6.9	27021	6.7
6.2	3.4	45767	42607	3.3	25341	4.3
5.4	8.5	128726				
6.8	1.7	51463	38833	5.9		

24−2 续表 8

县(市、区)	County (City or District)	地区生产总值增速 (%) Growth Rate of Regional Gross Domestic Product (%)	第一产业 Primary Industry	第二产业 Secondary Industry
张家口市	**Zhangjiakou**			
桥东区	Qiaodong District	5.1	6.4	2.7
桥西区	Qiaoxi District	3.4	28.6	2.1
宣化区	Xuanhua District	7.8	15.5	11.3
下花园区	Xiahuayuan District	5.1	16.5	3.6
万全区	Wanquan District	-1.0	2.9	1.2
崇礼区	Chongli District	5.1	6.9	3.6
张北县	Zhangbei County	6.5	8.5	7.9
康保县	Kangbao County	-4.4	-16.6	-0.3
沽源县	Guyuan County	5.6	6.8	3.8
尚义县	Shangyi County	5.6	6.2	6.7
蔚　县	Yu County	4.1	4.1	2.9
阳原县	Yangyuan County	6.8	5.0	12.1
怀安县	Huai'an County	7.6	1.5	10.6
怀来县	Huailai County	3.4	3.7	-19.3
涿鹿县	Zhuolu County	5.4	11.8	0.9
赤城县	Chicheng County	5.8	2.3	17.3
经开区	Jingkai District	7.0	2.9	6.0
察北管理区	Chabei Management Area	-0.1	-3.2	1.5
塞北管理区	Saibei Management Area	6.5	8.1	0.3
承德市	**Chengde**			
双桥区	Shuangqiao District	6.0	2.9	3.0
双滦区	Shuangluan District	5.9	1.6	6.8
鹰手营子矿区	Yingshouyingzi District	5.0	0.9	2.2
承德县	Chengde County	5.5	2.5	7.7
兴隆县	Xinglong County	5.1	2.1	4.8
滦平县	Luanping County	5.8	4.7	5.3
隆化县	Longhua County	5.7	6.1	4.6
丰宁满族自治县	Fengning Man A.C.	6.1	4.7	9.7
宽城满族自治县	Kuancheng Man A.C.	5.9	2.6	8.0
围场满族蒙古族自治县	Weichang Man & Mongolian A.C.	5.7	4.9	6.8
平泉市	Pingquan City	5.9	5.9	5.7
高新技术产业开发区	High and New Tech Development Area	5.6	-4.7	8.5
沧州市	**Cangzhou**			
新华区	Xinhua District	6.0	2.6	4.6
运河区	Yunhe District	6.5	4.7	8.6
沧　县	Cang County	6.7	1.2	5.0
青　县	Qing County	6.2	3.1	8.2
东光县	Dongguang County	5.8	-4.8	3.1
海兴县	Haixing County	5.8	3.7	2.7
盐山县	Yanshan County	6.6	2.3	7.2

continued

第三产业 Tertiary Industry	#工 业 Industry	人均地区生产总值（元） Per Capita Gross Domestic Product (yuan)	人均可支配收入 Per Capita Disposable Income 城镇居民（元） Urban Value (yuan)	增 速（%） Growth Rate (%)	农村居民（元） Rural Value (yuan)	增 速（%） Growth Rate (%)
6.7	3.8	87906	48526	5.6		
3.4	7.3	42093	45661	5.6		
5.2	12.0	34752	43269	5.1	21319	8.2
3.0	11.1	42981	45054	5.5		
-3.3	5.6	38689	40930	5.0	16945	7.9
5.1	4.5	39498	43871	5.2	17520	8.4
3.8	8.3	51644	39129	6.2	17689	7.3
6.3	4.1	52574	35962	5.9	16357	8.0
5.4	3.5	51921	37931	6.1	17050	7.3
3.8	5.2	60332	33600	5.0	15020	8.3
4.4	-2.2	24167	40926	5.1	16680	8.1
5.7	3.2	29384	33071	5.4	15831	7.3
4.7	10.1	54658	36579	5.0	17692	8.0
7.2	-1.0	43500	42275	5.5	26721	7.9
5.3	1.4	34900	43590	5.8	20630	7.8
6.5	21.6	37818	39532	6.3	17112	7.5
7.3	3.4	63066	44531	6.0		
4.5	0.6	112643				
5.4	0.1	228461				
6.6	1.7	51609	46499	6.2		
4.4	6.9	90135	47258	6.6		
9.5	2.1	80613	36784	7.2		
6.8	8.4	45644	38664	6.3	17556	7.1
6.8	0.9	51820	37426	7.6	19847	7.6
6.7	7.0	72066	42759	7.5	16202	7.5
5.7	5.0	53277	36390	6.4	14795	8.1
4.0	9.3	54750	32803	7.2	13408	7.9
5.2	6.8	67969	43834	6.6	19843	7.0
5.7	7.3	48697	34342	7.2	14741	8.2
5.9	6.9	43188	40413	7.3	20090	7.1
0.9	7.6	61482				
6.4	8.3	89596	47202	7.3		
5.6	8.0	71500	49754	6.1		
9.1	3.8	42371	45866	6.5	22008	7.2
6.3	6.5	54018	45687	6.4	24148	6.3
8.3	2.9	54633	45266	6.0	18913	6.9
8.2	2.4	40315	40241	7.0	13701	8.1
6.7	6.6	37844	39837	7.1	16484	7.8

24-2 续表 9

县(市、区)	County (City or District)	地区生产总值增速 (%) Growth Rate of Regional Gross Domestic Product (%)	第一产业 Primary Industry	第二产业 Secondary Industry
肃宁县	Suning County	5.9	3.0	8.7
南皮县	Nanpi County	5.8	3.6	3.5
吴桥县	Wuqiao County	3.6	-5.4	-0.2
献　县	Xian County	6.3	-0.9	6.5
孟村回族自治县	Mengcun Hui A.C.	6.6	-0.9	6.4
泊头市	Botou City	4.2	1.8	1.3
任丘市	Renqiu City	6.8	-0.3	7.3
渤海新区黄骅市	Bohai New Area Huanghua City	6.5	4.4	8.8
河间市	Hejian City	2.5	2.0	1.9
开发区	Development Area	-4.5	0.1	-9.5
高新区	High Tech District	5.0	-25.9	7.7
廊坊市	**Langfang**			
安次区	Anci District	2.2	-16.7	2.8
广阳区	Guangyang District	6.8	-26.7	16.3
固安县	Gu'an County	7.5	5.5	10.8
永清县	Yongqing County	2.4	-2.8	9.2
香河县	Xianghe County	0.9	2.3	6.7
大城县	Dacheng County	7.0	-2.3	11.1
文安县	Wen'an County	-3.8	-26.6	14.5
大厂回族自治县	Dachang Hui A.C.	5.1	1.5	7.1
霸州市	Bazhou City	4.8	-19.0	1.9
三河市	Sanhe City	0.3	-2.5	4.4
经济技术开发区	Economic-Technological Development Area			
衡水市	**Hengshui**			
桃城区	Taocheng District	5.9	0.1	6.5
冀州区	Jizhou District	6.3	6.6	6.2
枣强县	Zaoqiang County	5.6	-0.2	5.2
武邑县	Wuyi County	5.7	2.3	8.5
深州市	Shenzhou City	3.4	5.1	4.4
武强县	Wuqiang County	5.8		8.8
饶阳县	Raoyang County	3.7	-5.0	7.8
安平县	Anping County	6.2	5.5	6.9
故城县	Gucheng County	6.5	-2.3	9.7
景　县	Jing County	6.1	-0.2	4.8
阜城县	Fucheng County	6.4	-3.4	9.2
高新区	High Tech District	6.2	-3.2	6.3
滨湖新区	Binhu New Area	4.3	-16.6	4.4
定州市	**Dingzhou**	**5.6**	**2.5**	**4.6**
辛集市	**Xinji**	**4.2**	**2.3**	**2.7**

continued

第三产业 Tertiary Industry	#工 业 Industry	人均地区生产总值 (元) Per Capita Gross Domestic Product (yuan)	人均可支配收入 Per Capita Disposable Income 城镇居民 (元) Urban Value (yuan)	增 速 (%) Growth Rate (%)	农村居民 (元) Rural Value (yuan)	增 速 (%) Growth Rate (%)
6.1	4.5	46252	45082	6.2	20044	6.8
7.9	4.6	38527	43601	5.8	16212	7.6
6.9	-1.6	48907	40610	5.4	20056	6.2
8.7	5.7	45411	41222	5.8	17482	7.1
8.2	7.1	53685	43903	5.8	18176	6.6
6.9	3.1	54014	44282	5.5	21399	6.6
6.7	7.2	86797	46548	6.6	24016	7.3
4.0	8.4	124177	44970	6.8	23718	7.4
2.8	2.6	34220	45851	5.5	21342	6.3
7.7	-9.3	147461				
3.7	2.0	230702				
3.4	-0.4	54638	49772	5.7	24047	7.1
4.4	6.2	100233	54130	5.8	23793	7.0
7.0	4.8	56457	49735	5.9	23910	7.3
2.7	-0.8	60745	47707	5.2	23410	7.2
-1.4	5.7	58460	56937	5.3	26081	6.9
4.6	4.0	43794	49989	6.1	22416	6.4
-7.0	6.3	95097	50799	6.2	24515	6.9
3.0	3.0	44313	54631	5.7	24767	7.0
9.5	2.3	60701	55956	5.5	24739	6.6
-1.1	-0.2	64645	58491	6.0	27694	6.5
6.0	5.5	42680	45866	5.3	23640	6.5
6.2	5.2	46900	43852	6.0	22766	7.0
7.1	5.1	39087	40106	5.8	18871	7.4
6.8	4.9	43245	31862	5.9	14764	7.0
1.8	3.1	38902	35186	5.8	23003	6.8
5.4	5.3	51457	33702	5.9	14336	7.6
9.1	4.8	46764	37043	5.8	14245	7.2
5.8	5.6	51836	37991	5.8	23470	7.1
8.8	10.2	31670	37004	6.4	18730	7.3
8.2	5.9	44433	39674	6.2	23574	7.1
9.5	7.5	34928	38033	6.1	14579	7.7
6.2	5.6	140246	43561	5.9	20386	7.1
6.8	4.1	31857	32034	5.1	21590	6.4
8.2	**3.7**	**37174**	**44886**	**5.8**	**24133**	**6.9**
8.2	**2.9**	**71879**	**45864**	**5.6**	**25552**	**6.8**

24-2 续表 10

县(市、区)	County (City or District)	一般公共财政预算收入(万元) General Public Budget Revenue (10000 yuan)	#税收收入 Tax Revenue	一般公共财政预算支出(万元) General Public Budget Expenditure (10000 yuan)	#教　育 Education
石家庄市	**Shijiazhuang**				
长安区	Chang'an District	579365	494528	478557	177124
桥西区	Qiaoxi District	624347	567222	414401	162725
新华区	Xinhua District	327692	264999	354130	133904
井陉矿区	Jingxing Mining Area	61369	38671	102251	21075
裕华区	Yuhua District	396343	327487	351355	126541
藁城区	Gaocheng District	197679	80899	525956	150827
鹿泉区	Luquan District	433469	281526	641289	146388
栾城区	Luancheng District	224702	146094	335091	101599
井陉县	Jingxing County	127265	53796	302976	66411
正定县	Zhengding County	565352	211888	814129	125015
行唐县	Xingtang County	94953	32138	353171	66065
灵寿县	Lingshou County	95698	36041	320486	61362
高邑县	Gaoyi County	72110	23426	183146	36330
深泽县	Shenze County	58052	22221	191825	37197
赞皇县	Zanhuang County	103190	36542	254134	58977
无极县	Wuji County	111733	59217	366693	69816
平山县	Pingshan County	273324	113094	553994	85276
元氏县	Yuanshi County	169867	78755	367923	88433
赵　县	Zhao County	149428	48861	362435	85711
晋州市	Jinzhou City	147113	72409	369083	94402
新乐市	Xinle City	144764	65005	334495	86771
高新区	High Tech District	677828	475500	599024	59013
经开区	Economic-Technological Development Area	288208	241230	98685	541
唐山市	**Tangshan**				
路南区	Lunan District	269319	230443	341814	59362
路北区	Lubei District	554037	366402	606145	94667
古冶区	Guye District	141608	100158	237292	44103
开平区	Kaiping District	156182	86847	222771	59183
丰南区	Fengnan District	497375	296805	723624	166461
丰润区	Fengrun District	323427	176197	592280	156905
曹妃甸区	Caofeidian District	1190995	581308	1207422	93530
滦南县	Luannan County	177786	71234	424650	96965
乐亭县	Laoting County	182779	107452	477948	72277
迁西县	Qianxi County	157827	91095	363118	77434
玉田县	Yutian County	165086	99287	491270	143721
遵化市	Zunhua City	200122	74832	562447	128061
迁安市	Qian'an City	668100	304959	902748	213021
滦州市	Luanzhou City	278217	164853	446487	98919
海港经济开发区	Haigang Economic Development Area	228725	119788	204911	30661

continued

#科 技 Science and Technology	#社会保障与就业 Social Security and Employment	#卫生健康 Hygiene and Health	金融机构年末存款余额（亿元） Deposits Balances of Financial Institutions at Yearend (100 million yuan)	#住户存款 Deposits of Households	金融机构年末贷款余额（亿元） Loans Balances of Financial Institutions at Yearend (100 million yuan)	#企业贷款 Loans to Enterprises	全社会用电量（万千瓦时） Electricity Consumption (10000 kW·h)	#工业用电 Electricity Consumption of Industry
10631	75349	38290						
6838	73576	34033						
9064	44496	26744						
1786	15526	6448						
7215	32520	27436						
4154	85232	49658					474153	292269
13901	63634	36691					386867	213799
6747	39293	24655					242175	160602
3852	49051	20676	292.0	246.0	124.4	84.4	465013	384998
3982	87465	27664	955.4	760.8	599.5	416.2	266270	98259
6693	54876	30260	327.4	300.6	131.8	69.3	124682	49596
4017	58779	26746	274.4	235.2	166.4	100.8	134338	61168
5675	36743	14182	182.5	149.4	82.9	46.5	122590	76616
2836	30754	15747	245.3	220.5	84.6	48.2	96270	55117
4375	34962	20194	214.1	175.0	114.1	61.5	135578	94831
6555	64963	26826	429.2	395.1	172.7	104.9	200061	102926
15385	88170	49780	514.8	357.0	312.8	235.5	591274	485053
7084	42197	26718	479.2	307.6	285.5	171.1	272593	190896
9647	62468	30641	354.6	314.7	160.3	72.7	239347	143404
5018	59555	28007	550.5	488.9	227.1	115.4	365981	262259
5001	47969	32175	399.9	348.4	184.4	72.2	177199	78828
53534	34333	25206						
2839	329	727						
6048	59514	23459						
7988	99900	141372						
481	71898	27731						
1010	49956	25582						
4093	89042	52021					345427	185809
5110	133387	64631					417649	239963
30814	56973	61792	706.7	408.4	1502.7	1376.2	309902	141069
680	89265	45277	559.6	483.2	288.1	223.1	214084	121521
4974	104542	45005	593.4	524.7	353.0	269.1	180182	71499
2010	75825	42381	516.6	411.4	313.9	249.8	146426	77474
5636	71171	37431	804.9	714.1	359.1	229.5	379296	243160
12725	107842	46624	850.4	741.3	473.1	332.9	375567	243906
3417	87485	83161	1527.6	1087.7	975.3	828.7	289487	154879
7180	94079	52914	595.7	483.3	312.8	236.0	203477	97311
1423	14851	11269						

24-2 续表 11

县(市、区)	County (City or District)	一般公共财政预算收入 (万元) General Public Budget Revenue (10000 yuan)	#税收收入 Tax Revenue	一般公共财政预算支出 (万元) General Public Budget Expenditure (10000 yuan)	#教育 Education
唐山湾国际旅游岛	Tangshan Bay International Tourism Island	63846	6535	53728	3
高新技术产业开发区	High and New Tech Development Zone	135459	121143	113329	13189
芦台经济开发区	Lutai Economic Development Area	31460	21111	47193	8257
汉沽管理区	Hangu Management Area	31145	15982	50594	7676
秦皇岛市	**Qinhuangdao**				
海港区	Haigang District	492305	374738	534843	147472
山海关区	Shanhaiguan District	85605	36602	133142	26861
北戴河区	Beidaihe District	90756	48868	153153	23989
抚宁区	Funing District	80296	33340	246004	60450
青龙满族自治县	Qinglong Man A.C.	68449	30518	380091	88894
昌黎县	Changli County	146693	75597	430390	87621
卢龙县	Lulong County	64190	32676	279012	63215
秦皇岛开发区	Qinhuangdao Development Area	282108	200774	308370	27813
北戴河新区	Beidaihe New Area	124090	62127	168160	22019
邯郸市	**Handan**				
邯山区	Hanshan District	160681	113321	267143	65459
丛台区	Congtai District	355541	255444	287435	79085
复兴区	Fuxing District	165868	116385	202186	41917
峰峰矿区	Fengfeng Mining Area	254381	171955	409893	98831
肥乡区	Feixiang District	145598	93643	362571	73501
永年区	Yongnian District	191105	121301	440133	115741
临漳县	Linzhang County	105405	70456	369498	104400
成安县	Cheng'an County	165286	113169	369396	82721
大名县	Daming County	93527	79868	465006	102082
涉　县	She County	180395	112863	354923	73400
磁　县	Ci County	129844	74216	327312	81248
邱　县	Qiu County	93396	63836	231154	50548
鸡泽县	Jize County	84265	53011	262964	49333
广平县	Guangping County	110706	76779	273365	51508
馆陶县	Guantao County	100099	61613	312929	56032
魏　县	Wei County	192051	123833	623660	149433
曲周县	Quzhou County	99391	67891	332118	76614
武安市	Wu'an City	503515	308961	868803	194833
冀南新区	Ji'nan New Area	71866	59074	119230	26365
开发区	Development Area	140054	123653	146158	36701
邢台市	**Xingtai**				
襄都区	Xiangdu District	151805	86840	178501	60641
信都区	Xindu District	330346	205246	483526	146147
任泽区	Renze District	61390	45222	238929	54249
南和区	Nanhe District	76800	46900	274872	61477

continued

#科　技 Science and Technology	#社会保障与就业 Social Security and Employment	#卫生健康 Hygiene and Health	金融机构年末存款余额（亿元） Deposits Balances of Financial Institutions at Yearend (100 million yuan)	#住户存款 Deposits of Households	金融机构年末贷款余额（亿元） Loans Balances of Financial Institutions at Yearend (100 million yuan)	#企业贷款 Loans to Enterprises	全社会用电量（万千瓦时） Electricity Consumption (10000 kW·h)	#工业用电 Electricity Consumption of Industry
7	826	403						
14611	17496	9715						
980	10703	3209						
386	13682	5038						
2161	77627	27798						
339	24976	7683						
811	27211	8197	236.9	191.0	109.1	68.0	55472	11608
673	51314	18724	366.7	331.2	255.7	185.7	107655	51610
922	71718	38448	289.2	255.0	181.8	137.5	124113	70841
4476	66189	33063	908.7	633.5	306.3	210.0	209738	111562
2614	57230	24438	334.3	299.2	162.3		108755	66857
2449	18689	11012					284766	219455
637	13944	7943						
2470	47058	25141						
2764	33591	22985						
3938	27492	16915						
5453	62048	15209					283626	216854
6380	38629	16760	233.1	190.3	197.5		137734	77950
7860	60334	23685	716.1	600.0	546.0		414043	258283
3207	52911	40856	329.4	286.7	180.7		133935	35552
8762	47230	27833	255.3	204.2	175.3		182222	120996
7555	88112	36954	494.1	369.7	381.2		160882	46955
7246	67403	27441	447.6	346.4	292.3		481768	417458
5213	44635	27571	398.4	332.0	318.8		209789	92591
4489	21906	12453	183.1	150.9	122.6		82005	47575
5315	34777	15686	215.1	178.6	132.9		156184	104880
10201	40257	38377	184.5	160.7	120.3		65390	18287
619	38218	25263	226.2	192.3	148.9		105722	50614
10116	89450	56396	426.3	376.7	324.9		176390	57509
7024	54356	30703	308.5	258.1	249.4		118693	50184
4945	87509	55824	1355.4	909.7	1016.6		1304139	1164409
440	21214	8858						
5755	16601	14358						
1173	38378	10784	2685.3		5685.3		212861	
4708	65199	30409					499377	
2137	38463	24334	224.4		233.7		159491	
4454	25341	23831	258.8		220.4		144163	

24−2 续表 12

县(市、区)	County (City or District)	一般公共财政预算收入(万元) General Public Budget Revenue (10000 yuan)	#税收收入 Tax Revenue	一般公共财政预算支出(万元) General Public Budget Expenditure (10000 yuan)	#教育 Education
临城县	Lincheng County	38558	95783	186712	36128
内丘县	Neiqiu County	85974	19825	216551	36862
柏乡县	Baixiang County	30344	52890	140284	28762
隆尧县	Longyao County	94447	17182	314523	78307
宁晋县	Ningjin County	188088	60339	547869	110711
巨鹿县	Julu County	67888	128764	266233	50905
新河县	Xinhe County	32832	36992	141620	24188
广宗县	Guangzong County	51457	22540	222833	43250
平乡县	Pingxiang County	57138	30864	277603	53835
威　县	Wei County	86627	35526	370857	84311
清河县	Qinghe County	130789	50893	312313	77545
临西县	Linxi County	70653	89378	295993	65283
南宫市	Nangong City	65891	38541	303773	59283
沙河市	Shahe City	144986	43041	298596	85040
开发区	Development Area	113277	82890	137473	31446
邢东新区	Xingdong New Area	17730	9633	34238	500
保定市	**Baoding**				
竞秀区	Jingxiu District	162066	146061	278918	65879
莲池区	Lianchi District	320888	293516	326832	76925
满城区	Mancheng District	94958	67487	289570	62254
清苑区	Qingyuan District	132354	64553	387566	98732
徐水区	Xushui District	201338	161020	413722	124623
涞水县	Laishui County	64064	30236	292448	63978
阜平县	Fuping County	135130	15712	337738	56913
定兴县	Dingxing County	105554	65649	348258	71977
唐　县	Tang County	76503	39497	352428	92102
高阳县	Gaoyang County	95360	43792	264988	62460
涞源县	Laiyuan County	81942	25742	354548	59568
望都县	Wangdu County	55353	26088	198650	50970
易　县	Yi County	97043	44676	404713	108002
曲阳县	Quyang County	97076	46399	359384	98094
蠡　县	Li County	65937	28067	235132	63881
顺平县	Shunping County	52379	29033	255151	52748
博野县	Boye County	35594	18034	151321	35907
涿州市	Zhuozhou City	293325	134203	714565	89358
安国市	Anguo City	87591	63298	251550	61920
高碑店市	Gaobeidian City	159292	87137	474446	95311
高新区	High Tech District	200430	176104	117355	31483
白沟新城	Baigou City	62910	50065	114688	18630

continued

#科 技 Science and Technology	#社会保障与就业 Social Security and Employment	#卫生健康 Hygiene and Health	金融机构年末存款余额（亿元） Deposits Balances of Financial Institutions at Yearend (100 million yuan)	#住户存款 Deposits of Households	金融机构年末贷款余额（亿元） Loans Balances of Financial Institutions at Yearend (100 million yuan)	#企业贷款 Loans to Enterprises	全社会用电量（万千瓦时） Electricity Consumption (10000 kW·h)	#工业用电 Electricity Consumption of Industry
839	32371	18057	191.9		111.6		78077	
959	45466	21928	237.5		143.8		121255	
2257	24294	13683	137.9		88.6		101035	
5179	48810	26868	332.5		241.4		240131	
13455	97549	35815	676.3		439.5		584422	
2924	49580	23836	302.0		192.6		129158	
1195	23541	13065	155.2		79.5		90889	
2411	33055	20588	168.0		116.9		114025	
3295	38779	25025	241.2		170.7		165248	
7186	45599	25044	354.2		243.2		173564	
5262	28390	26484	476.7		286.6		229633	
4802	33260	21068	231.3		142.5		110825	
936	55719	29034	393.3		226.7		123920	
3917	39752	26564	519.7		351.7		388914	
819	18566	7944					108159	
13	1632	1925						
7243	54693	29309						
16941	76527	36372						
5810	67308	24963	385.3	329.4	193.5		348486	252406
4137	73352	39305	505.5	421.2	221.1		308526	148333
6267	78880	35273	287.3	246.1	197.1		276842	128698
5810	53695	25475	183.4	154.9	122.7		135351	51330
6345	44572	25588	559.8	471.5	279.6		61339	11738
3944	69415	29610	371.7	312.0	220.4		161714	37167
8221	61025	31214	412.0	372.2	216.7		162977	64830
3433	33101	16788	351.4	302.0	147.7		223794	157844
2297	66064	26212	188.5	158.9	108.6		100987	52620
1861	40748	18814	233.0	207.3	127.3		86558	29980
8132	68633	33730	415.6	357.1	198.3		174077	67874
4639	61843	36280	415.1	370.3	131.1		192390	95881
3493	48161	20318	331.2	302.6	102.0		199810	105614
1192	48493	23370	229.8	200.5	114.5		124933	72821
2276	32994	18411	188.5	168.3	76.1		80811	40590
5238	92130	38978	907.5	714.9	655.7		298277	112952
10680	46224	24278	407.4	355.4	230.6		114535	30755
5558	56216	32005	846.6	696.5	841.6		279956	79121
7107	9716	8786						
57	5659	7115						

24-2 续表 13

县(市、区)	County (City or District)	一般公共财政预算收入(万元) General Public Budget Revenue (10000 yuan)	#税收收入 Tax Revenue	一般公共财政预算支出(万元) General Public Budget Expenditure (10000 yuan)	#教育 Education
张家口市	**Zhangjiakou**				
桥东区	Qiaodong District	66867	26558	227789	41282
桥西区	Qiaoxi District	54267	12475	244439	37915
宣化区	Xuanhua District	126424	73441	500559	114899
下花园区	Xiahuayuan District	45067	11132	117193	9995
万全区	Wanquan District	68223	34574	350545	39985
崇礼区	Chongli District	98892	17501	275527	23983
张北县	Zhangbei County	105079	68714	455687	58442
康保县	Kangbao County	50204	21855	339838	36572
沽源县	Guyuan County	53668	16067	324397	30734
尚义县	Shangyi County	38299	16474	284766	30465
蔚　县	Yu County	83551	32506	423619	83328
阳原县	Yangyuan County	57833	14748	316561	48683
怀安县	Huai'an County	54283	27260	254172	36970
怀来县	Huailai County	182431	70559	447513	85285
涿鹿县	Zhuolu County	89187	34100	374926	68699
赤城县	Chicheng County	59915	20888	271716	34953
经开区	Jingkai District	75864	29323	55793	3434
察北管理区	Chabei Management Area	19513	6810	34074	1900
塞北管理区	Saibei Management Area	10056	1855	168536	24148
承德市	**Chengde**				
双桥区	Shuangqiao District	130591	117263	251192	36248
双滦区	Shuangluan District	129087	80067	187600	35757
鹰手营子矿区	Yingshouyingzi District	24018	18382	65725	10309
承德县	Chengde County	77251	54029	263648	77274
兴隆县	Xinglong County	86558	38582	327911	55993
滦平县	Luanping County	150615	81487	324548	69002
隆化县	Longhua County	88256	44277	381329	90885
丰宁满族自治县	Fengning Man A.C.	96137	65188	519116	83608
宽城满族自治县	Kuancheng Man A.C.	127970	92404	281650	67417
围场满族蒙古族自治县	Weichang Man & Mongolian A.C.	74214	45758	474327	79441
平泉市	Pingquan City	76060	49538	359423	93772
高新技术产业开发区	High and New Tech Development Area	102002	71065	106232	20241
沧州市	**Cangzhou**				
新华区	Xinhua District	84663	74137	110543	30824
运河区	Yunhe District	162469	123112	198817	81623
沧　县	Cang County	138432	86484	442167	120022
青　县	Qing County	137012	90298	342712	84822
东光县	Dongguang County	94141	57989	297936	79307
海兴县	Haixing County	70159	20908	233425	49602
盐山县	Yanshan County	91703	57157	343748	95414

continued

#科 技 Science and Technology	#社会保障与就业 Social Security and Employment	#卫生健康 Hygiene and Health	金融机构年末存款余额（亿元） Deposits Balances of Financial Institutions at Yearend (100 million yuan)	#住户存款 Deposits of Households	金融机构年末贷款余额（亿元） Loans Balances of Financial Institutions at Yearend (100 million yuan)	#企业贷款 Loans to Enterprises	全社会用电量（万千瓦时） Electricity Consumption (10000 kW·h)	#工业用电 Electricity Consumption of Industry
1222	32434	14618					219448	
877	50212	11893					52675	
850	98298	41180	522.8	475.4	407.8	325.9	398967	
370	25979	7944	53.4	46.4	61.3	20.3	24405	
3507	60020	17664	114.6	92.3	89.0	52.3	105375	
3110	36829	46684	95.6	76.1	189.0	170.1	93742	
1555	98647	32952	308.9	258.1	367.0	205.7	305928	
705	68673	24053	137.0	101.0	83.6	62.5	61056	
2708	52379	25944	130.3	117.5	109.9	58.3	93481	
415	38698	18554	109.1	91.9	83.1	59.3	83433	
2454	60888	27019	346.4	316.5	208.4	101.4	109217	
7000	38090	18444	184.2	167.6	130.2	79.8	55533	
1012	53475	13117	182.7	165.7	105.0	65.5	75586	
1180	50026	26810	451.4	355.0	375.9	193.6	453438	
2394	68663	22369	253.2	238.1	174.4	80.5	84726	
1082	60995	26389	202.7	179.2	119.4	70.9	79543	
136	6742	3682					130881	
32	3266	1954						
1165	21710	18572						
30	29206	27083					102440	14834
1542	25822	15548					347615	312300
142	14592	5594					105435	95884
1833	47804	14814	300.2	268.1	212.3		176214	100351
1025	60725	31414	295.3	253.1	213.3		220341	150966
820	50165	22344	271.9	230.5	212.5		317066	259471
348	59920	28603	277.7	254.7	193.3		155477	98191
2232	80004	33508	309.8	249.2	338.9		274983	200576
1487	51535	25138	358.4	308.6	254.9		328282	283691
1020	87985	33676	343.5	304.6	238.1		130416	62584
2143	58376	25205	402.7	371.6	294.6		184246	110070
2464	6070	5822					80465	41606
696	22826	15723						
1231	33978	25108						
2651	63657	31748	464.3	402.9	286.9	166.1	319217	194109
3126	50309	30974	433.1	384.7	214.2	88.3	158967	86096
2581	67777	30111	410.1	351.2	181.2	82.3	321870	247098
1888	34667	16953	175.3	142.2	103.6	58.8	60251	26808
3205	56682	28406	316.7	268.5	186.9	66.0	134659	64412

24−2 续表 14

县(市、区)	County (City or District)	一般公共财政预算收入 (万元) General Public Budget Revenue (10000 yuan)	#税收收入 Tax Revenue	一般公共财政预算支出 (万元) General Public Budget Expenditure (10000 yuan)	#教 育 Education
肃宁县	Suning County	151040	93234	354459	79133
南皮县	Nanpi County	72477	53831	287848	70675
吴桥县	Wuqiao County	47667	17396	214116	50469
献　县	Xian County	98960	63205	431048	124737
孟村回族自治县	Mengcun Hui A.C.	59199	36748	187593	36008
泊头市	Botou City	124515	82989	353726	81461
任丘市	Renqiu City	473522	314461	552346	173574
渤海新区黄骅市	Bohai New Area Huanghua City	720602	416661	903842	166532
河间市	Hejian City	162933	107135	460692	127581
开发区	Development Area	108843	47443	109667	10767
高新区	High Tech District	81954	51614	85436	8073
廊坊市	**Langfang**				
安次区	Anci District	142686	104540	325330	78027
广阳区	Guangyang District	271035	244118	265852	88416
固安县	Gu'an County	369747	182381	520018	143978
永清县	Yongqing County	174588	61599	400369	81049
香河县	Xianghe County	322301	138468	497008	113191
大城县	Dacheng County	110137	68607	307651	87218
文安县	Wen'an County	200295	111148	432550	106119
大厂回族自治县	Dachang Hui A.C.	230245	154231	337543	66542
霸州市	Bazhou City	241909	176822	619796	155887
三河市	Sanhe City	548945	386231	864820	232087
经济技术开发区	Economic-Technological Development Area	293017	248408	194211	30823
衡水市	**Hengshui**				
桃城区	Taocheng District	170566	101230	258137	73597
冀州区	Jizhou District	94150	44244	301073	68530
枣强县	Zaoqiang County	122004	56810	328028	61896
武邑县	Wuyi County	66290	30203	264870	45754
深州市	Shenzhou City	126611	55300	374288	88243
武强县	Wuqiang County	52374	25378	214395	29896
饶阳县	Raoyang County	55133	23321	259081	34342
安平县	Anping County	117960	73113	349331	63765
故城县	Gucheng County	125429	63170	391541	77860
景　县	Jing County	126362	69746	368218	61484
阜城县	Fucheng County	63062	29764	298440	47532
高新区	High Tech District	121521	69586	122704	22232
滨湖新区	Binhu New Area	15937	15133	55244	10876
定州市	**Dingzhou**	**335850**	**156886**	**904872**	**180180**
辛集市	**Xinji**	**301990**	**166993**	**748471**	

continued

#科　技 Science and Technology	#社会保障与就业 Social Security and Employment	#卫生健康 Hygiene and Health	金融机构年末存款余额（亿元） Deposits Balances of Financial Institutions at Yearend (100 million yuan)	#住户存款 Deposits of Households	金融机构年末贷款余额（亿元） Loans Balances of Financial Institutions at Yearend (100 million yuan)	#企业贷款 Loans to Enterprises	全社会用电量（万千瓦时） Electricity Consumption (10000 kW·h)	#工业用电 Electricity Consumption of Industry
4121	51063	33014	356.5	311.1	169.3	50.4	156479	66009
2912	41291	23974	311.8	274.9	155.7	78.7	119098	57319
3026	35892	17814	239.3	221.5	94.7	48.9	68384	31261
2584	67695	32457	503.1	443.8	215.5	79.2	237330	127556
2165	32884	18242	202.5	163.7	98.6	32.5	173709	139351
2767	82204	27773	617.6	552.0	241.0	130.4	255373	163487
4299	92432	54782	1194.1	944.6	503.1	294.9	591897	436998
10230	106571	63584	1084.2	638.5	1116.3	863.4	1503857	1278175
2227	68582	27790	736.9	666.3	313.2	124.7	358943	218622
773	2869	2225						
5865	1376	2565						
1407	61579	29137						
1483	50586	20833					1208641	382909
12261	96985	35035	669.3	514.5	658.6		209835	65395
2590	38951	24015	416.9	320.9	446.5		161719	72324
5552	67981	38738	637.7	537.8	737.6		219011	82932
660	65147	30415	592.2	519.5	238.2		254511	340447
2119	62565	34959	586.7	521.8	413.8		445691	178962
6520	32956	21176	337.7	240.4	395.3		126785	68820
1875	74605	40066	1051.9	876.0	710.1		683148	518152
5939	115684	65212	1633.1	1087.3	1767.6		394546	98963
11105	10310	11845						
12665	49214	23451	1846.2	1296.8	1090.6	616.0	235214	85756
6979	48080	23235	396.7	358.3	194.4	125.9	124409	65476
3018	58613	28383	439.3	396.5	240.8	173.3	116063	44619
3831	46144	21244	288.8	255.0	145.1	99.4	95764	46971
2853	70230	29886	410.4	363.1	261.0	178.7	198277	107320
4525	37245	18042	193.4	171.5	115.1	79.0	91705	54295
3399	62335	20121	249.9	224.4	129.7	70.7	90628	41449
5519	55858	20169	448.9	388.6	269.3	166.9	233896	169894
5005	65085	29644	417.6	375.3	225.3	158.1	159905	87005
4023	73619	28661	542.9	487.2	243.5	193.9	186317	103533
3086	52127	22717	316.8	291.6	144.8	92.7	92462	41766
5618	6223	6018					224034	183691
110	7015	2465					24616	9417
18974	**156825**	**113978**	**1005.5**	**875.0**	**496.1**		**574138**	**340671**
			856.9		**457.5**		**520437**	**375264**

24−2 续表 15

县(市、区)	County (City or District)	固定资产投资增速 (%) Growth Rate of Fixed Asset Investment (%)	#房地产投资增速 (%) Growth Rate of Real Estate Investment (%)	公路通车里程 (千米) Length of Highways on Operation (km)	农林牧渔业总产值 (万元) Total Output Value of Agriculture, Forestry, Animal Husbandry & Fishery (10000 yuan)
石家庄市	**Shijiazhuang**				
长安区	Chang'an District	11.0	-13.1	59	14284
桥西区	Qiaoxi District	10.4	-9.4	7	1045
新华区	Xinhua District	9.7	-29.4	47	8247
井陉矿区	Jingxing Mining Area	8.2	17874.1	131	8071
裕华区	Yuhua District	7.7	-41.8	18	897
藁城区	Gaocheng District	3.6	1.0	1385	834472
鹿泉区	Luquan District	8.3	9.0	1044	259777
栾城区	Luancheng District	11.6	-20.9	902	304879
井陉县	Jingxing County	8.1	35.7	1603	225157
正定县	Zhengding County	-4.5	-79.5	1025	593978
行唐县	Xingtang County	-60.8	-84.3	1859	867534
灵寿县	Lingshou County	8.1	-8.3	1332	626158
高邑县	Gaoyi County	1.0	-50.5	592	374588
深泽县	Shenze County	7.8	21.3	510	365181
赞皇县	Zanhuang County	-13.2	23.7	1110	499895
无极县	Wuji County	-3.6	-36.5	1177	657927
平山县	Pingshan County	8.0	20.0	2951	400340
元氏县	Yuanshi County	3.4	23.0	1143	429086
赵　县	Zhao County	8.0	0.7	1145	576708
晋州市	Jinzhou City	8.0	-27.8	1074	644852
新乐市	Xinle City	2.1	-34.6	870	671348
高新区	High Tech District	8.3	-36.4		44157
经开区	Economic-Technological Development Area				
唐山市	**Tangshan**				
路南区	Lunan District	67.7	96.1	120	33024
路北区	Lubei District	68.9	-25.6	112	67359
古冶区	Guye District	8.1	104.1	331	197757
开平区	Kaiping District	22.7	1.8	401	93036
丰南区	Fengnan District	37.0	-17.5	1501	999481
丰润区	Fengrun District	-33.0	-38.5	2153	725699
曹妃甸区	Caofeidian District	7.0	-32.9	943	1050131
滦南县	Luannan County	63.0	-24.8	2240	1678778
乐亭县	Laoting County	17.5	55.1	2277	1437222
迁西县	Qianxi County	14.9	-22.5	1639	332007
玉田县	Yutian County	15.6	-6.3	1732	1125194
遵化市	Zunhua City	19.7	-45.8	2045	913203
迁安市	Qian'an City	-51.6	144.9	2255	603044
滦州市	Luanzhou City	-23.0	-3.1	1790	806032
海港经济开发区	Haigang Economic Development Area	22.8	95.9	428	144558

continued

				主要农产品产量 Output of Major Farm Products			
#农　业 Agriculture	#林　业 Forestry	#牧　业 Animal Husbandry	#渔　业 Fishery	粮　食 (吨) Grain (ton)	棉　花 (吨) Cotton (ton)	油　料 (吨) Oilbearing Crops (ton)	蔬　菜 (吨) Vegetables (ton)
9241		1756		14999		160	2606
853				305			2556
7085		133		5402		138	16251
4026	307	3612	12	1383		40	3893
740		149		687			1696
394108	1138	372805		477525	…	1586	595668
163842	8099	50272	9384	136956	9	1730	379653
137704	552	76924		228928		124	59854
74651	42771	83813	869	53928	38	2394	88883
245919	228	293798		290192		8327	612362
332964	30086	407692	1656	360937	4	16276	314006
407160	18239	173268	11240	169982	24	5682	230674
301380	576	50042		172092		710	511898
203319	4775	110069	434	217892		86	243042
290055	17133	153491		75694	10	11336	120525
306799	1826	298331	10	357855		10756	647151
110261	82154	133482	12392	120123	23	9084	135099
197524	24867	192111	320	376521	23	5276	117601
430623	882	97291		571168	1	295	96356
384586	630	221198		355324		5763	393880
297924	404	295330	96	361972		13822	420971
16872		23905		31772		2	18230
17864	171	14938		17010		1431	34569
59410	73	7292		18699		1206	136892
92477	618	93053	6925	23998		5895	219509
37969	389	47397	4378	32002		7807	57095
520799	3594	188643	219581	233126	8965	38844	1193740
412068	3393	261190	9916	375417	7	28959	618898
125963	1908	88603	763607	187296		1575	57881
710750	2206	571619	305921	409684	12	73509	1582508
752277	1194	212136	455424	261113		11925	1424203
188288	6192	99172	22935	70448		4145	86803
654942	5429	423407	9903	514316	60	2585	2163408
554159	3587	325620	2197	239849		40487	531340
254320	3771	310256	817	190883		33092	531981
415211	2178	371524	2173	267514		64845	847558
40106	569	33258	68518	42394		1125	46596

24-2 续表 16

县(市、区)	County (City or District)	固定资产投资增速 (%) Growth Rate of Fixed Asset Investment (%)	#房地产投资增速 (%) Growth Rate of Real Estate Investment (%)	公路通车里程 (千米) Length of Highways on Operation (km)	农林牧渔业总产值 (万元) Total Output Value of Agriculture, Forestry, Animal Husbandry & Fishery (10000 yuan)
唐山湾国际旅游岛	Tangshan Bay International Tourism Island	4.0	-60.2		294185
高新技术产业开发区	High and New Tech Development Zone	29.0	78.2	138	40538
芦台经济开发区	Lutai Economic Development Area	-52.7	-87.3	141	68043
汉沽管理区	Hangu Management Area	4.1	118.1	124	92351
秦皇岛市	**Qinhuangdao**				
海港区	Haigang District	26.0	19.3	710	144441
山海关区	Shanhaiguan District	2.5	-15.8	303	149583
北戴河区	Beidaihe District	-6.3	-22.0	174	45794
抚宁区	Funing District	3.3	-52.9	1180	760001
青龙满族自治县	Qinglong Man A.C.	14.4	1.5	2882	1025289
昌黎县	Changli County	11.2	-26.0	1767	1537921
卢龙县	Lulong County	-4.6	-23.0	1578	749811
秦皇岛开发区	Qinhuangdao Development Area	25.0	102.1	129	33223
北戴河新区	Beidaihe New Area	15.1	-21.9	163	403523
邯郸市	**Handan**				
邯山区	Hanshan District	28.2	51.1	504	61393
丛台区	Congtai District	27.2	56.7	275	26302
复兴区	Fuxing District	-39.2	-24.9	181	17648
峰峰矿区	Fengfeng Mining Area	27.9	25.3	779	94913
肥乡区	Feixiang District	20.4	30.6	1372	663958
永年区	Yongnian District	18.4	17.5	1048	788417
临漳县	Linzhang County	-21.2	5.4	1370	530760
成安县	Cheng'an County	-23.8	11.2	1158	679250
大名县	Daming County	17.0	16.0	1617	931614
涉　县	She County	-26.6	21.9	1604	247112
磁　县	Ci County	20.6	-5.8	1085	305343
邱　县	Qiu County	21.3	32.1	991	432279
鸡泽县	Jize County	22.6	39.4	546	387754
广平县	Guangping County	28.7	30.4	790	201134
馆陶县	Guantao County	28.5	6.8	1134	578823
魏　县	Wei County	27.7	7.3	1716	842644
曲周县	Quzhou County	22.9	78.8	1493	632163
武安市	Wu'an City	20.5	-22.6	1739	549088
冀南新区	Ji'nan New Area	20.3	21.0	759	126368
开发区	Development Area	27.0	-9.5	391	305579
邢台市	**Xingtai**				
襄都区	Xiangdu District	7.3	88.1	247	14704
信都区	Xindu District	1.9	-23.9	1919	264474
任泽区	Renze District	6.9	9.9	905	287468
南和区	Nanhe District	6.6	-2.0	850	438076

continued

				主要农产品产量 Output of Major Farm Products			
#农 业 Agriculture	#林 业 Forestry	#牧 业 Animal Husbandry	#渔 业 Fishery	粮 食 (吨) Grain (ton)	棉 花 (吨) Cotton (ton)	油 料 (吨) Oilbearing Crops (ton)	蔬 菜 (吨) Vegetables (ton)
964			292711	2351			
20030	67	18581		26067		1866	19094
17823	72	38188	5520	40129	18		6066
18332	86	54841	17758	43665	8		5272
70904	1856	45620	9161	24478		4461	72732
76636	286	44273	22487	3013		2386	175775
30779	405	7142	3473	5048		824	55574
297158	6405	329732	3141	77571		12783	533646
643164	55471	251633	4654	115530		4239	339518
515511	10300	495810	333080	322414		47184	1104914
361891	8928	323849	4923	217391		20600	299479
7109	982	6754	10866	4898		408	6349
14670	917	15244	329483	8401		1290	13993
36340	648	23984		90261	6	473	22179
15922	1196	7434		41585	11	2360	2791
7435	882	2652		10674	50	1150	2357
17976	5644	61855	3334	42959		340	5726
410850	1517	159135	40	355476	5360	4775	819103
479762	1160	278710	11966	535121	414	2206	1191246
298757	2823	190678		617504	64	4943	329700
365778	1257	182995	71	315243	6985	6218	508133
540462	1131	310338	70	711548	102	84960	519329
117072	27268	91412	6795	54862		1087	72251
104270	18278	152533	9122	217493	8	880	71691
224626	9349	135901	122	203081	10327	3545	98298
234365	760	130510	39	221994	397	107	436066
140382	6065	52884	59	233397	2128	4869	214282
234741	1072	324629	105	308988	301	6720	351183
556412	2936	182625	401	593794	450	6934	585271
343920	789	218434	6027	409432	7456	2450	216938
249418	22228	267123	1098	258824	71	4255	127541
58026	654	55072	1091	167058	17	2125	18865
234897	146	62627	2874	56146	228	450	499323
11185	237	8293	715			714	6779
189783	32457	39753	151	98036	15	3859	59935
207020	1451	67572		336358	4	2215	318338
321420	2170	90391	333	302183	…	493	542670

24−2 续表 17

县(市、区)	County (City or District)	固定资产投资增速 (%) Growth Rate of Fixed Asset Investment (%)	#房地产投资增速 (%) Growth Rate of Real Estate Investment (%)	公路通车里程 (千米) Length of Highways on Operation (km)	农林牧渔业总产值 (万元) Total Output Value of Agriculture, Forestry, Animal Husbandry & Fishery (10000 yuan)
临城县	Lincheng County	3.1	-34.2	903	199058
内丘县	Neiqiu County	11.2	-34.8	1093	288198
柏乡县	Baixiang County	6.4	-53.4	742	258194
隆尧县	Longyao County	7.1	12.5	1130	521536
宁晋县	Ningjin County	3.2	-39.4	1505	642135
巨鹿县	Julu County	-9.8	-13.8	1532	526981
新河县	Xinhe County	4.0	-36.5	482	274173
广宗县	Guangzong County	3.4	-2.8	1072	270159
平乡县	Pingxiang County	6.7	-2.6	1023	356066
威　县	Wei County	-17.0	-30.6	1358	565949
清河县	Qinghe County	7.4	-7.7	972	218223
临西县	Linxi County	7.2	-31.8	825	367119
南宫市	Nangong City	1.1	24.3	983	407981
沙河市	Shahe City	6.3	28.4	1359	158531
开发区	Development Area	3.1	-99.9	263	31154
邢东新区	Xingdong New Area	-1.4	-37.9		9014
保定市	**Baoding**				
竞秀区	Jingxiu District	25.4	-35.2		22706
莲池区	Lianchi District	24.2	-30.2		32328
满城区	Mancheng District	16.6	-60.7		513181
清苑区	Qingyuan District	13.9	-10.2		659451
徐水区	Xushui District	-4.5	-4.1		423717
涞水县	Laishui County	9.4	-3.6		297356
阜平县	Fuping County	18.3	6.4		349262
定兴县	Dingxing County	2.1	-1.0		693754
唐　县	Tang County	15.4	74.2		692661
高阳县	Gaoyang County	12.9	69.8		139069
涞源县	Laiyuan County	10.4	-47.9		151693
望都县	Wangdu County	5.8	-24.3		334783
易　县	Yi County	16.0	97.7		553260
曲阳县	Quyang County	19.7	55.9		391067
蠡　县	Li County	3.7	1.9		480410
顺平县	Shunping County	18.4	-42.2		671330
博野县	Boye County	16.9	-10.9		317802
涿州市	Zhuozhou City	-37.6	-67.6		397560
安国市	Anguo City	10.0	-30.1		515066
高碑店市	Gaobeidian City	5.8	7.9		313865
高新区	High Tech District	24.9	18.5		6931
白沟新城	Baigou City	6.8	-47.7		4998

continued

				主要农产品产量 Output of Major Farm Products			
#农 业 Agriculture	#林 业 Forestry	#牧 业 Animal Husbandry	#渔 业 Fishery	粮 食（吨） Grain (ton)	棉 花（吨） Cotton (ton)	油 料（吨） Oilbearing Crops (ton)	蔬 菜（吨） Vegetables (ton)
101490	8559	82430	4674	147793		5990	70358
187721	11247	86081	87	208550	…	16257	73897
192266	421	63665		221430	9	2058	195127
351652	3971	146278	333	569374	267	6734	469946
414307	1782	184093	10	826065	42	3938	246922
427357	2095	95599	195	219658	71	14127	182513
127779	1441	121729	1230	184038	206	932	27053
155247	1476	98330		112992	2657	10712	99132
271455	787	71402	90	264804	33	19693	193404
261730	2451	284026	62	161692	15684	6885	89298
106483	2557	35036	353	270136	1062	3787	21744
221424	1462	91900	323	363007	556	3977	36913
291619	3468	104282	562	264757	12909	18806	291384
55236	7648	79918	3524	108891	14	2335	21415
14887	837	12526	67	48084		632	3847
							4822
20428	8			27803		73	19637
25453	24	4625		30653		251	32273
321549	2770	142912	156	151018		1533	198802
467784	2017	169341		462699		4920	637013
199462	1561	163652	116	354917		2339	300898
194081	21402	68095	353	92699		11469	199290
263820	15481	54013	10397	46871		1324	77422
363943	451	238767	658	422858		15643	586061
118264	15971	544320	3404	161083	1	3336	78985
74825	997	39853	35	183755		571	53103
43392	16252	87597	671	59310		128	23469
220245	22045	71948		277064		707	131006
197475	33278	307198	5635	172582		6758	254096
136967	20180	210253	3780	156168		10381	95856
313669	206	140498		291270		8736	527280
596013	3916	64577	15	126222		955	346267
233499	5194	73341		157578		266	113508
224198	9235	117219	331	212631		9854	292671
416562	2247	66927		270375		14170	234445
150110	1195	106628	64	285931		2346	91262
5711	12			2410			693
2569		1238		6430		16	173

24−2 续表 18

县(市、区)	County (City or District)	固定资产投资增速 (%) Growth Rate of Fixed Asset Investment (%)	#房地产投资增速 (%) Growth Rate of Real Estate Investment (%)	公路通车里程 (千米) Length of Highways on Operation (km)	农林牧渔业总产值 (万元) Total Output Value of Agriculture, Forestry, Animal Husbandry & Fishery (10000 yuan)
张家口市	**Zhangjiakou**				
桥东区	Qiaodong District	19.6	10.9	33	30628
桥西区	Qiaoxi District	18.3	12.1	13	4903
宣化区	Xuanhua District	-19.5	4.9	169	273444
下花园区	Xiahuayuan District	0.2	-19.6	49	72888
万全区	Wanquan District	-36.8	-66.5	101	270769
崇礼区	Chongli District	27.7	122.0	161	212708
张北县	Zhangbei County	-4.6	72.7	303	739889
康保县	Kangbao County	-57.4	-5.1	298	469476
沽源县	Guyuan County	16.0	112.2	296	724739
尚义县	Shangyi County	28.5		231	512909
蔚　县	Yu County	25.5	-0.7	215	343881
阳原县	Yangyuan County	21.0	12.2	181	293215
怀安县	Huai'an County	26.0	-73.4	174	168435
怀来县	Huailai County	18.5	22.8	188	454592
涿鹿县	Zhuolu County	15.2	-54.5	214	280377
赤城县	Chicheng County	15.2	-17.4	383	500260
经开区	Economic-Technological Development Area	23.3	2.1	23	58428
察北管理区	Chabei Management Area	24.3		11	201602
塞北管理区	Saibei Management Area	31.1		17	194391
承德市	**Chengde**				
双桥区	Shuangqiao District	7.3	7.3	368	10932
双滦区	Shuangluan District	6.8	-10.1	481	59283
鹰手营子矿区	Yingshouyingzi District	-26.1	-53.3	162	17685
承德县	Chengde County	7.0	13.7	3148	919552
兴隆县	Xinglong County	7.3	-93.1	2803	426267
滦平县	Luanping County	3.0	-26.1	2339	734269
隆化县	Longhua County	6.6	-28.5	3034	1191729
丰宁满族自治县	Fengning Man A.C.	7.1	-40.6	4112	749734
宽城满族自治县	Kuancheng Man A.C.	7.0	54.2	1578	357533
围场满族蒙古族自治县	Weichang Man & Mongolian A.C.	6.9	-58.7	4060	1290284
平泉市	Pingquan City	7.4	31.1	2756	828631
高新技术产业开发区	High and New Tech Development Zone	13.3	20.5	236	10366
沧州市	**Cangzhou**				
新华区	Xinhua District	16.6	-4.0	74	2530
运河区	Yunhe District	9.0	6.3	110	8048
沧　县	Cang County	9.1	-0.4	2199	589351
青　县	Qing County	10.2	-28.1	1375	805356
东光县	Dongguang County	6.8	48.2	1486	739010
海兴县	Haixing County	8.1	-36.7	896	293283
盐山县	Yanshan County	10.4	-21.5	1072	217329

continued

#农 业 Agriculture	#林 业 Forestry	#牧 业 Animal Husbandry	#渔 业 Fishery	主要农产品产量 Output of Major Farm Products 粮 食（吨） Grain (ton)	棉 花（吨） Cotton (ton)	油 料（吨） Oilbearing Crops (ton)	蔬 菜（吨） Vegetables (ton)
14442	1504	13963		37723			5494
698	1403	2429		1180			1059
118242	5781	137027	1110	178433		661	150039
43694	337	24420		9284		82	27447
105860	4546	134362	12	106461		236	87111
186173	11854	14091	18	19519		1132	232895
543389	11957	180838	339	160230		13038	951041
291448	8312	168494	66	148766		36948	325695
571502	20260	129422	1592	261052		10480	1595970
398924	23447	73128	265	53058		9514	712686
172735	3999	156441	715	241409		811	199402
96418	8820	172900	511	143433		1864	62097
91659	6848	65843	543	126698		3469	136013
290724	19181	120643	11906	112629		1254	82020
173015	14620	85231	330	178413		182	61041
272059	19588	172457	1122	148115		4859	571918
35506	664	20161		24515			95219
60073	578	114276		29259		924	159790
54156	2541	123265		31651		228	141500
4744	2605	3303	82	5591		3	12981
33695	4395	8464	789	15791		1	47850
11364	1601	4422	68	1700		120	17365
636806	30893	231424	799	182362		252	187450
324971	35174	47944	576	19667		63	39363
407244	64230	238983	692	85584		726	657470
660766	62341	452027	621	217869		6197	870475
295317	116418	311553	781	198575		10958	622295
219978	24937	91684	1236	58318		1189	139171
820628	118152	340621	717	474286		8530	1039982
686386	45512	90987	376	217671		220	384443
5106	430	4057	16	9630		69	6860
732	8	1786		1877			71
4065	119	3712		5723		…	4364
286409	1465	219646	118	431860		3724	96236
592205	1939	140998	635	221365		1295	1197272
165824	565	86336	1418	385574	3669	2525	73530
54558	811	137131	77581	149033	17	567	25925
80127	466	129647	225	257127	18	293	15298

24-2 续表 19

县(市、区)	County (City or District)	固定资产投资增速 (%) Growth Rate of Fixed Asset Investment (%)	#房地产投资增速 (%) Growth Rate of Real Estate Investment (%)	公路通车里程 (千米) Length of Highways on Operation (km)	农林牧渔业总产值 (万元) Total Output Value of Agriculture, Forestry, Animal Husbandry & Fishery (10000 yuan)
肃宁县	Suning County	7.1	-0.2	912	504906
南皮县	Nanpi County	40.6	-20.7	935	610462
吴桥县	Wuqiao County	-14.4	-19.8	1047	746769
献　县	Xian County	15.2	-17.2	2309	797811
孟村回族自治县	Mengcun Hui A.C.	8.0	49.4	696	157391
泊头市	Botou City	-42.7	-11.5	1546	401219
任丘市	Renqiu City	1.9	-34.4	1151	353762
渤海新区黄骅市	Bohai New Area Huanghua City	9.1	-44.6	2311	1084028
河间市	Hejian City	3.4	-16.8	1563	566777
开发区	Development Area	8.0	-41.0	11	2111
高新区	High Tech District	9.0	-31.5	2	682
廊坊市	**Langfang**				
安次区	Anci District	9.3	58.5	948	170960
广阳区	Guangyang District	-6.0	-6.3	604	72596
固安县	Gu'an County	20.1	-31.6	1542	689894
永清县	Yongqing County	17.9	-1.0	1216	1001315
香河县	Xianghe County	11.1	35.6	1078	349167
大城县	Dacheng County	11.5	-83.3	1379	295104
文安县	Wen'an County	18.0	-12.8	1681	225950
大厂回族自治县	Dachang Hui A.C.	7.7	-48.7	556	53661
霸州市	Bazhou City	-15.0	-42.7	1256	161077
三河市	Sanhe City	19.8	-7.2	1370	322389
经济技术开发区	Economic-Technological Development Area	0.6	59.7		4712
衡水市	**Hengshui**				
桃城区	Taocheng District	11.9	-12.1	858	190668
冀州区	Jizhou District	9.6	-16.1	1440	290515
枣强县	Zaoqiang County	-25.1	-49.1	1825	333713
武邑县	Wuyi County	9.4	-21.0	1378	537706
深州市	Shenzhou City	13.5	-33.6	1713	819222
武强县	Wuqiang County	9.9	-44.8	789	265473
饶阳县	Raoyang County	8.9	38.7	657	636727
安平县	Anping County	8.8	10.5	781	362569
故城县	Gucheng County	0.3	-1.8	1360	564544
景　县	Jing County	3.6	4.7	1794	437410
阜城县	Fucheng County	9.0	-12.7	1491	420044
高新区	High Tech District	9.8	-30.8		29117
滨湖新区	Binhu New Area	7.2	30.7		34104
定州市	**Dingzhou**	**6.5**	**19.0**	**1863**	**1571255**
辛集市	**Xinji**	**6.5**	**-11.2**		**966623**

continued

				主要农产品产量 Output of Major Farm Products			
#农　业 Agriculture	#林　业 Forestry	#牧　业 Animal Husbandry	#渔　业 Fishery	粮　食 (吨) Grain (ton)	棉　花 (吨) Cotton (ton)	油　料 (吨) Oilbearing Crops (ton)	蔬　菜 (吨) Vegetables (ton)
273889	1834	196826		264098		117	508390
235169	1330	145986	2152	440827	1267	1717	316342
201811	8323	110393	492	402856	1550	5322	136851
358632	1092	280036	1249	371050	219	10404	352917
55435	543	99626	279	151369		484	21530
242128	1768	124894	860	394687	95	602	55740
220851	936	62419	4441	340584	51	1434	169021
222157	1485	200622	524961	336107		2010	76666
281882	676	124690	109	514551	39	12142	178040
170		1841		665			
320		354		648			67
111507	3704	37271	888	107581	…	2613	144139
34571	4029	26596	604	32501		215	57067
545065	67458	48376	419	221501		1444	1461629
780553	1148	197640	750	133202	138	6461	1969312
231751	822	103616	3436	74008		126	500154
176733	1138	104565	1081	275001		11082	253295
128772	1199	76108	10223	305334		1202	89968
9119	350	41727	578	13001			13241
81993	1402	56401	12381	115478	9	3081	77036
172861	1085	123777	10344	134001	…		355256
166	63	4348		683			
110984	2861	57441	1191	176149	49	2911	188136
185977	3222	85493	2328	416105	5018	6659	58715
233601	3908	71328	718	485558	7123	9366	112933
357579	2222	132927	321	345764	1098	9086	715865
493663	10865	263035	510	688987	5	22739	163566
88544	1402	147491	215	233200		2976	67638
492074	1135	91322		194230		6951	822837
127499	1500	199137	159	212359		2606	110335
290973	3668	211313	2548	415418	5673	11455	430497
283331	4909	97747	178	792099	528	2476	91332
273003	2100	100538	137	329255	166	3812	294688
15864	492	9500		39198	3	119	4326
18651	484	7858	5128	53746	10	451	3665
978907	**85439**	**474272**		**815071**		**21474**	**1274148**
489920	**3855**	**435421**	**286**	**664482**	**37**	**22105**	**717356**

24-2 续表 20

县(市、区)	County (City or District)	园林水果(吨) Garden Fruit (ton)	肉 类(吨) Meat (ton)	禽 蛋(吨) Egg (ton)	水产品(吨) Aquatic Products (ton)
石家庄市	**Shijiazhuang**				
长安区	Chang'an District	7450	146	30	
桥西区	Qiaoxi District				
新华区	Xinhua District	1235	12	6	
井陉矿区	Jingxing Mining Area	3658	1021	105	7
裕华区	Yuhua District		11		
藁城区	Gaocheng District	122036	79720	104349	
鹿泉区	Luquan District	18926	5260	14582	5480
栾城区	Luancheng District	10864	7871	8374	
井陉县	Jingxing County	20355	15508	29164	450
正定县	Zhengding County	10870	63091	86691	
行唐县	Xingtang County	141697	35962	88655	910
灵寿县	Lingshou County	11598	43171	21808	5772
高邑县	Gaoyi County	4665	11405	12789	
深泽县	Shenze County	101995	15499	22914	120
赞皇县	Zanhuang County	151962	23247	26844	
无极县	Wuji County	5229	43109	80098	1
平山县	Pingshan County	22012	26639	43190	6274
元氏县	Yuanshi County	8439	35652	25215	160
赵　县	Zhao County	700273	13246	40378	
晋州市	Jinzhou City	766596	49170	75199	
新乐市	Xinle City	6259	65099	59861	55
高新区	High Tech District	1264	3509	2358	
经开区	Economic-Technological Development Area				
唐山市	**Tangshan**				
路南区	Lunan District	60	2921	859	
路北区	Lubei District	1090	1863	565	
古冶区	Guye District	8786	12352	9852	4020
开平区	Kaiping District	1976	9969	2278	2318
丰南区	Fengnan District	12977	59316	12530	64817
丰润区	Fengrun District	69220	58521	30819	5516
曹妃甸区	Caofeidian District	25310	22291	4445	179737
滦南县	Luannan County	47202	77586	47124	88405
乐亭县	Laoting County	357143	33234	4961	139978
迁西县	Qianxi County	38220	20540	10511	12310
玉田县	Yutian County	51656	99546	62502	4315
遵化市	Zunhua City	143247	94945	31417	1231
迁安市	Qian'an City	80943	78319	29674	501
滦州市	Luanzhou City	39438	46092	18206	1210
海港经济开发区	Haigang Economic Development Area	17774	6107	1332	6783

continued

规模以上工业增加值增速 (%) Industrial Added Value above Designated Size (%)	社会消费品零售总额 (万元) Total Retail Sales of Consumer Goods (10000 yuan)	社会消费品零售总额增速 (%) Growth Rate (%)	城乡居民享受低保人数 (人) Urban and Rural Residents Receiving Subsistence Allowances (person)	城乡居民基本养老保险参保人数 (人) Urban and Rural Residents Covered by Basic Pension Insurance (person)	城乡居民基本医疗保险参保人数 (人) Urban and Rural Residents Covered by Basic Medical Insurance (person)	学前教育 Preschool Education	
						个数 (个) Number (unit)	在园(所)人数 (人) Enrolment (person)
9.5	4341320	11.9	978	41156	301371	140	28849
9.8	5338324	12.9	1318	19192	273978	118	21083
9.6	3304404	11.6	1316	27680	259730	85	16908
7.6	149987	13.1	363	17049	50989	12	2336
20.9	3588494	11.9	611	15968	263326	117	24231
8.5	1027160	11.3	10870	453065	674436	84	21757
11.1	1256035	13.5	2608	218440	360624	67	17104
7.5	565545	15.7	4080	180491	285954	144	13803
8.5	429443	14.4	4186	147937	255357	49	5392
8.6	1007239	16.7	4495	240377	435409	110	17898
0.9	358401	12.5	10316	237816	351556	82	11647
8.3	252486	14.7	8983	170170	294145	79	8108
8.6	178498	16.1	5303	97062	159350	41	4692
8.8	183623	16.4	3591	130702	201070	34	5468
10.1	149491	14.9	7870	128504	225762	136	7519
9.8	471891	13.9	7052	286225	434840	169	11428
8.6	527231	16.1	9779	269298	391712	146	12025
9.5	610723	12.9	6124	231079	352682	70	11168
9.5	498584	13.0	7941	311203	484364	93	10589
6.6	848418	13.6	5544	319840	466170	65	11057
6.1	435117	15.4	10288	255210	438734	109	13422
10.8	1989288	14.1	665	62780	164623	66	13300
9.7	2018318	8.9	1291	32985		31	8391
9.7	2996066	9.5	1935	63931		62	18776
9.7	884948	8.5	3236	68129		52	5237
7.0	1244163	9.3	2974	82684		60	5629
12.0	2469500	9.6	5478	253282	376782	75	13839
12.0	1848382	7.8	7326	399136	574813	174	19278
16.0	1105089	10.1	1090	45677	177620	50	10856
7.0	1058026	8.5	6039	330107	428155	51	11189
10.7	1042917	9.0	4550	248326	313177	48	6662
1.8	753276	8.3	7365	203544	297260	113	9801
8.3	1054843	9.0	7313	404439	569848	105	18198
7.0	1856724	8.6	8953	373874	585350	168	17870
7.5	2960397	8.3	6669	325533	536749	218	23623
11.9	1093719	9.5	5111	318851	428630	71	9678
18.0	191226	9.3	718	34845	53547	16	3919

24-2 续表 21

县(市、区)	County (City or District)	园林水果(吨) Garden Fruit (ton)	肉 类(吨) Meat (ton)	禽 蛋(吨) Egg (ton)	水产品(吨) Aquatic Products (ton)
唐山湾国际旅游岛	Tangshan Bay International Tourism Island				37453
高新技术产业开发区	High and New Tech Development Zone	972	1807	2574	
芦台经济开发区	Lutai Economic Development Area	218	13019	5144	1700
汉沽管理区	Hangu Management Area	1995	11204		4718
秦皇岛市	**Qinhuangdao**				
海港区	Haigang District	20199	11199	4384	1617
山海关区	Shanhaiguan District	26667	8115	4727	3345
北戴河区	Beidaihe District	4792	1639	149	460
抚宁区	Funing District	169904	84132	19279	1590
青龙满族自治县	Qinglong Man A.C.	268728	56401	15770	1800
昌黎县	Changli County	110028	59147	17223	136046
卢龙县	Lulong County	181429	79871	17290	2786
秦皇岛开发区	Qinhuangdao Development Area	2098	1461	966	1151
北戴河新区	Beidaihe New Area	9655	4257	2670	192462
邯郸市	**Handan**				
邯山区	Hanshan District	9104	4380	3033	
丛台区	Congtai District	1820	1964	2296	
复兴区	Fuxing District	1256	698	253	
峰峰矿区	Fengfeng Mining Area	2062	19871	7239	1898
肥乡区	Feixiang District	70244	30374	44798	22
永年区	Yongnian District	22343	40309	140607	6635
临漳县	Linzhang County	28094	46406	34653	
成安县	Cheng'an County	82415	29320	40436	38
大名县	Daming County	19672	69335	72998	39
涉　县	She County	16389	17971	38812	3739
磁　县	Ci County	4613	31051	54101	5095
邱　县	Qiu County	49344	21219	43895	68
鸡泽县	Jize County	28894	20739	45678	21
广平县	Guangping County	20803	10480	23999	33
馆陶县	Guantao County	18600	55794	164769	62
魏　县	Wei County	292541	30072	60669	220
曲周县	Quzhou County	24493	33600	118469	2055
武安市	Wu'an City	13552	91183	20562	615
冀南新区	Ji'nan New Area	3672	8602	20093	600
开发区	Development Area	5953	5763	36964	1555
邢台市	**Xingtai**				
襄都区	Xiangdu District	74	1518	3981	
信都区	Xindu District	131327	8541	6443	78
任泽区	Renze District	12538	13303	31631	
南和区	Nanhe District	6250	17626	40699	180

continued

规模以上工业增加值增速(%) Industrial Added Value above Designated Size (%)	社会消费品零售总额(万元) Total Retail Sales of Consumer Goods (10000 yuan)	社会消费品零售总额增速(%) Growth Rate (%)	城乡居民享受低保人数(人) Urban and Rural Residents Receiving Subsistence Allowances (person)	城乡居民基本养老保险参保人数(人) Urban and Rural Residents Covered by Basic Pension Insurance (person)	城乡居民基本医疗保险参保人数(人) Urban and Rural Residents Covered by Basic Medical Insurance (person)	学前教育 Preschool Education	
						个数(个) Number (unit)	在园(所)人数(人) Enrolment (person)
	5638	8.0	41				
11.9	1125014	8.9	658	38415		28	4185
0.1	64909	8.9	421	14732	22754	9	698
12.0	80229	8.9	633	15698	23125	5	754
4.2	2710467	11.5	2960	102802	386000	179	22290
4.8	244956	12.6	510	32404	67679	27	3329
5.9	328020	12.2	265	35343	69044	16	2212
6.1	456418	11.8	2440	173029	238683	36	5618
-9.4	538516	12.1	25960	315797	426286	211	8775
8.8	774493	10.9	6586	281690	383375	37	9065
12.5	578215	12.4	9445	236137	292556	29	5363
8.7	913939	11.9	189	14535	72958	27	4755
0.1	126232	13.1	214	39208	64392	5	1217
2.0	1544651	8.7	4137	80676		109	12557
2.9	1472296	7.8	2823	85624		128	18504
-24.4	362416	7.9	1641	40563		70	9499
16.6	891110	10.1	4953	145896		93	10127
7.6	327591	7.3	12393	212056		120	12199
-2.4	1119786	6.4	15858	463951		230	25455
7.1	465067	6.6	16554	366057		162	15803
8.0	482537	6.7	10965	219125		50	9344
2.2	759392	9.7	28530	469189		240	17666
33.7	784240	9.4	7078	214289		67	16042
3.1	752760	8.8	8008	223456		66	11709
5.4	227179	10.0	5431	135592		78	5239
3.3	315241	9.9	7843	183818		137	11045
1.7	362221	11.0	8961	155322		74	7683
3.1	360227	7.9	10887	185715		79	8738
10.1	748519	8.1	42217	532547		326	28907
5.4	588875	8.0	10518	278022		196	15176
7.0	1544530	9.5	12927	362014		411	17243
18.9	370791	7.2	4118	144492		60	6852
7.7	642402	8.5	2544	104300		26	6220
18.9	803912	6.4	2816		196323	62	11249
-4.6	1511534	7.2	13082		473279	180	25157
14.6	292799	6.9	11555		180885	131	11308
-3.5	316942	5.8	8660		239556	100	12583

24-2 续表 22

县(市、区)	County (City or District)	园林水果 (吨) Garden Fruit (ton)	肉类 (吨) Meat (ton)	禽蛋 (吨) Egg (ton)	水产品 (吨) Aquatic Products (ton)
临城县	Lincheng County	20157	15529	31850	2610
内丘县	Neiqiu County	51941	21891	19579	46
柏乡县	Baixiang County	69532	12088	32324	
隆尧县	Longyao County	73561	30692	54937	180
宁晋县	Ningjin County	193406	35420	35818	5
巨鹿县	Julu County	124010	22258	20172	104
新河县	Xinhe County	102521	37539	7258	734
广宗县	Guangzong County	50519	24468	8234	
平乡县	Pingxiang County	12459	13134	26777	50
威　县	Wei County	307177	45386	52388	34
清河县	Qinghe County	34590	11017	3960	200
临西县	Linxi County	18048	18425	27209	175
南宫市	Nangong City	63719	22102	23616	312
沙河市	Shahe City	13264	13741	36536	1940
开发区	Development Area	721	2782	3415	38
邢东新区	Xingdong New Area	351			390
保定市	**Baoding**				
竞秀区	Jingxiu District	12801			
莲池区	Lianchi District	1284			
满城区	Mancheng District	260661	21693	26779	90
清苑区	Qingyuan District	54172	34009	47180	
徐水区	Xushui District	17713	29783	24374	40
涞水县	Laishui County	29786	17555	2654	198
阜平县	Fuping County	89141	10972	3753	5364
定兴县	Dingxing County	22434	70340	33762	240
唐　县	Tang County	42587	83328	17384	1890
高阳县	Gaoyang County	8564	9088	3025	23
涞源县	Laiyuan County	3689	37451	11561	368
望都县	Wangdu County	17591	15071	10813	
易　县	Yi County	156917	75215	24619	3050
曲阳县	Quyang County	115131	37454	9677	2160
蠡　县	Li County	33475	10850	16923	
顺平县	Shunping County	504314	13555	6587	8
博野县	Boye County	33835	22066	8810	
涿州市	Zhuozhou City	21321	27387	10303	183
安国市	Anguo City	13314	18682	12077	
高碑店市	Gaobeidian City	12704	30388	10496	35
高新区	High Tech District	8295			
白沟新城	Baigou City	977	415	39	

continued

规模以上工业增加值增速(%) Industrial Added Value above Designated Size (%)	社会消费品零售总额(万元) Total Retail Sales of Consumer Goods (10000 yuan)	社会消费品零售总额增速(%) Growth Rate (%)	城乡居民享受低保人数(人) Urban and Rural Residents Receiving Subsistence Allowances (person)	城乡居民基本养老保险参保人数(人) Urban and Rural Residents Covered by Basic Pension Insurance (person)	城乡居民基本医疗保险参保人数(人) Urban and Rural Residents Covered by Basic Medical Insurance (person)	学前教育 Preschool Education	
						个数(个) Number (unit)	在园(所)人数(人) Enrolment (person)
0.2	275544	8.5	8507		168859	70	5775
9.4	310233	7.8	10081		473847	69	7849
13.4	204368	7.9	5870		319692	70	4603
7.6	495926	8.8	12807		336002	182	16873
0.9	814257	6.6	20866		714680	267	21634
17.3	680407	5.0	15412		353915	127	10241
20.4	271130	6.3	7016		134682	41	3492
10.3	202959	4.0	9839		266550	60	7565
3.5	514411	9.7	11329		293614	157	11254
-23.0	482237	5.3	21361		510344	92	11864
18.8	770333	6.2	11157		366520	119	13275
10.1	567064	7.8	16613		308056	62	8613
8.6	467739	6.5	14866		379668	109	10721
-0.5	857070	8.1	12275		345447	125	17974
4.6	308981	4.7	4863		140758	90	7512
-33.7	830933	5.7	1119				
5.6	1004946	9.1	1754	71750	184521	79	13181
8.8	2953168	6.7	1729	97696	399461	188	23932
5.5	330408	10.7	5507	210214	372723	141	10502
10.7	643910	11.1	9584	343843	592732	221	17103
3.8	1365348	11.5	4240	367102	553664	156	20935
-1.4	316246	9.6	11472	196909	287916	117	9979
-5.0	118073	10.3	15327	130180	202723	18	4481
6.3	855020	8.5	7376	323511	480733	185	14679
5.3	464371	9.8	20353	322365	501599	110	13620
9.4	595759	6.0	3555	171097	277176	69	5322
6.0	170777	8.5	17099	157395	248176	70	6117
-3.3	274788	8.8	6333	142822	228579	56	6077
5.8	405662	6.6	13233	330799	477251	153	12734
-5.0	345191	10.2	13269	315807	527131	226	13300
-7.2	598932	8.9	4646	307561	443619	176	11312
9.9	231086	8.7	10325	176440	260914	81	6383
20.0	181327	9.0	7144	147397	219626	72	2833
5.1	1084980	6.3	7249	286288	576770	197	22258
9.5	479228	10.6	3021	230957	339666	89	8448
-1.5	961139	10.8	5837	269797	479951	171	15529
11.0	2011147	8.6	161	22135	52897	24	4043
-4.9	943053	6.2	234	26876	56532	53	8687

24-2 续表 23

县(市、区)	County (City or District)	园林水果(吨) Garden Fruit (ton)	肉类(吨) Meat (ton)	禽蛋(吨) Egg (ton)	水产品(吨) Aquatic Products (ton)
张家口市	**Zhangjiakou**				
桥东区	Qiaodong District	1565	2773	2692	
桥西区	Qiaoxi District		409	161	
宣化区	Xuanhua District	3071	33275	14075	610
下花园区	Xiahuayuan District	269	5517	5405	
万全区	Wanquan District	5910	23740	7506	2
崇礼区	Chongli District	64	2620	1278	6
张北县	Zhangbei County		30609	1632	196
康保县	Kangbao County		24540	2214	40
沽源县	Guyuan County		19352	1170	689
尚义县	Shangyi County	474	23335	979	156
蔚　县	Yu County	1515	28146	37768	420
阳原县	Yangyuan County	5571	27133	33129	293
怀安县	Huai'an County	508	13370	1636	338
怀来县	Huailai County	187914	35362	13763	5157
涿鹿县	Zhuolu County	117408	20670	15030	176
赤城县	Chicheng County	611	35989	5363	638
经开区	Economic-Technological Development Area	297	3818	1561	
察北管理区	Chabei Management Area		1857	12	
塞北管理区	Saibei Management Area		1325		
承德市	**Chengde**				
双桥区	Shuangqiao District	541	784	591	42
双滦区	Shuangluan District	2041	2226	902	450
鹰手营子矿区	Yingshouyingzi District	2218	1027	572	38
承德县	Chengde County	361420	83701	20141	489
兴隆县	Xinglong County	299817	11653	780	345
滦平县	Luanping County	43667	88231	11191	411
隆化县	Longhua County	53762	81611	11635	390
丰宁满族自治县	Fengning Man A.C.	3736	53815	5752	440
宽城满族自治县	Kuancheng Man A.C.	50172	18656	9941	700
围场满族蒙古族自治县	Weichang Man & Mongolian A.C.	241384	56498	27650	372
平泉市	Pingquan City	110977	18230	9136	221
高新技术产业开发区	High and New Tech Development Zone	493	1105	1747	9
沧州市	**Cangzhou**				
新华区	Xinhua District	55	357	500	
运河区	Yunhe District	610	802	1263	
沧　县	Cang County	200029	48011	46924	37
青　县	Qing County	19394	28471	16431	301
东光县	Dongguang County	8653	20306	13643	810
海兴县	Haixing County	6885	49539	16034	10220
盐山县	Yanshan County	3117	41881	2118	123

continued

规模以上工业增加值增速 (%) Industrial Added Value above Designated Size (%)	社会消费品零售总额 (万元) Total Retail Sales of Consumer Goods (10000 yuan)	社会消费品零售总额增速 (%) Growth Rate (%)	城乡居民享受低保人数 (人) Urban and Rural Residents Receiving Subsistence Allowances (person)	城乡居民基本养老保险参保人数 (人) Urban and Rural Residents Covered by Basic Pension Insurance (person)	城乡居民基本医疗保险参保人数 (人) Urban and Rural Residents Covered by Basic Medical Insurance (person)	学前教育 Preschool Education	
						个数 (个) Number (unit)	在园(所)人数 (人) Enrolment (person)
5.2	570277	8.3	7681	39729	93963	32	5202
9.7	533362	8.4	6774	17852	86883	26	5688
30.9	647802	8.1	29637	162315	305420	89	12507
15.1	66067	8.5	4151	18976	34444	11	870
6.8	282360	8.2	18893	119762	174657	38	4887
12.3	105327	8.7	11432	63722	95364	8	2115
9.7	267630	2.6	39999	210245	266291	27	6526
5.8	128037	2.6	27880	134742	207382	24	1650
5.1	187829	8.1	28325	119378	174007	48	3529
7.0	72557	8.3	23547	96743	136296	24	1569
-5.8	281725	8.8	31527	258776	389915	89	12626
5.2	159894	8.7	17334	133093	191922	38	5164
19.0	134543	8.2	23721	118007	167116	36	3437
-5.3	379297	8.0	11870	159381	262012	30	9760
3.0	283668	8.5	27717	188905	243065	52	7422
29.9	115933	8.6	22771	157749	206765	23	4010
5.5	2680681	8.4	3950	49951	151498	55	7402
3.0	23393	2.1	2583	10169	14484	3	372
0.6	7010	8.9	331	885	3085	1	140
2.0	1567325	10.0	3256	26081	145173	78	9082
9.7	455463	9.8	1959	31192	93366	51	6138
2.0	50465	9.7	3171	12524	31609	11	1073
12.3	372068	11.0	23081	217022	321147	115	7636
2.7	297959	9.0	13839	174904	237983	77	4042
12.3	310568	7.6	11878	163483	245805	70	6762
7.8	393196	10.5	33559	244830	336389	57	8221
18.8	390136	9.7	32062	225034	307173	100	7568
12.6	494544	9.9	16268	118881	197136	95	7250
7.7	522964	8.1	31929	293661	402402	329	9888
11.3	531839	10.4	19394	238052	355619	43	6295
9.6	211773	7.1	650	19640	60803	25	2774
9.4	1256914	10.6	330	23667	77649	51	8358
9.2	2553633	12.7	593	44527	168369	65	16983
6.1	563703	14.0	5447	435989	616954	164	15133
7.9	719391	11.7	4502	228176	357535	93	14289
5.5	334422	11.0	7582	213214	304292	117	10728
0.2	98846	14.5	5389	101445	164623	32	4859
7.8	364052	11.7	11477	263809	374926	48	11395

24−2 续表 24

县(市、区)	County (City or District)	园林水果(吨) Garden Fruit (ton)	肉 类(吨) Meat (ton)	禽 蛋(吨) Egg (ton)	水产品(吨) Aquatic Products (ton)
肃宁县	Suning County	63811	32087	69837	
南皮县	Nanpi County	67396	44348	8558	1284
吴桥县	Wuqiao County	22068	22991	12999	293
献 县	Xian County	76001	54446	58353	720
孟村回族自治县	Mengcun Hui A.C.	13577	40583	5345	163
泊头市	Botou City	418834	24502	44132	486
任丘市	Renqiu City	19858	19136	6093	2527
渤海新区黄骅市	Bohai New Area Huanghua City	82579	46891	16742	95083
河间市	Hejian City	67036	28363	28080	65
开发区	Development Area		415		
高新区	High Tech District	19	101	18	
廊坊市	**Langfang**				
安次区	Anci District	46352	16564	7208	487
广阳区	Guangyang District	15352	6033	1047	335
固安县	Gu'an County	88507	17956	6732	229
永清县	Yongqing County	213764	57058	12045	421
香河县	Xianghe County	7744	69410	57032	1886
大城县	Dacheng County	24596	48164	24106	592
文安县	Wen'an County	15820	20057	4002	3361
大厂回族自治县	Dachang Hui A.C.	954	10615	2926	327
霸州市	Bazhou City	7013	22386	7437	4434
三河市	Sanhe City	35314	34138	11416	5691
经济技术开发区	Economic-Technological Development Area		836	56	
衡水市	**Hengshui**				
桃城区	Taocheng District	19871	12297	6857	660
冀州区	Jizhou District	64283	21679	17345	1257
枣强县	Zaoqiang County	34982	15759	4665	400
武邑县	Wuyi County	48626	27415	18238	162
深州市	Shenzhou City	693887	54903	81056	302
武强县	Wuqiang County	2901	16891	15780	124
饶阳县	Raoyang County	213985	18273	30280	
安平县	Anping County	23806	67099	12022	101
故城县	Gucheng County	6891	42791	32281	1424
景 县	Jing County	21273	26123	17764	103
阜城县	Fucheng County	45121	18261	26674	73
高新区	High Tech District	2997	2192	2243	
滨湖新区	Binhu New Area	3457	1300	2933	1957
定州市	**Dingzhou**	**26103**	**96947**	**64811**	
辛集市	**Xinji**	**339332**	**86994**	**164801**	**147**

continued

规模以上工业增加值增速(%) Industrial Added Value above Designated Size (%)	社会消费品零售总额(万元) Total Retail Sales of Consumer Goods (10000 yuan)	社会消费品零售总额增速(%) Growth Rate (%)	城乡居民享受低保人数(人) Urban and Rural Residents Receiving Subsistence Allowances (person)	城乡居民基本养老保险参保人数(人) Urban and Rural Residents Covered by Basic Pension Insurance (person)	城乡居民基本医疗保险参保人数(人) Urban and Rural Residents Covered by Basic Medical Insurance (person)	学前教育 Preschool Education 个数(个) Number (unit)	学前教育 Preschool Education 在园(所)人数(人) Enrolment (person)
8.1	453815	10.5	3177	210732	284467	114	10158
4.9	244461	11.3	8809	191271	316399	111	10745
-3.1	191843	8.0	5950	160109	202998	72	4158
5.9	569273	15.0	9580	351864	512315	220	14628
9.0	198421	9.1	3560	113640	176021	12	5696
2.5	980916	11.5	8340	293967	502334	144	13776
8.2	1150970	10.5	7699	294570	556798	199	21801
9.6	1102321	10.6	5333	220473	441171	54	22532
1.5	1060250	10.6	8578	494164	701527	138	21165
-10.6	617492	12.3	144	10809		3	833
1.1	302971	11.9	26	5891		3	470
-1.0	931097	9.3	3910	180626	267782	71	13471
8.8	2904155	8.9	1459	111436	211594	99	13385
7.8	880634	8.7	4461	221597	366825	73	15513
-1.6	792867	6.0	4032	212347	287634	46	10603
8.1	1236592	6.2	4681	199035	276840	80	13176
5.8	1154824	7.0	10167	298563	366218	120	11858
6.2	543866	6.3	5883	298044	433300	184	16016
9.1	332564	6.2	970	59269	98401	24	5220
2.9	2130391	7.8	3333	335003	517533	276	24455
-0.7	2460023	6.8	3771	227787	470911	166	20400
				27126	43686	27	4203
7.3	1319152	11.9	1768	96677	402209	124	15421
7.5	535595	9.0	5562	203965	272301	71	6622
7.5	532418	11.8	6404	239883	326839	115	8021
6.5	319488	8.0	7074	174936	253800	89	5605
3.3	457969	12.5	7442	319988	423719	134	10586
7.4	198058	12.0	4281	113726	156262	59	3856
7.7	310574	12.2	5005	173846	226529	55	6738
9.1	531885	11.7	3211	187997	276229	99	8100
15.5	547129	12.0	10355	274923	402168	123	9997
9.3	593821	12.1	7447	298369	418844	139	8204
10.0	267568	11.6	7905	191122	269517	51	7768
7.6	1200096	12.4	499	32296	75794	47	5690
6.2	178829	12.3	753	35790		13	872
7.2	**1244195**	**11.9**	**16398**	**613210**	**956104**	**298**	**29601**
3.2	**1240366**	**10.5**	**5379**	**331057**	**479983**	**65**	**13163**

24-2 续表 25

县(市、区)	County (City or District)	小学 Primary Education 个数(个) Number (unit)	小学 Primary Education 在校学生数(人) Enrolment (person)	初中 Junior Secondary Education 个数(个) Number (unit)	初中 Junior Secondary Education 在校学生数(人) Enrolment (person)
石家庄市	**Shijiazhuang**				
长安区	Chang'an District	67	91505	16	30576
桥西区	Qiaoxi District	55	90612	4	29714
新华区	Xinhua District	54	70173	9	23951
井陉矿区	Jingxing Mining Area	6	5023		1845
裕华区	Yuhua District	51	65026	6	25313
藁城区	Gaocheng District	111	70622	25	33502
鹿泉区	Luquan District	90	44783	16	19751
栾城区	Luancheng District	60	32896	10	13935
井陉县	Jingxing County	51	14016	9	8417
正定县	Zhengding County	90	49892	22	24330
行唐县	Xingtang County	61	31393	13	21885
灵寿县	Lingshou County	73	25010	14	14522
高邑县	Gaoyi County	38	16877	7	9969
深泽县	Shenze County	34	15041	8	7304
赞皇县	Zanhuang County	46	25829	7	15150
无极县	Wuji County	83	36875	14	21068
平山县	Pingshan County	70	35836	16	21140
元氏县	Yuanshi County	64	33129	13	18626
赵县	Zhao County	64	43403	21	23728
晋州市	Jinzhou City	93	44384	20	21404
新乐市	Xinle City	93	42199	25	26555
高新区	High Tech District	34	37628	8	13033
经开区	Economic-Technological Development Area				
唐山市	**Tangshan**				
路南区	Lunan District	29	22285	8	10106
路北区	Lubei District	60	59701	13	22084
古冶区	Guye District	27	14918	11	6318
开平区	Kaiping District	22	16265	9	7846
丰南区	Fengnan District	63	40056	19	16940
丰润区	Fengrun District	123	58395	24	27798
曹妃甸区	Caofeidian District	23	21543	9	7482
滦南县	Luannan County	100	30796	21	17682
乐亭县	Laoting County	75	15366	20	7883
迁西县	Qianxi County	83	28651	17	16491
玉田县	Yutian County	119	52072	19	26038
遵化市	Zunhua City	108	56499	31	31953
迁安市	Qian'an City	131	75398	32	34410
滦州市	Luanzhou City	104	41400	24	16776
海港经济开发区	Haigang Economic Development Area	14	9303	10	3856

continued

高　中 Senior Secondary Education		中等职业教育 Secondary Vocational Education		卫生机构数 (个) Health Institutions (unit)		卫生机构床位数 (张) Beds of Health Institutions (bed)	
个　数 (个) Number (unit)	在校学生数 (人) Enrolment (person)	个　数 (个) Number (unit)	在校学生数 (人) Enrolment (person)		#医　院 Hospitals		#医　院 Hospitals
10	10284	10	12668	575	22	8925	8364
19	17635	14	29834	694	46	8558	7783
11	9974	15	46812	531	18	8879	8739
1	974	2	898	91	6	657	612
5	4362	9	14256	821	44	11603	11297
6	12644	5	5409	364	12	2576	1700
7	12066	11	18709	535	19	2844	1346
2	4586	5	9376	375	10	1337	1054
2	4289	2	2057	474	11	1750	1345
7	11515	9	11207	638	21	3079	2270
6	11357	2	2006	415	10	2108	1451
3	5768	3	2650	357	10	2066	1290
2	4289	2	1291	166	6	752	625
1	2243	2	1179	187	7	1438	967
2	4294	2	2324	290	5	1616	1225
3	8656	2	6747	374	18	2470	1717
6	8810	4	4948	779	8	2886	1946
4	6243	5	3812	333	13	2581	2054
5	9115	4	5475	433	17	3613	2574
2	6693	4	4972	328	9	2002	1645
5	12351	1	2273	330	8	3099	2139
8	11375	6	8307				
1	1080	6	4496	329	29	7522	5661
7	5300	5	4449	649	56	13889	13001
2	1542	5	566	191	7	2578	2252
3	3156	2	1013	350	13	1857	1497
3	9489	4	9549	803	10	1867	1264
7	13825	4	9741	1027	27	4753	3676
6	4906	7	10158	340	9	1962	1628
4	11752	2	4129	756	16	3750	2786
5	7871	3	4936	616	11	2949	1548
5	8310	3	3622	614	6	2746	1604
5	12637	3	5661	1235	22	4478	3074
10	20668	3	3798	1192	32	4447	3392
7	17844	4	6687	987	23	5370	4592
4	9860	4	5825	949	14	3574	2101
2	2037						

24-2 续表 26

县(市、区)	County (City or District)	小学 Primary Education 个数(个) Number (unit)	小学 Primary Education 在校学生数(人) Enrolment (person)	初中 Junior Secondary Education 个数(个) Number (unit)	初中 Junior Secondary Education 在校学生数(人) Enrolment (person)
唐山湾国际旅游岛	Tangshan Bay International Tourism Island				
高新技术产业开发区	High and New Tech Development Area	20	6978	3	2393
芦台经济开发区	Lutai Economic Development Area	8	2381	1	891
汉沽管理区	Hangu Management Area	9	2089		1011
秦皇岛市	**Qinhuangdao**				
海港区	Haigang District	64	69852	28	28291
山海关区	Shanhaiguan District	10	8602	5	3634
北戴河区	Beidaihe District	10	5916	5	2073
抚宁区	Funing District	57	17503	19	9311
青龙满族自治县	Qinglong Man A.C.	44	29691	21	18497
昌黎县	Changli County	101	28289	17	17670
卢龙县	Lulong County	88	17712	13	11172
秦皇岛开发区	Qinhuangdao Development Area	13	14416	7	4579
北戴河新区	Beidaihe New Area	16	4033	5	1618
邯郸市	**Handan**				
邯山区	Hanshan District	76	63217	12	11669
丛台区	Congtai District	74	79848	16	15480
复兴区	Fuxing District	39	25331	7	7843
峰峰矿区	Fengfeng Mining Area	37	35663	12	17371
肥乡区	Feixiang District	72	38459	15	22209
永年区	Yongnian District	165	93135	31	47404
临漳县	Linzhang County	131	67943	28	37533
成安县	Cheng'an County	67	43430	16	25327
大名县	Daming County	145	67466	30	42569
涉　县	She County	72	38795	11	18149
磁　县	Ci County	76	45639	26	26464
邱　县	Qiu County	30	23266	5	17222
鸡泽县	Jize County	59	35736	10	20655
广平县	Guangping County	46	32219	18	17497
馆陶县	Guantao County	43	31607	11	21798
魏　县	Wei County	188	90744	35	51829
曲周县	Quzhou County	106	57727	16	29668
武安市	Wu'an City	202	89508	29	44821
冀南新区	Ji'nan New Area	57	21592	16	11272
开发区	Development Area	67	29736	6	17073
邢台市	**Xingtai**				
襄都区	Xiangdu District	44	42423	5	26356
信都区	Xindu District	83	78476	14	36378
任泽区	Renze District	50	35488	12	13039
南和区	Nanhe District	52	38529	7	14949

continued

高中 Senior Secondary Education 个数（个） Number (unit)	高中 在校学生数（人） Enrolment (person)	中等职业教育 Secondary Vocational Education 个数（个） Number (unit)	中等职业教育 在校学生数（人） Enrolment (person)	卫生机构数（个） Health Institutions (unit)	#医院 Hospitals	卫生机构床位数（张） Beds of Health Institutions (bed)	#医院 Hospitals
1							
		1	42				
1	69		22				
4	1659	2	25	920	37	9813	8827
1	684			201	3	1273	1177
2	3592			132	3	1097	1078
3	6081	2	2694	486	5	2092	1549
4	9103	2	3730	726	20	3700	2211
6	12584	4	5700	746	16	3672	2153
3	6578	2	2852	612	8	2212	1632
1	1612						
2	507						
2	4925	2	2596	634	46	10655	9220
4	3613			555	36	6778	5679
5	6367			297	15	2499	1416
3	7330	2	3186	500	17	3399	2951
3	7843	1	2861	555	8	2604	1390
6	19175	3	4418	1289	19	5788	3159
4	14723	2	4365	905	22	4251	2756
2	8422	1	3733	643	14	2642	1752
6	23934	2	1979	1181	15	5150	3011
3	10969	2	3020	485	12	3244	2709
5	21411	2	2648	767	14	3046	2345
3	7308	1	772	293	5	1613	1000
2	8760	2	2430	449	5	2099	1238
4	6615	1	2064	372	13	1952	1268
4	11045	2	2005	464	10	2326	1698
8	24813	3	4600	617	25	6455	4193
5	12356	2	4898	450	9	3569	1635
4	21525	2	10484	750	29	5441	3446
2	4371	4	3448				
5	9355						
5	6103	3	3412	742	30	6692	6098
10	14788	12	6106	1275	26	6440	5474
1	3999	2	608	452	9	2246	1252
4	10643	2	4220	334	11	1754	1314

24−2 续表 27

县(市、区)	County (City or District)	小学 Primary Education 个数(个) Number (unit)	小学 Primary Education 在校学生数(人) Enrolment (person)	初中 Junior Secondary Education 个数(个) Number (unit)	初中 Junior Secondary Education 在校学生数(人) Enrolment (person)
临城县	Lincheng County	23	20467	10	11360
内丘县	Neiqiu County	37	26225	6	13390
柏乡县	Baixiang County	24	14782	3	7185
隆尧县	Longyao County	83	47879	15	17836
宁晋县	Ningjin County	88	82357	25	38333
巨鹿县	Julu County	54	39082	4	18394
新河县	Xinhe County	16	9873	5	4712
广宗县	Guangzong County	53	26792	12	13117
平乡县	Pingxiang County	40	32981	11	16517
威　县	Wei County	87	54449	18	33848
清河县	Qinghe County	60	53680	16	23316
临西县	Linxi County	66	34836	16	19044
南宫市	Nangong City	45	41835	13	20900
沙河市	Shahe City	65	53321	25	20080
开发区	Development Area	41	23397	9	11545
邢东新区	Xingdong New Area				
保定市	**Baoding**				
竞秀区	Jingxiu District	41	39262	10	13204
莲池区	Lianchi District	56	73074	24	33634
满城区	Mancheng District	89	31513	19	17544
清苑区	Qingyuan District	128	52184	26	27690
徐水区	Xushui District	88	53234	20	26289
涞水县	Laishui County	60	24259	13	11305
阜平县	Fuping County	30	15337	16	10183
定兴县	Dingxing County	112	42565	13	23574
唐　县	Tang County	146	42203	24	25126
高阳县	Gaoyang County	71	28846	11	15793
涞源县	Laiyuan County	27	18125	11	12472
望都县	Wangdu County	33	18012	4	9171
易　县	Yi County	57	36351	18	18892
曲阳县	Quyang County	158	59700	30	36041
蠡　县	Li County	128	40969	13	23525
顺平县	Shunping County	61	18367	14	9564
博野县	Boye County	65	15543	8	10036
涿州市	Zhuozhou City	66	56179	21	22460
安国市	Anguo City	43	25006	8	14357
高碑店市	Gaobeidian City	83	46671	20	21355
高新区	High Tech District	9	13519	5	4864
白沟新城	Baigou City	19	19916	2	5052

continued

高 中 Senior Secondary Education 个 数 (个) Number (unit)	在校学生数 (人) Enrolment (person)	中等职业教育 Secondary Vocational Education 个 数 (个) Number (unit)	在校学生数 (人) Enrolment (person)	卫生机构数 (个) Health Institutions (unit)	#医 院 Hospitals	卫生机构床位数 (张) Beds of Health Institutions (bed)	#医 院 Hospitals
2	8046	2	3576	275	5	1321	1056
3	6620	2	2913	497	7	1931	1214
1	2339	2	2905	170	6	1087	840
4	8438	3	2783	565	15	3137	2104
8	17609	5	6674	584	16	4957	3408
3	8625	2	1467	536	10	2410	1878
1	1926	2	1567	334	3	888	640
2	5442	2	3093	379	7	1865	1123
1	4216	5	3738	408	11	1428	1178
4	9128	3	3639	629	5	3266	2000
4	13846	2	3626	569	8	2771	2161
3	6134	2	3141	525	7	2142	1650
5	16670	2	3305	737	6	2417	1523
4	13803	8	8805	802	14	2817	1905
		2	568				
1	2290	8	6912	562	31	4166	4023
16	35922	16	25697	784	60	14087	13237
3	9226	2	3747	548	21	2680	2237
8	22208	3	3138	814	24	2268	1687
4	15696	2	4665	713	12	2924	2194
4	8620	2	2064	552	7	1453	959
2	4714	2	3919	269	9	1201	939
4	16903	2	3582	618	15	2750	2022
4	15516	3	4315	543	24	3123	2574
3	9175	3	2866	408	14	2058	1505
2	6741	2	3542	584	14	2271	1680
2	4200	2	2430	246	16	1472	1192
5	15020	2	4063	998	21	3421	2311
5	18571	3	4084	608	19	3595	2742
5	8845	2	3652	598	20	2454	2033
2	4017	2	2318	342	9	1745	1151
2	3934	2	2022	223	8	1700	1160
8	14281	4	9200	956	26	4417	3985
5	12765	3	3089	436	10	2315	1496
4	11637	4	5757	951	31	2663	2363
1		1	425				
1	268						

24-2 续表 28

县(市、区)	County (City or District)	小学 Primary Education 个数(个) Number (unit)	小学 Primary Education 在校学生数(人) Enrolment (person)	初中 Junior Secondary Education 个数(个) Number (unit)	初中 Junior Secondary Education 在校学生数(人) Enrolment (person)
张家口市	**Zhangjiakou**				
桥东区	Qiaodong District	21	21123	6	6625
桥西区	Qiaoxi District	16	18807	5	7359
宣化区	Xuanhua District	51	32716	22	25731
下花园区	Xiahuayuan District	3	2370	1	668
万全区	Wanquan District	16	12357	7	6968
崇礼区	Chongli District	8	3960	1	1426
张北县	Zhangbei County	13	20129	5	15607
康保县	Kangbao County	11	4110	3	2129
沽源县	Guyuan County	14	9017	7	4168
尚义县	Shangyi County	8	3629	2	1909
蔚　县	Yu County	50	29565	16	14203
阳原县	Yangyuan County	24	12003	10	6477
怀安县	Huai'an County	30	8772	7	5137
怀来县	Huailai County	45	25534	8	13390
涿鹿县	Zhuolu County	25	18481	7	11051
赤城县	Chicheng County	17	10170	9	6038
经开区	Economic-Technological Development Area	28	12308	5	3555
察北管理区	Chabei Management Area	1	695	1	389
塞北管理区	Saibei Management Area		257	1	83
承德市	**Chengde**				
双桥区	Shuangqiao District	24	27204	12	13098
双滦区	Shuangluan District	15	15147	2	5317
鹰手营子矿区	Yingshouyingzi District	5	2854	1	1138
承德县	Chengde County	54	23983	11	17024
兴隆县	Xinglong County	58	16115	14	8946
滦平县	Luanping County	38	18845	7	10924
隆化县	Longhua County	53	25098	11	14946
丰宁满族自治县	Fengning Man A.C.	51	22064	15	14512
宽城满族自治县	Kuancheng Man A.C.	29	21053	6	11035
围场满族蒙古族自治县	Weichang Man & Mongolian A.C.	62	33021	13	21744
平泉市	Pingquan City	42	24771	11	14951
高新技术产业开发区	High and New Tech Development Zone	16	7939	2	2623
沧州市	**Cangzhou**				
新华区	Xinhua District	18	21114	3	7032
运河区	Yunhe District	31	55192	6	26989
沧　县	Cang County	182	57907	27	32201
青　县	Qing County	87	39792	13	18477
东光县	Dongguang County	59	32871	11	12621
海兴县	Haixing County	64	15821	9	9797
盐山县	Yanshan County	77	43512	18	24547

continued

高中 Senior Secondary Education		中等职业教育 Secondary Vocational Education		卫生机构数		卫生机构床位数	
个数（个）Number (unit)	在校学生数（人）Enrolment (person)	个数（个）Number (unit)	在校学生数（人）Enrolment (person)	（个）Health Institutions (unit)	#医院 Hospitals	（张）Beds of Health Institutions (bed)	#医院 Hospitals
				341	27	3141	2426
				311	26	6781	6338
7	13941	4	2858	792	18	4089	3514
2	1104	1		76	2	424	327
2	2426	3	1406	324	2	1408	1090
2	865	2	379	173	4	746	517
4	12780	2	3044	441	9	2645	2001
2	2318	2	473	325	3	993	615
1	1695	2	2217	343	3	1075	660
1	1238	2	1231	194	5	886	602
6	7784	2	1727	872	15	2580	1861
1	1982	2	2316	456	9	1143	788
1	2453	2	2005	277	5	1174	780
5	7592	2	2040	572	13	2172	1716
2	5924	2	2475	425	13	1820	1376
1	3258	2	1330	504	3	1330	715
6	11958	12	12827	467	24	5220	4788
3	2847	1	1513	206	9	2172	2016
1	1247			59	2	668	586
3	10204	1	2846	590	6	3023	1944
1	5009	2	3207	469	8	1952	1185
3	10272	1	3564	323	6	2056	1332
3	4111	1	4102	533	6	2589	1607
4	8325	3	3961	568	4	2391	1529
2	3806	1	3163	335	4	1877	1337
2	10596	2	4312	554	12	2947	1777
3	10347	1	3398	584	10	2835	1712
1	1790						
1	1127			268	11	3863	3713
4	3283			527	17	10006	9556
8	13194	3	10058	1051	26	4150	2897
2	5818	2	9036	579	9	2252	2032
1	5174	2	5566	451	8	2319	1795
1	3622	3	951	291	5	1258	1000
4	9485	2	8499	617	18	2763	2345

24-2 续表 29

县(市、区)	County (City or District)	小学 Primary Education 个数(个) Number (unit)	小学 Primary Education 在校学生数(人) Enrolment (person)	初中 Junior Secondary Education 个数(个) Number (unit)	初中 Junior Secondary Education 在校学生数(人) Enrolment (person)
肃宁县	Suning County	51	36993	16	19273
南皮县	Nanpi County	83	31456	14	17031
吴桥县	Wuqiao County	36	14325	7	8770
献　县	Xian County	128	57371	26	35274
孟村回族自治县	Mengcun Hui A.C.	54	20720	9	10836
泊头市	Botou City	92	52234	15	32736
任丘市	Renqiu City	114	88423	33	42511
渤海新区黄骅市	Bohai New Area Huanghua City	105	59571	29	28732
河间市	Hejian City	167	78215	37	49324
开发区	Development Area	3	2733	2	1317
高新区	High Tech District	1	2359		
廊坊市	**Langfang**				
安次区	Anci District	61	42085	9	19999
广阳区	Guangyang District	48	44040	9	15142
固安县	Gu'an County	79	63546	18	26659
永清县	Yongqing County	80	31987	15	16810
香河县	Xianghe County	70	42763	13	18702
大城县	Dacheng County	76	48244	33	27434
文安县	Wen'an County	151	52731	25	30153
大厂回族自治县	Dachang Hui A.C.	10	19923	4	7404
霸州市	Bazhou City	97	72653	24	31519
三河市	Sanhe City	65	86040	22	36944
经济技术开发区	Economic-Technological Development Area	12	12039	1	6608
衡水市	**Hengshui**				
桃城区	Taocheng District	46	65723	15	39379
冀州区	Jizhou District	29	19566	15	14812
枣强县	Zaoqiang County	57	29604	13	18068
武邑县	Wuyi County	32	18167	11	15341
深州市	Shenzhou City	61	32542	11	17150
武强县	Wuqiang County	32	12009	4	9043
饶阳县	Raoyang County	29	19985	4	9239
安平县	Anping County	30	27447	6	20674
故城县	Gucheng County	83	38534	21	23279
景　县	Jing County	80	37288	19	20854
阜城县	Fucheng County	57	24010	11	14942
高新区	High Tech District	8	16961	2	9229
滨湖新区	Binhu New Area	6	2842	2	7819
定州市	**Dingzhou**	**260**	**87379**	**35**	**45829**
辛集市	**Xinji**	**75**	**44353**	**26**	**24502**

continued

高　中 Senior Secondary Education		中等职业教育 Secondary Vocational Education		卫生机构数 (个) Health Institutions (unit)	#医　院 Hospitals	卫生机构床位数 (张) Beds of Health Institutions (bed)	#医　院 Hospitals
个　数 (个) Number (unit)	在校学生数 (人) Enrolment (person)	个　数 (个) Number (unit)	在校学生数 (人) Enrolment (person)				
5	12090	2	2414	376	16	2306	1831
3	8580	2	6875	600	8	2162	1499
2	4330	2	2066	384	7	1647	1383
7	19195	1	11430	817	13	2457	1844
2	3625	2	1816	316	7	861	696
4	14893	2	5348	837	8	3258	2552
10	22042	2	7138	842	35	5878	5067
5	14890	3	7662	764	19	4476	4049
9	23516	1	3886	939	17	3778	2948
1	1366	2		520	12	1538	1240
1		2	2297	597	43	5813	5164
6	11765	4	3440	660	14	2662	2051
5	6501	3	1805	555	11	1431	904
5	9994	2	2130	491	21	3117	2329
5	10929	2	2759	647	10	2011	1221
6	11912	2	2429	903	16	2911	1579
4	4124	2	2677	202	3	790	663
4	10042	3	4426	1035	22	3860	3181
8	17991	2	4457	824	37	6344	5814
1	1304						
6	23780	5	4415	905	31	6632	6129
5	14536	2	2501	444	4	2001	980
2	9048	2	2177	551	10	2440	1640
6	17606	3	3282	351	10	1785	1090
4	9593	2	2644	822	16	3103	2132
3	4408	2	464	336	5	1143	600
2	2981	2	550	401	19	1677	1358
6	16273	2	809	442	13	2199	2022
4	14080	2	3355	858	19	2905	2235
5	16713	2	382	829	13	3064	2108
3	9836	5	601	717	5	1930	1272
7	13564	3	1937				
3	11745	1	188				
9	**35093**	**8**	**9856**	**1050**	**36**	**7237**	**5512**
5	**11412**	**2**	**4564**	**554**	**21**	**3360**	**2420**

京津冀主要指标

Main Indicators of Jing-Jin-Ji Region

简 要 说 明

一、本篇资料为京津冀主要指标。

二、本篇资料由河北省统计局综合统计处整理提供。

三、资料整理：王何魁

Brief Introduction

I. The data in this chapter include major indicators of Jing-Jin-Ji region.

II. This data is compiled and provided by the Comprehensive Statistics Division of Hebei Provincial Bureau of Statistics.

III.The data in this chapter are prepared: Wang Hekui.

附录1-1 京津冀基本情况(2023年)
Main Indicators of Jing-Jin-Ji Region (2023)

指 标	Indicator	全 国 China	京津冀合计 Total of Jing-Jin-Ji Region	北 京 Beijing	天 津 Tianjin	河 北 Hebei
土地面积(万平方公里)	Total Land Area (10000 sq.km)	960	21.7	1.6	1.2	18.9
年末常住人口(万人)	Resident Population (year-end) (10000 persons)	140967	10943	2186	1364	7393
常住人口密度(人/平方公里)	Resident Population Density (person/sq.km)	147.0	506.6	1332	1144.0	391.6
城镇化水平(%)	Urbanization Level (%)	66.2	70.6	87.8	85.5	62.8
地区生产总值(亿元)	Gross Domestic Product (100 million yuan)	1260582.1	104442.1	43760.7	16737.3	43944.1
人均地区生产总值(元/人)	Per Capita GDP (yuan/person)	89358		200278	122752	59332
一般公共预算收入(亿元)	General Public Budgetary Revenue (100 million yuan)	117218.0	12494.5	6181.1	2027.5	4286.6
一般公共预算支出(亿元)	General Public Budgetary Expenditure (100 million yuan)	236355.0	20857.8	7971.6	3280.5	9606.2
规模以上工业增加值增速(%)	Value Added Growth Rate of Industry Enterprises above Designated Size (%)	4.6		0.4	3.7	6.9
固定资产投资(不含农户)增速(%)	Growth Rate of Investment in Fixed Assets (Excluding Rural Households) (%)	3.0		4.9	-16.4	6.3
社会消费品零售总额(亿元)	Total Retail Sales of Consumer Goods (100 million yuan)	471495.0	33323.8	14462.7	3820.7	15040.5
进出口总值(亿元)	Total Import and Export Value (100 million yuan)	417568.0	50289.5	36466.3	8004.7	5818.4
出口总值(亿元)	Total Export Value (100 million yuan)	237726.0	13137.3	6000.1	3631.7	3505.5
进口总值(亿元)	Total Import Value (100 million yuan)	179842.0	37152.2	30466.3	4373.0	2312.9
居民人均可支配收入(元)	Per Capita Disposable Income of Residents (yuan)	39218		81752	51271	32903
城镇居民人均可支配收入(元)	Per Capita Disposable Income of Urban Residents (yuan)	51821		88650	55355	43631
农村居民人均可支配收入(元)	Per Capita Disposable Income of Rural Residents (yuan)	21691		37358	30851	20688
居民消费价格总指数	Total Consumer Price Index	100.2		100.4	100.4	100.6
全年城镇新增就业人数(万人)	New Urban Employment Throughout the Year (10000 persons)	1244.0	153.7	28.1	35.7	89.9

附录1-2 京津冀人口情况
Population of Jing-Jin-Ji Region

指标 Indicator	全国 China	京津冀合计 Total of Jing-Jin-Ji Region	北京 Beijing	天津 Tianjin	河北 Hebei	河北占京津冀比重(%) Hebei's Share in Jing-Jin-Ji Region (%)
常住人口(万人) Resident Population (10000 persons)						
2005	130756	9432	1538	1043	6851	72.6
2010	134091	10455	1962	1299	7194	68.8
2011	134916	10597	2024	1341	7232	68.2
2012	135922	10718	2078	1378	7262	67.8
2013	136726	10823	2125	1410	7288	67.3
2014	137646	10923	2171	1429	7323	67.0
2015	138326	10973	2188	1439	7345	66.9
2016	139232	11013	2195	1443	7375	67.0
2017	140011	11014	2194	1410	7409	67.3
2018	140541	11001	2192	1383	7426	67.5
2019	141008	11022	2190	1385	7447	67.6
2020	141212	11039	2189	1387	7464	67.6
2021	141260	11010	2189	1373	7448	67.7
2022	141175	10967	2184	1363	7420	67.7
2023	140967	10943	2186	1364	7393	67.6
人口密度(人/平方公里) Population Density (person/sq.km)						
2005	136.2	436.6	937.2	886.9	365.0	
2010	139.7	484.0	1195.6	1104.8	383.3	
2011	140.5	488.3	1265.0	1117.5	382.6	
2012	141.6	493.9	1298.8	1148.3	384.2	
2013	142.4	498.8	1328.4	1175.0	385.6	
2014	143.4	503.4	1356.9	1190.8	387.5	
2015	144.1	505.6	1367.7	1199.2	388.6	
2016	145.0	507.5	1372.1	1202.5	390.2	
2017	145.8	507.5	1371.5	1175.0	392.0	
2018	146.4	507.0	1369.8	1152.5	392.9	
2019	146.9	507.9	1368.8	1154.2	394.0	
2020	147.1	508.7	1368.1	1155.5	394.9	
2021	147.1	507.4	1367.9	1144.2	394.1	
2022	147.1	505.4	1331.0	1145.0	393.0	
2023	147.0	506.6	1331.9	1144.0	391.6	
城镇人口(万人) Urban Population (10000 persons)						
2005	56212	4652	1286	783	2582	55.5
2010	66978	5921	1686	1034	3201	54.1
2011	69927	6121	1745	1079	3297	53.9
2012	72175	6301	1793	1124	3384	53.7
2013	74502	6496	1836	1160	3499	53.9
2014	76738	6672	1878	1180	3614	54.2
2015	79302	6885	1898	1193	3795	55.1
2016	81924	7079	1905	1202	3973	56.1
2017	84343	7216	1908	1178	4130	57.2
2018	86433	7327	1909	1161	4258	58.1
2019	88426	7457	1913	1168	4376	58.7
2020	90220	7574	1916	1175	4483	59.2
2021	91425	7636	1916	1165	4554	59.6
2022	92071	7648	1913	1160	4575	59.8
2023	93267	7727	1920	1166	4641	60.1
城镇人口比重(%) Proportion of Urban Population (%)						
2005	43.0	49.3	83.6	75.1	37.7	
2010	49.9	56.6	86.0	79.6	44.5	
2011	51.8	57.8	86.2	80.5	45.6	
2012	53.1	58.8	86.3	81.6	46.6	
2013	54.5	60.0	86.4	82.3	48.0	
2014	55.8	61.1	86.5	82.6	49.4	
2015	57.3	62.8	86.7	82.9	51.7	
2016	58.8	64.3	86.8	83.3	53.9	
2017	60.2	65.5	86.9	83.6	55.7	
2018	61.5	66.6	87.1	84.0	57.3	
2019	62.7	67.7	87.4	84.3	58.8	
2020	63.9	68.6	87.5	84.7	60.1	
2021	64.7	69.4	87.5	84.9	61.1	
2022	65.2	69.7	87.6	85.1	61.7	
2023	66.2	70.6	87.8	85.5	62.8	

附录1-3 京津冀地区生产总值
Gross Domestic Product of Jing-Jin-Ji Region

项 目	Item	2020	2021	2022	2023
地区生产总值(亿元)	**Gross Domestic Product (100 million yuan)**				
全 国	China	1015986.2	1143669.7	1210207.2	1260582.1
京津冀合计	Total of Jing-Jin-Ji Region	86158.2	97127.8	100292.6	104442.1
北京	Beijing	35943.3	41045.6	41610.9	43760.7
天津	Tianjin	14008.0	15685.1	16311.3	16737.3
河北	Hebei	36206.9	40397.1	42370.4	43944.1
河北占京津冀比重(%)	Hebei's Share in Jing-Jin-Ji Region (%)	42.0	41.6	42.2	42.1
第一产业增加值(亿元)	**Value-added of the Primary Industry (100 million yuan)**				
全 国	China	77754.1	83085.5	88345.1	89755.2
京津冀合计	Total of Jing-Jin-Ji Region	4198.7	4407.7	4795.0	4840.2
北京	Beijing	108.3	111.4	111.5	105.5
天津	Tianjin	210.3	265.9	273.2	268.5
河北	Hebei	3880.1	4030.4	4410.3	4466.2
河北占京津冀比重(%)	Hebei's Share in Jing-Jin-Ji Region (%)	92.4	91.4	92.0	92.3
第二产业增加值(亿元)	**Value-added of the Second Industry (100 million yuan)**				
全 国	China	384255.3	450904.5	483164.5	482588.5
京津冀合计	Total of Jing-Jin-Ji Region	24248.1	29417.5	29694.1	28943.5
北京	Beijing	5739.1	7389.0	6605.1	6525.6
天津	Tianjin	4911.8	5672.7	6038.9	5982.6
河北	Hebei	13597.2	16355.8	17050.1	16435.3
河北占京津冀比重(%)	Hebei's Share in Jing-Jin-Ji Region (%)	56.1	55.6	57.4	56.8
第三产业增加值(亿元)	**Value-added of the Tertiary Industry (100 million yuan)**				
全 国	China	553976.8	609679.7	638697.6	688238.4
京津冀合计	Total of Jing-Jin-Ji Region	57711.4	63302.6	65803.6	70658.4
北京	Beijing	30095.9	33545.2	34894.3	37129.6
天津	Tianjin	8885.9	9746.5	9999.3	10486.2
河北	Hebei	18729.6	20010.9	20910.0	23042.6
河北占京津冀比重(%)	Hebei's Share in Jing-Jin-Ji Region (%)	32.5	31.6	31.8	32.6
人均地区生产总值(元/人)	**Per Capita GDP (yuan/person)**				
全 国	China	71828	80976	85698	89358
北京	Beijing	164158	187526	190313	200278
天津	Tianjin	101068	113660	119235	122752
河北	Hebei	48302	54181	56995	59332

附录1-4 京津冀三次产业就业人员情况
Employed Persons by Type of Industry in Jing-Jin-Ji Region

单位：万人 (10000 persons)

指 标 Indicator	全 国 China	京津冀合计 Total of Jing-Jin-Ji Region	北 京 Beijing	天 津 Tianjin	河 北 Hebei	河北占京津冀比重(%) Hebei's Share in Jing-Jin-Ji Region (%)
就业人员 Employment						
2005	74647	4989	878	543	3569	71.5
2010	76105	5869	1067	667	4135	70.5
2011	76196	5854	1090	677	4087	69.8
2012	76254	5871	1115	693	4063	69.2
2013	76301	5880	1137	711	4032	68.6
2014	76349	5838	1142	718	3978	68.1
2015	76320	5809	1164	718	3927	67.6
2016	76245	5764	1188	705	3871	67.2
2017	76058	5670	1191	684	3795	66.9
2018	75782	5601	1190	672	3739	66.8
2019	75447	5545	1184	659	3702	66.8
2020	75064	5482	1164	647	3671	67.0
2021	74652	5442	1158	641	3643	66.9
2022	73351	5333	1132	621	3580	67.1
2023	74041	5387	1129	635	3623	67.3
第一产业 Primary Industry						
2005	33442	1709	62	82	1565	91.6
2010	27931	1691	58	67	1566	92.6
2011	26472	1609	59	65	1485	92.3
2012	25535	1534	55	61	1418	92.4
2013	23838	1482	51	56	1375	92.8
2014	22372	1441	47	56	1338	92.9
2015	21418	1388	43	53	1292	93.1
2016	20908	1279	42	51	1186	92.8
2017	20295	1173	39	48	1086	92.6
2018	19515	1064	37	45	982	92.3
2019	18652	1012	31	43	938	92.7
2020	17715	879	28	36	815	92.7
2021	17072	838	27	34	777	92.7
2022	17663	878	25	33	820	93.4
2023	16882	845	24	32	789	93.4
第二产业 Secondary Industry						
2005	17766	1502	231	227	1044	69.5
2010	21842	1867	252	277	1338	71.7
2011	22539	1889	248	280	1361	72.0
2012	23226	1911	232	286	1393	72.9
2013	23142	1916	228	302	1386	72.3
2014	23057	1866	225	280	1361	72.9
2015	22644	1806	220	256	1330	73.6
2016	22295	1694	218	239	1237	73.0
2017	21762	1550	215	222	1113	71.8
2018	21356	1436	212	214	1010	70.3
2019	21234	1384	211	200	973	70.3
2020	21543	1585	194	221	1170	73.8
2021	21712	1581	193	219	1169	73.9
2022	21105	1521	186	214	1121	73.7
2023	21520	1548	183	218	1147	74.1
第三产业 Tertiary Industry						
2005	23439	1779	585	233	961	54.0
2010	26332	2311	757	323	1231	53.3
2011	27185	2356	783	332	1241	52.7
2012	27493	2426	828	346	1252	51.6
2013	29321	2483	859	353	1271	51.2
2014	30920	2532	871	382	1279	50.5
2015	32258	2615	901	409	1305	49.9
2016	33042	2791	928	415	1448	51.9
2017	34001	2948	938	414	1596	54.1
2018	34911	3101	941	413	1747	56.3
2019	35561	3148	941	416	1791	56.9
2020	35806	3018	942	390	1686	55.9
2021	35868	3023	938	388	1697	56.1
2022	34583	2934	921	374	1639	55.9
2023	35639	2994	922	385	1687	56.3

附录1-5 京津冀财政收支情况
General Public Budgetary Revenue and Expenditures of Jing-Jin-Ji Region

单位：亿元 (100 million yuan)

指 标 Indicator	全 国 China	京津冀合计 Total of Jing-Jin-Ji Region	北 京 Beijing	天 津 Tianjin	河 北 Hebei	河北占京津冀比重(%) Hebei's Share in Jing-Jin-Ji Region (%)
一般公共预算收入 General Public Budgetary Revenue						
2005	15100.8	1766.8	919.2	331.9	515.7	29.2
2006	18303.6	2154.7	1117.2	417.1	620.5	28.8
2007	23572.6	2822.2	1492.6	540.4	789.1	28.0
2008	28649.8	3460.5	1837.3	675.6	947.6	27.4
2009	32602.6	3915.9	2026.8	822.0	1067.1	27.3
2010	40613.0	4754.6	2353.9	1068.8	1331.9	28.0
2011	52547.1	6199.2	3006.3	1455.1	1737.8	28.0
2012	61078.3	7159.2	3314.9	1760.0	2084.3	29.1
2013	69011.2	8035.8	3661.1	2079.1	2295.6	28.6
2014	75876.6	8864.2	4027.2	2390.4	2446.6	27.6
2015	83002.0	10040.2	4723.9	2667.1	2649.2	26.4
2016	87239.4	10654.6	5081.3	2723.5	2849.9	26.7
2017	91469.4	10975.0	5430.8	2310.4	3233.8	29.5
2018	97903.0	11405.8	5785.9	2106.2	3513.7	30.8
2019	101080.6	11966.5	5817.1	2410.4	3739.0	31.2
2020	100124.0	11233.3	5483.9	1923.1	3826.4	34.1
2021	111084.2	12240.9	5932.3	2141.0	4167.6	34.0
2022	108762.2	11617.4	5714.4	1846.7	4056.3	34.9
2023	117228.7	12495.2	6181.1	2027.5	4286.6	34.3
一般公共预算支出 General Public Budgetary Expenditure						
2005	25154.3	2479.6	1058.3	442.1	979.2	39.5
2006	30431.3	3020.3	1296.8	543.1	1180.4	39.1
2007	38339.3	3830.5	1649.5	674.3	1506.7	39.3
2008	49248.5	4708.7	1959.3	867.7	1881.7	40.0
2009	61044.1	5791.2	2319.4	1124.3	2347.6	40.5
2010	73884.4	6914.4	2717.3	1376.8	2820.2	40.8
2011	92733.7	8578.9	3245.2	1796.3	3537.4	41.2
2012	107188.3	9908.0	3685.3	2143.2	4079.4	41.2
2013	119740.3	11132.5	4173.7	2549.2	4409.6	39.6
2014	129091.6	12086.7	4524.7	2884.7	4677.3	38.7
2015	175768.0	14602.2	5737.7	3232.4	5632.2	38.6
2016	160351.4	16155.7	6406.8	3699.4	6049.5	37.4
2017	173228.3	16746.3	6824.5	3282.5	6639.2	39.6
2018	188196.0	18300.8	7471.4	3103.2	7726.2	42.2
2019	203743.2	19272.9	7408.2	3555.7	8309.0	43.1
2020	210492.0	19290.4	7116.2	3151.4	9022.8	46.8
2021	210623.0	19205.8	7205.1	3152.5	8848.2	46.1
2022	224981.3	19504.6	7469.2	2729.8	9305.6	47.7
2023	236403.5	20848.3	7971.6	3280.5	9606.2	46.1

注：表内全国财政收入和支出为31个省区市地方公共财政预算收入和支出的合计数。
a) Total of China is composed by the data of China's 31 provincial regions.

附录1-6　京津冀居民收入支出主要指标

项　目	Item	2005	2006	2007	2008	2009
城镇单位在岗职工平均工资（元）	**Average Wage of Staff and Workers on-post in Urban Units (yuan)**					
全　国	China	18364	21001	24932	29229	32736
北京	Beijing	34191	40117	46507	54913	58140
天津	Tianjin	25271	28682	34938	41748	44992
河北	Hebei	14707	16590	19911	24756	28383
城镇居民人均可支配收入（元）	**Per Capita Disposable Income of Urban Households (yuan)**					
全　国	China	10493	11760	13786	15781	17175
北京	Beijing	17653	19978	21989	24725	26738
天津	Tianjin	12639	14283	16357	19423	21402
河北	Hebei	9107	10305	11690	13441	14718
农村居民人均可支配收入（元）	**Per Capita Disposable Income of Rural Households (yuan)**					
全　国	China	3255	3587	4140	4761	5153
北京	Beijing	7860	8620	9559	10747	11986
天津	Tianjin	7202	7942	8752	9670	10675
河北	Hebei	3482	3802	4293	4795	5150
城镇居民人均消费支出（元）	**Per Capita Consumption Expenditure of Urban Households (yuan)**					
全　国	China	7943	8697	9997	11243	12265
北京	Beijing	13244	14825	15330	16460	17893
天津	Tianjin	9653	10548	12029	13422	14801
河北	Hebei	6700	7344	8235	9087	9679
农村居民人均消费支出（元）	**Per Capita Consumption Expenditure of Rural Households (yuan)**					
全　国	China	2555	2829	3224	3661	3993
北京	Beijing	5515	6061	6828	7656	9141
天津	Tianjin	3590	3829	4118	4593	4926
河北	Hebei	2166	2495	2787	3126	3350

注：2013年、2014年天津城镇居民收支数据为城镇常住居民口径。

Main Indicators of Income and Consumption Expenditure of Households in Jing-Jin-Ji Region

2010	2011	2012	2013	2014	2015	2016	2017	2018	2019	2020	2021	2022	2023
37147	42452	47593	52379	57346	63241	68993	76121	84744	93383	100512	110221	114029	120698
65683	75834	85307	93997	103400	113073	122749	134994	149843	173205	185026	201504	215143	218312
52963	55636	62225	72535	73839	81486	87806	96965	103931	111602	118918	128171	133691	138007
32306	36166	38658	42532	46239	52409	56987	65266	71633	75775	79964	85611	93366	94818
19109	21810	24565	26467	28844	31195	33616	36396	39251	42359	43834	47412	49283	51821
29073	32903	36469	40321	43910	52859	57275	62406	67990	73849	75602	81518	84023	88650
24293	26921	29626	28980	31506	34101	37110	40278	42976	46119	47659	51486	53003	55355
16263	18292	20543	22580	24141	26152	28249	30548	32977	35738	37286	39791	41278	43631
5919	6977	7917	9430	10489	11422	12363	13432	14617	16021	17131	13931	20133	21691
13262	14736	16476	18337	20226	20569	22310	24240	26490	28928	30126	33303	34754	37358
11801	11891	13571	15405	17014	18482	20076	21754	23065	24804	25691	27955	29018	30851
5958	7120	8081	9102	10186	11051	11919	12881	14031	15373	16467	18179	19364	20688
13471	15161	16674	18488	19968	21392	23079	24445	26112	28063	27007	30307	30391	32994
19934	21984	24046	26275	28009	36642	38256	40346	42926	46358	41726	46776	45617	50897
16562	18424	20024	22306	24290	26230	28345	30284	32655	34811	30895	36067	33824	37586
10318	11609	12531	13641	16204	17587	19106	20600	22127	23483	23167	24192	25071	27906
4382	5221	5908	7485	8383	9223	10130	10955	12124	13328	13713	15916	16632	18175
10109	11078	11879	13553	14529	15811	17329	18810	20195	21881	20913	23574	23745	26277
5606	6725	8337	10155	13739	14739	15912	16386	16863	17843	16844	19285	18934	21553
3845	4711	5364	6134	8248	9023	9798	10536	11383	12372	12644	15391	16271	17244

a) The income and expenditure data of Tianjin urban residents in 2013 and 2014 are in the range of permanent urban residents.

附录1-7　京津冀客运量情况
Passenger Traffic of Jing-Jin-Ji Region

指　标 Indicator	全　国 China	京津冀合计 Total of Jing-Jin-Ji Region	北　京 Beijing	天　津 Tianjin	河　北 Hebei	河北占京津冀比重(%) Hebei's Share in Jing-Jin-Ji Region (%)
客运量(万人) Passenger Traffic (10000 persons)						
2005	1847018	146438	60841	4679	80918	55.3
2010	3269508	256383	140663	24873	90847	35.4
2011	3526319	270792	145773	25331	99688	36.8
2012	3804035	282835	149037	28462	105336	37.2
2013	2122992	203548	71056	29518	102974	50.6
2014	2032218	152377	71715	19599	61063	40.1
2015	1943271	143330	69924	19775	53631	37.4
2016	1900194	140398	69292	19930	51176	36.5
2017	1848620	137371	67490	19193	50688	36.9
2018	1793820	134926	67571	19250	48105	35.7
2019	1760436	137281	72149	19608	45524	33.2
2020	966540	66102	36256	11608	18238	27.6
2021	830257	71295	42315	13516	15464	21.7
2022	558738	45601	28058	8769	8774	19.2
2023	1574331		75655	16441	41973	
公路客运量(万人) Passenger Traffic by Highways (10000 persons)						
2005	1697381	130288	51925	2961	75402	57.9
2010	3052738	231241	126130	21822	83289	36.0
2011	3286220	243828	129918	22053	91857	37.7
2012	3557010	254034	132333	24483	97218	38.3
2013	1853463	171372	52481	24980	93911	54.8
2014	1736270	118035	52354	14530	51151	43.3
2015	1619097	107712	49931	14218	43563	40.4
2016	1562510	101706	48040	13741	39925	39.3
2017	1456784	96042	45012	12538	38492	40.1
2018	1367170	91567	44175	12259	35133	38.4
2019	1301173	92076	48151	12206	31719	34.4
2020	689425	43049	24548	7926	10575	24.6
2021	508693	44054	28059	8916	7079	16.1
2022	354643	32360	21105	6959	4296	13.3
2023	1101153	101384	60489	11310	29585	29.2

注：1.2013年起，公路客运量统计范围调整为省际客运、旅游客运和郊区客运，市郊公交不再纳入客运量统计。
2.从2014年1季度起，公路客货运量按照交通运输部新方案进行统计，所以2014年数据与2013年不可比。

a) Since 2013, statistics of passenger traffic by highways covers of interprovincial transportation, tourist transportation and suburban transportation, except urban-suburb transportation. b) Since the first quarter of 2014, the passenger and freight traffic has been counted according to the new plan of the Ministry of Transport, so the data of 2014 and 2013 are not comparable.

附录1–8 京津冀货运量情况
Freight Traffic of Jing-Jin-Ji Region

指标 Indicator	全国 China	京津冀合计 Total of Jing-Jin-Ji Region	北京 Beijing	天津 Tianjin	河北 Hebei	河北占京津冀比重(%) Hebei's Share in Jing-Jin-Ji Region (%)
货运量（万吨） **Freight Traffic (10000 tons)**						
2005	1862066	164102	32509	40263	91330	55.7
2010	3241807	242632	23712	41611	177308	73.1
2011	3696961	283830	26849	44651	212330	74.8
2012	4100436	319234	28650	47698	242886	76.1
2013	4098900	357737	28294	51603	277840	77.7
2014	4167296	319215	29518	50948	238749	74.8
2015	4175886	275607	23236	53179	199192	72.3
2016	4386763	286672	24099	51580	210994	73.6
2017	4804850	306082	23879	52992	229211	74.9
2018	5152732	328442	25244	53548	249650	76.0
2019	4713624	319872	20065	56941	242866	75.9
2020	4725862	327695	26346	53566	247783	75.6
2021	5298499	347379	28132	57568	261679	75.3
2022	5152571	318636	24037	53963	240636	75.5
2023	5570636	328871	19707	56073	253091	77.0
公路货运量（万吨） **Freight Traffic by Highways (10000 tons)**						
2005	1341778	118552	30050	19850	68652	57.9
2010	2448052	176977	20184	20855	135938	76.8
2011	2820100	213382	23276	23426	166680	78.1
2012	3188475	248683	24925	28228	195530	78.6
2013	3076648	280955	24651	31985	224319	79.8
2014	3113334	241832	25416	31130	185286	76.6
2015	3150019	228405	19044	33724	175637	76.9
2016	3341259	242635	19972	32841	189822	78.2
2017	3686858	261403	19374	34720	207309	79.3
2018	3956871	281323	20278	34711	226334	80.5
2019	3435480	267613	19441	36710	211461	79.0
2020	3426413	265992	21789	32261	211942	79.7
2021	3913889	284805	23075	34527	227203	79.8
2022	3711928	245659	18549	30382	196727	80.1
2023	4033681	270633		33742	217492	80.4

附录1-9　京津冀国内贸易主要指标
Major Indicators of Domestic Trade in Jing-Jin-Ji Region

单位：亿元　　(100 million yuan)

指　标 Indicator	全　国 China	京津冀合计 Total of Jing-Jin-Ji Region	北　京 Beijing	天　津 Tianjin	河　北 Hebei	河北占京津冀比重(%) Hebei's Share in Jing-Jin-Ji Region (%)
社会消费品零售总额 Total Retail Sales of Consumer Goods						
2005	68352.6	6592.0	2911.7	1201.6	2478.7	37.6
2006	79145.2	7505.9	3295.3	1383.1	2827.5	37.7
2007	93571.6	8775.1	3835.2	1650.6	3289.3	37.5
2008	114830.1	10717.6	4645.5	2078.7	3993.4	37.3
2009	132678.4	12286.0	5309.9	2430.8	4545.3	37.0
2010	156998.4	14498.0	6340.3	2860.2	5297.5	36.5
2011	183918.6	16760.6	7222.2	3395.1	6143.3	36.7
2012	210307.0	19016.3	8123.5	3921.4	6971.4	36.7
2013	242842.8	21149.7	8872.1	4470.4	7807.2	36.9
2014	271896.1	23020.9	9638.0	4738.7	8644.2	37.5
2015	300930.8	25602.6	12271.9	3963.2	9367.5	36.6
2016	332316.0	27514.4	13134.9	4188.1	10191.4	37.0
2017	366261.6	29282.6	13933.7	4210.4	11138.5	38.0
2018	377783.1	30627.4	14422.3	4231.2	11973.9	39.1
2019	408017.2	32267.4	15063.7	4218.2	12985.5	40.2
2020	391981.0	30004.3	13716.4	3582.9	12705.0	42.3
2021	440823.0	32147.4	14867.7	3769.8	13509.9	42.0
2022	439733.5	31086.3	13794.2	3572.0	13720.1	44.1
2023	471495.2	33323.8	14462.7	3820.7	15040.5	45.1
限额以上批发零售业(法人企业)商品销售总额 Total Sales Value above Designated Size in Wholesale and Retail Sale Trade						
2005	93151.3	18961.0	13044.9	4316.0	1600.1	8.4
2006	110054.8	22807.2	15902.6	5109.0	1795.6	7.9
2007	132740.8	27656.2	19475.8	6061.7	2118.7	7.7
2008	208229.8	42378.5	28185.3	10216.7	3976.5	9.4
2009	201166.2	43008.8	29620.1	9718.2	3670.5	8.5
2010	276635.7	58707.6	39601.7	13642.5	5463.4	9.3
2011	360525.9	73550.1	46924.3	18618.7	8007.1	10.9
2012	410532.7	86123.1	53692.6	23284.4	9146.1	10.6
2013	496603.8	97906.9	57904.5	28747.9	11254.5	11.5
2014	541319.8	104246.4	60065.5	32601.8	11579.1	11.1
2015	515567.5	94825.3	51811.3	33156.3	9857.7	10.4
2016	558877.6	99649.4	54866.6	34420.9	10362.0	10.4
2017	630181.3	101629.8	61113.3	30203.3	10313.2	10.1
2018	691162.1	102566.4	64205.7	28185.1	10175.6	9.9
2019	782518.3	108609.8	67894.5	27351.4	13363.9	12.3
2020	864261.2	115916.7	71017.1	30461.4	14438.2	12.5
2021	1107727.2	145202.6	86514.4	41842.1	16846.1	11.6
2022	1201793.5	157133.9	91049.4	43384.3	22700.1	14.4
2023	1307419.9	160429.2	90602.3	45482.9	24344.0	15.2

各省（区、市）主要指标

Main Indicators of all Provinces (Autonomous Regions, Cities)

简 要 说 明

一、本篇资料为全国各省（区、市）主要指标。

二、各省市主要指标附录2−1至附录2−20来源于国家统计局编辑、中国统计出版社出版的《中国统计年鉴2024》，附录2−21至附录2−26来源于中国统计出版社出版的《2020年第七次全国人口普查主要数据》。

Brief Introduction

I. The data in this chapter include major indicators of the whole country by region.

II. Data in Appendices 2-1 to 2-20 come from *China Statistical Yearbook 2024* compiled by National Bureau of Statistics and published by China Statistics Press, Appendices 2-21 to 2-26 come from *Major Figures on 2020 Population Census of China* by China Statistics Press.

附录2-1 人口及地区生产总值(2023年)
Population and Gross Domestic Product (2023)

地区	Region	年末常住人口(万人) Year-end Permanent Population (10000 persons)	年末城镇人口比重(%) Proportion of Urban Population (%)	地区生产总值(亿元) Gross Domestic Product (100 million yuan)				地区生产总值比上年增长(%) Increase by (%)	人均地区生产总值(元) Per Capita GDP (yuan)	人均地区生产总值比上年增长(%) Increase by(%)
					第一产业 Primary Industry	第二产业 Secondary Industry	第三产业 Tertiary Industry			
全 国	**National Total**	**140967**	**66.16**	**1260582.1**	**89755.2**	**482588.5**	**688238.4**	**5.2**	**89358**	**5.4**
北 京	Beijing	2186	87.83	43760.7	105.5	6525.6	37129.6	5.2	200278	5.2
天 津	Tianjing	1364	85.49	16737.3	268.5	5982.6	10486.2	4.3	122752	4.6
河 北	**Hebei**	**7393**	**62.77**	**43944.1**	**4466.2**	**16435.3**	**23042.6**	**5.5**	**59332**	**5.8**
山 西	Shanxi	3466	64.97	25698.2	1388.9	13329.7	10979.6	5.0	73984	5.2
内蒙古	Inner Mongolia	2396	69.58	24627.0	2737.3	11703.6	10186.1	7.3	102677	7.4
辽 宁	Liaoning	4182	73.51	30209.4	2651.0	11734.5	15823.9	5.3	72107	5.9
吉 林	Jilin	2339	64.73	13531.2	1644.8	4585.0	7301.4	6.3	57739	7.1
黑龙江	Heilongjiang	3062	67.11	15883.9	3518.3	4291.3	8074.3	2.6	51563	3.6
上 海	Shanghai	2487	89.46	47218.7	96.1	11613.0	35509.6	5.0	190321	5
江 苏	Jiangsu	8526	75.04	128222.2	5075.8	56909.7	66236.7	5.8	150487	5.6
浙 江	Zhejiang	6627	74.23	82553.2	2332.0	33952.7	46268.6	6.0	125043	5.3
安 徽	Anhui	6121	61.51	47050.6	3496.6	18871.8	24682.2	5.8	76830	5.7
福 建	Fujian	4183	71.04	54355.1	3217.7	23966.4	27171.0	4.5	129865	4.5
江 西	Jiangxi	4515	63.13	32200.1	2450.4	13706.5	16043.2	4.1	71216	4.1
山 东	Shandong	10123	65.53	92068.7	6506.2	35987.9	49574.6	6.0	90771	6.2
河 南	Henan	9815	58.08	59132.4	5360.1	22175.3	31597.0	4.1	60073	4.4
湖 北	Hubei	5838	65.47	55803.6	5073.4	20215.5	30514.7	6.0	95538	5.9
湖 南	Hunan	6568	61.16	50012.9	4621.3	18822.8	26568.8	4.6	75938	5.0
广 东	Guangdong	12706	75.42	135673.2	5540.7	54437.3	75695.2	4.8	106985	4.7
广 西	Guangxi	5027	56.78	27202.4	4468.2	8924.1	13810.1	4.1	54005	4.2
海 南	Hainan	1043	62.46	7551.2	1507.4	1448.5	4595.3	9.2	72958	8.0
重 庆	Chongqing	3191	71.67	30145.8	2074.7	11699.1	16372.0	6.1	94147	6.4
四 川	Sichuan	8368	59.49	60132.9	6056.6	21306.7	32769.5	6.0	71835	6.0
贵 州	Guizhou	3865	55.94	20913.3	2894.3	7311.4	10707.5	4.9	54172	4.7
云 南	Yunnan	4673	52.92	30021.1	4206.6	10256.3	15558.2	4.4	64107	4.6
西 藏	Xizang	365	38.88	2392.7	215.0	883.0	1294.7	9.5	65642	9.7
陕 西	Shaanxi	3952	65.16	33786.1	2649.8	16068.9	15067.4	4.3	85448	4.3
甘 肃	Gansu	2465	55.49	11863.8	1641.3	4080.8	6141.8	6.4	47867	6.9
青 海	Qinghai	594	62.80	3799.1	387.0	1612.8	1799.2	5.3	63903	5.3
宁 夏	Ningxia	729	67.31	5315.0	428.1	2487.2	2399.6	6.6	72957	6.3
新 疆	Xinjiang	2598	59.24	19125.9	2742.2	7710.3	8673.4	6.8	73774	6.6

注：地区生产总值为初步核算数。
a) GDP is the preliminary calculated number.

附录2-2 各省(区、市)一般公共预算收支(2023年)
General Public Budget Revenue and Expenditure by Region (2023)

单位：亿元 (100 million yuan)

地区	Region	地方一般公共预算收入 General Public Budget Revenue	税收收入 Tax Revenue	非税收入 Non-Tax Revenue	地方一般公共预算支出 General Public Budget Expenditure	#教育支出 Expenditure for Education	#社会保障和就业支出 Expenditure for Social Security and Employment	#卫生健康支出 Expenditure for Health Care	农林水支出 Expenditure for Agriculture, Forestry and Water Conservancy
地方合计	**Total of All Regions**	**117228.73**	**85302.18**	**31926.55**	**236403.46**	**39677.48**	**38828.24**	**22099.29**	**23732.87**
北京	Beijing	6181.10	5357.09	824.01	7971.25	1227.90	1145.82	704.86	515.53
天津	Tianjin	2027.51	1579.13	448.38	3280.42	491.79	667.29	211.48	126.95
河北	**Hebei**	**4286.60**	**2578.11**	**1708.50**	**9606.21**	**1807.51**	**1691.14**	**929.84**	**928.51**
山西	Shanxi	3479.37	2557.05	922.32	6345.61	910.55	1103.45	516.56	660.99
内蒙古	Inner Mongolia	3083.64	2331.22	752.42	6836.24	774.62	1131.90	473.25	982.68
辽宁	Liaoning	2755.29	1871.05	884.24	6574.78	737.49	1970.58	425.97	490.96
吉林	Jilin	1074.84	699.57	375.27	4406.85	535.13	982.22	361.89	618.30
黑龙江	Heilongjiang	1396.15	859.65	536.50	5776.44	608.69	1504.70	442.26	1087.15
上海	Shanghai	8312.50	7109.14	1203.37	9638.51	1206.14	1187.63	881.74	399.14
江苏	Jiangsu	9930.18	7976.99	1953.20	15242.28	2709.98	2048.33	1384.06	1187.82
浙江	Zhejiang	8600.51	7124.55	1475.96	12353.09	2365.17	1497.70	1148.02	910.65
安徽	Anhui	3939.16	2593.10	1346.05	8643.57	1516.66	1503.62	813.92	1049.29
福建	Fujian	3592.04	2341.94	1250.11	5859.39	1257.68	767.10	620.40	415.14
江西	Jiangxi	3059.59	2021.80	1037.79	7492.88	1376.21	1104.93	718.51	802.43
山东	Shandong	7464.78	5229.66	2235.11	12581.74	2713.74	2181.75	1253.98	1051.73
河南	Henan	4518.10	2855.48	1662.62	11052.54	1993.35	1932.18	1140.93	1059.78
湖北	Hubei	3692.79	2673.15	1019.65	9299.07	1357.80	1734.13	827.24	953.45
湖南	Hunan	3360.51	2208.51	1151.99	9581.12	1579.39	1556.24	869.10	1068.21
广东	Guangdong	13850.78	10244.77	3606.00	18527.03	4004.45	2265.67	2021.59	1076.77
广西	Guangxi	1783.80	1081.99	701.81	6101.37	1187.14	1076.52	714.99	729.94
海南	Hainan	900.71	667.37	233.34	2248.96	361.96	352.23	247.92	271.84
重庆	Chongqing	2440.77	1476.09	964.68	5304.56	855.97	1093.78	493.44	415.66
四川	Sichuan	5529.09	3700.90	1828.19	12732.79	1949.20	2440.04	1231.90	1455.20
贵州	Guizhou	2078.37	1221.87	856.49	6203.70	1202.79	824.50	632.26	775.88
云南	Yunnan	2149.44	1387.76	761.68	6730.08	1173.93	1174.25	772.45	903.93
西藏	Xizang	236.62	156.51	80.11	2809.02	335.32	234.18	188.68	414.87
陕西	Shaanxi	3437.60	2693.85	743.75	7175.08	1089.44	1185.94	679.03	754.49
甘肃	Gansu	1003.58	698.65	304.94	4521.82	715.57	724.52	443.28	762.61
青海	Qinghai	381.34	282.97	98.37	2188.72	234.05	344.35	197.72	271.36
宁夏	Ningxia	502.31	353.20	149.11	1751.38	223.69	292.48	146.46	274.52
新疆	Xinjiang	2179.69	1369.08	810.60	7566.98	1174.15	1109.06	605.57	1317.08

注：由于体制调整，2022年新疆数据包含新疆生产建设兵团。

a) Due to institutional adjustments, the 2022 Xinjiang data includes the data of Xinjiang Production and Construction Corps.

附录2-3　居民消费价格指数(2023年)

Consumer Price Indices (2023)

(上年=100)　　(preceding year=100)

地　区	Region	居民消费价格指数 Consumer Price Index	食品烟酒 Foods, Tobacco and Liquor	衣　着 Clothing	居　住 Residence	生活用品及服务 Daily Necessities and Services	交　通和通信 Transportation and Communication	教育文化和娱乐 Education, Culture and Recreation	医疗保健 Health Care	其他用品和服务 Other Articles and Services
全　国	**National Total**	**100.2**	**100.3**	**101.0**	**100.0**	**100.1**	**97.7**	**102.0**	**101.1**	**103.2**
北　京	Beijing	100.4	100.1	100.6	100.3	100.3	98.3	102.8	100.2	104.2
天　津	Tianjing	100.4	100.5	101.0	100.5	100.0	97.2	103.1	100.4	103.6
河　北	**Hebei**	**100.6**	**100.5**	**102.3**	**100.3**	**100.6**	**97.6**	**101.5**	**103.2**	**103.2**
山　西	Shanxi	99.9	99.8	100.3	100.0	100.3	98.0	100.4	100.9	102.4
内蒙古	Inner Mongolia	100.6	100.6	101.2	100.1	100.5	98.0	101.5	103.3	103.5
辽　宁	Liaoning	100.1	100.1	100.5	100.4	100.2	98.1	101.0	100.1	103.1
吉　林	Jilin	99.9	99.3	100.1	100.0	100.2	97.8	101.4	100.7	103.4
黑龙江	Heilongjiang	100.6	100.6	101.7	100.1	100.3	98.1	101.6	102.5	102.8
上　海	Shanghai	100.3	98.8	102.0	100.2	100.4	99.1	103.6	100.2	104.8
江　苏	Jiangsu	100.4	101.0	101.4	100.0	100.6	96.7	101.8	103.2	103.9
浙　江	Zhejiang	100.3	100.6	101.0	99.6	100.4	97.9	102.8	101.0	103.6
安　徽	Anhui	100.2	100.5	101.6	99.7	100.1	97.5	102.0	100.7	103.2
福　建	Fujian	100.0	100.9	100.0	99.8	99.9	96.7	101.6	100.7	103.1
江　西	Jiangxi	100.3	100.4	101.9	100.1	99.8	97.5	102.3	100.7	103.3
山　东	Shandong	100.1	100.3	100.6	100.1	100.0	97.7	102.0	100.2	103.7
河　南	Henan	99.8	99.6	99.8	99.6	99.6	97.9	101.4	100.9	103.2
湖　北	Hubei	100.1	99.9	101.3	100.4	100.2	97.5	101.8	100.5	102.9
湖　南	Hunan	100.2	99.4	101.0	100.4	100.1	98.0	101.6	102.0	103.0
广　东	Guangdong	100.4	101.4	101.8	99.5	99.9	97.7	102.7	100.4	102.3
广　西	Guangxi	99.8	100.0	102.1	99.1	99.0	96.9	101.8	101.5	102.1
海　南	Hainan	100.3	101.3	99.8	99.4	100.2	98.5	101.8	99.8	102.0
重　庆	Chongqing	99.7	98.6	101.0	100.2	99.8	98.8	101.3	100.2	102.4
四　川	Sichuan	100.0	99.8	99.0	100.4	100.0	97.9	102.5	100.6	102.6
贵　州	Guizhou	99.7	99.8	102.0	99.8	100.0	97.3	100.4	100.0	101.9
云　南	Yunnan	100.3	100.9	100.5	100.3	100.2	97.2	102.2	100.7	103.0
西　藏	Xizang	99.9	99.9	100.1	100.2	100.0	98.1	100.6	101.0	103.7
陕　西	Shaanxi	100.1	99.8	100.4	100.4	99.7	97.9	101.0	101.4	103.8
甘　肃	Gansu	100.5	100.3	100.2	99.6	100.0	99.2	101.6	103.5	103.2
青　海	Qinghai	100.5	99.4	100.5	100.1	100.1	99.2	104.2	102.1	103.5
宁　夏	Ningxia	100.4	100.3	100.5	100.6	99.8	98.5	101.7	100.8	104.6
新　疆	Xinjiang	100.0	99.6	102.5	100.0	99.4	98.0	101.0	100.3	104.4

附录2-4　居民人均收入与支出(2023年)
Per Capita Income and Expenditure (2023)

单位：元　　(yuan)

地　区	Region	全体居民 All residents 人均可支配收入 Per Capita Disposable Income	全体居民 All residents 人均消费支出 Per Capita Consumption Expenditure	城镇居民 Urban resident 人均可支配收入 Per Capita Disposable Income	城镇居民 Urban resident 人均消费支出 Per Capita Consumption Expenditure	农村居民 Rural resident 人均可支配收入 Per Capita Disposable Income	农村居民 Rural resident 人均消费支出 Per Capita Consumption Expenditure
全　国	**National Total**	**39218**	**26796**	**51821**	**32994**	**21691**	**18175**
北　京	Beijing	81752	47586	88650	50897	37358	26277
天　津	Tianjing	51271	34914	55355	37586	30851	21553
河　北	**Hebei**	**32903**	**22920**	**43631**	**27906**	**20688**	**17244**
山　西	Shanxi	30924	19756	41327	24524	17677	13684
内蒙古	Inner Mongolia	38130	27025	48676	32249	21221	18650
辽　宁	Liaoning	37992	24865	45896	29091	21483	16040
吉　林	Jilin	29797	21411	37503	26677	19472	14354
黑龙江	Heilongjiang	29694	22052	36492	25882	19756	16453
上　海	Shanghai	84834	52508	89477	54919	42988	30782
江　苏	Jiangsu	52674	35491	63211	40461	30488	25029
浙　江	Zhejiang	63830	42194	74997	47762	40311	30468
安　徽	Anhui	34893	23607	47446	27900	21144	18905
福　建	Fujian	45426	31869	56153	37674	26722	21746
江　西	Jiangxi	34242	23379	45554	27733	21358	18421
山　东	Shandong	39890	24293	51571	30251	23776	16075
河　南	Henan	29933	21011	40234	25570	20053	16638
湖　北	Hubei	35146	27106	44990	31500	21293	20922
湖　南	Hunan	35895	25462	49243	31035	20921	19210
广　东	Guangdong	49327	34331	59307	39333	25142	22209
广　西	Guangxi	29514	19749	41287	24427	18656	15435
海　南	Hainan	33192	23752	42661	28930	20708	16924
重　庆	Chongqing	37595	26515	47435	31531	20820	17964
四　川	Sichuan	32514	23550	45227	29280	19978	17901
贵　州	Guizhou	27098	20161	42772	27693	14817	14260
云　南	Yunnan	28421	20995	43563	28338	16361	15147
西　藏	Xizang	28983	17220	51900	28858	19924	12619
陕　西	Shaanxi	32128	22012	44713	27303	16992	15647
甘　肃	Gansu	25011	19013	39833	27044	13131	12575
青　海	Qinghai	28587	20327	40408	25373	15614	14790
宁　夏	Ningxia	31604	21629	42395	27076	17772	14649
新　疆	Xinjiang	28947	19715	40578	26134	17948	13645

附录2-5 固定资产投资完成情况(2023年)
Investment in Fixed Assets (2023)

地 区	Region	固定资产投资增速(不含农户)(%) Investment in Fixed Assets (excluding farmers) (%)	房地产开发投资额(亿元) Real Estate Development (100 million yuan)	新建商品房销售额(亿元) Total Sales of Newly-built Commercial Housing (100 million yuan)	#住宅 Residential Buildings	房屋竣工面积(万平方米) Completion of Commercial Housing Area (10000 sq.m)	新建商品房销售面积(万平方米) Floor Space of Newly-built Commercial Buildings Sold (10000 sq.m)
全 国	**National Total**	**3.0**	**112142.25**	**116660.90**	**103013.19**	**101999.09**	**111761.62**
北 京	Beijing	4.9	4202.41	4255.10	3828.00	2112.42	1131.82
天 津	Tianjing	-16.4	1232.04	1895.87	1812.37	1864.41	1178.51
河 北	**Hebei**	**6.3**	**3094.45**	**3548.78**	**3383.44**	**3447.23**	**4338.53**
山 西	Shanxi	-6.6	1760.08	1597.30	1514.06	2363.85	2356.05
内蒙古	Inner Mongolia	19.8	1009.68	1019.83	927.93	1309.56	1543.98
辽 宁	Liaoning	4.0	1742.80	1555.66	1402.35	2243.45	2067.02
吉 林	Jilin	0.3	823.04	725.05	665.97	688.93	1047.34
黑龙江	Heilongjiang	-14.8	458.04	553.39	487.44	840.14	855.32
上 海	Shanghai	13.8	6062.04	7277.69	6701.64	2112.35	1811.71
江 苏	Jiangsu	5.2	11932.12	12690.29	11268.76	8942.76	11024.25
浙 江	Zhejiang	6.1	13319.18	11509.69	10152.78	10094.63	6107.04
安 徽	Anhui	4.0	4676.52	3872.25	3561.51	5741.84	4674.14
福 建	Fujian	2.5	4413.89	4653.99	3805.37	4310.59	4224.95
江 西	Jiangxi	-5.9	1604.88	2469.38	2091.70	1994.25	3417.68
山 东	Shandong	5.2	8541.23	9530.01	8163.56	8964.87	11285.01
河 南	Henan	2.1	4225.18	4547.52	4210.55	6193.15	6966.64
湖 北	Hubei	5.0	5467.61	4616.73	3971.27	3865.82	5259.22
湖 南	Hunan	-3.1	3852.23	3688.86	3291.92	4374.32	5626.48
广 东	Guangdong	2.5	13693.33	15103.05	12976.46	8283.72	9582.01
广 西	Guangxi	-15.5	1336.75	1666.93	1420.48	2650.60	2878.41
海 南	Hainan	1.1	1169.29	1500.99	1297.57	751.78	905.82
重 庆	Chongqing	4.3	2796.71	2450.32	1932.37	3302.02	3557.25
四 川	Sichuan	2.4	5322.02	7173.77	6289.94	4371.32	8005.48
贵 州	Guizhou	-5.7	1190.82	1251.82	1123.79	1585.41	2214.68
云 南	Yunnan	-10.6	1718.50	1700.42	1483.94	3331.68	2488.53
西 藏	Xizang	35.1	79.41	67.19	55.46	67.61	80.25
陕 西	Shaanxi	0.2	3278.40	2978.32	2725.63	2196.82	2718.94
甘 肃	Gansu	5.9	1264.00	902.15	847.03	1241.19	1498.12
青 海	Qinghai	-7.5	201.35	167.96	155.57	269.82	238.27
宁 夏	Ningxia	5.5	436.22	480.04	441.66	1048.40	691.10
新 疆	Xinjiang	12.4	1238.01	1210.53	1022.64	1434.19	1987.11

注：各地固定资产投资不含跨省投资。

a) Trans-provincial investments are not included in the investment in fixed assets of various province.

附录2-6　农林牧渔业总产值和增速(2023年)
Gross Output Value of Farming, Forestry, Animal Husbandry and Fishery and Growth Rate (2023)

地　区	Region	农林牧渔业总产值(亿元) Gross Output Value of Farming, Forestry, Animal Husbandry and Fishery (100 million yuan)	#农业 Farming	#林业 Forestry	#畜牧业 Animal Husbandry	#渔业 Fishery	农林牧渔业总产值比上年增长(%) Growth Rate in Gross Output Value of Farming, Forestry, Animal Husbandry and Fishery (%)
全　国	**National Total**	**158507.2**	**87073.4**	**7006.1**	**38964.6**	**16116.2**	**4.2**
北　京	Beijing	252.6	135.6	65.9	42.0	4.0	-4.6
天　津	Tianjing	511.3	269.4	6.0	145.5	71.9	1.3
河　北	**Hebei**	**7770.9**	**4081.0**	**259.1**	**2395.0**	**351.2**	**3.0**
山　西	Shanxi	2291.7	1332.7	177.4	642.8	9.6	4.0
内蒙古	Inner Mongolia	4447.3	2288.0	116.9	1898.7	32.2	5.5
辽　宁	Liaoning	5266.8	2284.5	144.6	1691.5	957.0	4.7
吉　林	Jilin	3128.0	1494.5	70.1	1402.2	65.4	5.0
黑龙江	Heilongjiang	6492.5	4200.4	208.0	1722.9	155.1	2.6
上　海	Shanghai	269.6	145.2	7.2	47.0	52.7	-0.7
江　苏	Jiangsu	8935.5	4844.1	188.4	1230.1	1903.2	3.9
浙　江	Zhejiang	3978.0	1871.9	198.3	393.2	1375.3	4.2
安　徽	Anhui	6247.9	2906.3	479.9	1746.3	689.5	4.4
福　建	Fujian	5729.2	2193.5	454.8	1083.4	1789.6	4.3
江　西	Jiangxi	4198.9	2003.4	399.8	978.3	554.1	4.2
山　东	Shandong	12531.9	6462.4	244.5	2973.7	1807.6	5.1
河　南	Henan	10304.6	6471.2	162.2	2596.0	141.5	2.2
湖　北	Hubei	9106.9	4428.8	356.3	1934.3	1602.0	4.4
湖　南	Hunan	8199.4	4141.5	513.7	2232.1	635.0	3.7
广　东	Guangdong	9202.1	4431.0	562.7	1696.8	2005.3	5.1
广　西	Guangxi	7229.3	4253.5	543.7	1505.3	583.0	4.7
海　南	Hainan	2410.3	1319.7	111.4	334.2	523.0	4.8
重　庆	Chongqing	3154.3	1978.0	188.1	766.6	142.9	4.5
四　川	Sichuan	9977.8	5821.7	481.8	3035.6	359.1	4.0
贵　州	Guizhou	4953.6	3360.3	358.5	907.9	81.2	4.0
云　南	Yunnan	6834.5	4041.8	485.2	1969.3	125.4	4.3
西　藏	Xizang	320.1	132.6	9.5	170.0	0.3	13.1
陕　西	Shaanxi	4724.9	3468.1	96.4	864.4	36.7	4.0
甘　肃	Gansu	2927.7	2001.6	37.3	700.1	1.8	6.1
青　海	Qinghai	575.6	259.3	12.6	290.9	4.3	4.7
宁　夏	Ningxia	885.7	459.5	10.6	358.0	22.8	7.6
新　疆	Xinjiang	5648.3	3991.4	55.6	1210.6	33.6	6.5

注：本表绝对数按当年价格计算，增速按可比价格计算。
a) The figures in this table are calculated at current prices, the growth rate is calculated at comparable prices.

附录2-7 主要农产品产量(2023年)
Output of Major Agricultural Products (2023)

单位：万吨 (10000 tons)

地 区	Region	粮 食 Grain	油 料 Oil-bearing	糖 料 Sugarcane	棉 花 Cotton	茶 叶 Tea	水 果 Fruits
全 国	**National Total**	**69541.0**	**3863.7**	**11376.3**	**561.8**	**354.1**	**32744.3**
北 京	Beijing	47.8	1.0		…		41.8
天 津	Tianjing	255.7	0.4	…	0.1		42.3
河 北	**Hebei**	**3809.9**	**118.3**	**65.5**	**10.4**	**…**	**1563.2**
山 西	Shanxi	1478.1	17.9	0.1	…	0.2	1082.8
内蒙古	Inner Mongolia	3957.8	206.2	305.4		…	213.3
辽 宁	Liaoning	2563.4	128.1	0.9		…	928.2
吉 林	Jilin	4186.5	88.4	1.6			157.2
黑龙江	Heilongjiang	7788.2	16.5	24.6		…	188.9
上 海	Shanghai	101.9	0.6	0.1		…	31.7
江 苏	Jiangsu	3797.7	103.4	5.3	0.5	1.1	1015.2
浙 江	Zhejiang	638.8	35.6	37.7	0.3	18.9	733.4
安 徽	Anhui	4150.8	189.0	8.8	2.0	14.6	828.8
福 建	Fujian	511.0	24.4	28.5		55.0	914.3
江 西	Jiangxi	2198.3	148.1	61.4	2.2	7.9	799.0
山 东	Shandong	5655.3	280.7	…	12.6	3.1	3208.2
河 南	Henan	6624.3	703.0	8.0	0.7	7.3	2561.6
湖 北	Hubei	2777.0	394.9	26.5	9.6	44.9	1191.5
湖 南	Hunan	3068.0	293.1	35.0	7.6	27.6	1266.1
广 东	Guangdong	1285.2	121.0	1271.1		17.9	2127.8
广 西	Guangxi	1395.4	80.8	7223.2	0.1	12.0	3553.2
海 南	Hainan	147.0	7.9	86.5		0.2	592.6
重 庆	Chongqing	1095.9	77.5	8.4		5.6	645.9
四 川	Sichuan	3593.8	438.6	39.3	…	42.5	1490.4
贵 州	Guizhou	1119.7	111.0	34.7	…	28.8	756.7
云 南	Yunnan	1974.0	68.5	1586.9		55.7	1380.9
西 藏	Xizang	108.9	5.0	…		…	3.1
陕 西	Shaanxi	1323.7	60.6	0.3	…	10.7	2335.5
甘 肃	Gansu	1272.9	63.1	16.9	4.2	0.2	1044.0
青 海	Qinghai	116.2	32.1				2.5
宁 夏	Ningxia	378.8	4.6	…		…	310.5
新 疆	Xinjiang	2119.2	43.2	499.9	511.2		1733.8

注：水果产量含瓜果产量。

a) The output of fruits includes melons in this table.

附录2-8 规模以上工业企业主要经济指标(2023年)
Main Economic Indicators of Industrial Enterprises above Designated Size (2023)

单位：亿元 (100 million yuan)

地 区	Region	营业收入 Business Revenue	营业成本 Business Cost	利润总额 Total Profit	应收账款 Accounts Receivable	产成品 Finished Goods	资产总计 Total Assets
全 国	**National Total**	**1360317.1**	**1145830.7**	**82897.0**	**244492.6**	**62372.9**	**1720755.8**
北 京	Beijing	28950.6	24419.1	1684.1	7083.1	1408.7	72994.0
天 津	Tianjing	24354.4	20813.6	1501.1	3893.7	949.2	26841.9
河 北	**Hebei**	**52787.2**	**46692.8**	**1280.3**	**8473.0**	**2012.8**	**65216.6**
山 西	Shanxi	35862.1	29538.7	3034.3	6508.9	1287.3	61369.2
内蒙古	Inner Mongolia	29741.6	23553.2	3284.3	3679.0	951.1	48562.0
辽 宁	Liaoning	37335.1	32039.1	1635.4	5704.6	1749.2	47229.6
吉 林	Jilin	14025.4	11933.8	806.7	2088.7	540.0	20275.3
黑龙江	Heilongjiang	12711.0	10727.5	416.5	1996.7	633.1	20964.6
上 海	Shanghai	45961.3	38038.3	2546.2	9920.8	2043.2	58723.8
江 苏	Jiangsu	171068.5	145263.1	9950.7	39290.8	9542.4	190299.0
浙 江	Zhejiang	111422.3	94640.6	6050.9	23111.2	6335.3	137869.2
安 徽	Anhui	51322.1	44117.9	2580.3	10800.5	2314.6	62936.0
福 建	Fujian	56668.8	48409.7	3956.8	6962.9	2353.2	54246.5
江 西	Jiangxi	42012.4	36889.3	2375.6	5970.1	1548.0	37901.5
山 东	Shandong	115672.0	99695.0	5874.4	16804.5	5581.7	130627.9
河 南	Henan	49278.6	43015.6	2152.7	8893.3	1946.1	59760.5
湖 北	Hubei	46973.8	39120.8	2831.8	7491.6	2045.1	60439.9
湖 南	Hunan	39814.0	32042.0	2377.6	5796.2	1368.1	40265.3
广 东	Guangdong	185496.9	154245.3	11595.2	35063.4	8650.8	211484.2
广 西	Guangxi	23495.3	20827.8	822.4	4260.6	1226.3	28770.6
海 南	Hainan	3539.3	2914.1	189.6	481.4	124.6	5110.4
重 庆	Chongqing	27534.9	23313.1	1476.8	4781.8	1020.2	29091.6
四 川	Sichuan	50393.3	40861.7	4607.1	8828.8	2258.7	74351.9
贵 州	Guizhou	10623.9	7971.4	1281.5	2114.0	511.5	20819.8
云 南	Yunnan	19734.2	15619.8	1665.6	2378.6	974.9	29640.7
西 藏	Xizang	564.0	415.0	51.6	97.8	19.2	2477.8
陕 西	Shaanxi	31186.9	24212.8	3646.3	5460.6	1272.5	49576.1
甘 肃	Gansu	11298.6	9606.5	580.1	1679.4	453.5	17681.1
青 海	Qinghai	4241.6	3445.4	493.0	747.9	123.2	8490.8
宁 夏	Ningxia	7922.7	6819.6	368.1	1191.0	402.3	13972.0
新 疆	Xinjiang	18324.6	14628.4	1780.1	2937.8	726.3	32766.2

附录2-9 主要工业产品产量(2023年)
Output of Major Industrial Products (2023)

地区	Region	发电机组(万千瓦) Power Generation Equipment (10000 kW)	生铁(万吨) Pig Iron (10000 tons)	钢材(万吨) Steels (10000 tons)	水泥(万吨) Cement (10000 tons)	农用氮、磷、钾化肥(万吨) Chemical Nitrogen, Phosphate and Potash Fertilizers for Agricultural Use (10000 tons)	汽车(万辆) Car (10000 vehicles)	家用电冰箱(万台) Household Refrigerators (10000 sets)	微型计算机设备(万台) Micro-computers Equipment (10000 units)
全国	**National Total**	**26815.85**	**87210.79**	**138378.70**	**201940.2**	**5683.83**	**3009.89**	**9942.25**	**32855.14**
北京	Beijing	1876.27		183.23	200.0		100.27		615.83
天津	Tianjing	230.66	1895.29	6001.64	484.0	60.95	89.46		
河北	**Hebei**	**117.48**	**19549.41**	**29891.02**	**10130.6**	**219.67**	**86.20**		
山西	Shanxi	32.20	6022.46	6888.82	4667.0	406.78	10.66		21.37
内蒙古	Inner Mongolia	698.29	2347.91	3387.94	3793.1	485.90	10.59		
辽宁	Liaoning	155.57	6960.06	7864.72	3831.4	38.13	94.34	179.17	
吉林	Jilin	461.70	1359.89	1483.37	2043.0	32.41	155.89		
黑龙江	Heilongjiang	2842.75	699.71	933.09	1949.5	89.67	8.74		1.00
上海	Shanghai	2816.13	1460.38	1980.10	441.7	0.84	215.62		1903.79
江苏	Jiangsu	3073.28	9852.89	16631.46	14368.9	187.05	195.23	1535.66	2428.50
浙江	Zhejiang	1258.59	873.57	3335.20	12727.9	36.29	152.59	461.75	151.03
安徽	Anhui		3111.24	4228.95	13356.7	237.21	208.80	3166.93	2125.82
福建	Fujian	236.89	1486.08	4270.63	7154.4	23.15	33.34		465.20
江西	Jiangxi	36.35	2446.70	3666.46	8422.9	93.73	47.97	77.49	2370.78
山东	Shandong	605.63	7293.92	11341.77	12969.7	472.69	194.54	964.22	0.20
河南	Henan	85.76	2819.11	3528.03	9621.0	391.51	78.21	61.65	165.62
湖北	Hubei	1.97	2863.83	3868.36	9803.4	610.55	178.88	612.39	1347.21
湖南	Hunan	1493.16	2180.78	3080.31	8234.2	58.48	45.41		141.76
广东	Guangdong	1685.65	2437.57	6192.39	14251.6	12.80	518.30	2195.00	7458.10
广西	Guangxi	56.67	3401.97	5236.50	10000.0	27.80	97.52	205.88	173.36
海南	Hainan	12.70			1545.4	65.45	3.02		
重庆	Chongqing	116.24	651.60	2154.53	5477.8	257.82	231.62	150.33	7400.53
四川	Sichuan	4512.41	1984.78	4224.90	12379.4	286.73	97.20	140.02	5337.78
贵州	Guizhou		388.95	580.87	5941.4	228.77	4.76	169.96	2.77
云南	Yunnan	66.29	1472.06	2475.02	9295.8	250.72	1.82		743.78
西藏	Xizang				1196.6				
陕西	Shaanxi	1972.88	1317.34	1628.75	5803.9	156.45	147.01	21.61	0.12
甘肃	Gansu	932.48	814.70	1179.41	4178.1	21.00			
青海	Qinghai	69.81	67.11	70.63	1192.2	476.80			
宁夏	Ningxia	242.82	326.37	582.16	1671.3	73.91			
新疆	Xinjiang	1125.22	1125.10	1488.48	4807.4	380.56	1.90	0.18	0.58

附录2-10　建筑业主要指标(2023年)
Indicators of Construction Industry (2023)

地　区	Region	企业个数(个) Number of Enterprises (unit)	从事建筑业活动的从业人员(万人) Number of Employed Persons of Construction Enterprises (10000 persons)	建筑业总产值(亿元) Gross Output Value of Construction Enterprises (100 million yuan)	房屋建筑施工面积(万平方米) Construction Area of Housing Construction (10000 sq.m)	房屋建筑竣工面积(万平方米) Completion Area of Housing Construction (10000 sq.m)	按建筑业总产值计算的劳动生产率(元/人) Labor Productivity Calculated by Gross Output Value of Construction Industry (yuan/person)
全　国	**National Total**	**159140**	**50434857**	**314393.5**	**1530925.3**	**393400.9**	**475594**
北　京	Beijing	2706	537874	14318.5	88152.7	13823.6	627924
天　津	Tianjing	3379	532612	5103.6	17885.3	3539.6	652617
河　北	**Hebei**	**4118**	**790340**	**7259.0**	**34046.6**	**7922.8**	**542192**
山　西	Shanxi	3834	822086	6159.6	22404.3	4229.0	457916
内蒙古	Inner Mongolia	1135	206213	1499.3	6871.3	1336.4	490250
辽　宁	Liaoning	5962	465991	4337.9	11758.7	3545.0	611814
吉　林	Jilin	2664	314469	2219.1	6197.8	2133.4	498218
黑龙江	Heilongjiang	2097	151998	1457.2	3604.9	1184.6	379288
上　海	Shanghai	2460	719485	10083.3	55422.3	9788.5	681208
江　苏	Jiangsu	14815	7528633	42251.3	259218.3	73100.1	401167
浙　江	Zhejiang	10827	4967325	24455.8	168024.3	46600.4	417772
安　徽	Anhui	9009	2335857	12404.3	59857.7	16164.7	488250
福　建	Fujian	9281	4575818	17395.5	99066.6	20000.7	330854
江　西	Jiangxi	6910	1608328	10802.0	37076.1	12937.7	502886
山　东	Shandong	12570	3074544	18781.9	97991.5	23384.5	523282
河　南	Henan	10042	2431461	11493.2	61392.7	13419.4	414855
湖　北	Hubei	6945	2367797	20778.8	80348.8	26976.5	705214
湖　南	Hunan	4213	2514923	15159.2	76671.8	25599.4	486576
广　东	Guangdong	11576	3700643	25399.2	117914.6	27198.6	579361
广　西	Guangxi	2869	1346948	5689.4	27563.2	5950.7	474994
海　南	Hainan	390	58895	492.6	2123.3	520.6	587768
重　庆	Chongqing	3924	1854216	9536.1	31600.8	11839.9	438009
四　川	Sichuan	9372	3411084	17272.5	65039.5	18709.6	409397
贵　州	Guizhou	2356	563922	3942.9	14416.5	2524.7	482147
云　南	Yunnan	4616	1167781	7883.9	16797.2	5659.7	470784
西　藏	Xizang	525	35024	251.0	366.5	223.1	518669
陕　西	Shaanxi	4334	1384880	10315.4	39662.6	7785.2	506639
甘　肃	Gansu	2760	428772	2697.5	11417.1	2190.8	501958
青　海	Qinghai	625	61125	625.8	877.3	240.6	562467
宁　夏	Ningxia	772	96325	743.9	1716.8	584.6	371744
新　疆	Xinjiang	2054	379488	3584.1	15438.3	4286.7	451814

注：本表为具有资质等级的施工总承包、专业承包建筑业企业(不含劳务分包建筑业企业)数据。

a) Data in this table refer to construction enterprises with qualification grade of main contractor and professional contractors (not including labor subcontracting construction enterprises).

附录2-11　客运量和旅客周转量(2023年)
Passenger Traffic and Passenger-Kilometers (2023)

地　区	Region	客运量（万人）Passenger Traffic (10000 persons)	铁路 Railways	公路 Highways	水运 Waterways	旅客周转量（亿人公里）Passenger-Kilometers (100 million passenger-km)	铁路 Railways	公路 Highways	水运 Waterways
全　国	**National Total**	**1574331**	**385450**	**1101153**	**25771**	**29832.15**	**14729.36**	**4740.04**	**53.77**
北　京	Beijing	75655	15165	60489		295.37	163.18	132.19	
天　津	Tianjing	16441	4969	11310	162	233.18	178.84	54.10	0.24
河　北	**Hebei**	**41973**	**12388**	**29585**		**1118.16**	**1003.91**	**114.25**	
山　西	Shanxi	31382	8514	22662	206	316.20	231.88	84.24	0.07
内蒙古	Inner Mongolia	24877	5060	19817		252.96	184.17	68.80	
辽　宁	Liaoning	60234	11187	48517	530	698.59	553.21	141.61	3.76
吉　林	Jilin	35932	5933	29873	127	335.83	225.41	110.32	0.09
黑龙江	Heilongjiang	44507	8161	36114	232	342.01	229.63	112.08	0.30
上　海	Shanghai	20548	13007	6908	633	191.66	118.96	71.80	0.89
江　苏	Jiangsu	109961	31821	75309	2831	1353.90	1052.55	300.24	1.12
浙　江	Zhejiang	103647	26686	71866	5094	995.36	739.34	250.33	5.69
安　徽	Anhui	62177	15191	46763	223	1050.66	883.72	166.61	0.33
福　建	Fujian	40941	12471	27381	1089	494.05	378.58	114.48	0.99
江　西	Jiangxi	41623	12702	28693	228	864.63	749.06	115.22	0.34
山　东	Shandong	78752	21003	55197	2552	1053.39	810.86	234.16	8.37
河　南	Henan	81138	20224	60622	291	1543.30	1124.62	418.24	0.44
湖　北	Hubei	56087	17042	38328	718	915.00	743.23	167.83	3.94
湖　南	Hunan	80916	17552	62006	1358	1218.74	967.78	248.90	2.07
广　东	Guangdong	100636	36939	60923	2774	1315.17	1014.11	292.51	8.56
广　西	Guangxi	40504	12078	27532	893	663.57	467.48	192.53	3.56
海　南	Hainan	12336	3035	7017	2284	105.36	47.77	53.39	4.20
重　庆	Chongqing	43461	9538	33050	872	411.69	267.33	138.84	5.52
四　川	Sichuan	92804	21927	69769	1108	814.18	529.03	284.14	1.01
贵　州	Guizhou	46122	8067	37709	345	544.53	370.70	173.19	0.64
云　南	Yunnan	43992	9442	33934	616	469.55	294.46	174.09	1.00
西　藏	Xizang	1571	421	1150		47.11	22.35	24.75	
陕　西	Shaanxi	39820	12057	27670	92	673.77	528.42	145.19	0.15
甘　肃	Gansu	31128	6200	24770	157	519.54	402.35	116.98	0.21
青　海	Qinghai	10040	1033	8878	129	147.53	86.94	60.45	0.14
宁　夏	Ningxia	8543	1053	7264	226	85.70	43.27	42.29	0.14
新　疆	Xinjiang	34628	4583	30045		452.47	316.20	136.27	
不分地区	Not Classified by Region	61958				10308.98			

注：不分地区合计为民航完成数。

a) The total passenger traffic not classified by region refers to that completed by civil aviation.

附录2-12　货运量和货物周转量(2023年)
Freight Traffic and Freight Ton-Kilometers (2023)

地　区	Region	货运量 (万吨) Freight Volume (10000 tons)	铁路 Railways	公路 Highways	水运 Waterways	货物周转量 (亿吨公里) Turnover of Goods (100 million ton-km)	铁路 Railways	公路 Highways	水运 Waterways
全　国	**National Total**	**5570636**	**503535**	**4033681**	**936746**	**247745.32**	**36460.39**	**73950.21**	**129951.52**
北　京	Beijing	19707	308	19399		1062.60	805.67	256.93	
天　津	Tianjing	56073	11673	33742	10659	2785.84	566.62	690.04	1529.18
河　北	**Hebei**	**253091**	**30124**	**217492**	**5475**	**14796.92**	**5436.68**	**8472.24**	**888.00**
山　西	Shanxi	222753	101001	121751	1	6877.42	3494.20	3383.22	…
内蒙古	Inner Mongolia	236621	90250	146372		5556.14	3195.70	2360.44	
辽　宁	Liaoning	179704	20073	153305	6325	4685.93	1196.64	2869.10	620.19
吉　林	Jilin	54410	5376	49034		2012.99	572.20	1440.79	
黑龙江	Heilongjiang	54458	12137	41619	701	1942.22	1011.88	891.37	38.96
上　海	Shanghai	153213	547	50436	102230	32789.82	22.10	895.42	31872.31
江　苏	Jiangsu	310363	9315	183485	117563	13232.13	368.72	3459.48	9403.93
浙　江	Zhejiang	344881	5565	222803	116512	15062.19	277.98	3142.23	11641.99
安　徽	Anhui	422888	8054	260939	153895	12097.16	833.61	3792.65	7470.90
福　建	Fujian	178749	5211	110497	63040	12230.90	214.59	1319.11	10697.20
江　西	Jiangxi	209403	5131	188006	16267	5348.05	598.15	4256.76	493.14
山　东	Shandong	346633	35842	285567	25224	15043.18	1868.77	7999.35	5175.05
河　南	Henan	283056	12521	251333	19202	12228.82	2696.26	8183.17	1349.39
湖　北	Hubei	248947	6159	173045	69743	8593.36	1172.25	2424.33	4996.79
湖　南	Hunan	228497	5091	200674	22732	3036.90	1015.42	1574.36	447.12
广　东	Guangdong	371033	12344	252809	105880	29304.37	370.84	2850.49	26083.05
广　西	Guangxi	228355	11503	172005	44846	5589.63	772.43	2000.37	2816.83
海　南	Hainan	35987	890	7774	27324	11713.20	12.65	45.31	11655.24
重　庆	Chongqing	141104	2518	117584	21001	3928.52	334.82	1126.59	2467.11
四　川	Sichuan	201400	8437	185814	7148	3434.43	1159.93	1983.93	290.57
贵　州	Guizhou	102678	6503	95909	266	1468.67	678.48	783.92	6.26
云　南	Yunnan	144427	6226	137540	661	2062.09	515.37	1538.58	8.14
西　藏	Xizang	5058	104	4954		161.55	36.06	125.49	
陕　西	Shaanxi	180282	46129	134102	51	4478.08	2547.79	1930.13	0.16
甘　肃	Gansu	79807	9905	69902		4245.68	2155.17	2090.51	
青　海	Qinghai	21605	3622	17983		803.38	593.86	209.52	
宁　夏	Ningxia	54996	9935	45061		946.62	281.36	665.26	
新　疆	Xinjiang	103783	21041	82742		2843.32	1654.18	1189.14	
不分地区	Not Classified by Region	96674				7383.20			

注：不分地区合计中包括民航、管道等完成数。货运量和货物周转量的全国总计等于分省数与不分地区数据之和。

a) The freight traffic and freight ton-kilometers not classified by region refer to pipelines, civil aviation and that completed by companies abroad under the China Ocean Shipping (Group) Company. The freight traffic and freight ton-kilometers is equal to the sum of the provinces and the not classified by region .

附录2-13 国内外贸易(2023年)
Retail Trades and Foreign Trades (2023)

地区	Region	社会消费品零售总额（亿元） Total Retail Sales of Social Consumer Goods (100 million yuan)	按收发货人所在地分货物进出口总额 Total Import and Export Value of Goods Divided by the Location of the Sender and Receiver：进出口总额（亿美元） Total Import and Export Volume (USD 100 million)	出口 Export	进口 Import	按境内目的地和货源地分货物进出口总额 Total Import and Export Value of Goods Divided by Domestic Destination and Source of Goods：进出口总额（亿元） Total Import and Export Volume (100 million yuan)	出口 Export	进口 Import
全 国	**National Total**	**471495.2**	**417510.1**	**237656.4**	**179853.7**	**417510.1**	**237656.4**	**179853.7**
北 京	Beijing	14462.7	36448.5	5999.5	30449.1	9656.5	2062.5	7593.9
天 津	Tianjing	3820.7	8008.6	3631.4	4377.2	10505.6	3768.7	6736.9
河 北	**Hebei**	**15040.5**	**5828.4**	**3504.2**	**2324.2**	**10422.6**	**5530.8**	**4891.8**
山 西	Shanxi	7981.8	1691.2	1050.3	640.9	1862.9	1324.8	538.2
内蒙古	Inner Mongolia	5374.3	1960.0	781.0	1179.0	2456.0	861.2	1594.8
辽 宁	Liaoning	10362.1	7667.3	3534.9	4132.4	10404.3	4431.4	5973.0
吉 林	Jilin	4150.4	1678.8	627.0	1051.8	1698.5	653.1	1045.4
黑龙江	Heilongjiang	5634.2	2980.1	760.6	2219.5	2592.0	681.6	1910.4
上 海	Shanghai	18515.5	42135.3	17371.7	24763.6	40360.8	13916.0	26444.9
江 苏	Jiangsu	45547.5	52495.4	33716.1	18779.3	58216.5	35463.8	22752.7
浙 江	Zhejiang	32550.2	48997.6	35662.8	13334.8	46502.7	34105.1	12397.6
安 徽	Anhui	23008.3	8053.0	5230.4	2822.6	8267.2	5727.8	2539.4
福 建	Fujian	22109.6	19739.6	11765.4	7974.2	17249.5	11224.6	6024.9
江 西	Jiangxi	13659.8	5686.3	3928.1	1758.2	5811.4	3989.3	1822.1
山 东	Shandong	36141.8	32665.9	19428.6	13237.3	39731.8	21069.4	18662.4
河 南	Henan	26004.4	8108.4	5280.0	2828.4	8846.2	5948.9	2897.3
湖 北	Hubei	24041.9	6441.9	4325.3	2116.7	6013.3	3976.9	2036.4
湖 南	Hunan	20203.3	6173.4	4008.6	2164.7	4265.3	3100.3	1165.0
广 东	Guangdong	47494.9	83017.2	54374.3	28642.9	94112.2	58753.8	35358.4
广 西	Guangxi	8651.6	6913.9	3625.4	3288.4	7797.8	2766.6	5031.3
海 南	Hainan	2511.3	2313.9	740.3	1573.7	1835.4	588.3	1247.1
重 庆	Chongqing	15130.3	7128.5	4776.5	2352.0	6399.3	4325.4	2073.9
四 川	Sichuan	26313.4	9558.1	6031.0	3527.2	9877.5	5870.4	4007.1
贵 州	Guizhou	9011.2	759.5	520.5	239.0	729.7	543.6	186.1
云 南	Yunnan	11560.7	2588.0	925.9	1662.1	2808.7	1140.7	1668.0
西 藏	Xizang	879.8	109.8	98.2	11.5	43.4	39.2	4.2
陕 西	Shaanxi	10759.0	4042.0	2630.6	1411.4	3678.5	2538.2	1140.3
甘 肃	Gansu	4329.7	491.6	123.8	367.8	565.1	191.5	373.6
青 海	Qinghai	987.7	48.7	29.5	19.2	48.2	35.5	12.8
宁 夏	Ningxia	1354.9	205.5	149.8	55.7	312.8	236.5	76.3
新 疆	Xinjiang	3849.7	3573.6	3024.6	549.1	4438.2	2790.6	1647.6

附录2-14 各省(区、市)每十万人口各级学校平均在校生数(2023年)
Average School Enrolment per 100 000 Population by Level and Region (2023)

单位：人 (person)

地 区	Region	学前教育 Pre-school Education	小 学 Primary Education	初中阶段 Junior Secondary Education	高中阶段 Senior Secondary Education	高等教育 Higher Education
全 国	**National Total**	**2899**	**7676**	**3714**	**2906**	**3663**
北 京	Beijing	2359	5320	1698	1261	5584
天 津	Tianjin	2128	6004	2801	2231	5559
河 北	**Hebei**	**2688**	**8803**	**4491**	**3664**	**3190**
山 西	Shanxi	2638	6660	3222	2898	3528
内蒙古	Inner Mongolia	2308	5866	2762	2561	2523
辽 宁	Liaoning	1737	4750	2221	2113	3963
吉 林	Jilin	1508	4665	2517	2385	5839
黑龙江	Heilongjiang	1244	3419	2559	2268	3817
上 海	Shanghai	1956	3786	2292	1275	3936
江 苏	Jiangsu	2465	6912	3256	2479	3845
浙 江	Zhejiang	2700	6255	2638	2122	2839
安 徽	Anhui	2943	7707	3775	3089	3469
福 建	Fujian	3234	8830	3766	2896	3462
江 西	Jiangxi	2925	8283	4595	3879	4510
山 东	Shandong	3023	7991	3939	2822	3909
河 南	Henan	3278	9754	5147	3791	3801
湖 北	Hubei	2657	6665	3221	2538	4483
湖 南	Hunan	2782	7851	4100	3296	3965
广 东	Guangdong	3623	8774	3766	2523	3144
广 西	Guangxi	3826	10230	4866	3572	3819
海 南	Hainan	3539	8477	4047	3376	3169
重 庆	Chongqing	2726	6407	3256	3292	4012
四 川	Sichuan	2765	6557	3290	2827	3278
贵 州	Guizhou	3968	10231	5121	4233	2641
云 南	Yunnan	3580	8235	4020	3102	3184
西 藏	Xizang	4180	10536	4331	3060	1612
陕 西	Shaanxi	3026	7664	3419	2596	4624
甘 肃	Gansu	3435	8188	3820	2854	3376
青 海	Qinghai	3425	8741	3991	3721	1813
宁 夏	Ningxia	3303	8534	3975	3430	3338
新 疆	Xinjiang	2774	11370	4797	3181	2956

注：1.高等教育在校生数包括研究生、普通本科、职业本专科、成人本专科，不含网络本专科生。
2.2021年起，高中阶段在校生数不含人社部管理的技工学校。

a) The number of students in higher education includes postgraduates, regular undergraduates, vocational undergraduates and adult undergraduates, excluding web-based undergraduates .

b) Since 2021, the number of students in high school does not include the technical schools managed by the Ministry of Human Resources and Social Security.

附录2-15　各省(区、市)规模以上文化及相关产业法人单位数(2023年)

Number of Corporate Units of Cultural and Related Industries above Designated Size by Region (2023)

单位：个　　　　(unit)

地 区	Region	法人单位数 Corporate Units	文化制造业 Culture-Related Manufacturing	文化批发和零售业 Culture-Related Wholesale and Retail	文化服务业 Culture-Related Services
全 国	**National Total**	**74838**	**20815**	**14392**	**39631**
北 京	Beijing	5945	133	752	5060
天 津	Tianjin	970	180	201	589
河 北	**Hebei**	**1256**	**465**	**260**	**531**
山 西	Shanxi	430	54	133	243
内蒙古	Inner Mongolia	162	7	55	100
辽 宁	Liaoning	999	139	220	640
吉 林	Jilin	289	26	96	167
黑龙江	Heilongjiang	276	35	115	126
上 海	Shanghai	3676	349	607	2720
江 苏	Jiangsu	11417	3488	2750	5179
浙 江	Zhejiang	6263	2668	1206	2389
安 徽	Anhui	2411	1047	400	964
福 建	Fujian	3471	1231	574	1666
江 西	Jiangxi	2754	1182	357	1215
山 东	Shandong	3703	1191	1038	1474
河 南	Henan	2579	865	579	1135
湖 北	Hubei	3834	776	978	2080
湖 南	Hunan	4359	1265	462	2632
广 东	Guangdong	11345	4320	2099	4926
广 西	Guangxi	836	229	166	441
海 南	Hainan	300	11	43	246
重 庆	Chongqing	1266	207	209	850
四 川	Sichuan	2842	490	390	1962
贵 州	Guizhou	511	107	58	346
云 南	Yunnan	736	111	158	467
西 藏	Xizang	41	4	8	29
陕 西	Shaanxi	1589	188	323	1078
甘 肃	Gansu	182	13	46	123
青 海	Qinghai	44	5	12	27
宁 夏	Ningxia	75	13	23	39
新 疆	Xinjiang	277	16	74	187

注：规模以上文化及相关产业法人单位包括规模以上文化制造业企业、限额以上文化批发和零售业企业以及规模以上文化服务业企业。

a) Corporate units of culture and related industries above designated size include culture-related manufacturing enterprises above designated size, culture-related wholesale and retail enterprises above designated size, and culture-related service enterprises above designated size.

附录2-16 各省(区、市)每千人口卫生技术人员(2023年)
Health Technical Personnel in Health Care Institutions per 1000 Persons by Region (2023)

单位：人 (person)

地 区	Region	卫生技术人员 Health Technical Personnel			执业(助理)医师 Licensed Physicians & Physician Assistants			注册护士 Registered Nurses		
		合计 Total	城市 Urban	农村 Rural	合计 Total	城市 Urban	农村 Rural	合计 Total	城市 Urban	农村 Rural
全 国	**National Total**	**8.87**	**10.89**	**7.07**	**3.40**	**4.13**	**2.74**	**4.00**	**5.08**	**3.05**
北 京	Beijing	14.31	14.31		5.56	5.56		6.16	6.16	
天 津	Tianjin	9.80	9.80		4.14	4.14		3.82	3.82	
河 北	**Hebei**	**8.72**	**11.75**	**7.08**	**3.92**	**5.06**	**3.30**	**3.65**	**5.20**	**2.80**
山 西	Shanxi	8.60	12.14	6.11	3.42	4.62	2.57	3.83	5.80	2.44
内蒙古	Inner Mongolia	9.79	12.81	7.73	3.87	4.88	3.18	4.22	5.95	3.05
辽 宁	Liaoning	8.55	10.47	5.73	3.30	3.98	2.30	4.01	5.08	2.45
吉 林	Jilin	9.93	10.65	9.32	3.95	4.11	3.81	4.57	5.15	4.08
黑龙江	Heilongjiang	8.74	11.06	6.53	3.39	4.17	2.64	3.88	5.26	2.57
上 海	Shanghai	9.88	9.88		3.58	3.58		4.46	4.46	
江 苏	Jiangsu	8.72	10.04	7.07	3.40	3.81	2.90	3.91	4.62	3.03
浙 江	Zhejiang	10.00	11.95	8.22	4.01	4.68	3.40	4.41	5.38	3.52
安 徽	Anhui	8.33	10.86	6.67	3.28	4.12	2.73	3.94	5.31	3.05
福 建	Fujian	7.79	10.22	5.80	2.95	3.92	2.16	3.46	4.65	2.49
江 西	Jiangxi	8.01	10.94	6.40	2.99	4.01	2.43	3.75	5.31	2.90
山 东	Shandong	9.23	11.76	7.12	3.67	4.64	2.87	4.13	5.41	3.06
河 南	Henan	8.82	13.48	6.81	3.53	5.15	2.83	3.91	6.43	2.82
湖 北	Hubei	8.52	10.88	6.79	3.26	4.02	2.71	3.95	5.27	2.99
湖 南	Hunan	8.67	12.60	7.07	3.34	4.68	2.80	4.12	6.21	3.26
广 东	Guangdong	7.68	8.33	6.03	2.82	3.10	2.09	3.54	3.86	2.73
广 西	Guangxi	8.62	11.32	6.65	2.89	3.99	2.08	4.00	5.40	2.97
海 南	Hainan	8.30	9.75	6.95	3.02	3.54	2.53	3.95	4.77	3.19
重 庆	Chongqing	8.53	8.52	8.54	3.20	3.21	3.19	4.02	4.06	3.85
四 川	Sichuan	8.85	11.01	7.08	3.34	4.07	2.74	4.01	5.23	3.01
贵 州	Guizhou	9.18	11.81	8.00	3.26	4.37	2.76	4.24	5.61	3.62
云 南	Yunnan	9.10	13.14	7.83	3.14	4.74	2.64	4.36	6.53	3.67
西 藏	Xizang	8.09	17.43	4.98	3.37	7.14	2.11	2.69	7.07	1.23
陕 西	Shaanxi	9.91	10.99	8.71	3.37	3.89	2.80	4.29	5.07	3.42
甘 肃	Gansu	8.97	12.34	6.95	3.17	4.31	2.48	4.07	5.96	2.94
青 海	Qinghai	9.76	13.72	7.22	3.64	5.01	2.75	3.99	6.27	2.53
宁 夏	Ningxia	9.02	11.09	6.56	3.33	4.15	2.35	4.12	5.19	2.85
新 疆	Xinjiang	9.07	12.98	8.18	3.02	4.84	2.61	3.91	5.92	3.46

注：1.2002年以前，执业(助理)医师系医生，执业医师系医师，注册护士系护师(士)。
2.城市包括直辖市区和地级市辖区，农村包括县及县级市。
3.合计项分母系常住人口数，分城乡项分母2020年及以前系推算户籍人口数，2021年起系推算常住人口数。

a) Before 2002, licensed physician assistants referred to doctors, licensed physicians referred to physicians, registered nurses referred to nurses .
b) Population for totals refers to permanent population, while population for urban and rural areas refers to the estimated population by household registration.
c) The denominator of the total item is the number of permanent population. In 2020 and before, the denominator of urban and rural items is the estimated number of registered population, and from 2021, it is the estimated number of permanent population .

附录2-17　各省(区、市)城镇职工基本养老保险情况(2023年)
Statistics on Basic Endowment Insurance for Urban Workers by Region (2023)

地　区	Region	年末参加城镇职工基本养老保险人数(万人) Participants of Basic Endowment Insurance for Urban Workers at Year-end (10000 persons)	职　工 Number of Workers	离退休人员 Number of Retirees	基金收支情况(亿元) Revenue and Expenses (100 million yuan) 基金收入 Revenue	基金支出 Expenses	累计结余 Balance at Year-end
全　国	**National Total**	**52120.8**	**37925.2**	**14195.6**	**70506.3**	**63756.6**	**63639.1**
北　京	Beijing	1904.9	1567.2	337.8	4009.4	2377.9	8614.3
天　津	Tianjin	826.2	576.7	249.5	1311.4	1288.2	442.4
河　北	**Hebei**	**1949.8**	**1428.9**	**520.9**	**2434.9**	**2428.4**	**620.1**
山　西	Shanxi	1102.1	777.9	324.2	1680.5	1650.0	1552.2
内蒙古	Inner Mongolia	932.2	584.9	347.2	1421.8	1538.3	481.1
辽　宁	Liaoning	2150.4	1252.6	897.8	3101.0	3858.4	398.5
吉　林	Jilin	953.8	541.0	412.8	1651.9	1880.7	298.6
黑龙江	Heilongjiang	1523.9	850.2	673.7	2029.7	2743.6	247.0
上　海	Shanghai	1689.4	1146.5	542.8	4226.2	3680.0	1950.7
江　苏	Jiangsu	3752.0	2646.0	1106.0	5183.4	4505.3	5340.8
浙　江	Zhejiang	3573.6	2584.0	989.6	3907.6	4276.3	1381.4
安　徽	Anhui	1688.0	1271.4	416.6	2173.6	1714.8	2692.2
福　建	Fujian	1788.9	1543.6	245.3	1366.7	1094.4	1005.8
江　西	Jiangxi	1435.6	1027.7	407.9	1522.7	1474.6	924.6
山　东	Shandong	3424.1	2559.8	864.4	3994.6	3965.3	1345.0
河　南	Henan	2578.2	1987.7	590.5	2565.8	2366.7	1591.3
湖　北	Hubei	2048.0	1379.1	668.9	3158.5	2993.0	1135.2
湖　南	Hunan	2018.6	1454.0	564.6	2209.8	2151.4	1894.8
广　东	Guangdong	5368.9	4518.2	850.7	7036.5	3950.1	17549.0
广　西	Guangxi	1069.6	775.3	294.3	1468.1	1314.8	873.7
海　南	Hainan	373.6	292.0	81.7	499.2	362.4	484.5
重　庆	Chongqing	1475.4	1003.9	471.4	1638.7	1596.4	1512.3
四　川	Sichuan	3426.3	2379.2	1047.1	4049.8	3707.8	4101.0
贵　州	Guizhou	794.3	617.0	177.4	1014.4	801.6	1284.6
云　南	Yunnan	883.6	681.0	202.6	1246.3	1026.3	1821.9
西　藏	Xizang	67.3	55.9	11.4	215.3	144.3	290.6
陕　西	Shaanxi	1346.8	1044.4	302.4	1911.0	1574.9	1282.0
甘　肃	Gansu	532.5	352.4	180.1	844.6	870.4	350.1
青　海	Qinghai	188.0	133.8	54.2	336.5	338.9	43.8
宁　夏	Ningxia	292.0	216.1	75.9	390.7	360.8	275.2
新　疆	Xinjiang	867.9	621.8	246.1	1567.2	1330.0	1814.8
不分地区	Not Classified by Region	95.1	55.3	39.7	338.5	390.4	39.7

注：“不分地区”数据包括中央国家机关事业单位、中国人民银行、中国农业发展银行和中央调剂金账户。

a) Data in the category of "Not Classified by Region" include data from the Central government organs and instituticns, People's Bank of China, Agricultural Development Bank of China and Central Allocation System account.

附录2-18 各省(区、市)城乡居民基本养老保险情况(2023年)

Statistics on Basic Endowment Insurance for Urban and Rural Residents by Region (2023)

地 区	Region	年末参加城乡居民基本养老保险人数(万人) Participants of Basic Endowment Insurance for Urban and Rural Residents at Year-end (10000 persons)	#实际领取待遇人数 Number of People Actual Received Pension	基金收支情况(亿元) Revenue and Expenses (100 million yuan) 基金收入 Revenue	基金支出 Expenses	累计结余 Balance at Year-end
全 国	**National Total**	**54522.5**	**17268.3**	**6184.9**	**4612.9**	**14533.9**
北 京	Beijing	181.0	63.8	127.5	113.7	188.1
天 津	Tianjin	172.2	88.7	57.6	56.2	319.1
河 北	**Hebei**	**3527.3**	**1184.3**	**295.9**	**236.6**	**696.4**
山 西	Shanxi	1623.2	450.9	175.3	97.2	474.9
内蒙古	Inner Mongolia	815.5	263.2	94.2	74.0	186.2
辽 宁	Liaoning	1020.4	445.6	91.3	91.4	97.9
吉 林	Jilin	942.7	285.7	59.1	49.4	114.8
黑龙江	Heilongjiang	892.7	273.6	85.6	64.5	173.4
上 海	Shanghai	71.8	52.6	104.8	104.2	92.4
江 苏	Jiangsu	2351.9	1144.5	661.7	489.1	1174.8
浙 江	Zhejiang	1032.8	563.4	411.9	318.9	506.4
安 徽	Anhui	3408.0	1019.2	397.5	219.4	1110.2
福 建	Fujian	1595.0	505.6	153.5	129.5	315.6
江 西	Jiangxi	1951.5	552.4	191.6	135.8	448.2
山 东	Shandong	4566.3	1690.1	581.7	452.7	1785.6
河 南	Henan	5280.1	1544.9	360.5	287.0	909.8
湖 北	Hubei	2507.4	821.8	252.1	192.1	713.1
湖 南	Hunan	3413.0	935.6	264.3	186.2	657.4
广 东	Guangdong	2760.0	909.9	331.8	308.8	602.4
广 西	Guangxi	2671.8	646.1	147.7	127.4	332.6
海 南	Hainan	341.8	83.6	42.7	27.5	157.7
重 庆	Chongqing	1175.0	359.5	128.0	76.6	275.4
四 川	Sichuan	3150.1	1090.6	502.3	289.6	1144.7
贵 州	Guizhou	1941.8	494.9	117.5	92.4	243.0
云 南	Yunnan	2491.1	603.3	148.2	120.7	629.3
西 藏	Xizang	176.2	28.9	14.4	9.6	48.2
陕 西	Shaanxi	1812.4	587.6	164.7	128.1	409.0
甘 肃	Gansu	1379.0	351.4	116.2	68.6	382.1
青 海	Qinghai	263.4	48.2	23.8	15.3	83.8
宁 夏	Ningxia	232.1	46.6	21.7	15.6	63.8
新 疆	Xinjiang	775.1	131.5	59.8	34.8	197.6

附录2-19 各省(区、市)城市设施水平(2023年)
Level of Public Facilities in Cities by Region (2023)

地区	Region	城市用水普及率(%) Coverage of Urban Population with Access to Tap Water (%)	城市燃气普及率(%) Coverage of Urban Population with Access to Gas (%)	人均城市道路面积(平方米) Per Capita Area of Paved Roads (sq.m)	人均公园绿地面积(平方米) Per Capita Public Green Area (sq.m)	每万人拥有公共厕所(座) Number of Public Lavatories per 10000 Population (unit)
全国	**National Total**	**99.43**	**98.25**	**19.72**	**15.65**	**3.50**
北京	Beijing	100.00	100.00	8.87	16.90	3.71
天津	Tianjin	100.00	99.48	16.41	9.97	4.34
河北	**Hebei**	**100.00**	**99.60**	**20.08**	**14.69**	**4.02**
山西	Shanxi	98.35	97.32	17.46	13.49	3.50
内蒙古	Inner Mongolia	99.13	97.76	23.93	19.19	6.96
辽宁	Liaoning	97.22	97.00	19.98	14.22	2.54
吉林	Jilin	96.35	96.83	17.51	14.73	4.04
黑龙江	Heilongjiang	99.39	93.42	16.61	14.75	4.29
上海	Shanghai	100.00	100.00	4.98	9.45	2.97
江苏	Jiangsu	100.00	99.94	25.78	16.22	3.90
浙江	Zhejiang	100.00	100.00	21.70	15.46	2.89
安徽	Anhui	98.42	99.73	24.77	17.09	3.55
福建	Fujian	99.97	99.77	23.33	15.72	5.07
江西	Jiangxi	99.50	99.36	26.87	17.98	5.70
山东	Shandong	99.92	99.66	26.48	18.47	2.48
河南	Henan	99.45	99.28	17.64	16.13	4.43
湖北	Hubei	99.95	96.06	21.20	15.57	3.53
湖南	Hunan	99.86	98.59	21.49	13.85	3.03
广东	Guangdong	99.70	98.62	14.98	18.10	2.05
广西	Guangxi	99.89	99.21	24.48	12.25	2.71
海南	Hainan	99.85	99.82	25.37	12.71	4.44
重庆	Chongqing	99.92	99.66	17.35	18.18	3.04
四川	Sichuan	99.01	97.96	19.88	14.59	3.28
贵州	Guizhou	98.10	94.80	25.77	16.63	6.01
云南	Yunnan	98.94	76.69	19.10	13.81	6.58
西藏	Xizang	100.00	86.93	21.78	17.37	9.60
陕西	Shaanxi	98.53	99.08	18.05	13.15	4.77
甘肃	Gansu	99.67	97.98	21.84	16.04	4.56
青海	Qinghai	99.53	97.02	19.78	12.85	3.87
宁夏	Ningxia	99.33	96.79	27.17	21.99	3.27
新疆	Xinjiang	99.64	98.54	24.47	16.35	2.85

注：1.人均和普及率指标按城区人口与暂住人口之和计算，以公安部门的户籍统计和暂住人口统计为准。
2.2021年起，每万人拥有公共汽电车辆统计范围为城市和县城。

a) Per capita data and coverage rate are calculated on the basis of the sum of urban population and temporarily residing population from the registration of the Ministry of Public Security.

b) Since 2021, the statistical range of public buses and trolley buses per 10000 population is cities and counties.

附录2−20　各省(区、市)城市基本情况(2023年)

地　区	Region	全部地级及以上城市数(个) Number of Cities at Prefecture Level and Above (unit)	城区面积(平方公里) Urban Area (sq.km)	建成区面积(平方公里) Area of Built Districts (sq.km)	城市人口密度(人/平方公里) Population Density of Urban Area (person/sq.km)	年末供水综合生产能力(万立方米/日) Production Capacity of Tap Water Supply (year-end) (10000 cu.m/day)	年末供水管道长度(公里) Length of Water Supply Pipelines (year-end) (km)
全部地级及以上城市	**Total Cities at Prefecture Level and Above**	**297**	**191216.8**	**63676.4**	**2895**	**33621.0**	**1153126**
北　京	Beijing	1				744.0	19928
天　津	Tianjin	1	2653.4	1264.5	4395	519.1	23164
河　北	**Hebei**	**11**	**6364.0**	**2267.0**	**3426**	**865.8**	**25821**
山　西	Shanxi	11	3320.8	1295.1	3990	399.7	16902
内蒙古	Inner Mongolia	9	4674.9	1272.8	2266	418.9	13309
辽　宁	Liaoning	14	13067.8	2815.0	1847	1375.0	42439
吉　林	Jilin	8	5720.8	1580.0	2113	685.5	15124
黑龙江	Heilongjiang	12	2567.9	1802.6	5334	620.0	25604
上　海	Shanghai	1	6340.5	1242.0	3923	1248.5	40437
江　苏	Jiangsu	13	17190.2	4916.2	2175	4486.9	140884
浙　江	Zhejiang	11	13885.4	3427.0	2371	2215.4	112218
安　徽	Anhui	16	7125.6	2500.3	2809	1283.0	38960
福　建	Fujian	9	4325.7	1877.5	3356	975.2	39814
江　西	Jiangxi	11	3337.7	1789.5	3430	738.1	33892
山　东	Shandong	16	24105.9	5713.0	1746	1976.0	62695
河　南	Henan	17	6383.8	3521.1	4570	1342.9	33659
湖　北	Hubei	12	7964.7	2866.2	3429	1687.3	58224
湖　南	Hunan	13	4110.8	2105.0	4419	1074.7	44509
广　东	Guangdong	21	17126.6	6575.3	3762	4378.2	153178
广　西	Guangxi	14	5394.9	1809.5	2558	791.3	27998
海　南	Hainan	4	1340.0	419.3	2501	207.7	7957
重　庆	Chongqing	1	7781.3	1640.8	2038	852.5	28232
四　川	Sichuan	18	8708.0	3411.8	3623	1447.0	57361
贵　州	Guizhou	6	4356.0	1194.8	2105	488.8	27077
云　南	Yunnan	8	3276.4	1287.8	3341	601.6	19498
西　藏	Xizang	6	632.6	170.7	1544	69.8	1784
陕　西	Shaanxi	10	2700.9	1553.5	5413	634.4	13121
甘　肃	Gansu	12	2120.8	968.1	3342	418.9	7296
青　海	Qinghai	2	738.9	250.1	2944	127.4	3557
宁　夏	Ningxia	5	954.4	485.7	3239	270.1	3440
新　疆	Xinjiang	4	2946.3	1654.6	3322	677.4	15046

注：1.本表为公安部的户籍人口数。
2.公园绿地面积包括综合公园、社区公园、专类公园、带状公园和街旁绿地。
3.北京市数据暂缺，全国数据不包含北京市数据。

Basic Conditions of City by Region (2023)

用水人口（万人）Population with Access to Tap Water (10000 persons)	年末实有道路长度（公里）Length of Paved Roads (year-end) (km)	城市排水管道长度（公里）Length of City Sewage Pipes (km)	城市污水日处理能力（万立方米）Daily Disposal Capacity of City Sewage (10000 cu.m)	公共汽电车运营车数（辆）Number of Buses and Trolley Buses in Operation (unit)	出租汽车（辆）Number of Taxis (unit)	城市绿地面积（公顷）Area of Green Land (hectare)	建成区绿化覆盖率（%）Green Covered Area as % of Completed Area (%)	生活垃圾清运量（万吨）Vclume of Garbage Disposal (10000 tons)	市容环卫专用车辆设备总数（台）Number of Special Vehicles for Environmental Sanitation (unit)
56504.7	**564394**	**952483**	**23689.5**	**682511**	**1367416**	**3652372**	**43.3**	**25407.8**	**362406**
1919.8	9027	20585	743.4	23385	71456	94136	49.8	758.9	12291
1166.0	9827	25253	355.9	9665	31778	48521	38.2	301.9	5456
2212.1	**20935**	**25439**	**768.8**	**33130**	**69748**	**106281**	**43.7**	**784.4**	**14516**
1303.4	9903	15795	374.6	15213	41613	59447	42.9	518.5	7642
964.3	11522	15645	250.9	11022	67452	72081	42.2	356.0	7022
2242.3	24812	26485	1143.8	22200	91565	153046	41.1	1033.5	14232
1191.1	11875	14531	495.0	12399	67745	100250	42.8	452.6	9209
1376.6	14434	13791	490.2	18548	98021	77567	39.7	523.8	11409
2487.5	5965	22615	1022.5	17358	32219	173256	37.8	974.8	10282
3738.3	54811	96045	1926.9	51379	52395	322475	44.0	2081.7	26042
3189.5	34999	65041	1437.3	45885	43467	184888	43.7	1467.8	14810
1969.9	20888	38375	880.7	28198	55204	135328	46.1	771.9	12511
1468.7	17372	25664	637.1	20163	21542	86898	44.2	878.9	9502
1156.5	14609	24679	492.8	15627	17015	83027	46.9	553.3	13091
4174.4	54280	74798	1520.4	63952	69259	288644	43.9	1804.5	22715
2887.1	21053	38388	1108.8	33750	63345	145488	43.5	1121.2	19799
2440.4	26132	39806	1082.0	25116	44339	123065	43.4	1085.8	15302
1860.8	19395	28770	958.1	32136	35913	102211	42.0	904.2	8839
6725.2	57806	150687	3164.6	63120	51174	557540	44.5	3389.5	35643
1349.6	16170	23271	883.6	13904	19908	84866	42.4	615.3	14460
334.7	5290	7889	143.5	4897	6270	20558	42.1	317.4	15962
1588.3	12719	26464	481.7	15208	24230	78248	42.3	643.3	5003
3022.3	30359	51451	1119.5	31969	46833	145165	44.2	1322.3	16148
902.8	14273	16491	414.7	10884	47566	101459	41.9	461.9	6236
1083.2	10022	19408	412.6	15633	31864	57524	43.7	544.9	6496
97.7	1192	1013	37.0	874	2380	7141	42.5	70.9	1624
1442.8	11296	16113	596.3	18171	37890	81278	43.0	715.9	7170
705.4	7314	9214	199.0	10067	39659	33923	36.8	282.9	6245
215.8	1701	4170	73.9	3790	14145	9076	36.6	115.0	1693
307.6	3040	2546	139.7	4373	16426	26790	42.4	122.8	2738
980.8	11374	12065	334.6	10495	54995	92196	41.4	432.2	8318

a) Population at year-end refer to population by household registration from the Ministry of Public Security.
b) Area of park green areas includes comprehensive park, community park, theme park, belt-shaped park and green area nearby street.
c) Due to the temporary shortage of Beijing data, the national data exclude Beijing data.

附录2-21 各省(区、市)分性别人口(第七次人口普查)
Population by Sex and Region (Seventh National Population Census)

地 区	Region	人口数(万人) Population (10000 persons)			比重(%) Proportion (%)		性别比 (女=100) Sex Ratio (Female=100)
		合计 Total	男 Male	女 Female	男 Male	女 Female	
总 计	**Total**	**141178**	**72334**	**68844**	**51.24**	**48.76**	**105.07**
北 京	Beijing	2189	1120	1070	51.14	48.86	104.65
天 津	Tianjin	1387	714	672	51.53	48.47	106.31
河 北	**Hebei**	**7461**	**3768**	**3693**	**50.50**	**49.50**	**102.02**
山 西	Shanxi	3492	1781	1711	50.99	49.01	104.06
内蒙古	Inner Mongolia	2405	1228	1177	51.04	48.96	104.26
辽 宁	Liaoning	4259	2126	2133	49.92	50.08	99.70
吉 林	Jilin	2407	1202	1206	49.92	50.08	99.69
黑龙江	Heilongjiang	3185	1595	1590	50.09	49.91	100.35
上 海	Shanghai	2487	1288	1200	51.77	48.23	107.33
江 苏	Jiangsu	8475	4303	4172	50.78	49.22	103.15
浙 江	Zhejiang	6457	3368	3089	52.16	47.84	109.04
安 徽	Anhui	6103	3110	2992	50.97	49.03	103.94
福 建	Fujian	4154	2147	2007	51.68	48.32	106.94
江 西	Jiangxi	4519	2332	2187	51.60	48.40	106.62
山 东	Shandong	10153	5143	5009	50.66	49.34	102.67
河 南	Henan	9937	4983	4953	50.15	49.85	100.60
湖 北	Hubei	5775	2969	2806	51.42	48.58	105.83
湖 南	Hunan	6644	3400	3245	51.16	48.84	104.77
广 东	Guangdong	12601	6687	5914	53.07	46.93	113.08
广 西	Guangxi	5013	2592	2421	51.70	48.30	107.04
海 南	Hainan	1008	535	474	53.02	46.98	112.86
重 庆	Chongqing	3205	1620	1585	50.55	49.45	102.21
四 川	Sichuan	8367	4229	4139	50.54	49.46	102.19
贵 州	Guizhou	3856	1971	1886	51.10	48.90	104.50
云 南	Yunnan	4721	2442	2279	51.73	48.27	107.16
西 藏	Xizang	365	191	173	52.45	47.55	110.32
陕 西	Shaanxi	3953	2023	1930	51.17	48.83	104.79
甘 肃	Gansu	2502	1270	1232	50.76	49.24	103.10
青 海	Qinghai	592	303	289	51.21	48.79	104.97
宁 夏	Ningxia	720	367	353	50.94	49.06	103.83
新 疆	Xinjiang	2585	1335	1250	51.66	48.34	106.85

注：全国总计人口为大陆31个省、自治区、直辖市人口和现役军人的合计(以下相关表同)。

a) The total population is the mainland total of the population of 31 provinces, autonomous regions and municipalities and of servicemen. The same applies to the relevant tables following.

附录2-22　各省(区、市)分户别人口(第七次人口普查)
Population by Household Types and Region (Seventh National Population Census)

地　区	Region	人口数(万人) Population (10000 persons)	家庭户 Family Households 户数(万户) Family Households (10000 households)	人口数(万人) Population (10000 persons)	集体户人口数(万人) Population of Collective Households (10000 persons)	家庭户人口比重(%) Proportion of Family Households Population (%)	平均家庭户规模(人/户) Average Size of Family Households (person/household)
总　计	**Total**	**141178**	**49416**	**129281**	**11897**	**91.57**	**2.62**
北　京	Beijing	2189	823	1901	288	86.85	2.31
天　津	Tianjin	1387	487	1167	220	84.15	2.40
河　北	**Hebei**	**7461**	**2543**	**6987**	**474**	**93.65**	**2.75**
山　西	Shanxi	3492	1275	3214	278	92.05	2.52
内蒙古	Inner Mongolia	2405	948	2230	175	92.71	2.35
辽　宁	Liaoning	4259	1747	3991	268	93.72	2.29
吉　林	Jilin	2407	943	2210	197	91.82	2.34
黑龙江	Heilongjiang	3185	1302	2893	292	90.85	2.22
上　海	Shanghai	2487	964	2235	252	89.85	2.32
江　苏	Jiangsu	8475	2991	7764	710	91.62	2.60
浙　江	Zhejiang	6457	2501	5883	574	91.12	2.35
安　徽	Anhui	6103	2191	5727	376	93.85	2.61
福　建	Fujian	4154	1437	3846	308	92.59	2.68
江　西	Jiangxi	4519	1407	4133	386	91.46	2.94
山　东	Shandong	10153	3518	9487	666	93.44	2.70
河　南	Henan	9937	3178	9074	862	91.32	2.86
湖　北	Hubei	5775	1993	5277	498	91.38	2.65
湖　南	Hunan	6644	2288	6112	532	91.99	2.67
广　东	Guangdong	12601	4247	11167	1434	88.62	2.63
广　西	Guangxi	5013	1622	4650	363	92.76	2.87
海　南	Hainan	1008	296	906	102	89.88	3.06
重　庆	Chongqing	3205	1204	2948	258	91.96	2.45
四　川	Sichuan	8367	3076	7709	658	92.13	2.51
贵　州	Guizhou	3856	1270	3572	284	92.63	2.81
云　南	Yunnan	4721	1515	4370	351	92.56	2.88
西　藏	Xizang	365	101	324	41	88.74	3.19
陕　西	Shaanxi	3953	1421	3598	355	91.01	2.53
甘　肃	Gansu	2502	842	2335	167	93.31	2.77
青　海	Qinghai	592	197	549	43	92.74	2.79
宁　夏	Ningxia	720	254	671	49	93.15	2.65
新　疆	Xinjiang	2585	835	2350	236	90.89	2.81

附录2-23 各省(区、市)人口年龄构成(第七次人口普查)
Age Composition by Region (Seventh National Population Census)

地区	Region	人口数(万人) Population (10000 persons)	年龄别人口(万人) Population by Age Group (10000 persons)			比重(%) Proportion (%)		
			0–14	15–64	65+	0–14	15–64	65+
总计	**Total**	**141178**	**25338**	**96776**	**19064**	**17.95**	**68.55**	**13.50**
北京	Beijing	2189	259	1639	291	11.84	74.86	13.30
天津	Tianjin	1387	187	995	205	13.47	71.77	14.75
河北	**Hebei**	**7461**	**1509**	**4913**	**1039**	**20.22**	**65.85**	**13.92**
山西	Shanxi	3492	571	2470	450	16.35	70.74	12.90
内蒙古	Inner Mongolia	2405	338	1753	314	14.04	72.90	13.05
辽宁	Liaoning	4259	474	3044	742	11.12	71.46	17.42
吉林	Jilin	2407	282	1750	376	11.71	72.68	15.61
黑龙江	Heilongjiang	3185	329	2359	497	10.32	74.07	15.61
上海	Shanghai	2487	244	1839	405	9.80	73.92	16.28
江苏	Jiangsu	8475	1289	5813	1373	15.21	68.59	16.20
浙江	Zhejiang	6457	868	4732	857	13.45	73.29	13.27
安徽	Anhui	6103	1174	4013	916	19.24	65.75	15.01
福建	Fujian	4154	803	2890	461	19.32	69.58	11.10
江西	Jiangxi	4519	992	2990	537	21.96	66.16	11.89
山东	Shandong	10153	1906	6710	1536	18.78	66.09	15.13
河南	Henan	9937	2299	6297	1340	23.14	63.38	13.49
湖北	Hubei	5775	942	3991	842	16.31	69.10	14.59
湖南	Hunan	6644	1297	4363	984	19.52	65.67	14.81
广东	Guangdong	12601	2375	9145	1081	18.85	72.57	8.58
广西	Guangxi	5013	1184	3217	611	23.63	64.18	12.20
海南	Hainan	1008	201	702	105	19.97	69.59	10.43
重庆	Chongqing	3205	510	2148	547	15.91	67.02	17.08
四川	Sichuan	8367	1347	5604	1417	16.10	66.97	16.93
贵州	Guizhou	3856	924	2486	446	23.97	64.48	11.56
云南	Yunnan	4721	924	3290	507	19.57	69.69	10.75
西藏	Xizang	365	89	255	21	24.53	69.80	5.67
陕西	Shaanxi	3953	685	2741	527	17.33	69.34	13.32
甘肃	Gansu	2502	485	1702	315	19.40	68.02	12.58
青海	Qinghai	592	123	418	51	20.81	70.51	8.68
宁夏	Ningxia	720	147	504	69	20.38	70.00	9.62
新疆	Xinjiang	2585	581	1804	201	22.46	69.78	7.76

附录2-24 各省(区、市)受教育程度人口(第七次人口普查)
Population by Education Attainment and Region (Seventh National Population Census)

单位：万人 (10000 persons)

地 区	Region	人口数 Population	大专及以上 Junior College and Above	高中(含中专) Senior Secondary School (Including Secondary Technical School)	初 中 Junior Secondary School	小 学 Primary School
总 计	**Total**	**141178**	**21836**	**21301**	**48716**	**34966**
北 京	Beijing	2189	919	385	510	230
天 津	Tianjin	1387	374	246	448	224
河 北	**Hebei**	**7461**	**926**	**1034**	**2981**	**1840**
山 西	Shanxi	3492	606	576	1360	681
内蒙古	Inner Mongolia	2405	449	356	814	568
辽 宁	Liaoning	4259	776	625	1823	804
吉 林	Jilin	2407	403	411	920	537
黑龙江	Heilongjiang	3185	471	494	1363	696
上 海	Shanghai	2487	842	473	720	297
江 苏	Jiangsu	8475	1582	1372	2823	1927
浙 江	Zhejiang	6457	1097	940	2112	1704
安 徽	Anhui	6103	810	811	2058	1640
福 建	Fujian	4154	588	590	1338	1164
江 西	Jiangxi	4519	538	684	1604	1243
山 东	Shandong	10153	1460	1455	3632	2405
河 南	Henan	9937	1167	1514	3728	2440
湖 北	Hubei	5775	895	1006	1980	1358
湖 南	Hunan	6644	813	1181	2368	1675
广 东	Guangdong	12601	1978	2297	4471	2605
广 西	Guangxi	5013	542	650	1824	1396
海 南	Hainan	1008	140	157	405	199
重 庆	Chongqing	3205	494	511	980	958
四 川	Sichuan	8367	1110	1113	2631	2620
贵 州	Guizhou	3856	422	384	1175	1231
云 南	Yunnan	4721	548	488	1380	1684
西 藏	Xizang	365	40	26	57	117
陕 西	Shaanxi	3953	727	616	1343	857
甘 肃	Gansu	2502	363	324	686	746
青 海	Qinghai	592	88	63	144	194
宁 夏	Ningxia	720	125	97	214	188
新 疆	Xinjiang	2585	427	341	816	734

附录2-25　各省(区、市)家庭户规模比较
Comparison of Household Size of the Provinces (Autonomous Regions, Municipalities)

地　区	Region	2020		2010		2000	
		家庭户户数(万户) Family Households (10000 households)	平均家庭户规模(人/户) Average Size of Family Households (person/household)	家庭户户数(万户) Family Households (10000 households)	平均家庭户规模(人/户) Average Size of Family Households (person/household)	家庭户户数(万户) Family Households (10000 households)	平均家庭户规模(人/户) Average Size of Family Households (person/household)
总　计	**Total**	**49416**	**2.62**	**40152**	**3.10**	**34837**	**3.44**
北　京	Beijing	823	2.31	668	2.45	418	2.91
天　津	Tianjin	487	2.40	366	2.80	303	3.09
河　北	**Hebei**	**2543**	**2.75**	**2040**	**3.36**	**1822**	**3.57**
山　西	Shanxi	1275	2.52	1033	3.24	882	3.62
内蒙古	Inner Mongolia	948	2.35	818	2.82	696	3.31
辽　宁	Liaoning	1747	2.29	1499	2.78	1306	3.15
吉　林	Jilin	943	2.34	900	2.94	800	3.32
黑龙江	Heilongjiang	1302	2.22	1296	2.85	1119	3.23
上　海	Shanghai	964	2.32	825	2.49	539	2.80
江　苏	Jiangsu	2991	2.60	2439	2.94	2184	3.23
浙　江	Zhejiang	2501	2.35	1885	2.62	1445	2.99
安　徽	Anhui	2191	2.61	1831	3.09	1667	3.51
福　建	Fujian	1437	2.68	1121	2.98	885	3.53
江　西	Jiangxi	1407	2.94	1150	3.67	1052	3.76
山　东	Shandong	3518	2.70	3011	2.98	2701	3.21
河　南	Henan	3178	2.86	2593	3.47	2479	3.65
湖　北	Hubei	1993	2.65	1670	3.16	1592	3.51
湖　南	Hunan	2288	2.67	1863	3.32	1805	3.44
广　东	Guangdong	4247	2.63	2775	3.20	1915	3.69
广　西	Guangxi	1622	2.87	1315	3.34	1141	3.81
海　南	Hainan	296	3.06	222	3.63	184	4.06
重　庆	Chongqing	1204	2.45	974	2.77	929	3.21
四　川	Sichuan	3076	2.51	2580	2.95	2404	3.32
贵　州	Guizhou	1270	2.81	1039	3.24	932	3.71
云　南	Yunnan	1515	2.88	1236	3.53	1100	3.73
西　藏	Xizang	101	3.19	67	4.23	53	4.77
陕　西	Shaanxi	1421	2.53	1072	3.22	959	3.57
甘　肃	Gansu	842	2.77	690	3.49	623	3.97
青　海	Qinghai	197	2.79	153	3.46	126	3.95
宁　夏	Ningxia	254	2.65	184	3.25	144	3.80
新　疆	Xinjiang	835	2.81	640	3.26	503	3.68

附录2-26 各省(区、市)城镇化水平比较
Comparison of Urbanization Levels of the Provinces (Autonomous Regions, Municipalities)

地区	Region	2020		2010		2000	
		城镇人口(人) Urban Population (person)	城镇化水平比重(%) Proportion of Urban Population (%)	城镇人口(人) Urban Population (person)	城镇化水平比重(%) Proportion of Urban Population (%)	城镇人口(人) Urban Population (person)	城镇化水平比重(%) Proportion of Urban Population (%)
总　计	**Total**	**899991162**	**63.89**	**670005546**	**49.68**	**458770983**	**36.22**
北　京	Beijing	19166433	87.56	16858692	85.96	10522464	77.54
天　津	Tianjin	11744440	84.70	10277893	79.55	7089812	71.99
河　北	**Hebei**	**44816486**	**60.07**	**31575328**	**43.94**	**17560097**	**26.08**
山　西	Shanxi	21831494	62.53	17160539	48.05	11431995	34.91
内蒙古	Inner Mongolia	16227475	67.48	13720174	55.50	9958833	42.68
辽　宁	Liaoning	30725976	72.14	27187963	62.10	22966076	54.24
吉　林	Jilin	15079014	62.64	14648199	53.35	13310598	49.68
黑龙江	Heilongjiang	20897694	65.61	21323715	55.56	18672039	51.54
上　海	Shanghai	22209380	89.30	20555098	89.30	14489919	88.31
江　苏	Jiangsu	62242383	73.44	47371488	60.22	30862371	41.49
浙　江	Zhejiang	46598465	72.17	33550209	61.62	22356574	48.67
安　徽	Anhui	35595103	58.33	25577117	43.01	15766389	27.81
福　建	Fujian	28557247	68.75	21061940	57.09	14306812	41.57
江　西	Jiangxi	27310611	60.44	19499960	44.06	11185031	27.67
山　东	Shandong	64014254	63.05	47620727	49.70	34325909	38.00
河　南	Henan	55078554	55.43	36219767	38.50	21385432	23.20
湖　北	Hubei	36320374	62.89	28445085	49.70	24089063	40.22
湖　南	Hunan	39046176	58.76	28453063	43.30	17397837	29.75
广　东	Guangdong	93436072	74.15	69030255	66.18	47432392	55.00
广　西	Guangxi	27170956	54.20	18417843	40.00	12350296	28.15
海　南	Hainan	6075981	60.27	4308516	49.80	3074648	40.11
重　庆	Chongqing	22264028	69.46	15295803	53.02	10095512	33.09
四　川	Sichuan	47465912	56.73	32344428	40.18	22310379	26.69
贵　州	Guizhou	20495946	53.15	11737533	33.81	8445482	23.87
云　南	Yunnan	23628564	50.05	15959072	34.70	9902838	23.36
西　藏	Xizang	1303443	35.73	680589	22.67	508326	18.93
陕　西	Shaanxi	24769730	62.66	17059337	45.76	11368468	32.26
甘　肃	Gansu	13067332	52.23	9191185	35.97	6018417	24.01
青　海	Qinghai	3559363	60.08	2516254	44.72	1559473	34.76
宁　夏	Ningxia	4678654	64.96	3022022	47.90	1780028	32.43
新　疆	Xinjiang	14613622	56.53	9335752	43.01	6247473	33.82